U0726201

中华护理学会专科护士培训教材

# 伤口造口失禁专科护理

总主编 李秀华

主　编 王　泠　胡爱玲

副主编 蒋琪霞　徐洪莲　田　丽　马　蕊

人民卫生出版社

**图书在版编目（CIP）数据**

伤口造口失禁专科护理 / 王泠，胡爱玲主编 . —北京：人民卫生出版社，2018

中华护理学会专科护士培训教材

ISBN 978-7-117-26411-2

Ⅰ. ①伤… Ⅱ. ①王… ②胡… Ⅲ. ①创伤-造口术-尿失禁-护理-技术培训-教材 Ⅳ. ①R473.6

中国版本图书馆 CIP 数据核字（2018）第 099655 号

| | | |
|---|---|---|
| 人卫智网 | www.ipmph.com | 医学教育、学术、考试、健康，购书智慧智能综合服务平台 |
| 人卫官网 | www.pmph.com | 人卫官方资讯发布平台 |

**中华护理学会专科护士培训教材**
——伤口造口失禁专科护理

主　　编：王　泠　胡爱玲
出版发行：人民卫生出版社（中继线 010-59780011）
地　　址：北京市朝阳区潘家园南里 19 号
邮　　编：100021
E - mail：pmph @ pmph.com
购书热线：010-59787592　010-59787584　010-65264830
印　　刷：河北环京美印刷有限公司
经　　销：新华书店
开　　本：787×1092　1/16　印张：20　插页：8
字　　数：487 千字
版　　次：2018 年 6 月第 1 版　2024 年 11 月第 1 版第 10 次印刷
标准书号：ISBN 978-7-117-26411-2/R · 26412
定　　价：69.00 元
打击盗版举报电话：010-59787491　E-mail：WQ @ pmph.com
（凡属印装质量问题请与本社市场营销中心联系退换）

# 编者

（以姓氏笔画为序）

卫　莉（河南省肿瘤医院）

马　芳（中国医科大学附属第四医院）

马　蕊（北京大学人民医院）

马艳会（河南省肿瘤医院）

王　东（海军军医大学附属长海医院）

王　泠（北京大学人民医院）

王　玲（辽宁省肿瘤医院）

王小英（甘肃省人民医院）

王玲燕（中山大学附属肿瘤医院）

邓小红（中山大学附属第三医院）

卢　芳（武汉大学中南医院）

田　丽（首都医科大学附属北京友谊
　　　医院）

成　颖（北京协和医院）

朱桂玲（哈尔滨医科大学附属第一医院）

刘　媛（中山大学附属第三医院）

关琼瑶（云南省肿瘤医院）

许克新（北京大学人民医院）

苏天兰（贵州医科大学附属医院）

杜长征（北京大学肿瘤医院）

李　欣（北京医院）

李会娟（北京大学第一医院）

李艳丽（青海省人民医院）

杨芙蓉（湖南省人民医院）

吴　玲（南京大学医学院附属鼓楼
　　　医院）

吴越香（宁夏医科大学总医院）

沈　淳（上海复旦大学附属儿科医院）

张　洁（北京大学肿瘤医院）

张玉姬（河南省肿瘤医院）

陈　劼（上海复旦大学附属儿科医院）

陈　谦（宁波大学医学院附属医院）

陈玉果（北京医院）

陈玉盘（湖南省肿瘤医院）

周　琴（第四军医大学西京医院）

郑美春（中山大学附属肿瘤医院）

孟晓红（上海交通大学附属仁济医院）

赵玉洲（河南省肿瘤医院）

赵利红（首都医科大学附属北京友谊
　　　医院）

胡宏鸯（浙江大学医学院附属邵逸夫
　　　医院）

胡爱玲（中山大学附属第三医院）

柏素萍（江苏大学附属医院）

侯兵兵（中山大学附属肿瘤医院）

贾　静（江苏大学附属人民医院）

徐小琳（山东省千佛山医院）

徐洪莲（海军军医大学附属长海医院）

翁亚娟（常州市第一人民医院）

黄漫容（中山大学附属第一医院）

梁宗桦（新疆维吾尔自治区人民医院）

董　蓓（河南省肿瘤医院）

董柏君（上海交通大学医学院附属仁
　　　济医院）

蒋琪霞（解放军南京总医院）

喻姣花（华中科技大学同济医学院附
　　　属协和医院）

程克林（四川省人民医院）

温咏珊（中山大学附属肿瘤医院）

楼　征（海军军医大学附属长海医院）

蔡玉莲（江西省肿瘤医院）

蔡秋妮（厦门大学附属中山医院）

蔡蕴敏（复旦大学附属金山医院）

廖灯彬（四川大学华西医院）

# 序 言

护理工作是卫生与健康事业的重要组成部分,广大护理人员在呵护生命、治疗疾病、维护人民群众健康等方面发挥着不可替代的作用。在持续深化医药卫生体制改革进程中,护理人员在改善护理服务、增强群众获得感等方面做出了突出的贡献,护理队伍建设和护理事业发展也取得了显著成效。护理队伍不断壮大,截至 2016 年底,我国注册护士总数达到 350.7 万,与 2010 年相比,每千人口护士数从 1.52 人提高到 2.54 人,全国医院医护比从 1∶1.16 提高到 1∶1.45,长期以来医护比例倒置问题得到根本性扭转。护理人员专业素质和服务能力逐步提高,经过十几年的探索,各级机构在几十个专科领域开展了不同规模的专科护士培养工作,专科护士已经在临床专科护理工作中发挥了重要作用。

"十三五"时期,全面建成小康社会的新任务对护理事业提出了新的要求,为满足人民群众日益多样化、多层次的健康需求,要不断拓展护理服务的领域,丰富护理服务的内涵,提升护理的专业化水平。专科人才培养是护理专业化发展的基础,教材体系建设则是专科人才培养的关键,为此,中华护理学会根据《"健康中国 2030"规划纲要》《全国医疗卫生服务体系规划纲要(2015—2020 年)》和《全国护理事业发展规划(2016—2020 年)》,组织有关专家编写了中华护理学会专科护士培训系列教材。这套教材结合我国国情,根据医疗卫生和护理专业发展的实际需要,内容不仅涵盖了专科知识与技能,还融合了学科最新的研究热点与前沿信息,相信这套教材一定会在专科护士培养工作中发挥积极的作用。

希望广大护理人员,要树立大卫生、大健康的观念,以"人民健康为中心",关注生命全周期、健康全过程,在深化医药卫生体制改革、改善人民群众就医体验及促进社会和谐方面发挥更大作用,为推进健康中国的建设做出更大贡献!

中华护理学会第 26 届理事长

2018 年 5 月

# 前　言

近年来,随着我国护理专科化的飞速发展,伤口造口失禁专科护理工作取得了长足的进步,该领域的专科护士队伍也日益壮大。

国家卫生计生委在《全国护理事业发展规划(2016—2020)》中明确指出,"十三五"期间我国将加大专科护士培训力度,不断提高专科护理水平。伤口造口失禁护理作为我国专科护理中的一个重要分支,通过造口治疗师学校、伤口治疗师学校、伤口造口失禁专科护士资格认证培训班等多种形式培养了上千名临床一线的护理骨干,为造口、慢性伤口及失禁患者提供了更为专业的护理。我国开展该领域专科护理培训已十余年,我们深切地感受到撰写以循证为基础、符合我国国情的专科护理教材非常必要,能够对全国各层级培训的同质化、科学化提供依据。此次,能够借助中华护理学会这一优质学术平台来编写伤口造口失禁专科护理培训的实用性教材,对我国伤口造口失禁专科护士的规范化培养有着深远的意义。

本书的编委是由具有坚实的理论基础及多年伤口造口失禁治疗和护理实践经验的高年资医师和护理专家组成,在中华护理学会的指导下,本着充分依据护理理论与最新指南、应用循证护理的证据和体现科学性及权威性的原则进行编写,伤口、造口、失禁护理专业委员会的主任委员、副主任委员和秘书对稿件进行了多轮修订,最终学会审核定稿。本书的内容来自于编委们在开展伤口造口失禁专科护理工作以来积累的大量宝贵的临床资料并吸纳了最新的国内外相关进展。

本书是一本伤口造口失禁专科护理培训教材,适用于各级伤口造口失禁专科护士认证的学员及从事伤口造口失禁专科护理的临床人员。在夯实基础的同时,我们还注意对护理人员发现问题、解决问题能力的培养。全书内容体现了"全、新、精":全——本书涵盖了伤口造口失禁三方面专科发展的起源、基础理论知识、发病机制、临床表现以及处理原则等;新——本书介绍了与专业相关的前沿理论与技术,收录了最新、最权威的相关指南;精——本书收集了大量临床案例,并力求图文并茂,将信息更加直观地展现给读者,让读者更好地领会知识要点与精髓。

在全体编委的共同努力下,本书终于与读者见面,在此对中华护理学会表示诚挚的感谢!由于时间仓促,疏漏之处在所难免,热诚欢迎读者和同道不吝赐教。

王　泠　胡爱玲
2018 年 5 月

# 目 录

## 第一篇 总 论

第一章 | 造口护理总论 ·········································· 2

第一节 造口护理的起源 ····························· 2
一、肠造口起源 ································· 2
二、造口护理的起源 ····························· 3
第二节 造口护理的发展 ····························· 3
一、造口护理的发展 ····························· 3
二、中国造口护理的发展 ························· 4

第二章 | 伤口护理总论 ·········································· 6

第一节 伤口护理发展史 ····························· 6
一、伤口护理的起源 ····························· 6
二、伤口护理的发展 ····························· 6
第二节 伤口湿性愈合理论 ························· 7
一、伤口湿性愈合理论的起源与发展 ············· 7
二、伤口湿性愈合理论的作用原理 ··············· 8

## 第二篇 临床理论与实践

第三章 | 造口护理 ·············································· 10

第一节 造口相关疾病 ····························· 10
一、肠造口相关疾病 ····························· 10
二、尿路造口相关疾病 ··························· 16
第二节 造口手术 ······························· 22
一、肠造口手术 ································· 22
二、泌尿造口手术 ······························· 26
三、其他造口手术 ······························· 31

**第三节　造口患者的术前护理**……………………………………………36
一、术前肠道准备　………………………………………………36
二、术前评估　……………………………………………………38
三、术前定位　……………………………………………………40
四、术前心理护理与健康教育　…………………………………43
**第四节　造口患者的术后护理**……………………………………………45
一、术后造口的评估　……………………………………………45
二、术后心理护理与健康教育　…………………………………47
三、造口患者的日常生活护理　…………………………………50
**第五节　造口周围皮肤并发症及护理**……………………………………53
一、刺激性（粪水性）皮炎　……………………………………53
二、过敏性（接触性）皮炎　……………………………………54
三、真菌感染　……………………………………………………57
四、机械性损伤　…………………………………………………59
五、假疣性表皮增生　……………………………………………60
六、银屑病　………………………………………………………61
七、黏膜移植　……………………………………………………62
八、造口周围静脉曲张　…………………………………………64
九、造口处肿瘤　…………………………………………………66
十、尿结晶　………………………………………………………66
**第六节　造口并发症及护理**………………………………………………68
一、造口缺血坏死　………………………………………………68
二、造口出血　……………………………………………………71
三、造口皮肤黏膜分离　…………………………………………73
四、造口回缩　……………………………………………………76
五、造口狭窄　……………………………………………………79
六、造口水肿　……………………………………………………80
七、造口黏膜肉芽肿　……………………………………………82
八、造口脱垂　……………………………………………………84
九、造口旁疝　……………………………………………………87
**第七节　儿童肠造口患者的评估与管理**…………………………………90
一、与儿童肠造口术相关疾病　…………………………………90
二、儿童肠造口患者术前护理　…………………………………93
三、儿童肠造口患者术后护理　…………………………………94
**第八节　肠造口患者的延续性护理**………………………………………99
一、造口患者的生活质量　………………………………………99

二、肠造口患者的延续护理 ·············································· 101

# 第四章｜伤口护理 ······················································ 105

## 第一节　伤口护理基础知识 ·············································· 105
一、伤口的定义及分类 ·············································· 105
二、伤口的愈合类型与愈合过程 ···································· 106
三、影响伤口愈合的因素 ·········································· 108
四、伤口相关性疼痛的评估与管理 ·································· 110
五、伤口感染与细菌生物膜 ········································ 112

## 第二节　伤口的评估与处理 ·············································· 115
一、伤口的评估与测量 ·············································· 115
二、伤口清洗溶液与清洗方法 ······································ 119
三、伤口清创 ······················································ 120
四、敷料的选择与渗液管理 ········································ 122
五、伤口床异常肉芽组织的处理 ···································· 127
六、伤口护理中的营养问题 ········································ 129

## 第三节　各类伤口护理 ·················································· 131
一、压力性损伤的预防及护理 ······································ 131
二、糖尿病足溃疡的预防与处理 ···································· 142
三、静脉性溃疡的护理 ·············································· 151
四、动脉性溃疡的护理 ·············································· 157
五、创伤伤口护理 ·················································· 164
六、手术切口的护理 ················································ 172
七、瘘管护理 ······················································ 176
八、窦道护理 ······················································ 181
九、感染性伤口护理 ················································ 185
十、药物外渗伤口护理 ·············································· 191
十一、放射性皮肤损伤护理 ········································ 196
十二、恶性肿瘤伤口护理 ·········································· 202
十三、骨髓炎伤口护理 ·············································· 209
十四、皮肤撕裂伤护理 ·············································· 213
十五、不典型伤口的护理 ·········································· 218

# 第五章｜失禁护理 ······················································ 229

## 第一节　排尿生理与控尿机制 ·········································· 229
一、尿失禁相关解剖特点 ·········································· 229

二、排尿生理和控尿机制 ………………………………………………… 231

**第二节　尿失禁的治疗与护理**………………………………………… 232

一、尿失禁概述 ………………………………………………………… 232

二、尿失禁的评估与诊断 ……………………………………………… 234

三、尿失禁的治疗 ……………………………………………………… 237

四、尿失禁的护理 ……………………………………………………… 239

**第三节　神经源性膀胱的评估与管理**………………………………… 242

一、神经源性膀胱的分类 ……………………………………………… 243

二、神经源性膀胱的病因与病理生理 ………………………………… 246

三、神经源性膀胱的评估与诊断 ……………………………………… 247

四、神经源性膀胱的管理 ……………………………………………… 249

**第四节　排便生理与排便控制**………………………………………… 252

一、排便生理 …………………………………………………………… 252

二、排便控制 …………………………………………………………… 254

**第五节　大便失禁的治疗与护理**……………………………………… 255

一、大便失禁的概述 …………………………………………………… 255

二、大便失禁的评估与诊断 …………………………………………… 256

三、大便失禁的治疗 …………………………………………………… 257

四、大便失禁的护理 …………………………………………………… 260

**第六节　失禁相关性皮炎的预防与处理**……………………………… 263

一、失禁相关性皮炎的概述 …………………………………………… 263

二、失禁相关性皮炎的预防 …………………………………………… 267

三、失禁相关性皮炎的治疗和护理 …………………………………… 270

四、失禁护理辅助用品 ………………………………………………… 272

# 第三篇　专科技能与操作

**第六章│造口护理相关操作**……………………………………………… 274

**第一节　造口定位**……………………………………………………… 274

一、使用范围 …………………………………………………………… 274

二、操作流程与步骤 …………………………………………………… 274

三、观察要点 …………………………………………………………… 275

**第二节　造口袋的排空及清洁**………………………………………… 275

一、使用范围 …………………………………………………………… 275

二、操作流程与步骤 …………………………………………………… 275

三、观察要点 …………………………………………………………… 276

第三节　更换造口袋 ················································ 276
　一、使用范围 ····················································· 276
　二、操作流程与步骤 ··········································· 277
　三、观察要点 ····················································· 278

第四节　结肠造口灌洗 ··········································· 278
　一、使用范围 ····················································· 278
　二、操作流程与步骤 ··········································· 279
　三、观察要点 ····················································· 280

第五节　造口栓的使用 ··········································· 280
　一、使用范围 ····················································· 280
　二、操作流程与步骤 ··········································· 281
　三、观察要点 ····················································· 281

第六节　泌尿造口尿培养标本的采集 ················ 281
　一、使用范围 ····················································· 281
　二、操作流程与步骤 ··········································· 282
　三、观察要点 ····················································· 283

第七章 ｜ 伤口护理相关操作 ································ 284

第一节　伤口换药 ················································· 284
　一、使用范围 ····················································· 284
　二、操作流程与步骤 ··········································· 284
　三、观察要点 ····················································· 285

第二节　伤口的微生物培养 ··································· 285
　一、使用范围 ····················································· 285
　二、操作流程与步骤 ··········································· 286
　三、观察要点 ····················································· 286

第八章 ｜ 失禁护理相关操作 ································ 287

第一节　清洁间歇性导尿 ······································ 287
　一、使用范围 ····················································· 287
　二、操作流程与步骤 ··········································· 287
　三、观察要点 ····················································· 288

第二节　留置大便收集器 ······································ 289
　一、使用范围 ····················································· 289
　二、操作流程与步骤 ··········································· 289
　三、观察要点 ····················································· 290

**第三节　留置尿套** ················································· 290

一、使用范围 ······················································ 290

二、操作流程与步骤 ··········································· 291

三、观察要点 ······················································ 291

# 第四篇　专　科　管　理

**第九章│专科门诊及人员管理** ································· 294

**第一节　造口伤口失禁护理门诊** ······················ 294

一、开设造口伤口失禁护理门诊的背景 ············ 294

二、造口伤口失禁护理门诊的工作范围和开设条件 ··· 294

三、造口伤口失禁护理门诊运作模式 ··············· 295

**第二节　造口伤口失禁专科护士的工作职责** ····· 296

一、概述 ···························································· 296

二、工作职责 ······················································ 296

**第三节　肠造口志愿者** ·································· 298

一、概述 ···························································· 298

二、肠造口志愿者医院探访的实施 ··················· 298

**第十章│指南推荐** ·············································· 300

**第一节　概述** ························································ 300

一、临床指南 ······················································ 300

二、指南应用的注意事项 ··································· 300

**第二节　造口伤口失禁护理指南推荐** ··············· 301

一、造口护理指南 ·············································· 301

二、伤口护理指南 ·············································· 301

三、失禁护理指南 ·············································· 302

**参考文献** ································································ 303

# 第一篇

## 总　论

# 第一章 造口护理总论

## 第一节 造口护理的起源

### 一、肠造口起源

造口一词源于希腊文 stoma,原意是"出口"或"孔"。据说古希腊战事频频,士兵腹部外伤穿孔很多,所以古代的造口常常是战伤或疾病所致,称之为自然性造口。而现代造口术是有目的、有计划进行的,仅有二、三百年历史。

1793 年,Duret 为一个出生 3 天的先天性肛门闭锁婴儿完成了选择性髂腰部结肠造口术,手术成功,患者生存 45 年。1839 年,Amussat 收集了文献上的结肠造口病例并报告结肠造口术共 29 例,其中 21 例为先天性肛门闭锁,8 例为成人恶性肿瘤,术后 4 例婴儿和 5 例成人存活。Amussat 认为腹膜炎是死亡的主要原因,因此他主张在左腰区腹膜外行降结肠造口术。

1850 年,Luke 首先施实左侧切口行乙状结肠造口。1881 年,Schitsinger 和 Madelung 发明了单腔造口术,将近端结肠做人工肛门,将远端结肠缝合后放回腹腔,这是末端结肠造口术的开始。

1883 年,Vincent Czermy 实施了第一例联合直肠癌切除术。因为对高位直肠癌不能经骶部完全切除,必须把患者转过来经腹部完成直肠切除,并做结肠造口。直肠癌切除后复发是一大问题,Charles Mayo 和 Sir Ernes Miles 两位外科医生均认为肿瘤复发是因为没有切除直肠周围淋巴结组织所致。

1908 年,Miles 在前人的基础上改进为腹会阴联合切除及永久性乙状结肠末端造口术治疗直肠癌。直到目前,Miles 手术仍是下端直肠癌的标准手术。

结肠造口术也适用于其他疾病,如肠憩室炎。Henry Hartmann 在 1909~1932 年创立了现代所说的 Hartmann 手术。他将乙状结肠和直肠上段切除,缝合直肠远端的残端,并作降结肠造口,他提议用这种方法治疗伴有梗阻的乙状结肠癌。在 20 世纪 30 年代一位不知名的外科医生首先用这种方法治疗"憩室炎",并称这种手术为 Hartmann 手术。

19～20世纪,经过外科医生种种改进,结肠造口术基本上改变不大。乙状结肠和降结肠末端造口仍然用来治疗直肠癌和严重的憩室炎、放射性直肠炎、大便失禁和广泛的肛周炎。

## 二、造口护理的起源

18世纪,结肠造口手术成功了,但是缺乏收集粪便的工具和方法。最初提到使用“人工肛袋”（其实是一个“小皮囊”）的人是 Daguesceau 医生,他为一位被木板车刺伤的农夫做了左腹股沟部的结肠造口术,农夫自制了一个小皮囊成功地收集粪便。

1917年,Lockhert Murrery 总结了他做的50例结肠造口,最早提出“造口护理”的概念,10年后他又提出结肠灌洗,但都未能推广使用。外科医生多着重造口手术,很少关注造口护理,而护士又缺乏相关知识,护理不当,所以在现代造口术产生的早期,医生把患者从死亡线上挽救回来后,由于造口带来的麻烦或出现并发症,又使患者陷入痛苦之中。

美国外科医生 Turnbull 为造口者倾注了极大的爱心。1958年,Turnbull 及其患者 Norma Gill 在克里夫兰医学中心开始了肠造口治疗护理工作,Norma Gill 也成为世界上第一位造口治疗师（enterostomal therapist,ET）。1961年,Turnbull 首先提出造口治疗是一门新的学科——“造口治疗学”,并在克里夫兰医学中心开设了第一所造口治疗师学校,开拓了现代造口护理的先河。他先后创造和改进许多手术,倡导成立造口治疗的学术团体,促进造口治疗的学术发展。他认为肠造口治疗是一种特别的护理,除了注意肠造口手术技术外,还应格外注意造口患者的腹部造口护理、预防和治疗造口的并发症,开展造口患者和家属的心理咨询,为造口患者提供各种康复护理。

（王　泠）

# 第二节　造口护理的发展

肠造口术是腹部外科最常施行的手术之一,它既能挽救患者生命,成为患者永久生活的保证,但也会带给患者很大的困惑,特别是肠造口术后并发症发生率很高,其发生主要与施术者的技术和术后的护理质量有关。实际上,一个良好的造口加上完善的康复治疗,使造口无异味、并发症少、便于护理,造口者便可享有和正常人一样的生活。

## 一、造口护理的发展

1954年,Turnbull 医生为一位患溃疡性结肠炎的家庭妇女治疗,做了永久性回肠造口术,后来患者完全康复了。这位女患者名叫 Norma Gill,她本人是一位造口患者,在与疾病斗争及护理她自己及家人（母亲患直肠癌行结肠造口,女儿患溃疡性结肠炎行回肠造口）的过程中,她深知造口患者的痛苦。她非常热衷于帮助其他肠造口患者,1958年,她成为世界上首位 ET。ET 是造口护理的专业人员,主要负责指导造口患者如何进行造口护理,为患者提供心理支持,协助患者选择合适的造口用品,制订出院计划并进行随访等工作。

在 Turnbull 医生的策划下,1961年成立了世界上第一所造口治疗师学校。作为世界首位造口治疗师,Norma Gill 协助 Turnbull 医生培养了数百名专业造口治疗师。造口治疗学校也由最初的造口治疗师都是肠造口患者,发展到 1976 年改为只接受具有护士资格的人。

在 Turnbull 和 Norma Gill 的共同推动下,国际造口协会(international ostomy association,IOA)成立,IOA 会员主要是造口患者,医生和护士也可参加。它由 58 个正式协会和 4 个非正式协会组成,分布在欧洲、非洲、拉丁美洲、南太平洋等地,宗旨是通过在世界各国或地区建立造口组织的联盟,致力于改善造口或其他类似疾病患者的生活质量;倡导"世界造口日(world ostomy day,WOD)"。

1968 年,美国造口治疗师协会成立,随后此协会改名为国际造口治疗师协会(international association of enterostomal therapists,IAET),1975 年,IAET 规定其会员必须具有护士资格才能参加。

1978 年,Norma Gill 等人商议另成立一个协会,使非专业护理人士但热衷于推广造口治疗的人都能参加,于是 1978 年成立了世界造口治疗师协会(world council of enterostomal therapists,WCET),正式会员是造口治疗师,副会员是医生和造口产品公司人员;宗旨是在全球范围内推广规范的造口治疗,培训相关的造口护理专业人员,为全球的造口、失禁及伤口患者提供良好的服务,每 2 年召开一次世界性会议。

1970 年,日本滕胜久教授首先倡导用造口康复治疗这个名称,强调对造口者身体生理、心理方面全面护理。1983 年,日本造口康复治疗学会成立。

1992 年,造口康复治疗由单纯肠造口护理扩展至造口护理、失禁护理以及皮肤瘘道和复杂伤口的处理,"造口治疗师"改称为"伤口造口失禁护理师(wound ostomy continence nurses,WOC nurse)"。

## 二、中国造口护理的发展

我国造口康复治疗起步较晚。过去,我国外科医生一般仅关注肠造口手术的技术及术后并发症的防治,而对术后康复治疗和护理关注不多,常常忽视造口术带给患者的各种躯体和心理问题。

1984 年,甘肃省人民医院尹伯约等编写了一本约 65 000 字的《人工肛门》,唤起人们对肠造口的关注。1988 年,喻德洪教授访问了美国克里夫兰医学中心及其造口治疗师学校,回国后立即在上海第二军医大学长海医院举办了首届"肠造口培训班",成立了上海造口联谊会,揭开我国造口康复治疗事业新的一页。中国造口协会成立于 1996 年,喻德洪教授为主席,挂靠在上海长海医院。1998 年,长海医院创办了造口博物馆和造口图书室。博物馆内收藏了来自世界各地的肠造口护理器材,也有国内造口患者自制的器材;图书室内收藏有造口方面的各类书籍、杂志,为医护人员尽快、全面了解肠造口治疗信息提供方便。

Norma Gill 对我国造口事业非常关心,1993 年,她亲自来我国上海及杭州讲学,经常给上海造口联谊会邮寄造口护理相关的书籍及杂志,并资助我国 2 名护士赴澳大利亚造口治疗师学校学习肠造口治疗,填补了我国没有造口治疗师的空白,帮助我国肠造口护理事业的发展。2000 年,广州、上海又派 4 名护士到中国香港学习 3 个月。还有护士到马来西亚、韩国等地接受伤口造口失禁护理培训。但由于费用及语言等问题制约着造口治疗师的培养,不能满足我国临床护理工作及患者的需求。在造口治疗教育的全球化发展中,Norma Gill 基金会倡导"结对工程",即将一个发达国家或地区与一个发展中国家结成对子,由前者帮助后者发展造口治疗。由中山大学护理学院、香港造瘘治疗师协会和香港大学专业进修学院合办的我国第一所造口治疗师学校于 2001 年在广州成立,是我国造口护理发展史上的里程碑。随后,2004 年在北京、2007 年在南京、2008 年在上海、2009 年在温州、2010 年在长沙、2012 年在西安、2013 年在安徽、2015 年在天津、2016 年在沈阳、山东和郑州又相继成立了造口治疗师学校,截至 2016 年中国大陆共有 12 所造口治疗师学校,培养了逾千名造口治疗师。

2001 年 7 月中华护理学会召开了"造口治疗专科进展"研讨会,与会代表一致认为造口护理属于专科护理范畴,造口治疗师的培养对确立中国专科护士的地位起到了良好的推动作用。2003 年 11 月中华护理学会组织成立造口、伤口、失禁护理专业学术委员会,明确了作为造口伤口失禁护理方面的临床专科护士,其主要职责是负责腹部肠造口的护理、预防及治疗肠造口并发症,负责慢性伤口和大、小便失禁的护理,为患者及家属提供咨询服务和心理护理。

（王 泠）

# 第二章 伤口护理总论

## 第一节 伤口护理发展史

### 一、伤口护理的起源

自有人类开始便有伤口的形成,在远古年代的山洞绘画中,就已有关于人类因狩猎受伤的记载,但是如何处理伤口无从稽考。最早有关伤口治疗的记录来源于古代幼发拉底河苏美尔人在黏土平板上和埃及人在莎草纸上所作的记载。

古代人类已有描述伤口的观察、症状及感染会影响伤口的愈合。公元前460年~前377年,希腊人已知道伤口需要保持清洁及干燥,懂得用温水、酒精及醋清洗伤口,若伤口有炎症症状,则用泥毡剂敷于伤口,用以软化组织及促进脓液引流。公元前25年至公元50年,罗马人Celsus首先描述了伤口的急性炎症反应,包括红肿、热及痛,此描述一直沿用至今。

### 二、伤口护理的发展

古代人用尿液、酒或醋来冲洗伤口,后来更用糖或蜜糖来覆盖伤口,借以增加伤口的营养,促进愈合。虽然此方法在当时没有理论依据,但在现代伤口愈合的科研中,已有足够的理论支持蜜糖不仅具有抑制细菌功能,而且可以提供湿性愈合环境,促进自溶性清创,更有减轻疼痛及清除伤口异味的作用,这足以证明古代人类已懂得利用天然物品来促进伤口愈合。

缝合伤口以加速伤口愈合的概念首先记录于埃及人的莎草纸上,他们采用荆棘、亚麻布、头发、松脂、树胶等制品来缝合或将伤口粘贴在一起,但有些伤口却因感染而导致治疗失败,故有人提出清洗伤口,直至感染清除,伤口有红色肉芽组织才缝合的理论,这一理论即现今的 Delayed Primary Healing 理论。

自18世纪Pasteur发现微生物的存在以后,消毒溶液开始面世,用以清洗伤口及做手术前皮肤消毒,例如火酒、氢氧化物等。19世纪,Pasteur 和 Lister 试图应用消毒剂和遵守无菌原则来降低死亡率,使用干性敷料覆盖伤口,以保持伤口干燥,避免细菌感染,成为主要的伤口护理原则,开创了伤口干性愈合的先河。干性愈合的观点认为,开放的伤口有大气氧的参与,可以提供细胞生长时各种生化反应所需,来促进伤口的愈合,所以干性愈合理论是要让伤口保持干燥,促进伤口结痂以达到愈合效果。1867 年,Joseph Lister 发明了棉纱布敷料对术后切口覆盖以阻隔空气中的细菌对创面的侵袭。之后的一百年,以棉纱布制品为代表的"干燥透气"理论成为当时的主流。随着人们对伤口治疗的不断研究发现,干性愈合环境存在一些缺点:创面局部脱水,形成结痂,阻碍上皮细胞的爬行;频繁更换敷料,使创面局部温度下降,细胞分裂增殖速度减慢;敷料与伤口新生肉芽组织粘连,更换敷料时再次损伤;创面与外界无阻隔性屏障,增加伤口感染的机会。

20 世纪,抗生素的发明及广泛使用,使伤口感染的概率大大降低,因伤口感染而死亡的患者大幅减少。虽然患者因伤口引起的感染和死亡率受到控制,但伤口愈合的速度和处理伤口时带来的痛楚还不甚令人满意。

1962 年,伦敦大学的 Winter 博士首先用动物(猪)试验证实,湿性环境的伤口愈合速度比干性愈合快一倍。1963 年,Hinman 进行人体研究,证实了湿性愈合的科学性。1972 年,Roveeti 教授提出了"湿性创面愈合"理论,即湿性创面环境能够加快上皮细胞增生移行的速度,促进创面愈合。

其他促进伤口愈合的方法也陆续被临床发现和使用,包括:①电刺激疗法:提出正常组织含有流动电位,阴性电流能减低细菌生长及感染,增加胶原、成纤维细胞及生长因子形成,而阳性电流抑制肿瘤生长;②高压氧疗法:将患者置于高压舱内,呼吸 100% 氧气,以增加血液内氧含量,将营养及含氧血输送至伤口,促进伤口愈合;③伤口负压治疗:通过负压移除伤口过多的渗液,促进血管新生,促进肉芽组织生长,提供保护性屏障,减少伤口细菌的数量,降低伤口感染的机会;④生长因子:机体内存在多种生长因子,包括血小板源性生长因子( platelet derived growth factor,PDGF )、表皮生长因子( epidermal growth factor,EGF )、角质生长因子( keratinocyte growth factor,KGF-2 )等,具极强的促进创面修复作用;⑤组织再造:是人类的角质细胞、真皮在实验室中培养而成,含有成纤维细胞,可以代替伤口失去的真皮释放出生长因子;⑥干细胞治疗:间充质干细胞是一种具有自我复制能力和多向分化潜能的成体干细胞,在不同诱导条件下可分化为软骨、骨、骨骼肌、肌腱、脂肪、神经及肾脏实质的细胞等,已有研究显示其具有促血管再生、组织修复等特性;⑦其他疗法:蛆疗法、水疗法、激光疗法、超声波疗法等治疗伤口的方法种类繁多,但正式科研仍在进行中,以观察并确定其疗效。

(梁宗桦)

# 第二节　伤口湿性愈合理论

## 一、伤口湿性愈合理论的起源与发展

20 世纪 50 年代以后,伴随着人们对伤口护理的不断研究发现:伤口环境对伤口愈合起着至关重要的作用。

1958 年，Odland 发现保持完整的水疱其皮肤愈合的速度比破的水疱皮肤愈合速度快些。1962 年，英国皇家医学会 Winter 博士在动物实验中发现，用聚乙烯膜覆盖猪的伤口，其上皮化率增快了 1 倍，证实伤口在湿性环境下愈合速度要比干性环境快，Winter 将他的这一研究结果首先发表于权威性杂志 *Nuture*。1963 年，Hinman、Maibach 在人体创面上证实了同样的结果。1972 年，Roveeti 在 Winter、Hinman、Maibach 等人研究的基础上提出了"湿性创面愈合"理论，即湿性创面环境能够加快上皮细胞增生移行的速度，促进创面愈合。1981 年，美国加州大学旧金山分校外科系首次发现在无大气氧存在下的血管增生速度为大气氧存在时的 6 倍，新血管的增生随伤口大气氧含量的降低而增加。

此后，有很多学者对湿润环境与伤口愈合进行了深入的研究，发现在湿性密闭环境下伤口局部湿润，不会形成结痂；敷料不与伤口新生肉芽组织粘连；密闭和半密闭性环境，减少了伤口感染的机会；无需频繁更换敷料，提供接近生理状态的愈合环境，细胞分裂增殖速度更快。湿性愈合理论逐渐被接受，这一理论催生了一系列新型敷料的发展，包括水胶体敷料、水凝胶敷料、藻酸盐敷料、泡沫敷料等，这些新型敷料不仅可以保护伤口不被感染、吸收渗液，还可以主动刺激细胞增生和促进上皮细胞爬行，提升了伤口治疗的水平。

## 二、伤口湿性愈合理论的作用原理

伤口湿性愈合理论是指运用敷料和 / 或药物使伤口保持湿润、密闭，给伤口提供一个湿性愈合的环境，以促进伤口的愈合。其作用原理包括以下几个方面：

1. 湿性环境有利于坏死组织的溶解　伤口保持在一定的温度和湿度的环境下，伤口渗液中含有的白细胞及蛋白溶解酶能将创面上的坏死组织水化、溶解、破坏，从而达到清创的目的。

2. 湿润密闭的环境有利于细胞的分化和移行　细胞增殖分化以及酶活性的发挥都需要水作为介质。适度湿润的环境可以促进多种生长因子的释放，如表皮生长因子（EGF）、血小板源性生长因子（PDGF）、角质生长因子（KGF-2）等；湿润环境下维持生长因子的活性，帮助生长因子和其他促进伤口愈合的因子的扩散；可以帮助细胞移行，协助修补受损组织；加快表皮细胞移行的速度。

3. 低氧的环境促进血管的生长　伤口局部低氧 / 无氧的微环境可以刺激巨噬细胞释放生长因子，使血管形成加速；在低氧时成纤维细胞的生长速度最快；低氧环境形成的氧梯度差可以刺激毛细血管的生长，从而改善创面局部的血流，促进创面的愈合。

4. 微酸的环境促进胶原蛋白的产生和肉芽组织的生长　正常的皮肤呈弱酸性，是理想的创面愈合环境。开放伤口中 pH>7.1，而密闭环境下伤口局部呈弱酸性（pH 6.4±0.5），在弱酸性环境下，促进成纤维细胞产生胶原，胶原蛋白是基本的构建蛋白，是肉芽组织的主要成分。

5. 降低伤口的感染率　闭合性敷料对外界环境的微生物具有阻隔作用。研究显示，在湿性环境中，伤口感染率只有 2.6%；而干性环境下感染率为 7.1%。

6. 避免二次损伤　湿性愈合环境，创面不形成结痂，避免再次机械性损伤，减少疼痛。

（陈　谦）

第二篇

# 临床理论与实践

# 第三章 造口护理

## 第一节 造口相关疾病

**学习目标**

完成本内容学习后,学生将能:
1. 复述肠造口相关疾病、泌尿造口相关疾病的病因和病理。
2. 列出肠造口相关疾病、泌尿造口相关疾病的症状、体征及检查。
3. 描述肠造口相关疾病、泌尿造口相关疾病的流行病学。
4. 应用肠造口相关疾病、泌尿造口相关疾病的治疗原则。

### 一、肠造口相关疾病

肠造口是一种不得已而为之的常见的外科治疗手段。其定义是用人为的方法将肠腔与体外直接相通,临床上分回肠造口、结肠造口,永久性造口、临时性造口(预防性造口)等。在本部分内容中,将简要介绍与肠造口密切相关的几种疾病。

#### (一)直肠癌(carcinoma of rectum)

直肠癌是指从齿状线至乙状结肠直肠交界处之间的癌。由于其解剖部位的特殊性,导致手术难度大、术后复发率高。并且低位直肠癌与肛门括约肌接近,因此如何合理保肛也成为目前探讨的热点和难点之一。

1. 病因病理　直肠癌的病因目前仍不十分清楚,但可能与下列因素有关:

(1)遗传:约15%的直肠癌患者有家族史,常见的遗传性大肠癌包括家族性遗传性息肉病、遗传性非息肉性结直肠癌等。

(2)饮食因素:一般认为高动物蛋白、高脂肪和低纤维饮食是直肠癌的高危因素。

(3)直肠癌前病变:一些癌前病变,如溃疡性结肠炎、直肠腺瘤等。

(4)其他:如环境因素、生活方式、肥胖等。

(5)病理:腺癌、黏液腺癌、鳞状细胞癌、鳞腺癌,最常见的直肠癌是腺癌。

2. 流行病学　中国人直肠癌与西方人比较具有以下3个流行病学特点:①直肠癌发生率较结肠癌高,大约占60%。②低位直肠癌所占的比例高,占直肠癌的60%~75%,通常可在直肠指检中触及肿块。③年轻患者所占的比例高,不足30岁的青年直肠癌患者占全部患者的10%~15%。

3. 症状、体征和检查

(1)症状

1)直肠刺激症状:患者常有便频、排便习惯改变,伴有肛门下坠感、排便不尽感。

2）破溃感染症状：由于肿瘤血供无法满足肿瘤的快速生长，肿瘤会发生坏死、感染，从而患者会产生大便表面带血及黏液，甚至脓血便的症状。

3）狭窄梗阻症状：随着肿瘤的生长，肠腔逐渐发生狭窄，患者可出现大便变形，变细，部分可出肠梗阻表现。

4）其他症状：当肿瘤侵犯泌尿系统时可有膀胱刺激症状，女性侵犯阴道时可有白带异常，侵犯骶前神经时可出现骶尾部持续性剧烈疼痛。此外，肿瘤还可导致食欲减退、消瘦、全身无力、贫血等情况，病情严重时还可呈恶病质状态。

（2）体征：直肠指检可触及质硬、凹凸不平肿块。晚期可触及肠腔狭窄，肿块固定。

（3）检查

1）结肠镜检查：可以观察肿块的形态、大小以及距肛门缘的距离，并可取活检进行病理学检查，以确定肿块性质及其分化程度。

2）盆腔磁共振检查：了解肿瘤的部位，以及与周围邻近结构的关系，有助于术前准确的临床分期，制订合理的综合治疗的策略。

3）腹部 CT/B 超：可了解有无其他部位转移。对直肠癌的分期非常重要。

4）胸部 CT/ 胸部 X 线检查：了解肺部、纵隔有无转移。

5）CEA、CA199：早期诊断意义不大，但可作为辅助判断有无转移及术后监测随访的指标。

4. 治疗原则　直肠癌的早期诊断和多学科治疗非常重要。治疗的目的是彻底清除肿瘤，尽可能保留肛门，改善生活质量。

（1）手术治疗

1）腹会阴联合直肠癌切除术（abdominal perineal resection，APR 手术）又称 Miles 术：适用于距肛缘不足 7cm 的直肠下段癌，切除范围包括乙状结肠及其系膜、直肠、肛管、肛提肌、坐骨直肠窝内组织和肛门周围皮肤、血管在肠系膜下动脉根部或结肠左动脉分出处下方结扎切断，清扫相应的动脉旁淋巴结，腹部作永久性结肠造口（图 3-1-1）。

2）直肠低位前切除术（low anterior resection，LAR 手术）又称 Dixon 手术：在腹腔内切除乙状结肠和直肠并进行乙状结肠和直肠吻合。此手术能保留原有肛门，但对于部分吻合口位置低或具有吻合口瘘危险因素的患者需进行预防性造口（图 3-1-2）。

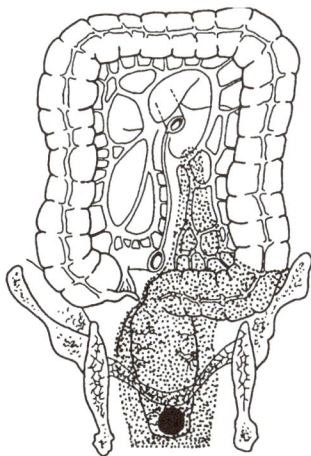

图 3-1-1　Miles 手术示意图　　　　图 3-1-2　Dixon 手术示意图

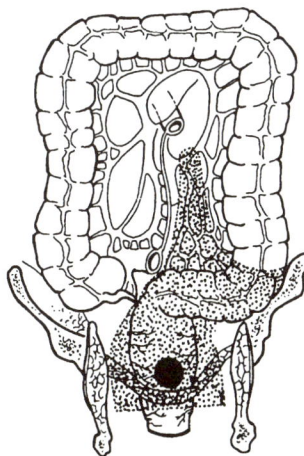

11

3）经腹直肠癌切除、近端造口、远端封闭手术（Hartmann 手术）：如癌肿局部浸润严重或转移广泛而无法根治或患者一般情况差无法耐受长时间手术时，为了解除梗阻和减少患者痛苦，可将有癌肿的肠段切除，缝合直肠远端，并取乙状结肠作造口（图 3-1-3）。

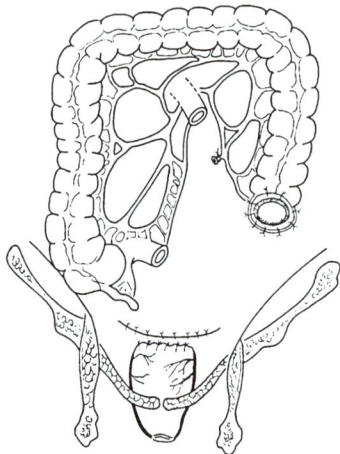

图 3-1-3　Hartmann 手术示意图

（2）放射治疗：放射治疗在直肠癌治疗中有着重要的地位，特别是术前新辅助放疗期间联合使用氟尿嘧啶或卡培他滨等放疗增敏剂，可使 60% 左右的肿瘤降期、降级，从而达到提高根治性切除率及保肛率并降低局部复发率的目的。此外，新辅助放化疗后，约 20% 的患者能获得病理完全缓解（pathologic complete response，pCR），因此，对于局部进展期的中低位直肠癌应行术前新辅助放化疗。

（3）化学治疗：直肠癌术后病理分期为高危 TNM Ⅱ 期和 TNM Ⅲ 期的患者建议术后辅助化疗，总化疗时间为半年。

**知识拓展**

## 预防性回肠造口在中低位直肠癌保肛手术中的应用

近年来，低位直肠癌保肛行预防性回肠造口的患者越来越多。预防性造口不仅可以降低术后吻合口瘘的发生率，同时也可以减轻吻合口瘘导致的感染程度。但对于预防性回肠造口仍有争议，一些医生喜欢采用横结肠造口，这是由于担心回肠造口术后导致大量肠液丢失从而引起脱水、休克甚至肾功能衰竭。但从临床实践看，由于回肠造口消化液丢失而导致上述并发症的病例临床少见。同时术后回肠造口排泄物会逐渐成型，每天排出量也较为稳定。此外，与预防性横结肠造口相比，预防性回肠造口还有以下优点：①制作良好的袢式回肠造口耐受性好；②术后康复快；③还纳手术难度较横结肠造口更容易而并发症发生率没有差异；④回肠造口比横结肠造口护理更容易，因此，袢式回肠造口是目前保护直肠吻合口的首选造口方式。

【资料来源】

1. Haksal M, Okkabaz N, Atici AE, et al. Fortune of temporary ileostomies in patients treated with laparoscopic low anterior resection for rectal cancer. Ann Surg Treat Res, 2017, 92 (1): 35-41.

2. Ihnát P, Guňková P, Peteja M, et al. Diverting ileostomy in laparoscopic rectal cancer surgery: high price of protection. Surg Endosc, 2016, 30 (11): 4809-4816.

### （二）炎性肠病

炎性肠道疾病（inflammatory bowel disease，IBD）是一种特殊的慢性肠道炎症性疾病，主要包括克罗恩病（crohn's disease，CD）和溃疡性结肠炎（ulcerative colitis，UC）。

1. 病因病理　IBD 的特异性致病因素及发病机制尚不明了。随着免疫学、遗传学、分子生物学的迅速发展,目前认为本病可能是由感染、免疫、遗传等多因素相互作用所致。

（1）病因

1）感染因素：由于 IBD 的临床表现在某些方面与细菌性痢疾、阿米巴痢疾等感染性肠炎十分相似,因此 IBD 可能与感染有关。

2）免疫因素：肠黏膜上皮细胞均具有一定的免疫功能,人体完整的肠黏膜屏障既能抵御致病因子入侵,又可耐受肠道非致病菌群。但如果在各种致病因素的作用下导致肠黏膜上皮屏障遭到破坏,就为大量摄取肠抗原创造了条件,加之黏膜免疫失去了某种抑制炎症反应的调节能力,就可引起不受调控自身的免疫激活而导致 IBD 的发生。

3）遗传因素：IBD 病例具有一定的家族聚集倾向,这类患者的一级亲属同患该病的危险性是一般人群的 10 倍,提示遗传因素在 IBD 的发病中具有一定的作用。

（2）病理：UC 的病变局限于结肠黏膜或黏膜下层,呈连续性,直肠基本上总受累,余下结肠的病变范围则大小不一,炎症一般不限于黏膜和黏膜下层。CD 结肠壁各层被肉芽肿性炎症所侵犯。

2. 流行病学 炎性肠病在全球范围内分布具有明显地域差异性,其在欧美国家高发,尤其是北美和北欧。以前认为 IBD 在亚洲国家包括中国发病率很低,但近 30 年来中国报道的临床 IBD 病例越来越多,其发病呈上升趋势。中国不同地区间 IBD 的发病率存在明显差异,南部最高,其次是中部地区,北部和西部较低,最低是东部,但与西方国家相比,我国 IBD 发病率仍然偏低。

3. 症状、体征和检查

（1）溃疡性结肠炎

1）症状：①腹泻：血性腹泻是 UC 最主要的症状,粪中含血、脓和黏液。轻者每日 2~4 次,严重者可达 10~30 次,呈血水样；②腹痛：UC 常为局限于左下腹或下腹部阵发性痉挛性绞痛,疼痛后可有便意,排便后疼痛暂时缓解；③里急后重：因直肠炎症刺激所致；④贫血：常有轻度贫血,疾病急性暴发时因大量出血,致严重贫血；⑤发热：急性重症患者有发热伴全身毒血症症状,间歇出现,因活动性肠道炎症及组织破坏后毒素吸收引起；⑥肠外表现：常有结节性红斑、眼色素葡萄膜炎、口腔黏膜溃疡、关节炎等免疫状态异常之改变。

2）体征：轻型患者左下腹有轻压痛,部分患者可触及痉挛或肠壁增厚的乙状结肠或降结肠。重型和爆发型者可有明显腹胀、腹肌紧张、腹部压痛及反跳痛。

3）检查：①结肠镜检查：病变多从直肠开始,呈连续性、弥漫性分布。表现为黏膜血管纹理模糊、紊乱或消失、充血、水肿、质脆、出血、脓性分泌物附着,病变明显处可见弥漫性、多发性糜烂或溃疡；缓解期患者可见结肠袋囊变浅、变钝或消失,假息肉及桥形黏膜等；②钡剂灌肠检查：黏膜粗乱和 / 或颗粒样改变；肠管边缘呈锯齿状或毛刺样,肠壁有多发性小充盈缺损；③黏膜组织学检查：固有膜内有弥漫性慢性炎性细胞、中性粒细胞、嗜酸性粒细胞浸润；隐窝有急性炎性细胞浸润,尤其是上皮细胞间有中性粒细胞浸润及隐窝炎,甚至形成隐窝脓肿,脓肿可溃入固有膜；隐窝上皮增生,杯状细胞减少；可见黏膜表层糜烂、溃疡形成和肉芽组织增生。

（2）克罗恩病

1）症状：①全身表现：体重下降,日渐消瘦为最常见症状。约 1/3 患者有低热或中等发热,不伴发冷,此时常为活动性病变或有并发症出现；②腹痛：为最多见的症状,间歇性发作。

轻者仅有腹部不适,重者可为严重的绞痛;③排便改变:大部分患者有腹泻,多为间歇性发作,大便次数与病变范围有关。每天 2~3 次至 10 余次,甚至达数十次。为软便或稀便,多不含脓血或黏液;④恶心和呕吐:病变侵犯胃和十二指肠、空肠、回肠,或形成肠管狭窄引起部分肠梗阻时,则出现恶心、呕吐、腹痛等症状;⑤肛门和直肠周围病变:肛门周围或直肠周围脓肿。窦道和瘘管是 CD 病较常见的表现。直肠和肛门周围感染可发展成直肠脓肿、直肠阴道瘘。肛门周围和臀部可有广泛溃疡和肉芽肿性病变。

2)体征:病变侵犯的部位不同,其体征亦各异。在病变的部位可触及肿块,局部有压痛。以右下腹部肿块较为多见,边界不清,比较固定。有肠梗阻时常有腹胀,可看到肠型和触及扩张的肠管。肛门周围可见溃疡、窦道或瘘管,个别病例有杵状指、肝掌、结节性红斑。

3)检查:①结肠镜检查:结肠镜应达末段回肠。可见节段性、非对称性的黏膜炎症、纵行或溃疡、鹅卵石样改变,可有肠腔狭窄和肠壁僵硬等;②钡剂灌肠检查:可见多发性、跳跃性病变,呈节段性炎症伴僵硬、狭窄、裂隙状溃疡、瘘管、假息肉及鹅卵石样改变等;③黏膜组织学检查:固有膜慢性炎细胞浸润、底部和黏膜下层淋巴细胞聚集,隐窝结构大多正常,杯状细胞不减少,并可见非干酪性肉芽肿。

4. 治疗原则

(1)溃疡性结肠炎:目前治疗 UC 的药物包括氨基水杨酸(5-ASA)、柳氮磺吡啶(SASP)、糖皮质激素、免疫抑制剂和生物制剂等。活动期以控制炎症及缓解症状为主要目标,缓解期应继续维持缓解,预防复发,注意疾病并发症。药物治疗过程中应注意不良反应,随时调整治疗。当 UC 患者出现大出血、穿孔、明确或高度怀疑癌肿及组织学检查发现重度异型增生或肿块性损害轻、中度异型增生以及重度 UC 伴中毒性巨结肠、静脉用药无效者应考虑手术治疗。急诊手术可行经腹全结肠或次全结肠切除并末端回肠造口术;择期手术患者推荐首选全大肠切除并回肠储袋肛管吻合术(ideal pouch-anal anastomosis,IPAA)。

> **知识拓展**
>
> ## 全大肠切除 + 回肠贮袋肛管吻合术在溃疡性结肠炎中的应用
>
> 全大肠切除 + 回肠贮袋肛管吻合术 + 预防性回肠造口术为溃疡性结肠炎患者的首选术式,适用于大部分 UC 患者。这一手术方式使患者可由肛门排便,避免了造口,从而显著改善患者的生活质量,储袋功能完好者与正常人较为接近。
>
> 【资料来源】
>
> Zittan E, Ma GW, Wong-Chong N, et al. Ileal pouch-anal anastomosis for ulcerative colitis: a Canadian institution's experience. Int J Colorectal Dis, 2017, 32 (2): 281-285.

(2)克罗恩病:目前治疗 CD 的药物与 UC 基本相同,手术治疗是 CD 治疗的最后选择,适用于积极内科治疗无效而病情危及生命或严重影响生存质量者、有并发症(穿孔、梗阻、腹腔脓肿等)需外科治疗者。但与 UC 不同的是,CD 病变肠道切除术后复发率相当高。患者术后原则上均应用药物预防复发。预防用药推荐在术后 2 周开始,持续时间不少于 2 年。

## （三）肠梗阻

由于各种原因导致肠内容物不能顺利向远端运行而产生的一组临床综合征,称为肠梗阻,是外科常见的急腹症之一。有时急性肠梗阻诊断困难,病情发展快,常致患者死亡。

1. 病因病理　按不同的病因肠梗阻可分为以下三类:

（1）病因

1）机械性肠梗阻:临床上最常见,是由于肠内、肠壁和肠外各种不同机械性因素引起的肠内容物通过障碍。

2）动力性肠梗阻:由于肠壁肌肉运动功能失调所致,并无肠腔狭窄,又可分为麻痹性和痉挛性两种。前者是因交感神经反射性兴奋或毒素刺激肠管而失去蠕动能力,以致肠内容物不能运行;后者系肠管副交感神经过度兴奋,肠壁肌肉过度收缩所致。

3）血运性肠梗阻:由于肠系膜血管内血栓形成,血管栓塞,引起肠管血液循环障碍,导致肠蠕动功能丧失,使肠内容物停止运行。

（2）病理:梗阻部位以上的肠管扩张与体液丢失、细菌的繁殖及毒素的吸收、肠管内压力增高影响肠黏膜的吸收作用,也使肠壁的血液循环发生障碍,引起肠壁坏死。因此,如果没有及时纠正肠梗阻引起的病理生理学改变,一旦肠腔内细菌毒素进入腹腔和血液循环中,就会导致感染性休克甚至死亡。

2. 流行病学　肠梗阻各种年龄和性别均可发病。机械性肠梗阻发病率约为肠梗阻的90%。其中绞窄性肠梗阻病死率仍可高达5%~30%。粘连性肠梗阻发病率约为肠梗阻的40%。

3. 症状、体征和检查

（1）症状

1）腹痛:肠梗阻的患者大多有腹痛。为阵发性绞痛。发作间歇期疼痛缓解,绞痛期间伴有肠鸣音亢进。肠鸣音呈高调,可闻及气过水声。每次绞痛可持续数秒到数分钟。如果阵发性绞痛转为持续性腹痛,则应考虑已发展为绞窄性肠梗阻。

2）呕吐:梗阻以后,肠管的逆蠕动使患者发生呕吐。呕吐物开始为胃内容物,以后为肠内容物。高位小肠梗阻绞痛不重,但呕吐频繁。中段或远端小肠梗阻,呕吐出现较晚。

3）腹胀:多发生在晚期,高位小肠梗阻不如低位者明显,结肠梗阻因回盲瓣存在,很少发生反流,梗阻常为闭袢性,故腹胀明显。绞窄性肠梗阻时,腹部呈不对称性膨胀,可以摸到膨大的肠袢。

4）排气与排便停止:肠梗阻患者,一般都停止由肛门排便与排气。但是肠系膜血管栓塞与肠套叠可以排出稀便或血性黏液。

5）全身症状:单纯性肠梗阻患者一般无明显的全身症状,但呕吐频繁和腹胀严重者必有脱水,血钾过低者有疲软、嗜睡、乏力和心律失常等症状。绞窄性肠梗阻患者的全身症状最显著,很快进入休克状态。伴有腹腔感染者,腹痛持续并扩散至全腹,同时有畏寒、发热、白细胞增多等感染和毒血症表现。

（2）体征:可见腹部膨隆及胃肠型,闭袢性肠梗阻常有不对称的局部膨胀,而麻痹性肠梗阻则有明显的全腹膨胀。机械性肠梗阻的早期常可听到肠鸣音亢进及气过水声。在麻痹性肠梗阻或机械性肠梗阻并发腹膜炎时,肠蠕动音极度减少或完全消失。腹部可有压痛。当发生绞窄性肠梗阻时,可伴有腹膜刺激征。在肠套叠或结肠癌所致的肠梗阻,可触及相应腹块；在闭袢性肠梗阻，有时可能触到有压痛的扩张肠段。直肠指诊注意指套是否有血迹，当看到指套带血时，应考虑肠管已发生坏死。

（3）检查：血常规检查可以发现白细胞总数和中性粒细胞百分比升高，同时可能合并电解质紊乱。腹部 X 线可以发现梗阻以上肠管积气、积液与肠管扩张。近年来，CT 在肠梗阻的诊断中发挥越来越重要的作用，因为 CT 不仅可以明确有无肠梗阻，更可以提示肠梗阻的病因。肠梗阻的 CT 表现为：肠管积液或积气积液，小肠扩张内径超过 3cm；结肠内径超过 6cm，即诊断肠管扩张。机械性肠梗阻有扩张肠管和凹陷肠管交界的"移行带征"；麻痹性肠梗阻常常表现为小肠、结肠均有扩张积气、积液，而常以积气为主，并无明显"移行带征"，并且常可见引起肠麻痹的腹部原因，如腹膜炎等；血运性障碍性肠梗阻除梗死或栓塞血管供血的相应肠管扩张外，梗阻肠管对应血管可见高密度血栓或增强扫描见血管内充盈缺损。

4. 治疗原则　肠梗阻的治疗，在于缓解梗阻，恢复肠管的通畅。值得注意的是患者生命的威胁不完全在于肠梗阻本身，而是由于肠梗阻所引起的全身病理生理变化。为了挽救患者生命，应及时纠正水与电解质紊乱，减少肠腔膨胀。当积极保守治疗无效，患者出现腹痛加重、白细胞增高、体温增高时，则应考虑手术治疗。观察的时间不宜超过 48 小时，以免发生肠绞窄坏死。手术方法根据梗阻原因有所不同，一般有下列几种方法：

（1）粘连松解术、复位术：进腹后探查至肠管萎陷与膨大的交界处，即梗阻病变的所在。若梗阻以上肠管膨胀明显，可先行肠减压术，以便腾出操作空间，同时避免探查时由于牵拉而发生肠破裂。

（2）短路手术：若梗阻的原因不能解除，如癌肿、放射性肠炎、腹腔结核等原因所引起粘连十分严重，难以分离，可在梗阻部位远近端作短路术。

（3）肠造口术：一般适用于结肠梗阻，如乙状结肠癌合并梗阻，一期手术切除吻合常导致吻合口瘘。因此对左半结肠梗阻，可先行造口。

（4）肠切除、肠吻合术：对梗阻所造成的小肠坏死，可进行一期切除吻合术。

（楼　征）

## 二、尿路造口相关疾病

### （一）膀胱尿路上皮癌

膀胱尿路上皮癌，以往称膀胱移行细胞癌，是最常见的膀胱肿瘤，也是最常见的尿路上皮性肿瘤。包括上皮肿瘤和非上皮肿瘤。

1. 病因病理　引起膀胱肿瘤的病因很多，下列是与发病相关的危险因素。

（1）病因：①长期接触致癌物质的职业人员；②吸烟是最重要的致癌因素；③膀胱慢性感染与异物长期刺激会增加发生膀胱癌的危险；④其他因素。

（2）病理：上皮组织来源肿瘤包括移行上皮性肿瘤、腺癌、膀胱鳞状细胞癌；非上皮组织来源肿瘤。

2. 流行病学　发病年龄多在 50~70 岁，发病率城市高于农村，男性高于女性，约为 4∶1。

3. 症状、体征和检查

（1）症状

1）血尿：血尿是膀胱尿路上皮癌最常见或最早出现的症状。常表现为间隙性无痛性肉眼血尿,可自行减轻或停止,易造成"好转"或"治愈"的假象而贻误治疗。血尿多为全程血尿,也可表现为初始或终末血尿,严重时可伴有血凝块。血尿的严重程度与肿瘤大小、数目、分期、恶性程度相关。

2）膀胱刺激症状：弥漫性原位癌、浸润性膀胱尿路上皮癌或肿瘤晚期出现坏死、溃疡、合并感染,常引起尿频、尿急、尿痛等膀胱刺激症状和盆腔疼痛。

3）梗阻症状：肿瘤进展引起输尿管梗阻可导致肾积水及腰肋部疼痛。盆腔淋巴结转移可压迫髂外静脉、淋巴管导致下肢水肿。较大肿瘤可堵塞膀胱出口导致排尿困难和尿潴留。

（2）体征：部分患者可出现下腹部肿块,贫血,下肢水肿等。

（3）检查

1）尿液检查：①尿常规：对于以镜下血尿为表现的膀胱肿瘤尤为重要。②尿细胞学检查：在新鲜尿液中易发现脱落的肿瘤细胞。晨起第一次尿细胞溶解比率高,不适合尿细胞学检查。尿细胞学检查阳性意味着被覆尿路上皮的任何部位存在尿路上皮癌的可能。③尿肿瘤标志物：端粒酶、膀胱肿瘤抗原、核基质蛋白、免疫细胞学检查和荧光原位杂交技术可用于膀胱尿路上皮癌的早期诊断。

2）影像学检查：①超声检查：泌尿系统疾病诊断的一线检查方法,可发现直径 0.5cm 以上的膀胱尿路上皮癌。②静脉尿路造影：显示为突出于膀胱壁的充盈缺损,但较小肿瘤不易发现。静脉尿路造影可了解肾盂、输尿管有无肿瘤及膀胱尿路上皮癌对上尿路影响,如有肾积水或肾显影不良,常提示肿瘤已侵及输尿管开口。③CT 检查：常用作膀胱尿路上皮癌的临床分期,特别在了解有无膀胱外浸润及淋巴结转移方面有重要价值。④MRI 检查：T1 加权像膀胱壁为低至中等信号,膀胱周围脂肪为高信号。T1 加权像有助于评估肿瘤是否侵犯膀胱周围脂肪、有无淋巴结及骨转移,明确邻近器官受侵犯情况。T2 加权像膀胱肌层呈低信号,大多数肿瘤呈中等信号。在评价膀胱尿路上皮癌分期方面,MRI 准确性优于 CT。

3）内镜检查：膀胱镜检查和活体组织病理学检查是膀胱尿路上皮癌最基本、最可靠的诊断方法。膀胱镜检查可明确肿瘤的数目、大小、位置（与输尿管开口及膀胱颈的关系）、形态（乳头状或广基肿瘤）、周围膀胱黏膜有无异常改变。对肿瘤和可疑部位进行活体组织病理学检查可明确诊断。

4. 治疗原则

（1）非肌层浸润性膀胱尿路上皮癌的治疗

1）经尿道膀胱肿瘤切除术（transurethral resection of bladder tumor, TURBt）：TURBt 应将肿瘤全部切除,直至暴露出正常的膀胱肌层。TURBt 术后,易残留肿瘤而出现复发。

2）膀胱灌注治疗：TURBt 术后 24 小时内即刻膀胱灌注治疗能够杀灭术中播散的肿瘤细胞和创面残留的肿瘤细胞,可显著降低复发率。

3）根治性膀胱切除术：膀胱灌注治疗无效的非肌层浸润性膀胱尿路上皮癌（如肿瘤进展、肿瘤多次复发、Tis 和 T1G3 肿瘤）,建议行根治性膀胱切除术。

（2）肌层浸润性膀胱肿瘤（T2、T3、T4 期）的治疗

1）根治性膀胱切除术：根治性膀胱切除术同时行盆腔淋巴结清扫术是浸润性膀胱尿路上皮癌的标准治疗方法。目前常用的尿流改道术式有：原位新膀胱术（可选回肠新膀胱术或乙状结肠新膀胱术）、回肠通道术、输尿管皮肤造口术及其他尿流改道方法。对年轻患者采用原位新膀胱尿流改道术,可提高术后生活质量。年老体弱者可行输尿管皮肤造口术,手

术简单,但输尿管口易发生狭窄。

2）保留膀胱的综合治疗:对于不能耐受或不愿意接受根治性膀胱切除术的肌层浸润性膀胱尿路上皮癌患者,可考虑行经尿道切除或膀胱部分切除术。肌层浸润性膀胱尿路上皮癌有较高的淋巴转移率,保留膀胱的手术后应辅以化疗或放疗,并严密随访。

3）化疗:化疗是肌层浸润性膀胱尿路上皮癌在根治性膀胱切除术之外重要的辅助治疗手段。膀胱尿路上皮癌对铂类、吉他西滨、阿霉素及紫杉醇等化疗药物敏感,化疗有一定疗效,但药物毒性反应较大。

4）放疗:肌层浸润性膀胱尿路上皮癌患者如不愿意接受或全身条件不能耐受根治性膀胱切除术或肿瘤无法根治性切除时,可选择放疗或化疗联合放疗,减轻症状,延长生存时间。

---

**知识拓展**

### 膀胱癌精准诊断的新认识

　　基于病理学和影像学的临床分级分期难以满足膀胱癌精准诊疗的需要,分子分型是近年来研究热点。目前已有研究报道膀胱癌的分子分型,美国 TCGA（The Cancer Genome Atlas,TCGA）研究组通过高通量测序分析 131 例肌层浸润性膀胱癌患者的 DNA、RNA 和蛋白质数据,将膀胱癌分为 4 型,其中Ⅰ型和Ⅱ型具有类似乳腺癌管腔样细胞（luminal）的特性,Ⅲ型具有类似乳腺癌基底样细胞（basal）的特性,具有鳞状细胞和干细胞特性的基因表达,Ⅳ型介于Ⅱ型和Ⅲ型之间。综合分析临床预后和疗效发现,luminal 型的预后最好并对新辅助化疗敏感,basal 型预后最差,而且约 60% 的患者对新辅助化疗不敏感,上述基于基因表达的分子分型为膀胱癌精准诊断提供了理论依据。

**【资料来源】**

Choi W, Ochoa A, McConkey DJ, et al. Genetic Alterations in the Molecular Subtypes of Bladder Cancer: Illustration in the Cancer Genome Atlas Dataset. European urology, 2017 Mar 29.

---

#### （二）肾积水

尿液由肾排出受阻,肾盂肾盏潴留的尿液超过正常容量,肾盂内压力增高,造成肾盂扩张和肾实质压迫性萎缩,称为肾积水。各种原因所致的尿路任何部位的梗阻都可引起肾积水,上至肾盂,下至尿道外口。当肾积水容量超过 1000ml 或小儿超过 24 小时尿液总量时称为巨大肾积水。

1. 病因病理

（1）病因:分为原发性和继发性两种。原发性肾积水又称为先天性肾积水由机械性梗阻所致。继发性肾积水多由于泌尿系的其他疾病所致。

（2）病理:肾积水导致肾盂与肾盏扩张,其中潴留尿液。

2. 流行病学　在刚出生的婴儿到 80 岁老人的尸体解剖中,肾积水的发生率为 3.1%,男性更为常见,双侧肾积水占 20%。肾积水多由上尿路梗阻疾病所致,常见原因有先天性肾盂输尿管连接部狭窄（ureteropelvic junction obstruction, UPJO）、输尿管结石或肿瘤等。长期的下尿路梗阻性疾病也可以导致肾积水,且多为双肾积水,如良性前列腺增生、尿道狭窄、神经源性膀胱功能障碍等。

3. 症状、体征和检查

（1）症状

肾积水的临床表现多变，包括引起梗阻的原发病表现和梗阻引起的继发性表现，具体与梗阻的原因（内源性或外源性）、梗阻的部位（上尿路或下尿路）、梗阻的范围（单侧或双侧）、梗阻的程度（完全性或不完全性）、梗阻的时间（急性或慢性）及有无合并感染密切相关。肾积水有时为间歇性发作，称为间歇性肾积水，多见于肾下垂、输尿管梗阻、异位血管压迫等。轻度肾积水多无症状，中、重度肾积水可出现下列表现。

1）导致梗阻的原发病表现：泌尿系结石常表现为镜下血尿，肿瘤多为肉眼血尿，前列腺增生或尿道狭窄导致膀胱出口梗阻时表现为排尿困难。

2）疼痛：肾积水较常见的临床表现，多为间歇性腰部或（和）腹部胀痛。大量饮水，积水肾脏增大，肾包膜受牵拉，是引起疼痛的主要原因。严重的肾积水易在外伤时引起破裂和出血，尿液流入腹膜后间隙或腹腔可引起严重的刺激反应，出现疼痛、压迫和全身症状。

3）肿块：有些患者特别是小儿以腹部肿块就诊，体检时腹部可触及肿大的肾脏，表面光滑且多有囊性感。

4）感染：肾积水时易引发感染。合并感染时可出现尿频、尿急、尿痛及脓尿。严重时可出现全身中毒症状，如寒战、发热、头痛以及胃肠道功能紊乱等。

5）肾衰竭：双肾以及孤立肾积水导致肾功能损害严重时，可出现程度不等的食欲不振、恶心呕吐、乏力、水肿等肾衰竭表现。双侧或孤立肾急性梗阻时可出现少尿或无尿等急性肾衰竭表现。

（2）体征：可从肾区叩痛、肿块、腹块等体征中进一步检查确定是否有上尿路梗阻存在。

（3）检查

1）实验室检查：包括血液、尿液等常规检查，必要时进行尿细菌培养、结核杆菌抗酸染色或培养、脱落细胞学检查等。尿常规检查可发现血尿、蛋白尿、结晶尿、脓尿和管型。慢性梗阻时，尿常规检查可发现尿钠浓度升高、尿渗透压降低、尿/血浆肌酐比率降低。

2）影像学检查：①B超：诊断肾积水的首选方法，尤其是对造影剂过敏者、妊娠妇女、婴儿及胎儿更为适宜。B超可以清楚地显示肾实质、肾盂及输尿管扩张情况，也可能显示梗阻的部位及病因，有助于与肾囊肿、肾实质肿瘤等疾病辨别。②X线检查尿路平片：可了解尿路有无阳性结石等异常。静脉尿路造影可了解肾积水的梗阻部位、原因、程度以及患肾的功能状况，也可反映对侧肾功能及整个尿路状况。③CT：CT尿路成像可清晰显示肾、输尿管、膀胱的形态学改变，判断肾积水的原因的程度，有助于腹腔、腹膜后和盆腔病变的鉴别诊断。④MRI水成像（MRU）：主要了解肾积水的尿路形态学改变。肾积水导致肾功能损害严重时，排泄性尿路造影患肾多不显影，MRU可清晰显示梗阻部位及其以上的尿路形态。

3）肾功能检查：除常规生化检查了解总肾功能外，为明确患肾及分肾功能，可进行放射性核素肾脏显像和肾图等检查。

4）内镜和尿动力学检查：膀胱尿道镜检查可了解下尿路梗阻情况，输尿管镜则可了解上尿路梗阻的原因和部位。尿动力学检查可用来鉴别下尿路梗阻的原因，区别膀胱逼尿肌收缩功能障碍或膀胱出口梗阻。

知识拓展

## 影像尿动力学检查

普通尿动力检查通过压力-流率曲线,肌电活动检测,能判断一部分疾病的病因,但由于其缺少同步影像证据,因此对一些复杂的排尿障碍疾病(如神经源性膀胱、基于排尿障碍的上尿路积水等),就无法进一步明确诊断。影像尿动力检查(video-urodynamic study,VUD)通过压力-流率曲线结合实时影像,很好地解决了这一问题。VUD 能够准确判断基于排尿障碍的肾积水的原因,原因主要为以下 3 种:①膀胱充盈期高压(压力 >40cmH$_2$O),未发现输尿管反流,此种类型肾积水均为双侧上尿路积水;②膀胱充盈期高压(压力 >40cmH$_2$O),顺应性明显降低,伴输尿管反流;③输尿管低压反流。对于肾积水患者,VUD 不仅能明确诊断,同时也指导治疗方式的选择。对于第一种原因的肾积水患者,通过降低膀胱内压力即可以避免上尿路的持续损害,如自我间歇性导尿、膀胱造瘘等;而后两种原因的患者则需要在降低膀胱内压的基础上行输尿管再植,增加其抗反流能力,才有可能避免上尿路的持续损害。

【资料来源】

Artibani W, Cerruto MA. The role of imaging in urinary incontinence. BJU international, 2005, 95: 699–703.

4. 治疗原则　肾积水的治疗原则为尽早解除梗阻、去除病因、最大限度地保护肾功能、控制感染、预防并发症的发生。根据肾积水的病因、程度和肾功能情况,确定治疗方案。

(1)非手术治疗:对于可能自行缓解的梗阻性病变如炎症、水肿、输尿管小结石、间歇性发生肾积水的肾下垂、早期的肾盂输尿管连接部梗阻等,可采取非手术治疗,但是必须进行严密随访观察。对于肾积水合并继发感染的患者,应定期做尿常规和尿培养,及时应用敏感抗生素控制感染,避免发生顽固性反复发作性肾盂肾炎或脓肾形成。

(2)手术治疗:凡是能通过手术治疗解除梗阻的患者,只要全身情况许可,均应尽早施行手术,去除病因,恢复肾功能。在梗阻尚未引起严重肾功能损害时,去除病因后常可获得较好的治疗效果。根据病因的性质不同采用相应的治疗方法,如各种先天性尿路畸形的成形术、尿路结石的体外碎石术或内镜取石术等。

若肾积水合并感染,肾功能损害较为严重,病因暂不能处理时,应在梗阻以上部位进行引流(如肾造瘘术),待感染控制、肾功能恢复后,再行去除病因的手术。输尿管周围严重病变导致梗阻需长期引流者,可经膀胱镜放置输尿管双"J"管。肾积水导致剩余的肾实质过少且功能受损严重,或伴有严重感染致肾积脓时,在确保健侧肾功能正常的情况下可切除患肾。

### (三)尿潴留

尿潴留(urinary retention)是指膀胱内容充满尿液而不能排出,常常由排尿困难发展到一定程度引起。尿潴留分为急性和慢性。

1. 病因病理

（1）病因

1）机械性梗阻：常见原因是由于各种器质性病变造成尿道或膀胱出口的梗阻，如尿道病变有炎症、异物、结石、肿瘤、损伤、狭窄以及先天性尿道畸形等。膀胱颈梗阻性病变：有膀胱颈挛缩、纤维化、肿瘤、急性前列腺炎或脓肿、前列腺增生、前列腺肿瘤等；盆腔肿瘤、妊娠的子宫等也可引起尿潴留。

2）动力性梗阻：排尿动力障碍常见的原因为中枢和周围神经系统病变，如脊髓或马尾损伤、肿瘤或盆腔手术损伤支配膀胱的神经以及糖尿病等，造成神经性膀胱功能障碍。还有药物如阿托品、溴丙胺太林、东莨菪碱等松弛平滑肌的药物偶尔可引起尿潴留。

（2）病理：尿路梗阻不能解除，逼尿肌最终不能排空膀胱尿而出现残余尿。

2. 症状、体征及检查

（1）症状

1）急性尿潴留：发病突然，膀胱内充满尿液不能排出，胀痛难忍，辗转不安，有时从尿道溢出部分尿液，但不能减轻下腹部疼痛。

2）慢性尿潴留：多表现为排尿不畅、尿频，常有尿不尽感，有时有尿失禁。少数患者虽无明显慢性尿潴留梗阻症状，但往往已有明显上尿路扩张、肾积水，甚至出现尿毒症症状，如身体虚弱、贫血、呼吸有尿臭味、食欲缺乏、恶心呕吐、贫血、血清肌酐和尿素氮升高等。

（2）体征：膀胱内充满尿液不能排出，部分尿液可从尿道溢出，但不能减轻下腹疼痛。

（3）检查：对诊断不明确的患者，可行 B 超检查残余尿，明确是否存在尿潴留。另外，通过对膀胱、前列腺和尿道的检查，明确尿潴留的初步原因，以选择进一步特异性检查，以明确诊断。

3. 治疗原则

（1）急性尿潴留：治疗原则是解除病因，恢复排尿。若经耻骨上膀胱区热敷或针刺等治疗仍不能排尿，可行导尿术，尿潴留短时间不能恢复者，应留置导尿管持续导尿，视情况拔除。如病因不明或梗阻一时难以解除，应先做导尿或耻骨上膀胱造瘘引流膀胱尿液解除病痛，然后做进一步检查明确病因。急性尿潴留患者在不能插入导尿管时，行耻骨上膀胱穿刺造瘘，若无膀胱穿刺针，可手术行耻骨上膀胱造口术。如果梗阻病因无法解除，可永久引流尿液，定期更换造瘘管。

（2）慢性尿潴留：若为机械性梗阻病变引起上尿路扩张伴肾积水、肾功能损害者，应先行膀胱尿液引流，待肾积水缓解、肾功能改善后，针对病因解除梗阻。如系动力性梗阻引起，多数患者需留置导尿管，定期更换。上尿路积水严重者，可做耻骨上膀胱造口术或肾造瘘等尿流改道术。

（3）根据病情，治疗原发病，解除梗阻：如前列腺增生症患者可行前列腺经尿道微创激光或电切治疗或前列腺手术摘除；不能耐受前列腺手术者，可行永久耻骨上膀胱造瘘术。对膀胱颈部梗阻者应行经尿道膀胱颈部电切术或膀胱颈成型术。对尿道狭窄者，可行尿道扩张术或经尿道镜窥视下冷刀或激光内切开术。膀胱结石应去除结石。膀胱肿瘤亦作相应处理。对神经源性膀胱和膀胱逼尿肌收缩无力可先用药物治疗，若无效需行膀胱造瘘术或自我间歇性导尿术。

## 前列腺增生微创手术的新标准——激光手术

传统的经尿道前列腺电切术(TURP)治疗前列腺增生(BPH)仍然存在术中出血量较大及 TURP 特有的经尿道电切综合征(TURS)等方面的问题,而经尿道腔内激光手术正是针对性地解决了 TURP 的以上两大难题。由于激光良好的组织凝固作用,使其在组织切割过程中的止血效果极佳,显著降低了术中出血的风险,同时,由于激光的非电导性,手术时的膀胱内冲洗介质可使用电解质溶液即生理盐水,基本杜绝了 TURS 发生的风险。因此,虽然 TURP 目前仍被视为 BPH 治疗的"金标准",但是近 30 年来经尿道腔内前列腺激光手术的快速发展无疑是继 TURP 之后 BPH 微创治疗又一个里程碑式的进步。用于治疗 BPH 的主要包括:Nd:YAG 激光(钕激光),Ho:YAG 激光(钬激光),KTP 激光(绿激光)及 $2\mu m$ 激光(铥激光),上述 4 种激光激发波长各异,此特点使每种激光都具有其独特的组织作用特性,手术效果亦各有所长。

【资料来源】

曹磊,符伟军,张旭. 良性前列腺增生激光手术治疗的新进展. 国际泌尿系统杂志,2009,29:778-782.

(董柏君)

# 第二节　造口手术

完成本内容学习后,学生将能:

1. 复述各类造口手术的基本概念、适应证、禁忌证。
2. 描述各类造口手术的操作步骤。
3. 应用所学知识,对各类造口手术后患者进行观察。

## 一、肠造口手术

肠造口(bowel stoma)是指出于治疗目的而在患者腹壁上所做的人为开口,并将一段肠管拉出腹壁开口外,从而形成的人工的大便流出道。肠造口的基本作用是代替原来的肛门行使排便功能,从而维持消化道的正常生理功能。从外科技术层面上看,肠造口可以选择在 Treize 韧带以下的肠道的任何部位,但是从造口的作用和临床治疗学意义上看,常见的肠造口往往选择在下消化道,特别是末段回肠和结肠;从造口位置上可将肠造口分成回肠造口和结肠造口(图 3-2-1)。从治疗的角度上看,肠造口可分为永久性肠造口与临时性肠造口(也叫预防性肠造口)。永久性肠造口指的是手术切除肛门或弃置肛门的患者,通过肠造口永久性地替代肛门实现排便。临时性肠造口指的是由于治疗和康复的需要,在手术后的一段时间临时性地以肠造口替代肛门排便,日后可还纳的肠造口。从造口方式上看,肠造口可分为单腔造口和袢式造口。

### (一)乙状结肠造口(单腔造口)(彩图3-2-2)

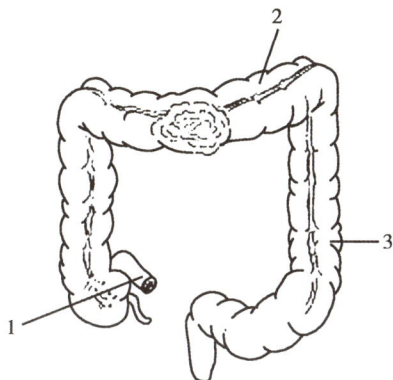

图3-2-1 常见的肠造口部位示意图

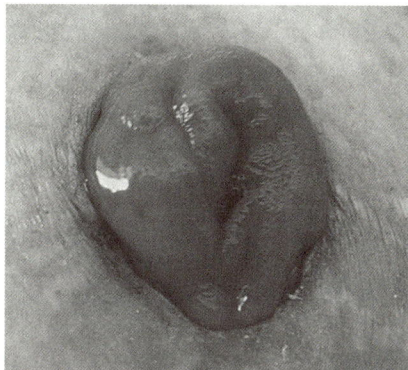

彩图3-2-2 单腔造口

1. 适应证
(1)直肠恶性肿瘤拟行 Miles 手术,或行 Hartmann 手术。
(2)直肠病变需要暂时性肠道转流。
(3)放射性肠炎或直肠瘘管须行永久性肠道转流。
2. 禁忌证 乙状结肠或近端结肠有梗阻性病变者。
3. 操作步骤

单腔造口是将肠管离断后的近端提出于腹壁外,黏膜外翻固定于腹壁之后形成的,开口仅有一个。单腔造口多为永久性造口,以结肠造口居多。手术时依据术前定位切开腹壁切口,切口通常为圆形或梭形。切断结肠后,将近段结肠断端提到腹壁外(图3-2-3)。此过程注意应封闭结肠断端,勿使肠内容物污染腹腔及术野。肠管提出后,将肠壁分层缝合,固定于腹膜和腹直肌前鞘,通常用4-0丝线或可吸收缝线间断缝合,针距以0.5~1.0cm为宜。固定后,切除断端受挤压的肠黏膜或闭合钉,显露新鲜的肠壁组织。将肠黏膜外翻,间断缝合固定于皮肤(图3-2-4)。

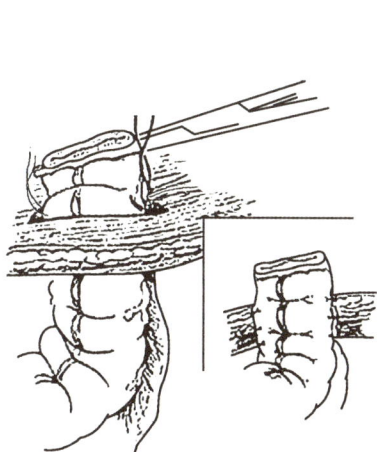

图3-2-3 单腔肠造口手术过程示意图

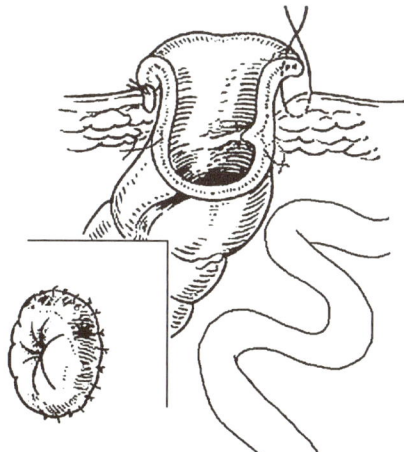

图3-2-4 肠黏膜外翻缝合固定示意图

## （二）回肠造口（袢式造口）（彩图 3-2-5）

1. 适应证

（1）低位直肠癌接受保留肛门的手术：由于吻合口位置较低、接受过术前放化疗或存在术中不良事件（吻合环不完整、充气试验阳性、吻合口血供不良等），吻合口漏的风险较大，需要粪便转流以促进吻合口愈合；由于此种情况造口是为了预防吻合口漏的相关并发症，因而此类临时性造口也称作预防性造口。

（2）患者存在完全性肠梗阻等急症：肠道扩张、肠内容物较多以及肠壁明显水肿等情况，肠吻合后风险较大，需要临时转流粪便降低吻合风险。

（3）大肠癌局部分期较晚，需接受转化治疗：如果患者存在肠梗阻或术中发现肿瘤难以一期根治性切除，可选择临时性肠造口恢复排便，待转化治疗完成后切除肿瘤。

（4）大肠癌术后出现吻合口漏或直肠阴道漏、直肠膀胱漏的急诊手术。

2. 禁忌证　近端小肠有梗阻病变者。

3. 操作步骤　袢式造口也叫双腔造口，此类造口是将肠袢提出腹壁外（图 3-2-6），固定后开口而形成。袢式造口的开口有两个，分别为近端肠道开口和远端肠道开口。近端肠道开口是大便的流出道，远端肠道开口较少排出粪便，可有肠液及气体排出。袢式造口多为临时性造口，回肠造口的腹壁开口通常选择在右下腹，选取距离回盲部 20~40cm 处的活动度良好的回肠，将肠袢经腹壁开口提出腹腔。将肠壁分层缝合，固定于腹膜和腹直肌前鞘后以及皮肤。然后切开肠壁，形成双腔造口。

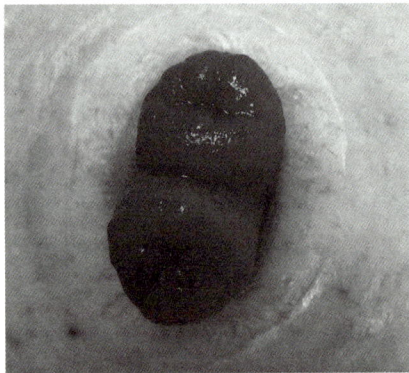

彩图 3-2-5　袢式造口

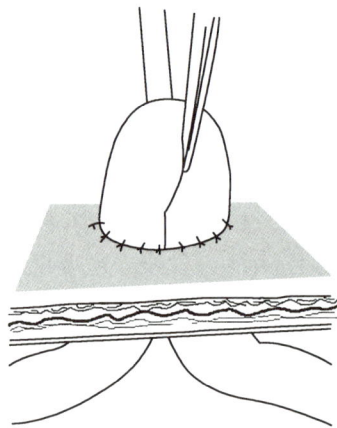

图 3-2-6　袢式回肠造口示意图

## （三）横结肠造口（袢式造口）

1. 适应证

（1）左侧结肠或直肠恶性肿瘤伴有急性梗阻时先期减压。

（2）晚期左侧结肠或直肠恶性肿瘤无法切除。

（3）左侧结肠或直肠外伤或病变致穿孔、瘘道行修补术时暂时性肠道转流。

2. 禁忌证　近端结肠有梗阻病变者。

3. 操作步骤　临时性肠造口多为袢式造口。将肠壁分层缝合，固定于腹膜和腹直肌前鞘后以及皮肤。然后切开肠壁，形成双腔造口。袢式肠造口在提出腹壁过程中注意肠系膜方向,勿发生系膜扭转。手术时有时因为腹壁过厚或者肠系膜过长,在提出腹壁过程中容易发生一定角度的系膜扭转。小角度的系膜扭转通常不会引起造口并发症,但严重的肠系膜扭转(超过180°)将导致造口黏膜血运障碍,发生绞窄性肠坏死。

如果选择横结肠造口,腹壁开口通常位于左上腹。由于横结肠周围有大网膜,在将肠袢提出腹壁前往往需要充分游离开大网膜组织。此外,由于结肠的活动度不如小肠,因此将结肠肠袢提出腹壁后为预防肠管回缩到腹腔,经常在肠袢下方加用玻璃小管支撑固定(图3-2-7)。

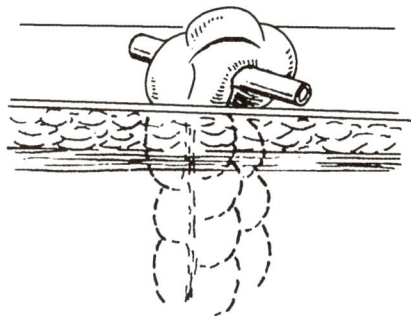

图3-2-7　袢式结肠造口示意图

### (四)永久性造口和临时性造口的比较(表3-2-1)

表3-2-1　永久性肠造口与临时性肠造口的比较

| | 永久性肠造口 | 临时性肠造口 |
| --- | --- | --- |
| 适应证 | 肛门切除或弃置,需永久转流粪便 | 由于各种原因需临时转流粪便 |
| 造口方式 | 多为单腔肠造口 | 多为双腔肠造口 |
| 造口部位 | 结肠造口居多 | 回肠造口、结肠造口均有 |
| 体表定位 | 左下腹常见 | 右下腹或左上腹常见 |
| 能否还纳 | 不能还纳 | 可以还纳 |

### (五)观察要点

1. 肠造口的体表位置选择　应遵循术前定位。外科医生在手术过程中选择肠造口的腹壁开口的位置非常重要,位置选择不当将直接导致造口护理中的一系列问题。

2. 分离小肠和结肠系膜时注意勿损伤系膜血管　造口的血液供应来自肠系膜的血管,手术中应注意保护好肠造口处的系膜血管,以免在手术后发生造口血运障碍;特别是结肠造口,应在关腹前确保结肠造口血供良好,因为结肠系膜中的血管分布较小肠系膜明显减少,术后更容易因血供不良导致肠造口缺血坏死。

3. 袢式肠造口在提出腹壁过程中注意肠系膜方向,勿发生系膜扭转　手术时有时因为腹壁过厚或者肠系膜过长,在提出腹壁过程中容易发生一定角度的系膜扭转。小角度的系膜扭转通常不会引起造口并发症,但严重的肠系膜扭转(超过180°)将导致造口黏膜血运障碍,发生绞窄性肠坏死。

4. 处理结肠系膜血管时应妥善结扎,防止术后结扎线松脱引起出血　随着电外科技术的飞速发展,各种电手术器械越来越多地应用于肠道手术,如电刀、结扎束、超声刀等,这些手术器械极大地方便了外科手术的操作,加快了手术进程。但是在处理肠系膜血管时,应根据患者的具体情况稳妥处理好血管,必要时缝扎或结扎较粗的血管,以免手术后发生出血。

5. 造口处腹壁开口不宜过大或过小,应以两横指宽度为宜　腹壁开口过大,手术后容易发生造口旁疝,特别是对于腹压增高的患者,如长期慢性咳嗽、小便困难、过度肥胖等;皮肤的开口如果过大,术后易发生造口皮肤黏膜分离,影响康复过程。腹壁开口过小容易发生造口狭窄,导致排便困难、腹胀和肠梗阻。

6. 肠造口与腹壁应分层缝合　固定造口时通常将肠壁分层缝合固定于腹膜、腹直肌前鞘和皮肤,如此操作能够确保肠壁与腹壁的牢固位置关系,消灭腹壁开口处的潜在腔隙。若在手术过程中,简化相应的操作,减少了缝合的层数,特别是做临时性造口时,错误地认为造口终将还纳而减少了缝合固定,则很容易导致术后造口旁疝以及造口回缩。据统计,10%~15% 的临时性肠造口会因为种种原因而无法还纳,这部分造口将成为永久性造口,因此分层缝合固定对这部分患者就显得尤其重要。

7. 黏膜高度　造口肠管全层翻转后,外翻的黏膜应高出皮肤至少 1cm,以便于术后护理。造口的肠黏膜高出皮肤一定高度对于造口的护理十分重要,通常以 1~2cm 为宜,这是因为患者在手术后需要长期佩戴造口袋,一定高度的造口有利于皮肤与造口袋的充分接合,避免侧漏。如果造口过于平坦,不仅不利于佩戴造口袋,而且随着患者皮下脂肪厚度的增加和皮褶的挤压,很容易发生造口回缩;而造口过高过长则容易出现肠黏膜脱出,影响排便功能,严重者甚至发生嵌顿;因此造口的高度应适中。使用吻合器做肠造口,这种方法做出的造口较为平坦,不利于造口的长期护理,易造成各类并发症。

8. 造口处的皮下隧道应与肠管的宽度相适应,勿过度切除脂肪形成残腔　如果在肠造口手术过程中切除过多的皮下脂肪,导致造口的皮下空间过大,就会在造口皮下的肠管与皮下组织之间形成残腔,当造口排便后容易在此残腔内积存细菌引起皮下感染,造成造口皮肤黏膜分离,影响术后康复。

综上所述,肠造口手术的操作过程与术后的造口并发症发生率息息相关。良好的手术操作不仅有利于手术后造口排便功能的尽快恢复,而且能够避免和减少造口并发症的发生。因此,肠造口手术中应注意操作要领,努力将肠造口手术的风险降到最低,促进肠造口患者的顺利康复。

（杜长征）

## 二、泌尿造口手术

### （一）肾穿刺造瘘术

1. 适应证

（1）临时性肾造瘘术:梗阻性肾病（无尿、肾积水或肾积脓）暂时不能耐受解决尿路梗阻手术或部分肾脏手术（经皮肾碎石术和其他肾、肾盂、输尿管手术）后需要暂时改善肾功能,充分引流。

（2）永久性肾造瘘术:输尿管和膀胱广泛性病变,如炎症、狭窄、肿瘤无法手术根治需要永久性引流尿液。

2. 禁忌证　有凝血功能障碍及出血倾向者应慎重。

3. 操作步骤

（1）选择穿刺点:患侧第 12 肋缘下与腋后线交点处为穿刺点,一般采用 B 超确定穿刺点,作好标记。用 B 超确定穿刺点还可帮助查出穿刺点皮肤到肾实质的距离及肾实质厚度。

局麻后用长针头在该点试行穿刺,抽出尿液后于入针处皮肤做一小切口,切开皮肤、皮下组织 1~2cm,拔出长针头。

（2）穿刺造口:用套管针沿长针头穿刺方向向肾脏穿刺,当套管针穿过肾实质后,有抵抗感突然消失的感觉,再将套管针向前推进 0.5~1cm,拔出针芯,见有尿液流出,用已备好相应管径的引流管自套管针管腔插入肾盂适当深度,证实引流管在肾盂内,调节深度至引流通畅后,拔出套管针,缝合皮肤切口并妥善固定引流管（图 3-2-8）。

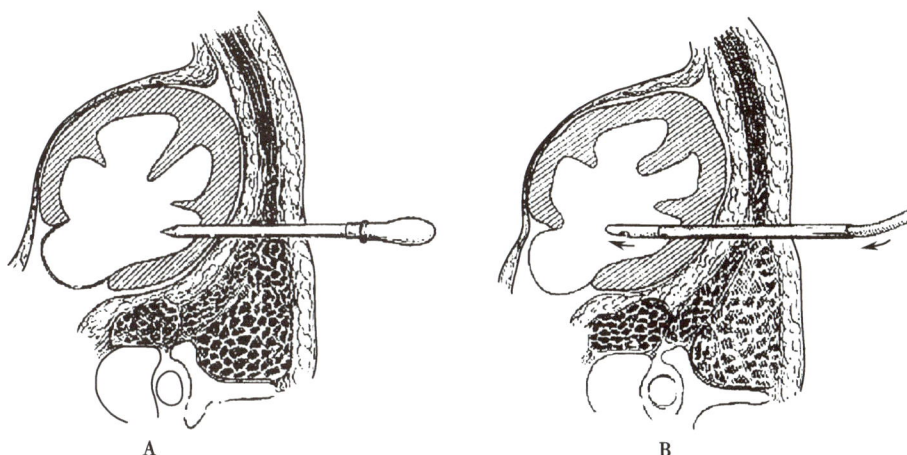

**图 3-2-8　肾穿刺造瘘术示意图**
A. 套管针穿刺肾脏示意图;B. 引流管插入肾盂示意图

4. 观察要点

（1）放置肾造瘘管时导管一端置于肾盂内,不要扭曲成角,防止引流不畅。

（2）放置肾造瘘管后,需生理盐水冲洗确认引流通畅。在有脓液或出血时更应冲洗,清除脓液、血块或蛋白样块状物,保持引流通畅。术中发现肾实质切口处渗血,可暂时压迫止血;若出血不止,可在穿刺处行褥式缝合止血。

（3）需长期放置肾造瘘引流者,首次更换造瘘管可在术后 3~4 周进行,并定期更换。

**（二）膀胱穿刺造瘘术**

1. 适应证

（1）临时性膀胱造瘘术:①急性或慢性尿潴留,如前列腺增生、尿道狭窄、尿道结石或异物等,导尿管不能插入者;②阴茎损伤和尿道损伤;③尿道或膀胱手术后;④急性前列腺炎、尿道炎、尿道周围脓肿等。

（2）永久性膀胱造瘘术:①神经源性膀胱功能障碍;②下尿路梗阻伴尿潴留,不能耐受解除梗阻手术者;③尿道切除患者。

2. 禁忌证

（1）膀胱空虚,术前无法使之充盈者。

（2）有下腹部及盆腔手术史,穿刺膀胱估计有损伤腹腔脏器危险者。

（3）有盆腔放射治疗史伴严重瘢痕粘连者。

（4）凝血功能障碍者。

（5）膀胱挛缩者。

3. 操作步骤

（1）在膀胱膨胀最明显处，一般在耻骨联合上 3cm 左右作一皮肤小切口，长 0.5~1cm。

（2）皮肤切开后，先用腰穿针垂直或斜向下刺入膀胱，抽得尿液。退出针后将套管针同法刺入膀胱。

（3）拔出套管芯，立即将气囊导尿管经套管插入膀胱内，拔出套管。导尿管留置于膀胱内，气囊内注入盐水 10ml 左右，以防导尿管脱出。皮肤切口在管旁各用丝线缝合 1 针并固定导尿管。

4. 观察要点

（1）妥善固定穿刺造瘘管和引流尿袋。

（2）预防感染治疗，定期更换引流袋。

（3）膀胱穿刺造瘘术完成后首次不应引流过多尿液，以防出现膀胱黏膜出血，一般控制在 400~500ml 为宜。

（4）膀胱有出血或感染者，用生理盐水或 0.1% 呋喃西林溶液低压冲洗，以保持引流通畅。

（5）膀胱造瘘引流管拔除时间应根据具体情况决定，如需长期留置膀胱造瘘管，应每 4~6 周更换一次造瘘管，定期膀胱冲洗，以保持尿液引流通畅，避免引起感染或继发结石。

（6）并发症及其处理

1）穿刺后出血：因穿刺针损伤膀胱前静脉或膀胱壁血管所致。一般较轻，多可自行消失；血尿明显时，先除外膀胱内出血。术后注意保持尿液引流通畅，密切观察尿液颜色改变。严重血尿可适当应用止血药物，必要时手术处理。

2）低血压及膀胱内出血：尿潴留 500ml 以上的老年患者，避免引流过快。否则可引起低血压及膀胱内出血。一次引流尿液要小于 500ml。

3）膀胱痉挛和膀胱刺激症状：表现为阴茎头和尿道外口反射痛、尿频、尿急及耻骨上区疼痛。主要由于膀胱内炎症、造瘘管刺激膀胱三角区及膀胱底部致膀胱经常处于无抑制收缩状态。可予以膀胱内注入普鲁卡因、低压冲洗膀胱，给予山莨菪碱等解痉药肌内注射，口服托特罗定等解痉药或双氯酚酸钠纳肛，必要时可尝试调整造瘘管位置。

4）尿液引流不畅或外漏：可能是血块、脓块阻塞造瘘管或造瘘管位置不当导致，也或因术后膀胱痉挛致膀胱内压力过大，尿液从造瘘管周围溢出。可及时予以冲洗或调整造瘘管位置，必要时可更换造瘘管。

### （三）Bricker 回肠膀胱术

Bricker 回肠膀胱术主要用于输尿管和膀胱疾病的手术治疗，是一种经典的简单、安全、有效的不可控尿流改道术式，是不可控尿流改道的首选术式，也是最常用的尿流改道方式之一。其主要缺点是需腹壁造口、终身佩戴集尿袋。各种形式的肠道尿流改道中，回肠膀胱术的晚期并发症要少于可控储尿囊或原位新膀胱。

1. 适应证

（1）患神经源性膀胱功能障碍，伴有膀胱输尿管回流、上行性肾积水、反复感染及肾功能受损者。

（2）患膀胱、尿道或女性内生殖器的恶性肿瘤而施行膀胱全切除术或全盆清除术者。

（3）患膀胱及邻近器官的晚期恶性肿瘤，膀胱广泛受累，容量缩小，反复出血，压迫输尿管下段致尿路梗阻者。

2. 禁忌证 伴有短肠综合征、炎症性肠病或回肠受到广泛射线照射的患者。

3. 操作步骤

（1）切口：脐和耻骨连线中、内1/3交界处部位横形切口或下腹正中切口用电刀切开腹直肌鞘和腹直肌，进入腹腔。

（2）游离回肠祥：确定回盲部和远端回肠后距离回盲部10~15cm处切断长12~16cm游离回肠祥，分离肠系膜，注意保存其血液供应。用1∶5000呋喃西林溶液冲洗肠腔。

（3）恢复肠管的连续性：将近端与远端回肠断端于游离肠祥上方做对端吻合，用3-0丝线间断全层内翻缝合，并浆肌层加强缝合。修补肠系膜间隙。常规切除阑尾。

（4）游离输尿管：用3-0肠线做两个半荷包关闭游离肠管近端，并用3-0丝线将浆肌层加强缝合。于乙状结肠两侧切开盆腔后腹膜，将双侧输尿管中、下段游离，注意保存输尿管血液供应，于接近膀胱处切断输尿管。将6号输尿管导管经双侧输尿管近侧断端插入肾盂。用手指在乙状结肠后方及骶前游离出通道。将左侧输尿管拉至右侧。

（5）输尿管吻合：在游离回肠祥近端的对系膜缘剪两个小圆洞，剪去多余的输尿管，末端成斜面，用4-0或5-0肠线固定输尿管，用4-0肠线将输尿管与回肠做全层间断缝合，外用细丝线将浆肌层加强缝合数针。缝合后腹膜创缘，将输尿管肠吻合口固定于腹膜外。

（6）回肠造口：于右髂前上棘与脐连线的中、内1/3交界处皮肤剪一圆孔，"十"字形剪开腱膜和肌肉，直达腹腔。将"回肠膀胱"的远段自此通道拖出，用丝线将回肠固定于腹膜及腹外斜肌腱膜，留下约4cm的肠段凸出于皮肤外。用丝线将肠管做外翻缝合，形成约2cm长的乳头。并将2根输尿管导管及"回肠膀胱"引流管妥善固定。留置腹腔引流管，缝合腹部切口。

4. 观察要点

（1）游离回肠祥前，应先弄清肠系膜血液供应情况，游离段回肠至少应有1~2根主要动脉供血，以保证回肠段不发生缺血甚至坏死。

（2）输尿管与回肠一般采用端侧直接吻合，亦可采用将输尿管断端呈乳头式塞入回肠后固定，后者术后漏尿机会较少，但发生狭窄机会较直接吻合多。如双侧输尿管显著增粗，可将双侧输尿管末段劈开，用4-0平制或5-0铬制肠线缝合拼成一个管口与回肠段近断端做端端吻合。

（3）关腹前必须将游离回肠祥与肠系膜间隙缝合关闭，以防术后形成内疝。

（4）并发症及其处理

1）尿漏：尿漏多来自输尿管回肠吻合口，只要保持输尿管支架引流管及"回肠膀胱"引流管引流通畅，一般自行停止。

2）肠瘘：除注意肠吻合技术外须注意患者的全身营养状况，术后注意营养物质的补充，有利于预防肠瘘的形成。

3）急性肾盂肾炎：输尿管支架引流管引流不畅后容易发生，因此，术后应严密观察引流情况，如遇引流管堵塞，患者感腰部胀痛时，应及时用少量抗生素溶液冲洗引流管。

4）吻合口狭窄：后期并发症常见输尿管回肠吻合口狭窄，严重时须手术纠正。

5）回肠造口狭窄：术中形成明显的肠管乳头，有助于防止狭窄形成。造口回缩者选用凸面底盘。小指通过困难时建议定期手指扩张。

### （四）输尿管皮肤造口术

输尿管皮肤造口术是一种简单、安全的术式。由于输尿管直径小,皮肤造口狭窄发生率高。在尿流改道相关的大部分并发症的发生率方面,输尿管皮肤造口术要明显低于回、结肠通道。但是,输尿管皮肤造口术后出现造口狭窄和逆行泌尿系感染的风险则比回肠膀胱术高。

1. 适应证

（1）患膀胱及邻近器官的晚期恶性肿瘤,膀胱广泛受累,容量缩小,反复出血,压迫输尿管下段引起尿毒症者。

（2）儿童患下尿路梗阻或功能性疾患,致上尿路严重迂曲扩张,尤其是合并感染的尿毒症者。

（3）患神经源性膀胱功能障碍,伴有膀胱输尿管回流、上行性肾积水、反复感染及肾功能受损者,不能耐受较大手术。

2. 禁忌证　患膀胱及邻近器官的晚期恶性肿瘤,膀胱广泛受累,年龄较轻者。

3. 操作步骤

（1）切口采用下腹斜切口,经腹膜外施行手术。如同时须行膀胱切除手术,采用下腹正中切口或横切口。

（2）在腹膜后游离输尿管中下段,注意保存其血液供应。近膀胱处切断输尿管,远端用丝线结扎,近端插入相应粗细的引流管至肾盂,并予以固定。

（3）在相当于髂嵴上缘水平将输尿管拉出,通过部位之肌肉、腱膜沿切口创缘垂直切开少许,但不宜切开过多,以免术后发生腹壁疝。用3~4针细丝线穿过输尿管外膜固定于腹外斜肌腱膜。缝合皮下及皮肤切口。

（4）将输尿管外翻成乳头式,用丝线与皮缘固定缝合。

（5）如须双侧输尿管皮肤造口,对侧可按同法进行。由于双侧造口,给患者带来不便,可将管径较细的一侧通过骶前、乙状结肠系膜后方拉至对侧,并与对侧输尿管做端侧吻合,然后再做皮肤造口。

4. 观察要点

（1）显露中下段输尿管时,输尿管常常紧贴在腹膜上,易被拉钩拉开和掩盖而使寻找输尿管发生困难。

（2）游离输尿管时,应尽量多带周围组织,其游离长度只要够皮肤造口即可,以保证输尿管血液供应,防止输尿管末端坏死。

（3）输尿管积水明显时,外观很像小肠祥,应注意与肠管相鉴别。输尿管位于腹膜后,且活动度小,如鉴别困难时可试行穿刺。

（4）并发症及其处理

1）末段输尿管坏死:此为最常见的并发症,严重时不仅仅外露末段输尿管坏死,甚至包括腹壁段输尿管坏死。多因末段输尿管动脉梗死造成,因此,术中注意保护输尿管血液供应,防止损伤,注意用湿盐水纱布保护输尿管,以防止游离段输尿管干燥。注意避免应用过粗的输尿管引流导管压迫输尿管壁而造成输尿管缺血等,可预防输尿管坏死并发症。

2）急性肾盂肾炎:尿流改道术后急性肾盂肾炎主要发生在双侧输尿管导管拔除以后,输尿管肠道吻合口水肿致引流不畅,有时腹壁肠段造口引流不畅,上尿路尿液引流不畅或有反流造成上尿路感染,患者表现为高热,一侧或双侧肾区胀痛,严重者出现感染性休克。如果采用单"J"管或输尿管导管,拔导管前做双侧肾盂尿培养,以便发生肾盂肾炎时及时采用敏感的抗生素治疗。如果发现有明显的输尿管梗阻,抗感染治疗效果不佳时,应尽快行患侧经皮肾穿刺引流,二期处理输尿管梗阻。

3)输尿管皮肤造口狭窄:此为常见晚期并发症。轻者可通过扩张、切开、留置输尿管引流管4~6周治愈;重者则须手术纠正。术中常可发现输尿管缺损,手术应将输尿管重新游离,拉出腹壁皮肤外固定,如输尿管缺损较多,可根据输尿管游离段长度,重新选择更换输尿管皮肤造口部位。

(董柏君)

## 三、其他造口手术

### (一)经皮穿刺内镜下胃造瘘术

经皮穿刺内镜下胃造瘘术(percutaneous endoscopic gastrostomy,PEG)是在内镜引导下,经皮穿刺放置胃造瘘管,以达到胃肠营养和/或减压的目的。相对于传统的通过外科手术的胃造瘘术,PEG技术具有操作简便、安全易行、并发症少的优点,且只需要局部麻醉,从而减少了全身麻醉可能的危险及副作用。为不能经口进食,需要肠道营养支持疗法的患者免除了外科手术胃造瘘的痛苦,其国内外应用已日趋广泛。

1. 适应证 凡各种原因造成的经口进食困难引起营养不良,而胃肠道功能正常,需要长期营养支持者,均适合行经皮穿刺胃造瘘术。特别适用于下列情况:

(1)各种神经系统疾病及全身性疾病所致的不能吞咽,伴有或不伴有吸入性呼吸道感染,均可施行此手术,如脑干炎症、变性或肿瘤所致的咽麻痹,脑血管意外、外伤、肿瘤或脑部手术后意识不清,经口腔或鼻饲补充营养有困难者,各种疾病所致的吞咽困难,以及完全不能进食的神经性厌食及神经性呕吐患者。

(2)长期输液,反复发生感染者。

(3)严重的胆外瘘需将胆汁引回胃肠道者。

2. 禁忌证

(1)完全性口咽和食管梗阻,不能完成内镜检查者。

(2)伴有难以纠正的血液凝固障碍者。

(3)伴有大量腹水者。

(4)严重门脉高压造成腹内静脉曲张,因穿刺过程中可能导致大量出血者。

(5)器官变异,有碍于胃穿刺者。

(6)胃部疾病,特别是胃前壁癌肿、活动性巨大溃疡等疾病有碍于此手术进行者。

(7)伴有幽门梗阻,严重的胃食管反流及胃肠瘘者。

(8)胃大部切除术后,残胃位于肋弓之下,无法从上腹部经皮穿刺胃造瘘者。

3. 操作步骤

(1)线拉式置管法:此法目前在临床中较为常用。

1)定位:仰卧位,床头抬高45°,插入内镜并在胃腔注气使其充分扩张,并使胃壁与腹壁贴紧。根据内镜在前腹壁的透光亮点选择穿刺部位,一般在胃角或胃体下部前壁;用手指压迫该处腹壁,在内镜下即可见到胃前壁运动及压迹,此处即为造瘘部位(通常在左上腹肋缘下中线外 3~5cm 处 )。

2）麻醉：常规消毒，铺洞巾，用 1% 利多卡因局部浸润麻醉。用接 25 号针头的注射器由皮肤垂直刺入胃腔内并抽吸，如内镜能见针头而注射器又能抽出气体，证实穿刺针已刺入胃腔内。于皮肤穿刺点作一小切口，钝性分离直至肌膜下，但勿损伤腹膜。

3）穿刺：用 16 号套管针经皮肤小切口在内镜直视下垂直刺入充气的胃腔内，拔出针芯，将长约 150cm 的粗丝线经外套管放入胃内，拔出外套管。

4）置管：在内镜直视下用圈套器将胃内线头套紧，并与内镜同时退出口腔外。将丝线扎紧于 16 号蕈状导管尾部，并在丝线和导管上涂润滑油；牵拉腹腔外的另一端丝线，将蕈状导管经口咽、食管和胃逆行拉出腹腔。再次插入胃镜，观察导管头下方橡皮确实紧贴胃黏膜后，再用腹壁外橡皮塞固定导管于腹壁，以保证胃和前腹壁紧贴。

（2）腹部直接置管法：此法仅需插 1 次胃镜。

1）定位、麻醉：同线拉式置管法。

2）穿刺：胃腔经胃镜注气扩张后，用 18 号穿刺针垂直刺入胃内，由针管放一导丝至胃腔，然后拔去穿刺针。

3）置管：沿导丝切开皮肤至肌膜，切口大小应根据扩张器的直径而定。一般常用 14F 或 16F 特制的扩张器，中间空芯，可穿过导丝，并套有外鞘。在导丝的引导下，旋转扩张器，使之钻入胃腔内，拔去扩张器内芯，留下外鞘。用 12F 或 14F Foley 气囊导管通过外鞘放入胃腔，注气或注水，使气囊胀大，向外牵拉导管，使胀大的囊紧贴胃黏膜。拔去外鞘，将导管缝于皮肤上。

4. 观察要点

（1）护理记录中记下置入体内的胃造口管的型号，管径和长度。

（2）监测各项生命体征参数，特别注意可提示内出血的几个参数。

（3）手术 24 小时后应每天消毒造口处，观察造口周围皮肤有无发红或肿胀，轻轻旋动造瘘管 180°，避免与创面挤压过紧使创面缺血或发生"包埋"综合征。造口完全愈合后，造口周围皮肤用生理盐水清洗即可，保持干燥。

（4）术后开始喂养应在置管后 6~8 小时，最好在 24 小时后滴入营养液，管饲喂养前后均应用至少 25ml 无菌生理盐水或灭菌水冲洗管道，且应至少每 8 小时冲洗一次以防止管道阻塞，营养液的滴入应遵循先慢后快、先薄后浓、先少后多的原则。

（5）每当连接一袋 / 瓶新的肠内营养液或对管道是否位于正常位置有任何怀疑时，应用 pH 试纸来确定管道的位置，pH 应小于 5.50。

（6）不应在置管后 10 天内将 PEG 管去除，应在胃窦道形成后，才能将管去除。

（7）瓶装肠内营养液悬挂输注时间不应超过 8 小时，袋装营养液悬挂输注时间不应超过 24 小时。

（8）并发症及处理

1）造瘘管漏：由于造瘘口大于造瘘管，或由于造瘘管移位，胃内容物及灌入营养品沿管周漏出，称为外漏。也可漏入腹腔内，为内漏。前者可更换造瘘管纠正，后者较为严重，应手术处理。

2）造瘘口周围感染与脓肿形成：病原菌主要来自口腔或胃肠道。轻者仅为管周皮肤红肿，重者有脓肿形成。须应用抗生素和脓腔引流。

3）坏死性腹膜炎：为一种少见的腹壁严重感染性并发症，死亡率较高。术后 3~14 天出现高热，腹壁蜂窝织炎由造瘘管周围迅速发展，甚至产生皮下气肿。应紧急手术切开引流，清除坏死组织。因病原菌来自口腔和上消化道，故对有感染危险因素如严重营养不良和糖尿病的患者，在造瘘期应予广谱抗生素预防，并用 1% 新霉素液口腔含漱。

4）胃结肠瘘：可因穿刺针同时刺入结肠和胃或造瘘管压迫结肠引起坏死，以致胃与结肠相通。较小的瘘在拔除导管后可自愈，大的胃结肠瘘可出现更加严重的营养不良和中毒症状。应手术治疗。

5）吸入性肺炎：可能与食物反流有关。发生吸入性肺炎后，应积极给予抗感染治疗。同时采取以下措施：逐渐增加每次输注的营养液，不可操之过急；抬高床头，加快胃排空，如服用促胃肠动力药（西沙必利）；将造瘘管头端放入空肠，以减少反流。

6）造瘘管滑脱：因固定不牢所致。无论何时发生，应立即重新置管。

7）其他：出血、气腹及腹腔感染。

自 1979 年 Ponsky 等创用经皮穿刺内镜下胃造瘘术以来，该术在国内外已得到广泛应用。与外科手术造瘘相比，PEG 优势明显：无需全身麻醉，手术时间短（11~27.5 分钟），可在胃镜室及病房内进行，且并发症少，死亡率低。与静脉高营养相比，它更符合生理要求，且感染机会明显减少，可提供有效和长期的营养支持。目前，PEG 在技术上又有了较大的发展，Macfadyen 等主张尽可能把饲管放置于十二指肠远端（距幽门 40cm），可明显降低食管反流及吸入性肺炎的发生率。以往因胃切除术，食管空肠吻合术及解剖改变而不能行常规 PEG，近来又开展了经皮穿刺内镜下空肠造瘘术（percutaneous endoscopic jejunostomy，PEJ）。

**知识拓展**

## 经皮穿刺内镜下胃造瘘术的罕见并发症

造瘘管蘑菇头穿透或者移入胃壁是 PEG 较为罕见的严重并发症，大多是由于固定造瘘管过紧所致，一旦发现，应及时进行处理，否则会导致胃肠道出血、胃穿孔和腹膜炎，甚至危及生命。对该并发症的处理有外科手术、经内镜和 X 线引导下的 PEG 管内固定部移除，还可在体外通过原瘘管或邻近部位将之移除并重新置入 PEG。其他少见并发症还有造瘘管移位造成的腹壁坏死性筋膜炎，术后并发纵隔炎和腹直肌鞘血肿等。

【资料来源】

1. Vu CK. Buried bumper syndrome: old problem, new tricks. J Gastroenterol Hepatol, 2002, 17 (10): 1125–1128.

2. Papakonstantinou K, Karagiannis A, Tsirantonaki M, et al. Mediastinitis complicating a percutaneous endoscopic gastrostomy: a case report. BMC Gastroenterol, 2003, 3: 11.

3. Anagnostopoulos GK, Kostopoulos P, Arvanitidis DM. Buried bumper syndrome with a fatal outcome, presenting early as gastrointestinal bleeding after percutaneous endoscopic gastrostomy placement. J Postgrad Med, 2003, 49 (4): 325–327.

4. MacLean AA, Miller G, Bamboat ZM, Hiotis K. Abdominal wall necrotizing fasciitis from dislodged percutaneous endoscopic gastrostomy tubes: a case series. Am Surg, 2004, 70 (9): 827–831.

总之,多年来的临床实践证明:PEG 技术简便、安全、易行,手术成功率高,是一种较好的胃造瘘方法。

（王 东）

### （二）气管造口术

1. 适应证

（1）急、慢性喉阻塞:如急性喉炎,白喉,喉水肿,咽喉部肿瘤,瘢痕狭窄等。

（2）中枢性呼吸抑制:包括各种感染、脑炎、中毒、高热等致中枢性呼吸衰竭,颅内压过高,脑疝,颅脑及脊髓创伤,药物抑制等。

（3）外周性呼吸麻痹:包括脊髓、外周神经及肌肉疾病所致呼吸肌麻痹。如上升性脊髓炎、高位截瘫、肌萎缩侧索硬化、吉兰 – 巴雷综合征、重症肌无力危象、胸外伤等。

（4）意识障碍合并下呼吸道分泌物潴留造成的呼吸困难:颅脑外伤,颅内或周围神经疾患,破伤风,呼吸道烧伤,重大胸、腹部手术后所致的咳嗽、排痰功能减退或喉麻痹。

（5）由于肺功能不全所致的呼吸功能减退或衰竭,需要进行机械通气,如重度肺心病,脊髓灰白质炎等致呼吸肌麻痹。

（6）喉外伤、颌面咽喉部大手术后上呼吸道阻塞。

（7）呼吸道异物,无法经口取出者。

（8）肌肉痉挛性疾患的肌麻痹疗法。当不同原因导致频繁抽搐、肌痉挛以致通气受限时,可用肌松药加通气机治疗。

（9）开胸手术患者术前肺功能测定值极差,但手术又必须进行,在开胸手术结束后,立即行气管切开,回病房后即可开始应用呼吸机辅助呼吸。

2. 禁忌证

（1）张力性气胸（行胸腔闭式引流术后可以使用呼吸机）。

（2）低血容量休克、心力衰竭,尤其是右心衰竭。

（3）肺大疱、气胸及纵隔气肿未引流前。

（4）大咯血患者。

（5）心肌梗死（心源性肺水肿）。

3. 操作步骤

（1）协助操作医生进行颈部皮肤消毒,消毒范围是以切口为中心。

（2）操作配合护士协助打开气管切开包、操作医生戴手套、铺治疗巾、暴露颈部、行局部麻醉。

（3）在操作医生手术进行中,护士要密切观察病情,发现异常报告医生及时处理。如患者痰多应及时吸痰,严格无菌操作,要备吸痰专用盘,吸痰管要一用一废弃。

（4）手术后护士要协助固定好气管套管于颈部,松紧适度,如过松套管易脱出,过紧造成局部皮肤损伤。并用呼吸过滤器覆盖气管套管,以达到湿化呼吸道的目的。

4. 观察要点

（1）病房要求:应保持清洁、安静、空气流通,室温 20~22℃,湿度 60%~70%。

（2）体位:为减轻气管下端压迫及气管内壁的损伤,并防止胃内容物反流引起吸入性肺炎,气管切开术后患者应取平卧或半卧位,颈部略垫高,使颈伸展,保持呼吸道通畅。

（3）心理护理:术后患者不能发音,活动受限,常产生焦虑、恐惧、烦躁等消极情绪及心理,严重影响患者的休息和睡眠。护理人员应指导患者采用书面交谈或动作表示进行交流,建立有效的沟通方式,鼓励患者,满足患者需求。

（4）营养:气管造口术后患者,通常无法正常进食,除了靠静脉补给营养外,也需要给予鼻饲来维持全身的营养状况。鼻饲量每次不应超过 200ml,间隔时间不少于 2 小时,温度保持在 38~40℃。推速应缓慢,同时观察患者的面色、呼吸等情况。

（5）口腔卫生:对于气管造口患者咳嗽和吞咽存在不同程度的障碍,口腔分泌物无法自行排出的情况,做好口腔护理尤为重要。及时有效的口腔护理,能够防止病原体下移而引起的呼吸道感染。

（6）气道湿化:充分气道湿化可起到稀释痰液,保持呼吸道通畅的作用。除了要保持适宜的室内温度和湿度外,还应遵医嘱做到每 4 小时行雾化吸入一次,每次 20 分钟,保持呼吸道湿润。无特殊治疗时,套管口覆盖呼吸过滤器,可防止空气中的微生物灰尘进入气道。

（7）气道通畅度:吸痰是保持呼吸道通畅的重要措施,临床上根据患者咳嗽有痰,呼吸不畅,听诊有啰音,血氧饱和度下降等情况按需给予患者吸痰。

（8）主要并发症的观察和护理

1）皮下气肿:皮下气肿是术后最常见的并发症,与气管前软组织分离过多,气管切口外短内长或切口缝合过紧有关。大多数日后可自行吸收。

2）出血:气管内出血为气管切开术后较常见的并发症,多因术中止血不彻底,操作损伤所致。术后伤口或套管内有少量血性物均属正常,如果观察到有新鲜血液渗出或血液自套管处有咯出,应立即报告医生,查找出血原因,协助止血。

3）气胸及纵隔气肿:气胸和纵隔气肿多因手术切破胸膜或使用机械通气设备所致,轻者无明显症状,严重者可引起窒息。主要表现为呼吸困难、脉搏加快、胸部刺痛等。发现后及时通知医生进行处置。

4）感染:在护理时要严格执行无菌操作和消毒制度,同时减少陪护,严格探视制度,以减少细菌传播,必要时遵医嘱合理使用抗生素。

5）气管导管脱落:多因套管带固定不牢或过松,患者频繁刺激性咳嗽或躁动等引起。为防止脱落,套管系带时必须打死结,以防止套管脱落,其松紧以能容纳一指为宜。对于小儿和意识不清的患者,应给予保护性约束,避免患者自行拔管。

6）气管食管瘘:损伤食管是致气管食管瘘的常见原因。轻者用碘仿纱条填塞,可自愈;若瘘口较大,则需择期手术修补。

（赵玉洲）

# 第三节　造口患者的术前护理

## 一、术前肠道准备

肠道准备是肠道择期手术患者的术前常规准备项目之一,其目的在于清除大肠内容物,尽量减少肠腔内细菌,空虚肠腔,便于术中操作,减少或避免术中污染,预防术后并发症的发生。肠道准备通常包括术前饮食准备、肠道清洁以及口服抗生素等内容。下面将具体介绍肠道准备的几个方面:

### （一）饮食准备

1. 传统饮食准备　术前 3 日进食少渣半流质饮食,如稀饭、蒸蛋;术前 1 日起进食无渣流质饮食,并遵医嘱给予适当静脉补液。术前晚 8 时后开始禁食水。

2. 服用肠内营养制剂　全营养素是一种营养均衡的肠内营养剂。应为患者选用不含乳糖、不引起腹泻,且口味易被患者接受的制剂。一般术前 3 日口服全营养素,每日 4~6 次,至术前晚 8 时。此方法既可满足机体的营养需求,又可减少肠腔粪渣形成,同时有利于肠黏膜的增生、修复,保护肠道黏膜屏障,避免术后肠源性感染等并发症。

### （二）肠道清洁

一般术前 1 日进行肠道清洁。目前临床常用的肠道清洁法主要包括口服全肠道清洁法、灌肠法。口服全肠道清洁法已逐步取代灌肠法。但若患者年老体弱无法耐受或存在心、肾功能不全或灌洗不充分时,可考虑口服全肠道清洁法配合灌肠法,灌洗至粪便呈清水样,肉眼观察无粪渣为止。肠道清洁效果可通过肠镜检查的"肠道清洁程度"进行判断,"肠道清洁程度"分为 4 级:Ⅰ级:全结肠无粪渣或储积较少量的清澈液体,视野清晰;Ⅱ级:肠道有少量粪渣或储积较多的清澈液体,视野尚清,不至于影响肠壁观察;Ⅲ级:肠道有较多的粪便黏附于肠壁或储积较多的浑浊粪便液体,视野模糊,影响肠壁观察;Ⅳ级:肠壁积满糊状便或粪水,很难观察肠道情况。Ⅰ级和Ⅱ级视为肠道清洁,Ⅲ级和Ⅳ级视为不洁。

1. 全肠道清洁法　通过服用导泻药物引起排便,从而排出肠内容物的方法。此方法操作简便,易于被患者接受。肠梗阻或不全性梗阻者禁用。以下介绍几种临床常用导泻剂。

（1）等渗性导泻剂：临床常用复方聚乙二醇电解质散溶液。聚乙二醇是一种等渗、非吸收性、非爆炸性液体，通过分子中的氢键与肠腔内水分子结合，增加粪便含水量及灌洗液的渗透浓度，刺激小肠蠕动增加。1包复方聚乙二醇电解质137.15g，溶于1500~2000ml温水，术前1天下午4时开始口服，首次喝至有饱胀感，稍后可视承受程度将余下液体追加喝下，再饮1500~2000ml温水，直到排出无粪渣清水样便，当喝完泻剂后仍有粪渣时可继续增加饮水量。目前临床中肠道准备以使用等渗性导泻药物最为常见。

（2）高渗性导泻剂：常用制剂为甘露醇、硫酸镁、磷酸钠盐等。由于其在肠道中几乎不吸收，口服后使肠腔内渗透压升高，吸收肠壁水分，使肠内容物剧增，刺激肠蠕动增加，导致腹泻。

1）甘露醇：20%甘露醇溶液500ml，术前1天下午4时开始口服，先服20%甘露醇250ml，然后喝水或糖盐水1000ml；再服余下的250ml，然后再喝1000ml以上液体，服用液体量的多少以排出清水样便为宜。使用过程中应注意甘露醇在天气寒冷时会结晶，使用温水充分溶解，且应注意甘露醇可被肠道中的细菌酵解，若冲洗不净，术中使用电刀时可能引起爆炸，应予以注意。对年老体弱、心、肾功能不全患者禁用。

2）硫酸镁：硫酸镁味苦涩，易诱发呕吐。25%硫酸镁溶液200ml，先喝完，再喝温开水2000ml，至排出清水便为宜。

3）磷酸钠盐：磷酸钠盐口服液服用量少，口感好，有良好的肠道清洁效果。此外，高渗性导泻可能导致肠梗阻的患者出现急性肠穿孔，应注意观察患者是否出现腹痛、腹胀、恶心呕吐等，一旦发生立即停止口服液体，予禁食、胃肠减压、纠正水、电解质、酸碱失衡等，必要时做好急诊手术的准备。

（3）中药导泻剂：常用番泻叶泡茶饮用及口服蓖麻子油，前者主要成分为蒽醌苷，有泻热导滞的作用。番泻叶10g放入500~1000ml沸水冲泡，术前1天下午4时开始口服，晚8时再服，直到排出无粪渣清水样便。蓖麻子油其本身没有导泻的作用，主要在小肠上部被脂肪水解，释放一种蓖麻醇酸，再刺激肠道平滑肌，抑制水和电解质的吸收从而发挥泻下作用，作用温和但口感差，对清洁肠道的效果欠佳。

2. 灌肠法　对于不能耐受口服泻药或口服泻药后出现呕吐及年老体弱、心、肺、肾疾患者，可通过反复灌入液体，促进粪便排出，起到清洁肠道的目的。常用的灌肠液可用1%~2%肥皂水、磷酸钠灌肠剂及甘油灌肠剂等。其中肥皂水灌肠由于护理工作量大、效果差、易导致肠黏膜充血等，已逐渐被其他方法所取代。而磷酸钠灌肠剂及甘油灌肠剂为成品剂型，且方便护理人员操作。在给予直肠癌肠腔狭窄者灌肠时应在直肠指诊引导下（或直肠镜直视下），选用适宜管径的肛管，轻柔通过肠腔狭窄部位，切忌动作粗暴。高位直肠癌应避免采用高压灌肠，以防癌细胞扩散。

### （三）口服肠道抗生素

目前临床术前肠道准备中多不采用口服抗生素。若需服用抗生素，多采用肠道不吸收药物，如新霉素、甲硝唑、庆大霉素等；同时由于控制饮食及服用肠道杀菌剂，维生素K的合成及吸收减少，应适当给予补充。

临床中肠道准备的方法很多，都有其各自的特点及利弊。肠道准备要根据患者的手术方式、身体状况、疾病特点等综合考虑。

## 术前肠道准备的新进展

2001 年,丹麦医生 Wilmore 等首先提出快速康复外科(fast-track surgery, FTS)这一理念,目前正逐步应用于外科手术。快速康复外科是指在术前、术中及术后应用各种已证实有效的方法以减少手术应激及并发症,加速患者术后的康复。包括:①术前患者教育;②术中更好的麻醉、止痛及运用外科技术以减少手术应激反应、疼痛及不适反应;③强化术后康复治疗,包括早期下床活动及早期给予肠内营养。对于术前肠道准备,快速康复外科提出患者术前 1 天仍可维持普通饮食,术前 8 小时口服 500ml 肠内营养液,术前 2~3 小时再次口服 500ml 的 10% 葡萄糖溶液,术前 2 小时禁食。目的是术前减少长时间的饮食改变,降低胃肠道的应激,予以充分的肠内营养支持,为患者平稳渡过手术期进行营养准备。患者术前肠道准备是否遵循快速康复外科原则,还应结合临床实际情况进行选择。

【资料来源】
1. 江志伟,李宁,黎介寿. 快速康复外科的概念及临床意义. 中国实用外科杂志,2007, 27(2): 131-133.
2. 孔祥兴,丁克峰. 结直肠癌快速康复外科的发展与问题. 中国癌症杂志,2015, 25(11): 895-899.

(马 蕊)

## 二、术前评估

肠造口手术的实施在治疗疾病、挽救患者生命的同时也给患者带来身心的创伤。排便方式的改变和长期佩戴造口袋使患者的自我形象发生改变,出现心理问题及社会心理障碍,严重时影响患者的生活质量。做好术前评估及护理,提高患者接受造口手术的程度,帮助患者进行造口位置的选择,减少术后护理问题,便于患者适应新的排便方式,提高生活质量,也是造口治疗师在执业中发挥专业技能的综合素质的最好体现。

### (一)基本病情评估

1. 现病史 对身体状况全面评估有利于评估造口手术的可能性和造口类型的选择。造口手术前需评估患者营养状况,有无贫血、低蛋白血症、营养不良;术前饮食状况等。评估患者术前肠道系统状况,有无腹泻或便秘。评估患者术前呼吸系统状况,包括有无吸烟史、支气管哮喘病史、肺功能损害、原有疾病是否进行有效的控制,肺功能状态能否耐受手术。术前患者是否已戒烟,能否掌握深呼吸及咳痰排痰的有效方法等。女性直肠癌患者应评估肿块是否侵及阴道壁,为减少或避免术中污染、术后感染,在术前晚及手术当日晨起使用 0.2‰ 碘附溶液进行阴道冲洗。

2. 既往史 包括腹部手术史和患病史等。如消化系统、泌尿系统、生殖系统手术史,致使造口手术位置可能会有改变。如曾患有脑卒中的患者,有可能导致双手的灵活性欠佳,将会影响造口术后患者的自我护理。

#### （二）社会背景评估

1. 文化信仰　应了解不同文化背景患者的生活习惯,充分尊重患者的信仰。

2. 经济状况　永久性造口患者将终生使用造口产品,造口产品的费用将会加重患者的经济负担。因此,要了解患者的经济状况以及享受医疗保险的情况,以便更好地指导患者选择合适的造口用品。

3. 职业和生活规律　患者的职业特点、爱好习惯等将不同程度的影响造口位置的选择,需要进行评估。例如:电工需佩戴工具带、司机须长期坐位开车、警察腰间佩戴枪带、体育教练常弯腰下蹲;需要扶拐行走或使用轮椅的残障人士的习惯等。所有这些患者在进行造口位置选择时,往往不能按常规的造口定位选择造口位置,而应结合其职业特点选择合适的造口位置。

#### （三）造口接受度、心理评估

1. 评估患者及家属对造口手术的了解程度及对造口手术的接纳程度　解释手术的目的和意义,造口的类型,引荐造口志愿者,安排造口患者同伴教育。让患者及家属对造口手术有所了解,造口手术只是排便出口不同,佩戴合适的造口袋,护理得当,对生活不会造成太大的影响。希望患者,特别是家属能接纳造口,在术后早期,家属协助护理,多给予关心和照顾,帮助患者渡过困难时期。

2. 心理状况　造口患者手术后由于肠造口没有括约肌的功能,排泄物的排空无法控制,将会给患者及家属带来很大的烦恼。患者在术前会表现出悲观绝望的情绪,甚至拒绝手术。通过评估制订有针对性的心理疏导计划,可在一定程度上减轻或消除心理压力,帮助并支持他们渡过这一困难时期。

#### （四）自我护理能力评估

1. 语言沟通能力　语言能力包括听、说以及阅读和理解能力。尽管丧失听力并不是造口护理的一个障碍,但会影响患者接受健康教育的效果。阅读和理解能力程度不同,接受能力有很大的差别。故在进行健康教育或造口护理指导时,应根据患者的个体情况来制订不同的措施。对听力障碍的患者,造口护理教育可选择写或看的形式进行信息交流,如看录像带、幻灯片、图片、造口护理的小册子等,尽量使用最简单的办法来指导患者掌握造口护理方法。

2. 视力　患者的视力状况直接影响造口护理目标的制订、造口产品的选择及造口护理计划的实施。如果视力明显损害,可通过触觉的方法来指导患者使用造口产品,术前可选择一个非粘性的、底盘口径比造口稍大的样品模型或造口袋给患者练习。同时术后鼓励患者家属协助患者做好造口护理。

3. 手的灵活性　造口护理需要手的灵活配合。评估患者手指是否健全及其灵活性,了解患者是否患有影响手的灵活性的疾病(如脑卒中后患者存在肢体活动障碍、意向性震颤、限制性关节炎等表现),双手能否进行协调性操作等。通过观察,护士可明确知道患者能否打开夹闭的锁扣、引流的阀门、裁剪造口底盘或把造口袋粘贴在腹部上。患者双手的灵活性将影响造口器材的选择,一件式的造口袋比两件式的造口袋使用简单,一些剪裁好的造口袋对手的灵活性较差的患者是比较适合的。对个别手的灵活性较差的患者,应给予更多的时间和耐心去指导和帮助。对于手指残缺不能自理、术后需要家属帮助者,术后应指导患者家属掌握正确的造口护理方法。

### （五）皮肤情况评估

观察并记录患者腹部皮肤的情况：平滑、褶皱、皱纹或松弛（体重有无大幅下降）、光泽、潮湿/多汗、油腻、干燥、萎缩（如放射性损伤）、膨出（如疝气），或者瘢痕，毛发等情况。了解皮肤过敏史，腹部拟建立造口的区域皮肤是否完整，是否有局部或全身皮肤疾病等，如发炎、局部或全身皮肤疾病（如银屑病、天疱疮、特发性皮炎等）。同时需要加强对会阴部（生殖器、肛门周围）皮肤的评估。及时发现患者有无"皮肤质量不良"，包括皮肤有无脱水或水肿，皮肤的温度、色泽有无异常，如有无苍白或发绀等血液循环不良的表现，有无皮肤感觉（痛觉和温度觉及位置觉）下降或丧失等神经功能障碍。

### （六）常规术前评估

术前应评估患者循环系统、呼吸系统、消化系统及血液和免疫系统的功能；有无糖尿病、高血压等既往病史；水电解质平衡和营养状况；基础体温；对疼痛的耐受程度；女性患者的月经周期；有无药物、食物、其他物质的过敏史等。

在临床工作中对拟行造口手术的患者通过以上各方面的术前评估，发现患者现存或潜在的护理问题，才能有的放矢的给予患者实施有针对性的护理措施，达到预期的护理目标。

---

**知识拓展**

## 术前护理评估及健康教育的最佳证据应用

全喉切除术是治疗晚期喉癌的主要手段之一，其切除范围包括舌骨和全部喉结构。全喉切除术后，患者将面临自身结构和功能的一系列改变，包括颈部存留永久性造口、失去原先语言功能、吞咽困难、痰液分泌增多、长期带管等。多项研究提到：充分的术前健康教育能提高手术患者术后适应性及患者和家属满意度，将全喉切除术术前护理评估及健康教育的最佳证据应用于临床护理工作，旨在促进护士依据循证进行护理实践的行为，提高全喉切除术术前健康教育质量。

【资料来源】

葛向煜，归纯漪，张萍. 全喉切除术患者术前护理评估及健康教育的最佳证据应用. 护士进修杂志，2015，30（16）：1504-1507.

（田　丽　胡爱玲）

## 三、术前定位

肠造口、泌尿造口作为一个新的排便、排尿的方式，患者需要有一个适应过程。这个人为的开口，患者是否可以看清楚、是否适合佩戴造口用品、是否有并发症的发生，这些最终都会影响患者的生活质量。开展造口术前定位不仅降低了并发症的发生率，还去除了影响生活质量的不利因素，从而提高了生活质量。造口术前定位在国外已有 50 多年的历史，每位造口患者都可在术前选定好拟行造口的位置。术前造口定位的作用早已得到肯定。国内开展造口术前定位已有 10 多年的历史。

（一）造口术前定位的重要性与意义

1. 造口术前定位的重要性　有研究发现 71% 的造口并发症与造口位置相关；拥有理想造口位置的患者比造口位置不理想的患者其生活质量得分更高，具有统计学意义。

2. 造口术前定位的意义

（1）不同体位皮肤皱褶差异：人体在平卧时腹部皮肤皱褶最少，一些其他体位出现的皱褶，在平卧时不一定出现。术前定位时，可以让患者改变体位，通过仔细观察腹部皮肤情况，避免造口建立在皮肤皱褶处。坐位、弯腰时腹部皮肤皱褶最多。需要注意的是平卧位时认为的最理想造口位置区域，不等于其他体位时该区域同样理想，应根据患者情况综合考量，选择最适宜患者的造口位置。

（2）开腹后解剖结构改变：传统的手术过程中定造口位置，当腹腔打开后，腹部的解剖结构发生变化，术中理想位置与关腹后造口位置差异大，术中皮肤暴露有限，造口与切口、切口与底板的关系都难以确定。

（3）造口术中欠交流：因术中无法与患者进行沟通，术中造口定位一旦位置不理想，将长期影响患者生活。术前造口定位使患者在术前对造口有所认识，通过与患者的沟通可以直接了解患者对造口手术的反应及相应需求。

3. 造口定位的目的

（1）方便自我护理：造口的位置要方便患者自己护理，如患者不能直接看到造口，自我护理无法实现。

（2）便于造口用品的使用：无论是肠造口还是尿路造口都是排泄的途径，但由于没有括约肌，尿液和粪便都无法控制。临床上使用造口袋来管理排泄物。因此造口的位置要便于造口袋的粘贴，延长使用时间。

（3）预防并发症的发生：大部分永久性造口随着造口手术后时间的延长，造口并发症发生率会上升，其中造口旁疝、造口脱垂等与造口位置有关的并发症更为明显，选择合适的位置可预防并发症的发生。

（4）尊重患者的生活习惯：造口不应该改变患者的生活习惯，造口患者最终要像正常人一样生活，回归社会，术前定位就应该尊重患者的权益，在不影响治疗的前提下，以患者的需要而定位。

（二）腹部定位的原则

1. 造口定位的依据　造口的位置依据疾病、手术方式、性别、身材、体型、手术次数、职业等不同，造口位置也有差异，因人而异，合适为准。2014 版国际造口指南中推荐：造口定位标记在腹部凸起的部位，并在腹直肌范围以内，避开瘢痕、皱褶或腰带部位；无论是择期手术或非择期手术，定位尽可能在术前由造口治疗师或接受过造口护理教育的临床医生完成。

2. 标准造口位置的特点

（1）患者能看清楚造口：患者取不同体位时都能看清楚造口，尤其是半卧位、坐位、站立位。造口的位置不能太低，肥胖的患者被腹部脂肪堆挡住了视线，患者无法看到造口，即使手术后体力恢复，生活能自理，也将给患者带来护理造口时的苦恼。患者看清造口是参与自我护理的关键。

（2）造口周围皮肤平整：造口位于平整皮肤中央,皮肤健康,无凹陷、瘢痕、皱褶、骨性突起。造口处排泄物收集方式是粘贴造口袋,造口袋通过有粘性的底板,能较长时间的固定于身体的某一个位置。如果皮肤不健康,有炎症、脱屑、红肿等,底板粘性就会受到影响。皮肤不平整,底板不能紧贴皮肤,粪水易渗漏。避开不健康和不平整的皮肤是延长造口袋时间的关键。

（3）造口位于腹直肌处：希望造口开口位置更合适、更科学,应该着眼于手术后并发症的预防。造口是人为地在腹壁上开一个口,这样腹壁上多了一个薄软处,随着手术时间延长,再加上外因有腹内压增加的情况,如慢性咳嗽、排尿困难、重体力劳动、经常提举重物、腹水等,腹腔内活动度大的内脏如小肠、大网膜通过造口的薄弱处突向体外,形成造口旁疝。造口开口于腹直肌处可预防造口旁疝的发生。

（4）不影响患者的生活习惯：生活中每个人穿衣习惯不同,男性的裤腰往往扎在平脐或脐以下,女性的裤腰扎在脐上。胖者喜欢宽松的衣服,瘦者喜欢紧身的衣服。体力劳动者经常弯腰,造口位置要低一些;久坐者造口位置要高一些;上肢功能不全或丧失的患者造口位置应适合患者的需要;脊柱侧凸的造口位置应在凸侧;坐轮椅者造口位置宜高一点;造口不影响系腰带,以腰带下方最为适宜。定位时应尊重患者的要求,不改变生活习惯。

（三）常见的肠造口、泌尿造口的位置

1. 肠造口的位置（图 3-3-1）

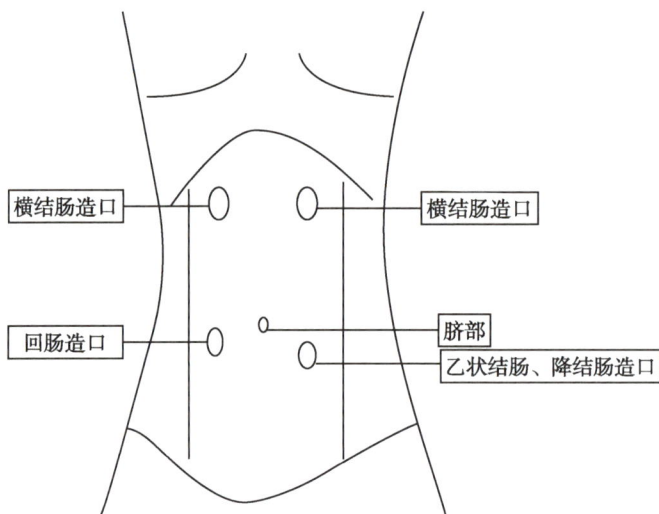

图 3-3-1　肠造口的位置示意图

（1）乙状结肠造口：低位直肠癌建立乙状结肠造口,位于左下腹。

（2）横结肠造口：结肠外伤、结肠梗阻等是为了暂时粪便转流,建立横结肠造口,位于右上腹、左上腹、中腹部。

（3）回肠造口：低位直肠癌保肛手术预防性造口、家族性息肉病、溃疡性结肠炎等建立回肠造口,位于右下腹。

2. 泌尿造口的位置　回肠膀胱造口在右下腹,输尿管皮肤造口可选择右下腹或左下腹。

（四）造口治疗师的独特作用

造口术前定位是造口治疗师的工作职责之一,非常需要医生、患者的认可和支持。造口术前由医生、造口治疗师与患者共同确认造口位置是造口术前定位的最佳方式。加强手术医生与造口治疗师、护理人员之间的交流,规范造口治疗体系,使术前定位成为造口治疗的内容之一。

（田 丽）

## 四、术前心理护理与健康教育

建立肠造口、泌尿造口的目的是将患者自身某个部位的肠道或输尿管拉出身体外、置于腹壁上,以解决粪便或尿液的排泄。然而,建立的造口由于没有括约肌的功能,排泄物的排放无法控制,将会给患者带来很大的苦恼。因此患者对于造口手术常常难以接受,很容易产生抗拒、悲观、甚至绝望的心理。许多患者认为造口术后就会成为残疾人,充满极度的恐惧。有些患者意识到行造口手术是必然的选择,但对手术后的恢复缺乏信心,同时因手术后需要长期护理腹部造口,担心自己生活不能自理,遭家人嫌弃,出现抑郁心理。老年患者担心无法自理造口,自觉生存无价值,将给家庭和子女带来麻烦和不便,表现出悲观和绝望。如何将患者的心理压力降到最低,以促进患者接受造口,帮助患者早日康复,提高患者长期生活质量,尤其显得重要。

### （一）造口术前心理状况

1. 恐惧焦虑 患者造口术前之所以会普遍存在恐惧焦虑的心理反应,是因为患者对造口手术的目的、意义、预后恢复、必要性、迫切性等没有足够的认识,加之周围环境的不良刺激,所产生担忧和惧怕。表现为惴惴不安,情绪不稳,四肢酸软,茶饭不思,睡眠障碍等。

2. 抑郁 造口手术对患者来说,意味着脏器组织的破坏或丧失,可因此而引起负性情感增强,表现出闷闷不乐、忧愁压抑的心境。有的患者可仅为心情压抑,不开心,一般人并未能觉察出来;有的可强作笑颜,极力掩饰自己的不快,以免对家人造成压力,在表情上则有可能被人觉察出不自然;严重者可表现为情绪低沉,忧心忡忡,愁眉不展,唉声叹气,甚至忧郁沮丧,悲观绝望,大有"度日如年""生不如死"之感。

3. 猜疑心理 由于造口手术,使患者的生活、工作规律等发生改变,产生很大的影响,由此患者可对任何事物均产生异常敏感的情绪,对很多事情将信将疑,甚至处于偏信和否定的矛盾状态之中。这是由于自我防卫和自我暗示作用的结果。表现为术前对别人的一言一行,一举一动均细心观察,听到别人低声细语就以为是在讲自己的病情严重或无法救治,对别人的安慰和关心认为是自己已成为亲属生活的负担。

### （二）造口治疗师在造口患者康复中的作用

关注造口护理的有效性,关注造口患者的社会心理因素是造口治疗师工作的一部分。

1. 患者/家属的教育 目的是帮助患者能够独立完成造口护理,使患者能够有效管理造口并能遵从自己喜欢的生活方式。要达到这个目标就不仅仅是让患者学会自我护理,更换造口用品,还应该涉及患者出院前进行基本换袋指导,安排家庭护理和门诊随访,指导患者进行造口管理,调整生活方式,合理利用资源。

2. 心理咨询与心理诊疗 造口手术会给患者带来很多的困扰和心理情绪问题,进行必要的心理支持非常重要。造口治疗师可以采取很多种形式帮助患者恢复心理健康,如开展心理咨询,通过专家门诊、家庭访视、个体咨询、召开集体讲座,使患者满足心理需要,达到心理防御的转移;还可以通过指导患者倾听音乐,欣赏艺术获得良好的生物信息反馈,达到移情、寄托、幻象、暗示和诱导作用。同时,造口治疗师介绍造口人参加相关协会和组织,帮助患者获得团体关怀,消除自卑和孤独感,立足社会,互相帮助。

3. 识别需要进一步心理辅导的患者  任何住院或门诊的造口患者如果说自己有轻度和中度的焦虑、抑郁或者任何心理社会问题都需要进一步的心理辅导。通过心理评量量表的应用充分赋予患者思考的空间和时间,使患者能够准确表达自己的感受,并通过评量技术对自身的心理状态用具体的数值进行量化表达,并选择自身心理状态的影响因素,有助于造口治疗师对患者负性心理情绪进行分析。心理评量技术的应用并非是采用某一特定的标准进行规范,或是对"正常""异常"等状态进行界定,它仅是针对患者的内在完成评价,充分展现了人文关怀的主旨。

4. 同情心和同理心  造口治疗师在开始心理扶持前,需要了解心理扶持的尺度。同情心是一个把客体人性化的过程,感觉我们自己进入别的东西内部的过程,即共情。同情心有利于造口治疗师做出有助于患者的适当反应,促进医患关系,利于患者的临床结局。同理心是咨询者借用了患者的感觉以更好地理解他们,但要清醒地意识到帮助患者的程度,让患者从自卑和迷茫的困境中自己解脱出来。

### (三)心理护理与健康教育

1. 消除恐怖、焦虑心理

(1)建立护、患间的信任感:造口治疗师在日常的护理工作中应主动关心患者及家属,耐心倾听他们的诉说,使患者对专业人员有认同感;主动向患者介绍本科室的医疗技术力量及所取得的成就,使患者建立对本科室医护及造口治疗师的信任感;发挥造口志愿者作用,开展同伴教育,介绍同类疾病康复患者的情况,增强患者对术后生活的信心和勇气。

(2)让患者了解造口手术的重要性:造口手术虽然是救命的措施,但术前患者不易接受,因其对患者的躯体和精神存在双重打击。在身体外形和自尊方面都是一个重大的刺激。因此,造口师在术前应耐心、详细向患者讲解相关脏器的解剖和生理,目前患者的病情及行造口手术的原因及重要性,使患者懂得只有通过手术才能解决病痛;利用书籍、造口模型及图片向患者讲解造口手术方式,造口位置、造口的排便特征及造口手术后的生理变化;还可以通过使用幻灯片、患教录像等视听设备及发放造口联谊会手册,使患者认识到造口手术只是排便的出口途径改变,对胃肠道或泌尿功能没有影响,只要掌握造口护理知识,同样可以过正常人的生活。

(3)让患者接触造口用品:目前,国内外的造口用品设计越来越人性化,患者只要根据个体特点、经济等情况,在造口治疗师或医护人员的指导下可选择合适的造口用品。帮助患者试戴造口袋,使其初步体会到造口袋的隐蔽性很好,不会对日常生活造成影响,从而消除患者对佩戴造口袋的恐惧感,增强其接受造口手术的信心。

2. 减轻抑郁情绪,消除猜疑心理

(1)针对性进行心理辅导:每一个患者会因年龄、文化修养、职业特点、信仰的不同而对造口手术的认识程度和接受程度存在差异。如年轻患者对自我形象要求较高,会把造口手术看成是"终身残疾",在开始的时候很难接受,抗拒情绪明显;中年患者担任着家庭和社会的多种角色,可能要承受事业、家庭、社会等各方面的压力,很担心手术后会失去事业、前途、家庭破裂,无力胜任家庭的重担,容易产生抑郁情绪;老年患者则担心无法自理,遭人嫌弃,表现为悲观、抑郁甚至绝望。所以要根据不同情况,有针对性地进行心理疏导,减轻其心理压力,树立其信心。手术前的心理辅导主要是让患者接受造口手术,消除其猜疑心理,恢复其正常生活状态。通过鼓励患者说出自己的感受并向造口治疗师提问的方法,让患者顺利接受手术而且术后容易接受造口。在开始护理措施前,造口治疗师应确认观察到的感受以准确评估患者的情绪状况。在此基础上进一步探寻患者是如何表达和应对各种心理状况,将这些信息反馈给患者,可以帮助患者有效应对焦虑状况。可以建议患者采取一些措施如音乐疗法、放松技术,或者加入患者自助团中寻求支持。

（2）造口访视者医院探访,详见第九章第三节肠造口志愿者。

（3）社会支持:近年来,在与健康有关的研究中经常将社会支持作为一个重要的心理社会变量,包括与他人保持亲密关系、社会融合、帮助他人、自身价值的认可和获得帮助的机会。与他人保持亲密关系指获得一种安全的感觉和地位;社会融合是指社会成员中分享关心、信息和想法;帮助他人是指人有机会对其他人的身心健康负责。自身价值的认可是个人在特定的社会角色中对自己能力的认识;获得帮助的机会是指当人处于压力环境中寻求他所信任的或有权威的人给予情感和认知的指导。社会支持不是单向行为,作为群体的一个独立组成部分,能够给他人提供帮助也是社会支持的一个重要组成部分。Caplan将社会支持定义为家人、朋友、邻居和其他人所提供的多种形式的支持和帮助。家庭支持是社会支持中最基本的支持形式,良好的家庭支持可以影响患者的行为。当家庭成员提供照护时,可以增强患者的自尊,让各个成员共同面对疾病。社会支持对于疾病期间满足情感需要、保持生活能力是非常重要的。造口治疗师在工作中应帮助患者及家属寻求多种方法和方式的社会支持,帮助患者渡过难关。

（董 蓓）

# 第四节 造口患者的术后护理

**学习目标**

完成本内容学习后,学生将能:
1. 复述造口患者术后评估的要点。
2. 列出对造口患者术后不同阶段的心理护理及健康教育内容。
3. 应用所学内容正确评估患者术后造口情况并对患者进行心理护理和健康教育。

## 一、术后造口的评估

### （一）造口的血运

通过对造口血运状况的观察可以判断术后早期造口是否正常。造口正常的颜色是牛肉红色,有光泽,并且湿润,犹如正常人口唇的颜色。手术后初期有水肿,水肿状况可在术后

6 周内逐渐减退。如黏膜出现紫红色或黑色,要注意观察是否有造口缺血或坏死的情况。

**（二）造口的高度**

造口高度是指造口高于周围皮肤的程度,可记录为平坦、回缩、突出或脱垂等。一般术后造口理想的高度为 1~2cm。这样排泄物能直接进入造口袋内,便于收集排泄物。若造口高度过于平坦或回缩,容易造成排泄物积聚在造口周围,排泄物刺激周围皮肤,引起刺激性皮炎等并发症的发生。若造口突出皮肤过高,会造成佩戴造口袋困难,甚至引发造口与造口用品摩擦引起黏膜出血和糜烂。

**（三）造口的形状及大小**

造口的形状可记录为圆形、椭圆形、不规则形。造口的大小可用造口量度尺测量,造口的基底部为宽度,肠管突出为高度。圆形造口测量直径,椭圆形的测量最宽和最窄点,不规则的可用图形来表示。

**（四）造口的位置**

记录造口的位置使用右上腹、右下腹、左上腹、左下腹、伤口正中或脐部等术语来描述。

**（五）造口的类型**

手术的方式不同,造口的类别随之变化,所以手术后应根据手术记录确认造口的类别,如结肠造口、回肠造口、泌尿造口等。

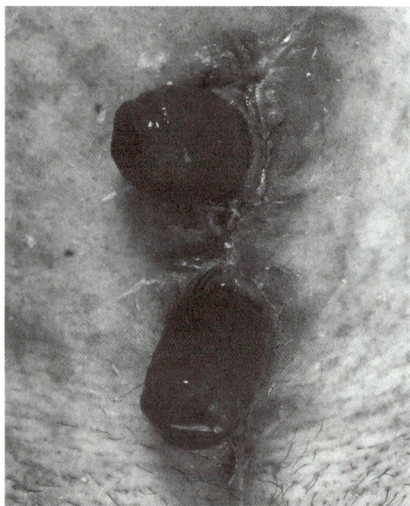

**彩图 3-4-1 分离造口**

**（六）造口的模式**

造口的模式是根据造口的形成结构来描述,例如单腔造口（end stoma）、袢式造口（loop stoma）、双腔造口（double-barrel）、分离造口（divided stoma）（彩图 3-4-1）。

**（七）造口功能的恢复**

1. 泌尿造口 术后即刻就会排出尿液,一般呈淡红色,经过 2~3 天后转为正常黄色,要注意观察尿液的颜色和量。

2. 空肠造口 通常在手术后 48 小时开始排泄,最初排泄物为透明或深绿色的水样便,量多,临床护士需要注意观察患者的水电解质情况。

3. 回肠造口 一般在术后 48~72 小时开始排泄。最初排出黏稠、黄绿色的黏液或水样液。一旦肠蠕动恢复,造口患者每日排泄量 1500~1800ml 的黄绿色水样便,所以要特别注意监测患者的水电解质情况。之后造口排出量会逐渐减少,大便呈褐色、糊样,24 小时排出量减少到 500~800ml。

4. 结肠造口 结肠造口一般在术后 72 小时后开始排泄,排泄量以造口位置的高低而定。远端结肠造口比近端结肠造口的排泄物量少且黏稠。

（1）横结肠造口:横结肠造口通常在手术后 2~3 天开始排泄。进食后排出物为糊状、软便。横结肠造口位于上腹部,一般是袢式造口多见。

（2）降结肠和乙状结肠造口:降结肠和乙状结肠造口恢复肠蠕动时间较慢,一般术后 3 天才恢复排泄。如果术后 5 天仍然没有排气、排便,要评估及分析影响因素。一旦肠蠕动恢复,乙状结肠和降结肠造口通常排出柔软成形的大便,大便性质与手术前相同。肠造口排便量和黏稠度受肠管的切除长度、近端肠管的情况、药物的使用和饮食等因素的影响。随着时间的推移,肠道吸收逐渐增加,排泄物的量减少,大便性质变得更黏稠。

### （八）皮肤黏膜交界处

观察皮肤造口黏膜缝合处的缝线是否松脱而导致出血或分离。正常造口黏膜在表皮下层,没有张力。

### （九）造口的支撑棒

通常用于袢式的回肠造口或结肠造口,一般于术后第 7~14 天拔除。观察支撑棒是否有松脱、移位、压迫黏膜和皮肤。泌尿造口通常有 2 条输尿管支架管,用于引流尿液到体外,一般在 10~14 天拔除。

### （十）观察造口周围皮肤

皮肤是否有损伤、溃疡等情况发生。正常的周围皮肤是颜色正常、完整的,与相邻的皮肤表面没有区别。若造口周围皮肤损伤,则表现为红、肿、破溃、皮疹、水疱等情况,应分析原因,及时调整护理措施。

（卫　莉）

## 二、术后心理护理与健康教育

据报道,英美两国每年结肠造口约 20 万人,我国大肠癌发病率为 5 万 ~10 万人,大概每年有 3 万人需要结肠造口。所有做造口的患者的一个常见问题是情绪上的调整和适应,无论是暂时性或永久性造口,造口本身就意味着躯体形象的明显变化,从而导致各种负面的社会心理影响,甚至可导致抑郁症。国内调查（$N$=64）显示结直肠癌患者抑郁和焦虑发生率分别为 42.2%、20.3%,其中造口患者抑郁得分高于非造口患者,Miles 手术患者抑郁得分高于非造口根治术患者。国外对诊断 12~36 个月的结直肠癌患者的大样本（$N$=21802）调查显示,有造口的患者更容易体验到社会痛苦。造口患者在医院通过正确的健康教育和心理支持,让他们树立信心,真正回到正常的生活状态中是医护人员尤其是造口治疗师义不容辞的责任和义务。

### （一）造口患者术后的心理特征

一个人在面临任何形式的缺失比如功能缺失、躯体形象改变、失去亲人等情况下,其心理过程大致相同。但需要注意的是每个个体的经历是非常独特的,也就是说人们会在不同的顺序和不同水平上经历不同的适应阶段。

1. 震惊期　初期面对造口时患者的震惊。患者很难正视自己的造口,面对造口对患者来讲是一件可怕的事。

2. 否认期　术后患者拒绝参与自我护理,以麻木或机械性行为为表现,不接受任何信息。

3. 依赖期　拒绝接受任何处理造口和排泄物的指导,全部依靠医护人员或家属,消极地对待造口。

4. 绝望期　当在使用造口产品过程中出现排泄物渗漏、产气时,患者会产生失望情绪,认为自己是残疾,自卑心理由此产生。患者拒绝外出、社交,甚至极少数患者有自杀行为。

5. 适应期　当经历过悲伤自卑后,患者将关注点转向自身,参与到自我护理中。在此阶段,患者会出现悲伤情绪重复出现,同时想知道如何进行自我护理。

6. 躯体形象　是自我概念的组成部分,是个体大脑中产生的对其外观上的一种印象。一旦做了造口手术将严重影响患者的自我形象,尤其是比较注重个人形象的患者。

7. 自尊　是对自己的感觉。造口术后患者会感到自己对家人朋友没什么价值,自尊感降低。

8. 自我概念　是一个人对自己总体的看法。

**（二）造口患者的心理护理及健康教育**

造口手术会影响一个人的外表,并且可以令一个人处于无法控制排泄的状态中。因此对患者的生活方式、人际关系、婚姻、自尊心及性功能有着无可避免的负面影响。造口治疗师应主动并审慎的向患者提供一个全面的及个性化的治疗计划。不仅恢复患者的躯体健康,还要恢复患者的生活质量。

1. 建立良好的医患关系　医护人员尤其是造口治疗师在日常的工作中应主动关心患者及其家属,耐心倾听,尊重、关心和同情患者,取得患者或家属的认同感,介绍本科室的技术力量,介绍各类护理用品及护理方法,增强患者对术后生活的信心和勇气。

2. 分阶段全程式健康教育　分阶段指的是将患者分为入院、术前、术后、出院前、出院后五个阶段,给予系统、连续的健康教育。造口手术前、后患者的心理状态不尽相同,造口治疗师应根据患者不同时间康复的特点及心理状态给予相应的心理护理和健康教育,使肠造口患者术后接受能力增强,改善心理状况,提高生活质量。患者出院后也并不意味着护理工作的结束,他们仍然需要造口治疗师及医务人员的支持和帮助。通过电话回访及定期安排造口患者及时复诊,能够教会患者护理造口,解决使用造口用品中的问题,指导患者调节饮食等,从而提高患者心理健康水平,在促进患者早日返回社会中有着不可估量的作用。

3. 做好个体的心理支持　英国专家 White 提出了一套造口患者心理支持策略。

（1）提高患者满意度:造口患者可写出想解决的问题,由造口治疗师做答,通过病友间的交流来反馈对所提供信息的满意度。医护人员应尽量满足患者的需求,护患共同努力提高患者满意度,减少术后不良心理反应。

（2）预先规划:有些患者沉浸在未来可能出现的难题中又想不出有效的解决方法而痛苦不堪,造口治疗师可以帮助患者想象造口带来的各种糟糕情景,记录患者感到束手无策的潜在问题,然后尽可能地帮助患者提出避免或解决潜在问题的方法。造口治疗师在实施计划过程中,若发觉患者预测未来有消极情绪,应及时与患者探讨并做调整。

（3）自信监测:患者造口护理的自控能力与心理调适有很大关系。因此,帮助患者提高自信心在心理护理方面尤为重要。就此问题,国外一些护理者推出自信监测表格来让患者看到自信心的提高,造口治疗师也可以运用此表格来评估患者自信改变及相关因素。

（4）逐步暴露:造口术后的心理适应是一个逐渐的过程,在恢复期间会遇到各种挑战,将这些挑战按难度分成不同阶段来完成,直至患者达到最终目标,最后用监测表格来评估患者社会功能恢复程度。

4. 开展心理咨询　在心理治疗中,造口治疗师的作用是通过支持性咨询,来缓解患者的症状。在危机状态下,患者应付不了或忍受不了危机的环境,从而产生心理疾患或障碍。造口治疗师可以帮助他们增加对环境的耐受性,增加应付环境和适应环境的能力,降低易感性,提高心理承受能力。帮助患者应对当前问题,比如躯体形象改变。如果患者长期存在问题,且通过支持性咨询没有达到足够的进步时,应当将患者转诊至心理咨询师或精神科医生处。

造口治疗师在与患者保持治疗关系时应遵循一些原则:

(1)咨询中没有什么正确的方法和途径,在治疗中应保持真诚、真实和坦白。

(2)在倾听时要避免做判断。让患者和家属讲述自己的故事,了解并掌握对方的真实想法,时间可能很长。

(3)通过重复对方的话,表示你听到并且理解了你听到的叙述。

(4)接受患者和家属。一定要关心对方,使患者感到温暖,而不是对患者的想法和感受进行判断。

(5)避免使用自己的价值体系来判断患者的问题。要根据是否能有效支持患者和家属来选择合适的措施。

5. 进行治疗性干预 旨在帮助造口患者处理痛苦情绪,强化自身已存在的优势,促进对造口的适应性应对。这种干预能在相互尊重与信任的治疗关系中,帮助患者自我探索,适应体征改变和角色转换。造口治疗师通过与患者建立信赖关系,以及对患者病情上的掌握和知识上的权威性,更容易为造口患者提供心理支持。造口治疗师帮助患者了解自己的人生经历,从而帮助患者明白造口的作用及意义。同时应考虑患者的个人生活经历、性格和社会背景。需要帮助患者不断评估当前所面临的困难、情绪反应、行为及精神状况,帮助患者摒弃心理上的障碍,令他们更清楚知道什么是最佳选择。造口治疗师在造口患者全病程中都应提供心理一般性支持,这主要包括:

(1)帮助造口患者在情绪上取得平衡:即使当前的困难看起来多么难以解决,治疗师要帮助患者维持有希望及乐观的态度。帮助患者从正面看每一件事,鼓励患者采取积极的行动,减少问题的恶化。

(2)帮助患者保持一个满意的自我形象:令他们觉得自己有一定的能力和控制力。只要他们觉得自己能在个人护理及日常目标上采取正面的行动,他们便能掌握自尊心,以至于能重新肯定自己的能力。

(3)帮助患者与他人(家人、朋友)保持来年更好的关系:造口患者往往会因为自卑不想负累别人而隔离自己。造口治疗师需要消除他们那种离群的倾向。鼓励造口患者在家人和朋友中获得鼓励,激励长期生活的斗志。

(4)帮助患者对不可预计的将来做好准备:很多造口患者都是恶性肿瘤的患者,他们很担心肿瘤的复发。鼓励患者不要因为害怕而变得惊慌或使自己陷入困境。要尽量帮助患者投入现在的生活,而不受制于将来的病情。同时造口治疗师应根据患者的具体情况决定支持性心理治疗的方式、地点、时间和次数。可以面对面的、也可以通过电话和书信;可以在专门的治疗室,也可以在床旁甚至在造口患者家中;根据患者的精力、体力、需求来安排治疗的时间和频次。造口患者家庭成员也应作为支持治疗的对象。

6. 广泛的社会支持

(1)家庭支持:家庭支持可提高患者的遵医行为。指导患者配偶理解和支持造口患者尤为重要。在与患者及配偶的沟通过程中,帮助配偶理解体谅患者,避免心理因素影响正常的生活。由造口治疗师对家属尤其是配偶进行健康教育既能改善家庭的生活质量,也可以增强患者的自尊和被爱的感觉。

（2）造口联谊会：是一种社会组织，由外科医师、护士和造口患者等组成，其宗旨是由专门医护人员在理论上指导患者，组织患者交流生活、工作和护理造口的经验，使患者具有良好的心理素质与疾病作斗争、健康地工作生活。这一自我教育的成熟经验，已被大力推广。造口治疗师在工作中可根据本医院的特色，合理安排造口联谊活动召开的时间，定期组织联谊活动。

（3）造口访视者医院探访：详见第九章第三节肠造口志愿者。

（4）团体认知行为疗法：通过将数位造口人组织在一起开展情感支持、认知重建、交往模式治疗、放松训练、经验式集体治疗等方式，帮助患者树立健康的认知与信念，提高癌症患者自我管理疾病的能力，积极维护躯体功能，改善负性心理状态，提高自我效能水平，促进健康行为的形成与固化，增强患者应对疾病的自信，提高生存质量，更好地融入社会生活。

（5）其他社会支持：鼓励患者参加当地的造口协会；介绍造口护理相关书籍、资料等都会对造口者心理状态起到正向作用。

（董　蓓）

## 三、造口患者的日常生活护理

造口虽然可以治愈患者疾病，挽救生命，但同时也给患者的生活带来了很多不便。成为"造口人"这一改变对其心理、生理及社会适应能力方面产生很大影响。不管心理还是身体，康复过程都是一个持续的适应过程。造口者只要对自己有信心，正确地掌握造口产品的使用和护理方法，注意生活细节，那么造口带来的不便就可以降至最低。

### （一）造口的观察

1. 每次更换造口袋时应观察造口黏膜的血液循环，造口有无回缩、出血及坏死。造口部位黏膜颜色红润，富有光泽，表示血供良好，暗红色也属于正常，若黏膜呈暗紫色或黑色则说明造口肠管血供有障碍，应及时就诊。

2. 观察造口周围皮肤，注意周围皮肤有无红肿、破溃、疼痛等现象。

3. 观察造口袋内液体的颜色、性质和量，注意有无腹泻及便秘。

### （二）饮食指导

有造口的人和普通人一样，每天都需要有均衡的饮食，进食足够的谷类、肉类及蔬果，吸收足够的营养以维持身体的功能。但是，由于消化系统的改变，有一些地方仍需要特别注意。肠造口者在接受手术后初期，应食用高碳水化合物、高蛋白饮食，保证优质蛋白的摄取，适当补充矿物质和维生素，尤其注意对水溶维生素的补充。尽快恢复正氮平衡，减少感染和并发症的发生，使身体尽快康复。当身体康复后，应以平衡饮食、合理营养、促进健康为原则。

1. 术后早期饮食注意事项

（1）注意饮食营养的均衡，食用高蛋白质、高维生素、高微量元素、低脂的食物。

（2）做到少量多次用餐。

（3）循序渐进，饮食从流质逐渐过渡到普食。

2. 恢复期饮食注意事项

（1）少进食容易产气的食物：如豆类、萝卜、番薯、碳酸饮料、啤酒等。

（2）少进食容易产生异味的食物：如洋葱、大蒜、鱼类、蛋类。

（3）少进食容易引起腹泻的食物：如豆类、辛辣食物、煎炸食物等。

（4）避免进食易便秘的食物，保持大便通畅是很重要的，粪便过硬，排出时容易引起造口出血，长期便秘容易引起肠造口的脱垂。容易引起便秘的食物有番石榴、巧克力、隔夜茶等；药物有氢氧化铝、碳酸钙，以及吗啡类药物等。

（5）适量进食粗纤维食物：粗纤维食物可以促进肠蠕动，会增加粪便量，必要时适当控制入量。食用粗纤维食物应注意：

1）便秘者建议多进食粗纤维食物能帮助粪便的形成，减少排便困难，但要注意多饮水，防止粪便干结。

2）外出活动者少进食粗纤维食物，可减少粪便排放或造口袋更换。

3）造口狭窄者少进食粗纤维食物，可避免造口梗阻。含粗纤维较多的食物包括玉米、芹菜、红薯、南瓜、卷心菜、叶类蔬菜等。

（6）避免进食时吞入过量气体：闭上口咀嚼食物，避免进食太快，避免进食时说话。

（7）回肠造口饮食注意事项：回肠造口者因为结肠切除后影响了水分及无机盐的重吸收，因此在水分的摄取上必须足够，应每天饮水量不少于2000ml。回肠造口的管径小，高纤维的食物可能阻塞造口，应注意少食难消化的食物，如种子类食物（干果、坚果）、芹菜、玉米、蘑菇等。

（8）泌尿造口饮食注意事项：泌尿造口患者并不需要忌口，只要均衡的饮食即可。但应多喝水、多食用流食和果汁；多吃新鲜蔬菜及水果；每天的饮水量应有2000ml左右。

3. 如何处理造口对食物的反应　虽然有些食物会令造口人士产生反应，但如果处理得当，其实造口者是可以随意进食其喜爱的食物的。

（1）如吃了产生气体的食物，用一些可以排气的造口袋可以解决问题。

（2）吃了产生有臭味气体的食物，可以用不漏气味的造口袋，或使用有除臭功能的造口袋。

（3）吃了增加排泄量及频次的食物，建议多换几次造口袋，或用可排放式的造口袋。

（4）对于造口狭窄的患者，难消化的食物只要经过细嚼慢咽及适量进食，阻塞的问题就可以减轻。

### （三）穿衣

肠造口患者可以穿回手术前的服装。但最好避免穿紧身衣裤（裙），腰带不宜扎在造口上，以免压迫或摩擦造口，影响肠造口的血液循环。建议选择高腰、宽松的衣裤或背带裤。

### （四）沐浴

患者术后体力恢复，伤口愈合即可沐浴。无论是粘贴着造口袋还是脱下造口袋患者均能像正常人一样可以洗澡。造口如同口腔黏膜，是不怕水的，所以不用特别担心。但是也有几点需要注意：

1. 淋浴　尽量不要泡浴。淋浴是最合适的选择，长时间泡澡会影响造口底盘的粘性。

2. 注意水的温度　在洗澡过程中一定要注意水的温度，以免烫伤肠黏膜。

3. 避免用喷头直接冲洗造口　洗澡过程中避免用喷头直接冲洗造口，以免造成黏膜的损伤，造口周围血管团的增生。

4. 选用不含酒精香精的沐浴液。

需要了解的是：如果是回肠造口，建议带着造口袋洗澡，因为回肠造口排便没有规律，而且是稀水样便,避免洗澡过程中排便污染皮肤;结肠造口,在排便规律以后,避开排便时间段,可以选择揭除造口袋洗澡,这样可以更好的清洁皮肤。需要注意的是,如果携带造口底盘洗澡,在洗完澡以后须立即更换造口底盘,避免底盘脱落。

## （五）旅行

患者术后体力恢复,即可以外出旅游,建议初次旅游可选择近距离的地方,以后逐步增加行程。携带比平时较多量的造口袋。并放在随身行李内,以便随时更换。旅行时更应该加倍小心饮食,避免食用不洁食物,引起腹泻时可以适当自备一些药品,如小檗碱、藿香正气等。造口用品放在随身行李中,自备一瓶水,可在意外时冲洗用。建议选择铁路、公路交通工具,尽可能避免乘坐飞机,飞机受气流的影响,易导致造口底盘脱落。

## （六）性生活

只要手术没有对患者性功能造成损伤,性生活是完全可以的。因为性生活对造口是无任何影响的。性生活之前要做好以下准备:

1. 做好造口的局部护理,如彻底清洁造口,佩戴迷你型造口袋或使用造口栓,并可以用些除臭剂。

2. 与你的配偶进行讨论和交流,取得配偶的理解。

3. 如果因手术原因或心理障碍等引起性功能障碍,则有必要寻求医生的帮助。

## （七）社交活动

只要体力允许,应积极参加一般的社会活动,多与他人沟通交往,多参加造口联谊会,与众多的造口人士一起交流、娱乐,减轻孤独感,激发他们重新走向新生活的勇气,对促进其心理康复有着积极的作用。

## （八）锻炼及运动

术后不妨碍适当地锻炼和运动,建议逐渐增加运动量。生命在于运动,造口者也不例外,需要强调的是活动时要保护好造口,可以参加一些不剧烈的体育活动,如打太极拳、游泳、乒乓球、桌球、羽毛球、骑自行车、慢跑或者远足旅行等。游泳时,可以使用迷你造口袋或者造口栓,以一件式游泳衣为宜。游泳前检查造口袋粘贴是否紧密,倾倒粪便,游泳后再次检查或更换新的造口袋。同样避免增加腹压的活动以防疝气,如举重;而一些活动导致身体碰撞剧烈,易损伤造口,如篮球、足球、摔跤等,也应避免。

家务劳动也是一种运动,大多数的家务劳动都可以做,但要注意避免做使腹压增高的活动,如弯腰拖地,弯腰提重物。如果腹压持续增大,容易造成造口脱垂;另外家务劳动须注意避免有棱角的家具碰伤造口。

## （九）工作

肠造口不会影响患者的工作。手术后一般需要一段时间来恢复,特别是肿瘤患者。当身体体力完全恢复,便可以恢复以前的工作。应避免重体力劳动,尤其是术后第一年,应避免举重物,以减少造口旁疝的发生。必要时可使用造口腹带保护。

## （十）定期复查

复诊时间:术后 1 个月开始,第 1 年:一个月返院复诊一次,连续 3 个月;以后每 3 个月一次;第 2~3 年:每 3~6 个月一次;以后每 6 个月至 1 年复诊一次。有新症状者随时复查。

（张　洁）

# 第五节 造口周围皮肤并发症及护理

**学习目标**

完成本内容学习后,学生将能:
1. 复述各种造口周围皮肤并发症的病因及评估要点。
2. 列出造口周围皮肤并发症的种类。
3. 描述造口周围皮肤并发症临床案例。
4. 应用所学知识对造口周围皮肤并发症进行观察及护理。

造口患者手术后,不仅需要面临造口本身的并发症,还要面临造口周围皮肤的并发症。国内文献报道,造口周围皮肤并发症其发病率可达 18%~60%。一旦出现皮肤并发症,可造成造口周围皮肤受损,更增加了造口护理的困难及经济的负担,患者心理也会因此受到影响,对人际关系感到退缩,甚至影响患者的身心健康和生活质量。因此保护造口周围皮肤,预防造口周围皮肤并发症对提高患者生活质量意义重大。

## 一、刺激性(粪水性)皮炎

刺激性(粪水性)皮炎(irritant dermatitis)是肠造口术后最常见的并发症之一,系由粪水与造口周围皮肤长时间接触后,导致皮肤红斑、溃疡等炎症表现(彩图 3-5-1)。回肠造口排泄物刺激性很大,一旦与皮肤接触,更容易引发皮肤表面溃疡。据报道造口周围粪水性皮炎占周围皮肤并发症的 22%,回肠造口患者 2/3 有不同程度的粪水性皮炎。

### (一)病因

1. 造口位置不理想　造口位于皮肤皱褶中间、造口离手术切口过近导致粘贴困难。

2. 黏膜高度　回肠造口平坦或回缩导致没有一个适当的乳头突起。

3. 底盘中心孔裁剪不合适　中心孔偏大,外露皮肤过多。

4. 底盘粘贴后过早改变体位　底盘与皮肤粘贴后未按压,导致底盘未完全贴合皮肤,或皮肤与底盘之间存在空隙。

5. 底盘粘贴时间过长　底盘使用时间超过产品建议使用的时间,底盘失去粘性。

6. 小肠液的特点　回肠造口流出的排泄物中有丰富的蛋白酶,这些蛋白酶有腐蚀作用,接触皮肤容易引起皮肤破溃。

7. 结肠排泄物的特点　结肠造口粪便中的高浓度细菌,容易引起感染。

### (二)评估

1. 造口周围粪水、尿液经常接触处皮肤发红。

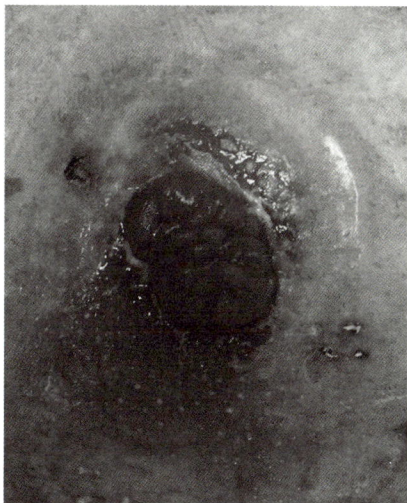

彩图 3-5-1　刺激性皮炎

2. 表皮破溃、渗液明显。

3. 出血、增生。

4. 疼痛。

5. 造口袋容易渗漏。

（三）管理

1. 提倡造口术前定位。

2. 造口回缩者可选择凸面底盘。

3. 底盘中心孔大小应合适。

4. 使用造口护肤粉、防漏膏/条、皮肤保护膜。

5. 造口袋粘贴后应体位保持 10~15 分钟，必要时利用手掌或电吹风加温。

6. 底盘使用时间不宜超过 7 天。

7. 重新指导患者选择造口用品。

8. 指导患者正确的造口用品更换流程。

（四）临床案例

1. 一般资料　患者，男性，73 岁，直肠癌行预防性造口术后 1 个月，主诉造口处疼痛，造口袋渗漏，来造口门诊就诊。

2. 护理评估　患者造口位于右下腹，回肠造口，黏膜红润，底盘中心孔形状和大小均与造口不符，患者坐位时造口位置处于皮肤皱褶处，患者排便较稀，周围皮肤发红、破溃。

3. 护理要点　找出该患者出现造口袋反复渗漏的原因，给予更换造口用品，达到有效收集排泄物、减少粪水对皮肤刺激的目的。

4. 治疗方案

（1）造口产品的选择：选用两件式凸面造口底盘配两件式透明造口袋，并配合使用腰带。

（2）造口附件产品选择：造口护肤粉、皮肤保护膜、防漏膏。

（3）护肤粉：清洁造口周围皮肤后，在造口周围皮肤上洒造口护肤粉后，涂抹均匀，皮肤破溃处护肤粉会黏附在创面上，将多余的造口护肤粉拭去。

（4）皮肤保护膜：沿造口周围皮肤顺时针涂抹皮肤保护膜，待干。

（5）防漏膏：涂防漏膏于造口黏膜与皮肤交界处，有利于阻挡粪便渗漏于底盘与皮肤之间。

（6）佩戴造口袋：根据造口大小及形状裁剪造口底盘，佩戴二件式凸面造口底盘同时配合使用造口腰带。

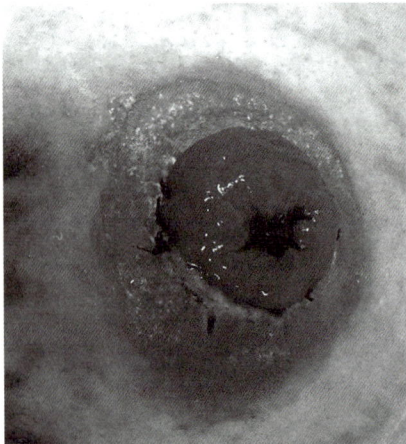

彩图 3-5-2　过敏性皮炎

# 二、过敏性（接触性）皮炎

过敏性（接触性）皮炎（allergic dermatitis）因特异体质对接触的造口用品过敏，皮肤瘙痒，皮肤接触部位出现红斑、丘疹、水肿、脱皮、水疱，范围与造口用品形状相同（彩图 3-5-2）。发病率为造口周围皮肤并发症的 0.6%。

（一）病因

1. 对造口用品内各类成分过敏。

2. 底盘、造口袋、防漏膏、护肤粉、夹子、腰带、皮肤清洗剂等均可成为过敏源。

3. 造口底盘过敏者最多见，其中粘胶过敏为主。

4. 防漏膏中有酒精成分,酒精过敏者,防漏膏易过敏。

**（二）评估**

1. 皮疹的部位仅限于过敏源接触部位　皮疹形状常与过敏源接触皮肤的形状一致。如紧贴造口一圈皮肤红斑,通常是防漏膏过敏。

2. 皮肤红斑、丘疹、水肿、脱皮、水疱、色素沉着,严重程度一致。

3. 局部皮肤瘙痒及烧灼感。

4. 皮疹破溃渗液明显。

5. 过敏反应剧烈时,身体其他部位可见皮疹、痒感。

**（三）管理**

1. 询问过敏史,并明确过敏源,必要时行皮肤贴布试验。

2. 更换另一系列造口用品,防漏膏过敏者改用无酒精防漏膏。

3. 使用一个保护皮肤的产品:皮肤保护膜。

4. 局部可外涂类固醇药物,在粘贴底盘前将皮肤清洗干净,然后涂类固醇软膏,保留 10 分钟,再用清水洗干净,擦干后贴袋。

5. 皮疹破溃,渗液明显者,先贴水胶体敷料,再贴造口底盘。

6. 必要时口服抗组织胺药物可缓解瘙痒症状。

7. 严重过敏者或治疗无效者应转诊皮肤科。

8. 过敏体质者做斑贴试验(patch test),排除过敏源,提早预防。

（1）原理:当患者因皮肤接触致敏源产生过敏后,在同一致敏源或化学结构类似、具有相同抗原性物质在接触到体表的任何部位,就将很快在接触部位出现变态反应性接触性皮炎。

（2）选择试验部位:前臂、后背等。

（3）粘贴造口底盘:清洁皮肤后将准备好的底盘贴于皮肤表面。用手掌轻轻压几下,以便排出空气。

（4）斑贴试验时间:48 小时。

（5）结果判断:在①刚刚剥离后;②1 小时后;③24 小时后 3 次时段进行判断。3 次时段均无皮肤变化为阴性。刚刚剥离后发红,1 小时后消失为剥离反应阳性。刚刚剥离后、1 小时后发红,24 小时后消失为一时性刺激。3 次时段均不消失或严重者为过敏反应。

（6）注意事项:皮炎急性期不易作斑贴试验,应在皮炎完全消退两周后作斑贴试验;受试者如发生强烈反应,可随时去掉斑试物;试验期间禁止沐浴、饮酒、搔挠试验部位。

**（四）临床案例**

1. 一般资料　患者,男性,61 岁,因膀胱癌行尿路造口手术,因造口处瘙痒,造口袋粘贴困难,来造口门诊就诊。

2. 护理评估　患者造口位于右下腹,尿路造口,造口回缩,黏膜红润,皮肤发红,形状与底盘一致。

3. 护理要点　分析该患者出现过敏性皮炎的原因,涂洁肤软膏、使用腰带、凸面底盘及尿路造口袋、护肤粉、防漏膏。

4. 治疗方案

（1）造口用品的选择　选用两件式凸面底盘尿路造口袋。

（2）造口附件产品的选择　造口护肤粉、防漏膏、腰带。

（3）涂洁肤软膏 10 分钟,再清洗皮肤。

（4）在造口周围皮肤上洒护肤粉。

（5）涂防漏膏。

（6）根据造口大小及形状裁剪造口底盘。

（7）佩戴二件式凸面底盘加腰带（图 3-5-3）。

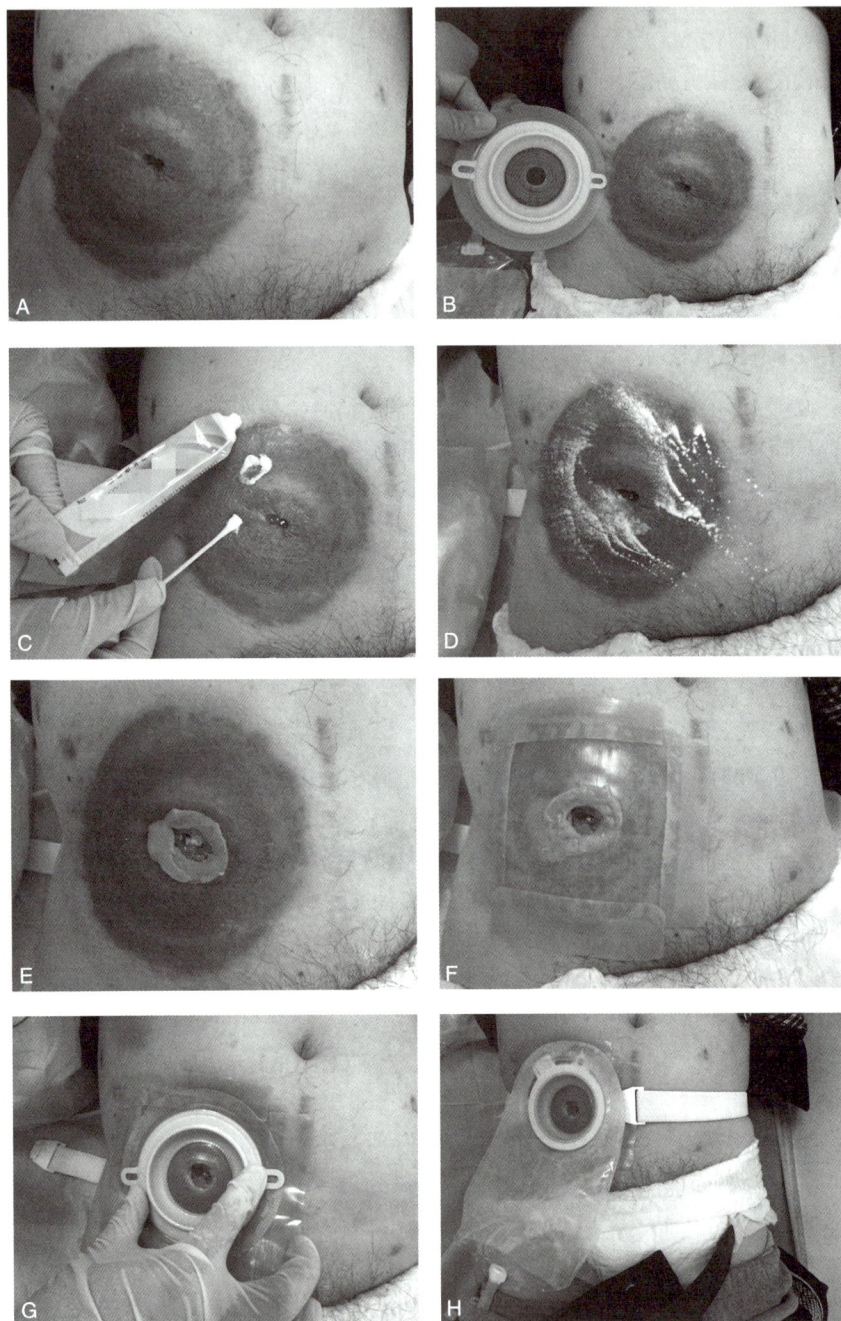

**图 3-5-3　过敏性皮炎处理过程**

A. 过敏性皮炎；B. 底盘过敏；C. 涂洁肤软膏；D. 洒护肤粉；E. 涂防漏膏；
F. 水胶体敷料隔绝皮肤；G. 底盘贴在水胶体上；H. 佩戴造口袋

### 三、真菌感染

真菌感染（candida infection）指真菌感染导致造口周围感染性皮炎，以白色念珠菌感染为最多见，出现界限清楚的皮肤红斑，呈卫星状丘疹脓疱（彩图 3-5-4）。发病率高、具有传染性、易复发或再感染。不合理、不规范的治疗会造成反复发作、反复治疗，极大的影响患者的生活质量。

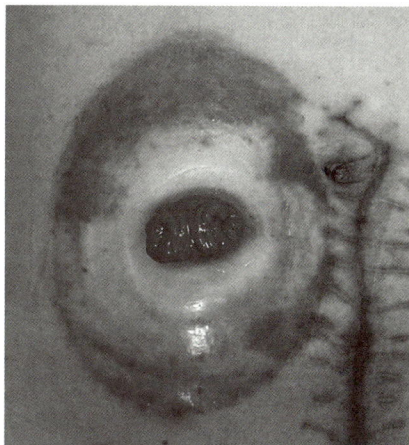

彩图 3-5-4　真菌感染

#### （一）病因

1. 环境潮湿　真菌喜欢温暖、潮湿的环境。造口底盘下皮肤处于潮湿的环境，尤其是泌尿造口及回肠造口，水分大，容易导致渗漏。

2. 尿路感染　尿路感染对于泌尿造口患者容易引发真菌性皮炎。

3. 身体素质较差的患者　如接受抗生素或类固醇治疗或者抑制细胞生长的药物治疗者导致皮肤易感性增加，导致真菌感染。

4. 其他并发症　皮肤并发症导致皮肤抵抗力下降，此时可能导致真菌滋生。

#### （二）评估

1. 初期皮肤瘙痒，严重者奇痒无比。

2. 白色疹子的脓疱及界线清楚的皮肤红斑，呈卫星状丘疹脓疱。

3. 表面溢脓。

4. 灰白色的脱皮。

5. 皮肤刮除法，从高倍显微镜下观察染色的 10% 氢氧化钾菌丝及芽孢形状来确诊。最常见的是酵母菌感染。

#### （三）管理

1. 造口底盘裁剪　中心孔大小合适，造口底盘裁剪避免过大，防止粪便渗漏。

2. 附件使用　正确使用防漏膏，防漏膏要填满空隙，避免粪便从缝隙污染皮肤。

3. 及时更换造口袋　如果发现造口袋渗漏或者造口底部皮肤不适，应立即更换。

4. 真菌感染的处理　局部抗真菌治疗，外涂抗真菌软膏，每次 10 分钟，然后洗净皮肤再贴造口袋。症状消失后持续用药 2~3 周，以免复发影响治疗效果。

#### （四）临床案例

1. 一般资料　患者，男性，56 岁，因直肠癌行预防性造口术后 17 天，因造口处瘙痒，造口袋渗漏，来造口门诊就诊。

2. 护理评估　患者造口位于右下腹，回肠造口，造口周围皮肤发红，有卫星状丘疹，支撑棒留置。

3. 护理要点　分析该患者出现真菌感染的原因，涂抗真菌软膏，使用腰带、底盘及造口袋、造口护肤粉、造口防漏膏。

4. 治疗方案

（1）造口用品的选择　选用两件式造口底盘。

（2）造口附件产品的选择　造口护肤粉、造口防漏膏、腰带。

（3）涂抗真菌软膏，待干 10 分钟。

（4）皮肤清洗干净后洒护肤粉。

（5）涂防漏膏。

（6）根据造口大小及形状裁剪造口底盘,该患者支撑棒未拔除,底盘中心孔裁剪略偏大,便于支撑棒的放置。

（7）四天后复诊,瘙痒好转,皮疹好转（图3-5-5）。

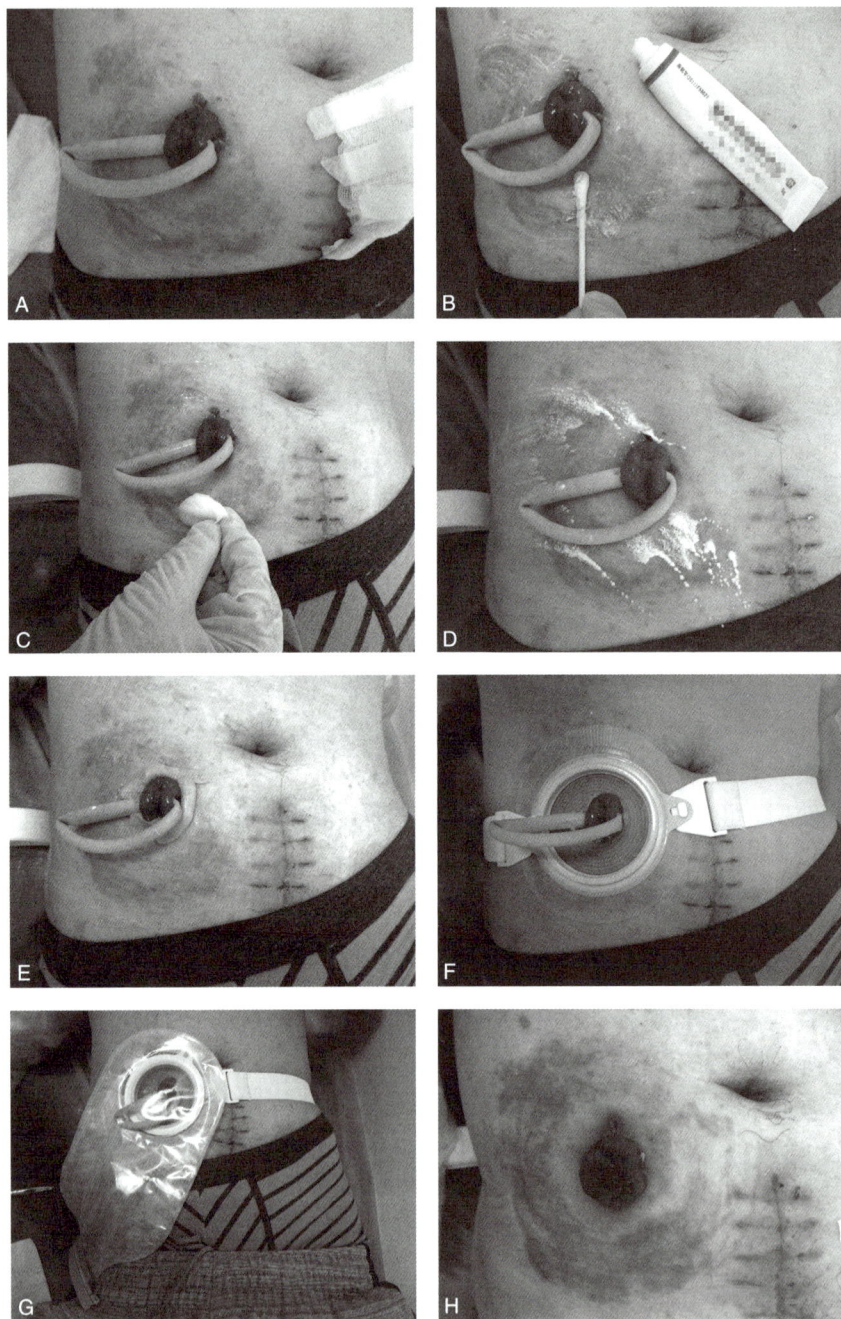

**图3-5-5　真菌感染处理**

A. 真菌感染;B. 抗真菌乳膏;C. 再清洗图;D. 洒护肤粉;E. 涂防漏膏图;F. 贴底盘;G. 佩戴造口袋图;H. 四天后复诊

## 四、机械性损伤

机械性损伤（mechanical trauma）指造口袋更换过程中粘胶需从皮肤上反复撕脱，更换次数过频或用力过大，所出现的表皮撕脱（彩图3-5-6）。

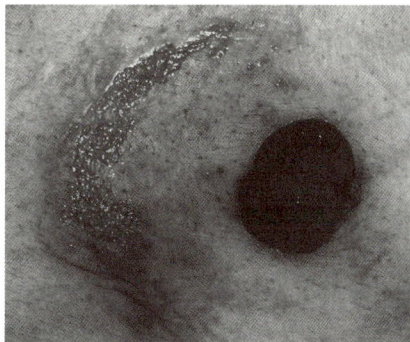

彩图 3-5-6　机械性损伤

### （一）病因

1. 因撕离造口底盘时过急或过度用力，导致皮肤表层被撕开。

2. 更换造口底盘频率过于频繁。

3. 造口袋底盘粘性过大，不易揭除，造成皮肤撕裂。

4. 药物、射线对皮肤脆性影响。

### （二）评估

1. 剥离底盘时表皮随底盘撕脱。

2. 皮肤发红，表皮缺损，形状不规则。

3. 皮肤损伤与粪水浸渍无关，以底盘边缘多见。

4. 疼痛、少量渗液。

### （三）管理

1. 重新评估患者更换造口袋的技巧。

2. 揭除造口底盘时，切不可强硬揭除，以免造成造口周围皮肤破损，可一手固定造口底盘边缘皮肤，一手将底盘慢慢揭除。

3. 若揭除较费力时，可用湿棉球湿润造口底盘边缘后再慢慢揭除，亦可用剥离剂揭除。

4. 避免造口底盘更换过勤。

5. 必要时使用粘性较轻底盘。

### （四）临床案例

1. 一般资料　患者，男性，53岁，因直肠癌行临时性造口术4月，更换造口袋撕除底盘后，造口旁皮肤疼痛，皮肤破溃，来造口门诊就诊。

2. 护理评估　患者造口位于右下腹，回肠造口，造口外侧缘皮肤表皮缺损，有渗液，底盘下无粪便渗漏。

3. 护理要点　分析该患者出现造口机械性损伤原因，合理选用造口护理用品，两件式造口袋、护肤粉、防漏膏。

4. 治疗方案

（1）造口用品的选择：选用两件式平面造口底盘，两件式透明造口袋。

（2）造口附件产品的选择：造口护肤粉、防漏膏。

（3）敷料：藻酸钙敷料、水胶体敷料，管理渗液，促进上皮生长。

（4）造口护肤粉。

（5）敷料：藻酸钙敷料吸收渗液、水胶体敷料便于底盘粘贴。

（6）防渗漏。

（7）佩戴造口袋：根据造口大小及形状裁剪造口底盘，佩戴二件式造口袋。

## 五、假疣性表皮增生

假疣性表皮增生（pseudo-epithelial hyperplasia）（彩图 3-5-7）是指紧邻造口周围的皮肤区域出现疣状突起。肠液或尿液与造口周围皮肤长期接触，可引起皮肤慢性炎症，造成皮肤良性增生病变，即为假性上皮瘤样增生。组织学检查可见结节呈反应性或修复性的鳞状上皮增生，呈棘皮瘤样改变，系表皮增生。

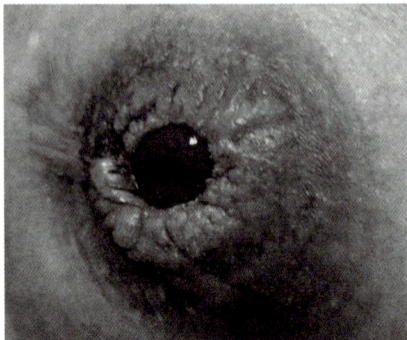

彩图 3-5-7　假疣性表皮增生

### （一）病因

1. 造口底盘裁剪过大，皮肤外露过多。
2. 皮肤长期接触慢性刺激物（肠液、尿液）。
3. 刺激性皮炎处理不当，伴有耐药菌株感染。
4. 慢性炎症刺激。
5. 全身免疫功能紊乱。

### （二）评估

1. 皮肤增厚围绕在造口边缘，呈疣状增生，质硬。
2. 损伤从造口底部开始，蔓延范围不同，突出皮肤几毫米以上。
3. 皮肤色素沉积，呈灰色或红棕色结节。
4. 瘙痒。
5. 疼痛。
6. 易出血。
7. 皮肤破溃时渗液多，造口袋渗漏明显。

### （三）管理

1. 重新评估造口护理技巧。
2. 调整造口底盘中心孔的大小，及时更换造口袋。
3. 尿路造口者使用抗反流造口袋。
4. 造口回缩者使用凸面底盘加腰带。
5. 局部使用抗生素。
6. 增生皮肤处理，使用凸面底盘将增生压迫。
7. 必要时组织学检查，排除恶性皮肤病变。
8. 过度增生的组织，用硝酸盐棒烧灼或高频电烧灼。
9. 严重者手术治疗，行游离植皮或局部皮瓣覆盖。

### （四）临床案例

1. 一般资料　患者，男性，61 岁，因直肠癌行乙状结肠造口手术，因造口处疼痛，造口袋粘贴困难，来造口门诊就诊。

2. 护理评估　患者造口位于左下腹，乙状结肠造口，造口底盘中心孔过大，黏膜红润，造口回缩，狭窄约 1cm，小指无法通过。周围皮肤增生、破溃约 4.5cm×4.5cm，易出血，质硬。

3. 护理要点　分析该患者出现假疣性表皮增生的原因，调整底盘及中心孔、使用腰带、凸面底盘及造口袋、造口护肤粉、造口防漏膏。

4. 治疗方案

（1）造口用品的选择：选用两件式凸面造口底盘。

（2）造口附件产品的选择：造口护肤粉、造口防漏膏、腰带。

（3）造口狭窄用小指开始扩张。

（4）在造口及破溃皮肤上喷洒造口护肤粉。

（5）涂防漏膏。

（6）根据造口大小及形状裁剪造口底盘，该患者因增生处疼痛明显，首次底盘裁剪未按造口的大小及形状裁剪，而是按略小于增生的大小及形状裁剪，以后逐渐缩小范围。

（7）佩戴二件式凸面底盘加腰带。

（8）三天后复诊，皮肤破溃面积有缩小，上皮开始生长。

## 六、银屑病

银屑病（psoriasis）是指银屑病发生在造口周围皮肤上，使造口袋粘贴困难。银屑病是一种由多基因遗传决定的、多环境因素刺激诱导的免疫异常性、慢性炎症性、增生性皮肤病。银屑病也是典型的心身疾病，发作、缓解与患者的精神紧张和心理压力有密切关系。

### （一）病因

1. 病因尚不完全清楚，目前认为是由活性异常的 T 细胞介导的自身免疫性皮肤病。

2. 存在明确的先天性因素，是自身免疫性疾病。

3. 部分患者因皮肤状况差，易对造口底盘的成分产生反应或揭除底盘时产生刺激，角质细胞过度增生、角化，角质细胞会开始剥落，造成一些类似像鳞屑状的片状表皮受损，皮肤呈红斑状。

### （二）评估

1. 皮肤表面出现白色鳞屑，如果剥落白色鳞屑，皮肤呈光滑刺目的红色斑块，剥落处有轻微出血（彩图 3-5-8）。

2. 银屑病经常发生在腰带刮擦和机械摩擦所引起小的皮肤损伤处。

3. 局部皮肤瘙痒感。

4. 造口袋粘贴困难，渗漏明显。

5. 身体其他部位银屑病频繁发作；或同型反应是指身体其他部位银屑病导致造口底盘下皮肤也出现银屑病。

### （三）管理

1. 造口产品选择　可用双倍大小的造口底盘或用二件式造口袋加腰带固定；使用粘性比较差的造口底盘，如梧桐树胶粘合剂。

2. 皮肤护理　每次更换造口袋前先清洗皮肤，以去除局部鳞屑、痂皮；涂抹皮肤科外用药膏 10 分钟以上，待皮肤吸收后，再洗净皮肤，粘贴造口袋。

3. 瘙痒护理　皮损瘙痒时不要搔抓，指导患者轻拍患处。

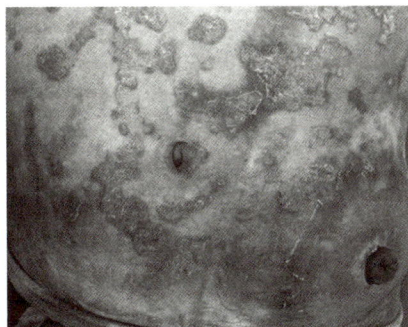

彩图 3-5-8　银屑病

4. 心理护理 是临床上治疗银屑病最常用的护理方法,绝大多数银屑病患者通过心理护理能够明显改善患者的主观症状。

5. 饮食受限 嘱患者忌食海鲜、牛羊肉、辛辣刺激性食物,因为腥发、辛辣食物可刺激皮肤,使瘙痒加重,加剧银屑病的病情。

6. 多学科合作 皮肤科会诊及治疗。

（四）临床案例

1. 一般资料 患者,男性,70岁,因直肠癌行预防性回肠造口手术后3个月,因造口处疼痛,造口袋渗漏粘贴困难,来造口门诊就诊。

2. 护理评估 患者造口位于右下腹,回肠袢式造口,造口周围及身体其他部位皮肤红斑,脱屑。袢式造口近端开口低,皮肤破溃。既往有银屑病。

3. 护理要点 分析该患者出现了银屑病、造口开口低、刺激性皮炎的原因,涂皮肤科外用药保持10分钟以上,使用造口护肤粉、造口防漏膏、佩戴腰带、选择凸面底盘及造口袋。

4. 治疗方案

（1）造口用品的选择:选用两件式凸面造口底盘。

（2）造口附件产品的选择:造口护肤粉、造口防漏膏、腰带。

（3）造口周围皮肤涂皮肤科外用药:曲安尿素软膏,10分钟后洗净皮肤及黏膜。

（4）在造口及破溃皮肤上喷洒护肤粉。

（5）涂防漏膏。

（6）佩戴二件式凸面底盘加腰带（图3-5-9）。

# 七、黏膜移植

造口黏膜移植（mucosal transplantation）指肠黏膜移植至造口周围生长。由于黏膜有黏液分泌,使造口周围皮肤潮湿,容易导致底盘脱落（彩图3-5-10）。

（一）病因

1. 手术时将造口缝于表皮,而没有缝于真皮层。

2. 使用底盘较坚硬的造口袋,或底盘裁剪尺寸过小,造成造口边缘经常受压,黏膜随损伤部位向外扩展生长所致。

（二）评估

1. 肠黏膜移植至造口周围皮肤。

2. 黏膜有黏液分泌,使造口周围皮肤潮湿,引起底盘脱落。

3. 造口周围皮肤疼痛。

4. 造口袋粘贴困难,造口袋使用时间短等为主。

5. 皮肤变色、溃疡、潮湿。

6. 易出血。

7. 大小不等增生。

（三）管理

1. 指导患者更换造口袋时动作要轻柔,避免加重造口损伤。

2. 重新量度造口外形及尺寸。

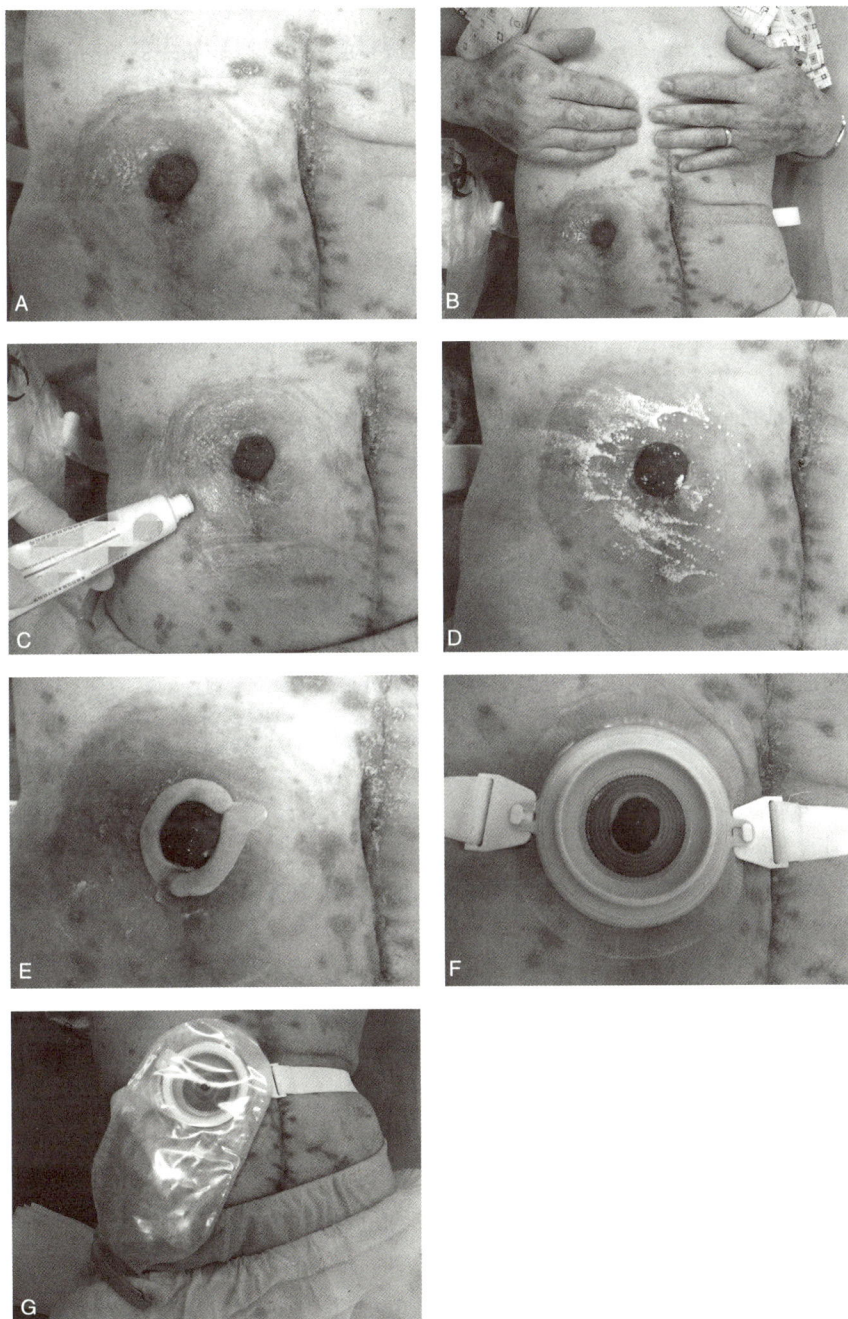

图 3-5-9 造口周围银屑病的处理

A. 开口位置低、皮炎、银屑病；B. 其他部位银屑病；C. 涂外用药；D. 洒护肤粉；
E. 涂防漏膏；F. 凸面底盘加腰带；G. 佩戴造口袋

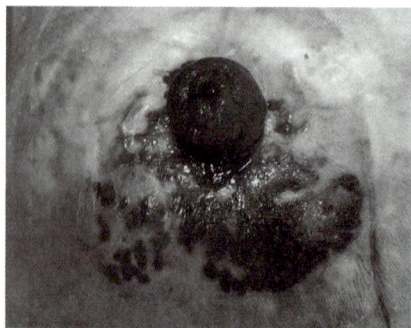

彩图 3-5-10　黏膜移植

3. 对较细小的黏膜移位可用保护粉,严重者可用藻酸盐类敷料。

4. 指导患者更换造口袋时动作要轻柔,避免加重造口损伤。

5. 重新量度造口外形及尺寸。

6. 硝酸银棒点状烧灼异位的黏膜。

7. 手术切除,翻转皮瓣覆盖缺损。

（四）临床案例

1. 一般资料　患者,女性,72 岁,于 2013 年 10 月 15 日因直肠癌行永久性造口术。使用一件式造口袋,隔天更换造口袋,同时每天用冲洗壶冲洗造口袋。因造口处皮肤破溃疼痛难忍来造口门诊就诊。

2. 护理评估　患者造口位于左下腹;乙状结肠造口;造口大小:4.5cm×3cm;造口形状:椭圆形;造口高度:造口低平;黏膜颜色:红色;造口周围皮肤:底盘黏贴范围色素沉着明显;造口周围皮肤有一圈 1cm 宽的溃疡。

3. 护理要点　分析该患者出现造口黏膜移植原因,合理选用造口护理用品,更换造口袋品牌,使用二件式造口袋、造口护肤粉、防漏膏。

4. 治疗方案

（1）造口用品的选择:更换造口袋品牌。

（2）造口附件产品的选择:造口护肤粉、防漏膏。

（3）硝酸银:点状烧灼移植黏膜。

## 八、造口周围静脉曲张

造口周围静脉曲张（peristomal varices）也称脐周静脉曲张（caput medusae）,是门静脉高压症下的肠系膜上下静脉网与腹壁下静脉相交通而导致的腹壁微血管静脉曲张。除食管胃底静脉曲张外,门静脉高压还可引起十二指肠、空肠、回肠、结肠、肛管直肠、腹膜后和其他部位（甚至在肠造口位置）的异位静脉曲张。门静脉高压患者的肠造口静脉曲张的发生率达50%,患者的造口均会出血,具有潜在的致死性。

（一）病因

1. 门静脉高压　肝病患者门脉高压通过肠系膜静脉丛和腹壁静脉丛的各级高压静脉丛之间的相互作用形成,肠造口术后,并发造口旁门 - 体静脉分流,形成造口旁静脉曲张。

2. 常见肿瘤肝转移、肝硬化、肝脏多发囊肿、脂肪肝等肝脏疾病患者。

3. 排泄物渗漏腐蚀。

4. 硬质底盘压迫、磨损。

5. 大便干结,摩擦刺激。

6. 剧烈活动。

（二）评估

1. 无痛性皮肤黏膜交界处反复出血。

2. 造口周围皮肤呈紫蓝色、薄、透,清晰可见辐射状的蜘蛛丝。

3. 腹壁静脉的曲张(彩图 3-5-11)。

4. 造口黏膜增大,黏膜颜色暗红。

5. 贫血。

6. 连续出血会加剧肝功能恶化,肝衰是肠造口静脉曲张出血患者的主要死因。

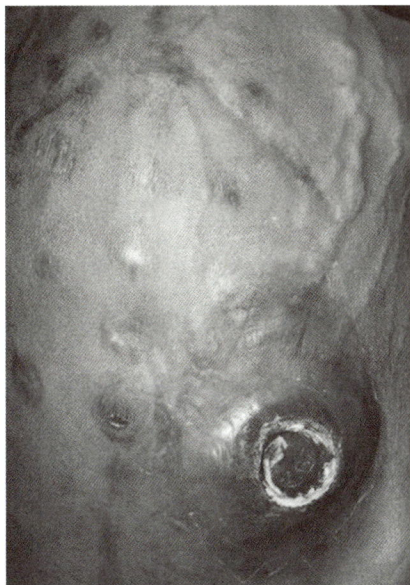

彩图 3-5-11 腹壁静脉曲张

### (三)管理

1. 出血时让患者平卧可减低门脉压力,减轻出血。

2. 去除造口袋,明确出血位置。小量出血,手指压迫止血,或洒造口护肤粉压迫;大量流血,需用蘸有 1‰肾上腺素溶液的纱布、医用止血棉按压出血点、硝酸银棒烧灼。

3. 选用较柔软的底盘或一件式造口袋,底盘内圈的直径应偏大,减少黏膜蠕动时的摩擦;造口袋内层擦凡士林软膏,勿让造口黏膜直接接触造口袋以减少黏膜与塑料质接触的产生摩擦。

4. 保持大便通畅,减少摩擦刺激。

5. 更换或清洗造口袋时动作要轻柔,最大程度地减少创伤。

6. 避免剧烈活动,减少长时间的站立。

7. 造口患者合并有肝脏疾病或腹腔积液者,不可使用凸面及嵌圈垫高式造口用品,垫高环对造口周围皮肤所造成的压力大,易造成皮肤损伤,造成出血可能。

8. 缝扎、结扎造口处曲张静脉、栓塞、局部注射硬化剂,但复发率高。

9. 内科保肝药物治疗。

10. 严重出血者可选择手术,如门体静脉分流术、造口移位术等。

### (四)临床案例

1. 一般资料 患者,男性,58 岁,因直肠癌行乙状结肠造口手术 2 年,造口处反复出血来造口门诊就诊。既往有血吸虫性肝硬化,CT 检查提示肝硬化,脾大,脾静脉增宽、侧支循环形成。

2. 护理评估 患者造口位于左下腹,乙状结肠造口,造口周围皮肤造口周围皮肤呈紫蓝色、可见曲张血管。

3. 护理要点 分析该患者出现造口周围静脉曲张出血的原因,压迫止血、硝酸银棒烧灼、使用一件式造口袋。

4. 治疗方案

(1)揭除一件式造口袋。

(2)检查是否有活动性出血,明确出血部位。

(3)用硝酸银烧灼出血点。

(4)常规佩戴一件式造口袋。

## 九、造口处肿瘤

造口处出现新生物,质硬、糜烂、易出血,常伴有全身肿瘤转移情况。病理能明确诊断。

**（一）病因**

1. 大肠多原发癌。
2. 肿瘤转移。
3. 溃疡性结肠炎、家族性腺瘤性息肉病等引起的造口皮肤与黏膜交界处的肿瘤。

**（二）评估**

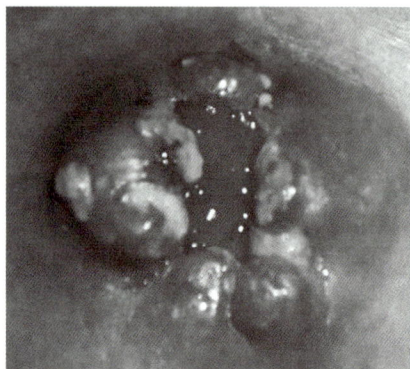

彩图 3-5-12　造口肿瘤

1. 造口旁逐渐肿大（彩图 3-5-12）。
2. 造口部疼痛。
3. 出血。
4. 溃疡,大量渗液。
5. 肿瘤组织坏死恶臭。
6. 严重者伴有造口狭窄。

**（三）管理**

1. 使用质地软的底盘,建议使用一件式造口袋。
2. 造口处出血时,用纱布压迫止血,止血后涂洒造口护肤粉。
3. 减少造口底盘的更换频率,以防损伤出血。
4. 建议使用带有碳片的造口袋,可减轻肿瘤坏死的臭味。
5. 治疗前行组织学检查。
6. 放射线照射可使肿瘤变少,减轻局部症状。
7. 肿瘤严重阻塞者,可行造口重建手术。

**（四）临床案例**

1. 一般资料　患者,男性,66 岁,因直肠癌行 Miles 手术 2 年半,造口处疼痛、出血多次造口门诊就诊。确诊为造口肿瘤伴全身转移,未做进一步治疗。2 个多月后,造口旁肿瘤组织溃烂,排便困难。

2. 护理评估　患者造口位于左下腹,乙状结肠造口,造口右侧疼痛,肿胀,皮肤发红,易出血,质地硬,造口袋粘贴疼痛。

3. 护理要点　分析该患者出现造口肿瘤原因,因全身转移故未做进一步治疗。合理选用造口护理用品,一件式造口袋、护肤粉。

## 十、尿结晶

尿结晶（urinary crystals）正常的尿液呈微酸性,pH 5.5~6.5,而饮食中酸碱度的含量往往影响尿液的 pH,酸性尿液易形成尿酸与氨基酸结晶,在碱性尿液中形成的结晶多为磷酸盐、碳酸盐与草酸盐。当尿液呈碱性时,磷酸盐结晶易沉积在黏膜或周围皮肤上,形成白斑（彩图 3-5-13）。

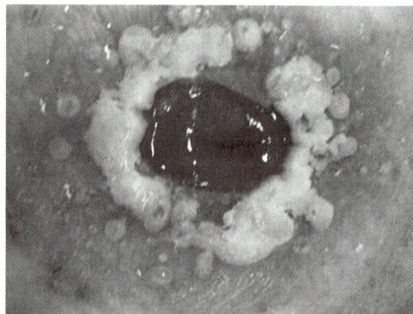

彩图 3-5-13　尿结晶

## （一）病因

1. 由于细菌将碱性尿液内的尿酸分解成结晶,依附在造口及造口周围皮肤上。

2. 饮水量不足,尿液浓缩,碱性结晶聚集。

3. 尿酸结晶与饮食中摄取较多碱性食物有关。

4. 造口清洁欠佳。

## （二）评估

1. 磷酸盐沉积造口黏膜及造口周围皮肤形成片状褐色或灰色的结晶附着。

2. 黏膜轻微出血,严重者可见活动性出血。

3. 皮肤发红、发痒、增生、高低不平。

4. 血尿。

5. 强烈的尿味。

## （三）管理

1. 补充足够的水分 每天饮水 2000~3000ml。

2. 酸化尿液 多进食帮助提高尿液的酸性浓度的食物或饮料。蛋类、鱼类、瘦肉、动物内脏、核桃、花生等酸性食物。服用大剂量维生素 C,每天 4g,或服用维生素泡腾片,使尿液呈酸性。

3. 正确使用造口袋 使用有抗反流装置的泌尿造口袋,夜间要接床边袋。

4. 出血处理 压迫止血、硝酸银棒、高频电烧灼。

5. 尿结晶的处理 指导患者使用白醋(醋与水按容积比为 1:3)清洗造口及造口周围的结晶物,然后再用清水清洗干净造口及周围皮肤后再粘贴造口袋。必要时用白醋湿敷。

## （四）临床案例

1. 一般资料 患者,女性,73 岁,因膀胱癌行回肠代膀胱造口术 7 年,近半年造口周围皮肤有白色斑块来造口门诊就诊。

2. 护理评估 患者造口位于右下腹,尿路造口,黏膜及造口周围皮肤形成片状灰色的结晶附着,周围皮肤伴有色素沉着和增生,造口平坦。

3. 护理要点 分析该患者出现尿结晶原因,准备 1:3 的白醋溶液,合理选用造口护理用品,两件式凸面底盘加尿路造口袋、腰带、造口护肤粉、防漏膏。

4. 治疗方案

（1）造口用品的选择选:选用两件式凸面造口底盘,尿路造口袋。

（2）造口附件产品的选择:腰带、造口护肤粉、防漏膏。

（3）白醋溶液:用 1:3 的白醋溶液擦洗造口及周围皮肤,尽可能去除结晶。

（4）清洗皮肤:白醋擦洗后再用清水清洗造口及周围皮肤。

（5）造口护肤粉。

（6）防渗漏。

（7）佩戴造口袋:根据造口大小及形状裁剪造口底盘,佩戴二件式凸面尿路造口袋、腰带。

（张 洁 徐洪莲）

# 第六节　造口并发症及护理

**学习目标**

完成本内容学习后,学生将能:
1. 复述各种造口并发症的病因及评估要点。
2. 列出造口并发症的种类。
3. 描述造口并发症临床案例。
4. 应用所学知识对造口并发症进行观察及护理。

根据造口并发症发生的时间,可以分为早期并发症、晚期并发症。早期并发症是指发生在手术后 30 天内的并发症,包括:造口缺血和坏死、造口皮肤黏膜分离、造口回缩、造口出血、造口水肿等;晚期并发症是指发生在手术后 30 天后的并发症,包括:造口狭窄、造口脱垂、肉芽肿、造口旁疝等。

## 一、造口缺血坏死

肠造口缺血坏死是造口术后最严重的并发症,由于供应造口部位肠管血液循环受到影响所致,一般发生在术后 24~48 小时。国内研究显示其发生率为 2.3%~17%。临床表现为造口黏膜暗红色、紫色、苍白,严重者黏膜完全变黑,有异常臭味,部分患者会有腹膜刺激症状、全身症状(发热、白细胞计数升高)等表现。

### (一)病因

发生的主要原因是血液供应不足所致,易发生于肥胖及急症手术者。

1. 血管损伤　手术中损伤结肠边缘动脉或缝扎肠系膜血管不当,引起肠管血液供应不足,引起造口缺血、缺氧,最后导致肠造口缺血坏死。

2. 肠造口腹壁开口　肠管拉出时腹壁开口太小或缝合太紧,容易引起肠管血运障碍,最后导致造口缺血坏死。

3. 肠壁缺氧　严重的动脉硬化或肠梗阻过久,引起肠黏膜水肿、胀气,最终导致肠壁长期缺氧引起肠造口坏死。

4. 术中游离肠管不够充分　使造口肠系膜过紧,造口肠管提出时张力过高或发生扭曲,导致肠造口缺血、缺氧而发生坏死。

5. 造口肠管及系膜扭转或受压　影响造口局部血运,长时间的缺血、缺氧导致肠造口坏死。

6. 过分修剪肠脂垂破坏边缘动脉　导致造口血供不足,发生缺血坏死。

### (二)评估

评估造口缺血的程度,正常肠造口黏膜外观为牛肉红色或粉红色,表面光滑且潮湿,用手电筒侧照时呈现透光状。肠造口缺血坏死程度分为:轻度、中度、重度。

1. 轻度 造口黏膜边缘暗红色或微黑色,范围不超过造口黏膜的外 1/3,一般在肠段的对系膜缘,无分泌物增多,无异常臭味,造口周围皮肤没有改变(彩图 3-6-1)。

2. 中度 造口黏膜外中 2/3 呈紫黑色,有分泌物和异常臭味,造口中央黏膜仍呈淡红色或红色,用力摩擦可见黏膜出血,造口缺血坏死部位在腹壁筋膜上(彩图 3-6-2)。

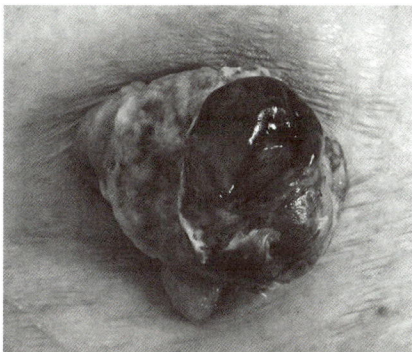

彩图 3-6-1 轻度造口缺血坏死

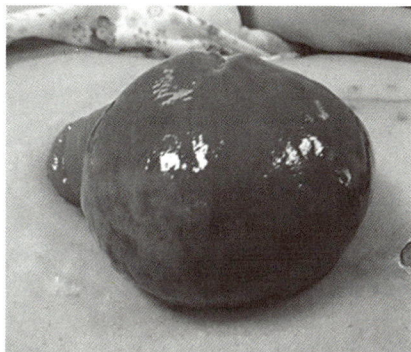

彩图 3-6-2 中度造口缺血坏死

3. 重度 黏膜全部呈漆黑色,有大量异常臭味的分泌物,摩擦黏膜没有出血点,造口部肠段坏死在筋膜下,肠内容物可渗透至腹腔内,引起粪性腹膜炎(彩图 3-6-3)。

4. 造口重度缺血坏死与结肠黑变病鉴别 便秘长期服用泄剂的患者常见结肠黏膜色素沉着,肠黏膜呈暗黑色(黑变病),内镜下结肠黏膜呈黑色、棕色、或暗灰色。对于有结肠黑变病的患者检查造口黏膜,用手电筒照射造口黏膜时肉眼能观察到肠黏膜透亮、呈豹纹状;而造口黏膜重度缺血坏死的患者,检查造口黏膜呈漆黑色,用手电筒照射造口黏膜时不透亮(彩图 3-6-4)。

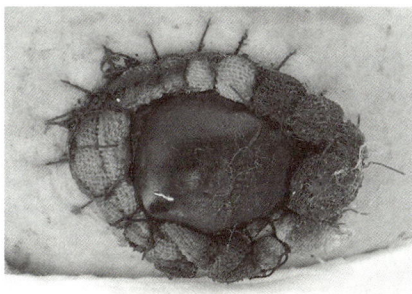

彩图 3-6-3 重度造口缺血坏死

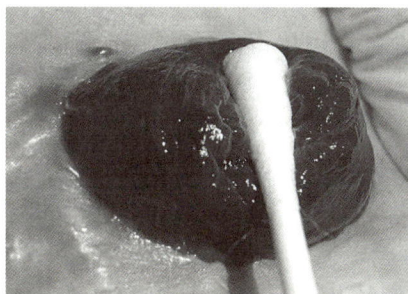

彩图 3-6-4 肠管黑变病

### (三)管理

长期服用缓泻剂的患者常见结肠黏膜色素沉着,肠黏膜呈暗黑色(黑变病),需与重度肠黏膜坏死鉴别。轻、中度肠造口缺血坏死若及时给予适当处理,变紫的肠造口黏膜可能恢复正常,重度肠造口缺血坏死必要时行肠造口重建术。

1. 检查方法 将围绕造口的碘仿纱布拆除,检查肠管血运情况,坏死的深度和广度,可以通过玻璃试管插入造口电筒垂直照射观察、电筒斜侧照黏膜,具体检查方法是:检查时以聚光手电筒斜侧照肠造口黏膜,观察黏膜有无呈红色、有无透光(彩图 3-6-5);石蜡油润滑玻璃试管后插入肠管内,用手电筒照射观察肠腔内血运(彩图3-6-6);用手指按压肠造口黏膜,放开时观察有无回复红色现象,必要时以软式结肠镜观察肠造口内黏膜的颜色。

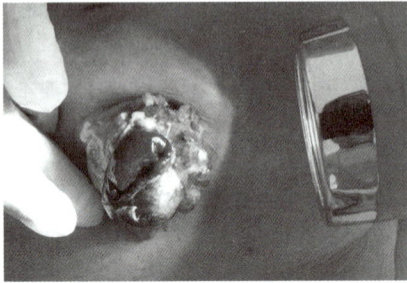

彩图 3-6-5　用手电筒斜侧照肠造口黏膜观察透光性

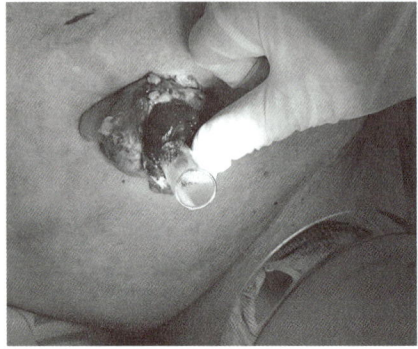

彩图 3-6-6　试管插入肠管内用手电筒照射观察肠腔内血运

2. 处理方法　当肠造口黏膜变紫时,应立即报告医生并密切观察肠造口黏膜变化。清除坏死组织,有腹膜刺激症状者需行剖腹探查术,切除坏死的肠管和造口重建,密切观察患者的转归,防止造口狭窄和造口回缩的发生。根据不同严重程度,处理包括:①轻度造口缺血坏死,在造口黏膜上涂撒造口护肤粉,达到让坏死的造口黏膜自溶性脱落的目的;同时可以更换造口底盘,拆除缝线,观察血运情况。轻度坏死的造口黏膜常可自行脱落,创面愈合后,造口功能不受影响;②中度造口缺血坏死,需严密观察黏膜的坏死趋向,如坏死部分不向深部扩展,健康组织与坏死区界限明确后,可清除坏死组织,按轻度方法处理后坏死黏膜脱落再按伤口处理方法进行清洁、保护,等创面的肉芽组织替代;重度造口缺血坏死则必要时行急诊手术切除坏死肠段,重建造口。

3. 处理规范　每日检查造口情况(使用二件式透明造口袋);部分坏死可等待坏死组织脱落;完全坏死应尽快手术重建肠造口;完全脱落后发生凹陷需使用凸面底盘。

4. 医疗预防　肠造口并发症与手术方法、手术操作的规范、熟练程度关系密切。手术中应规范操作,充分游离肠管,止血彻底,保护肠管血运,仔细处理边缘动脉及肠脂垂,避免过分修剪造口缘的脂肪及系膜组织,避免造口过小压迫肠管影响血运或肠管及系膜扭转。

5. 护理预防

(1)基础疾病治疗:在围术期积极采取应对措施改善肠壁水肿情况,纠正低蛋白血症,控制高血压、糖尿病等基础病症。

(2)观察黏膜颜色:造口术后24~48小时,应严密观察造口黏膜的颜色,做到每班交接并记录。能够及时发现异常。

(3)缝线松紧度:肠造口术后早期要注意观察肠造口边缘缝线松紧度,过紧时须拆1~2针。

(4)监测血常规:及时了解患者肠造口术后血常规的动态监测指标,遵医嘱给予纠正贫血治疗。

（5）营养：指导患者加强营养，适时补充铁剂。

### （四）临床案例

1. 一般资料　患者，女性，65岁，在腹腔镜下行直肠癌 Miles 手术，术后第一天造口黏膜 5~6 点位置处黏膜颜色出现微黑色。

2. 护理评估　患者造口位于左下腹，乙状结肠造口，术后第一天出现造口黏膜缺血，评估为轻度造口缺血坏死。

3. 护理要点　分析该患者出现轻度造口缺血坏死的原因，合理选用造口护理用品，两件式造口袋、造口护肤粉、防漏膏。

4. 治疗方案

（1）造口用品的选择：选用两件式平面造口底盘，两件式透明造口袋。

（2）造口附件产品的选择：造口护肤粉、防漏膏。

（3）碘仿纱布：术后第一天观察肠造口黏膜有轻度缺血，拆除围绕在造口周围的碘仿纱布后，严密观察造口黏膜颜色的变化。

（4）观察血供：使用玻璃试管、电筒观察造口黏膜中央内部血运情况。

（5）促进清创：在造口黏膜上喷洒造口护肤粉，促进造口黏膜缺血坏死部分自溶。

（6）防渗漏：涂防漏膏于造口黏膜与皮肤交界处，有利于阻挡粪便渗漏于底盘与皮肤之间。

（7）佩戴造口袋：根据造口大小及形状裁剪造口底盘，佩戴二件式透明造口袋，便于随时观察造口黏膜情况。

## 二、造口出血

较轻的早期出血常发生在术后 72 小时内，多数是造口黏膜与皮肤连接处的毛细血管及小静脉出血（彩图 3-6-7）。

### （一）病因

1. 造口用品　造口底盘裁剪不当产生物理刺激，肠造口黏膜与皮肤连接处的毛细血管及小静脉出血。

2. 止血　肠系膜小动脉未结扎或结扎线脱落，早期引起的造口出血。

3. 全身用药　患者由于疾病情况，使用抗凝药物。

4. 其他　肿瘤复发，肠管内毛细血管破裂，严重腹泻、放疗、化疗导致肠道菌群失调时均可引起造口出血，一般发生在患者疾病晚期。

### （二）评估

评估造口出血的部位，出血的量。

### （三）管理

1. 护理措施　观察到造口出血，首先去除造口袋，寻找出血部位，出血量少时，用湿润棉球或纱布稍加压迫即可止血。出血量多时用 1‰肾上腺素湿纱布压迫或云南白药粉外敷后纱布压迫。有活动出血时，需要缝扎止血。如果出血部位位于造口黏膜与皮肤缝线以下，需拆开黏膜皮肤缝线，寻找出血点加以钳扎，

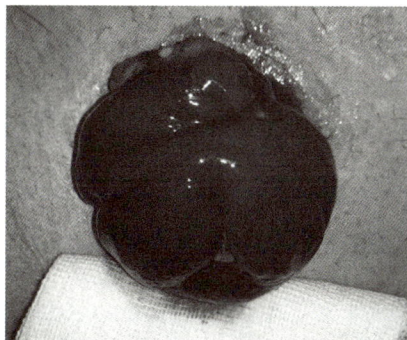

彩图 3-6-7　造口黏膜出血

彻底止血。

2. 手术预防

（1）纠正凝血功能：术前注意监测患者凝血功能，如果有异常情况，及时纠正。

（2）术中止血：防止术中止血不彻底或结扎线脱落，造口处肠壁小血管出血，或肠黏膜与皮肤连接处出血。

3. 护理预防

（1）改善护理流程：避免用力刺激肠造口，清洗造口时水温要低，并且使用软质材料清洗，造口底盘开口适当，避免底盘开口过小。

（2）预防黏膜水肿：防止因造口处黏膜水肿摩擦导致黏膜糜烂出血。

（3）观察放化疗反应：造口患者在放化疗期间注意观察患者的消化道反应，注意观察患者有无造口黏膜充血、糜烂出血。

（4）凝血功能监测：掌握患者的凝血功能监测指标，及时发现异常并遵医嘱给予治疗。

（5）观察排泄物：术后佩戴造口袋前要观察记录造口的颜色及造口周围皮肤渗出物及排泄物的颜色、性状及量，佩戴造口袋后要注意观察造口袋内容物的颜色、性状和量，如有鲜红色血性液时要及时报告医生处理。

（6）判断出血量：造口术后48小时内，动态观察造口黏膜的色泽，切口敷料有无渗血及造口袋、引流袋引流液的量、性状；造口袋内24小时内有20~30ml血性黏液属正常现象，造口袋内血性黏液量较多，尤其是短时间超过50ml时应及时处理。

### （四）临床案例

1. 一般资料　患者，男性，45岁，在腹腔镜下行直肠癌Miles手术，术后第二天更换造口袋时，发现造口10点处造口黏膜与皮肤交界处有少量渗血。

2. 护理评估　患者造口位于左下腹，乙状结肠造口，术后第二天造口黏膜与皮肤交界处出现少量渗血，判断为造口周围皮肤皮下毛细血管渗血。

3. 护理要点　找出该患者造口出血的部位，评估出血的量，根据出血的量选择止血方法。

4. 治疗方案

（1）造口产品的选择：选用两件式平面造口底盘，两件式透明造口袋。

（2）造口附件产品及伤口敷料的选择：造口护肤粉、防漏膏、藻酸盐敷料。

（3）压迫止血：清洁造口周围皮肤后，找出该患者造口出血的部位，在造口黏膜及造口周围皮肤上喷洒造口护肤粉后，手持纱布适量用力按压，压迫止血。

（4）藻酸盐敷料止血：在造口黏膜与皮肤交界处填充藻酸盐敷料止血。

（5）防漏膏：涂防漏膏于造口黏膜与皮肤交界处，有利于阻挡粪便渗漏于底盘与皮肤之间。

（6）佩戴造口袋：根据造口大小及形状裁剪造口底盘，佩戴二件式透明造口袋（图3-6-8）。

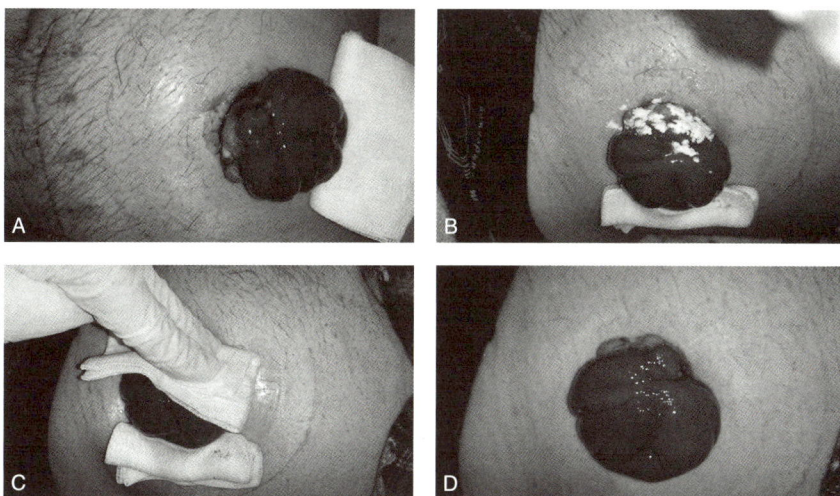

**图 3-6-8　造口黏膜出血的处理**

A. 造口黏膜出血;B. 在出血部位洒上造口护肤粉;C. 纱布加压止血;D. 造口黏膜出血停止

## 三、造口皮肤黏膜分离

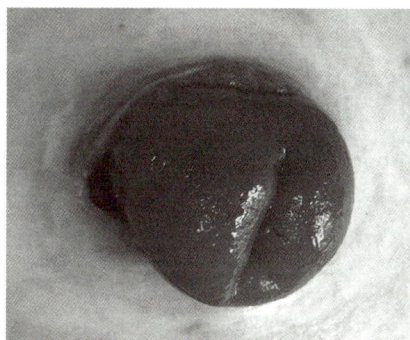

造口皮肤黏膜分离是指肠造口黏膜缝线处的组织愈合不良,使肠造口处肠黏膜与腹壁皮肤的缝合处分离,分离处留下一个开放性的伤口,属于肠造口手术后的早期并发症之一,多发生在术后 1~3 周(彩图 3-6-9)。若处理不当则会发生造口回缩,甚至回缩至腹腔出现腹膜炎症状而造成腹腔感染,需要再次手术。愈合后由于瘢痕收缩会引起造口狭窄,给患者生理、心理带来极大的创伤,直接影响患者的术后康复和生活质量。

**彩图 3-6-9　造口皮肤黏膜分离**

### (一)病因

1. 造口黏膜的缺血坏死　坏死黏膜脱落后,造口黏膜与皮肤形成伤口所致。

2. 缝线　肠造口黏膜缝线固定不牢而脱落,主要是缝合肠造口黏膜与皮肤的可吸收肠线比较细滑,若打结不牢,或缝线断裂,使得缝线脱落而致。

3. 组织缺损多　造口周围皮下组织切除过多,肠造口周围皮下组织切除过多而残留空腔导致不愈合。

4. 造口结构　造口结构差,位置不佳,有的造口位于脐旁左腰线皱褶处,造口周围皮肤凸凹不平,在粘贴造口用品时,过度拉伸皮肤造成缝线张力过大而致。

5. 腹压过高　由于患者术后咳嗽咳痰,造成腹压过高,皮肤黏膜缝线处牵张力增大而致。

6. 碘仿纱布　造口周围碘仿纱布拆除过晚,油纱条受到肠内容物的污染,进一步污染造口周围伤口,造成皮肤黏膜的分离。

7. 全身情况　患者高龄及营养状况不佳,糖尿病患者,或者长期使用类固醇药物的患者,导致造口周围的感染。

### (二)评估

1. 评估分离程度　造口黏膜与皮肤分离的程度,根据分离的面积可分为部分分离和完全分离,根据分离的深浅可分为浅层分离和深层分离。

2. 评估造口高度　造口黏膜与皮肤的高度。

（三）管理

1. 护理措施　彻底清洗伤口后,评估伤口,逐步去除黄色腐肉和坏死组织,根据分离程度选用伤口敷料,如果是单侧浅层分离,分离深度小于0.5cm,擦干创面后喷洒造口护肤粉;如果是完全深层分离,擦干创面后可以选用藻酸盐敷料充填伤口。处理完以上步骤再涂抹防漏膏后粘贴造口袋,避免粪便污染伤口。完全分离合并造口回缩者,要选用凸面底盘加腰带固定。同时指导患者避免做增加腹压的动作,如患者有糖尿病,注意饮食和药物控制血糖,并监测血糖的变化。造口底盘一般每2天更换一次,渗液多者需要每天更换,同时注意每次更换底盘时检查造口底盘被浸渍的情况,根据造口底盘被浸渍的情况确定更换底盘的频率。如果造口底盘有渗漏需及时更换造口袋及伤口敷料。皮肤黏膜分离处愈合后,指导患者定期用手指扩肛,预防造口狭窄。

2. 手术预防

（1）手术中:手术操作要熟练、规范。

（2）缝合:造口黏膜缝线要牢固。

（3）皮肤造口:造口皮肤皮下组织切除要适当。

（4）手术过程中应减少因局部感染、腹胀等张力过高的情况下建成造口。

3. 护理预防

（1）评估患者的营养状况,遵医嘱补充白蛋白,及时纠正低蛋白血症。

（2）患者行肠造口手术前,护士应掌握患者病情,熟悉患者的手术方式和造口的类型,做好术前造口定位。

（3）术后常规使用腹带,减轻腹部切口及造口周围的张力。

（4）术后第1天、第3天、第5天、第6天更换造口袋,注意观察造口黏膜与皮肤情况,及时发现有无肠造口皮肤黏膜分离。

（5）护士应掌握患者造口一般情况并做好资料记录,密切观察造口与周围皮肤愈合情况并做好记录,记录肠造口黏膜缝合处与皮肤分离深浅状况。

（6）与医师沟通后,及时拆除围绕造口根部的碘仿纱布,避免久放导致大便污染造口根部,造成造口黏膜与周围皮肤愈合不良。

（7）糖尿病患者注意血糖的监测和控制,术后血糖控制在7.0~10.0mmol/L。

（8）指导患者加强营养,防止因营养差而导致造口皮肤黏膜分离。

（四）临床案例

1. 一般资料　患者,女性,45岁,在腹腔镜下行直肠癌Miles手术,术后第五天更换造口袋时,发现造口9点处出现造口皮肤黏膜分离。

2. 护理评估　患者造口位于左下腹,乙状结肠造口,术后第五天出现造口9点位置皮肤黏膜分离,深度为2.5cm,判断造口皮肤黏膜单侧深度分离。

3. 护理要点　按伤口处理原则护理好造口皮肤黏膜分离处,保护好伤口不被粪便污染。

4. 治疗方案

（1）造口产品的选择:选用两件式平面造口底盘,两件式透明造口袋。

（2）造口附件产品及伤口敷料的选择:造口护肤粉、防漏膏、藻酸盐银敷料。

（3）创面处理：生理盐水纱条清洗造口皮肤黏膜分离处伤口，在分离伤口处填充藻酸盐银敷料，注意填充敷料时不需过于紧实。抗感染同时促进皮肤黏膜分离处肉芽生长。

（4）防漏膏：涂防漏膏于造口黏膜与皮肤交界处，有利于阻挡粪便渗漏于底盘与皮肤之间。

（5）佩戴造口袋：根据造口大小及形状裁剪造口底盘，佩戴一件式透明造口袋（图3-6-10）。

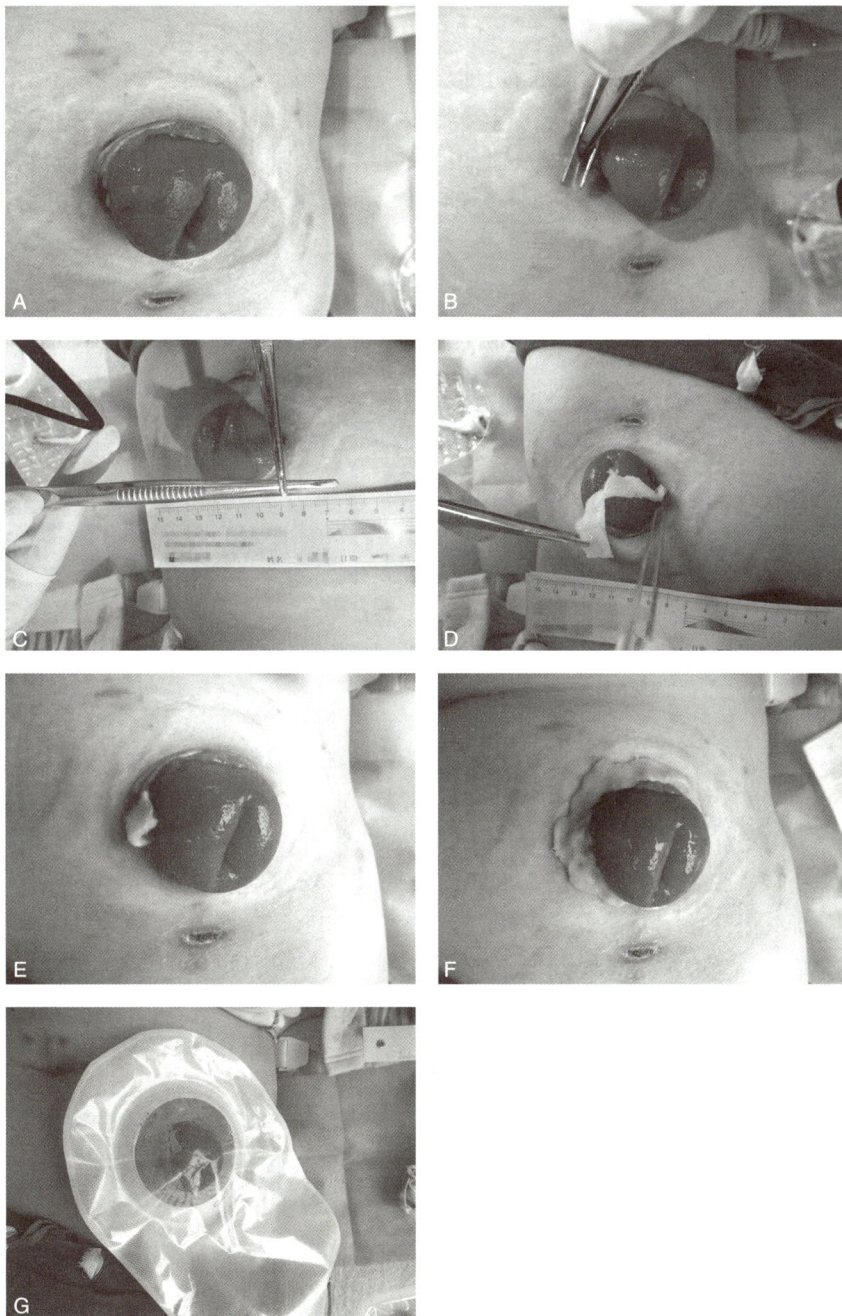

**图 3-6-10 造口皮肤黏膜分离的处理**

A. 造口皮肤黏膜分离；B. 测量分离深度；C. 测量分离深度；D. 生理盐水纱布清洁分离处；
E. 在分离处填充藻酸钙银敷料；F. 围绕造口根部涂抹造口防漏膏；G. 粘贴一件式造口袋，每两天更换一次

## 四、造口回缩

造口回缩为造口黏膜内陷低于皮肤表层下面（彩图3-6-11），常见于单腔结肠造口，发生率约为6%，回肠造口回缩发生率1.5%~10%，表现为造口位于腹部皮肤表面0.5cm及以下，通常在造口形成后的6周发生。造口回缩可分为早期（急性）及晚期（慢性）回缩。急性造口回缩通常发生在术后一周左右，常易引起肠造口周围皮肤凹陷，造口袋佩戴困难；肠造口回缩继续发展至皮肤表层下面时，可能会继发造口皮肤黏膜分离的并发症，严重时排泄物渗漏将导致肠造口周围感染，甚至引起腹腔内感染。晚期造口回缩多发生于造口形成后的数月或数年，常引起排泄物积滞于造口的凹陷处，导致造口周围皮肤受排泄物浸渍。轻度肠造口回缩可使用凸面底盘及腰带进行处理，严重的造口回缩需要通过手术进行造口重建。

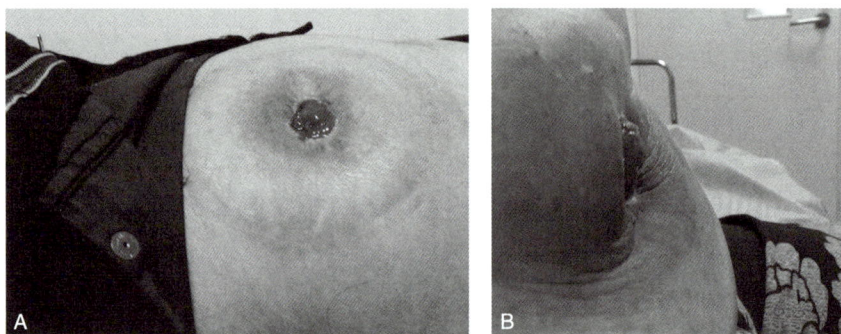

彩图3-6-11　造口回缩
A. 平卧时造口回缩；B. 坐位时造口回缩

### （一）病因

1. 其他并发症所致　早期多因肠造口黏膜缺血坏死后，造口黏膜脱落肠管回缩至筋膜上或腹腔内。造口皮肤黏膜分离愈合后，可因造口周围皮肤形成瘢痕、隆起，导致肠造口回缩或内陷。

2. 肠管长度　肠管游离不充分，外翻肠管长度不够，导致造口肠管过短产生牵扯力而引起的肠造口回缩。

3. 黏膜缝合　造口黏膜缝线固定不牢或缝线过早脱落引起。

4. 腹壁开口　造口腹壁切口过大，明显大于肠管直径；梗阻缓解后，肠管水肿消退，肠管变细。

5. 支撑棒　袢式造口时，造口部支撑棒移位肠段固定不牢或造口支撑棒过早拔除。

6. 体重猛增　手术后患者体重增加过多，造口周围腹部脂肪过厚致造口内陷。

7. 肿瘤　患者肠道继发的恶性肿瘤快速生长，影响整段肠管导致造口回缩。

### （二）评估

评估造口回缩的程度，区分肠段回缩至腹壁的水平，是在筋膜外还是在腹腔内。其诊断方法与肠造口缺血相同，可应用试管法或肠镜方法确诊。试管法：将直径较小的清洁玻璃试管润滑后将底端轻柔地探入造口中，在光线照射下观察。肠镜检查：在肠镜直视下判断回缩的程度。

### （三）管理

1. 轻度回缩　肠端的开口位于筋膜外者，注意密切观察造口回缩的进展情况，同时配合使用凸面底盘加腰带固定,以抬高造口基底部,使造口黏膜被动抬高。

2. 回缩至腹腔内的严重病例　应立施行手术,处理腹膜炎症,重建造口。晚期回缩者,如果肠造口因肠段不易提出,则需行剖腹术游离腹腔内肠段再行造口术。

3. 伴有刺激性皮炎者　可用皮肤保护粉或无痛保护膜保护造口周围皮肤。乙状结肠造口皮肤有持续损伤者,可考虑采用结肠造口灌洗法来清除结肠内的粪便,减少粪便持续刺激造口周围皮肤。

4. 造口用品的选择　宜选用垫高式造口用具,如凸面底盘,加压于造口周围皮肤,使造口基部膨出,以利于排泄物的排出;如造口位置不佳不适宜使用凸面底盘者可用防漏条垫高;可配合造口腹带或腰带使用,增加造口基部的压力。

5. 手术预防

(1)肠管长度足够:造口术中,应充分游离肠管,使肠管提出腹壁的长度保证造口肠管应无张力。

(2)造口腹壁切口大小适当:切除造口部位皮肤、皮下组织,直径约 2.5cm,可容 2 指通过。

(3)支撑棒:如有特殊情况出现肠管张力过大,应预防性使用肠造口支撑棒。

6. 护理预防

(1)定位:做好术前造口定位。

(2)黏膜高度:正常造口高度为皮肤水平面 1~2.5cm。造口术后早期,护士应及时观察患者造口高度,班班交接并记录,发现异常及时报告医生处理。

(3)造口用品选择:若造口低于皮肤水平面 1cm 以下者,预防性应用造口凸面底盘并配合造口腰带。

(4)支撑棒:勿过早拔除造口支撑棒,要观察肠造口的张力及支撑棒的松紧度,与主管医生沟通后方可拔除(一般为 10~14 天后),拔除后要密切观察患者肠造口的高度,如有回缩的情况,要及时处理。严重时报告医师处理。

(5)健康教育:指导患者加强营养,合理饮食,适当活动,勿使体重急剧增加。

7. 心理支持　耐心讲述引起肠造口回缩的原因,采用有效的方法保护造口周围皮肤,减少粪水所引起的皮炎。关心、鼓励患者,指导造口护理技巧。

**(四)临床案例**

1. 一般资料　患者,女性,58 岁,直肠癌行 Dixon 手术后半年,主诉近 2 周反复出现造口袋粘贴不牢,造口袋渗漏的情况,造口周围皮肤疼痛。

2. 护理评估　患者造口位于右下腹,回肠造口,患者平卧时造口高度与造口周围皮肤平齐,坐位时造口位置处于皮肤皱褶处,患者排便较稀,使用一件式造口袋,因此造口袋反复出现粘贴不牢,渗漏的情况。

3. 护理要点　找出该患者出现造口袋反复渗漏的原因,更换造口用品,达到有效收集排泄物的目的。

4. 治疗方案

(1)造口产品的选择:选用两件式凸面造口底盘并配合使用腰带,两件式透明造口袋。

(2)造口附件产品及伤口敷料的选择:造口护肤粉、防漏膏、皮肤保护膜、水胶体敷料。

(3)造口护肤粉:清洁造口周围皮肤后,在造口周围皮肤上洒造口护肤粉后,涂抹均匀,将多余的护肤粉拭去。

（4）皮肤保护膜：沿造口周围皮肤顺时针涂抹皮肤保护膜,待干。

（5）防漏膏：涂防漏膏于造口黏膜与皮肤交界处,有利于阻挡粪便渗漏于底盘与皮肤之间。

（6）佩戴造口袋：根据造口大小及形状裁剪造口底盘,佩戴二件式凸面造口底盘同时配合使用造口腰带,达到抬高造口黏膜,有效收集排泄物的目的（图3-6-12）。

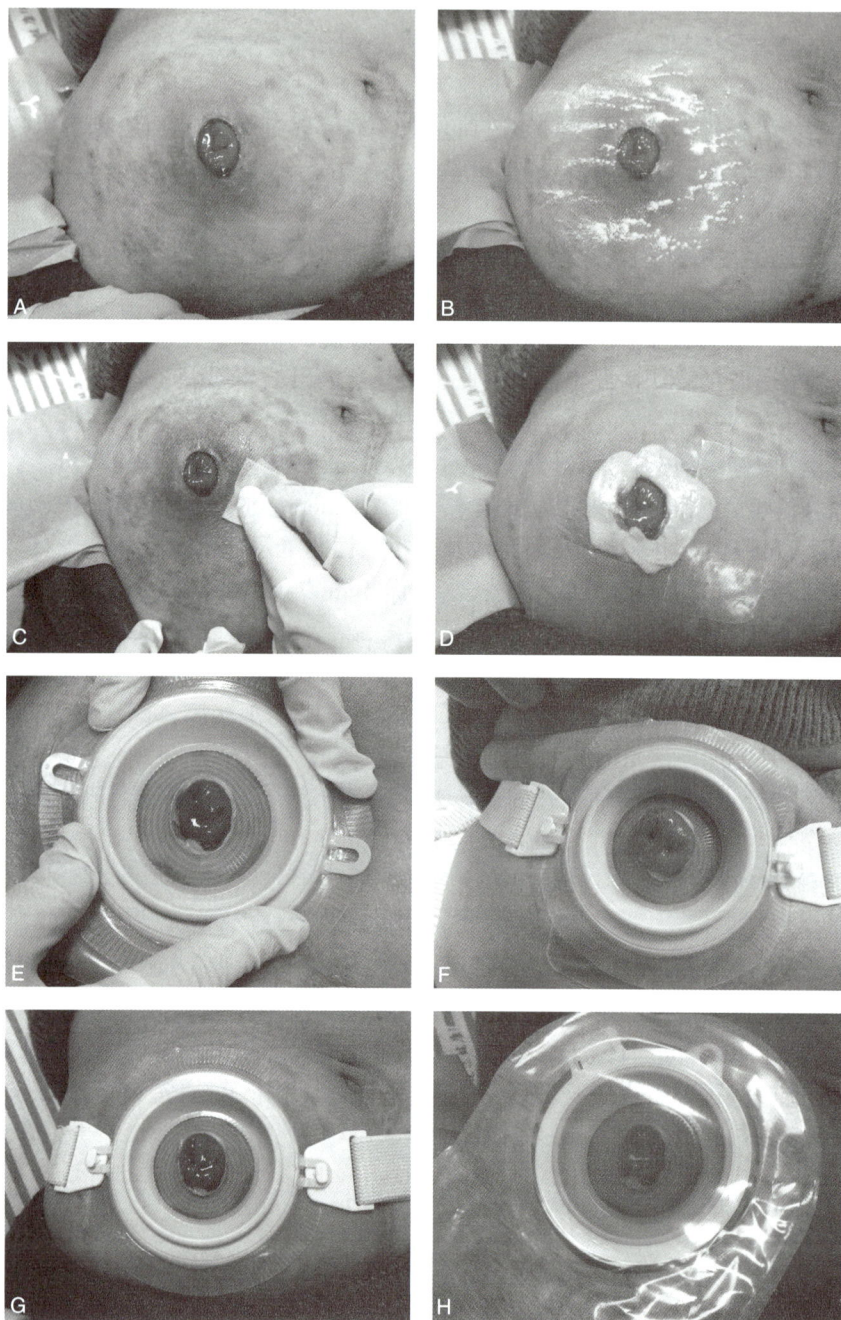

**图3-6-12　造口回缩的处理**

A. 清洁造口周围皮肤;B. 在造口周围皮肤涂洒造口护肤粉;C. 皮肤保护膜;D. 在造口周围使用水胶体保护并涂抹防漏膏;
E. 佩戴造口凸面底盘;F. 配合使用造口腰带;G. 站位时造口黏膜突出皮肤;H. 佩戴造口袋

## 五、造口狭窄

造口狭窄是造口缩窄或紧缩,直径小于1.5cm,以单腔造口多见。是肠造口手术后常见的并发症之一,多发生在术后8天到数年不等。国外统计数据其发生率为4%,国内相关资料显示发生率为6%~15%。造口狭窄可发生在皮肤或筋膜水平,因此造口狭窄有深浅之分。浅度狭窄临床表现为:造口外观皮肤开口细小,难以看见黏膜;深度狭窄临床表现为:造口外观外观正常,指诊时可发现肠管周围组织紧缩,手指难以进入造口,造口内呈缩窄状。排泄物排空不畅,粪便变细、排出困难、排便时间延长、腹胀、腹痛,严重者可出现不完全肠梗阻症状。

### (一)病因

1. 皮肤开口 浅层狭窄多因手术时腹壁皮肤或肌肉腱膜切除过少,开口太小。

2. 肌层开口 深层狭窄多为外斜肌腱膜或腹直肌前鞘未做充分切开或造口下端的结肠扭结、组织坏死引起的纤维化。

3. 其他并发症所致 造口术后黏膜缺血、坏死、回缩、皮肤黏膜分离后肉芽组织增生,瘢痕收缩所致。

4. 使用肠钳 结肠造口狭窄多发生于钳夹外置造口,因结肠浆膜外露受刺激引起浆膜炎,产生肉芽组织,继之形成瘢痕、收缩,与皮肤切缘共同形成环状瘢痕狭窄。

5. 合并感染 造口周围皮肤化脓性感染,二期愈合后形成瘢痕挛缩,引起肠造口狭窄。

6. 其他疾病 克隆病复发或肿瘤的局部压迫肠管导致造口狭窄。

### (二)评估

造口狭窄的程度,临床上一般以造口周径≤小指前段(患者本人)且出现排便困难者,可考虑为狭窄。据此将排便费力但尚能排便者,纳入轻度狭窄;排便费力,需借助手压腹部或使用药物协助排便者,为中度狭窄;排便困难,虽借助手压或药物仍无效,常有腹痛、腹胀,甚至出现不全肠梗阻者,为重度狭窄(彩图3-6-13)。

### (三)管理

1. 护理措施

(1)轻度狭窄:可容小指或示指尖通过时,可用手指扩张造口,但注意不可损伤造口。扩张造口的方法:戴手套用小指(开始时先用小指,慢慢好转后改用示指)涂润滑剂轻轻进入造口,深度为2~3cm,深度造口狭窄的患者,手指扩张时应注意指尖进入造口的深度应超过造口深部紧缩处。每次手指扩张的时间,为手指进入造口后停留5~10分钟,更换造口袋时或每日1~2次扩张,对于瘢痕性体质的造口患者,需要长期进行。手指扩张时需注意:避免黏膜出血;疼痛不适时,要立即停止手指扩张;不可使用锐器扩张;手指扩张时可依次从小指、示指、大拇指进行。

(2)中度狭窄:小指能通过时,每日1~2次扩张。排便有改善者继续扩张方法。

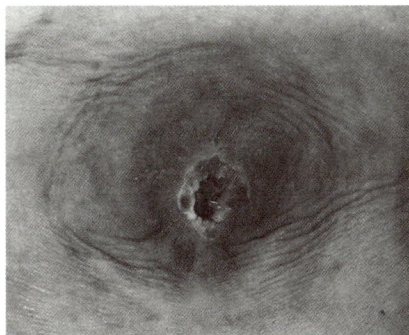

彩图3-6-13 重度造口狭窄

（3）重度狭窄：小指无法通过或有梗阻症状时建议手术治疗。

（4）输尿管造口狭窄：造口大小如针尖时，置支架管，保持尿液排空正常。如因造口狭窄引起尿潴留、感染、尿液逆流的应行 X 线或 B 超检查肾脏是否肿大。

（5）饮食指导：轻度或中度狭窄者，适当补充粗纤维，保持大便通畅。重度狭窄者，避免进食难消化的食物，如：玉米、蘑菇等以免堵塞造口。

（6）预防狭窄：对黏膜缺血、坏死、回缩、皮肤黏膜分离者术后应定时随访，可行预防性造口扩张。

2. 手术预防

（1）必须选择血供正常的肠段，注意保持造口肠段血供，避免出现并发症。

（2）造口皮肤切口不宜过小或过大，一般以能通过 2 个手指为宜。

（3）术中根据患者具体的情况，尽可能从定位处做开口 2 指的造口（肥胖者适当增加），腹膜外隧道式造口，主张肠造口时将肠壁全层与皮肤 I 期缝合。

（4）腹膜外隧道式乙状结肠造口，其造口水肿及缺血坏死的发生率低，造口回缩小，故其造口狭窄发生率较低，有效地防止了造口处皮肤瘢痕挛缩而引起的造口狭窄。

（5）腹腔镜 Miles 手术行吻合器造口时，应避免过度提拉皮肤，收拢吻合器时尽可能保持腹壁皮肤在自然位，同时在吻合皮肤处（已"十"字形切开）作一个荷包缝合，把周围的皮肤稍向中心杆方向牵拉，这样可多切除一些皮肤组织，使结肠造口直径增大。

3. 护理预防

（1）术前造口定位。

（2）指导患者及家属定时扩肛。在造口狭窄预防与治疗中扩肛是简单而有效的方法。为预防造口狭窄的发生，应告知患者及家属扩肛的重要性，取得配合，教会患者及家属正确的扩肛方法（图 3-6-14）。

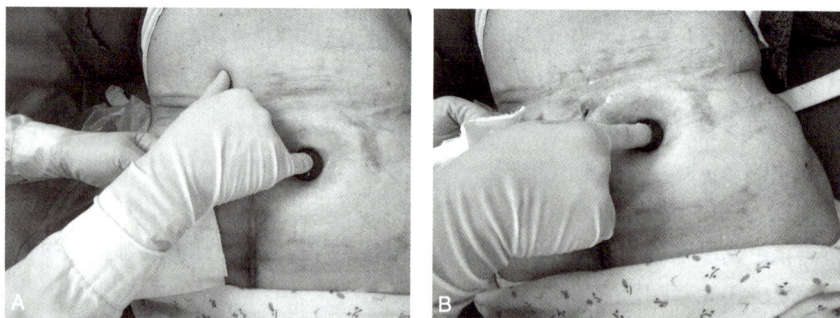

图 3-6-14 扩肛的手法
A. 先用小指扩张造口；B. 再用食指扩张造口

（3）指导患者住院期间及出院后规律饮食，避免进食辛、辣、生、冷、硬刺激食物，以软食好消化食物为主。

（4）定期复诊，如有排气排便异常等情况，要及时来医院造口门诊就诊。

## 六、造口水肿

肠造口水肿常发生在术后早期，表现为肠造口黏膜不同程度的肿胀，呈淡粉红色、半透明状（彩图 3-6-15）。多因为血液回流障碍所致,患者无自觉症状,6~8 周后轻度水肿可自然恢复。如造口组织水肿长时间不缓解者,与创缘周围组织包裹过紧、感染、结肠造口狭窄致静脉回流受阻有关。如果造口黏膜水肿加重,呈灰白色,则应检查造口血运是否正常。

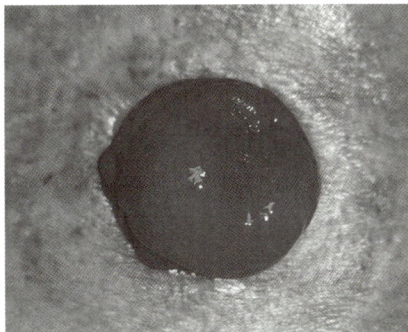

彩图 3-6-15　造口水肿

### （一）病因

1. 腹壁开口　手术中腹壁及皮肤开口过小,肠管血液回流不畅,导致肠造口水肿。

2. 底盘中心孔　底盘裁剪不恰当,底盘中心孔过小,压迫造口肠管周围,影响血液回流造成肠造口水肿。

3. 低蛋白血症　造口患者营养不良,血清蛋白低下,导致的肠造口以及全身的低蛋白水肿。

4. 局部肿瘤　肿瘤造口局部复发形成压迫,导致造口血液回流障碍造成肠造口水肿。

5. 肠管长度和支撑棒　双腔袢式造口,手术时肠管游离不够充分或患者过于肥胖,肠管张力过大,支撑棒压力过大会导致造口水肿。

6. 腹带　患者腹带过紧导致造口水肿。

### （二）评估

1. 造口　造口肿胀、淡粉红色、半透明、质地结实。

2. 回肠造口水肿　会出现肠液分泌过多。

3. 结肠造口水肿　会出现便秘。

4. 尿路造口水肿　会造成尿路梗阻。

### （三）管理

1. 护理措施

（1）早期水肿:术后轻度水肿时注意卧床休息即可。

（2）高渗液体湿敷:严重水肿用 50% 硫酸镁溶液或 3% 氯化钠溶液湿敷,改用二件式造口袋,湿敷 30 分钟,每天 3 次湿敷。

（3）底盘裁剪:术后早期造口袋底板的内圈要稍大。

（4）腹带:腹带使用时不宜过紧,造口不能完全扎在腹带内。

（5）支撑棒:更换造口袋时常规检查支撑棒的情况。

（6）黏膜颜色:密切观察黏膜的颜色,避免缺血坏死。

（7）缝合:腹壁没有按层次缝合。

2. 手术预防　术中缝合不宜过紧,按层次缝合。

手术后轻度水肿时注意卧床休息即可,可等待自然恢复,不需要做特殊处理;同时术后早期造口底盘的内圈剪裁要稍大一些;腹带使用时不可过紧,造口不能完全压在腹带内;更换造口袋的需要常规检查支撑棒的情况;同时密切观察造口黏膜的颜色,避免缺血坏死。严重水肿时可用 3% 氯化钠溶液湿敷造口黏膜,改用二件式造口袋,每次湿敷 30 分钟,每日 3 次。指诊时患者应放松平躺于床单位,操作者右手戴一次性手套后,用石蜡油充分润滑右手示指,从肠造口开口处缓慢地顺着肠管方向向下,以能顺利到达示

第二指节为宜。若探及是由于腹壁开口过小致肠管狭窄引起的造口水肿,必要时可间断拆开周围缝线减压;若探及腹壁开口适宜,可使用3%氯化钠溶液湿敷造口黏膜缓解造口水肿。

3. 护理预防

（1）纠正蛋白:若观察到患者有血清蛋白低下的体征如双足水肿,身体下垂部位水肿并同时合并肠造口水肿时,应报告医师,遵医嘱给予补充血清蛋白的药物。

（2）伴有梗阻症状:若患者造口水肿,同时合并造口排气、排便不畅应立即报告医师,行造口指诊。

### （四）临床案例

1. 一般资料　患者,男性,60岁,直肠癌行Dixon手术后半年,预防性造口还纳后原吻合口漏,再行横结肠造口术后16天。患者术后4天发现造口水肿,未做特殊处理,术后16天支撑棒拔除后仍水肿。

2. 护理评估　患者造口位于左上腹,横结肠造口,造口4.5cm×4.8cm×1.5cm,黏膜水肿。

3. 护理要点　患者手术早期水肿未消退,给予50%硫酸镁湿敷,找出该患者出现造口袋反复渗漏的原因,更换造口用品,达到有效收集排泄物的目的。

4. 治疗方案

（1）造口产品的选择:一件式造口袋。

（2）造口附件产品选择:造口护肤粉、防漏膏。

（3）护肤粉:清洁造口周围皮肤后,在造口周围皮肤上洒护肤粉后,涂抹均匀,将多余的造口护肤粉拭去。

（4）防漏膏:涂防漏膏于造口黏膜与皮肤交界处,有利于阻挡粪便渗漏于底盘与皮肤之间。

（5）佩戴造口袋:根据造口大小及形状裁剪造口底盘,佩戴一件式造口袋。患者造口偏大,二件式造口底盘偏小,裁剪困难,一件式底盘能容纳造口。

（6）50%硫酸镁溶液:从一件式造口袋的尾部放入纱布,湿敷20分钟,用自己的手掌固定硫酸镁纱布（图3-6-16）。

## 七、造口黏膜肉芽肿

造口黏膜肉芽肿是发生在黏膜与皮肤交界处息肉样的增生,易出血,通常为良性组织（彩图3-6-17）。常发生在造口黏膜与皮肤接触处,可以是一枚或多枚围绕着造口的边缘生长,也可发生在造口黏膜上。发生在造口黏膜边缘处的黏膜肉芽肿不仅使患者产生疼痛、瘙痒,易伴随出血,而且影响造口袋的粘贴,容易引起渗漏导致造口周围皮炎的发生。

### （一）病因

1. 缝线反应　造口周围缝线未完全脱落,缝线刺激引起的造口黏膜炎性改变,组织细胞增生,产生造口周围黏膜肉芽肿。

2. 底盘裁剪　造口底盘裁剪不合适,过小或不整齐的毛边刺激纤维组织增生,产生造口周围黏膜肉芽肿。

3. 底盘材质　坚硬的底盘刺激造口边缘。

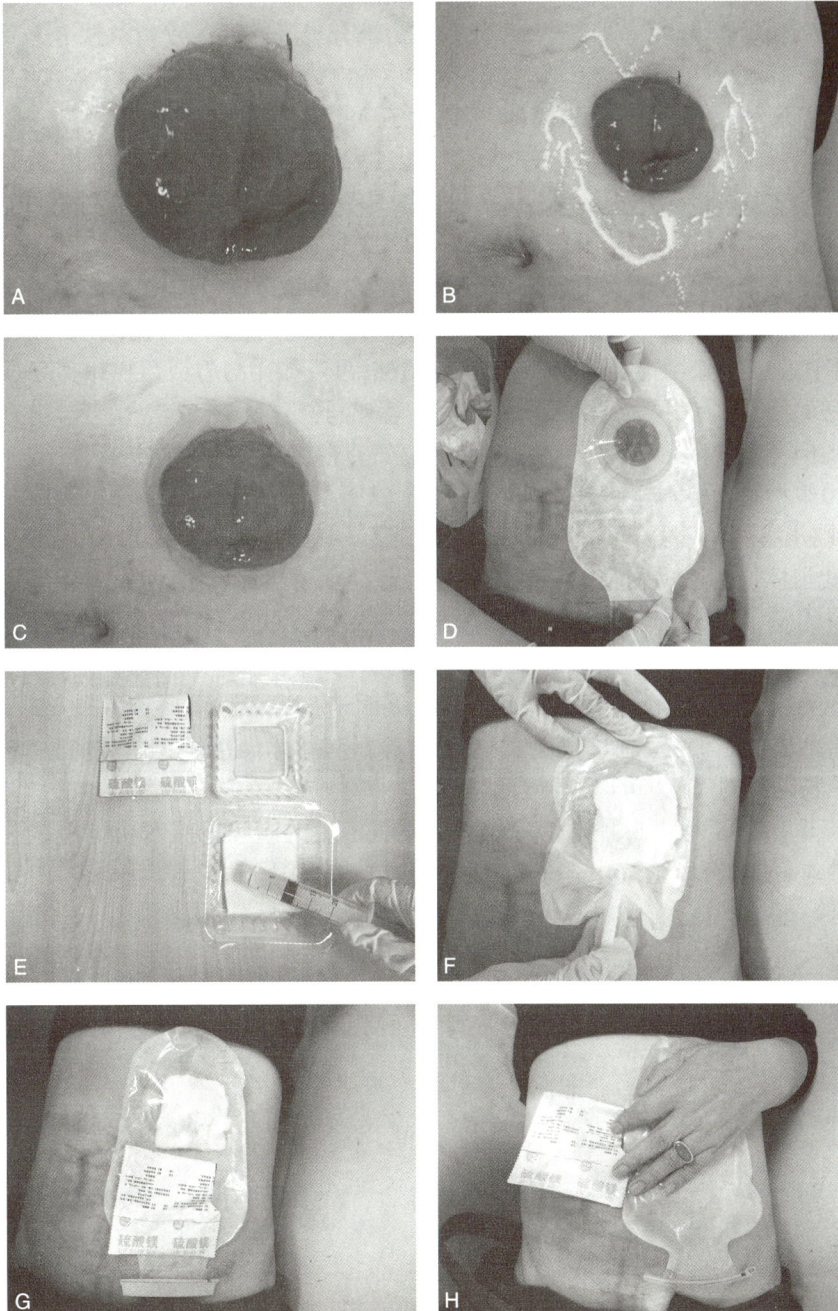

**图 3-6-16 造口水肿的处理**

A. 造口水肿;B. 洒造口护肤粉;C. 涂防漏膏;D. 佩戴一件式造口袋;E. 50% 硫酸镁纱布;
F. 从造口袋开口处放入纱布;G. 纱布湿敷;H. 手掌固定纱布

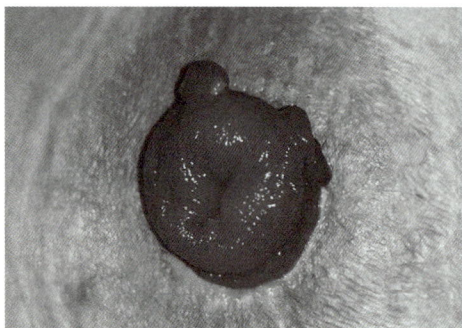

彩图 3-6-17 造口黏膜肉芽肿

**（二）评估**

1. 黏膜与皮肤交界处有大小不等的增生,表面易出血。

2. 部分患者有缝线残留。

3. 造口袋渗漏。

**（三）管理**

1. 缝线 发生在黏膜与皮肤接触处应检查造口周围是否有缝线仍未脱落,拆除缝线。

2. 底盘裁剪 指导患者正确量度造口大小,避免底盘经常摩擦造口边缘。

3. 小的肉芽肿 小于0.5cm的肉芽肿可用硝酸银烧灼,如肉芽变白后转黑,最后坏死脱落或肉芽变小。排除用抗凝药物、高血压等情况,可直接用剪刀或止血钳剪除,压迫止血。

4. 有蒂的肉芽肿 用丝线根部结扎,缺血、坏死、脱落。

5. 较大肉芽肿 大于0.5cm肉芽肿可用高频电烧灼,必要时分次进行。

6. 活组织检查 标本送病理检查。

**（四）临床案例**

1. 硝酸银棒烧灼造口黏膜肉芽肿流程 生理盐水清洁造口黏膜后,左手绷紧造口周围皮肤使造口固定;右手持硝酸银棒,腕部放于造口周围皮肤上,保持右手稳定;逐步使用硝酸银棒点灼造口黏膜肉芽肿,不宜一次点灼过深,点灼至肉芽肿根部即可。

2. 缝线结扎处理流程 在没有硝酸银棒,同时造口患者的黏膜肉芽肿蒂较细,可使用4号手术缝线以圈套方法套住肉芽肿,然后打3个外科手术结后用无菌剪剪除,再喷洒造口护肤粉保护肠黏膜创面;也可以等待自然脱落。

3. 高频电治疗流程 高频电治疗仪是利用强密度的高频电流对机体组织进行短时间的集中热效应,使组织细胞汽化、爆裂,从而达到电灼去除肠黏膜息肉、增生、肉芽肿的目的（图3-6-18）。

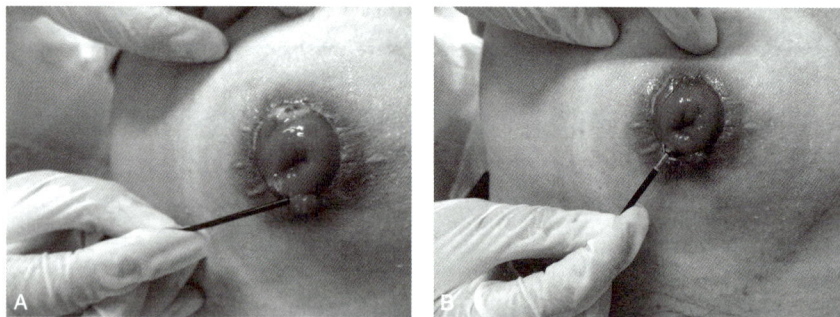

图 3-6-18 高频电治疗肉芽肿的流程

A. 高频电圈套肉芽肿；B. 高频电钳夹肉芽肿

## 八、造口脱垂

肠造口脱垂是指造口肠袢自腹部皮肤的过度突出,超过3cm,长度可达数厘米至10~20cm（彩图3-6-19）。造口脱垂既可发生于单腔造口,也可发生于袢式造口;既可发生于结肠造口,也可发生于回肠和泌尿造口。国外调查结果显示回肠造口脱垂的发生率约为 3%,结肠造口约为 2%,泌尿造口约为 1%,横结肠袢式造口脱垂的发生率为 7%~25%。轻度肠管外翻 1~2cm,黏膜水肿呈环形脱出,重者表现为外突性肠套叠,整个结肠肠管外翻脱出,肠造口脱垂在横结肠造口尤为多见,脱出的肠段往往为造口的远端肠袢,患者无疼痛感。造口脱垂常伴有造口水肿、出血、溃疡、肠扭转、阻塞甚至嵌顿缺血坏死。轻度黏膜脱垂,一般可自行回缩,严重者需手术治疗。

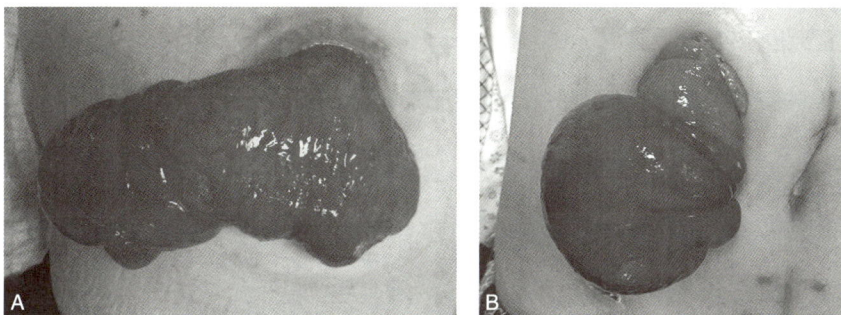

彩图 3-6-19　造口脱垂
A. 单腔造口脱垂;B. 双腔造口远端脱垂

### (一)病因

1. 手术时腹壁造口处肌层开口过大或浆肌层修剪过多,肠管固定于腹壁不牢。

2. 回肠造口患者因腹泻、肠管蠕动过快造成肠黏膜脱垂。

3. 患者因年老、肥胖、多次手术等因素造成腹壁薄弱。

4. 腹部长期用力,造成腹内压过大,如慢性咳嗽、提举重物、用力排尿、排便等导致腹压升高,最终导致肠段从肠造口处脱出,脱出的长度随着腹内的压力增加而增长。

5. 结肠过于松弛。

### (二)评估

1. 造口种类　单腔造口和袢式造口均可发生,以袢式造口远端多见。

2. 肠管长度　肠管全层经造口处突出体外,突出长度不等。

3. 脱垂的程度　评估造口脱垂的程度,造口脱垂分为固定和滑动的两种类型。固定的脱垂指过长的肠段永久性的脱出并外翻。可滑动的脱垂指为肠段通过造口开口的薄弱处间歇性突出,通常是由于腹内压引起所致。

4. 外露黏膜　突出的肠管黏膜可出现水肿、出血、溃疡、嵌顿等症状。

5. 心理问题　脱垂会处于尴尬状态,使患者产生联想,出现心理问题。

### (三)管理

1. 护理措施

(1)造口产品选择:造口脱垂时要注意保护肠管,禁忌使用卡环式造口袋,选择一件式造口袋,造口的大小以可以容纳脱垂的肠管为准。

(2)底盘裁剪:造口底盘中心孔裁剪合适,其大小以突出肠管最大的直径为准。

(3)脱垂肠管:平卧后肠管可自行还纳者,嘱咐患者一旦脱垂,选择平卧位,使肠管还纳。不能自行还纳者,教会患者自己还纳脱垂的肠管。还纳后用腹带或束裤加以支持固定,定时松开腹带或束裤,排空排泄物。

（4）手法还纳方法：生理盐水清洁脱垂的肠管后，如肠管水肿，不宜还纳时，应先用50% 硫酸镁溶液或3% 氯化钠溶液浸渍的纱布对造口黏膜进行湿敷30分钟后，再进行手法还纳。造口脱垂手法还纳关键点：左手托住脱垂的肠管，右手示指涂抹石蜡油后，从造口开口处缓慢进入肠管，顺势将脱垂的肠管向腹腔里送，如脱垂出的肠管较长，不能一次完全还纳，在还纳一部分肠管后，示指缓慢退出肠管后，再从造口开口处缓慢进入肠管进行还纳，直至将脱垂的肠管完全还纳（图 3-6-20、图 3-6-21）。注意还纳过程中不可扭转肠管；示指退指时不要将已还纳的肠管再次带出。

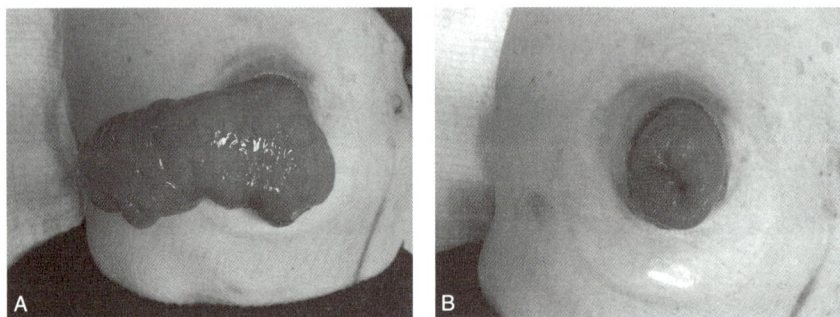

**图 3-6-20　单腔造口脱垂手法还纳前后**
A. 单腔造口脱垂手法还纳前；B. 单腔造口脱垂手法还纳后

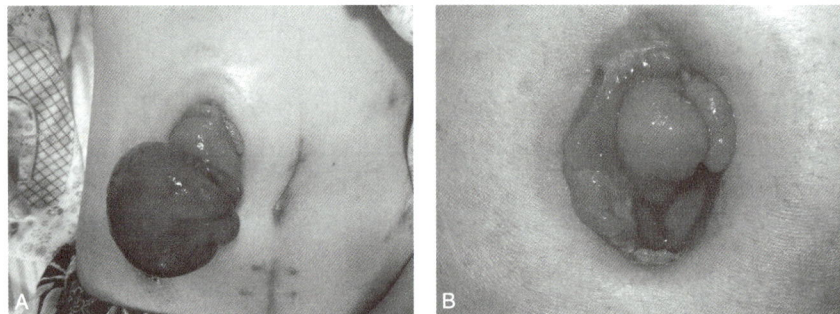

**图 3-6-21　双腔造口脱垂手法还纳前后**
A. 双腔造口脱垂手法还纳前；B. 双腔造口脱垂手法还纳后

（5）奶嘴固定：袢式造口的远端脱垂时，脱垂部分还纳回腹内，再将奶嘴固定于造口底盘上，奶嘴塞住造口远端，防止肠管再行脱出，这时造口近端仍可排出粪便，不影响造口功能。

（6）避免腹内压增高：剧烈活动、快速起立、抬举重物等动作可加重脱垂。

（7）心理上支持：让患者正确认识脱垂的肠管，帮助肠管手法还纳，减少视觉冲突，减轻心理负担。

（8）手术治疗：脱垂的黏膜有糜烂、坏死；脱垂伴旁疝；固定性脱垂应选择手术治疗。

2. 手术预防

（1）肠造口手术时，避免腹壁造口处的切口过大。

（2）造口肠管腹腔内部分应与侧腹壁缝合固定。

3. 护理预防

（1）肠造口手术前，责任护士或造口治疗师做好术前定位。

（2）指导患者行引起腹压增大的动作前,注意先用手托扶好造口。

（3）指导患者腹压增高、腹泻、肠管蠕动过快时,及时报告责任护士或医生,及时对症治疗。

（4）指导患者选择正确尺寸的造口袋并准确度量造口大小及掌握正确的粘贴方法。

## 九、造口旁疝

造口旁疝是肠造口术后切口疝,由各种原因使小肠或结肠经造口侧方脱出所致(彩图 3-6-22)。随着生存期的提高,发病率呈上升趋势。国内报道发病率为 3%~10%,国外报道为 10%~36%,其中永久性结肠造口最常见,占 0%~58%,其次为永久性回肠造口,占 0%~28%,尿路造口最少见,仅 5%~8%。

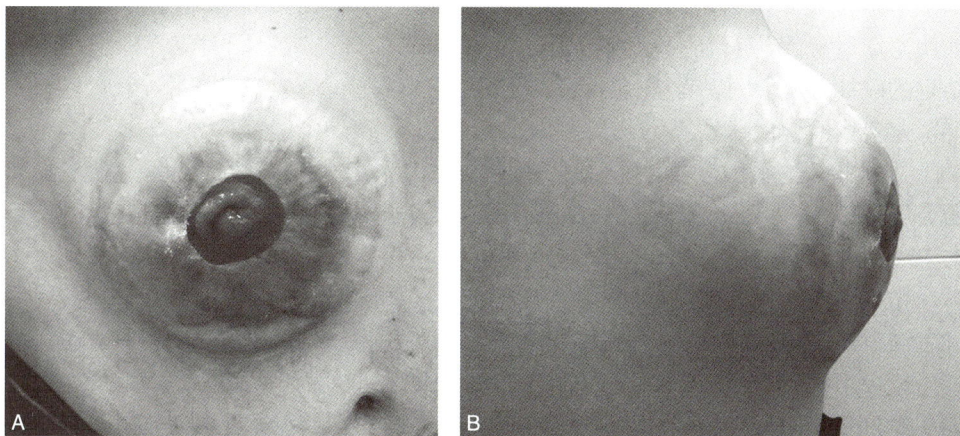

彩图 3-6-22 造口旁疝
A. 造口旁疝(正面观);B. 造口旁疝(侧面观)

### （一）病因

1. 造口位于腹直肌外。

2. 腹壁筋膜开口过大。

3. 腹部肌肉薄弱:老年人、营养不良、多次手术的患者或者伤口感染、肥胖者体重增加时引起的肌张力下降。

4. 造口肠段与腹膜,腹壁筋膜固定或愈合不良,腹压增高,使肠管从造口结肠旁凸出。

5. 持续性腹压增高,如慢性咳嗽、抬举重物、尿路梗阻。

### （二）评估

1. 评估造口旁疝的程度根据造口旁疝的大小分类为小型疝(0~3cm)、中型疝(3~6cm)、大型疝(6~10cm)和巨大型疝(>10cm)四种类型的疝。

2. 造口周围不适或胀痛。

3. 造口旁有肿块。

4. 肿块站立时出现,平卧时肿块可消失或缩小(卧隐立现)。

5. 用手按肿块并嘱患者咳嗽有膨胀性冲击感。

6. 可扪及造口旁缺损。

7. 早期无明显临床体征,随着疝逐渐增大,立位时明显,常伴有腹痛、腹胀等肠梗阻症状。

### （三）管理

1. 护理措施　术后 6~8 周应避免提重物；控制体重；减轻腹压,咳嗽时用手按压造口部位。重新选择适合的造口袋,如用较软的底盘；重新指导患者换袋技巧；禁止造口灌洗；解释原因,心理辅导；可佩戴合适的造口腹带,缓解局部不适症状,严重者需手术治疗。

2. 医疗预防

（1）做好充分的术前准备。

（2）正确设计造口的大小与位置。

（3）造口的尺寸：有研究表明,造口时腹壁切口尺寸大小和疝发生密切相关,直径小于 25mm 时很少有疝形成,而回肠造口旁疝也显著低于结肠造口。

（4）造口位置被认为是影响造口旁疝发生的又一手术相关因素。stephenson 等设计了一种在腹直肌外侧缘横行切开腹直肌鞘造口的手术方式,在造口同时仅伴随最小限度腹壁解剖结构的破坏,20 余例患者随访 1 年多未发生造口旁疝。

（5）避免术后腹内压增高与伤口感染。

（6）造口肠祥的引出途径,经腹膜外途径肠造口的初衷在于较少经腹腔途径肠造口引发的内疝等并发症,后来人们认识到这一做法有助于减少造口旁疝的发生,并逐步得到广泛认可。

3. 护理预防

（1）做好造口术前定位。

（2）观察肠造口侧腹壁有无肿块突出,平卧位肿块回纳情况,有无腹部不适症状。

（3）指导患者避免增加腹压动作,如避免提举重物、长时间弯腰等,同时积极治疗慢性咳嗽。

（4）做好健康教育,指导患者做咳嗽、打喷嚏等引起腹压增大的动作时,要双手托起造口并向里按压。

（5）指导患者均衡饮食,保持大便通畅。

（6）必要时预防性使用腰带。

（7）定期复诊,及时发现问题及时解决。

### （四）临床案例

1. 一般资料　患者,男性,65 岁,直肠癌行 Dixon 手术后一年余,诉造口周围隆起,造口周围坠胀不适,造口袋不易粘贴。

2. 护理评估　患者造口位于右上腹,横结肠造口,出现造口疝,根据造口疝的直径大小,评估为大型疝。

3. 护理要点　向患者讲解发生造口疝的原因,做好患者的预防造口疝继续增大的健康教育,教会患者正确使用造口腹带。

4. 治疗方案

（1）造口产品的选择：选用一件式底盘柔软,顺应好的造口袋。

（2）造口附件产品的选择：造口护肤粉、防漏膏、皮肤保护膜。

（3）清洁造口周围皮肤后,在造口周围皮肤上喷洒造口护肤粉后,保留片刻,将多余的造口护肤粉拭去。

（4）沿造口周围皮肤顺时针涂抹皮肤保护膜,待干。

（5）涂防漏膏于造口黏膜与皮肤交界处,有利于阻挡粪便渗漏于底盘与皮肤之间。

（6）根据造口大小及形状裁剪造口底盘,并将造口底盘边缘 3 点、6 点、9 点、12 点位置放射性的剪开,以减少造口底盘粘贴张力,粘贴上造口袋。

（7）指导患者正确使用腹带:患者打腹带前嘱患者平卧,将腹带平铺于背部,腹带的开孔部位与患者造口处于水平位,顺时针按摩造口周围,放松患者腹部,以利于突出的造口疝平复。然后适量用力拉起造口侧腹带,将造口袋从腹带开孔处掏出后打好腹带（图 3-6-23）。询问患者腹部感受,腹带的松紧度以不影响患者呼吸为宜。

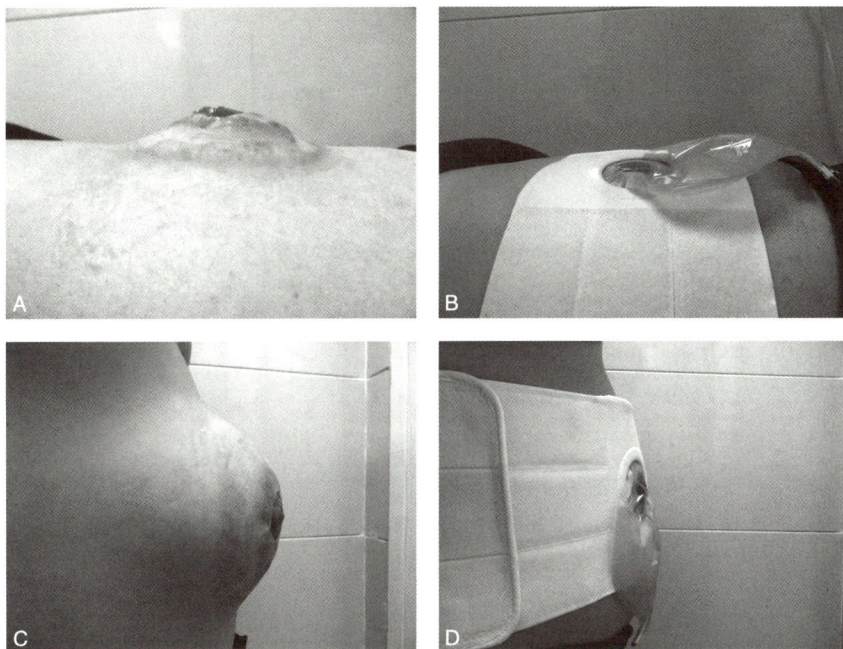

**图 3-6-23　指导患者正确使用造口腹带**
A. 造口旁疝(患者平卧);B. 使用底盘柔软一件式造口袋,患者平卧时打上腹带;C. 使用腹带前;D. 使用腹带后

## 知识拓展

### 造 口 创 伤

在由 Jane E. Carmel 等编著的《造口管理》一书中,将造口并发症分为早期造口并发症和晚期造口并发症,其中早期是指发生在术后 30 天内的并发症,如皮肤黏膜分离、造口坏死及造口回缩,晚期是指发生在术后 30 天之后的并发症,如造口狭窄、造口脱垂、造口创伤及造口旁疝。其中造口创伤是指造口黏膜由于压力或物理外力作用造成的损伤。造口创伤的发生通常是由于压力、摩擦及物理外力施加于造口黏膜上而造成的,目前在文献报道中没有研究显示造口创伤的发生率,然而在一份针对 71 例造口患者的研究中显示有 32% 的患者出现造口创伤出血的情况。造口创伤多表现为因割伤或裂伤造成的一道深度较浅的线性损伤,或者造口黏膜由于粗糙物品的摩擦出现裸露的暗红色的易损组织。预防造口创伤的出现主要是要避免创伤发生的原因。造口创伤通常在创伤来源消除后便能够自发地愈合。

【资料来源】

Jane E. Carmel, Janice C. Colwell, Margaret T. Goldberg, et al. Ostomy Management, 2016, 196–197.

（卫　莉）

# 第七节　儿童肠造口患者的评估与管理

## 一、与儿童肠造口术相关疾病

在不同年龄的儿童中,常见的与儿童肠造口术相关的疾病谱也有所不同。新生儿期需要行肠造口术的疾病,在足月新生儿中以消化道先天畸形疾病为主,如先天性直肠肛门畸形、全结肠巨结肠、胎粪性腹膜炎、肠闭锁等;在早产儿中以肠道炎症、肠道动力异常疾病为主,如新生儿坏死性小肠结肠炎、肠道麻痹性梗阻喂养不耐受等;而小婴儿和儿童期需要行肠造口术的疾病多见于肠道感染性疾病、肠扭转、肠坏死、肠穿孔或直肠肛门手术后等。

儿童肠造口术多为疾病治疗过程中的一部分,属于患儿接受根治手术之前的过渡期,绝大多数患儿在行原发疾病根治术后需要接受二期肠造口关闭术或根治术同时行肠造口关闭术。少数儿童行肠造口术是保护性肠造口,如直肠肛门术后感染、结直肠穿孔等,可以在感染控制后或穿孔处愈合后,局部病情症状消失后,将保护性肠造口关闭。儿童永久性肠造口罕见。

### （一）与肠造口术相关的先天性消化道疾病

1. 先天性直肠肛门畸形　其中最多见的是无肛,又称肛门闭锁。肛门闭锁又分为肛门闭锁伴有直肠会阴皮肤瘘、肛门闭锁伴有直肠舟状窝瘘、肛门闭锁伴有直肠尿道瘘(直肠尿道瘘可包括直肠前列腺部瘘、直肠尿道球部瘘和直肠膀胱瘘等)、肛门闭锁不伴有瘘管和女婴的泄殖腔畸形(又称一穴肛)。前两种情况的患儿多数可不行肠造口术,治疗可采取一期肛门成形术;而后三种情况的患儿多数建议行肠造口术,待择期肛门成形术后再行肠造口关闭术。肛门闭锁合并直肠尿道瘘患儿选择一期腹腔镜下肛门成形术者可暂不做肠造口术，但一旦发生直肠回缩、肛周感染等术后并发症时，仍需要行保护性肠造口术。此类患儿的肠造口术通常选择结肠离断式双腔造口，近端造口用于保持排便通畅，远端造口以利于肛门成形术之前的造影检查及评估。对于最为复杂的女婴泄殖腔畸形患儿而言，除了需要肠造口术外，还需要根据患儿有无阴道积液情况，同时进行阴道引流术。

其他少见先天性直肠肛门畸形还包括直肠狭窄、直肠重复畸形、Currarino综合征等。Currarino综合征是指骶骨发育不良、直肠肛门畸形、骶前肿物三者的总称，亦称为Currarino三联征，其中，骶前肿块的性质可以是脊膜膨出、畸胎瘤、皮样囊肿等。

2. 全结肠巨结肠　先天性巨结肠是新生儿消化道常见疾病之一，也是引起新生儿腹胀的常见原因之一。先天性巨结肠分为短段型（病变仅累及直肠）、常见型（病变累及直肠和乙状结肠以下）、长段型（病变累及降结肠或横结肠）、全结肠型（病变累及全部结肠和回肠，距回盲瓣30cm以内）和全肠型（病变累及全部结肠及回肠，距回盲瓣30cm以上甚至累及十二指肠）。其中常见型占75%左右，其次为短段型，全结肠型占3%~10%。因此绝大多数巨结肠患儿可以接受一期根治术而不需要行肠造口术，但对于病变段过长灌肠保守治疗无效、因营养和体重等原因不能耐受一期根治术、严重小肠结肠炎感染不能控制或巨结肠合并肠穿孔时，需要行肠造口术。此时肠造口术可选择旷置病变肠管而在健康肠管处行单腔造口或双腔祥式造口。

3. 胎粪性腹膜炎、肠闭锁等消化道畸形　随着产前诊断技术的提高，部分胎儿在宫内即可诊断胎粪性腹膜炎或消化道梗阻考虑肠闭锁。胎粪性腹膜炎根据出生后临床症状又分为腹膜炎型、肠梗阻型和无症状型。通常腹膜炎型患儿需要行肠造口术；肠梗阻型患儿根据术中腹腔感染情况及梗阻近远端肠管条件，部分患儿可选择一期肠吻合根治术，而部分患儿仍需要行肠造口术，作为过渡手术等待根治术同时行肠造口关闭术；无症状型患儿可以保守治疗。胎粪性腹膜炎患儿的肠造口术多建议选择双腔造口而尽量避免单腔造口，双腔造口术的优势是便于术后远端肠管的评估，及经远端造口进行肠内容物回灌或营养液灌注（refeeding）。对于必须行高位肠造口的患儿，远端肠管发育较差术后需要灌注或远端肠管有胎粪颗粒阻塞需要清除的病例，条件允许情况下可选择Bishop造口术（远端肠管造口，近端肠管与远端肠管行端侧吻合）或Santulli造口术（近端肠管造口，远端肠管与近端肠管行端侧吻合）。此两类造口术的优势在于当远端肠管功能恢复后肠内容物将更多进入远端肠管吸收利用，可减少造口丢失量而增加肛门排泄物，更符合生理规律，患儿术后恢复更好，同时此类造口术后的二期造口关闭手术相对更为简单。

先天性肠闭锁根据闭锁部位不同分为十二指肠闭锁、空肠闭锁、回肠闭锁和结肠闭锁。空回肠闭锁发病高于十二指肠闭锁和结肠闭锁；而十二指肠梗阻以狭窄较闭锁更多见；结肠闭锁相对于其他部位的肠闭锁最少见。十二指肠梗阻和空回肠闭锁患儿多数可行一期肠吻合根治术，而结肠闭锁可能因闭锁近端结肠过度扩张、远端结肠发育极差一期肠吻合并发症高，可选择结肠造口术作为过渡手术，等待根治术同时行肠造口关闭术。此类患儿的肠造口术也多建议选择双腔造口，以利于术后对远端肠管评估与营养液灌注，以促进远端肠管发育，也有利于二期造口关闭术。

### （二）与肠造口相关的其他肠道疾病

1. 新生儿坏死性小肠结肠炎　是新生儿尤其是早产儿、低体重出生儿常见消化道疾病之一,疾病的发生与早产儿肠道屏障功能不全、感染、喂养、缺氧等因素密切相关,临床上常表现为腹胀、便血、喂养不耐受、体温血压不稳定及感染指标异常等。X线片上可表现为肠壁积气。病变可发生在消化道任何部位,但多见于回盲部和结肠,食管、胃、十二指肠及直肠很少受侵犯。多数病例的病变累及部分肠管呈多病灶,少数病例的病变呈单个病灶或广泛性累及全部小肠和/或结肠。病变累及肠道的范围越小,其手术恢复后的预后相对越好;病变累及的范围越广,患儿术后面临短肠综合征的风险越高;广泛性病变患儿的预后相对最差。因此,尽可能地保留肠管组织是新生儿坏死性小肠结肠炎手术原则之一。为保留可能存活下来的肠管,很多病例需要行肠造口术。坏死性小肠结肠炎肠造口的方式选择很多,有单腔造口或双腔造口,又有离断式造口或袢式造口,更有多个肠造口等。如何选择合适的造口方式主要依据术中病变情况和患儿对手术的耐受程度,由手术医师决定。遵循切除明确坏死的组织、尽可能保留肠管、尽可能在健康肠管处行肠造口和对高位肠造口患儿尽量避免单腔造口的原则。越是高位肠造口的患儿,术后远端肠管的评估与灌注再使用越是重要,更是需要选择双腔造口、Bishop 肠造口或 Santulli 肠造口等特殊手术方式。

> ### 知识拓展
>
> ## 多个肠造口和合并尿路造口
>
> 　　全肠道或广泛性坏死性小肠结肠炎的肠造口手术方法,不同作者提出不同手术方法。包括坏死肠段切除同时多处造口、近端分流同时或二次探查,以及由 Vaughan 等人于 1996 年提出的"clip and drop-back"技术,即"钳夹与放回"技术。多处造口手术方法曾广泛用于多节段小肠坏死病例,但其可能导致有活力肠管的丧失。第一次手术就积极切除那些外表看上去无活力的肠管,将有可能丧失一些边缘型肠管节段,因此,许多作者提倡对存在多节段坏死以及有可疑活力肠管节段的患儿行近端分流加二次探查术。单独行近端分流术可以缩小肠管切除范围而不增加死亡率与致残率。先天性直肠肛门畸形如果合并排尿困难,如一穴肛畸形、或直肠肛门畸形合并脊髓拴系、或合并膀胱外翻者,可能同时需要行尿路造口。
>
> 【资料来源】
>
> 1. W. Glaze Vaughan, Jay L. Grosfeld, Karen West, et al. Avoidance of stomas and delayed anastomosis for bowel necrosis: The 'Clip and drop-back' technique. Journal Pediatr Surg, 1996, 31 (4), 542-545.
>
> 2. Zachary J. Kastenberg, Karl G. Sylvester. The Surgical Management of Necrotizing Enterocolitis. Clinics in Perinatology, 2013, 40 (1), 135-148.

　　2. 小婴儿、儿童期的肠道感染性疾病、肠穿孔、肠扭转或肠坏死　绝大多数肠道感染的患儿都不需要行肠造口术,但某些特殊情况下的肠道感染或肠道病变并发肠穿孔、严重腹膜炎、感染性休克等时,需要通过肠造口术控制病情,待患儿情况稳定后择期再行手术。如过敏性紫癜急性期发生的肠穿孔、免疫缺陷病患儿的肠穿孔、溃疡性结肠炎、克罗恩病或结核患儿的肠穿孔、梅克尔憩室或粘连索带引起的肠扭转血供障碍造成的肠坏死和感染性休克、急性坏死性小肠结肠炎并发肠穿孔等等,这些患儿接受肠造口术后,结合静脉抗感染、抗休克、静脉营养支持和其他对症治疗,能尽快控制病情。待病情稳定后,通常在肠造口术后3~6个月可择期再行肠造口关闭术。

3. 极低体重出生早产儿长期肠道喂养不耐受　极低或超低体重出生的早产儿本身肠道蠕动和吸收功能差,如果再合并母亲妊高症、妊娠期糖尿病、感染、肠道缺血等因素,导致可能发生顽固性麻痹性肠梗阻,且长期不能进行喂养或喂养不耐受,出现长期体重增加困难等情况。这类患儿术前检查没有明确的肠道结构异常,但因长期喂养问题可考虑手术探查。通常在手术探查过程中排除任何机械性肠梗阻因素后,可选择末端小肠的双腔祥式造口。临床治疗效果显示这类患儿接受此类肠造口术后,能逐渐恢复肠道喂养,体重增加,通常也在肠造口术后3~6个月行肠造口关闭术。肠造口关闭术后病情无反复。

4. 直肠肛门手术后感染、会阴部外伤后直肠损伤　这类患儿的肠造口术属于保护性肠造口术。多可选择降结肠或乙状结肠单腔造口,待直肠周围感染控制后或直肠损伤修复愈合后再行肠造口关闭术。

5. 医源性肠穿孔　随着消化内镜技术的发展与进步,胃镜、小肠镜、结肠镜的运用越来越广泛。肠镜检查患儿发生肠穿孔是操作相关并发症,检查时镜下发现肠穿孔及时处理,部分患儿可能不需要肠造口术,但如果术后发现肠穿孔、穿孔处肠管壁不够健康、术前肠道准备不配合、或结肠穿孔腹腔污染严重等情况下,需要行肠造口术。这类患儿的肠造口术亦属于保护性肠造口术。多可选择穿孔近端健康肠管的单腔造口,待病情稳定后再行肠造口关闭术。

总之,与儿童肠造口术相关的疾病相对较多,但绝大多数儿童的肠造口术属于过渡期治疗,肠造口术方法的选择和术后护理,应尽量遵循有利于远端肠管评估与灌注、有利于今后肠造口关闭术进行的原则。

（沈　淳）

## 二、儿童肠造口患者术前护理

造口治疗师要会正确评估和管理行肠造口手术的儿童,才能有效降低其造口并发症。在儿童肠造口患者中,大部分是新生儿,另外约有1/4是小于1岁的婴儿。近年来,因手术技巧和围术期监护水平的提高,国内外小儿外科医生倾向于为患儿实施一期根治手术,使造口儿童的人数有所下降。绝大部分的儿童肠造口是临时性的,当原发疾病纠正后,即可行造口关闭手术,整个造口期从6周到12个月不等。

### （一）术前评估

儿童肠造口手术往往为急诊手术,需要通过评估获得患儿的相关信息,制订个体化的护理计划,更好地促进造口患儿的术后康复。评估内容包括:

1. 现病史与既往史　了解疾病,掌握手术方式及造口类型。

2. 皮肤情况　询问皮肤过敏史,评估腹部拟开放造口的区域皮肤情况,是否有局部或全身皮肤疾病等。

3. 语言沟通能力　评估患儿是否具有沟通能力,婴幼儿要做好家属的宣教,对具有部分听、说、阅读及理解能力的患儿,可以提供图片、幻灯片、布偶等简单易懂的方式进行沟通。

4. 照顾者的评估　评估照顾者的文化程度、信仰、沟通能力、视力、动手能力、心理状况等。

5. 患儿及家属对造口的了解及接纳程度。

6. 家庭经济状况　以便指导家属选择合适的造口用品。

### （二）术前准备

1. 告知患儿及家属造口手术的原因、重要性及暂时性,使家属有勇气面对事实。

2. 向患儿及家属讲述造口类型及相关造口护理知识,包括:手术方式、造口位置、造口的排便功能及造口术后生理等,使患儿及家属认识到造口手术只是排便出口途径的改变,对胃肠道功能无影响,只要掌握造口护理知识,术后患儿可以和普通孩子一样生活。

3. 患儿家属因年龄、文化修养、职业、信仰的不同对造口手术的认知及接受程度存在差异,可有针对性地给予心理疏导,鼓励家属建立一种积极的心态。

### （三）儿童肠造口定位关注点

术前患儿病情允许条件下必须详细检查,造口治疗师参与术前讨论。紧急手术患者（先天性巨结肠、坏死性小肠结肠炎、肠套叠、肠闭锁等）术前不允许做进一步检查,术中由医生综合患者的具体情况,设计造口部位。造口治疗师可以建议医生,造口和引流管之间的最短距离≥2.0cm;实行双腔分离造口时,两个独立造口之间的最小距离≤2.0cm或≥5.0cm,以保证造口袋的有效粘贴。肠造口与手术切口通常在一个平面上,垂直切口时造口置于切口的最下段;水平切口时造口尽量置于切口的最外侧。

## 三、儿童肠造口患者术后护理

儿童肠造口相关并发症较成人多见。造口患儿和他们的家庭需要大量的信息、教育和心理支持来帮助他们渡过这一充满挑战的时期。

### （一）儿童肠造口的评估

1. 造口类型

（1）回肠造口末端回肠造口排泄物较结肠造口稀,多数患儿经口喂养,肠道适应性良好。低体重、早产儿易在术后 2~3 周发生一过性脱水,喂养不耐受者改用特殊配方奶粉,如部分水解蛋白的奶粉。造口旁伤口感染、裂开者不多见。

新生儿造口肠管距离屈氏韧带长度≤20cm 或大年龄儿童肠造口肠管长度≤60cm 为高位小肠造口,肠液丢失多,易脱水和电解质紊乱,术后耐受胃肠喂养差,通常需要肠外营养,造口旁伤口感染少,但容易出现造口皮炎。

（2）结肠造口结肠造口肠液、水分丢失相对少,经口喂养肠道适应性强,较少需要特殊配方奶喂养。但是由于排泄物细菌多,早期造口旁伤口容易污染、裂开（彩图 3-7-1）。

2. 造口模式

（1）单腔造口有小肠造口,也有结肠造口,其

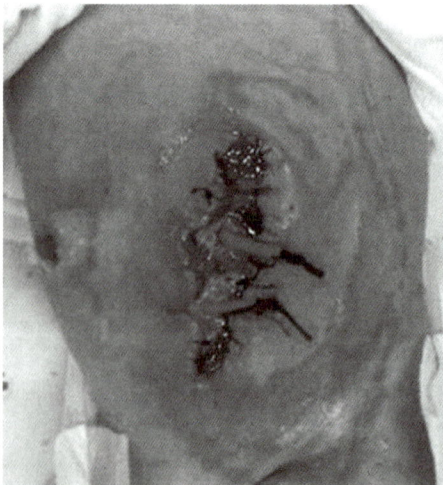

彩图 3-7-1　结肠造口旁伤口裂开

优点是确保造口远端肠管彻底旷置,可以避免远端伤口污染或感染。缺点是如果是高位小肠造口,可造成远端肠管灌注和检查困难。

（2）双腔袢式造口优点是操作相对简单,手术时间短,可以对远端肠管进行灌注或检查。缺点是肠内容物可进入造口远端,对远端肠道需要严格控制污染不利。

（3）双腔离断式造口:优点是近端肠内容物不易进入远端肠管,对远端肠道控制污染有利,可以对远端肠管进行灌注。缺点是相对袢式造口手术时间延长,术后造口袋粘贴困难。需要手术医生与护士探讨造口之间的距离,便于术后护理。

（4）Bishop 造口、Santuli 造口、Mikulicz 造口较少见。

（5）多个造口（彩图 3-7-2）。

3. 造口观察 注意小儿啼哭时,造口颜色可能会转为暗红色或淡白色,但当小儿停止啼哭时,造口黏膜的颜色会立即恢复正常的鲜红色。若颜色持续为暗红色或有任何异常,应立即报告医生。造口因接触或者摩擦有少许出血是正常的。造口会随着肠道内粪便的移动而蠕动。

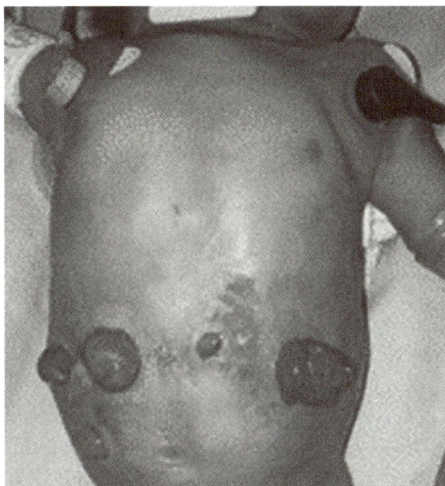

彩图 3-7-2 多个造口

### （二）造口用品的选择

小儿造口护理用品包括小儿造口袋、防漏膏、皮肤保护膜、造口护肤粉、水胶体敷料、粘胶剥离剂、过滤片等。小儿造口袋的款式很多,一件式 / 两件式造口袋,底盘为圆形 / 菱形,多为开口袋。由于初生婴儿体积小,故多采用一件式造口袋,方便护理。选择造口袋时要根据造口的大小、造口的类型等决定,如分离式造口,且两造口相近时,可以选择底盘稍大的造口袋,将远端造口与近端造口同时覆盖在一个造口袋内。分离造口距离较远时,可以选择底盘较小的造口袋,将近端造口粘贴入造口袋,远端造口裸露在外面。肠造口不宜与尿路造口使用同一造口袋,以免感染。尽量不使用成人造口袋,因造口底盘粘胶过粘,底盘过大,容易使患儿产生不适,也容易造成造口周围皮肤炎症。强调不能使用自制较硬的简陋器材,也不能因为造口袋容易渗漏就不使用造口袋,以免粪便刺激造口周围皮肤而引起皮炎,或伤害造口。

年幼儿好动,使用儿童肠造口腰带,可以帮助婴幼儿固定造口袋,此外还有弹力胶贴帮助固定造口底盘边缘。婴儿往往排出过多的气体,因为他们在哭吵、吸吮时会吞咽气体。选择带过滤片的造口袋,更便于排放气体。

年长儿会因为造口的气味和造口袋摩擦产生的声音而尴尬。他们需要选择密闭性能良好、不容易渗漏的造口袋。更换或排空造口袋时可以在造口袋内或房间使用除臭剂,帮助控制气味。在特殊安静的场所,可以提前限制饮食以避免造口排气的声音。年长儿能很快掌握哪些食物会影响自己的排便。高排量的造口患儿可以在造口袋内放一些帮助液体大便变成胶状的结晶。造口袋一般 3 天更换,视情况而定也可 1~5 天更换。

---

**知识拓展**

## 儿童肠造口术后营养问题的管理

　　儿童肠造口术后容易出现营养问题。母乳是最佳选择,但母乳较稀,有轻泻作用,不适于短肠综合征的患儿。标准配方乳对胃肠道功能正常的小肠末端造口、结肠造口患儿适用。水解蛋白婴儿配方乳适合肠道功能不全(如短肠和小肠造口)的患儿。

　　高位小肠造口会尽量选择双腔造口术。同时予生长激素、谷胱甘肽等促进肠功能。早期需要肠内营养联合肠外营养。肠内营养选用特殊配方奶(非整蛋白配方奶、短肽、中链脂肪酸的奶粉),少量多顿喂养。可采用胃管输注的间歇输注法(intermittent drip)和持续输注法(continuous drip)。每日计量造口排泄量,当≥2ml/(kg·h),易出现电解质紊乱。这类造口持续时间不宜过长,1个月左右可行造口关闭手术,需要调整奶量和喂养方式,不足的液量以肠外营养补充。

【资料来源】

1. 汤庆娅,蔡威. 新生儿短肠综合征的处理策略. 临床外科杂志,2007,15(5):309-311.

2. 施姝澎,张玉侠,陈劼. 新生儿短肠综合征肠内营养的研究进展. 护理学杂志,2016,29(12):81-84.

### (三)儿童肠造口的日常生活指导

　　1. 沐浴　造口本身是肠道的一部分,无痛觉,沐浴对造口不会有影响。孩子佩戴或不佩戴造口袋均可以进行沐浴,根据照顾者个人偏好。可以使用沐浴露给新生儿进行沐浴,但不宜使用沐浴油,以免影响造口底盘的粘贴。同时,造口周围皮肤不宜使用爽身粉。

　　2. 饮食　结肠造口新生儿的饮食与其他婴儿完全无分别,可以母乳喂养。正常均衡饮食对新生儿的生长发育及成长非常重要。当添加辅食时尝试新食物时一次不可过多。小肠造口患儿的饮食最好在外科医生或营养师的指导下选择饮食及补充电解质。进食注意少量多餐,短肠综合征的患儿根据情况遵医嘱给予输注肠内营养。回肠造口婴儿应多喝水、果汁。父母居家照护时,要学会观察及测量排泄物,观察有无尿少、尿色深、皮肤干燥、少泪、眼眶凹陷等脱水表现,为小儿预备补充电解质的饮品,以备不时之需。

　　3. 衣着　孩子可以穿任何衣物,但是连身衣或腿部搭扣的衣物比较不容易影响造口袋的位置。应避免裤子腰带压迫造口,年长儿衣着宽松,避免穿牛仔裤、系皮带。造口袋可以安置于尿布内或尿布外,每个家庭可以根据造口部位和自己的偏好来选择。

　　4. 活动　新生儿虽然有造口,但一般不会影响婴儿的身体及智能发展。尽量减少患儿哭吵,以免气体吞入。一般小儿学习翻身、爬行、学步时,造口袋渗漏的机会增加,但不应限制小儿的发展,需在此时注意造口保护。父母怀抱造口患儿,可以在造口袋中保留少许气体,作为怀抱缓冲,减少造口损伤。儿童可以参加体育活动,活动时戴腰带或穿着紧身衣有助于固定造口袋,避免剧烈的撞击活动。乘车出行时,安全带可能会压伤造口,要提醒父母注意保护。除此之外,社交、活动并无影响。

### (四)儿童肠造口周围皮肤及造口并发症的护理

1. 造口周围皮炎　是最常见的儿童肠造口皮肤并发症。常见原因有:家长将底盘中心孔过大使造口周围皮肤失去保护,长期与排泄物接触;造口袋粘贴不牢,易渗漏,更换频繁或移除不当导致皮肤撕坏;造口部位欠佳,导致用品的粘贴出现褶皱,排泄物由造口流出而刺激皮肤;底盘过敏。护理方法同成人。移除造口底盘,推荐使用粘胶剥离剂。

2. 造口皮肤黏膜分离　发生原因和处理方法同成人。

3. 造口脱垂　常见于造口区域腹肌薄弱处。常见原因有新生儿剧烈哭闹、营养不良、皮下脂肪缺乏等因素。处理方法:及时通知医生,密切观察造口黏膜颜色的改变,出现黏膜颜色发黑发紫,需要立即请医生处理,进行手法复位。日常预防性使用腹带。造口袋底盘中心孔按造口基底大小裁剪,并剪成放射状,以预防脱垂时底盘中心孔嵌顿造口。

4. 造口回缩　预防造口回缩做到袢式造口支撑棒手术2周后拆除。处理方法:加强造口周边皮肤保护,建议使用皮肤保护膜或水胶体敷料,应用防漏膏垫高造口边缘。

5. 造口狭窄　处理方法:以手指扩张开口处;服用软便剂;放置引流管;灌肠。出现梗阻者需要手术矫正。

6. 水电解质紊乱和远端造口黏膜失用性萎缩　小肠造口的患儿排出物过稀过多,易引起脱水和电解质紊乱。加上造口关闭一般需要3~6个月时间,远端肠管易出现废用性萎缩。

处理方法:收集近端造口排出物,给予经造口远端或肛门灌注肠液或林格液的辅助治疗(refeeding 造口肠液),促进远端肠管发育,帮助液体吸收,有效改善患儿的水电解质紊乱,预防造口关闭术后出现的腹胀、腹泻情况。常见的 refeeding 应用于早产儿或足月儿短肠综合征,也偶尔应用于外伤的青少年小肠造口患儿。双腔造口患儿可以经远端造口和肛门回输,单腔造口从肛门灌注。这些孩子需要严格计量出入液量,收集造口袋内袋排泄物,通过胃管和输液泵回输。回输过程中要明确管路标贴,避免混淆输注肠液入静脉。回输过程容易发生渗漏,或导管异位。refeeding 治疗需要造口治疗师的指导,良好的团队沟通,创造性选择造口袋和导管固定。

7. 造口旁疝　因为临时性造口,一般不予特殊处理,加强观察。可使用一件式造口袋,注意加固底盘,减少渗漏。可以使用特殊的造口疝腹带。

8. 特殊问题处理

(1)造口与脐孔相邻:造成脐孔难以保持干燥,哭闹时脐孔突出也使得造口袋容易渗漏。处理方法:使用水胶体敷料或透明薄膜覆盖脐孔;或选择合适的造口袋,修剪造口袋底盘,使肚脐残端能暴露出来。

(2)造口与手术切口相邻(彩图3-7-3):护理方法同成人。

(3)造口撕裂伤(彩图3-7-4):与粘贴造口袋技术和外伤有关。一般无疼痛感,常以不明原因造口出血就诊。处理方法:查明原因,棉球压迫止血;黏膜破溃处止血后,洒造口护肤粉促进愈合。底盘裁剪合适,对脱垂的造口要特殊剪裁底盘。随着患儿年龄的增长,要注意调整造口袋底盘裁剪口径;注意运动时对造口的保护。

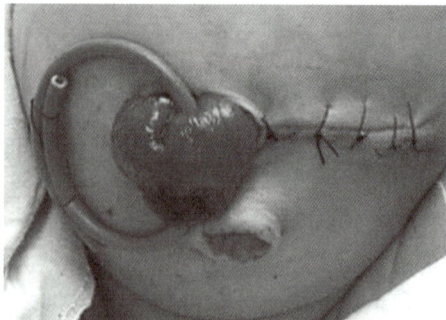

彩图 3-7-3 造口与手术切口相邻

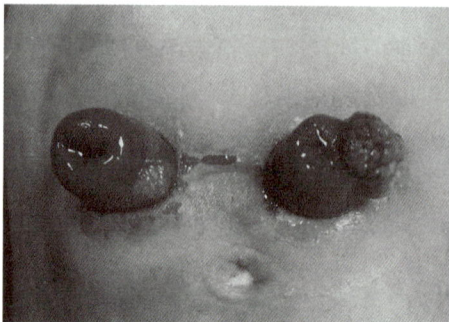

彩图 3-7-4 造口撕裂伤

### （五）儿童肠造口的康复

为儿童提供以家庭为中心的护理,造口治疗师应帮助造口患儿父母建立亲子纽带,学习并掌握儿童肠造口护理知识技能及日常生活护理常识。

不同年龄段的造口患儿,需要不同的照护和教育。

1. 早产儿/足月儿

（1）早产儿皮下组织发育不成熟,有皮肤撕裂伤和发生水疱的风险:应减少更换造口袋的次数,避免皮肤损伤。一般儿童和成人皮肤的 pH<5,新生儿酸性皮肤至少要到出生后4天才能形成,所以早期容易受到细菌的侵袭。新生婴儿皮肤渗透性较强,身体表面面积较大,能经皮肤吸收大量药物进入身体内,应减少使用化学性强及含药性的皮肤用品,如含酒精成分的防漏膏和皮肤保护膜、类固醇的药膏等。

（2）带造口出院的患儿:护士需要详细为其家长宣教造口袋的移除、排空、如何选择适合的造口袋,指导识别造口相关并发症。婴儿日后虽然不会记得自己曾经有过造口,但是会经历这一阶段的痛苦。换袋时只能看到天花板的他们会感到恐惧,让小婴儿看到、听到或触摸到父母,减少他们的恐惧和哭吵,也有助于减少造口排气。父母需要获得专业的造口护理支持,帮助这个阶段的孩子顺利生长发育。

2. 幼儿（12 个月至 3 岁）和学龄前期儿童（3~5 岁） 这个阶段的孩子生长迅速,正在发展运动技能和精细动作,灵活性增加,喜欢探索周围环境,一天中相当一部分是游戏时间。他们的自主性增强,喜欢参与,可以利用造口娃娃来帮助他们学习了解自己的造口。尽管换袋是父母和照顾者来完成,该年龄段的孩子仍然可以参与用品准备,轻轻的移除粘胶,提高自己的舒适度。因为该年龄段的孩子集中注意力的时间有限,所以每次教育的时间不宜太长。

3. 学龄期儿童（6~12 岁） 该阶段的儿童认知和生理不断成熟,独立能力提高。他们有自信可以学习自己护理造口。可以鼓励孩子参与营养管理,选择自己喜欢的食物。鼓励多饮水,充分咀嚼食物以避免造口梗阻。

4. 青少年期（13~18 岁） 青少年期处于荷尔蒙改变和大脑快速发育的阶段,更需要心理上的支持。青少年可以学习并独立完成造口护理,需要时父母再给予帮助即可。他们更注重个人卫生、社交和两性交往。对青少年造口患者而言,这些需求和保健、运动、营养问题一样重要。他们不一定能理解疾病的进展,可能会抗拒或恐惧自己的健康问题,出现心理行为问题,需要更多帮助。

造口患者夏令营可以促进造口儿童的教育、分享和同伴交流。青少年时期的孩子喜欢参与选择适合自己的护理用品,护士应该耐心倾听和询问,充分交流。同伴支持是有效的教育方式,与已经有经验的造口儿童及其家庭照护者交流,可以缓解新造口者的焦虑,使之更容易接受造口护理教育。如有可能,术前造口定位能帮助到这个阶段的儿童。

(陈 劼)

# 第八节 肠造口患者的延续性护理

**学习目标**

完成本内容学习后,学生将能:
1. 复述生活质量的定义。
2. 列出肠造口患者生活质量的影响因素、居家护理过程中存在的主要问题。
3. 描述肠造口患者居家护理需求、肠造口患者延续护理效果。
4. 应用所学知识,采取提高肠造口患者生活质量的护理措施及造口患者延续护理模式。

## 一、造口患者的生活质量

虽然造口手术挽救了患者的生命,但是肠造口的存在及其并发症的发生又使患者陷入烦恼之中。术后不能对控制排便、肠造口及其周围皮肤并发症的发生、身体形象的改变、自尊心受到影响、社交障碍等,都极大地影响了患者的日常生活。近年来,随着医疗水平的提高和健康医学模式的转变,肠造口者的生活质量越来越受到医务工作者的关注和重视,并被广泛研究。

### (一)生活质量的定义

WHO 将生活质量(quality of life,又称生存质量、生命质量)定义为:不同文化和价值体系中的个体对他们的目标、期望、标准,以及所关心的事情有关的生存状态的体验,同时强调对自身价值和自我实现的认知,以及对社会的责任和义务。大量文献表明,肠造口患者生活质量较差,处于中下水平。其躯体、心理、社会、精神各个方面均受到很大影响,生活质量不容乐观。

**知识拓展**

### 生活质量的定义

不同于 WHO 关于生活质量的定义,Ferrell 博士提出的生活质量的定义,应包涵以下四个方面:①躯体健康状况(指由于疾病及其治疗所带来的症状体征表现及身体功能的改变,如疼痛、恶心呕吐、失眠等);②心理健康状况(指心理状态积极或者消极改变,如恐惧、焦虑心理);③社会健康状况(指社会交往和社会活动、家庭关系以及社会交际活动等情况);④精神健康状况(指对生命价值的认识、信仰等),该定义目前已得到广泛认可。

【资料来源】
郭海强,丁海龙,王玉梅.恶性肿瘤患者生存质量评价的研究现况.中国卫生统计,2010,27(1):104-110.

**(二)影响肠造口患者生活质量的相关因素**

影响肠造口患者生活质量的因素很多,明确影响肠造口患者生活质量的相关因素,能帮助医务工作者制订合理的护理策略。影响肠造口患者生活质量的相关因素总结如下:

1. 与疾病状态有关的因素　患者的年龄、肿瘤分型、临床分期、经历对生活质量尤其是躯体功能影响较大。

2. 与治疗有关的因素　性功能低下和肠造口及其周围皮肤并发症的出现严重影响了患者生活质量。

3. 与自理程度有关的因素　肠造口时间、知识水平等因素通过影响患者自理能力而影响生活质量。

4. 与排便有关的因素　自然排便的患者术后若出现便秘和腹泻,会增加不便,所以能否规律排便会影响患者的日常生活。

5. 与心理认知有关的因素　患者对肠造口的接受程度、对生活的期望以及其自我效能等因素会影响其生活质量。

6. 与经济有关的因素　经济情况、就医条件等是患者生活质量的影响因素。

7. 与社会支持有关的因素　有着良好的家庭关心与照顾和社会的支持与鼓励的患者生活质量较好。

8. 其他　如性别、年龄、婚姻状况、文化程度等人口学相关因素。

**(三)提高肠造口患者生活质量的措施**

1. 医护共同努力提高手术的效果　造口治疗师/专科护士的造口术前定位、预防及治疗肠造口及其周围皮肤并发症、精湛的肠造口手术等帮助肠造口患者形成高质量的造口,从而降低患者的自我护理难度。

2. 加强健康教育,提高患者肠造口相关知识的掌握程度和自理能力　教会患者如何选择和使用造口产品;指导患者合理饮食,形成良好生活方式;做好性生活的指导,强调夫妻双方良好沟通交流的重要性,消除顾虑和恐惧,逐步恢复正常的性生活;指导如何预防、观察及处理常见的并发症。

3. 重视心理护理,提高患者的自尊　肠造口手术对患者的生理和心理都是一个打击,会给患者带来抵触、恐惧、忧郁等负面情绪,因此心理支持非常重要。造口治疗师/专科护士除了帮助患者解决或减轻肠造口及其周围并发症外,还要帮助患者保持乐观心态,减少患者对于家属的依赖,增强肠造口患者的自我效能,使其在身体、心理上获得健康并且活得有尊严、有价值,能够自己照顾自己,尽快回归社会。

4. 提供广泛的社会支持　社会支持是影响癌症患者生活质量的重要因素之一,良好的社会支持有助于患者恢复健康。社会支持能够减轻应激,明显改善癌症患者的社会心理状况,提高肠造口患者生活质量。

（1）家庭支持：家庭支持可提高患者的遵医行为，造口治疗师应重视与患者家属的沟通，使之理解和体谅患者并提供术后生活各方面的康复指导。

（2）社会支持：造口联谊会是造口人协会组织的患者互助小组，由医生、护士和造口治疗师共同参与，肠造口患者在相关医务人员的指导下定期组织活动。其中肠造口志愿者医院探访是一种能尽快提高患者生活质量，使之树立信心的有效方法。

（3）其他相关支持：造口产品人性化的设计为肠造口患者提供了更多的便利，提高了患者生活质量。目前国内的一些杂志、书籍、微博、微信公众号都可为患者提供造口产品及护理的相关内容。

### （四）其他

造口治疗师/专科护士除了帮助患者进行肠造口护理、预防及治疗并发症之外，还会为患者及家属提供与肠造口有关的咨询服务和心理护理。为肠造口手术者进行术前评估、肠造口定位，以避免或减少并发症，术后对患者进行有针对性的护理指导，出院后通过造口护理门诊、造口人联谊活动、电话等方式进行随访。

提高肠造口患者术后的生活质量，需要获得来自医生、护士、造口治疗师、家庭、亲友、同事乃至整个社会的帮助。健康教育是整体护理的重要组成部分，应贯穿于肠造口患者治疗和康复的全过程。在健康教育过程中，帮助患者掌握肠造口保健知识，树立健康意识，养成良好的健康行为和生活方式，可帮助患者尽快实现生理、心理、社会的全面康复。

（郑美春　侯兵兵）

## 二、肠造口患者的延续护理

随着医学的日益发展，肠癌的治疗理念和技术有了很大的进步，使患者能够接受更好更正规的治疗。俗话说：三分治，七分养。在治疗模式改善的同时，如何提高护理质量，做好患者的延续护理，保证患者在术后能获得更好的康复是目前护理研究的重要问题。对于肠造口患者而言，由于其疾病的特殊性，做好延续护理格外重要。近年来，有多位学者探讨了不同延续护理模式对于改善肠造口护理质量的作用，已被认为是提高肠造口患者出院自我护理技能最有效的方式。做好延续护理，不仅可以动态掌握患者的病情变化，及时满足患者的康复需求，还能减少患者术后并发症的发生，节省我国医疗资源的消耗，因而具有非常重大的意义。

### 知识拓展

#### 延续护理的定义与内涵

延续护理是指通过一系列的行动设计，以确保患者在不同的健康照护场所（如从医院到家庭）及同一健康照护场所（如医院的不同科室）受到不同水平的协调性与延续性的照护。

我国《中国慢性病防治工作规划（2012—2015年）》的卫生保健政策明确提出要对包含肿瘤在内的慢性病患者开展随访和康复指导等工作。2015年3月，国家卫生和计划生育委员会颁布的关于"进一步深化优质护理、改善护理服务的通知"中明确要求"有条件的医院,应当明确专(兼)职人员为出院患者提供有针对性的延续性护理服务,保证护理服务连续性,满足患者需求。

【资料来源】

1. Charlene C, Port CL, Zimmerman S, et al. Short-stay nursing home rehabilitation patients: transitional care problems pose research challenges. Journal of the American Geriatrics Society, 2008, 56 (10): 1940-1945.

2. 张俊娥,郑美春,黄金月. 结肠造口患者出院早期电话干预延续护理模式之构建. 中国护理管理, 2011, 11(8): 31-35.

### (一)肠造口患者居家护理过程中存在的问题

肠造口患者在医院接受治疗及护理的时间有限,绝大部分的康复需要在院外实施。出院后,肠造口患者在居家自我护理的过程中,其生理和心理方面均面临众多需要干预的护理问题,由于肠造口护理专业性较强,他们需要得到专业人员的指导和帮助。

1. 面临一系列并发症发生的风险　肠造口患者出院后由于病情变化、营养不佳、伤口愈合不良或肠造口护理技能欠佳等原因,往往会造成肠造口及其周围并发症的发生。研究指出,肠造口及其周围并发症患者的生活质量明显低于无并发症的患者,由于肠造口的存在很大程度上影响了患者的生理功能,如果术后肠造口及其周围并发症发生,不仅增加了护理的难度和痛苦,也进一步影响了患者的躯体形象,进而影响其社会功能、情感功能和生活质量,严重者会出现焦虑和不安等症状。

2. 自我护理能力仍较低下　国内外大量研究表明,患者在康复期自我护理能力的掌握状况直接影响患者生活质量。肠造口术后从医院、社区到家庭的护理模式可以显著提高肠造口患者的自我管理能力,降低肠造口及其周围并发症发生率。因此,提高肠造口患者居家自我护理能力是延续护理的重要内容。

3. 精神心理压力较大　肠造口的实施将排便的出口由肛门移至腹部,暂时性或者永久性地改变了原来的排便方式,粪便的正常出口,从隐蔽的会阴部移置到腹部,且不能随意控制,从而导致了患者身体、心理、社会功能等方面都发生不同程度的改变,进而对患者的生活质量产生影响。对肠造口患者而言,他们既要面对癌症的挑战,又要承担肠造口带来的生理上和心理上的巨大压力,由此产生恐惧、忧虑、悲观、消极、孤独、自卑、依赖、自我放弃等一系列心理问题。肠造口的存在及自我形象的改变,使患者大大减少了社交或其他活动的时间,容易产生封闭心理。肠造口患者容易由于自我的不接纳或社会中少数人的不理解造成人际交往的障碍,缺乏社会支持,给其社会功能带来较大影响。相比于其他癌症患者此类患者其焦虑、抑郁、自卑症状更为明显。研究表明无论以何种原因施行肠造口术,使患者原来形象破坏、生活习惯改变、不利于参加正常的社会活动等,都会引起患者一系列的心理变化。大约有1/4的肠造口患者对肠造口心理上适应较差而出现明显的心理症状。

### (二)肠造口患者居家护理需求

通过对术后6~12周的患者进行访谈发现,肠造口患者术后的困扰主要体现在,身体的疏离感、性生活的不便、社交活动及日常活动的限制等。同时对于肠造口护理知识和心理支持的需求最为强烈。

进一步发现，患者获取肠造口护理知识的主要来源是医生，其次为造口治疗师、护士、造口宣传册、肠造口朋友、网络及其他媒体等。提示应该通过多样化的方式使患者能够选择自己更容易接受和理解的肠造口相关知识。

### （三）肠造口患者延续护理模式

出院患者的延续护理就是利用信息化工具，通过电话、信函、电子邮件、登门造访等方式进行的一种开放式、延伸式健康教育形式。目前，国内肠造口患者的延续护理模式主要包括以下几方面。

1. 电话随访　由护士引导的电话随访是国内外比较常用的一种干预和随访形式，它最大的特点就是经济、方便、高效，已被广泛应用于出院患者的延续护理中。陈苏红等通过对直肠癌结肠造口术后患者延伸护理服务的研究发现，通过电话随访，肠造口患者的并发症发生率降低，自我护理能力增强，每日肠造口护理时间缩短。某研究结果显示，电话随访干预是增加对延续护理适应性的一种最有效的方式。电话随访在一定程度上为肠造口患者提供了便利。然而，电话随访也存在一定的局限性，缺乏与患者面对面交流，有一定的失访率。因此，也有学者建议采取电话随访和家庭访视相结合的干预方式。

2. 家庭随访/访视　2006 年美国 Pastor DK 将家庭随访定义为发生在社区环境中的随访人员与患者、患者家庭之间的互动过程，其功能为改善患者的健康状况，并协助其更好地利用社区卫生资源，增强自理能力。我国家庭随访于上世纪 60 年代开始，李伟等采取由经过培训的护士组成肠造口护理小组，定期对直肠癌术后肠造口患者进行家庭随访，3 年后的满意度、并发症发生率以及知识掌握程度调查结果均优于对照组，此研究结果充分证明了家庭随访的有效性。但由于我国护理资源缺乏，社区护理基础也比较薄弱，如果以家庭随访作为延续护理的主要形式，不符合我国国情。因此，大力发展社区卫生，提高社区护士的整体素质，使其成为肠造口患者专科护理的主力军，是促进延续护理发展的关键。

3. 肠造口康复知识讲座　目前很多医院为出院后患者定期举办肠造口康复知识讲座。医护人员通过幻灯、图片、宣传材料、示范等方法传授肠造口相关知识及操作技能，面对面解答患者及其家属的困惑。同时肠造口患者及其家属之间有相互沟通、相互鼓励、相互分享的机会。

4. 肠造口专科护理门诊随访　肠造口专科护理门诊为肠造口患者进行一系列专科护理干预，使患者有了解决肠造口护理问题的途径。由于我国造口护理起步较晚，国内能达到开设造口门诊的条件的医院并不多，主要集中在大医院。详细内容见第九章第一节造口伤口失禁护理门诊。

5. 信息化随访　随着信息化技术的快速发展，人们的生活方式、交流方式发生了较大的变化，越来越多的人习惯于借助信息化技术交流，如建立肠造口微博或网络平台、QQ 群、微信群、公众号、电子邮件等形式。通过在线交流、发布视频、音频等形式对肠造口患者相关的肠造口护理、饮食、自我保健、病友交流等方面进行干预，为患者提供了专业的肠造口护理知识与技能，在很大程度上提高了患者的自我护理能力。尽管肠造口患者不断年轻化，但还有相当一部分中老年患者，再加上一些文化程度不高的患者，这些患者对智能软件、QQ、微信等信息化随访形式的意愿程度较低，且信息化随访需要配置电脑或智能手机等硬件才能实施,且不够便携、实用。鉴于肠造口信息化随访目前在我国尚处于探索阶段,故暂时还不应将信息化随访作为主要的延续性护理元素。

### (四)肠造口患者延续护理效果

延续性护理被公认为是高质量的卫生服务必不可少的要素,对健康照顾者、患者及其主要照顾者都至关重要。近年来,国内外学者对肠造口患者的延续性护理进行了大量的研究,并通过多种形式为其提供延续性护理服务,对促进肠造口患者自我护理知识的掌握、降低肠造口及其周围并发症发生、提高生活质量效果显著。

1. 提高肠造口护理知识掌握程度 提高患者的知识掌握程度是评价延续性护理效果的标准之一。通过对肠造口患者的延续护理干预,提高了患者对肠造口护理知识的掌握程度,促进了躯体功能和认知功能的恢复。研究发现,肠造口患者的知识掌握程度越高,自我护理技术越好,肠造口及其周围并发症的发生率越低,减少了患者生理上的痛苦。以肠造口知识掌握程度作为评价标准,可以根据患者的知识掌握程度,为不同的个体提供针对性的延续性护理服务。

2. 肠造口及其周围并发症的发生率降低 延续护理的效果在一定程度上可通过并发症的发生率来反映。通过延续护理干预,患者掌握了更多的肠造口知识和护理技术,预防和减少了并发症的发生。以肠造口及其周围并发症的发生率作为效果评价标准,是因为降低肠造口及其周围并发症的发生率是延续性护理的目标,不仅可以减轻患者的痛苦,还可以降低肠造口患者的住院费用,节省医疗资源。

3. 肠造口患者的生活质量提高 生活质量是评价延续护理干预效果的一个综合指标。生活质量是个人在社会和日常生活活动中的主观体验,是一个包含生物医学和社会心理的集合概念,是医学模式下产生的全面评估患者生理、心理和社会适应三方面总体健康状况的一个综合指标。肠造口患者在手术后,由于生理和心理等方面的影响,生活质量明显低于术前。而提高患者术后的生活质量是延续性护理的最终目的,因此研究者通常以肠造口患者的生活质量作为衡量标准。

延续护理是医患关系的延伸、是整体护理的延伸、是优质护理服务的延伸。对患者来说,是顺利康复、降低再入院率的重要保障;对医院来说,有助于降低平均住院日,提高床位周转率;对政府来说,能够节省卫生费用,起到良好的经济与社会效益。因此,它是一种可以让患者、医院和政府三赢的医疗护理模式。对肠造口这类特殊人群来说,延续性护理可提高患者对疾病的认知,并降低肠造口及其周围并发症,提高患者的生活质量。国外延续护理相对比较成熟,有完善的法规及保障制度,并制定了相关的指南。

我国肠造口患者出院延续护理尚处于起步阶段,由于各医院延续护理存在较大的差异,缺乏统一规范的延续护理实施方案;医院与社区对接不够完善,缺乏相应的完善体系;缺乏明确的收费制度及收费标准,缺乏相应的法律法规及保障制度。因此应从我国国情出发,借鉴国外成功的延续护理模式,总结出一条适合我国肠造口患者规范统一标准的延续护理模式,以提高肠造口患者自我护理能力。

(郑美春 温咏珊)

# 第四章 伤口护理

## 第一节 伤口护理基础知识

### 一、伤口的定义及分类

#### (一)伤口的定义

伤口是指在外界物理性(如外科手术、外力、温度、射线等)、化学性(化学药物、化学试剂、化学毒物等)和生物性(猫狗咬伤、蚊虫咬伤、人咬伤等)致伤因素及机体内在因素(如局部血液供应障碍)等的作用下所导致的身体完整性和正常解剖结构以及组织功能的破坏。伤口破坏了人体的屏障功能,会引起个体生理功能的损害和情感脆弱,对患者及其照顾者的生活质量带来不同程度的影响。伤口愈合是一系列事件有序发生的复杂过程,开始于损伤发生,终止于伤口完全闭合和良好的功能性瘢痕组织的重建,短则一周可愈合,长则可能需要长达 18 个月的时间。

#### (二)伤口的分类

伤口分类方法有多种,常根据伤口的愈合时间、受污染状况、组织颜色、伤口深度、致伤原因、皮肤完整性等进行分类。

1. 根据伤口愈合时间分类

(1)急性伤口:指皮肤和皮下组织完整性破坏,以及时、简单的方式愈合的伤口。急性伤口通过一个有序和有时间性的愈合过程达到结构和功能的完整,通常为一期愈合。如:手术及创伤性伤口、Ⅱ度烧伤伤口。急性伤口常在 1~3 周内愈合。

(2)慢性伤口:指经过处理,持续 4 周以上不愈合或无愈合迹象的伤口。临床常见的慢性伤口有糖尿病足溃疡、压力性损伤和下肢血管性溃疡等。

2. 根据伤口受污染状况分类

(1)清洁伤口:无污染的无菌手术切口,如甲状腺手术切口、肝肾手术切口、头颅手术切口等,或尚未被污染的水疱,如 2 期压力性损伤完整的水疱或Ⅱ度烫伤完整的水疱在无菌操作下去除疱皮形成的伤口。

（2）污染伤口：被细菌污染但尚未发生感染的伤口,急性外伤伤口属于此类,涉及消化系统、呼吸系统、生殖系统或已污染腔隙的手术切口也属于此类。

（3）感染伤口：外观有炎性分泌物,培养出条件致病菌或细菌数量 >10$^5$,伤口局部红、肿、热、痛,详见第四章第三节各类伤口护理。

3. 根据伤口组织的颜色分类

（1）红色伤口：处于炎症期或增生期伤口,基底部为健康的红色新鲜肉芽组织,边缘整齐、清洁。

（2）黄色伤口：处于炎症期,伤口出现坏死残留物如脂肪液化的渗出液、感染产生的黄色分泌物等。伤口基底部为脱落细胞和死亡细菌,有腐肉、渗出液或感染。

（3）黑色伤口：处于炎症期,伤口缺乏血液供应,覆盖有黑色的焦痂或无血管的坏死组织,渗出液少或无。

（4）粉色伤口：有新生的粉红色上皮组织覆盖,通常见于伤口修复期上皮化阶段。

4. 根据伤口深度分类

（1）部分皮层损伤伤口：指表皮和部分真皮损伤的伤口。如皮肤擦伤、水疱、2 期压力性损伤、Ⅱ度烫伤或烧伤等。

（2）全皮层伤口：指从表皮、真皮扩展到皮下组织、筋膜和肌肉损伤的伤口。如静脉性溃疡、Ⅲ度烧伤、3 期及 4 期压力性损伤等。

5. 根据皮肤完整性分类

（1）闭合性损伤：皮肤完整无伤口,通常表现为皮下血肿或积液,如挤压伤早期、扭伤、针刺伤感染早期。

（2）开放性损伤：皮肤完整性和功能受损,皮下组织或支持结构暴露,大部分伤口属于此类。

6. 根据致伤原因分类　如由物理性、化学性和生物性原因造成的创伤性伤口,动脉疾病引起的动脉性溃疡,静脉疾病引起的静脉性溃疡,糖尿病血管神经病变引起的糖尿病足溃疡,压力和或剪切力引起的压力性损伤等。

（关琼瑶）

## 二、伤口的愈合类型与愈合过程

伤口愈合是一系列事件有序发生的复杂过程,开始于损伤发生,终止于伤口完全闭合和良好的功能性瘢痕组织的重建。

### （一）伤口愈合类型

1. 一期愈合　也称线性愈合或表皮更替愈合,手术缝合切口呈线性愈合的方式和部分皮层损伤伤口呈表皮更替的愈合方式均为一期愈合。此类伤口愈合一般不遗留有瘢痕,可能有少量色素,愈合时间一般在 5~12 天。

2. 二期愈合　也称瘢痕愈合,切口感染或裂开、全层损伤伤口多以此种方式愈合,其组织缺损由大量肉芽组织填充,最后由上皮细胞覆盖,常遗留有瘢痕,易有瘢痕增生出现。一般愈合时间≥25 天。

3. 三期愈合　也称为延期愈合。当伤口污染严重或感染性伤口,不宜手术缝合时,先对伤口进行清洗、清创、抗感染引流,待伤口组织新鲜红润或感染控制后,再进行手术缝合。

### (二)伤口愈合过程

1. 生理性愈合 伤口的生理愈合过程分为止血期、炎症期、增殖/修复期、成熟/重塑期四个阶段,每个阶段在时间上又相互重叠。

(1)止血期:损伤后组织破坏、出血,最初的反应是暂时性血管收缩,短暂的血管收缩可使凝血形成,血管收缩持续5~10分钟,同时血小板聚集并激活凝血因子,促使血块形成并止血,止血是伤口修复的开始,此期持续时间很短,一般损伤即刻开始至伤后1天。

(2)炎症期:止血同时炎症反应也开始出现,主要是毛细血管扩张、通透性增加,血管内液渗入损伤部位并激活补体系统,促进中性粒细胞对细菌的杀伤和吞噬作用。损伤后3天损伤部位以中性粒细胞为主,24~48小时数量达到高峰,主要发挥吞噬细菌、组织碎片和异物的作用,使伤口床"洁净",又称伤口的"自洁作用"。损伤后2~3天巨噬细胞到达伤口,也通过吞噬作用去除细菌和碎片。巨噬细胞还能调节白介素、肿瘤坏死因子和生长因子等聚集于伤口部位,调控正常愈合过程。此阶段于损伤即刻开始,以前研究认为持续6天,新近研究认为可持续至伤后25天。

(3)增殖/修复期:增殖期开始于伤后3天并持续3周左右,此阶段以肉芽组织形成为特点。伤后3天内,成纤维细胞迅速增殖,合成胶原蛋白、蛋白多糖及葡萄糖胺聚合糖,都是构成伤口基质的主要成分,并分泌生长因子和血管形成因子,调节细胞增殖和血管生成。血管内皮细胞从血管和毛细血管损伤末端开始生长,在血管生成中起关键作用。这些新生血管会长入细胞基质内形成新的血管网络,形成外观鲜红的芽状组织。上皮细胞的重建始于受伤后数小时内,主要是由表皮层的角质细胞进行迁移、增生、分化的过程。来自伤口的边缘上皮细胞会逐渐变平,发出伪足,向伤口基质迁移。在较浅的开放性伤口,若真皮未完全遭破坏,剩余的真皮附加物、汗腺、毛囊的上皮细胞迁移会加速完成上皮细胞化。增殖的最后一个特征是伤口收缩,通常开始于伤后5天。伤口收缩是一个动态过程,伤口收缩期间,成纤维细胞和肌成纤维细胞等产生收缩力,将周围结缔组织基质组织在一起,以减少细胞外基质的需要量,缩短愈合时间。这些细胞可能利用整合素及其他黏附机制与胶原蛋白网结合,改变其运动性,使原纤维相互靠近,继而闭合伤口。

(4)成熟/重塑期:从受伤后20天开始,可持续1~2年。不规则的胶原蛋白不断地被分解,逐渐被较稳定的胶原蛋白取代,最后达到胶原蛋白的平衡稳定状态。胶原沉积成为基质的主要成分,并很快形成原纤维束,为伤口提供刚度和拉伸强度。虽然此时胶原蛋白数量处于最高峰,但是伤口强度只是正常皮肤组织的30%,在3个月之后,伤口强度大约只有正常皮肤80%的力量。

2. 病理性愈合 也称慢性伤口愈合,是一个更为复杂的过程,与正常生理性愈合相比有很大的差异。研究表明,慢性伤口与急性伤口正常生理性愈合过程中的渗出液性质和微环境都有所不同,急性伤口的渗出液在体外研究中显示可促进成纤维细胞、角质细胞和内皮细胞的增殖。而慢性伤口的渗出液则抑制细胞的增殖和血管的形成,导致伤口坏死组织不易脱落、异常的炎症反应、酶类活性的改变、促修复细胞因子和修复效率低下以及顽固的感染,伤口缺乏达到愈合的必要条件,表现为停滞于炎症期或增殖期的病理性愈合过程。

(蔡玉莲)

## 三、影响伤口愈合的因素

个体组织受到损伤后,伤口的愈合是一个非常复杂的过程。影响伤口愈合的因素包括全身性因素和局部性因素。

### (一)全身因素

1. 年龄　不同年龄组织细胞的再生能力不同,组织的再生能力随年龄的增加而减退,加之血管的硬化使局部血液供应减少,成纤维细胞的分裂增殖周期延长、炎症反应减退、新血管与胶原蛋白合成减少。随着年龄的增长,皮脂腺分泌功能减缓、皮肤变得干燥、表皮与真皮间的附着力减低等致使伤口愈合的过程延迟。

2. 营养状况

(1)蛋白质:伤口愈合的所有阶段都需要重组的蛋白质。蛋白质缺乏可减慢新生血管形成、成纤维细胞增殖和胶原合成;同时影响细胞吞噬功能,降低免疫力,组织修复缓慢,伤口不易愈合。尤其是含硫氨基酸缺乏时,常导致组织细胞再生不良或者缓慢,肉芽组织形成受阻。

(2)维生素:维生素 C 可促进细胞间质及胶原纤维和黏多糖的合成,提高伤口抗拉力强度。创伤时容易造成缺乏,从而降低机体抗休克、抗感染能力,还可造成毛细血管脆性增加,发生出血倾向。B 族维生素促进新陈代谢,促进胶原肽链交联,增强伤口强度。维生素 A 通过溶酶体膜作用提高炎症反应,可促进伤口单核细胞、吞噬细胞及淋巴细胞等炎症细胞聚集,并调节胶原酶活性,有助于胶原合成、上皮再生及血管形成。

(3)微量元素:锌是人体必不可少的微量元素,是胶原形成的辅助因子。锌主要通过白蛋白输送到身体。当发生创伤、败血症、感染时人体血浆白蛋白下降影响锌的吸收。锌缺乏会导致伤口引流量增加,患者食欲减退、味觉异常、免疫功能受损、伤口愈合不良。

3. 慢性疾病

(1)糖尿病:患有糖尿病特别是血糖长期控制不良时,表皮中负责免疫应答的朗格罕细胞功能受损,容易形成伤口;巨噬细胞功能障碍,致使患者罹患感染性疾病或伤口感染率增加;同时,也易于并发周围神经和血管性疾病,导致感觉损伤和血液供应障碍。因此,糖尿病患者容易出现伤口,而且伤口难以愈合。

(2)血液循环系统功能障碍:心力衰竭、动脉硬化、血栓及动脉狭窄等导致周围组织血供不足,组织中氧气的运输、营养的交换及废物的排除障碍,阻碍伤口愈合。

(3)其他:贫血、恶性肿瘤、自身免疫性疾病、肝和肾功能不全等均能阻碍或延迟伤口愈合。贫血可致血液携氧能力下降,导致组织缺氧而影响伤口愈合。恶性肿瘤患者伤口难以愈合的主要原因是肿瘤消耗导致的营养不良、抗肿瘤治疗的不良反应、癌因性疲乏等。自身免疫疾病患者长期服用激素药物,抑制伤口上皮细胞移行并使伤口容易继发感染。肝和肾功能不全使身体解毒和排毒功能下降,伤口容易停滞在炎症反应期或增殖期。

4. 手术后并发症　患者手术后血栓形成或栓塞、肺炎、腹膜炎、肠梗阻等并发症对伤口愈合有直接影响,细菌毒素及代谢产物吸收后的"中毒"对伤口愈合过程起抑制作用。

5. 药物　非甾体类抗炎药如阿司匹林,能阻断前列腺素的合成而抑制伤口愈合过程的炎症反应。细胞毒性药物抑制骨髓细胞的分裂增殖,使炎性细胞和血小板数量降低,相关生长因子不足,从而对伤口愈合产生严重的影响。免疫抑制剂不仅使白细胞活性降低,还会增加伤口感染的机会,从而干扰伤口愈合过程。大剂量类固醇激素能抑制免疫反应,阻止成纤维细胞分裂与增殖而延缓伤口愈合。

6. 肥胖 脂肪组织的血液供应相对较少,太多的脂肪组织会导致伤口边缘的张力增加,阻碍伤口局部血液循环,易发生脂肪液化坏死。

7. 吸烟 香烟中所含的尼古丁会使周围血管收缩,使伤口组织氧供减少而影响伤口愈合。

8. 放射治疗 离子射线不仅对恶性肿瘤细胞具有杀伤力,同样对正常组织细胞也有强大的破坏性,从而影响伤口愈合过程。

9. 心理状态 长期压抑、紧张、焦虑等因素,会使机体免疫系统功能受损,从而间接影响伤口愈合。

### (二)局部因素

1. 伤口感染 感染是伤口愈合过程中最严重的干扰因素,会延长炎症期和影响肉芽组织增殖,当伤口细菌量 $>10^5$/g 组织时,细菌便附着于伤口繁殖,包埋于细胞外基质中并形成生物膜。细菌生物膜通过独特的释放机制,表层菌程序式脱落成为浮游细菌,浮游细菌可以进一步繁殖、迁移,形成新的生物膜,引起伤口反复感染。形成细菌生物膜时对抗生素耐药,局部抗感染失效,伤口久治难愈。

2. 致伤原因及伤情 不同原因造成的伤口其愈合时间各不相同,无菌手术切口一期愈合时间一般为 7~10 天,3 期以上压力性损伤愈合时间常大于 8 周。伤口越大,深度越深,受损伤的组织越多,伤口愈合时间就越长。伤口边缘光滑规则即容易愈合,不规则、凹凸不平则不容易愈合。

3. 伤口异物 包括外科缝线、坏死组织细胞碎片、血块、灰尘、毛发、伤口敷料残留物、植入性物体(疝气补片、钢板及钢钉、骨水泥等),可以成为细菌生长的培养基。及时清除异物可缩短伤口愈合的过程。

4. 伤口部位 下肢血液供应较上肢差,下肢溃疡较上肢难以愈合。头部伤口血液供应丰富,较肢体部位的伤口容易愈合。

5. 伤口局部受压迫或牵拉 长期卧床或坐轮椅的患者如不能及时调整体位,任何作用于伤口局部的压力、剪切力和摩擦力都会导致皮肤表面和深部血管及肌肉组织受损,延迟伤口愈合。有些特殊伤口需要局部制动,固定体位对于骨神经、血管、肌腱等的修复很重要,伤口过早活动会加重炎症过程中的渗出反应,极易损伤新生肉芽组织,加剧局部组织肿胀而影响愈合。

6. 伤口的温度和湿度 伤口基底过于干燥会影响肉芽组织再生和上皮细胞移行。适当的伤口渗液中含有生长因子及蛋白溶解酶有利于促进伤口愈合。实验研究证实了伤口局部温度接近或恒定在正常的 37℃时,细胞的有丝分裂速度增加 108%,且酶活性处于最佳状态。用常温溶液冲洗伤口可使局部温度降低 2~5℃,从而阻碍伤口的愈合过程。

7. 伤口的局部处理 正确合适的治疗能促进愈合,而不恰当的局部处理措施将影响伤口愈合,如手术中过度牵拉皮缘或使用器械夹持皮缘,皮瓣分离欠佳、组织缝线过紧过密、手术后伤口包扎过紧,使组织缺血缺氧等。因此,了解伤口愈合的病理生理、熟悉各种因素对愈合过程的影响,选择合理的干预措施对愈合至关重要。

(吴越香)

## 四、伤口相关性疼痛的评估与管理

疼痛（pain）是组织损伤或潜在组织损伤所引起的不愉快感觉和情感体验。是继血压、心率、呼吸、体温的第五生命体征，它直接影响着患者的心理、生理、手术成功、康复以及伤口愈合等一系列问题。

伤口相关性疼痛（wound-related pain，WRP）是一种与开放性伤口直接相关的症状和不愉快的体验。对慢性伤口患者而言，伤口相关疼痛是重要问题，如何减轻伤口相关疼痛已被列为最需要优先解决的问题。

### （一）伤口相关性疼痛分类

临床上伤口相关性疼痛主要分为急性疼痛和慢性疼痛。

1. 急性疼痛　是指新近产生且持续时间较短的疼痛。可分为自发性疼痛和与特定的可预见或不可预见的触发有关的疼痛。

2. 慢性疼痛　是指未对伤口做任何处理时出现的疼痛，它是与创伤潜在的病理过程如缺血、炎症、感染、浸渍等伴有复杂难治性疾病的一些相关的疼痛；一般持续时间大于3~6个月。

### （二）发病病因和机制

造成伤口相关性疼痛的原因包括感染、创伤、外科手术、肿瘤、变性坏死、中毒及一些潜在损伤。其机制是由于伤口诱发的局部或全身炎症感染后释放致痛物质和炎性介质作用于神经末梢造成伤口持续性或间歇性疼痛，而释放物质又可加重原发病灶的缺血、缺氧、水肿，使疼痛加剧。同时伤口的冷、热刺激、干燥伤口与敷料的摩擦和粘连，也是引起伤口疼痛的原因。

1. 压力性损伤相关性疼痛　发生机制主要是损伤组织有毒化学物质的释放，组织浅部损伤伴随神经末梢的损害，伤害性神经末梢的增生、感染、敷料更换和清创。浅表的2期压力性损伤相关性疼痛主要与潮湿、摩擦力和剪切力引起的皮肤表面疼痛有关，3、4期压力性损伤相关性疼痛主要来自于深部组织损伤或剪切力引起的缺血性坏死。

2. 动脉溃疡相关性疼痛　可能与间歇性跛行或进展性疾病伴发的静息痛有关，是由于组织血流量不足以满足组织代谢的需要引起缺血缺氧所致，此类疼痛通常为烧灼痛或刀割痛，疼痛比较尖锐、剧烈且固定不变，疼痛药物不容易控制，有时需要通过停止活动或运动和将患肢置于悬垂或下垂位能适当缓解疼痛。

3. 静脉溃疡相关性疼痛　首先是由于功能损伤的浅部静脉、交通支静脉和深部静脉血液回流不畅，引起回心血流的减少或阻断，导致水肿或疼痛；其次由于深部血栓形成，腿部肿胀、疼痛、感染、甚至破溃、疼痛加剧；或浅部静脉疾病的发生使伤口床细菌感染、渗出增多、纤维化、继而发生脂肪皮肤硬化病相关性疼痛。患者可能主诉轻微疼痛、隐痛或肌肉刺痛，或水肿后的剧烈疼痛，并于站立、坐下或双腿交叉时加重。

4. 糖尿病足溃疡相关性疼痛　因糖尿病神经病变和下肢血管病变引起，其疼痛强度取决于神经病变的严重程度。性质多为烧灼痛，针刺痛和跳痛，通常伴随皮肤对无害性刺激和瘙痒的敏感性增加，只有应用镇痛药才能有效地达到止痛目的。

5. 感染性伤口相关性疼痛　由于局部炎性介质刺激神经末梢和大量渗液或脓液积聚造成对局部组织压迫而引起疼痛，常伴有红、肿和温度升高。

另外，伤口处理结束后，虽然伤害性刺激已经结束，但是机体内致痛物质如 $K^+$、$H^+$、组胺、缓激肽、5-羟色胺和前列腺素等可继发地激活伤害性感受器，也会造成疼痛，并且持续较长时间。

### （三）疼痛对患者影响

伤口相关性疼痛对患者有较大的影响,主要体现在以下几个方面:

1. 降低患者生活质量　疼痛特别是慢性伤口疼痛是一种强刺激源,可造成患者痛苦、自理能力下降、睡眠质量下降、活动受限及社会功能下降、幸福感降低等。

2. 影响伤口愈合　慢性伤口疼痛引起的应激反应使机体免疫力下降,同时疼痛刺激可通过脊髓、交感神经反射引起肌肉、血管收缩致伤口呈缺血状态,延迟伤口愈合。

3. 诱发多脏器功能衰竭　长期疼痛刺激会导致患者心率加快、心肌耗氧量增加;使呼吸变浅变快,加重低氧血症和二氧化碳潴留;加重消化功能障碍、食欲缺乏等症状;使肾血管反射性收缩,垂体抗利尿激素分泌增加,尿量减少,从而加重肾脏损伤。

### （四）疼痛评估

做好疼痛评估是进行有效管理的关键,在为患者进行伤口治疗的同时,可以通过语言沟通,观察患者的面色、体态、以及各项生命体征的形式评估患者疼痛的程度,并给予相应的缓解措施。对于评估疼痛分级的方法较多,目前常用的有以下几种:

1. 视觉模拟评分法(visual analogue scale,VAS)　是诸多疼痛强度评分方法中最敏感的方法,但对老年、理解能力差的患者难以应用。即在一条10cm直线的两端分别用文字注明"无痛"和"剧痛",让患者在线上标记出最能反映自己疼痛程度的数值。0为无痛,<3微痛;3~4为明显痛,影响患者的情绪睡眠,但能忍受;≥5疼痛加剧,影响患者情绪和睡眠,伴心率快、出汗;10为剧痛难以忍受。

2. Wong-Banker面部表情疼痛评分法　该方法用6种面部表情从微笑至悲伤至哭泣来表达疼痛程度,面带笑容表示无疼痛;面容严肃、眉头轻皱表示极轻微疼痛;面容痛苦状,眉头紧皱表示疼痛稍明显;流泪面容表示疼痛显著;哭泣面容表示中度疼痛;大哭不止表示最剧烈疼痛。此方法主要用于儿童、老年人及老年痴呆患者评估比较多。

3. 数字评分量表法(numeric rating scale,NRS)　是目前国际上较为通用的评估方法。将一条直线平均分成10份,用0~10的数字代表不同程度的疼痛,0分:无痛;1~3分:轻微疼痛;4~6分:中度疼痛;7~10分:重度疼痛。

4. 言语描绘评分法(verbal rating scale,VRS)　是最早应用于疼痛研究的量表。共为0~5分,每个分级都有对疼痛程度的描述,0分:无痛;1分:轻度疼痛,可忍受,能正常生活睡眠;2分:中度疼痛,适当影响睡眠,需要止痛药;3分:重度疼痛,影响睡眠,需用麻醉止痛剂;4分:疼痛剧烈,影响睡眠较重,并有其他症状;5分:无法忍受,严重影响睡眠,并有其他症状。此量表患者易于理解,但缺乏精确度,从而影响疼痛管理治疗。

### （五）疼痛管理

规范的疼痛管理能够有效地提高疼痛诊疗水平,减少疼痛处理过程中可能出现的并发症,为伤口诊疗、愈合提供强有力的帮助。对于伤口相关性疼痛的管理,不同类型伤口其疼痛程度也有所差异,应根据伤口类型和疼痛程度给予清晰诊断、多学科综合治疗及安全有效的护理干预。

1. 轻度疼痛

（1）关心、体贴患者,讲解伤口预后和疼痛的原因,使其正确认识疼痛,以减轻其焦虑、恐惧等不良情绪。

（2）请家属多理解和关怀患者，使患者尽可能地得到心理、社会支持。

（3）理解患者对疼痛的反应，以敏锐的观察力和熟练的技术操作给患者以信任感和安全感。

2. 中重度疼痛　根据情况遵医嘱采用三阶梯止痛原则进行干预。遵循口服或无创给药、按疼痛强度给予不同阶梯药物、按时给药和个体化原则，注意给药细节和观察用药反应。由于药物吸收和代谢速度因人而异，镇痛药物会引起呼吸抑制、过度镇静、呕吐等反应，所以给药应密切观察各种镇痛药物的不良反应，采取积极应对措施。

3. 伤口处理中对疼痛的应对措施

（1）处理前沟通：恐惧、焦虑会加重疼痛，因此处理前应告诉患者伤口处理的程序和步骤，避免过于紧张，为患者创建舒适的环境和温度，采取舒适的体位。

（2）伤口处理操作

1）轻柔去除敷料：如敷料出现粘连，应使用生理盐水湿润敷料、缓慢去除，从而减轻去除敷料时的疼痛。

2）温和清洗伤口和减痛清创：清洗伤口和清创时是最容易引起疼痛的操作，尽可能以冲洗的方式清洗伤口，并适当加热清洗液温度。清创时采用外科清创术和机械性清创均有可能在清除坏死组织的同时伤害到健康肉芽组织或上皮组织，造成患者疼痛，因此应根据伤口情况选择新型敷料进行自溶性清创，必须采用机械清创时动作应轻柔，控制好清创力度，以免加重患者疼痛。

3）选用适当的敷料：应用敷料时也会造成患者疼痛，主要与新型敷料的性质、伤口窦道较窄或较深等有关，当伤口窦道较窄或较深时，向窦道内填塞抗菌敷料或引流条时会刺激伤口周围组织而造成疼痛，因此在敷料的选择时尽量选择容易填充和取出且有抗感染引流功效的敷料。世界伤口愈合联盟建议，伤口处理过程中当疼痛剧烈时，患者可以要求暂停换药，休息片刻；也可采用分散注意力、听音乐和其他支持方法减少患者的不适或焦虑。

（3）处理后指导：处理后疼痛还会相对持续一段时间，应及时评估患者疼痛程度，针对性的进行处理，指导患者注意休息或抬高患肢。

（周　琴）

## 五、伤口感染与细菌生物膜

伤口感染被认为是干扰伤口正常愈合的主要因素，在伤口由急性转为慢性的过程中，细菌受到各种生存压力的影响，如极度营养缺乏或过剩、酸性环境、高渗透压、抗菌剂和抗生素使用等，为了对抗不利的环境，细菌形成生物膜作为一种特殊的保护性生长方式得以生存。慢性伤口感染有别于急性伤口感染，其感染症状隐匿不容易识别，常有多种细菌生长且对抗生素耐药，容易形成细菌生物膜，难以被清除。

对于伤口感染的病因与发病机制、临床表现和辅助检查、处理原则及方法详见第四章第三节中的感染性伤口的护理，本主题重点介绍慢性伤口细菌生物膜的定义、结构特征、形成机制、预防及处理。

### （一）慢性伤口细菌生物膜定义及结构特征

1. 定义　细菌生物膜（bacterial biofilm，BBF）是指细菌生长过程中，为适应生存环境而吸附于惰性或活性材料表面形成的一种与浮游细胞相应的生长方式,由细菌和自身分泌的胞外基质组成,它是细菌的一种具有保护性的特殊生长模式。慢性伤口细菌生物膜实际上就是细菌附着伤口床,与自身分泌的细胞外基质成分相互融合形成的一种膜状组织,它由细菌及其产物、细胞外基质、坏死组织等共同组成。

2. 结构特征 细菌生物膜主要包含了两部分特征:一是细菌为了生存而附着于伤口或敷料表面,以此作为生长的基床;二是细菌为了适应环境分泌胞外基质,作为躲避宿主反应和抗菌药物作用的防御屏障。细菌生物膜在激光共聚焦显微镜下有三维结构,包括细菌与其自身分泌的细胞外多糖基质一起在黏附于物体表面形成"蘑菇状"或"柱状"的亚单位,亚单位分为头部、颈部、根部三部分,各部分之间形成水通道,完成各种运输功能,维持膜内不足 1/3 细菌的生存需要。

### (二)慢性伤口细菌生物膜的形成机制

1. 细菌生物膜形成过程 主要包括黏附、繁殖、成熟、脱落四个阶段,是一个循环往复的过程,其中细菌通过特定的黏素蛋白识别宿主表面受体完成黏附是关键的第一步。从黏附到成熟脱落需要一定的时间和条件,不同的菌种生物膜形成时间亦不相同。人体内一些条件致病菌,如铜绿假单胞菌、金黄色葡萄球菌、大肠埃希菌(大肠杆菌)等更易形成生物膜,而这三种细菌也是慢性伤口的常见病原菌。

(1)黏附:伤口床有细菌赖以附着的有机或无机营养物质,大多数与植入体内的生物材料和自身组织病变有关。当伤口由急性转为慢性时,细菌受到各种生存压力的影响,如极度营养缺乏或过剩、低 pH、高渗透压、氧化、抗生素使用等,为了对抗不利的环境,大部分细菌启动多种途径吸附到伤口表面。

(2)繁殖:细菌黏附于伤口表面后,立即启动基因表达,在生长繁殖的同时分泌大量的细胞外基质,同种细菌相互吸引而形成微生物菌落,进而形成蘑菇状结构。

(3)成熟:细菌深埋于基质内,成为成熟的生物膜。在细菌生物膜内,群体感应系统通过监测细菌群体的细胞密度来调控特定基因活化和表达,控制并协调整个细菌群体行为,共同对周围环境刺激做出反应,增强了其生存能力,对抗机体免疫系统。

(4)脱落:当生物膜成熟后,一小群细菌能从生物膜中脱离,播散到其他环境,引发感染,这也就是为何临床上慢性伤口感染反复发作的重要原因。

2. 伤口微环境与细菌生物膜

(1)pH:有研究证明形成生物膜后的细菌抵御酸性环境的能力增强。细菌生物膜是由胞外基质包裹的细菌群体相互黏附形成三维立体结构,在这种状态下,酸或碱只对膜内表层细菌有影响,而无法对深层细菌发挥作用。其次,生物膜中营养成分的浓度由外向内呈现梯度下降,致使深层细菌长期处于营养缺失状态而生长缓慢,对酸或碱的敏感性也降低,表层菌脱落后代谢产物的积聚也容易抵御酸或碱的快速渗透。

(2)温度:温度也是影响细菌生物膜形成的一个重要因素。体外实验发现随着温度的不断升高,细菌生物膜形成速度加快,但是超过 40℃时稳定性逐渐降低,30~35℃是细菌形成生物膜的合适温度。可能是较低温度时细菌活性较低,增殖缓慢无法形成生物膜,但在较高温度时,由于活菌量增多与死菌量增多不成比例导致菌体间黏附性改变,降低了细菌生物膜的结构稳定性。

3. 细菌基因和蛋白改变影响细菌生物膜形成 细菌间可利用结合、转化和转导进行基因交换,使浮游细菌有能力形成生物膜。生物膜成熟过程中大概有 35% 基因表达发生改变,比如铜绿假单胞菌生物膜的形成需要 800 多个蛋白发生变异。细菌定植部位也影响基因活性,铜绿假单胞菌定植部位距离伤口表面通常大于金黄色葡萄球菌,但通过分泌酰基高丝氨酸和鼠李糖脂,可使机体激活巨噬细胞的能力减弱,中性粒细胞凋亡速度加快,且激活基质金属蛋白酶,产生对伤口组织的自噬作用从而影响伤口愈合。生物膜中的细菌还可以互相利用其优点达到共生目的,金黄色葡萄球菌利用白色念珠菌的菌丝穿透上皮层而达到黏附、入侵破坏组织的目的,两者互相影响基因和蛋白的表达,共同促进形成生物膜,抵抗机体免疫和抗生素治疗。协同生长增加了细菌生物膜的致病性:生物膜内细菌共存于同一伤口,提供了生长竞争优势,早期定植细菌的代谢产物可以成为晚期定植细菌生存的基床,所以细菌生物被膜结构坚实稳定,不易受到破坏。

### (三)细菌生物膜的预防

目前全球关于慢性伤口细菌生物膜的预防尚处于探索阶段。从机制分析预防生物膜可从以下几点着手:

1. 有效清创 采用保守性锐器清创或联合清创技术尽早从伤口床去除坏死或失活组织,清除细菌赖以生存的基床是预防生物膜形成的关键环节。

2. 有效清洗伤口 采用酸性溶液如乙酸、复方溶葡球菌酶溶液湿敷并清洗伤口,能降低细菌数量和定植机会,酸化伤口的微环境,有助于控制细菌生物膜的形成。

3. 合理应用抗菌敷料和抗生素 指南推荐当出现全身感染表现时可短期使用抗生素 1~2 周,局部感染推荐使用含银敷料、医用蜂蜜敷料等有抗菌作用的敷料。

4. 负压伤口治疗(negative pressure wound therapy, NPWT) 抗菌敷料结合负压伤口治疗技术改善伤口组织血供,改善伤口愈合的微环境,有助于抑制生物膜的形成。

### (四)细菌生物膜的处理

有多种方法去除慢性伤口细菌生物膜,主要分为物理清除和化学清除。

1. 物理清除 目前研究确定的去除细菌生物的物理方法包括清创、负压伤口治疗、蛆虫治疗。

(1)清创:清创是清除细菌生物膜关键的第一步,临床常用锐器清创和机械清创去除覆盖于伤口表面的生物膜。为提高患者对清创的耐受度,无痛清创备受关注。水外科技术(hydrosurgery,简称水刀)又称超声雾化水流技术是近年推出的无痛清创技术之一,其基本原理是基于液体喷射技术,应用精确控制的超声速细水去除伤口床的腐肉、组织碎片、菌落等。

(2)负压伤口治疗:国外学者通过建立铜绿假单胞菌生物膜体外模型,使用 NPWT 结合泡沫银敷料治疗 2 周后,显微镜下观察到细菌生物膜内细菌数量明显减少,推测可能由于 NPWT 对伤口组织产生的微观形变或宏观形变,破坏了细菌生物膜原有的厚度结构,控制了生物膜内细菌的播散从而有效减轻了伤口感染。但体外实验暴露因素多,实验有效性和证据等级都有待考证。

(3)蛆虫治疗(maggot debridement therapy, MDT):是指利用无菌医用蛆虫(丝光绿蝇蛆虫)蚕食阻碍伤口愈合的坏死组织和细菌,减轻炎症反应,促进组织再生的一种自然生物疗法。该疗法的优势在于蛆虫治疗不影响伤口周围健康的组织,蛆虫可以进入伤口深部,如潜行、窦道等厌氧菌容易形成生物膜的部位。蛆虫在吞噬腐肉后的排泄物或分泌物含有独特的胶原酶、类胰蛋白酶、类糜蛋白酶以及抗菌肽,能将坏死组织分解成半液状泡沫,然后进行消化从而降解细菌生物膜。蛆虫治疗主要用于清除革兰阳性细菌生物膜。

2. 化学清除

（1）全身应用抗生素：抗生素治疗伤口历来颇有争议，一般来说只有伤口伴有红、肿、热、痛等炎症反应或者患者出现菌血症症状时，才考虑全身抗菌治疗。对于有细菌生物膜存在但未出现感染症状的慢性伤口，全身抗菌治疗其药效会降低 25%~30%。因为细菌形成生物膜后其耐药性可以增加到游离状态的 1000~1500 倍，因此不恰当的使用抗生素反而促进细菌生物膜形成。临床应结合伤口细菌培养结果选择敏感的抗生素，建议联合使用抗生素。

（2）局部抗菌治疗：①含银敷料是目前公认的广谱型抗菌敷料，具有抗菌性能，当银离子浓度高达 5~10g/ml，24 小时可清除伤口细菌生物膜中 90% 的细菌，48 小时内高达 100%。银离子可以阻碍包括细菌、真菌在内的各类微生物与宿主细胞竞争氧气与养分，抑制代谢毒素的产生、下调生长因子表达及局部抗炎作用，有效控制伤口环境中微生物的生长；②碘敷料：有研究证实卡地姆碘可以有效防止细菌生物膜生成而且不会引起组织损伤。

（3）其他方法对细菌生物膜的抑制作用：①金属离子：能抑制和杀死浮游细菌和细菌生物膜中的铜绿假单胞菌，并能抑制生物膜的形成；②乳铁蛋白：对许多微生物，包括革兰阳性和革兰阴性需氧菌和厌氧菌及一些真菌，都具有不同程度的抑制和杀伤作用；③阳离子抗微生物肽：该生物肽是一类富含精氨酸的阳离子低分子短肽，广泛分布于动物、植物和昆虫体内。由于其具有高效、广谱抗菌作用，且不会产生抗药性和不良反应，能够非常有效地治疗严重的多种微生物感染，包括耐甲氧西林金黄色葡萄球菌；④群体感应阻滞剂：包括卤代呋喃酮、海洋细菌环肽 CP2、甲基链烷酸盐、葡萄柚汁、大蒜提取物等，它们不仅能够下调许多细菌毒力因子的表达，而且能够增强细菌对抗生素的敏感性；⑤酶清除剂：利用酶促进生物膜的解离、放散，包括褐藻胶裂解酶、脱氧核糖核酸酶Ⅰ、多磷酸酯激酶、复合溶葡萄球菌酶等。

（蒋琪霞　卢　芳）

# 第二节　伤口的评估与处理

**学习目标**

完成本节内容学习后，学生将能：

1. 复述伤口评估的目的、内容与方法。

2. 识别异常肉芽组织并能进行正确的处理。

3. 描述伤口敷料的特性、优缺点及应用范围。

4. 对临床伤口病例进行正确的评估、清洗，根据伤口的具体情况选用合适的清创方法和伤口敷料。

## 一、伤口的评估与测量

伤口评估是一个动态的过程，处理伤口前，必须对患者进行全面且客观的评估，以判断伤口的严重程度及预后,并为实施有效的干预提供依据,便于不断地调整处理方案。

**（一）伤口评估的目的**

1. 提供伤口现状资料,作为伤口治疗和评估伤口进展的依据。

2. 以相同的方法及工具去评估伤口,便于临床工作人员沟通和统计。

3. 预知可能需要的治疗时间及费用。

**（二）伤口评估的内容**

1. 全身评估

（1）营养状况:营养不良时伤口感染和延迟愈合的风险会增加。营养评估内容详见第四章第二节伤口护理中的营养问题。

（2）年龄:老年人细胞活性的广泛降低,组织再生能力衰退而致伤口愈合延迟,愈合质量下降。

（3）代谢性疾病:①糖尿病:血管病变导致供血不足使组织坏死;周围神经病变导致脚部感觉不灵敏或麻痹;血糖过高导致伤口愈合初期的炎症受损,白细胞作用失常,胶原蛋白合成的受阻及血液循环不良,增加伤口感染的机会;②肾功能衰竭:影响了全身废物和毒素的排泄、血压的调节、水及电解质的平衡及凝血的功能,导致伤口感染机会增加,伤口愈合速度减慢。

（4）免疫状态:免疫力降低时,白细胞数目减少,蛋白质摄取受损,延迟了伤口的愈合。

（5）药物:不同的药物对伤口愈合有直接的负面效应,根据不同药物对凝血、炎症过程和增生的抑制作用,肉芽和瘢痕的形成尤受影响,伤口的抗撕拉能力会比预期低。类固醇的抗炎作用,使伤口愈合的炎症期被抑制,且使血中的锌量减少,致使伤口愈合的每一过程都受阻。化疗药物减少了骨髓中的细胞成分,使炎性细胞和血小板数量降低,相关生长因子不足,延迟了伤口的正常愈合。

（6）血管功能:①动脉功能不全:由于局部动脉功能不全,造成局部组织没有血流供应,缺血而致缺氧,使局部组织溃疡;②静脉功能不全:由于静脉瓣关闭不全使下肢血液回流受阻,下肢静脉压力升高,导致脚踝部分的表层静脉血管受压而产生水肿;同时因为静脉压力的上升,使纤维蛋白原由血管内渗出至局部组织,形成纤维蛋白环层,阻挡了组织中氧气的输送,营养的交换及废物的排泄。

（7）神经系统障碍:感觉受损的患者对刺激没有反应,无法自卫性地保护伤口;活动受损的患者血流速度减慢,甚至出现肢体肿胀,导致伤口愈合速度减慢;大小便失禁的患者易造成尿路感染或皮肤溃烂而影响伤口愈合。

（8）凝血功能:血友病、血小板减少、接受抗凝剂治疗等患者由于凝血功能障碍,伤口出血时间过长而影响伤口的愈合。

（9）心理状态:心理反应过于强烈或担忧、焦虑、恐惧、悲观等负性心理明显时,则会抑制机体的免疫功能。

2. 局部评估　评估内容包括伤口类型、伤口床、伤口边缘和伤口周围皮肤。

（1）伤口类型　以愈合时间分为急性伤口、慢性伤口;以致伤因素分为受物理因素伤害的伤口、化学物品引起的伤口、温度引起的伤口、血管病变导致的伤口;以组织受损程度分为部分皮层损伤和全皮层损伤的伤口。

（2）伤口床:主要在于查找肉芽组织迹象,同时清除死亡或失活组织,控制渗出液程度和减少伤口中的生物负载。评估内容包括：伤口的大小、部位、组织类型、渗液及感染的评估。

1）伤口的大小：①伤口的二维测量：用厘米制的尺或同心圆的尺测量，沿人体长轴测出伤口最长处为伤口的长，横轴测出伤口最宽处为伤口的宽，描述为长×宽，如 5.5cm×4.5cm；②伤口的三维测量：用无菌棉棒或探针放入伤口最深处，然后标识出棉棒或探针与皮肤表面齐平处，测量棉棒或探针顶头处到标识点的长度就是伤口的深度（彩图 4-2-1），描述为长×宽×深；③伤口容量的测量：用以测量深广的伤口，先用无菌薄膜把伤口粘紧，用注射器把生理盐水经透明薄膜注入伤口，记录注入的生理盐水量就是伤口的容积；④潜行的测量：潜行指伤口皮肤边缘与伤口床之间的袋状空穴，无法用肉眼见到的深部被破坏的组织；测量方法与深度测量相同，用棉棒或探针沿伤口四周逐一测量（彩图 4-2-2），记录时以顺利时针方向来描述；⑤瘘管、窦道：瘘管是指由于先天原因或疾病导致体内空腔脏器等形成一端通向体表，另一端与空腔脏器相通的管道；窦道是指由体表通向深部组织的病理性盲管，仅有一个开口通向体表。测量时使用探针沿窦道方向伸入直到盲端，用镊子夹住露在皮肤表面的探针，再进行测量。

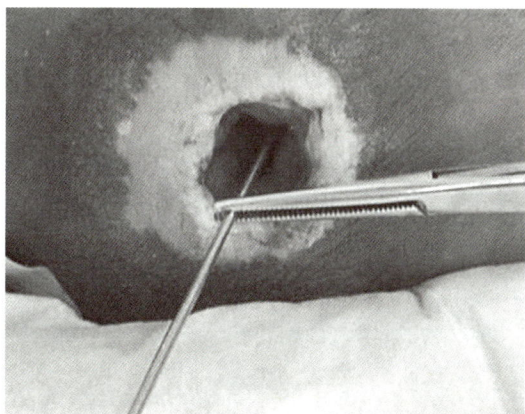

彩图 4-2-1　伤口深度的测量

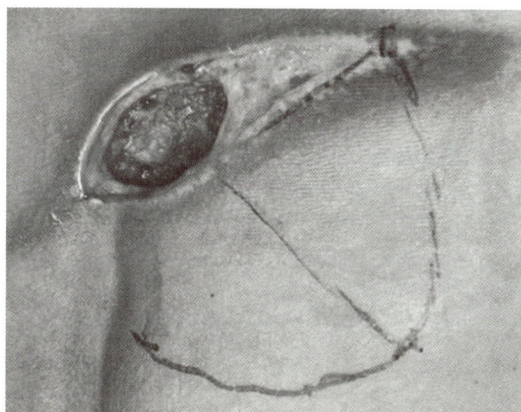

彩图 4-2-2　伤口潜行的测量

2）伤口的部位：准确描述伤口的部位能为确定伤口的病因提供线索。如压力性损伤常发生在骶尾部，静脉性溃疡常发生在"足靴区"，缺血性溃疡好发于肢体末端，糖尿病足常发生在足底部。有些部位要考虑可能出现的护理问题，如骶尾、臀部的敷料容易被污染，且不易固定；四肢的伤口在包扎时要考虑到功能位等；特殊部位清创要注意保护血管、肌腱、神经等，防止损伤。

3）伤口的组织类型：采用组织颜色分类的方法分为红、黄、黑及混合型。①红色伤口：表示伤口有健康血流的肉芽组织，伤口清洁或正在愈合中；②黄色伤口：表示伤口有腐肉组织；③黑色伤口：表示伤口有坏死组织、软或硬的结痂；④混合伤口：伤口内有上述各颜色，表示伤口内混有部分肉芽组织和部分腐肉或坏死组织，例如红黄、红黄黑、或黄黑等，可用"四分之几"或"八分之几"来说明某种伤口颜色所占的比例，可描述为黑色占50%，黄色占25%，红色占25%。

4）伤口的渗液：渗液是指由血管中渗透出来的液体及细胞留在组织或伤口床中。渗液的评估包括渗液量、性状及气味的评估。①渗液量：伤口的渗液量受诸多因素影响，详见第四章第二节敷料选择与渗液管理；②渗液颜色及性状：渗液的颜色及黏稠度相应的临床意义（表4-2-1、表4-2-2）；③气味：伤口有细菌生长或坏死组织感染时会产生恶臭味，除去密闭性敷料时也会有气味。

表 4-2-1　渗液颜色的意义

| 特征 | 可能的原因 |
| --- | --- |
| 澄清黄色 | 通常为正常渗液颜色，也可能为纤维溶酶的细菌感染、尿瘘、淋巴液漏 |
| 粉红或红色 | 提示毛细血管损伤 |
| 绿色 | 多提示铜绿假单胞菌感染或使用某些新型敷料 |
| 黄色或褐色 | 多由于伤口内有腐肉或坏死组织溶解所致或肠瘘 |
| 混浊灰白色 | 提示炎症反应或感染 |
| 灰色和蓝色 | 可能与使用含银敷料有关 |

表 4-2-2　渗液黏稠度的意义

| 特征 | 可能的原因 |
| --- | --- |
| 高黏稠度 | 感染或炎症含有大量蛋白质 |
| | 有坏死物质 |
| | 肠瘘 |
| | 敷料残留 |
| 低黏稠度 | 静脉疾病或心脏病导致蛋白质含量低 |
| | 泌尿道、淋巴系统、关节腔漏 |

5）伤口感染的评估：伤口感染是伤口愈合过程中最为严重的干扰因素，详见第四章第一节伤口感染与细菌生物膜。

（3）伤口边缘：在愈合过程中，上皮细胞迁移穿过整个伤口床，覆盖伤口表面。为了能够迁移，伤口边缘需要湿润、完整、连接伤口基部和与伤口基部同高。通过减少无效腔潜行、增厚或卷边清创以及改善渗出液管理减少伤口愈合障碍，促进伤口的愈合。伤口边缘评估包括观察伤口边缘的颜色、厚度、内卷、潜行情况，能够提供伤口病因、愈合进展和当前管理计划是否有效的信息。伤口干燥时，伤口边缘的上皮化和再修复就会迟缓，伤口边缘就会出现坏死组织和结痂；渗液过多而导致伤口边缘浸渍、发白时，上皮化过程也会受阻；肉芽过度增生、伤口菌群失调时，伤口边缘会变钝、内卷，提示伤口停止生长或发生变化，应查找相关因素。伤口边缘常见问题包括：浸渍、脱水、潜行和卷边。

（4）伤口周围皮肤：伤口周围区域被定义为伤口边缘外围最长4cm范围内的区域。伤口周围皮肤评估内容主要有观察伤口周围皮肤颜色、完整性，注意有无红斑、瘀斑、色素沉着、糜烂、浸渍、水肿等。伤口周围区域的常见问题包括浸渍、表皮脱落、干燥（脆弱）皮肤、过度角化、胼胝和湿疹。

### （三）伤口评估/测量工具

1. 线状测量工具 厘米尺、同心圆尺等。

2. 描绘伤口的工具 透明膜、带有测量格的新型敷料。

3. 各色记号笔 记号笔常和透明膜同时使用。使用时先将透明膜覆盖在伤口上，再用各色记号笔沿伤口边缘画出伤口的大小。

4. 数码照相机 直接拍摄伤口照片，直观、还原度高。

### （四）伤口记录表

伤口评估后要进行认真、客观、准确、及时的记录，医院可制作适用的表格或用文字进行记录，以便对伤口的愈合进行判断，预计费用，以及患者在出院或转院后继续进行有效治疗。

（吴 玲）

## 二、伤口清洗溶液与清洗方法

伤口清洁（wound cleaning）是伤口管理的重要一环，可以去除组织碎屑、减少细菌负荷和阻止生物膜形成，伤口清洁合理应用可以有效防止伤口感染和优化伤口愈合环境。

### （一）伤口清洗溶液

为实现伤口清洁时对伤口床的干扰降到最低，理想伤口清洗液应具备：①对人体细胞无毒；②有广谱抗菌作用；③有效降低伤口的微生物负荷；④维持适当的伤口湿润环境；⑤缓解伤口疼痛；⑥易于使用；⑦不影响将要使用的伤口敷料。目前临床常用的伤口清洗液包括以下几种：

1. 生理盐水（normal saline） 是最常用的伤口清洗液，与机体组织等渗，对活体组织无有害影响。具有经济、实惠、无刺激等特点，是与人体生理性最相符的伤口清洁溶液。生理盐水无抗菌性，在感染性伤口只能用作消毒溶液清洗后的冲洗；大面积伤口使用可能会发生钠盐的全身吸收，应慎用，尤其是急性心功能不全者。

2. 乳酸林格液（lactated ringer's solution） 又称平衡液，其电解质浓度、pH、渗透压等与细胞外液非常接近，具有对活体组织无有害、无色、无刺激的优点，可用于冲洗伤口床和体腔。与生理盐水相比，平衡液中的各种离子含量与人体内环境相接近，更利于组织的修复，促进伤口愈合，可运用于绝大多数伤口清洁。

3. 灭菌注射用水（sterile water） 当伤口需要使用含银敷料时，推荐使用灭菌注射用水，其目的是避免生理盐水中的氯离子对含银敷料中银离子的影响。

4. 直饮水（tap water） 直饮水指未经过灭菌处理的普通自来水或饮用水。直饮水冲洗伤口多用于院前急救，对一些意外创伤如烧烫伤、爆炸伤、重度污染的车祸伤等，可使用大量直饮水持续冲洗伤口 15~30 分钟，可降低烫伤部位的温度，同时去除伤口污染物，预防或降低感染。但是要注意，当伤口有潜行或窦道通向体腔或伤口深部时，不可冲洗，以免将细菌带入机体深部组织或者体腔。

5. 聚维酮碘（povidone iodine） 是碘与聚乙烯吡咯烷酮的络合物，接触伤口或患处后能解聚释放出有效碘发挥杀菌作用。对革兰阳性菌和革兰阴性菌、真菌及孢子均有效。可用于皮肤和黏膜消毒，刺激性小。但在药品说明书中，食品药品监督局分类将其标为"孕妇禁用"。

6. 双氧水（hydrogen peroxide）　双氧水利用氧化作用分解腐肉组织，泡沫效应有助于机械性清创。可用于感染伤口（厌氧菌）的清洁和除臭。但应注意，双氧水对成纤维细胞有毒性，能溶解血凝块，引起出血及形成皮下气肿的危险，有形成气栓的报道，因此，不可用于肉芽组织冲洗及深洞型伤口冲洗。双氧水也会损坏泡沫敷料的发泡结构，从而影响敷料的吸收性。

7. 市售伤口清洗剂（commercial wound cleansers）　市售的伤口清洗剂被特别设计用于去除或软化坏死组织和碎屑。大多数对于健康组织和细胞也是无毒的。它们常制成喷剂，可以在适当的压力下安全地清洁伤口。

### （二）伤口清洗的方法

1. 机械擦洗　传统的清洗方法为机械擦洗方法，主要是用棉球或纱布配合一定量的清洗液擦洗伤口。擦拭伤口可减少细菌分布，通过引起微擦伤损伤新生成的肉芽组织，使纤维脱落，从而有助于减少伤口中肉芽肿的形成。但此方法由于棉絮易遗留于伤口内引起异物反应而延迟伤口愈合，同时操作者不容易掌握擦洗的力度，易引起伤口出血、疼痛。

2. 按摩／浸泡　按摩或浸泡较大面积的坏死组织可能有助于软化和松动坏死组织。但是，浸泡伤口或无治疗作用的低压力按摩会增加组织的渗透性和细菌数量，并且不能有效清洁伤口床。文献报道泡足可能清除皮肤油脂和软化皮肤，减少伤口组织的拉伸强度并可能将细菌带至伤口，因此，糖尿病足的患者不建议采用清水泡足清洗伤口，但如果足溃疡周围有干硬的胼胝，可使用 37~38℃温水泡足 20 分钟，便于软化和清除胼胝。

3. 冲洗　研究发现，伤口冲洗优于传统的机械性清洁操作，并且认为冲洗是现今最有效的清洗伤口护理方法。因为水流压力可冲去污染物，减少细菌且不易引起出血。同时，应用涡流式水流冲洗，伤口细菌数量明显减少，可使伤口达到洁净，有效预防再次污染。

（1）冲洗压力：有效的冲洗压力为 8~12psi，可使用 30ml 注射器加头皮针，距离伤口1 英寸（2.5cm）处冲洗伤口。如果伤口容易破损或出血，应使用更低的压力。压力大于15psi 将迫使表面细菌和碎屑进入伤口深部。

（2）冲洗量：使用足够量的冲洗液是有效清洁的关键。使用的量应足以充分冲洗整个表面，这取决于伤口的大小和状态。判断冲洗量是否充足的一般原则是冲洗直至反流液清洁。

（3）冲洗温度：加热冲洗液可更加有效地清洁伤口，用于伤口冲洗的溶液应加热至37℃，或至少应加热至室温。使用冷的溶液冲洗伤口以及伤口温度低于 37℃，会使细胞有丝分裂延迟长达 4 小时，并抑制巨噬细胞功能，白细胞活性降低。有证据表明使用不经加热的冲洗液，脓毒症的发生率更高。

（马艳会）

## 三、伤口清创

清创（debridement）被认为是一种伤口处理技术，其目的在于减少存在于伤口内病原微生物的数量，去除影响愈合的失活组织、坏死组织、异物及组织碎片，探查坏死组织深度，更清楚地观察伤口，以便做出正确评估。

### （一）定义

清创的定义最早由巴黎学者 Desault 提出，即利用手术方式除去坏死组织，后来这个概念被广义地解释为各种形式的清创术。在 Dorland 医学辞典里定义为从伤口或其周围组织除去坏死的或无活性的组织及外来的异物,直至暴露出健康的组织。"彻底清创、开放引流"则一直是创伤外科处理中遵循的主要原则,但 20 世纪 90 年代中期以来,微创理念使清创原则改变为"有限清创、减少损伤"。清创的定义也从"彻底清除失去活性或已坏死的组织及异物,直至暴露新鲜组织为止",改变为从清创的作用角度描述其定义,如美国 Steed 等将清创定义为"从伤口中去除失活物质、异物和愈合不良的组织"。Thomas 等认为"清创是去除阻碍或延迟伤口愈合的腐肉和坏死组织、失活组织、特殊物质或异物的技术"。

### （二）清创的类型

清创原则是减少对正常组织的损伤,促进组织修复和愈合。临床上有如下几种清创类型及方法:

1. 机械清创(mechanical debridement) 又称物理清创,通过冲洗、湿-干敷料更换、器械搔刮等方法去除伤口中的腐肉、组织碎片、异物和杂质等,使伤口床洁净。此类清创方法创伤小、容易操作,适用于腐肉或污秽物覆盖及纤维组织沉积、老化的伤口。

（1）冲洗:水流冲洗的方法有多种,如借助注射器对伤口基底部进行一定压力的冲洗,或将输液袋与专用一次性脉冲式冲洗装置相连接,手动控制压力对伤口床、潜行、窦道或难以清洗的部位实施脉冲式冲洗清创,都是目前可用的水流冲洗清创方法。对于一些有感染的深部伤口,如骨髓炎、肠瘘伤口等,以抗生素溶液或生理盐水持续冲洗伤口,同时以持续低负压吸引冲洗液,也可起到物理清创作用。

（2）湿-干敷料:将浸泡生理盐水的湿纱布覆盖在有坏死组织的伤口上,当湿纱布水分蒸发后,坏死组织会附于纱布上一并除去。此方法的优点是能清除少量坏死组织、价格低廉,适用于坏死组织较少的伤口。缺点是清创不彻底,揭除敷料时由于纱布黏附于伤口床,容易引起二次损伤、出血和疼痛。

（3）器械搔刮:一些急性的外伤伤口上如有较多的污垢时,可在自来水的冲洗下同时用刷子把污垢刷去;或在慢性伤口腐肉或生物膜表面,使用镊子或刮匙用于搔刮,去除伤口表面的腐肉或膜状物。其缺点是易损伤正常组织,导致出血、疼痛。

2. 手术清创(surgical debridement) 是指通过手术刀、剪、有齿镊等手术器械将坏死组织或失活组织从伤口剪除或切除,是最快速、最有效的清创方法,可快速控制全身感染,缩短伤口愈合时间。一般适用于大范围坏死及感染的伤口,如坏死性筋膜炎等。手术清创需在手术室由外科医生执行,在麻醉监护下使用各种手术器械,一次彻底清除坏死组织,暴露新鲜组织。优点是清创快而彻底,但创伤较大,会引起出血和剧烈疼痛。凝血障碍或正在接受抗凝治疗、组织灌注不足、全身情况差及免疫力低下的患者需要评估手术清创风险,慎用。

3. 保守性锐器清创(conservative sharp wound debridement,CSWD) 是指在不引起疼痛和出血的情况下,利用手术器械分次清除坏死组织,促进肉芽生长和伤口愈合的清创技术。保守性锐器清创可在患者床边进行操作,具有创伤小、出血少、使用安全等优点,尤其适用于年老体弱、有基础病、不能耐受大手术的患者。

4. 自溶清创(autolytic debridement) 是指利用封闭性或半封闭性敷料,维持伤口处于湿润的环境,激活伤口自身渗液中的多种酶及酶的活化因子来溶解坏死组织,从而达到清创的目的。适用于慢性伤口、黑色或黄色坏死组织覆盖的非感染伤口。此方法的优点是选择性高、容易操作、不会损害健康的细胞肉芽组织、患者一般无疼痛感,特别适用于高龄、体弱、病情严重、耐受性差的患者。缺点是清创周期长,容易造成周围皮肤浸渍,有时还会引发厌氧菌感染,更换敷料时可能有异味,容易与感染混淆。慎用于有细菌感染或渗液过多的伤口。

5. 化学清创(chemical debridement) 又称酶解清创或酶学清创,是在自溶清创的基础上提出的,其克服了自溶清创耗时长的缺点,通过基因工程技术合成各种酶,如枯草杆菌酶、蛋白分解酶、纤维蛋白溶解酶和胶原酶、木瓜蛋白酶和菠萝蛋白酶等,将酶放入伤口中达到消化坏死组织、破坏生物膜的清创方法,酶学清创时需要注意维持酶的活性,如适宜的 pH 和温度等。缺点是价格昂贵,另外,酶可破坏伤口周边正常组织,因此,使用时注意避免超出伤口边缘。

6. 生物清创(maggot larvadebridement) 又称蛆虫清创,使用实验室培养的无菌蛆虫封入伤口床,利用蛆虫会吞食伤口中的细菌和坏死组织碎屑,并分泌抗菌酶和其他抗感染化合物,达到清除坏死组织的目的,同时形成有利于伤口愈合的酸性环境,一般 2~3 天更换一次。此方法清创快速有效,特别适用于有较多腐肉伤口的清创。但不适合用于黑色硬痂、肌腱和骨外露的伤口。因取材困难,需有专门的实验室培育无菌的幼蛆虫,费用高昂,且受传统观念的限制,不易被患者接收,迄今国内尚未开展。

7. 超声波清创(ultrasonic debridement) 是指利用超声空化效应破坏生物膜、清除坏死组织、促进成纤维细胞内胶原蛋白的释放和创面局部微循环的一种无痛的物理清创法。目前国内外有接触式和非接触式超声雾化水流清创仪,适用于慢性伤口清创,特别是当无法确定健康与失活组织间的界线时,超声波清创具有优势,但价格较昂贵。

8. 联合清创 是近年来提出的清创新观点,要点是将多种清创方法联合使用,形成优势互补,从而达到加速清创过程、促进伤口愈合的目的。国内外研究报道联合清创更为安全有效,其关键在于"边溶解边清创",先借助水凝胶进行自溶清创,使坏死组织软化、水解,在此基础上再进行锐器清创,逐步将坏死组织去除,优点是不易损伤正常组织或引起疼痛及出血。

### （三）清创方法的选择

清创是局部治疗伤口的重要组成部分,每一种清创方法都有其优缺点和适应证,选择合适的清创方法对促进伤口愈合具有重要的作用。临床上应根据伤口的特点、有无感染的存在、伤口的治疗目标、患者状况及合并症、患者的意愿、可利用的技术和资源以及操作者的资质和能力等来综合考虑。清创方法的选择也不是孤立进行的,而是随着伤口条件的改变而联合使用的,例如:无感染的焦痂伤口可覆盖片状水胶体,待焦痂软化可以使用保守性锐器清创便于清除大部分的残余焦痂,然后使用机械清创、选择水凝胶等保湿敷料进行自溶清创等。

（李艳丽）

## 四、敷料的选择与渗液管理

### （一）敷料的种类与临床应用

伤口敷料即处理伤口的材料,敷料的应用能为伤口修复、促进愈合提供良好的环境,是伤口治疗最基本的方法之一。早期人们利用生活中的各种天然物品(如茶叶、蜂蜜、羽毛、树叶、泥土等）作为覆盖伤口的材料。19 世纪初,欧洲人开始加工织物作为伤口敷料,1962年英国动物学家 Winter 博士经研究证实:湿性环境下伤口愈合速度比干性环境快 1 倍,从而产生了湿性愈合理论。随着该理论的产生和人们对伤口愈合病理生理认识的深入,以及工业、科技的进步,大量的新型敷料应运而生。

1. 传统敷料　第二次世界大战开始使用普通纱布和油性纱布处理各类伤口,沿用至今已有 150 多年的历史,因此被称为"传统敷料"。

（1）纱布:纱布由棉花、软麻布和亚麻布加工而成,也称惰性敷料。

1）优点:取材方便,价格低廉,应用灵活,可覆盖,可填充。

2）缺点:①吸收性有限,渗出较多时需频繁更换,增加工作量;②通透性高,易使伤口变干脱水;③容易粘连伤口,更换时易导致机械性损伤;④细菌容易穿透,增加感染机会;⑤敷料纤维易于脱落,形成异物,成为感染的核心。

3）临床应用:①可作为各类伤口的内、外层敷料使用;②可用于深腔、窦道的填塞;③可制作引流条用于伤口引流。

（2）油性纱布:由传统纱布经石蜡油、凡士林等浸润灭菌加工而成。

1）优点:①维持伤口湿润环境;②不粘连伤口,不损伤肉芽组织和新生上皮;③顺应性好,可根据需要裁剪。

2）缺点:①需要外敷料固定;②吸收性有限;③不能用于渗液较多的伤口,易造成伤口周围皮肤浸渍。

3）临床应用:①供皮区;②烧烫伤;③黏膜或皮下组织暴露的伤口;④伤口填塞、止血和引流;⑤上皮修复期的局部保护。

2. 新型敷料

（1）半透膜敷料:主要由聚氨酯类或硅氧烷弹性体等高分子材料制成。半透膜敷料对渗液的控制是靠其对水蒸气的传送,传送速度取决于其分子结构和厚度。理想半透膜敷料的呼吸速度与正常人体皮肤的呼吸速度相当。

1）优点:①可渗透皮肤或伤口床的气体和水蒸气;②外界细菌和液体不能透过;③保持伤口的湿润环境;④促进自溶清创;⑤顺应身体轮廓;⑥透明、易观察伤口;⑦降低表面摩擦。

2）缺点:①无吸收能力;②可能浸渍伤口周围皮肤;③不能用于感染伤口;④去除时可能损伤周围脆弱皮肤。

3）临床应用:①主要用于静脉留置针、导管的固定;②用于少量或无渗液的表浅伤口;③可结合水凝胶使用在黑色坏死或黄色腐肉清创阶段用作外敷料;④可用于伤口的拉合;⑤可作为负压伤口治疗封闭伤口敷料。

（2）水胶体敷料:由聚合的基材和粘接在基材上的水胶体混合物构成。具有一定的渗液吸收能力,含有胶体颗粒,如羧甲基纤维素、明胶或果胶,当与渗液接触时可以转变为胶冻样物质保持伤口床的湿度。

1）优点:①保持伤口的湿润愈合环境,促进自溶清创;②吸收少到中量的渗液;③片状水胶体可直接粘贴,无需外敷料;④作为外敷料可防水、防菌、保湿;⑤去除时不伤肉芽组织;⑥减少皮肤摩擦力。

2）缺点:①吸收渗液形成的凝胶,易与感染分泌物混淆;②去除时可能损伤周围脆弱皮肤;③易卷边;④吸收性有限,不能用于渗液量较多或感染的伤口。

3）临床应用：①用于表浅和部分皮层损伤的伤口；②1期和2期压力性损伤；③少到中量渗出的伤口；④黄色腐肉或黑色坏死伤口自溶清创时作为外敷料使用。

（3）水凝胶敷料：主要是以水及非粘连性的多分子聚合物制成，有凝胶状和片状。

1）优点：①对干燥的伤口主动补水，维持湿性愈合条件，促进自溶清创；②有少量吸收能力，利用伤口渗液中的胶原蛋白降解酶来分解坏死组织；③不粘连伤口，更换敷料时不会造成二次损伤。

2）缺点：①不能阻止细菌入侵，易浸渍伤口周围皮肤；②需要二层敷料保湿覆盖。

3）临床应用：①适用于黄色腐肉或黑色坏死的伤口；②少到中量渗出的伤口；③感染伤口不宜使用；④片状水凝胶主要用于伤口愈合后期，或静脉炎的预防和治疗以及一些刺激性较小药物外渗的治疗。

（4）藻酸盐敷料：以天然海藻植物为原料提炼而成，有条状和片状，可以是编织或非编织结构。

1）优点：①敷料中的钙盐与血液中的钠盐产生离子交换，可起止血作用；②具有较强的渗液吸收能力，与渗液接触时会变成凝胶状，保持伤口的湿润环境；③顺应伤口床轮廓；④可降解、无毒；⑤不粘连伤口。

2）缺点：①需要二层敷料；②吸收渗液后形成凝胶，易与伤口分泌物混淆，在窦道中使用溶解后取出困难。

3）临床应用：①适用于中到大量渗液的伤口；②出血伤口；③恶性肿瘤伤口；④腔隙和窦道伤口使用藻酸盐填塞时，需评估其深度，以判断换药时能否取出；⑤不适合用于少量渗液或干性伤口和有焦痂的伤口。

（5）泡沫敷料：通常为多层结构，一般由防粘连伤口接触层、渗液吸收层、防水阻菌的背衬等组成。其质地细腻柔软，孔径均匀，制成各种厚度，对伤口有良好的保护作用。

1）优点：①可吸收中到大量渗液，保持湿性愈合环境；②部分产品可垂直吸收，减少伤口周围皮肤浸渍；③不粘连伤口；④可整块取出，无残留；⑤隔热保温，缓解外界冲力；⑥可在加压包扎下使用，使过度生长的肉芽变平。

2）缺点：①不适合干燥的伤口和有焦痂的伤口；②除填塞型的泡沫外，一般外用的泡沫敷料不可用于填塞；③非自粘型的泡沫敷料需要固定；④有粘边的泡沫敷料不适合裁剪。

3）临床应用：①适用于中到大量渗液的伤口；②压力性损伤的预防及治疗；③供皮区伤口；④肉芽过度生长的伤口等。

（6）亲水纤维敷料：主要成分为羧甲基纤维素钠（CMC），能吸收/锁住渗液，提供伤口湿润愈合环境。

1）优点：①可吸收自身重量22倍的渗液；②具有渗液吸附和垂直吸收功能，减少伤口周围皮肤浸渍；③吸收渗液后形成的凝胶可紧密地附着于伤口，营造湿性环境，促进自溶清创。

2）缺点：①需要二层敷料；②不适合干性伤口和有焦痂的伤口。

3）临床应用：用于中到大量渗出、无明确感染的伤口。

（7）高渗盐敷料：高渗盐敷料由吸收性聚酯纤维和28%氯化钠制成。通过吸收渗液、细菌和坏死组织，促进伤口的清洁。

1）优点：①抑菌和消除肉芽水肿；②吸收渗液；③顺应伤口轮廓，可整块取出。

2）缺点：不可用于焦痂伤口及有健康肉芽、肌肉、筋膜或骨骼暴露的伤口，急性伤口使用半小时内患者常感刺痛。

　　3）临床应用：①适合用于渗液较多的伤口；②黄色腐肉的清创；③组织水肿伤口；④化脓或恶臭的感染伤口慎用。

　　（8）含银敷料：银是一种常见的重金属，其化学性质不活泼，但当其以离子形式存在于伤口渗液中时，能够破坏各种细菌细胞膜上的蛋白活性成分，阻断酶的复制程序，造成蛋白凝固变性，具有很强的抗菌和杀菌作用。

　　1）优点：①抗菌谱广，不易形成耐药；②持续释放银离子，持久抗菌；③和不同材质的载体敷料结合成新型复合敷料，可同时具备载体敷料的特点。

　　2）缺点：①长期使用的安全性和有效性尚缺乏循证依据，有待研究验证；②磁共振检查时需移除银敷料；③婴幼儿、银过敏者不宜使用。

　　3）临床应用：适用于各种感染性伤口，如压力性损伤、静脉性溃疡、糖尿病足等。

　　（9）含碳敷料：主要是采用活性炭材料制成。活性炭的孔隙结构具有较强的吸附作用，能够吸附伤口渗液和异味。

　　1）优点：①吸附异味；②加有海绵或者亲水性纤维的碳敷料可增加吸收渗液的能力。

　　2）缺点：①活性炭吸收渗液后会失去活性；②有些产品结构疏松，纤维易于脱落。

　　3）临床应用：肿瘤伤口、感染有恶臭的伤口。

　　（10）生物活性敷料：自身具有活性或能促进活性物质释放，从而促进伤口愈合。如生长因子类敷料、胶原敷料、壳聚糖敷料等。

　　理想的敷料应满足三大需求：①生物学需求：创造伤口湿润环境；吸收和管理渗液；保持局部恒温；利于伤口血液循环；保护新生组织，防止细菌感染；②患者需求：减轻伤口处理时的痛苦；减少更换次数；减少伤口异味，提升舒适感；缩短治疗时间；价格便宜；③医护人员需求：不粘连伤口；易清洁；操作简便；容易储存，安全性好。但是，没有一种敷料具有所有理想敷料的特点，也没有一种敷料适用于伤口愈合的所有阶段。医护人员要掌握各种敷料的基本特性、功能、优缺点及使用方法，根据伤口情况选择合适的敷料，促进伤口的愈合。

### （二）伤口渗液管理

　　1. 渗液的形成　伤口渗液即从伤口里渗漏出来的液体。在正常情况下，类似血清的液体会从毛细血管渗出至身体组织内，这些渗出液有90%会被毛细血管再吸收入血液循环，约10%被淋巴系统吸收。当有伤口形成时，经由炎症反应而释放出组胺，组胺能增加毛细血管的通透性，渗出更多液体，使白细胞能到达伤口，这些渗出物便形成伤口渗液。渗液的主要成分是水，还包括电解质、营养物质、蛋白质、炎性介质、蛋白消化酶（如基质金属蛋白酶MMP）、生长因子、代谢废物，以及各种细胞（如中性粒细胞、巨噬细胞、血小板等）。这些物质在伤口愈合过程中发挥着积极的作用，但如果不能有效管理渗液，可引起或加重伤口感染、导致伤口周围皮肤浸渍等问题的发生。

　　2. 渗液的作用

　　（1）渗液可促进自体溶解，帮助分解腐肉或坏死组织。

　　（2）渗液可帮助细胞移行，协助修补受损组织。

　　（3）渗液可提供细胞代谢所需营养。

　　（4）渗液可帮助生长因子及其他促进伤口愈合的因子及酶扩散。

3. 渗液的评估　有效的渗液管理基于对伤口客观、准确、全面的评估,渗液评估是伤口评估的重要一环,包括以下 4 方面的评估。

(1)渗液颜色:正常伤口渗液为淡黄色澄清液体,渗液颜色异常常提示有出血、感染、坏死等情况发生,详见第四章第二节伤口评估与测量。

(2)渗液量:可以使用伤口渗液与敷料的关系来评估渗液量。伤口渗液与敷料的关系可分为:①干涸:当移除敷料时,伤口表面干涸,没有可见湿润,内敷料没有浸渍;②湿润:当移除敷料时,伤口表面湿润,可见有微量渗液,内敷料有微量浸渍,但没有渗出至外敷料;③潮湿:当移除敷料时,伤口表面可见有微量渗液,内敷料有大量浸渍,但没有渗出至外敷料;④饱和:当移除内敷料,伤口表面仍可见有多量渗液,伤口周围皮肤可能有浸润,内敷料完全湿透及穿透至外敷料;⑤渗漏:当移除内敷料,伤口表面仍可见有多量渗液,伤口周围皮肤可能有浸润,内敷料及外敷料完全湿透及穿透至患者衣服鞋袜等。

伤口渗液量的影响因素随着伤口愈合过程而变化,同时受到局部及全身多种因素的影响(表 4-2-3)。

表 4-2-3　伤口渗液量的影响因素

| 影响因素 | 渗液量增加 | 渗液量减少 |
| --- | --- | --- |
| 伤口愈合阶段 | 伤口的炎症期<br>愈合不佳(慢性伤口、长期炎症)<br>清创期间及坏死组织溶解 | 上皮生长期<br>伤口即将愈合 |
| 局部因素 | 局部感染/炎症/创伤处于急性炎症期<br>异物刺激周围组织,引致分泌增加<br>水肿(如静脉回流欠佳/上腔静脉/下腔静脉闭塞)<br>肠瘘、淋巴瘘或泌尿系统瘘管<br>敷料使用不当 | 局部缺血<br>伤口有焦痂<br>敷料使用不当 |
| 全身因素 | 心、肾或肝衰竭引致水肿<br>感染/炎症<br>内分泌疾病<br>使用某些药物(如类固醇)<br>营养不良,低蛋白血症引致水肿 | 脱水<br>低血容量休克<br>微血管病变 |

(3)渗液性状:伤口渗液的性状常因伤口类型和伤口所处时期的不同而不同(表 4-2-4)。

表 4-2-4　渗液性状评估

| 渗液性状 | 特点 |
| --- | --- |
| 血清性渗液 | 清亮透明,主要成分为血清,含有少量细胞 |
| 血性渗液 | 通常为红色,主要成分为红细胞,含有血液的其他成分 |
| 浆液性渗液 | 淡红色清亮液体,主要成分为红细胞 |
| 脓性渗液 | 黄绿色黏稠液体,主要成分是白细胞吞噬后的残留物和微生物 |

（4）渗液气味：伤口渗液通常无特殊气味。渗液异味可见于感染、泌尿系统或消化系统瘘管、腐肉或坏死组织溶解等。渗液呈粪臭味提示可能伴有肠瘘或金黄色葡萄球菌感染；呈腐臭味提示可能伴有革兰阴性菌感染；呈腥臭味提示可能伴有铜绿假单胞菌感染；呈恶臭味提示可能伴有混合感染。长时间使用密闭式敷料也可产生异味，但异味应在清洗伤口后消失。

4. 渗液管理　虽然渗液在伤口愈合过程中起着积极作用，但是当伤口渗液过多或过少，或渗液里含有有害成分时，则会导致伤口愈合延迟，患者经济负担和心理压力增加。因此，管理好伤口渗液是促进伤口愈合、改善患者生活质量的重要保证。渗液管理需要借助适合的敷料、器具和伤口护理技术。

（1）敷料的选择和使用：敷料是管理渗液的主要工具，需根据伤口评估结果、敷料特性和价格、患者经济情况及现有资源的可得性等多方面综合考虑选择合适的伤口敷料进行渗液管理。中到大量渗液的伤口可以选择吸收性能较好的敷料如藻酸盐敷料、泡沫敷料等；少量渗液的伤口根据情况可选用水胶体敷料等；对于渗液有异味的伤口，要评估引起异味的原因，如证实有感染可选用含银敷料、医用蜂蜜敷料等，杀菌抑菌以控制感染。一些复合型敷料如具有水凝胶涂层的泡沫敷料等既可以吸收渗液，又可以主动释放水分，具有智能平衡湿度的作用，可根据实际情况选用。

（2）造口袋或自制渗液收集袋的使用：伤口或引流管周围持续渗液是伤口护理中经常遇到的问题。通过粘贴造口袋收集渗液，可避免渗液对皮肤的刺激，提高患者的舒适度，也可准确记录渗液量，为治疗提供依据。同时减少更换频率，降低医疗费用和节省人力成本，详见第四章第三节瘘管护理。对于一些较大的持续渗液伤口或恶性肿瘤伤口，可使用水胶体、双面胶、无菌塑料袋等材料自制渗液收集袋，将收集袋粘贴于伤口周围皮肤上，以收集伤口渗液或恶臭气味，取得了良好的效果。

（3）负压封闭引流技术：负压封闭引流技术可充分引流渗液，避免局部渗液的聚集及对伤口周围皮肤的刺激；帮助建立液体平衡，促进伤口愈合；可准确评估渗液的颜色、性状和量，为评估伤口愈合情况提供依据；同时可降低敷料更换频率，减轻医务人员工作度。但要充分考虑使用适应证、禁忌证、所需材料及价格、患者的经济承受能力以及治疗者的经验与能力等。

（喻姣花）

## 五、伤口床异常肉芽组织的处理

肉芽组织在伤口修复、愈合过程中起关键作用。伤口床中存在肉芽组织是伤口愈合的迹象，健康的肉芽组织表现为鲜红色或粉红色，表面呈细颗粒状，柔软湿润，分泌物极少，无水肿，无痛觉，不易出血。肉芽组织形成的生理过程涉及一系列复杂的细胞及细胞因子之间的相互作用，在此过程中诸多因素干扰会影响其正常发育，导致异常肉芽组织的形成，从而影响伤口的修复。因此，准确识别伤口床异常肉芽组织并对之进行恰当的处理是有效促进伤口愈合的重要环节。

### （一）异常肉芽组织的定义

目前没有"异常肉芽组织""不健康肉芽组织"的明确定义，也未对其种类进行规范的划分，仅根据其不同外观特征进行了相关的描述。国内文献中对异常生长的肉芽组织的描述有"肉芽组织过度增生""肉芽组织水肿""肉芽组织纤维化"等。

1. 肉芽组织过度增生　是指增生的肉芽组织量超过了填充组织缺损所需的组织量,通常被认为与异常炎症反应有关。肉芽组织过度增生会增加感染的风险。常发生于二期愈合伤口,组织呈红色、发脆、富有光泽、触之较软,高于周围皮肤平面。增生的肉芽组织可能是健康的或不健康的。健康的过度增生肉芽组织湿度较大、组织呈红色或粉红、极易出血;而不健康的过度增生肉芽组织色泽暗红或青紫、表面高低不平、显著高于周围皮肤平面,且极易出血。

2. 肉芽组织水肿　是指当组织间液在伤口局部过量聚集或异物刺激引起局部过度的炎性反应,造成局部肉芽组织肿胀,或"肉芽肿",按照其水肿程度可以分为轻、中、重 3 级。轻度:部分肉芽组织水肿,肉芽组织未超出伤口皮肤边缘;中度:全部肉芽组织水肿,肉芽组织未超出伤口皮肤边缘;重度:全部肉芽组织水肿,肉芽组织增生高出伤口皮肤边缘。

3. 肉芽组织纤维化　主要表现为肉芽组织质硬、无弹性,伤口愈合停留在某一阶段不再继续生长。

## （二）常见原因

异常肉芽组织形成与纤维组织和新生血管的过度增生相关,该过程涉及各种细胞因子的表达及细胞间的信号传递,最终影响纤维组织及血管的增生活动。

除了机体内复杂的作用机制,外界异物刺激、感染及细菌数量过多、摩擦刺激、过敏、组织灌注不足、密闭敷料、过度潮湿等均可导致异常肉芽组织形成。

## （三）处理原则

1. 鉴定伤口床异常肉芽组织的性质　区分正常肉芽组织、肉芽组织过度增生、肉芽组织水肿和肉芽组织纤维化。

2. 去除诱发因素　包括去除异物(如线头、植入补片等)、减少摩擦、控制感染、避免过度潮湿,充分评估伤口的位置、伤口渗液量、选择合适的敷料等。

3. 识别并去除导致异常肉芽组织的原因。

## （四）处理方法

1. 肉芽组织过度增生

（1）手术修剪:对于明确的炎性肉芽或"肉芽肿",需要使用手术剪剪除不健康肉芽组织。操作前须评估患者出凝血时间和血小板计数,确保无异常出血问题。操作必须由有资质的人完成,修剪后注意观察有无出血、疼痛等问题。另外,需找到异常刺激增生的原因,如线头、补片并进行处理等。

（2）选择敷料:①聚氨酯泡沫敷料吸收性强,有效控制肉芽组织内多余的水分,保持伤口湿度湿润,有效减轻肉芽组织过度增生;②使用压力绷带或胶带加压包扎,有助于减轻肉芽组织增生。

（3）硝酸银烧灼:常用于肉芽组织增生的一种方法,一般用于引流管、腹壁造瘘管周围的肉芽增生、造口周围的肉芽增生。它可以氧化增生的肉芽组织,使组织直接坏死。但可引起疼痛、出血等不良反应,因此需小心谨慎使用。

2. 肉芽组织水肿

（1）敷料选择:①泡沫敷料:采用泡沫敷料覆盖或加压包扎,有效减轻肉芽组织水肿;②高渗性敷料:直接覆盖于肉芽组织,外用纱布覆盖,妥善固定包扎,利用其高渗特性将肉芽组织内水分移向组织外,减轻肉芽组织水肿。

（2）激素应用:局部外敷激素会明显缩短伤口愈合时间、减轻疼痛、消除肉芽水肿。目前,市场上唯一一种被批准用于肉芽水肿的产品是激素浸润胶带(impregnated steroid tape),又名 Haelan 胶带,含有氟氢缩松(fludroxycortide),一种中等强度的激素,其使用方便灵活,起效快。

（3）手术修剪:同肉芽过度增生的处理方法,另外,需寻找引起组织水肿的原因,如果是伤口缝线等牵拉过紧,则需要拆除部分缝线。

（4）封闭式负压引流:负压治疗可以去除伤口渗液、坏死组织与细菌,保持伤口湿度平衡,有效减轻水肿,促进血管再生与改善局部血液循环,从而促进伤口愈合。

3. 肉芽组织纤维化　一般采取清创方法去除纤维化组织,使之转变成新鲜的伤口,再遵循上述处理原则进行定期伤口处理,促使伤口愈合。

4. 其他需要考虑的因素

（1）与患者讨论治疗方案。

（2）如果怀疑有感染,应取分泌物进行细菌培养。

（3）恶性病变有时与肉芽组织过度增生表现类似。如果治疗没有改善,应考虑是否存在恶性病变。

（4）无法确认时,请皮肤科等专科医生会诊,必要时进行活检。

（5）异常肉芽组织的处理方法有多种,选择治疗方法时须考虑有效性、安全性和舒适性,临床上经常多种方法联合应用以加强处理效果。

（蔡秋妮）

## 六、伤口护理中的营养问题

营养(nutrition)是指人体摄取、消化、吸收、运转和利用食物中的营养物质以满足机体生理需要并排除废物的生物学过程。营养学的核心就是营养平衡。当患者出现伤口时,特别是大面积烧伤、压力性损伤等,由于疾病本身消耗,加上伤口渗液丢失大量的血浆、蛋白质等营养物质,患者往往处于负氮平衡状态,严重影响伤口的愈合过程。适当的营养支持是促进伤口愈合的重要条件。

临床营养支持(nutrition support, NS)包括肠内营养(enteral nutrition, EN)和肠外营养(parenteral nutrition, PN)支持,其营养物质的构成包括氨基酸、蛋白质、脂肪、糖类、多种维生素、多种微量元素等。四十年来,营养支持途径的选择几经更迭,实践发现低热量肠内营养20~25kcal/(kg·d)即可维护肠黏膜的屏障功能,当前营养支持首选肠内营养,必要时肠内与肠外营养联合应用。

### （一）营养评估

营养评估是专业人员通过询问患者的健康史、膳食调查和人体测量及实验室检查等方法进行全面评估,以判断患者有无营养不良及营养不良的类型与程度,也是评估营养支持治疗效果的常用方法。

1. 健康史　包括有无慢性消耗性疾病、手术创伤、感染等应激状态。

2. 膳食调查与评价　包括了解患者的饮食习惯、摄入量、摄入种类、胃肠道症状等,客观评价患者的营养状况,为制订营养治疗方案提供初步依据。

（1）饮食习惯:了解患者一日的餐次、偏好的食物、口味特点等,有助于了解患者配合营养治疗的程度、制订依从性好的治疗方案,能比较准确评价食物摄入量。

(2)食物摄入量调查:采用会议法或记录法,至少记录3天,包括食物量、种类以及日常喜好的烹调方法等,获取患者每日食物及其数量的资料,按食物成分计算出实际摄入的各种营养素,与标准供给量进行比较和评价。

(3)患病前后食物摄入种类的变化:了解除正常的一日三餐外,患者是否有加餐、喜爱零食、添加补充剂的习惯;疾病是否改变了患者饮食习惯,食物偏好等,了解患者食物种类的变化,预防患者出现某种营养素的缺乏。

(4)有无胃肠道症状:如食欲不振、恶心、呕吐、腹泻等持续2周以上会影响营养摄入和吸收,必须加以重视和干预,偶尔有1~2次胃肠道症状则不考虑。

3. 人体测量

(1)体重:综合反映蛋白质、能量的摄入、利用和储备情况。当实际体重仅为标准体重90%以下时,即可视为体重显著下降。

(2)体质指数(body mass index, BMI):BMI= 体重(kg)/ 身高(m)$^2$。中国人 BMI 正常参考值为 18.5~23.9kg/m$^2$。

(3)皮褶厚度:脂肪组织是机体储存能量的主要组织,皮下脂肪含量约占全身脂肪总量的50%,通过皮下脂肪含量的测定可以推出身体脂肪的总量。

4. 实验室检查

(1)内脏蛋白:包括血清清蛋白、转铁蛋白及前蛋白,是营养评定的重要指标。清蛋白浓度降低是营养不良最明显的生化特征,但清蛋白的半寿期较长,一般20天,而转铁蛋白及前蛋白的半寿期较短,分别为8天和2天,后者常能反映短期营养状态变化,是营养不良早期诊断和评价营养支持效果的敏感指标。

(2)氮平衡:能动态反映体内蛋白质的平衡情况。氮的摄入量大于排出量为正氮平衡,反之为负氮平衡。在正常口服饮食情况下,氮平衡计算公式为:氮摄入[静脉输入氮量或口服蛋白质(g)/6.25]– 氮排出量(尿中尿素氮 +4g)。

(3)免疫指标:营养不良时常伴有免疫功能降低,周围血液总淋巴计数低于 $1.5 \times 10^9$/L 常提示营养不良。

**(二)营养风险筛查**

营养风险筛查指现存的或潜在的营养和代谢状况对疾病或手术有关的不良临床结局的影响。营养支持对这类患者可能带来更好的临床结局。临床常用的筛查工具为 NRS2002。

**(三)制订营养目标和计划**

伤口愈合分为炎症期、增殖期和成熟期三个不同阶段,每一阶段都依赖于蛋白质、矿物质及维生素等营养成分的供给。护士要掌握各种营养素对伤口愈合的影响,根据前期营养评估结果,转介营养师会诊共同讨论制订营养目标和计划。应该注意的是糖尿病足部溃疡、痛风结节感染等特殊伤口患者要在遵循疾病饮食前提下制订营养计划。

1. 蛋白质 营养不良的患者补充蛋白质可提高愈合效果。一些氨基酸对伤口愈合具有特殊作用,精氨酸对于淋巴细胞免疫反应和伤口愈合具有促进作用;半胱氨酸在促进伤口愈合和维持正氮平衡方面具有积极作用。如牛奶、鸡蛋、瘦肉、鱼类等蛋白质含量高。

2. 维生素 维生素 A、维生素 D、胡萝卜素是上皮细胞结构和功能必需的,可促进上皮生长;维生素 C 有抗氧化功能,参与胶原蛋白合成,缺乏时成纤维细胞合成受阻。富含维生素的食物有胡萝卜、猕猴桃、新鲜的蔬菜水果等。

3. 矿物质　矿物质中适量增加锌元素的摄入，如贝壳类海产品、红色肉类、动物内脏。

### （四）营养计划的实施

在实施营养计划时护士与家属需要充分交流，根据营养搭配的需求准备新鲜食材，根据患者的饮食喜好加工，保证患者能按时按量补充营养，维持正氮平衡，确保伤口愈合所需营养的摄入。对于不能经口进食的患者，可将各种食材搭配加工成天然匀浆膳，通过定时胃管注入喂养，保证营养需求，喂养时注意少量多餐，防止发生误吸。也可根据需要选用肠内营养乳。

一般认为促进伤口愈合的营养物质更多来自于血液中所携带而不是伤口表面吸收的营养物质。有文献报道伤口局部外用高渗糖、维生素 C、ATP 等湿敷可促进伤口愈合；近年来有些厂家生产了用于伤口湿敷的氨基酸液，但尚缺乏大样本量的临床研究结果，需要进一步的临床研究证实。

（苏天兰）

## 第三节　各类伤口护理

**学习目标**

完成本节内容的学习后，学生将能：

1. 复述压力性损伤定义、分期、好发部位及影响因素。

2. 列出糖尿病足、静脉性溃疡、动脉性溃疡、切口感染、脂肪液化、骨髓炎伤口、不典型伤口的临床表现。

3. 描述压力性损伤的风险评估、预防及护理措施。

4. 描述糖尿病足的护理措施及健康教育内容。

5. 描述创伤的评估、治疗及护理。

6. 简述皮肤撕裂伤的 STAR 分级标准。

7. 简述动脉性下肢溃疡、肠外瘘、窦道、感染伤口、骨髓炎伤口的处理原则。

8. 正确应用压力治疗于静脉溃疡伤口管理。

9. 应用所学知识为各类伤口患者制订护理计划并采取合适的护理措施。

### 一、压力性损伤的预防及护理

压力性损伤（pressure injury，PI）是活动障碍、慢性病及老年患者常见的并发症之一，可能导致患者疾病恢复的延期、严重感染甚至死亡。压力性损伤的预防与护理一直是临床的难题，受到普遍关注。

#### （一）定义

1. 压力性损伤（PI）　是指由于强烈和/或长期存在的压力或压力联合剪切力导致骨隆突处、医疗或其他器械下的皮肤和/或软组织的局限性损伤。NPUAP 于 2016 年 4 月将压疮更名为"压力性损伤"。

2. 医疗器械相关性压力性损伤 是指在使用医疗器具期间获得的压力性损伤,损伤部位形状通常与医疗器械形状一致。这一类损伤可使用压力性损伤的分级系统进行分期。

3. 黏膜压力性损伤 是指由于体位或使用医疗器具导致相应部位黏膜出现的压力性损伤。如由于俯卧位时口唇受压所致的口唇黏膜压力性损伤,鼻腔插管引起的鼻黏膜压力性损伤等。由于这一类损伤组织的解剖特点,无法进行分期。

**（二）分期**

NPUAP 于 2016 年 4 月将压力性损伤分期的罗马数字改为阿拉伯数字,将可疑深部组织损伤（SDTI）改为深部组织损伤（deep tissue injury, DTI）。具体分期如下:

1. 1 期压力性损伤（彩图 4-3-1） 局部皮肤完好,但出现指压不变白的红斑或称指压不退色的红斑,深色皮肤表现可能不同,甚至不易察觉。在皮肤出现指压不变白的红斑前,可能先有皮肤温度、硬度、感觉的改变。此期的颜色改变不包括紫色或栗色变化,因为这些颜色变化提示可能存在深部组织损伤。

2. 2 期压力性损伤（彩图 4-3-2） 部分皮层缺失伴随真皮层暴露。伤口床可表现为完整的或破损的浆液性水疱,呈粉色或红色,无腐肉、焦痂。该分期需要与失禁相关性皮炎、皱褶处皮炎以及医疗粘胶相关性皮肤损伤或者创伤伤口（皮肤撕脱伤、烧伤、擦伤）等相鉴别。

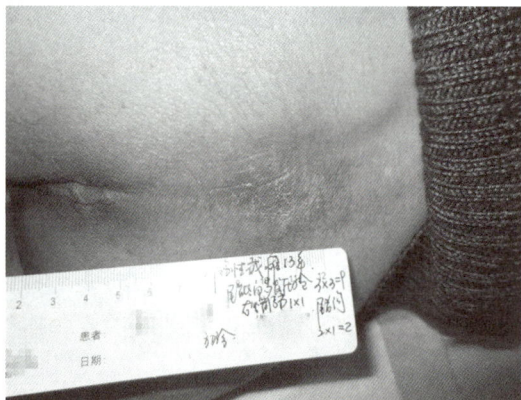

彩图 4-3-1 骶尾部 1 期压力性损伤

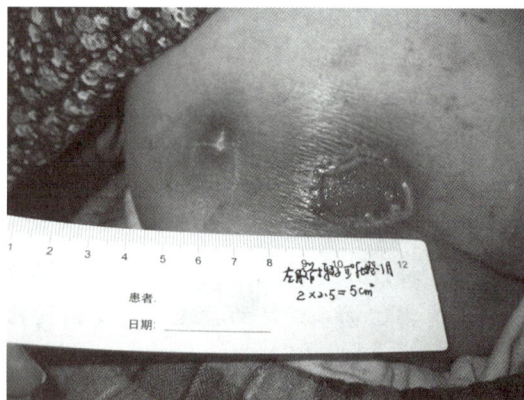

彩图 4-3-2 骶尾部 2 期压力性损伤

3. 3 期压力性损伤（彩图 4-3-3） 全层皮肤和组织缺失,皮下脂肪可能呈现,但骨骼、肌腱或肌肉未见外露。腐肉可能存在,但不会遮挡组织缺损的深度;潜行和窦道也可能存在。此期压力性损伤的深度因解剖位置不同而各异,鼻、耳、枕部及足踝因缺乏皮下组织,3 期压力性损伤可能较表浅;相比之下,有显著脂肪的区域可以形成非常深的 3 期压力性损伤。

4. 4 期压力性损伤（彩图 4-3-4） 全层皮肤和组织缺失,可见骨/肌腱外露或直接触及,可延伸到肌肉和/或支撑结构（如筋膜、肌腱或关节囊）而可能导致骨髓炎的发生。此期压力性损伤的深度因解剖位置不同而各异,鼻、耳、枕部及足踝因缺乏皮下组织,故此溃疡可能较表浅。

5. 不可分期压力性损伤（彩图 4-3-5） 全层皮肤和组织缺失,由于被腐肉和/或焦痂掩盖,不能确认组织缺失的程度。直至腐肉和/或焦痂能够充分去除,伤口基底外露,才能准确分期（彩图 4-3-6）。缺血肢端或足跟的稳定型焦痂（干燥,黏附稳固,完好而无发红或波动）可作为"人体的自然（生物）覆盖物",不应去除。

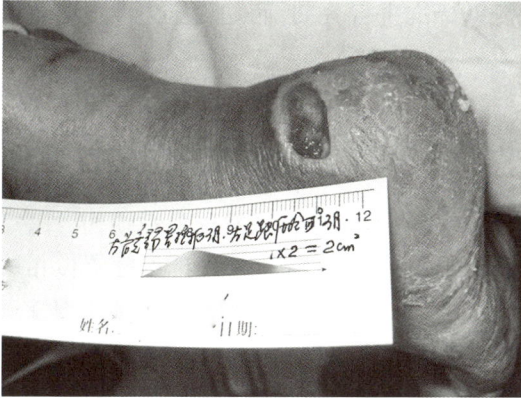

彩图 4-3-3　足跟部 3 期压力性损伤

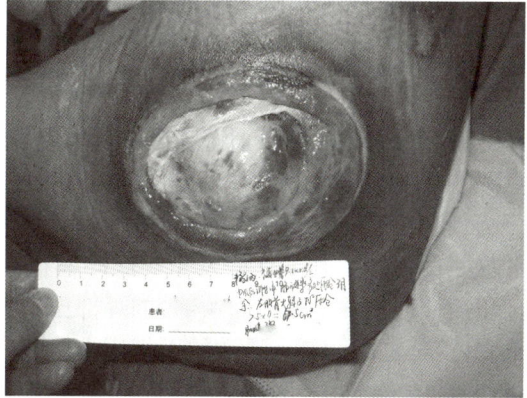

彩图 4-3-4　股骨大转子 4 期压力性损伤

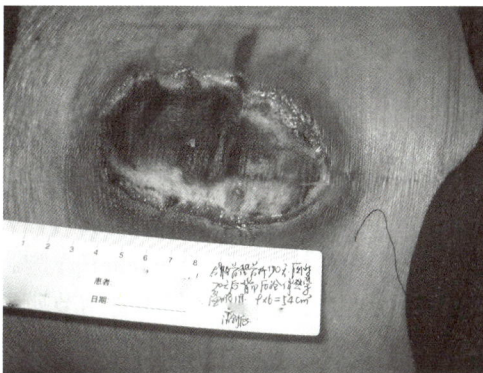

彩图 4-3-5　背部不可分期压力性损伤

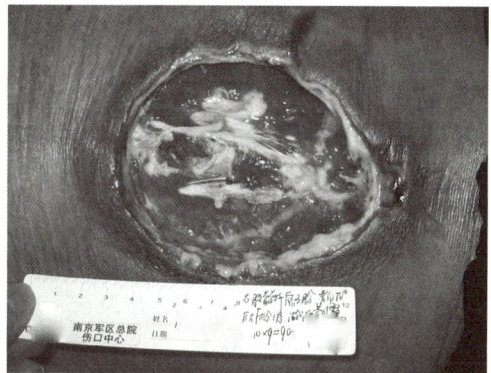

彩图 4-3-6　背部不可分期压力性损伤
清创后为 4 期压力性损伤

6. 深部组织损伤（彩图 4-3-7）　由于潜在的软组织受压力和/或剪切力损伤，局部区域的皮肤颜色改变为紫色、暗紫色或深红色或有血疱形成。与邻近的组织相比，这些受损区域的软组织可能有疼痛、硬块、浓稠状、软绵样、发热或冰凉。在深肤色人种中，深部组织损伤可能难以察觉。疼痛和温度变化通常先于颜色改变出现。伤口可能会演变成为被薄痂覆盖。即使有最佳的治疗，也可能迅速发展至多层组织暴露，清创后才能准确分期（彩图 4-3-8）。该分期应与血管、创伤、神经性伤口或皮肤病相鉴别。

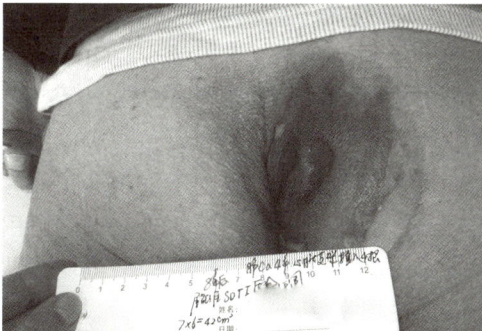

彩图 4-3-7　骶尾部深部组织损伤

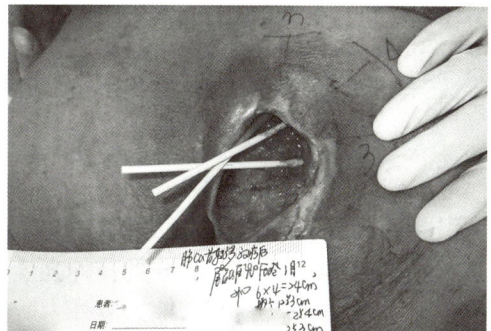

彩图 4-3-8　骶尾部深部组织损伤
清创后为 4 期压力性损伤

医疗器械相关性压力性损伤可以参照上述分期标准进行分期,而黏膜压力性损伤目前尚不能分期。

### （三）好发部位

压力性损伤好发于骨隆突处。卧床成人骶尾部、足跟部和股骨大转子最容易发生压力性损伤,卧床儿童枕部、耳廓最容易发生压力性损伤;截瘫者或坐位者坐骨结节最容易发生压力性损伤;低蛋白、贫血和皮肤水肿者在全身骨突部位容易发生多发压力性损伤。医疗器械相关性压力性损伤好发于与医疗器械接触的皮肤和 / 或软组织,70% 的医疗器械相关性压力性损伤发生在头面颈部,如耳部压力性损伤、无创正压通气面罩导致的鼻部压力性损伤,其他部位如脉氧夹导致的手指压力性损伤、下肢骨牵引或石膏固定所致的足跟部压力性损伤等。

### （四）影响因素

压力性损伤是多种因素综合作用的复杂病理过程,主要包括外在因素、内在因素。

1. 外在因素

（1）压力:压力代表物体垂直作用在单位面积上的力,是引起压力性损伤最重要的原因,且与持续的时间长短有关。毛细血管最大承受压力（又称毛细血管关闭压为 16~32mmHg,最长承压时间为 2~4 小时,超过毛细血管关闭压持续 2~4 小时以上可致毛细血管闭合、萎缩,血液被阻断而造成皮肤缺血性损害,即压力性损伤。不同体位、不同骨突部位所承受的压力也不完全相同,研究表明,平卧位时,足跟所受压力为 50~94mmHg;侧卧位 90° 时,股骨大转子所受压力为 55~95mmHg;坐在无减压坐垫的椅子上时,坐骨结节所承受的压力为 300~500mmHg。这些部位所承受的压力均大于毛细血管关闭压,如果持续时间≥2 小时极容易发生压力性损伤。

（2）剪切力:剪切力是指作用于皮肤深层组织,施加于相邻物体的表面,引起相反方向的进行性平行滑动的力量。剪切力是横切方向上的机械力,是摩擦力的反作用力,可以引起组织相对移位,能够阻断局部区域的血液供应,是引起压力性损伤的第二位原因。剪切力比垂直压力更具危害性。剪切力常常发生于半卧位,当患者床头抬高 30° 以上或采取半坐卧位时间 >30 分钟时,容易导致身体下滑,与髋骨紧邻的组织将跟着骨骼移动,但由于皮肤和床单间的摩擦力作用,使皮肤和皮下组织无法移动,而剪切力使这些组织拉开、扭曲,产生的组织病理结果是毛细血管的扭曲和撕裂,从而引起血流下降,促使压力性损伤形成。

（3）摩擦力:摩擦力是当两个物体接触时发生向不同方向移动时所形成的力。摩擦力作用于皮肤时容易损伤皮肤的角质层。摩擦力常发生于临床上搬运患者时的拖拉动作,或当患者床铺褶皱不平、存有渣屑或皮肤潮湿时,产生的摩擦力增大,患者的皮肤更加容易受损。

（4）潮湿:潮湿是引起压力性损伤的另一重要因素。皮肤受潮湿刺激后,皮肤表面弱酸性遭到破坏,削弱皮肤角质层的屏障保护作用,使有害物质易于通过,有利于细菌繁殖。各种引起皮肤潮湿的情况,如大小便失禁及汗液、伤口渗出、出血等情况造成的皮肤潮湿可引起皮肤和结缔组织浸软,皮肤的拉伸强度下降,造成皮肤松软,弹性和光泽度下降,削弱皮肤角质层的屏障功能,易受摩擦力等外力所伤,而引发压力性损伤。

2. 内在因素

（1）年龄因素:国内外研究一致表明,60 岁以上的老年人是压力性损伤高发人群,且随着年龄增加,压力性损伤发生率也随之升高,呈正相关关系。因为随着年龄的增加,皮肤出现表皮变薄、皮肤相对干燥、皮下组织减少、组织血供减少、毛细血管更脆弱及感觉迟钝等生理性退化改变,组织耐受性下降而使压力性损伤风险增大。此外,随着年龄增加,老年人的活动能力下降、认知功能减退、保护性反射迟钝等因素使老年人成为压力性损伤的易患人群。

(2)活动能力:活动能力减退是导致患者发生压力性损伤的重要原因之一。瘫痪、长时间手术(≥4小时)、意识状态改变、使用镇静药及麻醉药、病情危重等情况均会限制患者活动而容易发生压力性损伤。

(3)营养状况:营养状况在压力性损伤的发生发展过程中有重要作用,血清白蛋白、血红蛋白是影响压力性损伤发生发展常用的参数指标之一。当机体因各种原因发生营养不良时,患者常发生负氮平衡、严重贫血、低蛋白血症、肌肉萎缩和皮下脂肪减少,皮肤对外来压力的耐受性减弱,更易发生局部缺血坏死。而营养过度或缺乏运动导致的肥胖者也因影响血液循环及活动困难而容易发生压力性损伤。

(4)组织灌注:因疾病原因导致组织灌注不足使皮肤及皮下组织处于缺血缺氧状态而使压力性损伤发生的危险性增大,如组织水肿、体温过低、机体末梢血液循环障碍等,特别是在足跟发生动脉硬化时这种压力性损伤发生的可能性将更大。因为动脉硬化将使进入足跟内组织的血液和氧气供应大大减少,从而导致局部组织缺血缺氧、发生压力性损伤。各种原因引起的组织水肿主要通过影响血液循环而导致压力性损伤的发生。体温过低时,容易引起组织缺血缺氧,更易造成局部压力性损伤。

(5)心理因素:心理因素与压力性损伤的形成密切相关,如精神压力。当患者处于精神压力之下,肾上腺素水平发生变化,导致皮肤的耐受性下降。

(6)体温:发热与压力性损伤的发生也有关系,当发热时,组织耗氧量增加,对氧的需求增加,促成压力性损伤的发生发展。

### (五)预防

英国新近提出了SKINS集束化压力性损伤预防原则,为五个英文首字母的缩写组合,包括skin care(皮肤护理)、keep moving(体位变换又称翻身策略)、ncontinence care(失禁护理)、nutrition care(营养护理)和surface(选择适合的减压装置)。参考压力性损伤预防最新指南推荐及相关书籍内容,结合集束化预防原则,压力性损伤预防主要包括风险评估、皮肤护理、营养评估与护理、局部减压、预防的新兴方法、医疗器械相关性压力性损伤的预防、术中压力性损伤的预防、健康教育。

1. 风险评估 预防压力性损伤的第一步是使用压力性损伤危险评估工具识别危险人群、判断危险程度和识别危险因素,便于采取针对性措施。风险评估的要点包括评估工具、评估时机、其他风险因素评估、皮肤评估。

(1)评估工具:建议使用有信度和效度的结构化风险评估工具进行风险评估,包括活动、移动能力、营养及皮肤状况的评估,经过信效度检验并被指南推荐的风险评估工具有Braden量表、Norton量表、Waterlow量表等。在使用风险评估工具时,应结合其他风险因素、临床表现,不可单纯依赖风险评估工具的结果,且要注意所选择的工具是否适用于该人群,以保证其有效性。

(2)评估时机:在患者入院后尽早识别其存在的压力性损伤风险。初评后,根据临床机构要求和患者的危险程度决定复评的频度,或当手术或病情加重时随时复评,当患者情况有显著变化时,需要随时再次评估。长期护理的患者,宜每周复评一次,病情稳定后,每月复评一次。家庭照护患者,每次探访时进行评估。

（3）其他风险因素:①脆弱的皮肤;②现存的各个分期的压力性损伤,包括已经愈合的压力性损伤;③血管疾病、糖尿病和吸烟引起的肢端血流障碍;④是否存在失禁或失禁相关性皮炎。

（4）皮肤评估:对存在风险的患者要进行全身皮肤的评估,特别关注骨隆突处的皮肤,特别是骶尾部、坐骨结节、大转子和足跟等,每次为患者体位变换时都要评估受压部位的皮肤,并作为每次风险评估的组成部分。每次皮肤评估需要检查皮肤的完整性、有无发红、有无水肿、疼痛等,如果发现红斑对压力性损伤预警意义重大,应采用指压法（一根手指压在红斑处 3 秒,移开手指后评估皮肤变白情况）和透明压板法（用一个透明压板,向红斑区域均匀施力,观察皮肤变白情况）检查红斑可否变白。对使用医疗器械者需要注意检查医疗器械下方的皮肤情况。

（5）记录:每次风险评估结果和皮肤评估结果必须及时记录。

2. 皮肤护理 皮肤护理在压力性损伤预防中起着重要作用,其主要目的是通过减少压力、摩擦力、剪切力以及皮肤浸渍和干燥现象,进而减少皮肤的损害,预防压力性损伤发生。应根据风险评估结果、针对皮肤问题如脆弱皮肤、潮湿、失禁相关性皮炎等,制订适合个体的皮肤护理计划,包括皮肤检查、清洁、使用保护性敷料、使用皮肤保护产品防止浸渍、使用润肤剂保持皮肤适度湿润等。

（1）每日在更换体位和护理活动时检查皮肤至少一次,重点检查骨隆突处,尤其是强迫体位患者,重点检查受压部位皮肤有无压力性损伤迹象;俯卧位更换体位时检查患者面部、胸部、膝部、足趾、阴茎、锁骨、髂棘、耻骨联合有无压力性损伤迹象,尤其是指压不变白红斑（指压法或透明压板法）,并注意区别引起红斑的原因及范围。当检查深色皮肤时,应注意与邻近皮肤相比肤色、皮肤温度和组织硬度的变化。

（2）每次皮肤评估时均要进行局部疼痛的评估,如有受压部位疼痛,需要采取局部保护措施,如粘贴形状、大小适合的聚氨酯泡沫敷料,此后每日跟踪评价一次效果,直至疼痛缓解。

（3）每日检查医疗器械下方和周围受压的皮肤至少 2 次,查看周围组织有无压力性损伤。对易于发生体液移动和 / 或表现出局部 / 全身水肿的患者,在皮肤与器械接触区域每日至少检查评估 2 次以上。

（4）选择 pH 弱酸性或中性的清洗剂,根据不同患者的具体情况确定皮肤清洁的频率,避免热水及用力擦拭。

（5）皮肤清洁后根据患者皮肤性质使用合适的润肤剂,如干性皮肤尽量使用油脂含量较高的润肤油,油性皮肤使用油脂含量低的润肤霜。

（6）干燥皮肤应每日使用保湿剂,并最大程度地降低各种导致皮肤干燥的环境因素造成的影响,如相对湿度过低及冷空气刺激。

（7）大小便失禁的患者每次失禁后立即清洗皮肤,失禁相关性皮炎患者每次便后及时用温水或专用皮肤清洗剂清洗,清洗后应使用皮肤保护剂,如含硅制剂或复合氧化性舒缓软膏或多聚丙烯酸酯等。

（8）骨突部位避免按摩,因为按摩将增高局部皮肤温度和增加组织耗氧。

（9）及时、真实记录每次皮肤检查结果和采取的措施及效果和患者的反应。

3. 营养评估与护理

（1）营养评估:营养评估的目的是分析判断个体的营养不良风险,制订个体化营养护理计划。营养不良指任何形式的营养失衡现象。营养不良增加了压力性损伤发生伤口难愈的风险。应在患者入院时或病情发生变化时进行营养评估,尤其是有压力性损伤风险或患有压力性损伤的患者是营养评估的重点对象,内容包括每日摄入量及饮食结构、身高体重(计算体重指数)或最近 1 个月体重的下降情况、最近 1 个月抽血检查的血清白蛋白和血红蛋白值等,进行综合分析判断。

（2）营养护理:如果营养评估发现患者有营养不良风险,应该由多学科团队,包括注册营养师、营养专科护士、内科医生等,为患者制订个性化的营养干预方案,确保其具有足够的热量、蛋白质、维生素和矿物质摄入量。方案包括:①执行个体化营养干预,为营养失衡患者提供营养补充。对压力性损伤危险人群,根据指南推荐给予每日合适的水分摄入 $0.24ml/(kJ\cdot d)$,高热量 125.5~146.4kJ/$(kg\cdot d)$,高蛋白食物,蛋白质 1.25~1.5g/$(kg\cdot d)$或管饲饮食以补充营养。若有脱水、体温升高、呕吐、大汗、腹泻或伤口重度渗出的患者需额外提供液体。若通过膳食无法满足营养需要,则除提供常规膳食外,还应提供高热量、高蛋白的营养补充剂。②根据患者病情和摄取食物的能力确定营养支持的途径和方式,如口入、喂食、鼻饲或造瘘管管饲等。当经口摄入食物不足时,考虑经肠内或肠外营养支持。③每日监测和记录营养摄入量及其排泄情况,特别是排便次数、性状、气味,有无腹泻/便秘等。定期评估肾功能以确保高蛋白饮食对患者的安全性。④定期监测营养指标,如每周监测体重一次,按医嘱监测血清白蛋白、总蛋白和血红蛋白等指标。⑤及时、真实记录营养评估和护理的内容、结果和患者的反应。

4. 局部减压　包括定时变换体位和使用减压装置是预防压力性损伤最基本也是最有效的护理措施。

（1）变换体位:除非有禁忌证,否则对所有有压力性损伤风险或有压力性损伤的患者都应该定时变换体位,变换体位的频率应根据患者的病情、皮肤耐受程度、移动能力和所使用的减压装置而决定。

1）变换体位的频率:①一般情况下,有压力性损伤危险不能主动变换体位的患者使用普通床垫、静态或动态充气床垫减压情况下应每 2 小时变换体位一次,考虑延长夜间变换体位的间隔时间,以使睡眠不被干扰;②如使用凝胶海绵床垫,变换体位频度可延长至 4 小时一次;③有压力性损伤危险的急性疾病患者一次坐起不能长于 2 小时,间隔时间不能大于 1 小时;④尽可能减少患者持续坐在椅子上的时间,一般要求每次不超过 60 分钟,每天坐位控制在 3 次以内,以缓解压力;⑤ICU 患者,特别是呼吸机辅助呼吸患者适宜采用床头抬高 30°持续时间 2 小时与平卧位和侧卧位交替,既有利于预防压力性损伤,也有利于预防误吸和呼吸机相关肺炎。

2）变换体位的技巧:如果病情和治疗许可,可使用 30°侧卧位(右侧、仰卧、左侧交替)和俯卧位进行。侧卧位时尽量选择 30°,可使用 30°体位垫或软枕支撑。除非病情需要,应避免长时间抬高床头超过 30°半坐卧位和 90°侧卧位。当患者采取坐姿时,选择有靠背和扶手的座椅,能够让患者足部着地,身体可以稍微前倾。

3）变换体位的注意事项：协助患者进行体位变换和移动患者时，应抬起患者身体，尽量减少摩擦力和剪切力，避免拖、拉、拽。有条件者运用转运辅助设备和转运技巧来减少摩擦力和剪切力，包括过床板、转移单、机械抬起装置、双人或四人抬起装置以及床上的辅助翻身装置。

（2）使用减压装置：减压装置是指接触患者体表能够分散受压皮肤所承受压力的装置或床垫，包括静态和动态减压垫，静态减压垫有手动充气垫、水垫、凝胶垫、海绵床垫、凝胶海绵垫等，动态减压垫有电动充气垫、低气流散失床垫、悬浮床等。但减压装置只能作为变换体位的辅助手段，不能够替代变换体位的计划。

1）选择适宜的减压装置：对存在压力性损伤风险又无法实施翻身的患者，应该使用有效的减压床垫。建议：①高密度海绵床垫可用于预防高龄和有股骨颈部骨折的患者发生压力性损伤；②ICU患者可选择凝胶海棉床垫+4小时翻身一次，有助于预防压力性损伤；③对有深度组织损伤的患者，如通过频繁翻身无法缓解，则要选择强化减压、又能控制微环境的减压床垫；④当侧卧时，使用楔形垫保持30°侧卧位以缓解大转子处的压力，在腿/踝和其他骨隆突处之间放置软枕以缓解骨隆突处的压力；⑤对于肥胖症患者，侧卧位时需使用枕头或其他减压装置下垂的腹部皮肤，避免受压；⑥在预防坐骨压力性损伤中，空气或凝胶椅垫比海绵椅垫更有效；⑦平卧位时应将足跟悬浮，离开床面或在足跟部使用大小和形状适合的聚氨酯泡沫敷料；⑧评估为压力性损伤发生高危险的手术患者在手术过程中应当使用减压垫或在主要受压部位使用形状和大小适合的泡沫敷料。

2）注意事项：注意勿使用环形或圈形装置，如垫圈、气圈，因为它们将压力集中到周围的组织，增加此部位的水肿和静脉充血，器械的边缘所产生的高压区会损害皮肤。注意勿使用静脉输液袋、充水手套抬高足跟部或使用衬垫装置如卷起的毛巾或床单，因为这些方法实际上是增加压力而不能减压。

3）评价和记录减压效果：每次翻身时需要检查皮肤和减压装置，动态评价减压垫和翻身计划是否适合患者使用。当减压床垫或坐垫在患者使用过程中被压缩>50%时表明床垫不能有效减压和预防压力性损伤，应该更换床垫或坐垫。每日及时记录体位变换方案的执行情况和效果，明确记录所采用的频次和体位。

5. 预防压力性损伤的新兴方法 2014年国际《压疮预防和治疗：临床实践指南》提出了压力性损伤预防新方法，包括控制微环境、使用预防性敷料、纤维织物和纺织物、电刺激等。

（1）控制微环境：使用减压装置时要考虑其控制湿度和温度的能力；同时不要将热装置（如热水瓶、加热毯、电褥子等）直接放于皮肤表面或已有压力性损伤上。

（2）使用预防性敷料：研究表明在经常受摩擦力与剪切力的骨隆突处使用聚氨酯泡沫敷料可预防压力性损伤，但强调使用预防性敷料时，必须继续使用其他压力性损伤预防措施。选择预防性敷料时要考虑：①控制微环境的能力；②贴敷及移除的容易程度；③可定期评估皮肤状况；④适合解剖部位的贴敷；⑤合适的尺寸。每次更换敷料时或至少每日评估皮肤有无压力性损伤形成迹象，并证实目前的预防性敷料应用策略是合适的。若预防性敷料破损、错位、松动或过湿时，予以更换。

（3）纤维织物和纺织物：考虑使用丝质面料纤维织物或混纺面料的纺织物来降低剪切力与摩擦力。

（4）电刺激：对于脊髓损伤患者，考虑在有压力性损伤危险的解剖部位使用电刺激来预防压力性损伤。

6. 医疗器械相关性压力性损伤的预防

（1）医疗器械的选择：选择合适和能够舒适佩戴的医疗器械，尽最大可能适合患者佩戴，以避免过度受压或固定不稳所致的损伤。

（2）使用预防性敷料可降低医疗器械相关性压力性损伤发生率：根据所用医疗器械的特点和敷料的特点选用合适的预防性敷料，有管道和其他医疗装置如氧气面罩和管道、导尿管、颈圈、石膏和约束带等，需要在局部或接触面使用形状和大小适合的泡沫敷料或水胶体敷料，以降低压力性损伤风险。

（3）每日至少要检查医疗器械下和周围皮肤两次，查看周围组织有无压力性损伤迹象。对局限性或全身性水肿的患者，增加评估次数。

（4）一旦不需要使用医疗器械，应尽早将其移除，从而减少受压时间。临床情况允许时，护士需要更换器械使用位置，避免同一部位长时间受压。

（5）保持医疗器械下面的皮肤清洁干燥。若皮肤出现潮湿，要及时使用柔软毛巾蘸干，有条件可以使用皮肤保护剂。若皮肤发红，则提示应避免该处皮肤继续受压；若出现破损，则需要及时进行伤口处理，以免加重。

7. 术中压力性损伤的预防

（1）定义和流行病学：术中压力性损伤是指由于手术中皮肤组织受压后于手术后 0~3 天发生的压力性损伤，其发病率为 5%~53.4%，患病率为 9%~21%。不同手术中压力性损伤的发生率不同，研究表明心脏手术术中压力性损伤发生率最高，其次为整形手术、胸科手术、泌尿手术、血管手术；手术中不同体位所致的压力性损伤发生部位有所不同，仰卧位患者常发生于臀部、足跟、枕骨隆突处，截石位患者常发生于骨盆下部，俯卧位患者常发生于面部、肩峰、肋骨和膝盖处。

（2）危险因素：包括手术前、手术中及手术后因素。手术前因素包括年龄 >62 岁，BMI<19 或 >40、低蛋白血症、近期体重明显降低、糖尿病、血管疾病、呼吸系统疾病、肾功能不全等；手术中因素包括手术时间≥4 小时、手术中强迫体位、低体温、低血压、体外循环、使用镇静和麻醉药物、使用血管活性药物、潮湿等；手术后因素包括活动受限、使用镇静和止痛药物、使用血管活性药物、引流管及其他医疗器械压迫等。目前并没有成熟的适用于围术期患者的压力性损伤危险评估量表，门罗量表（Munro Scale）的信度和效度仍需进一步验证。

（3）预防要点：①教育培训：加强对手术室人员压力性损伤相关知识的培训，便于术中对手术患者采取预防措施；②加大支持：引进减压设施、提供合适减压装置；③合理科学的体位摆放：掌握体位摆放技能，熟悉设备功能，关注受压位置和麻醉类型、受压部位，采取保护措施得当；④沟通交流：评估在手术前就应开始，充分考虑患者发生压力性损伤的危险因素，并保证病房、麻醉复苏室、手术室相关工作人员能良好沟通、交接，协调准备相关减压装置。

8. 健康教育 及时告知患者与其家属患者有压力性损伤的风险，指导和训练局部减压的技巧，协助患者根据其病情特点和危险程度、活动能力和潮湿情况等选择适宜的减压床垫和坐垫及坐垫套，告知增加营养的必要性和方法，使患者主动配合和参与压力性损伤的预防计划。

### （六）压力性损伤的护理

压力性损伤患者除了执行上述压力性损伤的预防计划,以避免其他部位发生新的压力性损伤外,同时应进行全面评估、明确压力性损伤严重度和影响因素,采取个体化伤口管理策略做好伤口护理、动态评价和调整,直至取得满意效果。

1. 局部评估　入院时对压力性损伤进行初始评估后每周至少再评估一次,包括压力性损伤发生和持续时间、部位、分期、大小、组织类型、形状、渗液量及颜色和气味、周围组织边缘 4cm 以内的颜色和是否有肿胀及疼痛、有无窦道及深度、潜行方向及深度等。要采用统一的方法测量压力性损伤长度、宽度和深度,便于比较不同时期的伤口评估结果。当测量深度或潜行、瘘管时,需谨慎操作,避免引起损伤。评估并记录组织缺失的程度,鉴别压力性损伤与其他类型的创伤,如静脉性溃疡、神经病变溃疡、失禁相关性皮炎、皮肤撕裂伤和皱褶处皮炎等。对 2~3 期压力性损伤和不可分期压力性损伤,需要评估皮肤温度、评估减轻或加重疼痛的因素和疼痛对患者生活质量的影响、组织硬度改变,以判断压力性损伤的严重程度,当出现面积增大、组织坏死增加、渗液量增多或有感染时,可判断为压力性损伤恶化表现,需要查找原因和调整治疗方案。

2. 全身评估　主要评估对压力性损伤发生和发展、预后有影响的因素,包括合并症、营养状态等。

（1）合并症:压力性损伤常伴有合并症,如肿瘤、糖尿病、器官功能衰竭、营养不良、感染、自身免疫病等,这些合并症能否控制良好与压力性损伤治疗措施能否落实到位均会影响压力性损伤的愈合。

（2）营养状态:是影响压力性损伤愈合的重要因素,营养良好将加速愈合,营养不良将阻碍愈合。需要评估压力性损伤患者的进食能力和每日进食量,定期评估身高体重和血清白蛋白水平,当白蛋白≤35g/L 或体重 2 周内明显下降,或 1 个月内体重下降 5%,或 3 个月内下降 7.5%,或 6 个月内下降 10% 可诊断为营养不良。

3. 处理

（1）1 期压力性损伤:重点是局部减压和减小摩擦力,可采用每 1~2 小时翻身结合粘贴聚氨酯有边泡沫敷料或水胶体敷料,每班交接局部皮肤状况,有无好转、加重恶化。可每 3~5 日更换一次敷料,评价效果,若红斑变淡、消退,说明好转,继续使用原减压方案;若颜色加深或出现水疱,说明加重恶化,需要调整减压方案和敷料。

（2）2 期压力性损伤:对张力较小的水疱,可以粘贴聚氨酯有边泡沫敷料减压和使水疱自行吸收;对张力较大的水疱,在无菌操作下用注射器抽取疱液,再粘贴聚氨酯有边泡沫敷料减压和吸收渗液,可每 3 天更换一次。如果水疱破溃,暴露出红色伤口,使用生理盐水或灭菌用水清洗后,粘贴聚氨酯有边泡沫敷料减压和吸收渗液,营造湿性愈合的环境,可隔日更换一次。

（3）3 期、4 期压力性损伤:①清洁伤口及其周围:选用可饮用水、蒸馏水、冷开水或盐水,清除压力性损伤表面的组织碎片和敷料残留物是压力性损伤处理非常重要的第一步,每次更换敷料时需要清洁伤口,可以减少伤口微生物计数;②清除坏死组织:3 期、4 期压力性损伤通常覆盖较多坏死组织,首先要评估患者的全身和局部情况后,决定使用何种清创方法;③伤口渗液处理:根据渗液量选择恰当的敷料,大量渗液时选择亲水纤维银或藻酸盐银敷料,也可结合负压伤口治疗,中量渗液可选择泡沫敷料、高渗盐敷料,少量渗液可选择水胶体、半透膜类敷料；④抗感染治疗：对有感染或高度怀疑感染、严重定植或细菌生物膜生长的压力性损伤先行伤口分泌液或组织的细菌培养和药敏试验，根据培养与药敏结果选择合适的抗生素治疗。局部使用适合组织的、有一定效力的外用杀菌剂，以控制细菌生物负荷。常用的外用杀菌剂包括：碘化合物（聚维酮碘和缓释卡地姆碘）、银化合物（包括磺胺嘧啶银）、聚盐酸己酸胍和甜菜碱（PHMB）等；⑤潜行和窦道的处理：在伤口评估时，如果发现有潜行或窦道，一定要仔细评估潜行的范围及窦道的深度，在肛门附近的伤口要检查是否有瘘管的存在。根据潜行和窦道深度及渗出情况选择合适的敷料填充或引流，填充敷料要接触到潜行或窦道的基底部，但填充时不要太紧而对伤口产生压力；⑥足跟部压力性损伤的处理：由于足跟部缺乏皮下脂肪的特殊性，对稳定的干痂不建议清创，注意局部减压，如使用与足跟部位形状和大小适合的泡沫敷料。

（4）不可分期：一般覆盖有焦痂或坏死组织，若患者病情许可，应先清除伤口内焦痂和坏死组织，再确定分期。

（5）深部组织损伤：皮肤完整时采用与 1 期压力性损伤类似的方法局部减压，待坏死组织界限分明时实施自溶清创结合保守性锐器清创，分次逐步清创坏死或是活组织，再准确分期，按分期处理。

4. 减压床垫的选择　对有全层压力性损伤（3 期或 4 期）或压力性损伤涉及关节部位的患者，建议使用低气流减压床垫或凝胶床垫，以重新分布压力、降低压力性损伤部位的压力；对 1 期和 2 期压力性损伤的患者，建议使用减压床垫或坐垫，并密切观察皮肤和压力性损伤的变化。

5. 纠正营养缺乏　针对患者压力性损伤的数量和分期、营养状态、合并症和对营养干预的耐受程度，决定每个患者适当的蛋白质摄入量。有压力性损伤的患者若体重明显减轻（30 天内体重减轻 >5% 或 180 天内体重减轻 >10%），需要加强热量和蛋白质的补充，建议热量补充 30~35kcal/（kg·d），蛋白质补充 1.25~1.5g/（kg·d）；每日补充 3 次水解蛋白可改善压力性损伤愈合；每日补充 2 次维生素 C，每次 500mg，能明显加快压力性损伤面积的缩小。

6. 健康教育

（1）定时改变体位：翻身是最为简单且有效的预防措施，采取合理的翻身间隔时间以提高护理质量并节约医疗卫生资源。指导患者间隔一定的时间改变体位，教育正确的变换体位的技巧，避免发生拖拉等动作，以减轻局部的压力和摩擦力。指导坐轮椅的患者隔 30 分钟臀部抬离轮椅约 30 秒。

（2）使用合适的减压装置：根据病情及评估情况，指导患者选择合适的减压装置，如局部的减压垫或全身减压的气垫床。并教会患者及家属正确使用。

（3）皮肤护理：避免盲目局部按摩，指导患者及家属观察皮肤情况，尤其是骨突处受压的皮肤状况。每日清洁皮肤，保持清洁干爽，如有潮湿刺激，及时清洁与更换。指导失禁患者正确使用失禁护理用品，避免皮肤受粪水刺激。

（4）增加营养：指导患者进食合适的热量和蛋白质饮食，指导长期鼻饲患者家属为患者注入营养，并说明注入时的注意事项。

（5）发现皮肤问题：指导患者及家属一旦发现皮肤出现问题，要及时就诊。

（蒋琪霞　徐小琳　王小英）

## 二、糖尿病足溃疡的预防与处理

糖尿病（diabetes mellitus，DM）是一种多病因的代谢性疾病，特点是慢性高血糖伴随因胰岛分泌或作用缺陷引起的糖、脂肪和蛋白质代谢紊乱。糖尿病已经成为一个世界性的公共卫生问题。据国际糖尿病联盟（international diabetes federation，IDF）统计，全球糖尿病患者 2015 年已达 4 亿 1500 万，2040 年全球预计将达 6 亿 4200 万，我国 2015 年糖尿病患者已达 1 亿 960 万，预计 2040 年将达 1 亿 5000 万，糖尿病已成为继肿瘤、心血管病之后第三大威胁人类生命的疾病。

糖尿病足（diabetic foot）是糖尿病患者严重并发症之一，因局部神经异常和下肢远端外周血管病变相关的足部感染、溃疡和 / 或深层组织破坏，严重者有截肢的危险。

### （一）病因学

糖尿病导致的周围神经病变和血管病变，加之外界因素如压力、外伤等的综合作用，会引发一系列的足部问题，从轻度的足部畸形到严重的溃疡、感染甚至截肢。

1. 糖尿病足的病因

（1）外周神经系统损伤：糖尿病性神经病变是由于神经细胞糖化作用增加以及神经组织受到进行性损害，导致感觉神经、自主神经以及运动神经纤维共同受到影响。周围神经病变最为常见，通常为对称性，下肢较上肢严重。

1）感觉功能受损：患者的感觉特别是痛觉和温度觉丧失或减弱，出现手足麻木，冷热感觉迟钝及对外力损伤不敏感，使得足部经常受到各种轻微外伤困扰，如木刺、烫伤、新鞋磨损、铁钉刺伤及碰撞伤等，趾间或足部皮肤瘙痒而搔抓致皮肤溃破。

2）自主神经受损：皮肤正常排汗功能下降或消失，皮肤温度调节功能丧失和血运调节功能下降，局部组织柔韧性降低，形成厚的胼胝、皮肤干裂。

3）运动神经受损：肌力减弱、肌萎缩及足部运动功能的静态改变和控制缺陷。足部出现弓形足而足趾呈爪形，其结果是跖骨头下、足跟和胼胝部位受到的垂直和水平力增加。

（2）血管病变：糖尿病导致大、小动脉粥样硬化及血栓形成致管腔狭窄甚至阻塞；毛细血管基底膜增厚，内皮细胞增生；红细胞变形能力及携氧能力下降；血小板聚集能力增强，血液黏稠度增加；加之微血管病变，造成足部血液循环不良或闭塞，出现缺血性溃疡或坏死。

（3）感染：持续的高血糖状态使机体抵抗力下降，足部损伤后易发生感染而形成溃疡、坏疽、乃至截肢。大多数糖尿病足患者的伤口感染为多种微生物混合感染，病原菌以革兰阳性菌为主，常见的有金黄色葡萄球菌、链球菌、肠球菌，革兰阴性菌主要为肠杆菌、克雷伯菌、铜绿假单胞菌。

2. 糖尿病足高危人群及危险因素　糖尿病足的高发人群是 40 岁以上糖尿病患者或糖尿病史 10 年以上者，男性患者多见。糖尿病足的危险因素有以下方面：

（1）糖尿病诊断延误，或病程超过 10 年。

（2）长期血糖控制差。

（3）有糖尿病足溃疡史。

（4）有截肢史，对侧糖尿病足的发病率增高，主要原因是健足承受身体重力加大。

（5）有神经病变症状，痛觉和温度觉的减退或消失。

（6）足畸形（骨关节病变而致弓形足、爪形趾等）、胼胝等所造成的生物机械力学性的足部受力不均，跖骨头、足跟、胼胝等部位受压力增加从而导致损伤。

（7）周围血管性病变，周围动脉脉搏减弱，踝肱指数（ankle/brachial index，ABI）<0.9，局部组织缺血性坏死。

（8）吸烟。

（9）眼底及视网膜局部微血管病变致使视力减退甚至失明，在日常活动中视物不清造成足部极易受到外伤，并且受伤后不易发现。

（10）个人因素：贫穷无法支付健康护理及治疗费用；对疾病知识缺乏依从性差；独居，缺乏照顾等。

3. 糖尿病足诱发因素

（1）鞋袜不合适：新鞋、穿鞋过紧、鞋内异物等。

（2）小创伤：赤足走路、滑倒、意外事故等，引起足部外伤。

（3）冻伤、烫伤。

（4）修脚外伤。

（5）鸡眼、胼胝、足癣。

（6）动脉血栓。

**（二）临床表现**

糖尿病足是一种足部的综合征，不是单一症状。它至少应具备如下三个要素：第一是糖尿病患者，第二是应当有足部组织营养障碍（溃疡或坏疽），第三是伴有一定的下肢神经和/或血管病变，三者缺一不可。

1. 糖尿病足的临床表现

（1）足部的一般表现：早期仅出现足部皮肤瘙痒、干燥、无汗、色素沉着，因神经系统病变而发生肢端感觉异常、感觉迟钝、麻木等，行走时有脚踩棉花感；肢端肌肉因营养不良出现萎缩及关节变形，常见弓形足、锤状趾、夏科关节等。一旦合并感染则局部形成红肿、水疱、血疱，溃疡，也可见广泛蜂窝织炎波及全足；严重者则发生病变局部坏疽，其多为干性坏疽，但有时也见湿性坏疽，全足坏疽甚至可蔓延至小腿。

（2）缺血的主要表现：动脉粥样硬化可致肢端动脉搏动减弱或消失，肢端皮肤干裂、皲裂并失去弹性，毛发脱落，皮温下降，皮色变暗；严重者出现间歇跛行、静息痛甚至刺痛；常伴有难愈性溃疡或坏疽。

2. 糖尿病足分型　根据溃疡形成的主要原因，分为三型。

（1）神经性溃疡：因神经系统病变引发局部感觉功能丧失，各种外伤因素致使足部溃疡形成。神经性溃疡通常溃疡位置在足底等受压的部位，患者无明显的疼痛，常伴有足部畸形、胼胝的存在，患肢血运良好，足背动脉搏动存在。

（2）缺血性溃疡：下肢及足部血管病变使得局部缺血，从而导致组织坏死进一步出现及溃疡形成。单纯缺血性足病而无神经性病变较少见。缺血性溃疡通常溃疡位置在足趾或足边缘等处，足部动脉搏动减弱或消失。

（3）神经缺血性溃疡：由于神经系统及血管病变共同影响而引发的溃疡形成，最为常见。神经性溃疡与缺血性溃疡在临床表现上的差异（表4-3-1）。

表 4-3-1 神经性溃疡与缺血性溃疡的差异

| 症状 | 神经性溃疡 | 缺血性溃疡 |
|---|---|---|
| 溃疡位置 | 通常在足底 | 通常发生在脚趾及足边缘 |
| 足变形 | 存在爪形趾、锤形趾、夏科足 | 无 |
| 足部颜色 | 正常 | 抬高时苍白、发绀 |
| 足趾甲 | 萎缩 | 萎缩 |
| 胼胝形成 | 存在,特别在足底受压处 | 无 |
| 足部皮温 | 温暖 | 冰冷 |
| 足部动脉搏动 | 存在 | ABI<0.9(如果小血管有钙化时该读数会增大,>1.3) |
| 疼痛 | 无 | 疼痛,下肢下垂疼痛减轻 |
| 间歇性跛行 | 无 | 有 |

3. 糖尿病足分级 目前国际上关于糖尿病足部损伤程度的判断一直沿用瓦格纳(Wagner 分级)系统进行评估,也有使用德克萨斯(Texas)大学分类系统、简单分级系统、国际糖尿病足工作组分类等。无论采取哪种分类方法,在临床诊治过程中有两点最为重要,首先是必须确定糖尿病性足部溃疡有无感染,另一点就是伤口判定结果必须准确而且始终要监测治疗的进展情况。

Wagner 分级法(表 4-3-2)是糖尿病足的经典分级方法,根据溃疡的深度及坏疽的范围分级,将糖尿病足分为 0~5 级。这种分级方法很好地描述了糖尿病足的范围和程度,但缺点是没有体现糖尿病足的自然病程,无法区分糖尿病足是由缺血造成的还是由感染造成的,这一区别决定了治疗和预后的不同。

表 4-3-2 Wagner 分级

| 等级 | 病情描述 |
|---|---|
| 0 级 | 皮肤完整无开放性损伤,可有骨骼畸形 |
| 1 级 | 表皮损伤未涉及皮下组织 |
| 2 级 | 全层皮肤损害涉及皮下组织,可有骨骼、肌腱暴露 |
| 3 级 | 全层皮肤损害,伴有脓肿或骨髓炎 |
| 4 级 | 足部分坏疽(足趾或足前段) |
| 5 级 | 全足坏疽 |

(三)糖尿病足相关检查

在对糖尿病足的溃疡进行伤口评估后,还要对其病因进一步了解以便决定治疗方法,也就是区分其潜在原因是神经系统病变抑或是血管病变所致局部缺血。

1. 周围神经病变的检查 主要是评估患者是否存在保护性感觉,最常用的方法是 10g

尼龙单丝及棉絮检查,通过用尼龙单丝或棉絮对糖尿病患者足部检查以确定足部末梢神经受损情况,足部感觉丧失被认为是溃疡形成的危险状态。

10g 尼龙单丝检查方法:在测试前在患者手肘上测试 2~3 次,让患者了解该感觉;然后在患者足部进行检查,不要让患者看见该过程;将尼龙丝垂直于测试点的表面,用力使尼龙丝弯曲,从尼龙丝靠近、接触皮肤、移去整个过程应大约持续 2 秒;当用力压弯尼龙单丝时,询问患者是否有感觉。建议测试的部位为 10 个点:第 1、3、5 足趾第一趾节趾腹,第 1、3、5 趾足庶关节足底部皮肤,足弓左右两点,足跟部一点,足背部第 1、2 足庶骨间皮肤一点,避开胼胝、溃疡、过度角化区,10 个点中可触之的 ≤8 个为阳性。

2. 下肢血管检查

(1)动脉搏动:下肢及足部供血情况判断的简单方法是通过触摸足背动脉/胫后动脉/腘动脉搏动来确定,足背动脉搏动减弱或消失,往往提示患者有严重的周围血管病变,容易发生足溃疡。

(2)踝肱指数(ABI):使用多普勒超声探测计测量踝动脉收缩压,与同侧上肢肱动脉收缩压的比值即踝肱指数(ABI),判断动脉通畅程度以及狭窄或阻塞部位:1.0~1.4 为正常;<0.9 为轻度缺血,会有间歇性跛行;0.5~0.7 为中度缺血,会有休息痛;<0.5 为重度缺血,可能发生足坏死;如果 ABI>1.4,应高度怀疑有下肢动脉钙化。

(3)经皮氧分压测定:通过测定皮肤组织中氧含量来反映组织血流灌注情况,是一种无创的检查方法,可直接反映血氧供应情况。正常值为 >40mmHg;<30mmHg 提示周围血氧不足,易发生溃疡或溃疡难以愈合;<20mmHg 则提示缺血严重,溃疡几乎没有愈合的可能。

(4)下肢血管彩色多普勒超声检查:是一种无创的检查,可以发现血管的形态和血流动力学的异常。

(5)磁共振血管造影:可以发现血管狭窄,敏感性和特异性较高,且不需造影剂,肾功能受损的患者可以使用。

(6)下肢动脉血管造影检查:是下肢血管检查的"金标准",能准确反映血管病变情况和部位,但是是有创检查,主要是用于血管外科重建手术的评估选择,对有肾功能损害的患者不适用。有肾功能损害的患者可选用磁共振进行检查。

3. 骨、关节的检查　怀疑有骨、关节病变的患者可进行 X 线检查。

## (四)治疗原则

糖尿病足早期诊断和合理治疗非常重要。治疗的目的是控制病变发展,延缓动脉粥样硬化加重;减轻危险因素对疾病的影响;减轻患者痛苦,保全肢体功能,增加肢体保有率;减少死亡率,改善生活质量。糖尿病足部溃疡的治疗原则包括以下方面:

1. 控制血糖　以应用胰岛素为佳,血糖控制要持久达到接近正常水平,有效控制血糖是治疗糖尿病足的基础。

2. 改善血供　抗血小板聚集,降低血液黏稠度,改善微循环也是糖尿病足治疗的重要方法之一,改善循环的药物有抗血小板药物、前列素类药物,同时应戒烟,积极治疗高血脂、高血压。

3. 控制感染　取伤口分泌物进行细菌培养,选用敏感抗生素治疗。

4. 营养神经　使用 B 族维生素、醛糖还原酶抑制剂等。

5. 支持治疗　治疗水肿和营养不良,必要时输注血浆、白蛋白等支持治疗。

6. 减轻足底压力　必须减少承重,患者减轻体重,限制站立和行走,使用支具进行减压,定制个性化的减压鞋或鞋垫进行局部减压。

7. 手术治疗　主要有血管重建、创面修复、关节成形、跟腱延长术以及截肢术。血管重建包括血管腔内成型、人工血管旁路移植、动脉球囊扩张、支架植入等,这些技术可以改善下肢供血情况,促进创面愈合。

8. 伤口的局部治疗　根据伤口的不同分型与分级进行相应的护理。

**（五）糖尿病足的护理**

根据 Wagner 分级,不同分级的糖尿病足护理重点与措施不同。

1. 0 级糖尿病足　积极预防,对糖尿病足高风险患者进行专业的足部护理,避免发生足部的损伤。

2. 1 级糖尿病足

（1）水疱的处理:直径 <1cm 的小水疱可以让其自行吸收;直径 >1cm 的水疱,在局部消毒后,在水疱的最下端用无菌针头穿刺并抽吸,充分吸出液体,保留疱皮。

（2）敷料选择:创面水疱未破或破损而渗液少者,使用脂质水胶体敷料或透明膜敷料或薄的水胶体敷料保护创面,根据渗液情况 2~3 天更换一次;创面渗液较多时,使用藻酸盐或亲水纤维敷料覆盖创面,外用水胶体敷料,或直接覆盖泡沫敷料,根据渗液情况 3~5 天更换一次。

3. 2 级糖尿病足

（1）处理坏死组织并抗感染治疗:对坏死的组织应逐步清除,保护肌腱和韧带;局部抗感染首选银离子敷料,根据伤口基底、深度、渗液、有无潜行或窦道,选用不同类型的银离子敷料,根据渗液情况更换敷料。局部有窦道或潜行时,要保证充分的引流,可选用脂质水胶体银,该敷料表面光滑,有利于引流,且敷料纤维编织紧密,可整条取出,没有残留,吸收渗液的同时激活并释放银离子到组织间杀灭细菌。

（2）抗菌敷料的应用:感染严重或血糖很高难以控制时,可使用含碘或含银敷料,但不能长期使用,1~2 次炎症控制后立即停止,否则影响上皮组织生长及创面的愈合,换药间隔1~2 天。

（3）骨骼、肌腱外露处理:应使用水凝胶保护,预防其脱水干性坏死。

4. 3 级糖尿病足

（1）坏死组织的清除:采取保守锐性清创和自溶性清创相结合的方法逐步清除坏死组织,充分清洗或冲洗创腔,然后使用银离子抗菌敷料,根据渗液情况 2~5 天更换。对老年患者、下肢循环障碍及并发症多时,避免大面积扩创。

（2）痂下积脓或局部脓肿的处理:应及早切开排脓,充分引流;若多个间隙感染行多处切开对口引流,将脓肿的每个间隔全部打开,确保引流通畅,避免因脓肿压迫局部动脉而导致循环障碍,最终引起远端足趾及全足坏死。脂质水胶体敷料对口引流,外层用加厚棉垫覆盖,绷带缠绕固定,固定时注意不要加压,以免影响远端血液循环,术后 24 小时换药。

（3）骨髓炎的处理:行足部 X 线片检查或骨扫描,以排除骨髓炎的可能。合并骨髓炎的患者最佳方法是切除受感染骨,并全身联合使用抗生素 2~4 周。

（4）骨骼、筋膜、肌腱外露创面的护理:若骨骼、筋膜、肌腱等外露,则需用水凝胶保护,有腔隙时则用藻酸盐填充条或水胶体膏剂填塞,外用水胶体敷料覆盖,换药间隔 5~7 天,直至骨膜、肌腱等被肉芽组织包裹并且填充。

（5）伤口进入组织修复期的处理：若血糖正常、炎症控制，根据腔隙的大小、深度和渗出情况，选择合适的敷料填充或引流，填充敷料要接触到基底部，但不要太紧。骨骼、肌腱外露可用水凝胶，预防干性坏死，保护足部及脚趾功能基本恢复正常。

（6）伤口内的肉芽组织充满填平后的处理：用藻酸盐或亲水纤维敷料与水胶体敷料或泡沫敷料封闭包扎 7 天，防止肉芽组织增生，从而影响上皮组织生长。如果腔内肉芽组织生长良好，创腔小，渗液较少，可以不再填充敷料，使用加压包扎促进愈合。

（7）肉芽组织水肿的处理：剪除高出周围皮缘的肉芽，干纱布压迫止血，使用高渗盐敷料，或泡沫类敷料局部加压包扎。

5. 4 级糖尿病足

（1）脓肿形成的处理：当足部感染脓肿形成，压迫动脉影响血运而出现足趾甚至蹠骨坏死时，应先积极控制感染，待坏死组织和健康组织分界清楚后，再手术切除。脓肿行多处切开，将脓腔全部打开，用脂质水胶体银敷料进行多处引流，确保引流通畅，外层用棉垫覆盖，绷带缠绕固定，固定时注意不要加压，以避免远端循环障碍而致坏死，术后 24 小时换药。

（2）坏死组织的处理：逐步清除坏死组织，使用脂质水胶体银敷料，保证充分引流，控制感染；使用水凝胶保护外露骨膜肌腱以防止其坏死，间隔 2~3 天换药直至炎症控制。炎症控制后，坏死趾、蹠骨与周边正常组织边界清楚并分离，可转介外科医生手术去除死骨。截骨时必须截至断端周围有正常软组织，断面要整齐，不要残留碎骨，才能确保创面有肉芽组织生长并包裹。截骨完毕，用碘附纱条填塞止血并抗感染，用加厚棉垫覆盖，绷带固定。截骨 24 小时后换药。

（3）截骨创面及外露肌腱的保护：渗液多时，使用藻酸盐或亲水性纤维敷料，吸收渗液后形成凝胶保护骨骼和肌腱；渗液少时，涂抹水凝胶保湿，防止干性坏死，外层使用水胶体敷料为伤口提供密闭低氧的湿性伤口愈合环境，减轻伤口粘连和疼痛，加速伤口愈合。

（4）小动脉栓塞导致趾、蹠骨坏死的处理：如果没有合并感染，可以不用处理，等待死骨与周边正常组织边界分离清楚后用上述方法去除；若合并感染形成脓肿同样要切开引流。

（5）大动脉栓塞而出现的趾、蹠骨坏死的处理：控制感染的同时，等待血管重建。预防病情恶化，尽量减少截肢，降低截肢平面。

6. 5 级糖尿病足　因有全足坏疽，绝大多数需截肢手术，应做好术前准备，截肢前也不可放松治疗，预防病情的进一步恶化。发生全足坏死，有大动脉栓塞时，使用银离子敷料，开放式敷料包扎，控制感染，勿加压，控制血糖，做好全身支持治疗，等待血管重建后截肢。

---

**知识拓展**

## 糖尿病足愈合与截肢风险预测

Tardivo Algorithm 用于预测糖尿病足愈合与截肢，评估内容包括外周动脉疾病、Wagner 分级、溃疡位置（表 4-3-3，图 4-3-9），总分 = 各评分内容得分相乘。研究结果显示：总分 >12 分，截肢风险高 152 倍；总分 <12 分，采取保守的光动力治疗方案，85.5% 的患者效果良好无截肢。

表 4-3-3　糖尿病足愈合与截肢风险预测工具

| 外周动脉疾病 | Wanger 分级 | 溃疡位置（多个部位，取最高分） |
|---|---|---|
| 外周血管状况良好 =1 分 | 1 级（浅表溃疡）=1 分 | FF1（前足：趾骨区域）=1 分 |
| 局部缺血症状 =2 分 | 2 级（深部溃疡）=2 分 | FF2（前足：跖骨区域）=2 分 |
| | 3 级（骨髓炎）=3 分 | MF（中足：楔状骨、骰骨、足舟骨区域）=3 分 |
| | 4 级（足前肢坏疽）=4 分 | HF（后足：足跟区域）=4 分 |

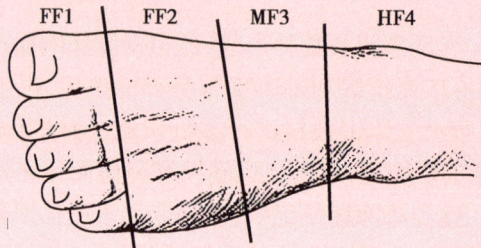

图 4-3-9　糖尿病足愈合与截肢风险预测工具 – 溃疡位置图

【资料来源】

Tardivo JP, Baptista MS, Correa JA, et al. Pinhal MAS (2015) Development of the Tardivo Algorithm to Predict Amputation Risk of Diabetic Foot. PLOS ONE, 10(8): e0135707. doi: 10. 1371/journal. pone. 0135707

## （六）健康教育

1. 控制血糖　听从医生、护士及营养师的指导，按规定用药及饮食治疗，定时监测血糖，将血糖控制在正常或基本正常的水平。控制血糖是预防糖尿病足及其进一步恶化的前提，根据具体情况选择口服降糖药或者注射胰岛素，使空腹血糖控制在 3.9~7.2mmol/L，餐后血糖控制在 8.0~10.0mmol/L，糖化血糖 <7%。

2. 足部护理

（1）让患者识别糖尿病足溃疡发生的常见诱因

1）新鞋磨擦引起水疱或破损，穿鞋过紧造成足趾挤压伤。

2）热水洗脚、泡脚时间超过 5 分钟或用力过大、水温过高而致伤。

3）使用热水袋、电热毯等致烫伤、冻伤。

4）足癣破溃或感染。

5）鸡眼处理不当损伤。

6）修脚、剪指甲造成外伤。

7）足部小外伤未及时发现或未正规处理而感染。

8）足部干燥、皲裂而形成皮肤小裂伤。

9）足部畸形、胼胝等造成局部受压。

10）对侧截肢而造成健侧足部承重增加。

（2）指导患者自我检查

1）每天清洗双足,仔细擦干,特别是脚趾间。

2）每日在光线明亮的环境下检查足部及足趾间皮肤情况。

3）必要时请家人协助或借助小镜子进行检查。

4）观察足部有无细小的外伤、破损、红肿、水疱、疼痛等异常情况。

5）有条件的患者,可使用非接触性红外线测温仪,监测足温,以及时发现足部尤其是深部组织的病变。

6）指导患者懂得识别和报告感染的征象和症状加重的征象,有异常需高度重视,立即就诊。

（3）足部护理

1）保持足部的清洁,每天用温水清洗双脚,不要用热水,先测量水温后再放入双脚。

2）洗净后用柔软的毛巾擦干,尤其是趾缝间,足部皮肤干燥应使用护肤霜,护肤霜应擦在脚面和脚底,但是注意不能使用在脚趾间。

3）禁忌长时间泡脚。

4）脚汗过多者,不应使用爽身粉,以免堵塞毛孔。

5）剪脚指甲时应用指甲钳直线剪,不要剪得太短,趾甲的长度修剪后应与趾尖平行,不要用剪刀、刀片修剪,剪完后用锉刀将指甲边缘磨光滑;视力差的患者不要自行修剪趾甲,应请家人协助。

6）不要自行修剪或利用化学药物清除鸡眼和胼胝。

7）足癣瘙痒者不要随意搔抓以免引起破溃。

8）禁忌用热水袋、电热毯、电暖炉来暖脚。

（4）选择合适的鞋袜

1）选择合适的鞋子:①鞋子要质地柔软合脚、透气性好,材质以软皮鞋或布鞋为宜,形状要圆头、厚软底,禁忌尖头及高跟鞋;②鞋头要密闭,禁忌选凉鞋、拖鞋作为外出鞋;③在下午或傍晚买鞋子;④若双脚大小有别,以较大的一只脚的尺码为准;⑤鞋子大小以脚趾尖与鞋子前端有1cm空隙为宜;⑥对于有溃疡史或截肢史的高风险患者,推荐使用糖尿病足专用防护鞋和定制鞋垫,能够降低溃疡的复发率。

2）穿袜子的注意事项:①穿柔软、棉质、浅色的袜子;②穿袜子前要检查袜子有无破洞,不穿有破洞或反复修补的袜子;③新袜子应检查内部有无线头,需先剪除线头等异物;④不要穿袜头有橡皮筋的袜子,以免影响下肢血液循环;⑤不要穿弹性过强的袜子,尤其是袜头和袜腿部分,以免影响血液循环;⑥天冷时可穿较厚的羊毛袜保暖。

3）穿鞋子的注意事项:①每次穿鞋前都要仔细检查鞋内有无砂砾、小石头等异物,如有及时清除,保持鞋内平整;检查鞋底有无钉子、玻璃碎等尖锐异物;②新鞋穿着时间应逐渐增加,第一次不要穿太久,穿新鞋后要注意检查双足是否有疼痛、磨损、水疱等异常,如有异常说明此鞋子不合适,应及时更换;③无论室内还是室外,都要穿鞋,不可赤脚走路,避免穿凉鞋、拖鞋外出。

3.减轻足底受压

（1）限制站立和行走的时间,急性期的患者应卧床为主,抬高患肢。

（2）指导患者减轻体重。

（3）正确使用拐杖、助行器、轮椅等全接触性或其他支具。

（4）使用个体化的定制鞋垫、定制鞋，减轻局部受压。

4. 其他

（1）指导患者戒烟。

（2）积极治疗高血压、高血脂。

（3）正确处理胼胝、鸡眼和足癣。

（4）勿长时间交叉双腿或盘腿而坐，避免压迫神经和血管。

（5）适当进行足部功能锻炼，维持并恢复足部功能。

### （七）临床案例

患者，男性，43 岁，2 型糖尿病史 10 余年，平日饮食无规律，未按时监测血糖和使用胰岛素治疗，血糖控制不佳，空腹血糖 13.96mmol/L，糖化血红蛋白 10.7%。双足感觉迟钝，动脉搏动正常。

患者入院前 10 余天，无诱因出现左足红肿、疼痛、流脓，未重视。几天后出现小趾及周围皮肤发紫，足背皮肤发红，皮温高，压痛明显，足底外侧近小趾处皮肤破溃。期间就诊于当地医院，查糖化血红蛋白 11.0%，WBC $25.3 \times 10^9$/L，ALB 26.9g/L，予控制血糖、抗感染治疗。为进一步诊治而就诊，诊断：2 型糖尿病，糖尿病足，收治于内分泌科。入院时 GLU 13.96mmol/L，WBC $17.21 \times 10^9$/L，RBC $4.55 \times 10^{12}$/L，HGB 130g/L，ALB 31.9g/L，伤口分泌物培养：酵母样孢子、革兰阳性球菌，左足正斜位结果示左足骨质未明显异常。

8 月 3 日接诊时患者左足第 4、5 足趾紫黑，第五趾足底皮肤坏死，足底有窦道形成；足背皮肤发红，皮温高，行十字切开。足背皮肤色素沉着，红肿、压痛明显，皮温高。渗液漏出，呈恶臭味。给予清洗伤口，留取伤口分泌物送细菌培养。保守锐性清创，清除部分坏死组织，使用高渗盐敷料，棉垫绷带包扎，勿加压。每天换药。

8 月 6 日，评估伤口，足底 100% 黄色，足趾 100% 黑色，渗液量渗漏，下肢红肿。由骨科医生摘除坏死的左足第 4、5 趾，足底伤口填塞高渗盐敷料，足趾创面覆盖藻酸盐银敷料，棉垫绷带包扎。24 小时后予简易密闭式负压持续引流，压力由小到大，调节在 50~125mmHg。

8 月 13 日，左足第 4、5 趾跖趾平面，伤口大小 6.5cm × 7cm × 3cm，基底 75% 黄色，25% 红色，第 4 跖趾关节外露。足背皮肤红肿，皮温高。0.9% 氯化钠清洗伤口，保守锐性清创清除坏死组织后，继续使用简易负压装置，每周换药 1~2 次。

8 月 19 日，伤口大小缩小至 4.5cm × 5.5cm × 2.7cm，基底 50% 黄色，50% 红色，第 4 跖趾关节外露，足背皮肤红肿减轻，周围皮肤略有浸渍。0.9% 氯化钠清洗伤口，保守锐性清创后，使用藻酸盐银敷料，棉垫包扎。

8 月 26 日，伤口大小缩小至 4.5cm × 5.0cm × 2.5cm，基底 25% 黄色，75% 红色，第 4 跖趾关节外露，肉芽水肿，渗液量潮湿。清洗伤口后选用高渗盐敷料，减轻肉芽水肿，每天换药。

9 月 2 日，伤口大小 4cm × 4.5cm × 1.4cm，基底 100% 红色，第 4 跖趾关节外露，足背红肿消退，使用简易负压治疗。5~7 天换药一次。

9 月 29 日，伤口大小 3.5cm × 3.5cm，基底 100% 红色，渗液量潮湿。给予伤口清洗后使用藻酸钙敷料，外用泡沫敷料覆盖。患者出院，按同样方法继续换药。

11 月 23 日复诊，伤口已愈合。

（胡爱玲 刘 媛）

### 三、静脉性溃疡的护理

#### （一）概述

静脉溃疡是指因为静脉高压影响导致腿部或足部的开放性皮肤损伤。静脉疾病约占血管外科疾病的 60%，常发生于下肢。在中国，下肢静脉疾病的患病率为 8.89%，即近 1 亿患者。每年新发病率为 0.5%~3.0%，其中静脉性溃疡占 1.5%。在年龄 >80 岁人口中，每千人中就有 20 人存在静脉溃疡。下肢静脉溃疡，表现为小腿中下段胫骨嵴两旁，踝部皮肤和肌肉之间的慢性皮肤溃疡。70% 以上的静脉溃疡患者主诉有疼痛，甚至影响睡眠和日常生活。而且一旦感染，会导致疼痛加剧，如果感染，则会出现脓性渗液，同时伴有异味，治疗疗程长，花费大，严重影响患者的生活质量。

#### （二）病因与机制

下肢静脉性溃疡是慢性静脉疾病（chronic venous diseases，CVD）的最终结局。根据病因可将 CVD 分为 3 类：原发性、继发性及先天性，以原发性居多，约为 66%；继发性 25%，先天性不足 1%，其他 8%。

1. 导致 CVD 发生的因素

（1）静脉反流：由静脉瓣膜功能不全引起的血液逆流导致下肢静脉高压。深静脉瓣膜功能不全常见于原发性深静脉瓣膜功能不全和继发于深静脉血栓（deep venous thrombosis，DVT）的深静脉瓣膜破坏；浅静脉瓣膜功能不全可使高压静脉血液从深静脉反流至浅静脉系统，导致静脉高压和静脉曲张；交通静脉瓣膜功能不全时，深静脉的高压血流可通过交通静脉反流至浅静脉系统，并可将腓肠肌收缩时产生的高压直接传递给浅静脉。

（2）静脉回流障碍：因先天性或后天性因素导致近端静脉阻塞造成的回流障碍引起的静脉高压，包括深静脉血栓形成后综合征（post-thrombotic syndrome，PTS）、布加综合征（Budd-Chiari syndrome，BCS）、下腔静脉综合征（inferior venacaval syndrome）等。

（3）先天发育异常：包括髂静脉压迫综合征（Cockett syndrome 或 May-thurner syndrome）；先天性静脉畸形骨肥大综合征（Klippel-Trenaunay syndrome，KTS）等。

（4）遗传因素：虽然目前还未发现明确的遗传特定因素，但家族聚集现象表明 CVD 与遗传有关。

2. 下肢静脉高压发生机制　下肢静脉高压是导致 CVD 的各种病理生理改变的重要因素，持续的静脉高压增加毛细血管后血管透壁压，引起皮肤毛细血管损伤、局部血液循环和组织吸收障碍、慢性炎症反应，代谢产物堆积、组织营养不良、下肢水肿和皮肤营养改变，最终溃疡形成。下肢静脉高压起因于静脉逆流、静脉阻塞、静脉壁薄弱和腓肠肌泵功能不全。下肢静脉高压产生的机制有下几点：

（1）静脉瓣膜功能不全：由静脉瓣膜功能不全引起的反流是导致下肢静脉高压的主要原因（占 70%~80%），可由于瓣膜本身的病变，如伸长、撕裂、瓣膜变薄及瓣叶黏附等，及静脉壁结构改变，静脉管壁扩张所致。

（2）静脉回流障碍：在静脉高压的原因中所占比例较少，可由先天性或后天性因素导致。由于静脉回流受限，于肌肉收缩时可产生静脉高压。

（3）腓肠肌泵功能不全：肌泵是下肢静脉回流的动力来源，腓肠肌的收缩可排出超过小腿总容量 60% 的静脉血，使静脉压下降。腓肠肌的收缩能力、前负荷、后负荷的变化都会对肌泵的效能产生影响。如静脉瓣膜功能不全,肌泵活动降低静脉压的作用被削弱。如果合并交通静脉瓣膜功能不全,腓肠肌收缩产生的高压静脉血可反流至浅静脉系统及皮肤微循环系统。此外,如踝关节活动受限也会影响肌泵的功能。

3. 慢性炎症反应在 CVD 发展中的作用　在疾病初始阶段,静脉高压和血液蓄积可使静脉壁扩张、瓣膜受损,血管内皮细胞因静脉高压而受损,从而激活白细胞,导致循环血中白细胞表达 L- 选择蛋白和 CD 减少,同时血浆中可溶性 L- 选择蛋白、黏附分子 ICAM、内皮 -白细胞黏附分子 -1 和血管细胞黏附分子 -1 增多,提示白细胞活化,与内皮细胞黏附并浸润至局部组织,进而血小板、单核细胞等聚集,产生更多的炎症介质和细胞黏附因子,形成炎症反应的放大效应导致慢性炎症反应,导致静脉瓣膜、静脉壁和微循环进一步受损,加重静脉反流,使静脉压力持续增加。随着疾病的发展,在迂曲和扩张的毛细血管周围形成了"纤维蛋白袖套",障碍了血氧的弥散;此外,慢性炎症反应产生较多的基质金属蛋白酶,导致细胞外基质过度降解,继而促进足靴区皮肤营养障碍性病变和溃疡形成等。

4. 静脉溃疡高危人群及危险因素　多见于从事长期站立职业和体力劳动者,如理发师、交通警、营业员、教师、外科医生、护士、厨师和餐厅服务员等皆是高危险人群。深静脉血栓;肥胖;吸烟;缺少锻炼是易患因素。下肢静脉疾病者在抓痒,虫咬,外伤等原因下局部皮肤破溃,便容易导致难愈性溃疡。

### （三）临床表现

1. CEAP 分级（clinical classification；etiologic classification；anatomic classification；pathophysiologic classification；CEAP）

1994 年,在美国静脉论坛上确定了慢性静脉疾病的诊断和分级体系即 CEAP,C 代表临床诊断与分类,包括 C0~C6 共 7 级。近 10 年来,CEAP 分级已被世界各地学者广泛接受,并用于临床诊断、分类、病例报告及疗效评价（表 4-3-4）。

表 4-3-4　下肢慢性静脉疾病临床分级

| 分级 | 临床表现 |
| --- | --- |
| C0 | 无可见或可触及的静脉疾病征象 |
| C1 | 网状静脉扩张,踝关节水肿 |
| C2 | 突出于皮肤的静脉曲张 |
| C3 | 静脉曲张,同时伴有下肢水肿 |
| C4A | 皮肤改变:色素沉着、湿疹 |
| C4B | 皮肤改变:脂性硬皮病、皮肤萎缩斑 |
| C5 | 伴有已愈合的溃疡 |
| C6 | 伴有活动性溃疡 |

2. 局部溃疡表现　下肢溃疡可由多种情况引起,静脉压增高（非卧床静脉压升高）是最常见的原因。静脉溃疡典型的临床表现:

（1）水肿:患肢多有静脉曲张,小腿、足踝部水肿,水肿通常在长时间站立时加重,而在腿部抬高和行走时减轻。在慢性静脉功能不全的早期,水肿可能仅出现在晚上,但随着时间推移,水肿可持续整天。根据 Wiese 凹陷性水肿分级方法分别对患肢胫前区及伤口周围皮肤进行水肿评估。方法:按压水肿部位 5 秒,放松压迫后,观察皮肤恢复正常的时间,将凹陷性水肿分为四级。Ⅰ级 <30 秒,Ⅱ级 30~59 秒,Ⅲ级 60~89 秒,Ⅳ级 90~120 秒。

（2）基本皮损:起初在脚踝内侧最显著,但随后可能侵犯足部及小腿,可见由渗出红细胞分解的含铁血黄素产生的褐色及蓝灰色的色素沉着。出现瘙痒、红斑、脱屑、渗出、糜烂继而发展为单发或多发的溃疡。溃疡位置表浅并伴有渗出,边缘形状不规则,坚实削直,基底为暗红、紫红、或红色肉芽组织,其上覆盖着黄色腐物或发臭的脓液,不易愈合甚至可延伸到环绕腿部全周。

（3）自觉症状:初起时患处痒,久站或者行走时间过长有下肢胀痛,溃疡活动期或者感染时疼痛明显,伴患侧腹股沟淋巴结肿大。抬高患肢或卧床休息后,疼痛可以缓解。

（4）病程:经年累月,不易愈合。即使愈合,也易复发。偶有溃疡迁延不愈数年,伤口呈菜花状,容易恶变。

　3. 下肢静脉溃疡相关检查

（1）双下肢静脉彩色多普勒超声检查( duplex ultrasonography ):它可以反映浅静脉和深静脉系统是否存有阻塞或反流,能动态观察瓣膜活动情况以及瓣膜形态,也可以显示腓肠肌收缩时交通静脉是否存有外向血流。双功彩超是血管外科重要的无创检查设备,其价值越来越得到临床医生的肯定。

（2）下肢静脉造影( venography ):静脉造影检查可以比较直观地反映静脉系统病变状况,对治疗的选择有极大的帮助,因而它仍然是目前最常用的静脉疾病检查手段,对于深静脉瓣膜功能不全和先天性下肢静脉发育畸形仍有不可替代的优势,能够直观地反映出下肢静脉的形态和病变部位。是下肢静脉系统疾病诊断的"金标准"。在诊断下肢静脉性溃疡中,静脉造影对辨别交通静脉病变更加实用可靠,具有非常重要的价值。

（3）X 线检查:病变局部摄片是下肢难治性静脉溃疡患者另一项不可或缺的检查,它可以发现骨髓炎、骨肿瘤或异物残留等一些影响溃疡愈合的因素。此外,对影响腓肠肌泵功能的踝关节限制性病变的诊断有明确的帮助,对治疗也有指导意义。

（4）CT 静脉造影和磁共振静脉造影:可用于静脉疾病的诊断,具有简便易行,空间分辨率高、假阳性率低等优点。

（5）放射性核素扫描:主要用于周围静脉检查和肺扫描,以诊断 DVT 及肺栓塞。

（6）实验室检查:实验室检查主要帮助鉴别非静脉性因素导致的下肢溃疡,如血糖和一些免疫指标的检测等。此外也可以检测一些影响凝血时间的相关指标,特别是纤维蛋白原、Ⅷ因子、vWF 和纤维蛋白酶原激活抑制物( PAI–1 )等指标的水平,以提供相应的治疗依据。D– 二聚体检测:适用于筛查急性 DVT 患者,D– 二聚体正常时,基本可排除急性深静脉血栓,其阴性预测值可达 97%。必要时行伤口分泌液或组织培养。皮肤恶性肿瘤、血管炎、胶原 – 血管病和系统性疾病的皮肤损害可以表现为下肢溃疡。所以持续 3 个月无愈合征象的活动性溃疡,或经 6 周治疗无效的静脉性溃疡,应当活检进行组织病理诊断。

（7）ABI 测定:正常检查结果通常可排除动脉闭塞性疾病。

（四）治疗原则

　下肢静脉溃疡的治疗有一定难度,通过手术联合加压或药物治疗等综合手段,使患者的CEAP 分级降低,长期采用加压和药物治疗,巩固术后疗效,延缓疾病进程。

1. 改变生活方式　平卧时抬高患肢,踝关节和小腿的规律运动,可增加下肢静脉回流,缓解静脉高压。

2. 压力治疗　加压治疗是 CVD 最基本的治疗手段,包括弹力袜、弹力绷带及充气加压治疗等。通过梯度压力对肢体加压,促进静脉回流,缓解肢体淤血状态。

3. 药物治疗　处于慢性静脉疾病各个阶段的患者都需要进行药物治疗。药物治疗能有效减轻患者的临床症状和体征,在 CVD 的不同阶段具有不同的治疗意义,如:静脉活性药物、纤维蛋白分解药物、前列腺素 $E_1$、己酮可可碱、活血化瘀中药、非甾体抗炎药物等。

4. 硬化剂治疗　硬化剂治疗是一种将化学药物注入曲张静脉使静脉发生无菌性炎症继而发生纤维性闭塞,达到使曲张静脉萎陷的治疗方法,目前主要为泡沫硬化剂治疗。泡沫硬化剂疗法可用于治疗 C1~C6 级,5 年以上的临床有效率超过 80%。

5. 手术治疗　目前多采用一期大隐静脉高位结扎加剥脱术,并结扎小腿交通静脉,尤其是溃疡底部的交通静脉,同时做溃疡清创。可以依据术前辅助检查结果,决定是否行深静脉瓣膜修复术。I 期或 II 期行游离植皮,应根据伤口情况而定。也可在溃疡周边做深层交叉缝合,利于溃疡愈合。静脉溃疡应根据病情个体化地制订手术方案和结合综合治疗。

### （五）护理

下肢静脉溃疡的治疗难度很大,患者一般都各具特点,需要予以个性化的治疗方案,应从压力治疗、伤口床管理、长期维护进行护理。

1. 压力治疗　慢性静脉功能不全的加压治疗由来已久,最早可以追溯到罗马时代,士兵会把小腿紧紧缠绕起来以减轻长时间站立引起的不适。尽管消融术和静脉重建手术治疗逐步成熟,但非手术治疗仍然是首选标准治疗方法。罹患慢性静脉功能不全的患者在站立时静脉压力明显增高,这种静脉高压会导致组织的慢性损伤。因此治疗必须立足于如何缓解活动时的静脉高压。下肢静脉压是下肢静脉与右心房的压力差,在仰卧位时为 10~20mmHg。直立位时,下肢静脉压因患者的身高不同而各异,一般为 60mmHg 左右。在站立时,35~40mmHg 的压力可使下肢静脉缩窄,而高于 60mmHg 的压力才能使下肢静脉关闭,因此在站立时,只有外部压力超过 35~40mmHg 时,才能影响下肢的血流动力学。

很多静脉曲张患者在使用弹力袜或压力绷带后症状得到迅速改善,特别是伴有水肿级静脉溃疡的疾病患者症状明显改善。压力治疗包括穿弹力袜、使用弹力绷带加压治疗,间歇性气体力学压力疗法( intermittent pneumatic compression IPC )。其中间歇性气体力学压力疗法可以与弹力袜或者多层绷带配合使用。借助压力差,促使静脉回流,减少静脉残余血容量,减少患肢浅、深静脉内血液反流,降低病理性静脉高压。

压力治疗过程中应注意以下注意事项。静脉溃疡合并动脉功能不全,即合并动脉缺血性疾病时,静脉溃疡是极难愈合的。根据静脉溃疡和动脉功能不全机制的差异,压力治疗对于动脉功能不全的患者来说可能加重病情,本已降低的皮肤动脉灌注可能由于加压治疗而加重组织缺血,严重者可能导致肢体坏疽和截肢。因此对于 ABI 指数 <0.5 的患者禁止行压力治疗。加压包扎时应保持功能位,松紧适度。加强对患者及家属的宣教,详细解释压力治疗的重要性及压力治疗过程当中可能出现的情况,交代绷带过敏等问题。

全身因素如糖尿病、营养不良、应用免疫抑制剂等也会影响溃疡伤口的愈合,在加压治疗的同时也要有效控制上述因素。下肢水肿明显的患者接受加压治疗时,可以显著增加体液重吸收,从而增加总血容量,可使严重心功能不全的患者体液负荷增加。同时对存在丹毒和严重皮炎的患者需要控制后再行压力治疗。

2. 伤口管理

（1）伤口评估：详细记录伤口的位置、长度、宽度、深度，是否存在潜行、有无蜂窝织炎及分泌物情况（分泌物的量、类型、颜色和气味）。伤口是否深至真皮层或深筋膜层，探查伤口时，是否可达骨骼水平。另外要特别注意周围皮肤情况，包括周围皮肤有无发红、肿胀，皮肤温度有无增高等。几乎所有的伤口都有细菌定殖，坏死组织充满细菌，失活组织降低机体抗感染能力并且是细菌生长的培养基。对于疑似感染伤口我们要详细临床评估，感染会在溃疡愈合过程产生多种不利影响。获取伤口深部分泌物培养及药敏试验：获取分泌物培养应在消毒之前，生理盐水冲洗伤口后咽拭子以"Z"字形获取深部分泌物培养，而不是擦拭伤口基底部取样。当组织细菌浓度 $\geq 1 \times 10^6$ CFU/g 或组织中有 β 溶血性链球菌感染，均会阻碍各种伤口愈合过程，需氧和厌氧细菌培养必须同时进行。

（2）伤口处理：通过有效的局部处理方法，促进伤口愈合。

1）伤口清洁：作为常规伤口处理的一部分，冲洗对减少细菌负荷以及除去疏松的组织非常重要。建议选择 pH 中性、无刺激无毒性的溶液，通常使用温生理盐水冲洗，无需添加稀释碘液或者其他消毒液（如氯己定和过氧化氢）。因为这些溶液可通过对正常组织的毒性作用而可能阻碍伤口愈合。

2）清创及感染控制：慢性伤口坏死组织积聚、血管生成减少、组织角化过度、渗出和生物膜形成（即伤口表面的细菌过度生长）。这些物质通过刺激产生异常金属蛋白酶，并消耗愈合必需的局部资源，妨碍机体愈合。这类伤口需要反复清创，以恢复最佳的伤口愈合环境。当存在失活组织、腐肉或者黑痂时考虑行手术清创或者其他锐性器械（如剪刀或刮匙），水刀和超声清创近年来越来越多应用于伤口清创。

并非所有伤口都需要抗生素治疗，表现出临床感染的伤口才需要进行抗生素治疗。需要抗生素治疗的感染的临床体征包括局部症状：蜂窝织炎、淋巴管炎性红线、化脓、恶臭、湿性坏疽、骨髓炎等和伴发全身症状：发热、寒战、恶心、低血压、高血糖、白细胞增多、意识模糊等。出现下列症状和体征往往提示存在严重感染，需要全身抗感染及局部清创治疗，包括：周围皮肤发红/蜂窝织炎加重、周围皮肤硬化、淋巴管炎、溃疡面积增加、大量分泌物有或无异味、发热。

3）保持湿度平衡：慢性溃疡伤口必须保持伤口湿度平衡。既要保持能够促进愈合所需的湿润，又要避免伤口过多的渗出液以造成健康组织被浸渍。静脉性溃疡的局部敷料治疗有很多选择。现在许多敷料既具有清创和/或抗微生物活性，又能调节湿度。我们在选择敷料时应考虑以下几个特点：①能吸收过多的伤口渗出液，同时也能保持湿润环境；②能保护伤口免受进一步机械性或腐蚀性损伤；③能预防细菌侵入或增殖、能与伤口形状贴合，消除无效腔；④能清除坏死组织；⑤不会浸渍周围的活体组织；⑥能最大程度减轻水肿；⑦不会有纤维或者化合物脱落导致异物反应或超敏反应；⑧最大程度减少更换敷料的次数，更换敷料期间和两次更换敷料间隔期内没有疼痛；⑨价廉、容易获取、保质期长；⑩透明，不用打开敷料就能监测伤口外观。在大多数情况下，并没有一种敷料拥有所有这些特点，应根据伤口情况，决定当前的治疗目标并进行敷料的选择。

4）辅助措施：可使用在静脉性溃疡治疗的辅助闭合措施，包括生长因子局部外用、真空负压、高压氧疗法、培养自体上皮或同种异体移植、人工皮肤（生物学敷料）等。

3. 长期维护 下肢静脉性溃疡是一种长期慢性的疾病,复发率高达 70%。大多数治疗不能根除静脉压增高,因此,长期应用加压治疗十分必要。已愈合或已手术修复的静脉性溃疡,建议持续性、永久性穿弹力袜进行治疗和预防。

### (六)健康教育

1. 饮食 根据患者营养评估,患者应合理健康饮食,高维生素、高蛋白、高热量、低脂饮食。宜进食含叶酸及锌高的食物,如土豆、茄子、南瓜、萝卜、白菜、肉类、肝、蛋、新鲜蔬菜水果等,以促进伤口愈合。忌辛辣刺激性及腌制品等含盐量较高食物,以免加重水肿。应戒烟戒酒。

2. 活动 治疗期间不要长期坐着或长期站立不动。平时应该多休息,休息时抬高患肢。坐位时需高过髋部水平,卧床时可用枕头垫高患肢,使其高于心脏平面。

3. 压力治疗 加压治疗的疗效取决于患者对疾病和治疗目标的理解以及合理预期,因此应让患者认识到疾病和依从治疗的必要性并按照医生的计划治疗,才能使其发挥最佳效果。对于静脉溃疡的患者,正规的处置加上有效的压力治疗是十分有必要的。常见的压力治疗方法有:多层绷带压力治疗、穿弹力袜、使用间歇性气体力学压力疗法。压力治疗不仅可以促进血液回流,减轻淤血和水肿,促进伤口愈合,还能降低伤口疼痛。已愈合或已手术修复的静脉性溃疡,患肢仍应接受持续性、永久性弹力袜(2~3级弹力袜)治疗。在每日起床下地前穿上,晚上睡觉时去除。弹力袜洗涤要用中性洗涤剂在温水中水洗,不要拧干,用手挤或用干毛巾吸除多余的水分,于阴凉处晾干,勿置于阳光下或人工热源下晾晒或烘烤。压力袜随着使用时间的增多,其弹力会下降,建议每 6 个月更换。

4. 皮肤护理 清洁局部皮肤,使用润肤乳剂滋润下肢皮肤,避免用力搔抓。一旦发生皮肤破溃应尽早到专业机构进行处置。

### (七)临床案例

患者,男,78 岁,身高 1.65m,体重 65kg,农民。因"双下肢静脉曲张史多年,左下肢胫前区皮肤擦伤后致皮肤溃疡不愈 2 年余"就诊。常年在田地劳作,双下肢静脉曲张多年,久站后下肢酸胀不适伴水肿,晨轻暮重。2 年前左下肢胫前区不慎擦伤致局部溃疡不愈,曾在当地卫生院碘附消毒治疗及抗生素药粉外敷,未见好转,经他人介绍前来就诊。患者既往体健,否认药物过敏史、否认高血压、心脏病、糖尿病等病史。血管彩超检查:左下肢动脉段内膜毛糙,足背动脉血流速度下降。左足背动脉搏动(++),右足背动脉搏动(+++),左下肢 ABI 1.30。实验室检查:血细胞分析,WBC $5.4 \times 10^9$/L,超敏 C 反应蛋白 12.7mg/L。活检组织病理学检查:皮肤组织,溃疡伴炎性肉芽组织增生,伤口培养显示:100% 奇异变形菌。

皮肤发亮,皮温热,干燥,炎性发红,色素沉着,胫前区凹陷性水肿Ⅳ度,伤口周围皮水肿Ⅱ度,伤口边缘不规则,伤口大小为 12cm×11.5cm,深度 0.1cm,清洁伤口后,伤口床 75% 黄色坏死组织,25% 红色组织,大量脓性渗液恶臭(彩图 4-3-10A)。疼痛评分:静息状态 3 分,活动 4 分。

治疗的主要目的在于建立促进溃疡愈合的环境。首先要做的是促进静脉血液循环。抬高患肢,坐位时双下肢高于臀部,平躺时用枕头抬高双腿,使其高于心脏水平。穿弹力袜或者使用弹力绷带进行压力治疗,以帮助血液回流。其次要有健康的生活方式,包括戒烟,健康的饮食,适当的锻炼,避免长时间站立或者坐着不动。

根据伤口 TIME 原则,进行清创、感染控制、渗液管理。

坏死组织:锐器清创。

感染控制：全身抗感染，口服头孢丙烯胶囊；清创后以银离子敷料抗感染。

大量渗液：泡沫敷料，藻酸盐银，多层弹力绷带行压力治疗。

疼痛管理：对患者进行疼痛评估，操作过程中允许患者提出暂停治疗要求，在锐器清创前使用利多卡因局部湿敷 5 分钟后清创。

10 月 22 日，伤口大小 11.4cm×9.4cm，创面 100% 红色肉芽。使用泡沫敷料，多层弹力绷带压力治疗。每周换药 1 次。

11 月 21 日，伤口大小 10.5×2.5cm，调整治疗方案，以藻酸盐敷料作为第一层敷料，水胶体敷料作为外层固定敷料。

12 月 7 日，伤口愈合（彩图 4-3-10B）。

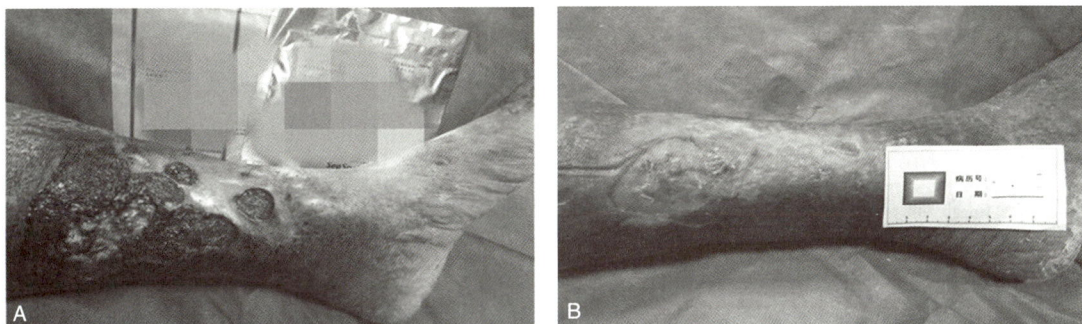

**彩图 4-3-10　下肢静脉溃疡**
A. 下肢静脉溃疡；B. 下肢静脉溃疡愈合

（胡宏鸯）

## 四、动脉性溃疡的护理

动脉性溃疡（arterial ulcer）主要是因为周围小动脉狭窄或闭塞及动脉粥样硬化所造成的血管狭窄，以至于血液无法顺利循环至双腿下肢，而导致下肢缺氧，肢体局部血供障碍所致，产生疼痛，其中动脉粥样硬化是最主要的原因。而吸烟、糖尿病、高龄及其他部位的动脉性疾病则是高危因素。是属于周边动脉血管梗阻性疾病，其原理与心肌缺氧相同，只是反应的部位不同。

### （一）概述

外周动脉泛指除心脑动脉以外的动脉血管，因此广义的外周动脉疾病应包括除心脑以外的动脉疾病，但通常外周动脉疾病特指下肢动脉硬化性闭塞症、也称下肢动脉闭塞性疾病，是全身性动脉粥样硬化的一个重要表现。下肢动脉性溃疡是动脉硬化闭塞症并发症之一。在美国每年有 2%~3% 糖尿病患者会面临下肢动脉溃疡的威胁，而演变成下肢溃疡。每年约有 92 000 人面临截肢的命运；而英国约有 5% 的人口面临周围血管疾病，在医院内糖尿病患者约有 3% 会发展成为下肢动脉溃疡伤口，且其发生率是其他患者的 50%，每年耗费 27 987 英镑医疗费用。

### （二）病因与机制

1. 病因学　下肢动脉性溃疡是指因动脉性病变导致周围小动脉狭窄或闭塞及动脉粥样硬化所致的血管狭窄，以至于血液无法顺利循环至双腿下肢，引起下肢缺氧，机体局部组织缺血,皮肤破溃,引起患者运动功能障碍,出现静息痛,溃疡、严重时可引起肢端坏死。下肢动脉性溃疡属于外周动脉血管梗阻性疾病,其原理与心肌缺氧相同,只是病变的部位不同。

2. 发病机制　曾有多种学说从不同角度阐述:包括脂质浸润学说、血栓形成学说、平滑肌细胞克隆学说等。近年来多数学者支持内膜损伤反应学说:认为内膜损伤及平滑肌细胞增殖,细胞生长因子释放,导致内膜增厚及细胞外基质和脂质积聚;动脉壁脂代谢紊乱,脂质浸润并在动脉壁积聚;血流冲击在动脉分叉部位或某些特殊的解剖部位,造成的剪切力,对动脉内膜造成慢性机械性损伤作出炎症 – 纤维增生性反应的结果。其发病机制是由于动脉粥样硬化斑块的破裂或出血、表面溃疡或糜烂,中膜变性或钙化,继而引发血小板聚集及不同程度的血栓形成和远端血管栓塞,或发生痉挛等导致管腔狭窄程度加重,使管腔逐渐狭窄,甚至完全闭塞。

### （三）高危因素

1. 吸烟　吸烟可将下肢动脉疾病的发病风险平均提升 2~6 倍,且与发病风险呈明显的剂量相关性。在下肢动脉疾病患者的二级预防中,戒烟是指南推荐的首要方法,其带来的益处比任何药物的疗效都更显著。

2. 高血压　研究显示高血压人群的下肢动脉疾病发病风险是血压正常人群的 2.5~4 倍。在下肢动脉疾病患者的二级预防中,若能有效地控制血压,其远期心血管不良事件率相较未控制血压明显降低。

3. 高血脂　降脂治疗是下肢动脉疾病二级预防的基石。目前指南推荐的下肢动脉疾病患者群降脂目标为低密度脂蛋白胆固醇（LDL-C）<2.5mmol（100mg/dl）,最佳目标为<1.8mmol（70mg/dl）,或将 LDL-C 降低至原基线水准的 50% 以下。

4. 缺乏运动　运动是预防和治疗下肢动脉疾病的最简单也最有效的方式,这可能与运动增加了下肢的侧支循环开放有关。2011 年欧洲心脏病学会（ESC）指南推荐:运动应作为下肢动脉疾病患者重要的一级、二级预防方式,形式则可包括步行、抬腿或伸弯膝等。

5. 高血小板聚集率　高血小板聚集率将会加速动脉粥样硬化的进展,在血管动脉粥样硬化斑块形成中起到重要作用。

6. 高血糖　多项研究显示高血糖是下肢动脉疾病的独立风险因素,对于下肢动脉疾病合并糖尿病的患者,指南推荐应积极控制血糖水平,理想的糖化血红蛋白水平应低于 6.5%。

7. 遗传因素　动脉粥样硬化有在家族中聚集发生的倾向,家族史是较强的独立危险因素。阳性家族史伴随的危险性增加,可能是基因对其他易患因素如肥胖、高血压、糖尿病等介导而起作用。

8. 年龄和性别　出现临床症状多见于 40 岁以上的中、老年人,49 岁以后进展较快。男性冠心病的发病率是女性的 2 倍,且发病年龄早 10 岁,但绝经期后女性的发病率迅速增加。

9. 酒精摄入　大量观察表明,适量饮酒可以降低冠心病的死亡率,但是大量酒精摄入可导致高血压及出血性脑卒中的发生。

10. 高危人群　高危人群包括:①年龄 ≥70 岁;②年龄在 50~69 岁,有吸烟或糖尿病史;③年龄 <50 岁,有糖尿病和 1 项其他动脉粥样硬化的危险因素或糖尿病病史 ≥10 年;④劳累相关的腿部不适或缺血性静息痛;⑤下肢脉搏检查异常;⑥确诊的冠状动脉粥样硬化、脑血管或肾动脉疾病。

11. 其他风险因素　与下肢动脉疾病相关的新的风险因素,包括:A 型性格、微量元素摄取减少、一些凝血因子增高、血液中抗氧化物浓度低等。一项前瞻性研究发现：总胆固醇/高密度脂蛋白胆固醇比值（TC/HDL-C）、C 反应蛋白和纤维蛋白原是下肢动脉疾病患病风险的强预测因素。还有研究发现脂联素也与下肢动脉疾病的发病密切相关。

### （四）临床表现与辅助检查

1. 临床表现

（1）无症状性下肢动脉疾病：大部分下肢动脉疾病患者没有缺血症状，即没有典型的间歇性跛行症状，但这些患者通常存在下肢功能不全和下降，并且发生心血管缺血事件的危险增加。

（2）间歇性跛行：30%~40% 的患者可出现典型的间歇性跛行，表现为行走一段距离后出现一侧或双侧下肢酸胀、乏力、烧灼感、痉挛或疼痛，休息后可缓解，进一步加重，即使休息状态亦可出现肢端明显缺血的症状。

（3）严重肢体缺血：是指严重的肢体灌注不足引起长期的缺血性静息痛、溃疡和坏疽。患者通常表现为肢体静息痛，有或无营养性皮肤改变或组织坏死。患者不适通常在卧位时加剧，在肢体下垂时减轻。

（4）急性肢体缺血：无脉、苍白、麻木、运动障碍和厥冷是急性肢体缺血的典型特征性表现。缺血早期皮肤苍白，但随时间推移皮肤常为发绀。

（5）外周动脉疾病的临床分级：以 Fontaine 分级最常用（表 4-3-5）。

表 4-3-5　外周动脉疾病的 Fontaine 分级

| 分级 | 临床表现 |
| --- | --- |
| Ⅰ级 | 无症状 |
| Ⅱ级 | 间歇跛行 |
| Ⅱa级 | 轻度间歇跛行（步行 >200m 无疼痛发作） |
| Ⅱb级 | 中到重度间歇跛行（步行 >200m 疼痛发作） |
| Ⅲ级 | 缺血性下肢静息痛或夜间痛 |
| Ⅳ级 | 溃疡、坏死或坏疽 |

2. 辅助检查

（1）血清学检查常有血脂异常和血糖升高等。

（2）踝肱指数（ABI 指数）和足趾/肱动脉收缩压的比值（TBI 指数）作为评价下肢缺血程度的常用指标。踝肱指数的临床意义（表 4-3-6）。

表 4-3-6　ABI 的判读

| 分类 | 数值 | 结果 |
| --- | --- | --- |
| 正常 | 0.91~1.30 | 正常 |
| 动脉功能不足 | 0.70~0.90 | 有动脉血流灌注不足现象，但未出现症状 |
| 中度梗阻 | 0.40~0.69 | 患者出现间歇性跛行 |
| 严重梗阻 | <0.4 | 出现缺血性休息疼痛 |

（3）无创的影像学检查技术：包括数字超声探测仪、计算机断层扫描血管造影、磁共振血管造影成像与 ABI 相结合进行诊断，使用影像学检查手段不但能提升诊断灵敏度，同时还能提示粥样硬化斑块的位置和病变程度的相关信息。

（4）彩色多普勒超声检查：首选的影像学诊断方法，可以早期发现双下肢动脉粥样硬化斑块，能显示附壁血栓的数量、所在部位、是否陈旧或新鲜血栓、病变血管的部分或完全阻塞所致的走行变化或动脉瘤形成的情况，可以评价病变程度，为手术方案的选择提供直观、准确的诊断依据。并可应用于患肢动脉气囊、支架置入的监视、导引。

### （五）治疗与护理

1. 治疗原则　对动脉性溃疡来说，血液循环非常重要，血管流通是伤口痊愈的首要条件。因此，血管重整手术是重要治疗手段，否则，溃疡极难痊愈，甚至会日趋恶化。而且，除溃疡外，患者的下肢亦非常疼痛，因此外科手术解决下肢动脉阻塞是首要治疗原则。恢复动脉血管血流流通是治疗动脉性溃疡的先决条件。

（1）下肢动脉性溃疡的治疗目标：①控制感染；②治疗局部缺血，要使阻塞的血管再通畅；③溃疡的治疗。

（2）下肢动脉性溃疡的治疗策略：动脉溃疡伤口处置着重于避免溃疡产生的相关因素，其次才是伤口床的处置。增加伤口床血流供应是非常重要的策略，患者的姿势对于伤口床血流供应有很大的影响，再者，提供伤口组织生长环境、伤口床保护及避免组织破坏都是护理的重要环节。这种溃疡愈合非常困难，局部使用敷料常难以见效，多需借助外科手术治疗。对于干性坏疽的局部处理需注意保持溃疡及周围皮肤的清洁与卫生，防止激发感染。干性坏疽继发感染时常表现为湿性坏疽，基底有较多脓性分泌物，此时应去除脓苔，清洁创面，同时局部使用银离子敷料控制感染。值得注意的是坏死的黑色组织一般不予彻底清除，以避免出血。其治疗方式可分为内科及外科两种治疗。

1）内科治疗：由于动脉溃疡患者多同时有动脉粥样硬化，故在进行伤口护理时，也应配合患者检查值采用药物治疗。常见药物治疗种类包括：血小板抑制药、抗脂质药物与血管紧张素转化酶抑制药。

2）外科治疗：目的是恢复动脉血流。动脉闭塞性疾病是发生下肢动脉性溃疡的主要病因，这类溃疡愈合非常困难，单纯局部使用敷料常难以见效，若口服药物也无法改善症状，可以考虑血管成形术或放置支架，若更严重者，则考虑血管绕道手术，手术本身风险最大的部分还是来自于患者身体的全身性疾病如冠状动脉心脏病等，因此术前要做好评估，才能有良好的手术结果。并非所有患者皆需要执行血管绕道手术，但对于严重的下肢动脉血管障碍患者，一般皆采用血管绕道手术（bypass grafting），所选用的血管为人造静脉或是自体静脉（autogenous vein），如下肢足背动脉（dorsal pedal artery）血管绕道手术，是进行足背动脉或脚踝附近的胫后动脉（posterior tibial artery）绕道手术，借由绕道手术执行，作为提供末梢肢体血流供应。若是在动脉血管评估之后，无法进行动脉绕道手术，次要的选择才会是以促进侧支血流提供该区域血流供应。

目前借助外科手术治疗恢复血供的方法，包括传统外科手术治疗、介入治疗、手术介入联合治疗和自体外周血干细胞移植：①外科手术治疗：主要手术方式包括动脉内膜剥脱和成形术、各种血管移植和重建手术。若下肢坏疽严重，有需要进行截肢手术以防止坏疽感染至全身性脓毒血症。动脉溃疡伤口多有坏死组织及腐肉，容易引致细菌滋生而感染，若其他清创方法无效,有需要进行手术清创。②介入治疗:随着介入技术和产品的进步,尤其是下肢专用球囊和支架的应用后,介入治疗在治疗动脉硬化闭塞症方面正快速地替代传统外科手术治疗。③外科手术治疗联合血管腔内介入治疗:是手术介入联合治疗的一种方式,兼具有外科手术和介入术的优势。

## 知识拓展

### 腔内介入联合外科手术的优势

传统术式应用人工血管、自体大隐静脉或联合应用来完成自腹主动脉至足背动脉的多平面转流,此类手术虽然远期通畅率较高,但手术创伤较大,尤其对合并全身严重病变的老年患者,麻醉及手术风险较大。近年来,腔内介入联合外科手术治疗已成为治疗多节段动脉硬化闭塞症的重要手段,目前应用较广的为对主髂动脉行腔内成形术、支架植入联合远端股腘动脉人工血管旁路术或联合股深动脉成形术。这种腔内介入联合外科手术的方法,可以避免系列旁路术需开腹的巨大创伤,减少了手术并发症的发生和降低了死亡率,尤其为高危患者提供了治疗机会。

【资料来源】

张建玲. 血管腔内介入手术治疗下肢多节段动脉硬化闭塞症临床分析. 世界最新医学信息文摘,2016,16(76):54-56.

(3)自体外周血干细胞移植:血管新生技术是近年来医学研究的一个热门课题,已发现骨髓、外周血、脐血和胎肝中存在内皮祖细胞(endothelial progenitor cell, EPC), EPC参与新毛细血管的生成。因此,将自体外周血干细胞植入坏死肢体,以促进局部的血管形成,使干细胞移植术治疗缺血性下肢血管病成为一种崭新的治疗方法。

(4)药物治疗:阿司匹林75~150mg/d;对阿司匹林不能耐受者,可根据具体情况选用氯吡格雷、西洛他唑、前列腺素、安步乐克等。

2. 护理

(1)护理评估

1)全身评估:①病史:如外科手术、内科疾病、药物服用等;②溃疡史:如患者在何时有第一次溃疡形成,是否有下肢创伤,溃疡是否复发,复发是否在同一部位,有否接受过治疗;③诊断:如血管检查、实验室检查、放射学诊断;④身体状况:活动性、下肢活动能力;⑤疼痛评估:间歇性跛行,患者一定要停止活动休息,疼痛才能缓解。休息痛多发生于晚上患者休息时,因双腿放于床上,血流供应不足而产生疼痛,患者需要将双腿向下垂于床边,增加血流量才能减轻疼痛;⑥衣物:有无穿着紧束鞋袜;⑦营养状况:如过胖;⑧知识水平:关于静脉性溃疡的形成及预防等。

2)局部评估:①动脉性溃疡可于下肢任何地方有溃疡形成,但多发生于足部外侧、足趾及足趾之间形成;②下肢毛发消失、萎缩、皮肤光亮、腓肠肌或股肌消瘦;③伤口边缘多整齐,颜色较苍白,渗液量少,伤口较干;④足背、胫前、胫后动脉微弱或消失;⑤足趾可能有缺血坏死;⑥趾甲变厚;⑦足趾灌注差,足部冰冷;⑧Dependent rubor:患者平卧,下肢抬高约

30°或高于心脏位置,下肢颜色会变苍白,当下肢下垂时,颜色转为红色。

动脉溃疡伤口特性见表4-3-7。

表 4-3-7　动脉溃疡伤口特性

| 项目 | 特　性 |
| --- | --- |
| 部位 | 呈现小或不规则的伤口,通常伤口位于下肢肢体末梢顶端,如足趾 |
| 水肿 | 无 |
| 大小 | 小的似火山口外观,边缘较规则;浅、不规则伤口边缘 |
| 伤口床 | 苍白,坏死 |
| 渗液量 | 通常少量 |
| 伤口周围皮肤 | 皮肤冰冷;抬高下肢时皮肤成苍白,站立时下肢成牛肉红;皮肤薄及发亮 |
| 疼痛 | 可能出现痉挛或持续性深部疼痛 |
| 愈合 | 很少看到伤口缩合,呈现肉芽组织,瘢痕形成再次上皮新生 |

3）心理-社会状况:适应能力、经济能力、家庭支持、社交活动、个人卫生、运动量、酒癖、烟癖、药物癖等。

（2）伤口护理

动脉性溃疡的主要原因是因为缺血而致组织缺氧坏死,因此,要加强保护,防止受伤或受压。如果患者存在严重的休息痛,疼痛的控制成为治疗必不可少的一部分。鼓励患者戒烟,因为吸烟进一步导致下肢血供障碍,适当锻炼有助于增加肢体的侧支供血,因而改善组织灌注。注意肢体保暖以减轻疼痛。

溃疡治疗的主要目的是去除坏死组织和防止感染。根据溃疡的表现、渗液量和溃疡的位置来选择合适的伤口处理产品。敷料要能够有效的保留而又不会过大而过度限制活动,脚趾的敷料较难选择。

为了固定敷料而要经常使用绷带,但压力性绷带不能用于动脉性溃疡,舒适的固位绷带如棉织绷带比较适合,轻质管状绷带经常使用,尤其应用于脚趾上。无论使用何种绷带,最关键的一点要确保不影响肢体血供。有以下情况宜进行足踝-手臂指标的测量:①现存或怀疑的跛行;②休息疼痛;③无法愈合的足部溃疡;④年龄≥70岁或≥50岁合并相关高危险群（如糖尿病、吸烟等）。

1）干性坏疽:若干性坏疽则应保持伤口干燥,切勿用湿性愈合方法,因容易引致感染而致脓毒血症。若需要进行截肢,则先行血管手术,血流畅通后再截肢。

2）湿性坏疽:显示有感染的坏死组织,此为紧急情况,需要做外科清创及抗生素治疗。若失败则需要立即做截肢手术,否则,可能引起脓毒血症。

3）若伤口清洁无感染,患者已行血管手术,是可用各种不同敷料促进伤口愈合。

其重点如下:

1）出现溃疡伤口必须执行伤口微生物培养,通常建议再进行组织切片检查。

2）执行全细胞计数、血糖值、生化检查等实验室检查。

3）若患者出现深部组织溃疡伤口,建议辅助局部X线摄影术、计算机断层及磁共振等,来确认患者是否因为骨髓炎造成伤口迟迟不能愈合。

4)动脉溃疡、任何干结痂或坏疽性伤口都应等到血流重新供应时才可以进行伤口清创。

5)伤口敷料的选用应依据伤口床的特性而决定敷料的种类,使用敷料时也应避免伤口过度潮湿导致伤口周围皮肤浸渍。建议:①水胶体及薄型泡沫敷料可使用在较浅且没有大量分泌物的伤口;②亲水纤维银敷料或藻酸盐(alginate)敷料可用于大量渗液伤口管理渗液;③含银敷料可用于腐肉及具臭味的伤口;④水凝胶敷料则应用在腐肉及坏死性伤口。

6)足部若出现胼胝(callus)应予以清除,以降低感染机会或因胼胝引发压力造成周边皮肤伤害。

7)抬高床头 60°~90°,利用重力促使下肢血流供应及保持下肢的温暖。

8)评估患者疼痛程度并适时依医嘱给予止痛药,若出现静息性疼痛或急性感染症状,则应立即将患者转诊给心血管外科医师。

(3)疼痛护理:关心安慰患者,讲解疼痛与情绪的内在联系,使之保持心境平和。观察疼痛的部位、性质与加重因素,以及疼痛时间,尤其夜间更应注意观察。疼痛发作时绝对卧床休息,使下肢下垂,增加血供,避免肢体剧烈活动。冬天注意保暖患肢,禁止直接使用热水袋。对夜间疼痛难以入睡者给予镇静、镇痛治疗。

3. 健康教育

(1)运动:规范性、逐渐性运动可促进下肢产生并行性血流现象(collateral circulation),适当地进行足部的功能锻炼,维持并恢复足部功能。

(2)戒烟:由于吸烟会减少全身性血流,因此患者避免吸烟以恢复足够血流供应,是成功治疗下肢溃疡伤口重要的一环。

(3)戒酒。

(4)体重控制。

(5)足部护理。

1)定期检查下肢及足部。若有新溃疡,应及时就诊。避免坐时交叉下肢,以免影响血液循环。

2)避免双足浸冷水或热水,防止损伤。每天以温水进行足部泡脚护理,同时以毛巾拭干足部及脚趾,可涂凡士林油或皮肤润滑乳按摩足部,并避免皮肤干燥,但此润滑乳不建议使用在足趾间。

3)活动时尽量穿棉袜及舒适的鞋子,勿穿凉鞋及拖鞋,保护足部,避免足部受压及损伤。

4)指甲护理,指甲修剪为平型为宜。

5)预防患者因反复的压力造成伤口出现,可以提供具缓冲压力性鞋垫的鞋子,指导患者及家属,并定期复诊让相关医师及护理师检查患者足部。护理人员也应教导患者在下肢容易受压之处或骨突处进行保护措施。

(6)若疼痛加剧或伤口周围红肿,应立即就医,遵医嘱服用抗生素。

(蔡蕴敏)

## 五、创伤伤口护理

创伤（trauma）是指机体遭遇各种创伤因素（机械、物理、化学或生物等）作用后，造成的局部组织破坏、功能障碍及可能发生的全身反应。包括挤压伤、切割伤、火器伤、手术创伤以及烧伤等。近年来，随着社会生产力的发展、工业化水平的提高，交通伤、工伤等意外创伤也在明显增加，与此相对应的各类创伤伤口随之而来。尽快解决这一临床问题，提高患者生活质量，已成为现代伤口护理的一项重大课题。

### （一）创伤的分类

1. 按致伤原因分类

（1）冷武（兵）器伤（cold weapon wounds）：是指锐器所致的损伤。

1）刺伤（puncture wound）：多由金属、木质等尖刺所致，伤口小，基底深、长度不一，可能伤及深部器官或造成异物存留，易发生厌氧菌感染。

2）切割伤（incised wounds）：多因锐器、切削器所致，切口长度、深度各不相同。创缘平整，易造成血管、神经和肌腱等深部组织损伤。

3）穿入伤（penetrating wound）：指利器或投射物穿入体表后造成的损伤，可能仅限于皮下，也可伤及内脏。

4）穿透伤（perforating wound）：致伤器经皮肤或黏膜穿过深层组织，达到体腔及器官，或穿通后由对侧穿出。此类伤口虽然较小，但常造成体腔内脏器的严重损伤，并致体腔开放、大出血、内脏器官破裂、穿孔或异物滞留。

（2）火器伤（firearm wound）：各种枪弹、弹片、弹珠等所致的损伤。

（3）烧伤（burns）：热力作用而引起的损伤。

（4）冻伤（cold injury）：因寒冷环境而造成的全身或局部损伤。

（5）冲击伤（blast injury）：在冲击波作用下人体所产生的损伤。

（6）化学伤（chemical injury）：因化学武器或化学物品暴露而造成的损伤。

（7）放射性损伤（radiation injuries）：机体因接受不同辐射造成的射线性损伤。

（8）复合伤（combined injury）：两种或两种以上致伤因子同时或相继作用于机体所造成的损伤。

2. 按受伤部位分类

（1）颅脑损伤（craniocerebral injury）：常见的损伤为颅骨骨折、硬膜外和硬膜下出血、脑震荡、脑挫伤等。如颈伤及头部皮肤、皮下和肌肉等软组织而未伤及脑组织，则称为头部软组织伤。

（2）颌面颈部伤（maxillofacial and cervical injury）：指发生于颌面颈部的损伤，可不同程度的影响呼吸、语言、进食和内分泌功能，如发生颈部大血管破裂时，便会引起大出血而危及生命。

（3）胸部伤（chest abdomen injury）：根据受伤程度的不同造成胸壁、心、肺及腹腔内许多实质脏器或空腔脏器的损伤。

（4）骨盆伤（pelvis injury）：包括外阴及会阴部的损伤，骨折时易引起脏器继发损伤。

（5）脊柱脊髓伤（spine and spinal cord injury）：可引起不同高度和范围的截瘫，甚至造成终身残疾。

（6）上下肢伤（upper and lower extremity injury）：可发生不同程度的挤压伤、骨折、断指或断肢，同时伴有神经、血管和肌肉的损伤。

（7）多发伤（multiple injuries）：有两个或两个以上解剖部位出现的损伤，并且其中一处可危及生命。

**3. 按皮肤完整性分类**

（1）闭合性创伤：皮肤、黏膜保持完整者。

1）挫伤（contused wound, contusion）：多为浅层软组织挫伤，表现为局部肿胀、触痛或皮肤红、青紫。系真皮与深筋膜间或加以浅层肌肉组织细胞受损、微血管破裂出血，继而发生炎症反应所致。

2）挤压伤（crush injury）：肌肉丰富的肢体或躯干在受到外部重物数小时的挤压或固定体位的受压后造成的组织及血管创伤，严重者甚至发生挤压综合征。

3）扭伤（sprain, twisted wound）：一侧关节受到过大的牵张力，使其相关的韧带超过正常活动范围而造成的损伤。

4）震荡伤（concussion）：头部受钝力打击所致的暂时性意识丧失，无明显或仅有轻微的脑组织形态变化。

5）关节脱位和半脱位（luxation and semiluxation）：关节部位受到不均匀暴力作用后所引起完全或不完全的脱位。

6）闭合性损伤（closed injuries）：多有暴力作用引起的脏器或骨骼的损伤。

（2）开放性创伤：皮肤、黏膜有破损者。

1）擦伤（abrasion）：伤及皮肤表层、表皮及部分真皮被不规则的刮除。

2）撕裂伤（laceration）：由不同方向的力作用于组织而导致浅表和深部组织撕脱、断裂，伤口多不规则。

3）切伤或砍伤（incised wounds or cut wounds）：多因锐器、切削器所致，切口长度、深度各不相同。创缘平整，易造成血管、神经和肌腱等深部组织损伤。

4）刺伤（puncture wound）：多由金属、木质等尖刺所致，伤口小，基底深、长度不一，可能伤及深部器官或造成异物存留，易发生厌氧菌感染。

**4. 按病情轻重分类**

（1）轻度：伤及局部软组织，只需局部处理或小手术治疗。大部分不影响生活、工作和学习。

（2）中度：广泛软组织损伤、四肢长骨骨折及一般腹腔脏器损伤等，需要手术治疗，但一般无生命危险。

（3）重度：危及生命或治愈后有严重残疾者。

**（二）病理生理及组织修复方式**

创伤后机体迅速产生各种局部和全身性防御反应，以维持机体内环境的稳定。

**1. 炎症与免疫应答**　由于局部血管的收缩，导致局部组织缺血，引起组织胺和其他血管活性物质的释放，使创面局部的血管扩张；当机体发生炎症反应时收缩的小动脉在组胺、5-羟色胺、激肽等血管活性物质的作用下扩张，伤口血液灌注增加，局部新陈代谢加强，使有害物质得以清除。同时伤口使神经末梢暴露，大量炎症介质如缓激肽、肿瘤坏死因子、白细胞介质等的释放刺激伤口，作用于下丘脑体温调节中枢，引起局部疼痛、机体发热。一般

3~5 日后逐渐消退。

2. 神经内分泌系统反应 在疼痛、紧张、有效血容量不足等因素的作用下,下丘脑 – 垂体 – 肾上腺皮质轴和交感神经 – 肾上腺髓质轴分泌大量儿茶酚胺、肾上腺皮质激素、抗利尿激素、生长激素和胰岛血糖素;同时肾素 – 血管紧张素 – 醛固酮系统也被激活。上述 3 个系统相互协调,共同调节全身各器官功能和代谢,保证重要脏器的功能,同时也使得机体分解代谢增强,能量消耗增加。

3. 组织修复方式 主要愈合过程是通过细胞再生实现的,损伤所致的组织细胞丢失后的再生,称之为病理性再生(pathological regeneration)或修复性再生。当创面浅表、组织细胞丢失轻微,则可由同种组织细胞分裂增生来补充,使之具有同样的结构和功能,形成完全性病理性再生。当组织细胞缺失较多时,则机体修复时常由另一种替代组织——结缔组织来填补,使之失去原有组织的结构和功能,形成不完全性病理性再生。临床上绝大多数是这种类型的再生。

### (三)临床表现

创伤伤口一旦形成,机体就会迅速做出反应,启动愈合过程进行修复。然而不同的伤口因致伤原因、部位、程度的不同,其临床表现也有所不同,导致愈合过程也有差异。

1. 局部症状和体征

(1)疼痛:根据创伤程度和部位的不同,其疼痛程度也不一。一般在伤口 2~3 日后逐渐缓解,严重创伤并发休克时,伤员常不诉疼痛;内脏器官损伤所致的疼痛常定位不确切。若疼痛持续或加重,则可能并发感染。

(2)肿胀:多因局部肿胀出血和创伤性炎症反应所致。可伴有红、青紫、瘀斑或血肿,严重肿胀可致局部组织或远端肢体血供障碍。

(3)活动和功能障碍:因解剖结构破坏、疼痛或炎症反应使神经或运动系统受损,导致活动和功能障碍。

(4)创伤伤口特点:创伤伤口的特点随受伤原因的不同有所差异,较复发的创伤伤口常表现有以下特点:①创面较深,达深筋膜层以下,甚至深达骨质,或与腹腔脏器相通;②多合并潜在腔隙,且呈现出口小底大的特征;③创面复杂,常伴有坏死、变性组织残留;④创面感染重,分泌物多,多种细菌并存;⑤创面局部条件差,如创基无明显肉芽组织、创周上皮生长缓慢、创周血液循环及神经营养差等。

2. 全身症状和体征

(1)生命体征不稳定:重度损伤或伤及大血管者可发生大出血或休克。伤及重要脏器时可致呼吸循环功能衰竭。

(2)发热:中、重度创伤后导致出血、组织坏死分解、及创伤产生的致热因子可使机体产生吸收热。一般不超过 38.5℃,但中枢性高热体温可达到 40℃,发热时伴有脉搏和呼吸频率的增加。

(3)全身炎症反应综合征:创伤后,由交感神经 – 肾上腺髓质系统兴奋,大量儿茶酚胺及其他炎症介质的释放、疼痛、精神紧张和血容量减少等因素引起体温、心血管、呼吸和化验指标等方面的异常。主要表现为:①体温 >38℃或 <36℃;②心率 >90 次 /min;③呼吸 >20 次 /min 或过度通气,$PaCO_2 < 4.3kPa$(32mmHg);④WBC>$12 \times 10^9$/L 或 <$4 \times 10^9$/L 或未成熟红细胞 >0.1%。

（4）其他：因失血、失液，患者可有口渴、尿少、食欲减退、疲倦、失眠甚至月经异常。

### （四）创伤的评估

对创伤患者的评估，我们首先要对其进行全身评估，了解患者的生命体征、意识状况，其次要评估伤口情况，根据患者的受伤原因及程度给予辅助检查，同时还要评估患者的心理和社会支持情况。

1. 健康史　了解患者受伤的原因、时间、地点、部位，以及伤后表现、有无危及生命的损伤、现场救治及转运途中伤情变化等。患者伤前有无不良嗜好，是否合并高血压、糖尿病、营养不良等慢性疾病；是否长期使用皮质激素类、细胞毒性类药物；以及有无药物过敏史等。

2. 生命体征评估　观察患者的精神状态，是否有意识障碍；语言对答或对疼痛刺激是否出现反应迟钝；观察患者呼吸频率是否正常，有无呼吸困难、呼吸过浅或发绀等情况；触及患者的脉率是否正常，有无加快或减慢；测量患者血压、及毛细血管充盈时间是否在正常范围内；观察尿量变化，有无休克及其他并发症发生。

3. 伤口评估　根据伤口情况进行适时评估，了解伤口的类型、性状、大小、深度、污染程度、是否有血肿或留有异物、是否出现青紫、瘀斑、肿胀、疼痛及功能障碍；有无出血、出血量，及有无合并症如骨折及其他器官损伤等。对于有进行性出血、开放性气胸及腹部肠管脱出的开放性伤口，应先行止血、堵塞和覆盖等紧急处理，待手术时再作评估。

4. 辅助检查

（1）实验室检查：血常规和血细胞比容是否降低或升高判断有无感染及失血过多，尿常规检查是否见红细胞判断有无肾脏损伤，血或尿淀粉酶是否升高判断有无胰腺损伤，血电解质和血气分析检查判断有无电解质、酸碱平衡紊乱。

（2）诊断性穿刺和置管检查：怀疑有脏器损伤时可行诊断性穿刺，如胸腔穿刺有血胸或气胸，表明有肺和胸部损伤；腹腔穿刺有血液、胆汁、气体或污物表明有血管、胆道、肠管或其他脏器损伤；心包穿刺可查出心包积液或积血。怀疑膀胱或尿道损伤时可放置导尿管或灌洗；对于血容量和心脏功能的判断可采用留置中心静脉导管监测中心静脉压的方法。

（3）影像学检查：怀疑有骨折、脱位、异物存留、胸腹腔有积液积气等可选择 X 线检查。对于一些实质性器官损伤或积液时可选择超声检查，过于肥胖、肠积气或腹壁有创伤时不宜选用。对于颅脑、脊髓、骨盆等处损伤时可选用 CT 和 MRI 进行诊断，但有金属异物存留时禁用。

5. 心理和社会支持情况　评估患者及家属对突受打击的心理承受程度及心理变化情况，有无紧张、焦虑、恐惧等。同时了解患者对损伤的认知程度及对治疗的信心。

### （五）创伤的治疗

创伤伤口往往病情复杂，复合伤多，病程长，因此，在关注局部创面处理的同时，尚需顾及全身性治疗、炎症感染的控制、营养的支持、内脏器官的保护、机体代谢的调控等多方面的内容。

1. 全身治疗　发生创伤后应首先保证患者的生命安全，给予呼吸和循环功能的支持、镇静止痛、预防感染和破伤风、加强营养。

（1）呼吸和循环功能的支持：保持呼吸道通畅，清理口鼻腔，给氧，必要时行气管插管接呼吸机辅助通气等；及时建立静脉通路，恢复循环血量，调节电解质及酸碱平衡紊乱。

（2）镇静止痛：剧烈的疼痛可诱发或加重病情，因此在不影响病情观察的情况下，合理使用镇静止痛药物。同时患肢正确的包扎、固定、抬高制动也可有效的缓解疼痛。

（3）预防感染：有开放性伤口者，根据伤口感染情况在伤后 12 小时内注射破伤风抗毒素 1500U，以预防破伤风感染，感染严重者，除破伤风抗毒素剂量加倍外，还应针对性使用抗生素控制感染。

（4）体液调节：严重创伤后常因大量液体丢失、摄入量减少、组织低灌流等原因而发生水、电解质紊乱和酸碱失衡，根据患者情况给予及时补液治疗。

（5）营养支持：重度创伤后患者呈高代谢状态，极易造成负氮平衡。机体抵抗力降低，应根据患者的全身状况给予高蛋白、高能量、高维生素、清淡易消化饮食，少量多餐。经口摄入不足者，可经肠内或肠外补充营养，以保证机体需求。

2. 局部治疗

（1）闭合性创伤的治疗：对于单纯的闭合性损伤患者，给予局部抬高、制动，有软组织损伤及血肿形成的创伤可冷敷和加压包扎，减少组织的出血和肿胀，12 小时后改为热敷或红外线治疗，以促进血肿和炎症的吸收。伴有骨折和脱位者，需由医生进行复位、固定；合并重要脏器、组织损伤者行手术探查及修复。

（2）开放性创伤的治疗：根据伤口情况选择合适的治疗方法。

1）清洁伤口（clean wound）：指未受细菌感染，可直接缝合达一期愈合。

2）污染伤口（contamination wound）：指沾染了异物或细菌而未发生感染的伤口，采用清创术（debridement）早期充分清除异物、血块、失活组织等，尽可能将已污染的伤口变为清洁伤口，争取为伤口早期愈合创造良好的局部条件。

3）感染伤口（infection wound）：包括继发性感染的手术切口，损伤后时间较长已发生感染化脓的伤口，须外科手术、清洁与敷料更换治疗、以充分引流、减轻感染，促进伤口肉芽组织生长，属于二期愈合。

治疗方法：全身情况较为稳定的患者，应以创面的局部清创为重点。清创不要求全面、彻底，主要是对伤口进行清洗、扩创、缝合等处理，将污染的伤口变为清洁伤口，为组织的愈合创造良好条件。清创的时机应越早越好，最好选择在伤后 6~8 小时，以利于伤口达到一期愈合的效果。对于污染较重或受伤时间超过 8~12 小时的伤口应在清创后酌情放置合适的引流条并行延期缝合。对于感染严重的伤口，在行清创手术前应通过多次清洁与敷料更换，尽可能减轻创面的污染程度，减少创面的分泌物。对于清创后的创基，可采用负压封闭引流技术（vacuum sealing drainage，VSD）技术改善创基条件、清洁伤口，培育肉芽组织，为手术治疗创造良好的条件。亦可采用开放伤口，清洁与敷料更换引流的方式。针对一次无法清创彻底的创面，可在首次清创后的 5~7 天，进行第二次清创。目前，随着 VSD 技术 + 伤口灌洗技术的快速发展，已成为此类伤口清创后的首选措施。

**（六）创伤的护理**

1. 急救护理

（1）生命支持：发生创伤后应立即进行现场评估，一旦发现有心跳呼吸骤停、窒息、大出血、张力性气胸、休克等危及患者生命的危险信号，应及时给予相应的急救措施。包括：①心肺复苏（cardiopulmonary resuscitation，CPR）：心跳呼吸骤停者应立即给予胸外心脏按压及口对口人工呼吸；②通气（ventilation）：立即解开衣领，清除呼吸道异物，防止舌后坠，置管通气，给氧等；③止血（hemostasis）封闭伤口：根据出血情况采用指压止血、肢体加压包扎、加垫屈肢止血、止血带或器械迅速控制大血管止血等止血法，立即封闭胸部开放性伤口；④恢复循环血量：条件允许的情况下及时建立静脉通路，恢复循环血量；⑤监测生命体征：进行现场抢救的过程中应时刻注意生命体征、意识的变化。

（2）包扎与固定（bandaging, dressing and fixation）：其目的是为了保护伤口，减少疼痛，防止污染与感染，保护血管、神经有效止血。其材料可选择一些绷带卷、三角巾、四头巾等，也可就地选择一些毛巾、衣服、手帕、布单等。

（3）搬运与后送（transport and evacuation）：将伤员搬至安全地带，防止二次受伤，待生命体征平稳后将其后送至医院行进一步治疗。

2. 伤口护理

（1）清创：清创即清除创伤或感染的伤口内无生命或受污染组织，直至暴露周围健康组织，为伤口愈合营造一个良好的环境。在清创术的护理中应注意以下几点：①清创前须全面评估、谨慎选择，有出血倾向、服用抗凝血药物、组织灌注不足、免疫功能低下、全身情况差且伤口深（深达肌腱、肌肉及骨骼）的患者应慎行，或在无菌手术室进行；②通常在伤后6~8小时内清创可预防由无活性及受细菌感染的组织引致伤口或全身感染，可达Ⅰ期缝合。但在污染轻，或局部血液循环丰富的情况下可延长至12小时甚至24小时进行清创；③伤口较深、污染重或Ⅱ期缝合的伤口清创后应酌情放置合适的引流物，如引流条、引流管等，并予以妥善固定，密切观察引流是否通畅有效；④一次清创不彻底的伤口，需分多次进行，避免伤及正常组织或破坏血管导致出血；⑤密切观察伤口有无出血，发现出血，可采用直接压迫、抬高肢体、电凝或结扎等方法；⑥疼痛也是清创常见的并发症，往往需要镇痛治疗。需要注意的是，感染可增加疼痛感。如果发生感染，需做好创面细菌培养及局部或全身应用合适的抗菌药物。

（2）清洁与敷料更换：清洁与敷料更换是伤口处理的基本措施，目的是为了检查伤口情况，并对伤口进行消毒处理。在伤口清洁与敷料更换的护理中应注意以下几点：①清洁与敷料更换频次应根据感染情况而定，一期缝合的伤口在术后2~3日清洁与敷料更换一次，直至伤口拆线；分泌物不多，肉芽组织生长良好的伤口每日或隔日更换一次，可以选择新型的水胶体敷料3~7天清洁与敷料更换一次，感染重的伤口每天清洁与敷料更换一次或每天2次，甚至每天多次，可选择抗感染吸收渗液较好的含银敷料或藻酸盐敷料，以减少清洁与敷料更换次数，减轻患者不适；②清洁与敷料更换顺序应根据伤口清洁或污染程度进行，先换清洁伤口，再换污染伤口、感染伤口，最后换特异性感染伤口；特殊感染伤口如炭疽、气性坏疽、破伤风等应就地处置，严格隔离；③密切观察创面愈合情况，及分泌物的气味、颜色、性质和量等，如有脓性分泌物等异常情况，应及时报告医生，并做创面细菌培养，根据培养结果选择合适的消毒、抗菌清洗液由外向内清洗，再用生理盐水清洗干净伤口，选择合适的新型敷料或组织工程产品。

3. 并发症的观察及护理

（1）伤口出血：常发生于创伤后48小时之内或修复期的任何时间段，应密切观察伤口敷料情况，发现有大量血液渗出、患者表现异常时，应及时通知医生做到有效止血，建立静脉通道，补充循环血量。

（2）伤口感染：若发现开放性伤口出现红、肿、热、痛、患者体温升高、脉速及白细胞计数明显增高时，表明伤口发生感染，应给予物理或抗菌药物治疗，促进炎症吸收；如有脓肿形成者，应及时报告医生，做好脓肿切开引流的准备，并做细菌培养及药物敏感试验。

（3）挤压综合征（crush syndrome）：肢体或躯干受到重物长时间挤压致肌肉组织缺血、缺氧，继而引起肌红蛋白血症、肌红蛋白尿、高血钾和急性肾衰竭为特点的全身性改变，称为挤压综合征，又称 Bywaters 综合征。当解除患者局部的压力后，肢体会出现肿胀、压痛、主动活动或被动牵拉活动引起疼痛、皮温下降、感觉异常、弹性减退，并在 24 小时内出现茶色尿或血尿等，提示并发了挤压综合征，应及时报告医生并协助处理。首先在早期应禁止患者抬高、按摩及热敷；协助医生切开减压，清除坏死组织；遵医嘱给予碳酸氢钠及利尿剂，防止肌红蛋白阻塞肾小管，行腹膜透析或血液透析治疗的肾衰竭患者应做好相应的护理。

4. 心理护理　创伤后患者可出现不同程度的心理问题，如焦虑、恐惧、甚至发生创伤后压力综合征等，应随时观察患者的心理变化、耐心倾听患者的感受，给予真诚的安慰和劝导，取得患者信任，耐心解释病情和各项治疗的必要性和安全性，使患者了解病情及创面治疗的过程，消除顾虑，积极合作；同时可利用社会支持系统的力量，鼓励患者树立战胜疾病的信心，减轻压力，促进康复。

## （七）健康教育

1. 宣传安全知识、教育患者及社区人群日常生活中加强安全意识、避免发生意外损伤。

2. 宣教创伤的相关知识及急救知识，及各项治疗护理的必要性，指导患者一旦受伤，无论是开放性还是闭合性损伤，都要及时到医院就诊，对于开放性损伤者应根据受伤情况尽早接受伤口处理并注射破伤风抗毒素。

3. 指导患者加强营养，积极配合治疗，以促进组织和器官功能的恢复。

4. 指导并督促患者坚持功能锻炼，防止因制动引起关节僵硬、肌肉萎缩等并发症，以促使身体各部位功能得到最大程度的康复。

## （八）临床案例

患者，女，30 岁，于 2016 年 10 月 10 日因搅面机挤压左手背部，伴疼痛不适，当时患者无意识丧失，立即被送往当地医院治疗，具体不详，治疗两周后未见好转，疼痛明显，创面呈黑色干痂，为求进一步治疗 10 月 24 日来就诊。入院评估：一般情况可，左手肿胀明显，手背部可见 5cm×5cm 大小黑色干痂，呈 100% 黑色，创缘不齐，周围皮肤红肿明显，皮肤无浸渍（彩图 4-3-11A）。手指末梢血运可，桡动脉搏动良好，自诉指端感觉运动存在，自诉疼痛评分 4 分，腕部因疼痛拒绝活动，肘关节活动未见明显异常。辅助检查：X 片示心、肺、隔未见异常。左手指骨未见异常，WBC $19.59×10^9$/L，RBC $3.69×10^{12}$/L，HGB 121g/L，GLU 5.36mmol。0.9% 氯化钠清洗伤口，用水凝胶 + 水胶体敷料自溶清创，给予健康宣教，患肢抬高，加强营养，健康饮食，隔日清洁与敷料更换。

10 月 26 日评估伤口：伤口大小仍为 5cm×5cm，基底 100% 黑色，黑色干痂较前软化。继续 0.9% 氯化钠清洗伤口，留取创面细菌培养，黑痂上划"井"字后选用水凝胶和水胶体敷料自溶性清创，给予健康宣教，隔日清洁与敷料更换。

10 月 28 日评估伤口：伤口周围皮肤红肿较前减轻，0.9% 氯化钠清洗伤口后，伤口右侧黑痂软化明显，行保守锐性清创，剪除软化的黑痂后，可见黄色组织覆盖，渗液量潮湿，无明显异味;左侧仍为黑色干痂,伤口大小为 4cm×4.5cm,基底 75% 黑色,25% 黄色,创面细菌培养结果无特殊感染。继续 0.9% 氯化钠清洗伤口,黑痂部分划"井"字,创面选用水凝胶和凡士林油纱,无菌纱布覆盖,外层用透明膜保护,给予健康宣教,隔日清洁与敷料更换。

2016 年 10 月 31 日评估伤口:0.9% 氯化钠清洗伤口,伤口左侧黑色干痂软化明显,行保守锐性清创,剪除软化的黑痂后,去除坏死组织及血凝块,测量伤口大小为 3.3cm×3.1cm×1.5cm,基底 75% 黄色,25% 红色,可见右侧 5 点窦道 1.2cm,左侧 6 点窦道 1.0cm,左侧 11 点窦道 1.6cm。渗液量饱和,无明显异味,可见肌腱外露。0.9% 氯化钠彻底冲洗、清洗伤口,考虑到伤口渗液多,要保护肌腱活力,因此给予银锌抑菌霜涂抹创面,纳米银抗菌医用敷料填塞引流,以抗感染,促进肉芽组织生长,外层以多层无菌纱布覆盖,绷带包扎,给予健康宣教。综合评估外层敷料渗液吸收状态、患者自觉症状和周围皮肤状态决定清洁与敷料更换频率,每周更换敷料 2 次。

11 月 3 日评估伤口:0.9% 氯化钠清洗伤口,测量伤口 3.3cm×3.1cm×0.5cm,基底 75% 红,25% 黄,5 点、6 点、11 点处窦道较前明显变浅,伤口肉芽组织生长良好,有弹性,外露肌腱已被肉芽组织覆盖,伤口渗液饱和,周围皮肤无发红、发热、肿胀等现象。继续 0.9% 氯化钠冲洗、清洁伤口,考虑到渗液饱和,给予藻酸盐银敷料吸收渗液,控制感染,外层以多层无菌纱布覆盖,绷带包扎,给予健康宣教,为保障患者治疗方案的有效性,当日复查血常规和生化,各项指标正常。综合评估外层敷料渗液吸收状态、患者自觉症状和周围皮肤状态决定清洁与敷料更换频率,每周更换敷料 1~2 次。

11 月 7 日伤口评估,0.9% 氯化钠清洗伤口,测量伤口大小缩小至 3.0cm×2.8cm×0.5cm,基底 100% 红色,5 点、6 点、11 点处窦道消失,肉芽组织呈鲜红色,富有弹性,水肿消退,伤口渗液饱和,周围皮缘部分可见有上皮爬行趋势,周围皮肤无发红、发热、肿胀等现象。0.9% 氯化钠冲洗、清洁伤口,处理方法同前。给予健康宣教,综合评估外层敷料渗液吸收状态、患者自觉症状和周围皮肤状态决定清洁与敷料更换频率,每周更换敷料 1~2 次。

11 月 17 日伤口评估,0.9% 氯化钠清洗伤口,测量伤口大小缩小至 1.4cm×1cm,伤口渗液潮湿,0.9% 氯化钠冲洗、清洁伤口,伤口覆盖凡士林油纱敷料,外层以多层无菌纱布覆盖,绷带包扎。给予健康宣教,加强功能锻炼,综合评估外层敷料渗液吸收状态、患者自觉症状和周围皮肤状态决定清洁与敷料更换频率,每周更换敷料 1 次。

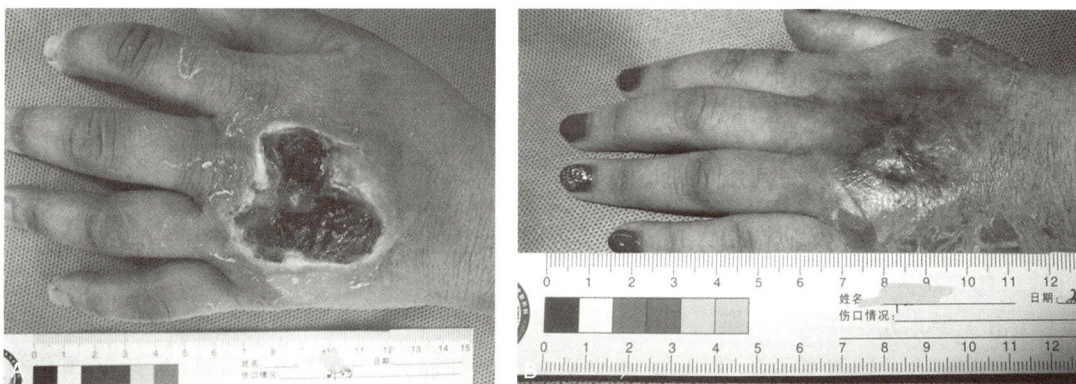

**彩图 4-3-11 创伤伤口**
A. 创伤伤口;B. 创伤伤口愈合

11月24日伤口评估,伤口已大部分愈合,伤口渗液湿润,0.9%氯化钠清洗后以同样的方法进行处理。

11月30日患者复查,伤口已完全愈合(彩图4-3-11B)。

**(周　琴)**

## 六、手术切口的护理

手术切口的护理是手术后护理的一个重要组成部分,包括切口护理、并发症观察、预防及处理。切口并发症不仅延迟了患者的住院时间,增加其经济负担,同时也增加医患矛盾,甚至可导致医疗纠纷。了解手术切口相关知识和掌握预防手术切口并发症的技能,有助于尽早发现并发症,积极处理和缩短切口愈合时间。

### (一)手术切口分类

手术切口的分类与切口并发症的发生密切相关。

1. Ⅰ类切口/清洁切口　非感染手术切口,手术不涉及炎症区,未进入呼吸道、消化道、生殖道及泌尿道,非穿透性的外伤(钝性)的手术切口,如符合上述标准也应属于Ⅰ类切口。

2. Ⅱ类切口/清洁-污染切口　在控制范围内和无意外污染,进入呼吸道、消化道、生殖道及泌尿道的手术切口。如果没有感染或操作中断等证据,手术涉及胆道、阑尾、阴道及口咽部位的手术切口属于Ⅱ类切口。

3. Ⅲ类切口/污染切口　开放的、新鲜的、意外的切口,造成无菌技术中断的切口,胃肠道内容物及液体大量外溢污染,以及进入急性未化脓性炎症区域的切口。

4. Ⅳ类切口/感染切口　有失活组织的陈旧外伤手术,组织已经有感染或脏器穿孔,手术前微生物可能出现在手术部位。

### (二)手术切口的闭合方式

手术切口闭合一般分为一期、二期和三期闭合,详见第四章第一节伤口护理基础知识。

### (三)手术切口愈合级别

1. 甲级愈合　指愈合优良,无不良反应。

2. 乙级愈合　指愈合处有炎症反应,如红肿、硬结、血肿、积液等,但未化脓。

3. 丙级愈合　指切口化脓,需要做切开引流等处理。

### (四)手术切口缝线的拆除

根据切口部位有无水肿、切口对合是否良好、局部张力大小和有无裂开或评估裂开的风险后决定缝线拆除的时间。头、面、颈部手术切口正常情况下于手术后4~5天拆除,下腹部、会阴部切口于手术后6~7天拆除,胸部、上腹部、背部及臀部切口于手术后7~9天拆除,四肢切口于手术后10~12天拆除,减张缝线切口及活动关节部位的切口于手术后14天拆除。年老、营养不良患者拆线时间酌情延长或采用间断分次拆线,分2~3次将剩余缝线拆除,预防拆线后切口裂开。

### (五)手术切口护理

1. 观察手术切口是否出现出血、渗出液、积液、积脓及红肿热痛等表现,发现问题及时处理。

2. 手术后常规使用无菌纱布或岛状敷料覆盖切口部位,清洁切口手术后48小时不建议更换敷料,以免打扰切口的正常愈合(除非特殊情况如出血或渗出过多)。48 小时后采用无菌技术更换敷料,并密切观察切口部位是否持续存在红、肿、热、痛或裂开等切口并发症发生,研究表明,手术切口感染一般发生在手术后 7~14 天内。

3. 如果手术切口部位出现敷料被渗出液浸透;切口部位有出血迹象;患者感知到突然发生的切口部位疼痛;闻到切口部位有异味等异常情况,应即刻报告医生,并全面评估切口,详见第四章第二节伤口的评估与处理,选择适合的敷料更换,做好记录。

4. 手术切口通常在手术后 3~4 天,缝合部位会由红色转变为较淡的粉红色,手术后 5~10 天缝线周围 1cm 内形成有弹性的硬组织,称为愈合嵴( healing ridge )。其长度与缝合长度等长。代表伤口从炎症期转为增生期,可拆除缝合线或钉皮针。为避免伤口过度牵拉造成切口裂开或肉芽组织过多增生,拆线后可以使用免缝合胶带数周减轻局部张力和预防过度牵拉。

### (六)切口并发症护理

1. 出血、切口内积血或血凝块

(1)切口出血:往往表现为血液从缝线内渗出,手术切口深部组织出血表现为引流管内引出大量血性渗出液。一旦发现切口出血,应即刻给予无菌纱布、止血海绵或藻酸盐类敷料按压止血,如果按压 20 分钟仍出血不止,需要报告外科医生介入止血。必要时全身应用止血剂或返回手术室电凝或结扎止血。

(2)切口内血肿或血凝块:表现为患者自觉切口不适感,切口肿胀变色或缝线处溢血。不及时处理将增加切口感染的风险。处理方法为及时开放切口,清除积血及血凝块,活动性出血时适当给予结扎止血。

2. 血清肿　与手术范围广、创伤大有关,如甲状腺癌和乳腺癌根治手术后,局部引流不畅可造成大量淡黄色血清样渗出液积聚,表现为无炎性肿胀包块,有明显的波动感,注射器穿刺可抽出血清样液体。血清肿可使切口延期愈合或裂开,增加感染的风险。护理时应密切观察血清肿的积液量及感染发生情况,注射器抽吸积液后局部加压包扎,如果血清肿持续存在需通知医生,在手术室进行充分开放切口,充分引流和根除渗液的原因。注意:血管手术后腹股沟部位的血清肿不建议用抽吸方法,因为腹股沟股三角内有动脉、静脉、淋巴管和神经通过,穿刺容易伤及这些解剖结构,造成严重不良后果。

3. 切口裂开　分为部分切口裂开( wound dehiscence )和全层切口裂开( wound evisceration )两种,容易出现在手术后 6~8 天。部分切口裂开直达皮下组织层,全层切口裂开可见到暴露的肠管。无论出现何种裂开,均需即刻用无菌生理盐水纱布湿敷裂开部分,通知医生,协助医生分析裂开原因,根据具体情况进行急诊手术缝合或负压伤口治疗,感染引起的切口裂开按照感染伤口原则来护理,详见第四章第三节各类伤口护理。

4. 切口脂肪液化　是指手术切口部位脂肪细胞无菌性变性坏死的结果,脂肪细胞破裂后脂滴溢出、聚集,伴有局部无菌性炎症反应,它是手术后切口愈合不良或感染的常见原因之一,与肥胖、手术中高频电刀的应用、糖尿病等有关。目前国内外并没有切口脂肪液化的明确诊断标准。其临床表现常常为:液化多发生在手术后 4~14 天。更换敷料时或拆线后当日或次日,渗液从切口溢出,多为黄色或淡血性,液体中出现游离的脂肪滴。患者多数无切口疼痛主诉,切口不红或稍有红肿,按压时切口皮下较多渗液或有波动感。涂片镜检可见大量脂肪滴,少量炎性细胞,无脓细胞。渗液细菌培养结果常常无细菌生长。处理方法:①彻底检查切口,评估和判断脂肪液化的原因及影响因素;②根据渗液量及位置尽早充分引流,保持引流通畅;③渗液较多时,可以考虑使用负压伤口治疗(negative pressure wound therapy,NPWT)促进引流及伤口愈合;④密切观察是否有继发感染发生,及时取分泌物做细菌培养和药物敏感试验,根据培养结果遵医嘱使用抗生素。

5. 切口感染

(1)定义:美国感染控制与流行病学专业协会和美国医院流行病学学会和外科感染协会联合修订切口感染(surgical site infection,SSI)的定义,指患者手术后一定时间内发生于切口及器官/腔隙的感染,是医院感染的重要组成部分。2010 年医院感染防控指南将切口感染定义为手术后 30 天内发生的浅表切口、深层切口、器官或腔隙性感染,以及有植入物滞留体内的手术后 1 年内发生的与手术有关并涉及深层切口和器官或腔隙的感染。

(2)分类

1)切口浅部感染:指手术后 30 天内发生,仅累及皮肤及皮下组织的感染,并至少具备下述情况之一者:切口浅层有脓性分泌物;切口浅层分泌物培养出细菌;具有下列症状体征之一:疼痛或压痛,肿胀,红热,因而医师将切口开放者(如培养阴性则不算感染);由外科医师诊断为切口浅部 SSI。

2)切口深部感染:指手术后 30 天内(如有人工植入物则术后 1 年内)发生、累及切口深部筋膜及肌层的感染,并至少具备下述情况之一者:从切口深部流出脓液;局部疼痛或压痛;切口深部自行裂开或由医师主动打开,且具备下列症状体征之一:体温 >38℃;临床或经手术或病理组织学或影像学诊断发现切口深部有脓肿;外科医师诊断为切口深部感染。

3)器官/腔隙感染指手术后 30 天内(如有人工植入物则术后 1 年内)发生在手术部位的器官或腔隙的感染,通过手术打开或其他手术处理,并至少具备以下情况之一者:放置于器官/腔隙的引流管有脓性引流物;器官/腔隙的液体或组织培养有致病菌;经手术或病理组织学或影像学诊断器官/腔隙有脓肿;外科医师诊断为器官/腔隙感染。

(3)病原学:引起 SSI 的病原体多为位于患者皮肤、黏膜、空腔脏器的内源性微生物,这些细菌常为金黄色葡萄球菌、铜绿假单胞菌、大肠埃希菌、粪肠球菌等,病原体的种类与手术部位相关,也有可能从远处感染灶播散至手术部位。仅有小部分的 SSI 来自于外源性感染,外源性菌群主要为需氧菌,特别是革兰阳性菌(如葡萄球菌和链球菌)。

(4)发病机制:微生物污染手术部位是 SSI 的前提。SSI 发生风险取决于病原体的毒力和手术部位病原体的数量与患者自身抵抗力之间的相互作用。如果手术部位有异物存在(如缝合线、植入物等),这些异物为细菌的黏附提供了场所。伤口被细菌感染需要每克组织上有 10 万个细菌,但在异物或坏死组织存在的情况下,每克组织只需 200 个细菌即可造成感染。

(5)发病因素:①患者因素:年龄(高龄或者婴幼儿)、病态肥胖(肥胖患者脂肪层厚,切口关闭过程中易形成无效腔,加上手术中电凝的使用可引起脂肪坏死、液化,易导致 SSI)、营养不良(严重术前营养不良)、脏器功能障碍、免疫抑制、糖尿病患者(围术期的高血糖是 SSI 发生的独立危险因素)、吸烟患者(吸烟者手术后 SSI 发生率与吸烟量呈剂量相关效应)等因素均增加 SSI 发生的风险;②手术类型:术后 SSI 发生与手术野污染程度相关,根据微生物污染情况,将手术切口分为清洁切口、清洁-污染切口、污染切口、感染切口;③手术操作时间:手术时间延长 1 个小时,SSI 发生的风险增加一倍。手术时间的延长增加组织受牵拉的时间,造成局部组织缺血、干燥、坏死,增加切口受感染的机会;④手术中体温过低:术中低体温会降低免疫功能,血管收缩导致皮下血流减少,氧张力下降,切口延期愈合;⑤输血和体液管理：反复输血会改变机体免疫功能，尤其是巨噬细胞的功能，大量晶体输入体内会减少组织氧供给，增加切口延期愈合的机会；⑥手术部位引流：引流管的留置大大增加了SSI发生的风险，密闭式引流优于开放式引流。另外引流不畅，手术部位积血积液未能及时排出可引起SSI发生；⑦手术医生技巧和技术：很难评估医生手术技巧及技术与SSI发生的关系，腹腔镜手术及机器人手术可减少组织损伤及缩短手术时间；⑧手术器械及植入物：手术器械灭菌不合格会导致SSI暴发，任何异物包括缝合材料、假体、引流管都可能加重手术部位炎症发生，为细菌黏附提供场所，增加SSI发生的风险；⑨手术部位的准备：无论采用何种方式去除毛发，都有可能造成皮肤不同程度的擦伤和破损，为局部细菌的滋生提供条件。手术部位不去除毛发可以降低SSI发生的风险，必须去除毛发建议使用剪刀或者脱毛剂，皮肤准备时间越接近手术开始时间越好。

（6）切口感染的护理

1）拆除缝线引流，同时进行细菌培养，查找致病菌。

2）采用棉球擦拭法或冲洗方法进行伤口清洁，再使用无菌生理盐水溶液冲洗干净。冲洗方法有两种：①注射器针头螺旋冲洗法：使用注射器（30ml或50ml）加配套针头由内至外螺旋式冲洗，针头垂直于伤口，与伤口距离2.5cm，此方法适用于开放性伤口；②引流管冲洗法：用注射器（30ml或50ml）连接引流管冲洗此方法适用于有窦道及潜行的切口。根据窦道深度及潜行大小选择合适的冲洗管，将冲洗管伸入伤口深部实施低压冲洗，反复多次，直至冲洗液清澈。

3）彻底清除切口中残留的腐肉、坏死组织、血块及残留缝线。

4）根据切口具体情况选择合适的清创方法。

5）选择合适的敷料填充引流：新型敷料品种很多，根据切口的不同情况选择使用，如使用抗感染或抑菌敷料控制感染，使用吸收性敷料管理渗液，使用增殖期敷料促使肉芽增殖等。注意保护切口周围皮肤免受渗液浸渍。

6）对于有窦道或潜行的切口使用注射器加引流管冲洗方法清洁伤口。选择可以整条放入和取出的敷料填充窦道及潜行，如高渗盐敷料、纳米银敷料等，填充时务必将敷料填入窦道底部，填充物松紧适宜。选择性使用负压伤口治疗技术促进窦道或潜行闭合。

### （七）引流管护理

分为封闭式引流管及开放式引流管护理两种。封闭式引流管又分为普通虹吸引流管及负压引流管两种。目的是引出手术切口深部的积液、积血。开放式引流管由于容易造成感染，故目前已很少使用，偶尔在深部切口内放置用于支撑窦道引流渗出液的作用。

1. 妥善固定引流管　引流管一般留置3~7天，24小时渗液<20ml为拔管指征。引流期间建议采用高举平台法固定管道，既可避免管道压迫皮肤引起医疗器具相关性压力性损伤，又可避免非计划性拔管或管道脱出。

2. 定期更换引流袋　一般24小时更换一个引流袋，需要注意无菌操作，引流袋要低于引流平面，预防逆行感染。

3. 注意观察引流液量及性状　如出现引流液中有新鲜出血或引流管周围有消化液、粪便或尿液外漏情况，应及时通知医生，并做好局部皮肤保护。

4. 做好引流管口护理　引流管周围采用碘附消毒，每日一次，引流管周围可包裹凡士林油纱，有红肿时可包裹碘附纱布。当引流管周围出现脓性渗出液时，进行细菌培养，若出现感染则按照感染伤口处理。

5. 拔管护理　拔管前后常规清洁皮肤,无菌纱布覆盖,一般引流管部位无需特殊处理,窦道一周内可自行愈合。未愈合则需要按照慢性窦道进行护理。

**(八)临床案例**

1. 病情简介　患者,男,73 岁,因"便血 1 个月余,腹痛 2 天"入院,诊断为直肠癌。于 2010 年 1 月 19 日全麻下行腹会阴直肠癌根治手术,乙状结肠造口术。手术后 7 天(2010 年 1 月 26 日首次接诊)评估局部,左下腹可见一乙状结肠单腔造口,排气排便正常。切口红肿,发热,大量脓性渗液,切口上段可见 1cm×1cm×1cm,切口中段可见 1.5cm×1cm×1cm,切口下段可见 0.5cm×0.5cm×1cm 未愈切口,相互连通,大量脓性渗液,臭味。

2. 局部处理　留取切口渗出液做细菌培养,予以碘附引流管冲洗,再用无菌生理盐水冲洗,脂质水胶体敷料加高渗盐敷料贯穿引流,充分引流渗液,每日更换一次。

3. 评价与调整　2010 年 1 月 30 日,评估局部红肿情况较前减轻,脓性渗液大量,稀薄,异味,留取切口渗出液细菌培养结果为大肠埃希菌感染,予以消毒后,使用高渗盐敷料填充引流,每日更换一次。2010 年 2 月 5 日,重新评估切口上段未愈切口大小为 1cm,深度 1cm,切口中段未愈切口大小为 3cm×1cm×1cm,切口下段未愈切口大小为 0.5cm,切口中段基底颜色:75% 黄色腐肉,25% 红色肉芽。大量血清样渗出液,无味,高渗盐敷料填充,外用无菌纱布覆盖,每日更换一次。2010 年 2 月 17 日切口上段及切口下段未愈切口愈合,切口中段处未愈切口大小为:2cm×1cm×0.5cm。100% 红色肉芽组织,渗出液少量,无味。予以消毒,藻酸盐敷料填充,外用无菌纱布覆盖,隔日更换一次。2010 年 2 月 22 日切口大小 1cm×1cm×0.5cm,100% 红色肉芽组织,渗出液少量,无味。继续使用藻酸盐敷料填充,胶布蝶形拉和,外用无菌敷料贴覆盖,每 3 日更换一次。2010 年 3 月 4 日切口大小 0.7cm×0.5cm。100% 红色肉芽组织,渗出液少量,无味。予以藻酸盐敷料填充,外用薄型泡沫敷料覆盖固定,每周更换一次。2010 年 3 月 15 日切口愈合。

4. 小结　此患者切口感染来源于肠道菌群,先后使用了高渗盐、藻酸盐敷料和泡沫敷料,49 天愈合。因造口距离伤口只有 2cm,因此造口护理也很重要,重点是避免粪便对切口的再次污染,包括皮肤清洗、皮肤保护、选择适合的造口袋、使用防漏技术确保造口袋粘贴。

(马　芳　蒋琪霞)

## 七、瘘管护理

瘘管是指器官与器官或器官与皮肤之间的不正常通道,以肠瘘最常见。肠瘘是指肠管之间、肠管与其他脏器或者体外出现病理性通道,造成肠内容物流出肠腔,引起感染、体液丢失、营养不良和器官功能障碍等一系列病理生理改变。肠瘘分为内瘘和外瘘。肠外瘘指肠瘘穿破腹壁与外界相通,其病程较长,病死率较高。漏出液对周围皮肤产生刺激,引起皮肤糜烂、溃疡、剧痛甚至感染,增加患者及家属心理负担和医疗成本。本章节重点讲述肠外瘘及其护理。

**(一)肠瘘的病因**

1. 先天性因素　先天性肠瘘比较少见,主要是因为肠套叠和腹外疝处理不当引起。

2. 外伤性因素　多见于腹部创伤如刺伤、刀刃伤等导致肠管损伤,包括开放性损伤和闭合性损伤两种。

3. **手术因素**　手术后并发肠瘘最常见,约占肠瘘患者的 72.6%。常见于吻合口瘘或手术时误伤肠管。

4. **放射性损伤**　腹部放射治疗而引发肠瘘较为多见。也可因放射治疗引起放射性肠炎导致肠梗阻,手术后形成肠瘘。

5. **炎症**　炎症引发肠瘘的发生率仅次于手术因素引发的肠瘘,多是因为化脓性感染,炎性肠病和特异性感染引起。

6. **肠梗阻**　肠梗阻是常见的外科急腹症,也是导致肠瘘的重要原因。

7. **其他**　肠道缺血性疾病、急性肠穿孔、人工流产、内镜损伤等均可引起肠瘘。

### （二）肠瘘的病理生理改变

1. **内稳态失衡**　肠液从瘘口大量溢出后引起失水和电解质流失,造成水电解质紊乱及酸碱失衡。

2. **营养不良**　大量蛋白质、消化酶的流失导致机体消化功能下降,导致营养不良而发生贫血、低蛋白血症等。若有发热,进一步加速营养物质的消耗,使营养不良的情况加剧。

3. **感染**　如并发腹腔感染,可出现腹胀腹痛、恶心呕吐、高热等症状,严重时导致败血症、多脏器功能衰竭等致命性并发症。

### （三）肠瘘的类型

1. 按瘘口形态分

（1）管状瘘:肠壁瘘口与腹壁外口之间有一段不同长短、或曲或直的瘘管。

（2）唇状瘘:肠黏膜外翻,与皮肤粘着而呈现为唇状,肠壁瘘口与腹壁外口之间无瘘管形成。

（3）断端瘘:肠管全部或接近全部断裂,肠内容物全部从瘘口流出体外。

2. **按瘘口的数量**　分为单个瘘与多发瘘。肠袢上的瘘口可以是单个,也可以是多个,腹壁上的瘘口也可以相应地是单个或多个。

3. **按瘘口所在位置**　分为高位瘘与低位瘘。以十二指肠、空肠交界处为分界线,以上为高位瘘,以下为低位瘘。

4. **按肠液流量**　分为高流量瘘与低流量瘘。一般将空腹状态下流出肠液量超过 500ml/d 为高流量瘘,少于 500ml/d 为低流量瘘。

### （四）肠瘘的临床表现

肠外瘘轻者仅表现为腹壁上细小的窦道和间歇性的肠内容物或脓性物流出;重者表现较为复杂,分为腹部表现和全身表现:

1. **腹部表现**　肠外瘘好发于裂开的切口、引流管部位、脓肿部位及活动性病变部位。腹壁瘘口有肠液、胆汁、气体或食物排出是肠外瘘的主要临床表现。手术后肠外瘘可于术后 3~5 天出现症状,先有腹痛、腹胀及体温升高,继而出现腹肌紧张、压痛、反跳痛等局限性或弥漫性腹膜炎征象或腹内脓肿。术后 1 周左右,脓肿向切口或引流口穿破,伤口内可见脓液、消化液和气体排出。由于漏出液的消化酶对组织的消化和腐蚀作用,瘘口周围皮肤可有潮红、糜烂、肿胀、疼痛等刺激性皮炎表现,如合并感染,可导致腹壁的缺损、溃烂。

2. **全身表现**　患者可有不同程度的水、电解质紊乱及酸碱代谢失衡、负氮平衡和低蛋白血症。体重可明显下降、皮下脂肪消失或骨骼肌萎缩。伴有感染者可出现体温、血象升高等感染症状,严重者可引起脓毒症。若病情不能有效控制,可进一步导致 DIC、多器官功能障碍综合征或多器官衰竭,甚至死亡。

### （五）相关检查

大部分的肠外瘘可根据临床体征明确诊断,但临床仅表现为伤口持久不愈或愈合后又破溃时诊断较难,必须结合其他辅助检查才能明确诊断。CT 和消化道造影是早期诊断肠瘘最好的手段,还能了解肠瘘发生的部位和走向、瘘的大小、数量、瘘口与周围肠管组织的关系、肠瘘的远端是否存在梗阻、腹腔和盆腔内有无脓肿等情况。

### （六）治疗

肠瘘治疗的关键是早期诊断,采取以及时彻底引流,控制感染,合理营养支持,纠正水、电解质、酸碱紊乱等内稳态失衡为主要内容的综合性个体化治疗。

1. 全身治疗

（1）维持水、电解质及酸碱平衡:根据每日出入量、血液生化指标变化,及时纠正水、电解质及酸碱平衡失衡,维护重要脏器功能。

（2）营养支持:肠外瘘发生后早期或肠道功能未恢复时,可应用胃肠外营养支持。一旦腹腔及全身感染得到控制,肠蠕动恢复后尽早试行肠内营养。

（3）控制感染:感染是肠外瘘发生的主要病理生理改变之源。及时引流漏出液是控制感染及促进肠外瘘愈合的重要环节。若患者出现脓毒症、败血症等严重的全身感染,应及时选用敏感的抗生素进行治疗,避免感染加重。

（4）防治并发症:肠外瘘伴有严重腹腔感染时,常有败血症及多器官功能障碍,以及感染性休克、胃肠道出血、黄疸、急性呼吸窘迫综合征等情况。通过监测生命体征、血气分析、生化检查等,判断重要器官的功能情况。治疗过程中,应加强监测及保护器官的功能,尽量避免和纠正器官功能障碍。

2. 局部治疗

（1）充分引流:多采用双套管冲洗引流,1~4 周后可形成完整的瘘管,肠液不再溢出至瘘管以外的腹腔内。再经持续负压引流,如无妨碍瘘口自愈的因素,管状瘘一般在 3~6 周内可自愈。

（2）堵瘘治疗:①外堵:采用各种措施将瘘管堵塞,使肠液不外溢而沿肠管正常地流向远端肠管。适用于瘘管较直且细,瘘口周围组织无急性炎症,引流通畅的管状瘘。常用方法有粘合胶注入法、医用粘合胶敷贴法、管堵法和水压法。②内堵:是用硅胶片放置在肠管,从肠腔内堵住瘘口的方法,适用于唇状瘘和瘘管短口径大的管状瘘。

3. 手术治疗　对于不能自愈的肠外瘘,确定性手术治疗是治疗肠外瘘的重要手段和最后选择。近年来,国内有学者提出对肠外瘘的治疗实施"快速治疗"的转变,提出在可能的条件下,于肠外瘘早期即实施切除瘘口、重建消化道的确定性手术。早期确定性手术的提出和应用使得肠外瘘手术时机大大提前,同时缩短住院时间、减少并发症的发生、提高患者预后。然而,肠外瘘的确定性手术相对较复杂,创伤较大,在严重的腹腔或全身感染、低蛋白血症、内环境紊乱等条件下实施手术都将难以获得成功。只有在控制感染、局部炎症水肿消退、肠外瘘流量显著减少、全身情况良好的条件下,才能保证确定性手术治疗的成功。

### （七）护理

肠外瘘的临床护理比较复杂且烦琐,要详细评估瘘管的具体情况,运用专业知识与技能,制订个性化的护理方案,促进创面及瘘口愈合或为手术治疗创造条件。

1. 护理评估　护理人员须进行系统性评估,作为瘘管护理的依据,尤其是引流与皮肤保护工具选用的参考。评估内容包括手术日期、出现瘘管的时间、瘘管类型、位置、数目、形状、多个瘘口间的距离、排出物性状和量、瘘口高度、周围皮肤情况、瘘口所在的伤口大小、深度、基底组织情况等。还应评估患者生命体征、全身感染情况、心理状况、家庭支持情况及经济能力等。

2. 护理目标

(1)保持引流通畅,预防和控制感染。

(2)收集流出物,准确记录流出量,为治疗提供依据。

(3)保持瘘管周边皮肤完整。

(4)促进创面愈合和瘘管闭合,或为手术治疗提供准备。

(5)控制臭味,减轻患者焦虑及提高舒适度。

(6)减少换药频率,节省护理时数,降低治疗成本。

3. 护理方法

(1)引流管护理:①引流管选择与放置:根据瘘口的大小选用口径合适的引流管,并置入肠瘘部位,定时评估放置位置是否合适,采用高举平台法妥善固定管道和减轻对局部皮肤的压迫;②调节冲洗液速度:一般每日的冲洗液总量为3000ml,滴速30~40滴/分钟;③调整负压:根据肠液流出量及黏稠度调整负压值,一般为10~20kPa,压力过小不能充分引流,过大会导致肠黏膜损伤、出血;④记录流出量:包括冲洗液量、引流管流出量及外溢部分流出量;⑤保持引流管通畅:防止引流管折叠、扭曲、受压等,如双腔管内套管堵塞可更换内套管。

(2)漏出液收集与皮肤护理

1)引流口瘘的护理:①清洗:生理盐水棉球清洗瘘口及周围皮肤并抹干;②皮肤保护:刺激性皮炎患者可涂抹皮肤保护粉和喷洒不含酒精的无刺激性伤口保护膜以促进皮炎愈合;中、重度刺激性皮炎患者,可重复涂粉和喷膜2~3次,使皮肤表面形成一层透明薄膜,隔离漏出液直接接触皮肤,以保护局部皮肤;③造口袋选用、剪裁与粘贴:瘘口周边皮肤凹陷选用凸面造口底盘并系造口腰带加强固定。各个瘘口之间的距离超过底盘直径时选用多个造口袋。根据瘘口大小、形状及瘘口之间的距离、方向剪裁造口底盘。在瘘口周边皮肤凹陷处涂上防漏膏或粘贴可塑贴环。将造口底盘对准瘘口由内向外按压底盘粘胶使之与皮肤粘贴紧密。若瘘口留置引流管,可在造口袋上方粘贴一块约4cm×4cm的水胶体片状敷料后剪一小切口,将引流管末端经此切口穿出后连接引流袋或负压瓶(水胶体片状敷料含有弹性体、增塑剂,能避免穿出引流管时造口袋剪切口增大而容易渗漏),将造口袋缓慢移入靠近皮肤3~4cm时,将贴有水胶体片状敷料部位的造口袋往外提拉,撕开底盘粘贴纸后贴在皮肤上,然后用4cm×4cm剪成Y形的水胶体片状敷料将引流管穿出造口袋处的缝隙粘贴封闭,上好尾夹并定时排放,如漏出液多可连接负压装置进行抽吸。无渗漏时3~4天更换1次。

2)切口瘘的护理:尽量将切口与瘘口隔离,防止漏出液污染切口。①切口护理:消毒切口及周围皮肤,清除坏死组织,再用生理盐水棉球清洗干净。感染期选用藻酸盐银敷料或美盐敷料填充,以控制感染、吸收渗液及溶解坏死组织;创面肉芽生长、渗液量中至大量时改用藻酸盐敷料管理渗液及促进肉芽生长。渗液量较少时可以水胶体敷料或泡沫敷料覆创面。填充伤口敷料后,围绕瘘口四周粘贴比伤口大2~3cm的防漏皮,防漏皮与瘘口之间的缝隙填涂防漏膏防止粪水渗入到伤口。②瘘口护理:粘贴造口袋收集漏出液。如瘘口周围皮肤凹陷,可选用凸面造口底盘加用造口腰带进行固定。瘘口或切口范围较大时,可用防漏皮"搭桥"于伤口上,粘贴两个或多个造口袋收集。按瘘口大小和形状剪裁造口袋。留置引流管者,引流管穿出造口袋的方法同上。如漏出液多可将引流管前端剪裁 4~5 个侧孔后用凡士林油纱缠绕,放置于瘘口旁持续低负压吸引。

4. 健康教育　指导患者保持良好的心境和乐观的态度,正确对待疾病。向患者说明各项护理措施的目的、意义与配合事项。指导患者开始进食时的注意事项。食物宜软、细、低渣,由少量开始逐渐增多。鼓励和指导患者早期活动。

**（八）临床案例**

1. 病情简介　患者,男性,52 岁。1 年半前因"克罗恩病并消化道出血"行剖腹探查、结肠次全切除、升结肠直肠吻合、腹腔粘连松解术。术后因吻合口瘘再行剖腹探查、粘连松解、结肠及小肠造瘘术。3 个月后行小肠造瘘回纳术。2016 年 9 月 21 日在全麻下行"剖腹探查、肠粘连松解、结肠造口回纳术"。术中分离及松解粘连小肠时有两处破口并予修补。术后予禁食、营养支持、抗感染及抑制分泌及伤口换药等处理。术后第 5 天切口右侧有深褐色粪水流出,考虑为小肠修补处肠瘘。术后第 6 天请造口治疗师会诊。

2. 伤口评估　下腹部横切口长约 25cm,手术缝线及减张缝线未拆除,切口皮瓣发黑,范围约 3.5cm×15cm,坏死皮瓣边界清晰,未见液化分离。周围无红肿、波动,腹部无明显压痛及反跳痛。切口右缘有大量深褐色粪水流出。左下腹原引流管口有 50ml 黄褐色液体流出。疼痛评分 4 分(NRS)。无发热,无腹痛腹胀,无恶心呕吐,排水样便 10 余次 / 天,暂禁食。白细胞 $12.05×10^9$/L,中性分叶粒细胞 0.749,余无特殊;无高血压、冠心病及糖尿病等病史。患者已下床活动。

3. 护理方法　右侧渗液明显处拆除 2 针缝线扩创引流,探查沿伤口 3 点方向潜行约 2cm。切口右缘及左下腹原引流管口粘贴一件式造口袋收集漏出液。黑色皮缘涂抹聚维酮碘后方纱棉垫覆盖。

2016 年 10 月 8 日:切口右侧部分缝线及减张线已拆除,余下的减张线已松动。右侧创口大小约 1cm×2cm×1cm,与坏死皮瓣皮下相通,流出粪水 460~500ml/d。左下腹原引流管口漏出液 2~5ml/d。皮瓣坏死范围约 3.5cm×12cm,边界清晰,已液化分离,有脓性液及粪水流出,100~120ml/d。

护理方法:拆除缝线,剪除黑色坏死组织,清创后基底 50% 红色,50% 黄色坏死组织,基底组织疏松,未探及瘘口。生理盐水冲洗干净后予藻酸盐银敷料填充。应用防漏皮"搭桥"于伤口,粘贴三个造口袋收集漏出液,每日更换 2~3 次。

2016 年 10 月 13 日:左下腹原引流管口已闭合。伤口大小 3.5cm×15cm×1.5cm,切口上缘明显高于下缘,基底 75% 红色,25% 黄色坏死组织,基底疏松,探查可及伤口左侧、中部及右侧分别有 3 处通往深部,并有脓性液及黄色粪水流出,250~300ml/d。感染指标已降至正常,进食流质后无不适,排糊状便 5~6 次 / 天。

护理方法:护理同前。

2016 年 10 月 25 日:伤口右侧及中部漏出液为黏稠脓性,50~80ml/d。伤口左侧漏出液为黄色粪水,130~140ml/d。伤口大小 2.8cm×12cm×0.5cm,基底 100% 红色,肉芽组织水肿,原伤口左侧、中部通往深部处已基本闭合,探查左侧仍通往伤口深部。进食半流后无腹痛腹胀等不适,排软便 2~3 次 / 天。

护理方法:改用藻酸盐敷料,粘贴 2 个造口袋收集漏出液。每日更换 2 次。

2016 年 11 月 2 日:伤口大小 2cm×8cm,基底 100% 红色,中等量浆液性渗出,基底肉芽组织结实,通往深部的瘘管已闭合,上边缘肉芽组织过度增生,创缘有上皮移行。进食普食,胃纳好,排便正常。

护理方法:剪除过度增生的肉芽组织,藻酸盐敷料覆盖,折叠方纱覆盖后加压固定。每日更换 2~3 次。

2016 年 11 月 16 日:护理 43 天伤口愈合,全身情况良好。予出院。

（黄漫容）

## 八、窦道护理

窦道（sinus）是通过管道由深部组织通向体表,不与体内空腔脏器相通,只有外口而无内口的病理性盲管。可发生于机体的任何部位。大多由感染后引流不畅或异物遗留造成,也可为先天性形成。

### （一）病因

窦道形成的主要原因是细菌侵犯了骨与软组织,引起骨与软组织几乎是同时出现在局部具有持续性慢性炎症的一种表现形式。这些细菌或由其所引起的各种致炎介质持续性刺激周围软组织而引起炎性反应,大量脓性分泌物引流不畅,被迫在深部软组织内迂回破坏,形成窦道。常见因素为局部伤口感染、异物存留（缝线、死骨等）、脓肿切开后引流不畅,也可见于特异性感染（结核破溃）等。窦道的形成可由单个或多个因素共同作用所致。

1. 局部因素

（1）感染:血肿和污染是发生感染的两个重要因素。①在处理伤口表面时处理不规范或伤口长时间暴露都可导致污染。如手术区域皮肤的消毒和隔离不符合无菌要求或手术器械被污染等。一些伤口长时间暴露也可致使细菌菌落定植、繁殖,最终导致感染;②组织的破坏和出血。组织破坏严重,局部组织坏死多,炎性反应期延长容易继发感染。出血多也为感染创造了条件,深部组织感染容易形成窦道。而窦道由于引流不畅又会加重感染,如此形成恶性循环而影响愈合过程。

（2）异物:组织内存在异物如缝线、碎骨、人工植入物、外伤导致的异物残留或自身组织异物（如藏毛囊肿、胆囊手术中结石残留于组织）引起的异物反应都可使伤口迁延不愈。例如手术常用的丝线,不被人体组织吸收,在组织内作为异物长期存留,在伤口感染时,丝线可成为隐藏细菌的异物,致使伤口形成窦道经久不愈。

（3）缝合:在伤口缝合过程中缝合过浅、结扎过松可使创缘对合差形成无效腔,结扎过紧或缝合密度过大导致局部张力大,血供较差,都可影响伤口愈合而形成窦道。

（4）引流不畅:引流不畅导致感染或引流物放置时间过长。引流物为异物可刺激组织使渗出增多,导致伤口愈合时间推迟。引流物放置时间过久,反而会促使继发感染、粘连、瘢痕组织增多,导管拔除后分泌物反复刺激形成慢性窦道。

2. 全身因素

（1）肥胖:肥胖患者皮下脂肪广泛,手术后易发生脂肪液化坏死,也容易形成无效腔和血肿;脂肪组织也可导致伤口的张力增加,阻碍伤口局部的血液循环,影响伤口愈合,因此肥胖者手术切口和引流管拔除后更容易形成窦道。

（2）全身性疾病:结核病、糖尿病、尿毒症、高脂血症、贫血、恶性肿瘤、肝肾功能不全、自身免疫性疾病等都可导致伤口愈合不良,形成窦道。

（3）营养状态:蛋白质、维生素、微量元素都是伤口愈合不可或缺的重要元素。营养状态的好坏直接或间接的影响愈合,深部伤口久治难愈容易形成窦道。

（4）其他:年龄、药物、吸烟、放射治疗等也作为影响因素与其他因素共同作用于伤口导致迁延不愈,最终形成窦道。

### （二）临床表现

窦道管壁通常有较厚的纤维瘢痕组织增生,管腔内充满不健康肉芽组织,窦道外口可有突出的暗红色肉芽组织,并有分泌物溢出。有时窦道外口也可暂时性闭合,但间断一段时间后,窦道内有慢性炎症反应,分泌物积聚,局部又可出现红肿、破溃等急性炎症症状。如此反复发作,经久不愈。常见有以下几种类型:

1. 腹壁窦道　多为腹部手术后切口感染所致,局部常有红、肿、痛或硬结,并伴有分泌物溢出并常有缝线自窦道内排出或探查发现,排出或摘除缝线后,红、肿、痛症状有所减轻,如此反复发作。

2. 其他部位窦道　多为深部脓肿切开引流不畅所致,可见于臀部脓肿或乳腺脓肿切开引流后,或脓肿自行破溃长期不愈,也可见于外伤后异物存留致伤口感染而长期不愈的慢性窦道。

3. 骨髓炎窦道　发生在与骨组织相关部位,有外伤史、手术史或感染灶。多由化脓性骨髓炎或硬化性骨髓炎治疗不当或延误治疗而发生的。伤口局部肿胀,肢体增粗或变形。有时伤口暂时愈合,但由于感染灶未彻底治愈,当机体抵抗力下降时,炎症扩散可引起急性发作,表现为疼痛、皮肤转为红肿、热及压痛,体温升高,伤口破溃,窦道排脓等症状。

4. 结核性窦道　结核性窦道多见于结核性淋巴结炎化脓破溃所致,伤口长期不愈,伤口肉芽组织水肿,颜色灰暗,常有稀薄分泌物或干酪样物自窦道排出。

### （三）伤口评估

1. 整体评估　首先应从伤口的症状表现及持续时间来初步明确窦道种类,并从局部和整体因素分析窦道产生的原因以及影响伤口愈合的因素,从而制订适合的处理方案。

2. 局部评估　评估窦道的类型以及所处的愈合阶段、窦道外口的大小、深度及组织丢失量的评估、窦道局部临床表现、局部感染体征等。窦道评估的要点包括以下内容。

（1）窦道的部位、数目、深度、方向,详见第四章第二节伤口的评估与处理。

（2）探查深部有无死骨、异物。

（3）查看分泌物性质、颜色和量,详见第四章第二节伤口的评估与处理。

（4）探测窦道盲端可使用以下几种方法:①使用专用探针沿窦道方向伸入直到盲端,用镊子夹住露在皮肤表面的探针再进行测量,窦道方向按顺时针方向记录;②慢性骨髓炎的窦道可采用X线造影检查;③可使用超声检查来了解窦道的结构及其走行;④窦道造影检查是窦道诊断的金标准。

### （四）治疗原则

1. 控制感染　根据伤口评估结果及实验室检查确定有无感染,对症给予抗感染处理。

2. 局部处理 根据窦道产生的原因对症处理,如去除异物、死骨、缝线等;减轻切口张力,促进血运恢复;保持引流通畅;彻底清理伤口,促进肉芽生长。必要时可行手术治疗。

3. 全身治疗 控制基础疾病,对症治疗,如抗结核治疗、控制血糖、维持患者良好的营养状态等。

### （五）护理

1. 伤口判断 伤口处理前的评估判断很重要,包括:

（1）鉴别窦道性质:注意区别窦道的性质,它是结核性窦道还是其他菌的慢性感染窦道或是癌变的溃疡性窦道。可根据窦道性质选择清洗方法和清洗液。恶性肿瘤伤口的清洗尽量采用轻柔的冲洗,避免出血和因操作不当导致种植转移。

（2）判断骨髓炎窦道的来源:需要明确骨髓炎窦道是起自骨实质还是骨髓腔,或者是来自骨松质流注性的脓液排放入软组织内所形成。避免将细菌或坏死组织冲入骨髓腔内。

（3）注意窦道的形状:如窦道是里腔大外口小,还是外口大里腔小,是单纯性的,还是复杂性的,是丁字型的还是 L 字型,或者是蚯蚓型、贯通型以及深浅宽窄等,来明确冲洗液是否容易回抽等。

（4）如果窦道起自四肢就应鉴别是否在神经、血管周围,在关节周围需要弄清是否与关节腔内有关系,避免不必要的损伤。

2. 伤口冲洗 清洁对促进伤口愈合,预防和治疗伤口感染至关重要。

（1）选择适合的溶液:一般选用生理盐水清洁伤口及周围皮肤。也可根据伤口的具体情况选用适宜的冲洗液如乙醇、醋酸氯己定溶液、聚维酮碘、呋喃西林溶液、过氧化氢溶液等,最后一定要使用生理盐水将伤口冲洗干净,避免伤口的健康细胞受破坏而影响伤口愈合。

（2）窦道冲洗方法:窦道较深的伤口可用 50ml 的注射器连接头皮针软管（将针头剪去）,放入窦道内,对伤口深部进行涡旋式的冲洗,注意控制冲洗压力,避免压力过高损伤健康的肉芽组织或将细菌冲入组织内而引起感染。冲洗完毕用手按压伤口周围组织使冲洗液流出,或将冲洗软管边退边回抽,反复多次冲洗回抽直至回流的冲洗液干净为止。

3. 伤口清创 窦道的管壁多为不健康的肉芽组织或瘢痕组织,多数病例在窦道末端存在异物。首先应将异物清除,去除刺激源,在反复不愈合的窦道内,基底部若存在炎性肉芽肿应及时切除。窦道壁上不健康的肉芽或瘢痕可使用外科清创或保守性锐器清创、机械性清创的方法去除,如搔刮窦道壁、用手术器械进行局部切除、采用各种敷料进行自溶性清创等。尽可能清除组织中残留的异物、坏死的肌肉、组织或碎骨。

4. 伤口敷料选择 窦道表浅且腔隙相对适合填塞可使用敷料进行填塞,如有感染可使用抗菌敷料如含银敷料或复合溶葡球菌酶敷料进行填塞和引流,并确保可将填塞敷料完整取出,视伤口情况更换敷料。做好窦口周围皮肤的保护,防止渗液造成皮肤浸渍。若伤口腔隙不适宜填塞也可采用负压伤口治疗方法。

5. 手术处理 可采取扩大切开引流手术,开放窦道,便于处理,注意填塞的引流物松紧合适,掌握"口宜实,底宜虚"的原则,先让肉芽组织自底部逐渐长满最后再让伤口逐渐愈合。腹壁窦道病程超过 1 个月仍无愈合倾向者,应请外科医生行窦道切除术,在感染控制后以窦道外口为中心,做梭形切口,沿窦道周围正常组织切入,彻底切除窦道及其周围瘢痕组织,如需缝合切口,缝合时注意勿留无效腔,加压包扎,必要时放负压引流管。

6. 控制全身疾病 控制血糖,改善局部血液循环,改善贫血症状;感染严重者根据切口分泌物细菌培养和药敏结果选择抗生素控制感染。有吸烟史的患者嘱其戒烟。

7. 注意纠正患者的营养状态 纠正低蛋白血症,低蛋白血症患者的成纤维细胞生成少,成熟时间长,影响胶原纤维形成,从而影响愈合,维生素 C 缺乏则抑制胶原纤维成熟,降低吞噬细胞的作用和毛细血管的生成,从而使愈合时间延长。维生素 K 与凝血机制有关,如果缺乏不利于伤口愈合,应及时给予补充。此外贫血、脱水、水肿、年龄大的患者愈合功能均较差,应给予一定处理。

8. 结核性窦道 一旦确诊为结核性窦道,应转诊给结核病医院进行正规的全身抗结核治疗 6 个月。局部可使用抗结核药物溶液清洗或湿敷后,填充抗菌消炎敷料直至伤口愈合。结核性窦道切忌清创后缝合,会加重感染或引发二次感染。

9. 心理护理 做好患者的心理护理,减轻患者的焦虑,使其积极配合治疗,改善营养状态。

## （六）健康教育

1. 应做好个人卫生清洁,控制血糖,戒烟酒。

2. 保持适当的体重,避免过度肥胖。

3. 有症状和伤口要及时就诊,遵医嘱正确处理。

4. 保持良好的心理状态,积极配合治疗。特别是配合长时间的抗结核药物治疗很重要。

## （七）临床案例

1. 病情简介 患者,女性,53 岁,2 型糖尿病史 3 年,平日自行口服降糖药物控制血糖。患者因宫颈癌手术治疗,术后出现脂肪液化,第 7 天拆线后切口愈合不良,伤口颜色灰暗,渗出为中等量,无臭味。脐下伤口在 12 点钟方向有长度约为 3cm 的窦道( 彩图 4-3-12A )。

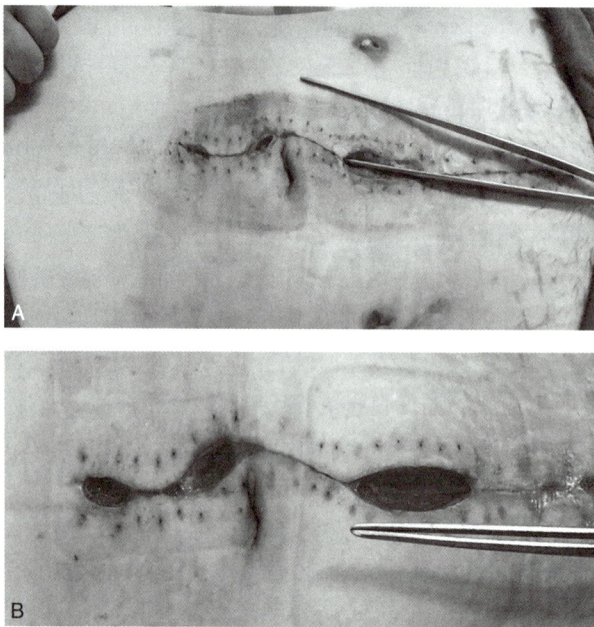

**彩图 4-3-12 窦道的处理**
A. 术后切口窦道初诊图;B. 处理 7 天后肉芽增殖良好

2. 伤口护理　给予清洗伤口后填塞藻酸盐敷料,二级敷料使用有粘边的泡沫敷料覆盖,隔日更换一次。

3. 效果评价　处理 2 天后可见伤口表面为 100% 红色的健康肉芽组织,窦道已基本闭合。继续之前的伤口护理方案。

处理 7 天后可见伤口深度已明显变浅,伤口边缘上皮化明显(彩图 4-3-12B)。维持之前的伤口护理方案,更换时间延长为 5 天一次。

处理 12 天后伤口明显缩小,出现上皮化,少量渗液。改为泡沫敷料覆盖,隔 3 日更换一次。处理 15 天后伤口已基本愈合。

(王　玲)

## 九、感染性伤口护理

皮肤是人体抵御微生物侵袭的天然屏障,当皮肤或皮下组织受到各种致伤、致病因素作用,发生不同程度的损伤或完整性遭到破坏形成伤口时,为病原微生物的入侵创造了条件。根据微生物侵入伤口中的生长繁殖及对机体的影响程度,可分为污染、定植和感染三个不同阶段。伤口污染是指微生物存在而不增殖;定植是指微生物增殖但未出现宿主反应;感染是指微生物黏附、增殖并引起宿主反应,如红、肿、热、痛、局部流脓等。

### (一)病因与发病机制

伤口感染主要归因于两个方面,一是局部因素;二是全身因素,即抗感染的能力和易感因素之间的平衡关系。

1. 伤口感染的局部因素　包括伤口形成的原因、部位、伤口暴露时间及伤口内细菌的种类、数量及毒力等是决定感染及感染程度的重要因素。

(1)伤口形成的原因:外伤性伤口感染概率明显高于手术切口;刀刺伤、枪弹伤等感染概率明显低于爆炸伤、车祸伤、高处坠落伤等组织损伤及开放范围大、污染严重的伤口。

(2)伤口的部位:伤口的部位不同,感染概率不同。骶尾部、会阴部伤口感染概率大,头面部感染概率相对小。下肢伤口感染概率比上肢伤口高 3 倍。

(3)伤口暴露时间:伤口暴露时间是指伤口形成后获得治疗所经过的时间。这个时间的长短与伤口感染的关系很大,6 小时是损伤与清创之间允许的最长时间。伤口暴露时间越长,伤口感染风险越高。

(4)伤口内的细菌种类、数量及毒力:伤口内细菌数量的多少和被污染的组织是否发生感染有直接关系。国内外研究证明,伤口中检出的细菌种类主要有革兰阳性球菌(溶菌酶阴性葡萄球菌、肠球菌、金黄色葡萄球菌、溶血性链球菌)和革兰阴性杆菌(大肠杆菌、克雷伯菌)和铜绿假单胞菌等,通过定植、繁殖、成熟和脱落四个阶段在伤口中形成柱状或蘑菇状的细菌生物膜。此外,细菌与新鲜组织接触时间越长,定植和繁殖的细菌数量越多,感染的机会越大。细菌的毒力指病原菌致病能力的强弱程度。构成细菌毒力的物质基础是侵袭力和毒素。侵袭力是指致病菌能突破宿主的皮肤、黏膜等生理屏障进入机体并在体内定植、繁殖和扩散的能力。毒素是指细菌合成的、对机体组织细胞有损害作用的物质。细菌毒素按其来源、性质和功能作用可分为内毒素和外毒素两大类(表 4-3-8)。

(5)慢性伤口感染:还与伤口大小、深度、持续时间、坏死组织、异物等因素有关。

表 4-3-8　细菌毒素主要性状比较

| 性状 | 外毒素 | 内毒素 |
|---|---|---|
| 来源 | 革兰阳性球菌和部分革兰阴性杆菌 | 革兰阴性杆菌 |
| 存在部位 | 由活菌分泌,少数为细菌裂解后释出 | 细胞壁成分,细菌裂解后释出 |
| 化学成分 | 蛋白质 | 脂多糖 |
| 稳定性 | 不耐热,60~80℃下 30 分钟被破坏 | 耐高热,160℃下 2~4 小时被破坏 |
| 毒性作用 | 强,对组织器官有选择性毒害效应,可引起特殊临床表现 | 较弱,各菌的毒性效应大致相同,引起发热、白细胞增多、微循环障碍、休克、DIC 等临床表现 |
| 抗原性 | 强,刺激机体产生抗毒素,经甲醛液处理脱毒形成类毒素 | 弱,刺激机体产生的抗体中和作用弱;经甲醛液处理不形成类毒素 |

2. 伤口感染的全身因素　伤口的发生、发展与患者的全身状况密切相关,包括患者的年龄、营养状况、有无基础疾病、肥胖、药物、吸烟、心理状态等。

（1）年龄:目前研究表明,70 岁以上老年人机体老化、细胞活性降低、组织再生能力减退及免疫功能低下,因此,创伤的修复过程常较缓慢,易发生伤口感染而延迟愈合。

（2）营养:伤口愈合是一个能量消耗增加的过程,而且各种营养素的补充在伤口不同愈合阶段有不同的需求,患者的营养水平直接影响了患者伤口的愈合,低蛋白血症的患者的伤口更易发生各种严重的感染。

（3）心理状态:机体发生创伤时会引起应激反应,继而引发患者不同程度的心理改变,如紧张、焦虑、抑郁等,目前研究证实,创伤发生时,患者过度的正性或负性心理反应均可影响儿茶酚胺、白介素等神经介质或炎症因子的释放,继而引起血管收缩,伤口局部缺血缺氧,感染机会增加,从而延缓了伤口的愈合过程。

（4）原发疾病:感染、肿瘤、自身免疫性系统疾病等原发疾病的存在可导致患者机体免疫功能受损,增加伤口感染的发生率而抑制伤口愈合。而代谢性疾病、血管性疾病可延迟伤口愈合,如糖尿病患者朗格汉斯细胞功能受损,吞噬细胞功能障碍,伤口局部血液供应障碍,容易继发伤口感染。尿毒症、心力衰竭、动脉硬化、贫血患者伤口血液供应和组织氧供不足,伤口容易感染。

（5）药物:抗凝剂、免疫抑制剂等药物可通过影响止血、炎症反应过程,抑制细胞增生、加剧炎症反应,进而对伤口愈合产生影响。外源性肾上腺皮质激素抑制伤口早期的炎症反应,非特异性消炎药物如阿司匹林、吲哚美辛（消炎痛）等抑制伤口愈合过程中的炎症反应,细胞毒性药物（如抗肿瘤药物）使炎性细胞和血小板数量降低,免疫抑制剂降低白细胞的活性,增加了伤口感染的机会。

（6）肥胖:脂肪组织血液供应不足,手术后易发生液化;太多的脂肪组织导致伤口张力增加,阻碍局部血液循环,增加了伤口感染机会。

（7）吸烟:吸烟者血液循环中一氧化碳含量增加,使伤口组织氧供减少,尼古丁使周围血管收缩,血流减慢,增加伤口感染的机会。

（二）伤口感染的临床表现

伤口感染分局部和全身表现,通常先出现局部感染表现,而且急性伤口感染和慢性伤口感染表现不同。

1. 局部表现

（1）急性感染典型表现：红、肿、热、痛、有脓性分泌物。如红斑和局部温度升高是蜂窝织炎最常见的体征，表明了伤口周围皮肤组织感染。厌氧菌感染通常会产生难闻的气味，含坏死组织的伤口可产生腐烂气味。

（2）慢性伤口感染表现：临床表现不典型，如肉芽组织脆性增加、容易出血、苍白或停止生长、渗液量增加。慢性伤口细菌生物膜感染的临床判断标准，主要包括以下6个方面：苍白水肿的伤口床、脆弱的肉芽组织、大量黄色渗液、坏死腐烂组织、疼痛和伤口有异味。

2. 全身表现　感染严重或合并全身感染时，可出现发热、不适、乏力、淋巴结肿大等全身症状，并伴有外周血白细胞增多、中性粒细胞百分比增高和C–反应蛋白增加（>8mg/L）等。

**（三）伤口感染的辅助检查**

当怀疑伤口感染时，建议做相关辅助检查以确定是否感染以及感染的病原微生物。

1. 血液检查　抽血检测血常规，包括白细胞计数及分类；抽血检查肝肾功能，包括血清蛋白和C–反应蛋白等。

2. 细菌培养　普通细菌培养可分为定性和定量两种。临床多采用定性细菌培养，主要用于确认感染的细菌种类。以便选择敏感的抗生素或其他有效的治疗手段。定量的细菌培养在临床中较少进行，公认的标准是当细菌数量 >10$^5$ 时可判断为伤口感染。细菌培养标本获取的方法：棉签涂抹方式培养、组织切片、血液培养。最常用的是棉签擦拭培养法，具体操作方法：使用无菌生理盐水清洗伤口表面残留的敷料纤维、坏死和失活组织，使用无菌棉签以"+"点法或"Z"字法从伤口不同部位采样，确保棉签吸收足够的伤口渗液，加盖即送微生物科培养。细菌培养的时机：当或疑有感染或已被确认需要全身使用抗生素或当患者正在使用抗生素时出现了感染的临床症状时，需做细菌培养加药物敏感实验。

3. 细菌生物膜检测　慢性伤口细菌生物膜感染的实验室诊断标准，包括：①宿主的某一特定部位存在局限性感染，伴或不伴全身感染；②与伤口表面相关的细菌感染；③伤口组织行病理检查，电镜下可见胞外基质中含有大量细菌；④细菌对敏感抗生素产生耐药性；⑤应用细菌直接活力染色法（如HE染色或革兰染色），结合分子生物诊断学技术，证实有活性细菌聚集物的存在；⑥伤口组织有明显的优势致病菌，呈聚集群散在分布在胞外多糖基质内，且伴有大量炎性细胞浸润。

**（四）感染伤口的处理原则**

伤口感染处理原则应该遵循安全、有效和循证实践原则，包括评估和明确伤情与感染源，清除感染来源如坏死组织、腐肉、异物等，开放无效腔或扩创引流，选择适合的抗感染敷料及伤口治疗新技术新方法，动态评价效果并调整措施，对于严重感染伤口须请外科医生会诊，医护团队合作处理，以确保安全和有效。

**（五）感染伤口的处理方法**

1. 评估　包括询问致伤原因、持续时间、伤后治疗经过，探查伤口部位、累及周围组织、范围、深度、有无潜行、窦道或隧道等，观察有无急性或慢性感染的表现，选择适当的实验室辅助检查，以明确伤情与感染源。

2. 清除感染来源　根据评估结果，采取适当方法清除感染来源，包括清洗伤口、清除失活组织或坏死组织、去除异物、开放腔道或扩创。伤口清洗可降低细菌浓度，有效控制感染。

研究和指南建议用生理盐水、饮用水清洗,慎用消毒剂。临床常用保守性锐器清创,通常能去除影响伤口愈合的失活组织、腐肉、异物及愈合不良组织,包括清除潜行和窦道,保留活性组织。目前无痛清创备受关注,能有效提高患者对清创的耐受度,降低因清创引发的疼痛感和心理不适。采用自溶清创、机械清创和保守性锐器清创相结合的联合清创,能够降低操作风险和患者的疼痛不适,提高清创效果。

3. 开放无效腔或扩创引流　有潜行或腔道导致引流不畅的伤口、有明显脓肿的伤口,需要请外科医生开放无效腔或扩创引流。

4. 选用适合的抗感染敷料　在清创之后局部选用含银敷料、蜂蜜敷料和复合溶葡球菌酶敷料能够有效控制伤口感染。

(1)含银敷料连续使用 2 个月是安全有效的。但如果需要使用更长时间,则要慎重。建议选用非银抗感染敷料,如医用蜂蜜敷料或复合溶葡球菌酶敷料。

(2)碘对耐甲氧西林金黄色葡萄球菌等病原体有杀菌和抑菌性能,临床上使用也较广泛,但是屡有细胞毒性以及患者过敏和不舒适等问题的报告,也需要慎用,且不能长期使用。

(3)蜂蜜被用于治疗感染性伤口已有 2000 多年的历史。既往研究认为蜂蜜对多种细菌有显著的抑制功效,包括革兰阴性杆菌、厌氧菌和真菌,甚至其他不知名的杂菌,所以能够加速伤口愈合。

5. 抗生素治疗　抗生素治疗伤口历来是颇有争议的,因为当细菌形成生物膜后,其耐药性可以比游离状态的细菌增加到 1000~1500 倍,对于有细菌生物膜存在但未出现感染症状的慢性伤口,全身抗菌治疗其药效会降低 25%~30%。常规的抗生素治疗根本无法奏效,不恰当的使用抗生素不仅不能够抑制细菌生物膜,反而促进菌膜形成,因此建议优选抗生素,联合使用抗生素。克拉霉素联合头孢唑林或万古霉素则可以破坏生物膜,使用 72 小时后都可清除金黄色葡萄球菌感染。只有伤口伴有红、肿、热、痛等炎症反应或者患者出现菌血症等全身症状时,才考虑全身抗菌治疗。

6. 负压伤口治疗(negative pressure wound therapy,NPWT)　NPWT 近 20 年来提出的伤口治疗新技术新方法,该疗法有助于改善局部血流、减轻组织水肿、促进肉芽组织生长并有效减少细菌数量。

7. 其他辅助措施　去除易感染的诱因或(和)治疗相关疾病,如改善局部血液循环,控制血糖,纠正低蛋白血症等。足部伤口可以使用石膏、充气袜、减压鞋等支具来减轻伤口周围组织的压力,以促进血液循环;压力性损伤使用减压方案预防伤口部位继续受压;下肢静脉溃疡的患者注意抬高患肢,保证患肢静脉回流。

8. 定期评价与记录　感染伤口每次评估、测量结果、处理方法和效果评价均要记录,国内外指南一致认为,急性感染伤口每周评价记录 2~3 次,慢性感染伤口每周评价记录至少 1~2 次。可采用文字记录或表格式记录。

**(六)临床案例**

1. 典型病例一

(1)病情简介:患者,男性,22 岁,因车祸外伤导致小肠破裂、实施小肠切除手术后切口感染裂开 1 个月余,当地医院给予抗生素治疗和局部使用凡士林油纱布填充处理 1 个月无效,于 2016 年 1 月 22 日就诊。初诊局部评估:腹部正中切口,大小 10cm×3cm×2.5cm,大量金黄色渗液,有腥臭味,组织脆性大,棉签轻触容易出血(彩图 4-3-13)。全身评估:消瘦,身高 1.78m，体重 60kg，最近 1 个月体重下降 15kg，体重下降率达到 20%，体重指数（BMI）18.94，最近 2 周血液检查异常结果：血清白蛋白 31g/L，为营养不良（男性 BMI<19、最近 1 个月体重下降率 >5%、血清白蛋白 ≤35g/L 可判断为营养不良。住院以来卧床为主，尿便正常，有效睡眠时间每日 6~8 小时。既往治疗史：既往身体健康，50 天前车祸导致多发伤急诊住院，紧急行破裂小肠切除、端端吻合手术，手术后医嘱给予输注 β- 内酰胺类和喹诺酮类抗生素预防感染，1 周后切口感染裂开，全身继续输注头孢菌素和左氧氟沙星抗生素，局部使用碘附纱布、凡士林纱布填充引流，但效果不明显。无药物、食物过敏史。手术后禁食 2 周，后给予半流质和能全力营养液口服。

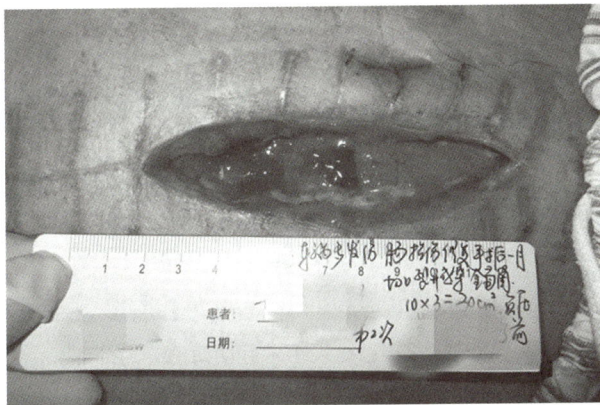

**彩图 4-3-13　腹部手术切口感染**

（2）伤口处理：局部取分泌物做细菌培养和药物敏感试验，结果为金黄色葡萄球菌生长，药物敏感试验结果显示对大环内酯类（红霉素、四环素）、喹诺酮类（环丙沙星、莫西沙星和左氧氟沙星）和 β- 内酰胺类（青霉素、苯唑西林）三类 8 种抗生素耐药。建议停用抗生素治疗，局部使用纳米银敷料结合 NPWT 抗感染。方法：将纳米银敷料按照伤口形状和大小剪裁，大于伤口周边 1cm 左右，便于包裹多侧孔负压吸引管，外盖相同形状和大小的干纱布，采用自粘性透明薄膜封闭伤口和高举平台法封闭负压吸引管。负压吸引管连接微电脑控制的负压治疗泵，调整负压治疗值 -120~-125mmHg，吸引 5 分钟和间停 2 分钟的间歇治疗模式，每隔 48 小时更换一次敷料和吸引管（彩图 4-3-14A）。每周评价测量 1~2 次伤口面积和深度及渗液量变化，14 天后复查细菌培养和药物敏感试验。评估结果作为调整处理方案的依据，直至取得满意效果。

（3）治疗过程与效果评价：纳米银敷料 +NPWT 治疗后 4 天，测量伤口大小 10cm×2.2cm×2.5cm，与治疗前比较面积缩小率 26.67%，4 天共吸出 80ml 脓血性渗液，伤口组织依然容易出血，继续给予纳米银敷料 +NPWT 治疗，10 天后伤口大小 8cm×2cm×2cm，面积缩小率 50%，深度缩小率 20%，6 天共吸出 85ml 脓血性渗液，肉芽组织水肿。14 天后伤口大小 8cm×2cm×1.5cm，面积缩小率 50%，深度缩小率 40%，4 天共吸出 85ml 脓血性渗液，肉芽组织健康，水肿消退。同时取伤口分泌物复查细菌培养和药物敏感试验，结果提示仍然有金黄色葡萄球菌生长，药物敏感试验结果也与治疗前相同。继续给予纳米银敷料 +NPWT 治疗至 21 天，伤口大小 8cm×0.9cm×0.5cm，面积缩小率 76%，深度缩小率 80%，7 天共吸出 70ml 脓性和血清性渗液，肉芽组织健康，触之不容易出血。给予停用 NPWT，调整敷料,使用亲水纤维银敷料填充隔日更换,10 天后伤口大小 7cm×0.2cm×0.3cm,面积缩小率 95.33%,深度缩小率 88%,渗液少量,改用水胶体糊剂填充,隔日更换,30 天后伤口大小 1cm×0.2cm×0.1cm,面积缩小率 99.33%,深度缩小率 96%,渗液少量,给予水胶体片状敷料封贴局部,3 天更换一次,直至 4 月 8 日愈合,愈合时间 76 天。愈合后 3 天门诊第一次随访,局部上皮完整,氧化反应阴性。愈合后 1 个月门诊第二次随访,局部上皮完整,愈合良好无复发(彩图 4-3-14B)。

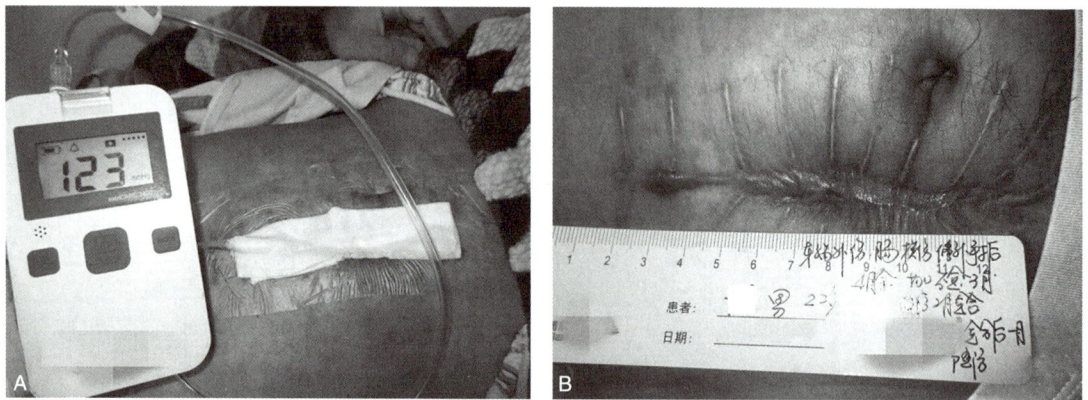

彩图 4-3-14　肠破裂手术后切口感染的处理
A. 设定负压值和间歇治疗模式;B. 感染切口愈合后 1 个月随访

(4)小结:本例治疗过程体现了感染伤口治疗的复杂性和长期性,需要使用新技术新方法,NPWT 能改善血液供应和降低细菌数量,一般建议疗程 2~3 周。含银敷料使用多长时间是安全有效的目前尚无定论,国内外研究结果表明,连续使用 2 个月尚未见肝毒性、肾毒性和局部不良反应,更长时间的使用缺乏循证依据,因此建议临床使用中注意动态监测和调整。本例使用中发现纳米银敷料 +NPWT 治疗 14 天,复查细菌培养尚未转阴,但伤口面积和深度仍有缩小,此结果提示两点:一是伤口有带菌生长的能力,组织生长与细菌生长之间是否存在竞争性抑制需要研究;二是在抗感染治疗中需要更新监测技术提高动态监测细菌培养结果的准确性,例如分子生物学检测技术。

2. 典型病例二

(1)病情简介:患者,男性,62 岁,因外伤口后血肿形成,在当地医院治疗 1 个月效果不佳,于 2015 年 1 月 4 日就诊。初诊评估:伤口位于胫前,大小 2cm×2cm,50% 黑痂覆盖和脓性分泌物,周围红肿范围 >5cm,主诉疼痛明显,影响行走。既往身体健康,饮食、睡眠正常。

(2)伤口处理:给予机械清创清除黑痂,探查发现 6 点方向潜行 7cm。取分泌物细菌培养结果提示:金黄色葡萄球菌生长。水肿的伤口床给予 3% 高渗盐水湿敷,再用国产纳米银敷料填充潜行和覆盖伤口床抗感染,隔日处理一次,指导患者间歇走路和抬高患肢。处理 2 天后再次评估,伤口周围红肿有所减轻,继续按照原方案处理至 12 天,局部红肿明显消退,6 点潜行变浅,调整敷料,给予藻酸盐敷料填充和覆盖,隔日更换。

(3)效果评价:银敷料局部抗感染 12 天后红肿消退,给予调整敷料,使用藻酸盐敷料填充,隔日更换,7 天后(总 19 天)潜行闭合,伤口床基底出现红色肉芽组织,调整为有边形泡沫敷料覆盖,每周更换 2 次直至 2 月 25 日愈合,愈合时间共计 42 天(彩图 4-3-15)。

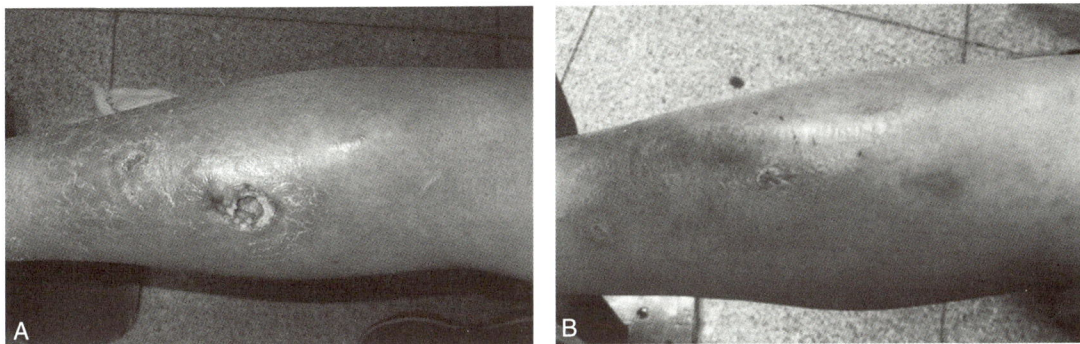

彩图 4-3-15  小腿外伤感染伤口
A. 小腿外伤感染伤口；B. 小腿外伤伤口愈合

（蒋琪霞  程克林）

## 十、药物外渗伤口护理

药物外渗是指在静脉输液过程中液体由血管内外渗入周围组织，引起局部发红、疼痛、肿胀、发热或发凉等现象，是输液治疗中常见的不良事件。药物外渗的发生率国内为 0.1%~6%，国外报道为 5.0%。

### （一）病因学

1. 药物外渗的高危因素

（1）输注对血管刺激性较大的药物：包括抗肿瘤药物、血管活性药物、高渗性药物、强酸强碱药物。

（2）输液时间和输液量：输液时间大于 3 小时或输液量大于 1500ml，容易损伤血管内皮细胞而引起药物外渗。

（3）穿刺针的类型：一次性静脉穿刺钢针容易损伤血管壁，比留置套管针更容易发生药物外渗。

（4）穿刺部位血管情况：如果穿刺部位血管存在弹性下降、脆性增强、充盈差或静脉炎等问题，则发生药物外渗的风险增高。年龄≤6 岁的儿童，或≥65 岁的老年患者及肥胖患者血管细或脆性增加，在输液过程中容易发生机械或药物性损伤而外渗。

（5）穿刺部位：下肢静脉、远端小静脉、关节易活动部位由于血流缓慢，药物在局部浓度高、接触时间长，当输注高渗或刺激性药物时容易损伤血管内皮细胞而发生药物外渗。

（6）精神状态或认知改变：当情绪激动、神志不清或躁动不安时容易发生输液通路的移位而药物外渗。

（7）患者依从性差，不配合护理操作。

（8）患有引起血管或血液循环受损的疾病：如糖尿病、淋巴水肿、系统性红斑狼疮、雷诺病、周围血管病、外周血疾病等。

（9）静脉内留置针或留置导管时间长：超过 24 小时药物外渗的风险增高，72 小时达到高峰。

2. 引起外渗的常见药物

（1）抗肿瘤药物：抗肿瘤药物常有细胞毒性，容易损伤血管内皮细胞而外渗。临床常用的抗肿瘤药物有:①发泡性抗肿瘤药物:包括阿霉素、表柔比星、柔红霉素、放线菌素 D、丝裂霉素、普卡霉素、氮芥、长春新碱、长春花碱、诺维本等;②非发泡性抗肿瘤药物:包括环磷酰胺、甲氨蝶呤、博来霉素、阿糖胞苷、顺铂等;③刺激性抗肿瘤药物:包括卡莫司汀、氮烯米胺、足叶乙苷、紫杉烷类、氟尿嘧啶等。

(2)高渗性药物:包括浓电解质、卡文、TPN、20% 甘露醇、10%NS、50% 葡萄糖、脂肪乳剂、复方氨基酸、5% 碳酸氢钠、力肽、白蛋白、丙种球蛋白等,容易引起血管内皮细胞损伤而外渗。

(3)抗生素:万古霉素、环丙沙星、头孢菌素、红霉素、喹诺酮等,对血管内皮细胞刺激性大,而容易外渗。

(4)强碱性药物:苯妥英钠、硫苯妥钠、氨茶碱等药物 pH>9.0,静脉内输注时对血管壁刺激性大,容易发生外渗。

### (二)临床表现

一般表现为外渗局部出现肿胀、颜色改变、疼痛、皮肤温度低、水疱甚至坏死,严重者可深及肌腱及关节,形成经久难愈的溃疡,不能自愈,甚至导致功能障碍。

1. 药物外渗的分级 美国静脉输液护理学会(infusion nursing society, INS)根据药物渗漏的临床表现,将药物外渗分为 0~4 级,0 级:没有症状;1 级:皮肤发白,水肿范围的最大处直径 <2.5cm,皮肤发凉,伴有或不伴有疼痛;2 级:皮肤发白,水肿范围的最大处直径 2.5~15cm,皮肤发凉,轻到中等程度疼痛;3 级:皮肤发白,半透明状,水肿范围的最大直径 >15cm,皮肤发凉,轻到中等程度疼痛;4 级:皮肤发白,半透明状,皮肤紧绷,有渗出,可有凹陷性水肿,皮肤变色、有瘀伤、肿胀,水肿范围的最小处直径 >15cm,循环障碍,中度到重度程度疼痛。

2. 抗肿瘤药物外渗表现 欧洲肿瘤护理学会将抗肿瘤药物外渗反应分为渗漏反应前综合征、Ⅰ型和Ⅱ型。

(1)渗漏反应前综合征:局部皮肤柔韧性和敏感度发生不同程度的改变。

(2)Ⅰ型反应:表现为输注部位僵硬和肿胀。

(3)Ⅱ型反应:表现为输注部位出现软组织损伤,疼痛、发紫甚至发黑坏死。

### (三)局部处理

1. 药物外渗的紧急处理

(1)停止输液并回抽残液:一旦发现药物外渗,应立即停止输液。保留针头,连接注射器进行回抽,尽量吸出局部渗漏的残液。

(2)评估:快速评估外渗药物的名称、浓度、对局部组织的刺激性和局部反应:红、肿、热、痛以及外渗范围,以便快速作出应对处理。

(3)皮下注入相应解毒剂:药物外渗发生 1 小时内进行皮下注射可产生最好的结果,遵守制造商指定剂量和给药指南,针对不同药物的外渗使用相应的解毒剂,以减轻对局部的毒性反应。①二路甲基二乙胺和顺铂外渗处理:建议局部注射硫代硫酸钠;②升压药外渗处理:首选使用酚妥拉明:使用 10 分钟内可看到正常部位的血流灌注,如果仍然存在灌注不足,或者如果血管收缩延伸到更大的区域,有必要进行重复注射;③血管加压素的外渗处理:注射特布他林或 2% 硝酸甘油,必要时每 8 小时重复注射一次;④抗肿瘤和无细胞毒性药物、高渗溶液外渗处理:据报告,皮下注射透明质酸酶能增加局部血流而有助于药物在组织中吸收及分散。

（4）局部环形封闭：常用 2% 利多卡因 4ml+ 生理盐水 6ml+ 地塞米松 1ml 局部封闭，选择 4.5~5.5 号的头皮针，以 15~20 度角度进针，针头需到达红肿正中处，沿肿胀范围外做环形封闭，封闭的药物充满整个肿胀区域。这样既可以稀释渗漏的药液浓度，也可阻止药液在组织中的扩散，又可以镇痛，之后 2~3 天封闭一次。

（5）冷敷或热敷：根据外渗药液的种类选择冷敷或者热敷：①热敷：对组织刺激性小、容易吸收的药物外渗如长春碱，长春新碱，草酸铂，依托泊苷，奥沙利铂等处理首选热敷以促进扩散吸收，结合患侧肢体抬高，有利于静脉回流、局部肿胀的吸收。根据患者的可耐受性也可采用 50% 硫酸镁湿敷；②先冷敷后热敷：对组织有刺激性药物外渗如多巴胺、氨茶碱、间羟胺、肾上腺素、去甲肾上腺素、苯妥英钠、高浓度营养液、钙盐、氯化钾、甘露醇、造影剂、放线菌素 D、阿霉素、柔红霉素等，为了抑制药物在细胞内代谢，在最初 6 小时内可用冷敷，24 小时后热敷。

（6）中药湿敷：如局部肿胀明显，可给予如意金黄散湿敷，可起到消除肿胀的作用。使用方法：用绿茶水或温水调和如意金黄散呈糊状，均匀涂抹在纱布上敷于患处，外用凡士林纱布或保鲜膜包裹保湿，最外层纱布绷带螺旋形固定，用每日 1 次，若局部皮肤破损时，不宜使用。

（7）物理治疗：药物外渗 24 小时可选用红外线、红光等物理治疗减轻症状，加速外渗药物的分散和回吸收。

2. 记录并随访 发生药物外渗后，应详细记录药物外渗发生的时间、部位、范围、外渗药物名称、剂量、处理方法、患者主诉、局部皮肤情况。通过对发生药物外渗患者的随访追踪，了解发生药物外渗的原因，重点了解患者穿刺点及周围皮肤情况，持续观察药物外渗部位的恢复以及预后。

3. 输液外渗伤口的处理

（1）小水疱的处理：对多发型小水疱注意保持水疱的完整性，防止其摩擦受压，避免热敷，保持局部清洁并抬高局部，封贴水胶体或薄膜敷料，使水疱自然吸收。

（2）直径大于 1cm 的大水疱处理：无菌操作下用 12~16 号针头在水疱的边缘刺破水疱后以无菌纱布覆盖，吸干渗液，然后粘贴水胶体或薄膜敷料。

（3）开窗减压：当外渗后局部组织肿胀严重时，可考虑局部开窗引流，减轻局部压力，避免大面积组织的坏死。

（4）开放性伤口的处理：用生理盐水清洗伤口后患处切勿受压，根据伤口选择合适的敷料覆盖，局限性组织坏死可采用保守性锐器清创、选择适合敷料实施湿性治疗直至愈合，对广泛组织坏死须请外科医生会诊处理。

4. 肢体的功能锻炼 往往外渗的部位位于关节处，在进行紧急处理后，需要关注并指导患者进行局部关节的功能锻炼，避免长期制动后造成关节的挛缩畸形致功能障碍。可以考虑请康复治疗师参与治疗。

**（四）药物外渗的预防**

药物外渗会延长住院时间、增加医疗费用和患者痛苦，甚至引发纠纷或诉讼，因此预防比治疗更重要。

1. 输注部位的评估和选择 护士在输注药物前应详细了解药物的物理、化学性质及其不良反应，根据药物的性质制订合理使用静脉的计划，避免选用腕部掌侧、手足背等处静脉，这些部位有关节、神经及细小的肌腱韧带，一旦发生药液渗漏造成损伤，将难以处置、重者可致残。因为下肢血管静脉瓣较多，血液流动缓慢，易导致药物长时间存留血管，使血管内皮细胞较长时间接触药物,损伤更明显而容易引起药物外渗,除上腔静脉压迫症外不应选择下肢静脉输液。接受乳腺癌腋窝淋巴结清扫手术的患者,应避免选择患肢静脉输注抗肿瘤药物,因乳腺癌腋窝淋巴结清扫后,静脉回流缓慢,血液滞留,易加重肢体水肿,造成药物外渗。24 小时内在静脉穿刺部位的远端静脉输注抗肿瘤药,可增加药物外渗的可能性。另外,如果选用了局部血管有病变的肢体,则由于血管收缩导致血管内壁压力增加,容易发生药物外渗;如果选择肘窝、手腕等关节处穿刺,早期外渗不易及时发现,容易导致局部组织坏死、神经损伤出现肌腱挛缩而影响关节功能。

2. 输注工具的选择　为预防药物外渗,除了要根据药物的性质选择合适的输注途径外,选择合适的输注工具也尤为重要。刺激性强的药物禁止使用头皮钢针,外周静脉留置针宜用于短期静脉输液治疗,避免用于刺激性强的药物持续性静脉输注。对于刺激性或发泡性抗肿瘤药物输注或外周静脉穿刺困难者,建议选用中心静脉导管。目前在抗肿瘤药物输注中,中心静脉通路的应用在有效降低抗肿瘤药物外渗风险方面已有明显成效,PICC 置管也已成为输入发泡性、刺激性抗肿瘤药物的常用方式。

3. 健康教育　由于大部分患者缺乏静脉治疗尤其是抗肿瘤药物输注的相关知识,所以,对患者及家属进行教育十分重要。在输注药物前,责任护士应详细为患者及其家属讲解药物的作用、不良反应以及药物渗漏的危险因素、外渗后处理原则、内 / 外渗症状和体征的可能变化及结果,以取得他们的配合。同时向患者讲解输注刺激性药物首选中心静脉途径给药的优点。向患者强调在输注药物时,尽量减少躯体活动的频率,以免导致注射针头移位、输液肢体被压迫而影响血液回流也可造成药物外渗。如出现输液过程中速度明显减慢,或者输注部位有疼痛、肿胀等感觉,患者应立即通知护士,及时处理。

4. 加强检查　输注药物前,要检查是否有回血,如果无回血,或不能确定针头是否完全在静脉内,则应另外选择静脉重新穿刺,避免使用同一静脉远端。如果同时输注多种药物,应先输入非刺激性药物再输入刺激性药物。强刺激性药物输注时,护士必须在床旁监护直至药物全部输入体内,输注完毕后,应继续输入生理盐水充分冲洗管道后拔针。

（五）临床案例

1. 病情介绍　患者,男性,58 岁,因乏力、腹胀 3 个月余,加重 1 个月,双下肢水肿 3 天于 2016 年 8 月 15 日入院,入院诊断:乙型肝炎肝硬化失代偿期、腹水、低蛋白血症、胃底静脉曲张(重度)、脾大、脾功能亢进。入院后 20 天患者出现寒战、发热、血压 80/50mmHg,心电图示心房扑动、病态窦房结综合征。相关检查检验结果显示低蛋白血症(血清白蛋白 28.6g/L),粒细胞缺乏(白细胞计数 $4.17 \times 10^9/L$),血小板减少($29 \times 10^9/L$),考虑患者败血症、休克。给予抗感染、抗休克和升白细胞等对症支持治疗。因患者凝血功能差、有出血倾向,中心静脉置管风险大,外周静脉因水肿穿刺困难,护士选择了右腕关节输液部位穿刺,医嘱暂给予外周静脉泵入生理盐水 42ml+ 去甲肾上腺素 16mg 升压抗休克,并多次告知家属外渗的风险,指导家属共同参与输液观察。输注 3 天后晚班护士发现患者右腕关节输液部位肿胀,范围约 12cm×8cm,局部皮肤温度、颜色与对侧无明显异常,右上肢活动无障碍,手指活动良好。处理:立即停止输液,更换输液部位,并予酚妥拉明 10mg+ 生理盐水 10ml 环形封闭,50% 硫酸镁持续湿敷。采取上述方法局部封闭,共封闭三次,同时抬高患肢,密切观察局部变化。并做好患者和家属的心理疏导工作,按不良事件上报医院护理部。药物外渗 3 天后病区申请造口治疗师会诊,检查发现右腕关节输液部位肿胀已消退,但皮肤颜色发生改变,呈紫红色,范围约 11cm×7cm,有散在水疱,疱皮大部分完整,仅有少部分破溃。患者主诉局部有轻微疼痛,活动无异常。

2. 局部评估与处理 最初给予水凝胶外涂患处,外盖无边型硅酮泡沫敷料,每日更换。每次更换敷料时进行再评估。处理后 6 天再评估发现,范围缩小为 10cm×6cm,但发紫瘀伤的皮肤组织转为 100% 黄色和黑色坏死组织,少量渗出,边界清楚,患肢活动正常,手背轻微肿胀(彩图 4-3-16A)。

请外科医生会诊,建议手术清创后进行植皮,但患者及家属因考虑手术风险较大,要求采用非手术治疗。由造口治疗师在患者床边实施无菌刀片划痕加水凝胶自溶清创,外盖水胶体敷料,隔日更换一次。待坏死组织软化后,给予保守锐性清创,清除部分坏死组织,再涂抹水凝胶敷料,覆盖油纱,纱布绷带包扎实施自溶和锐器联合清创,并动态评估伤口范围、组织类型、渗液量、气味及周围肿胀情况等,根据评估结果调整敷料和处理方法,及时与患者及家属反馈沟通,获得理解和配合,直至获得满意效果。

3. 效果评价 水凝胶结合锐器清创 7 天后评估伤口范围 10cm×6cm,中央 75% 黄色坏死组织,边缘出现 25% 红色肉芽组织,血清样中量渗出,无异味,患肢肿胀消退。调整为藻酸盐敷料 + 保守锐性清创,棉垫绷带包扎,2~3 天更换处理一次,14 天后再评价,见伤口缩小为 8cm×5cm,50% 红色肉芽组织,50% 黄色坏死组织,血清样中量渗出,无异味。继续给予藻酸盐敷料 + 保守性锐器清创 9 天(合计 23 天)后,评估伤口大小维持不变,8cm×5cm,组织类型为 100% 红色肉芽组织,但肉芽水肿明显,可见外露肌腱,血清样中量渗出,无异味。调整为藻酸盐片状敷料覆盖加棉垫绷带包扎,2~3 天更换一次,停止清创。10 天后再评估伤口缩小为 7cm×4cm,100% 红色肉芽组织,血清样少量渗出,无异味,表皮移行速度较慢。给予喷洒表皮生长因子,外盖水胶体油纱,最外层用纱布绷带包扎,2~3 天更换一次。14 天后再评估伤口,缩小为 6cm×3cm,100% 红色肉芽组织,少量渗出,表皮移行速度明显。继续湿敷表皮生长因子,外盖硅酮泡沫敷料,自粘绷带包扎,2~3 天更换一次,生长因子湿敷28 天后再评估伤口缩小为 4cm×2cm,100% 红色肉芽组织,少量渗出,粉红表皮继续移行(彩图 4-3-16B)。患者要求出院,自行在家中处理,造口治疗师给予指导示范在家庭中处理伤口的方法,交代相关注意事项。指导出院后 1 个月到门诊复诊。但患者未按时到医院复诊,采用电话回访,患者告知伤口已愈合。

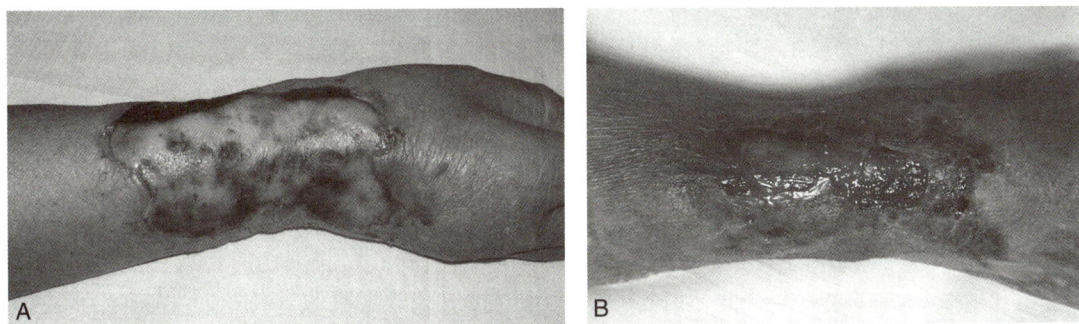

彩图 4-3-16 药物外渗伤口的处理
A. 药物外渗导致的伤口;B. 药物外渗导致的伤口呈愈合趋势

(杨芙蓉 蒋琪霞)

## 十一、放射性皮肤损伤护理

从 1985 年伦琴发现 X 射线和 1896 年居里夫妇发现镭开始,放射线便开始用于恶性肿瘤的治疗。肿瘤的放射治疗是利用各种放射线,包括 X 线、γ 线、中子束、电子束、负 π 介子束及其他重粒子照射肿瘤,以抑制或杀灭肿瘤细胞的治疗方法。根据资料统计,大约有 70% 的肿瘤患者,在病程的不同时期需要接受放射治疗。肿瘤放射性治疗过程中,放射性皮肤损伤是最常见的并发症之一,大约有 80% 的放射性治疗患者都会出现不同程度的皮肤反应。放射性皮肤损伤(radiation skin injury)是指身体皮肤或局部受到一定剂量的某种射线照射后所产生的一系列生物效应,包括人体皮肤、皮下组织、肌肉、骨骼和器官的损伤,如处理不及时或处理不当,会影响患者放射治疗计划,同时也会严重影响患者的生活质量,引起其他严重并发症,甚至导致死亡。

### (一)病因学

放射性皮肤损伤主要是由于射线对组织细胞的直接损害和微血管的广泛损伤引起,多见于应用放射线诊断和治疗某些疾病的后遗效应,也可见于和工业生产、辐射加工、工业探访、放射性实验室、原子能反应堆和核电站等意外事故。放射线作用于组织后,影响和损害组织细胞内的物质代谢、酶的活性、染色体的形态和功能,产生一系列生物效应,从而使组织细胞呈渐进性、持久性和不可逆的退行性改变和坏死。

皮肤上皮细胞和皮肤附属器对放射线是比较敏感的组织,受到一定剂量照射后,可发生一系列渐进性改变。受到小剂量($\geq 3Gy$)照射后,表皮和皮肤的基底细胞分裂减少,并有轻度肿胀;表皮下乳头血管扩张,真皮层出现水肿。受到大剂量($\geq 10Gy$)照射后,上皮细胞多呈空泡改变,细胞核增大或缩小,真皮层肿胀;久之,细胞可发生崩解,可见细胞层次减少,有时也可出现区域性棘细胞层肥厚,汗腺和毛囊上皮萎缩、退变或消失。受到更大剂量照射后($\geq 20Gy$),深部组织(皮下组织、肌肉、骨骼等)细胞发生变性、坏死。多数皮肤反应均在首次放射治疗后 10~14 天内发生,治疗结束后或完成 1 周内出现高峰。

血管内皮细胞对射线较为敏感,损伤早期,真皮毛细血管充血、扩张,血流淤滞,血管通透性增加;小血管壁肿胀,出现玻璃样变性、纤维素样坏死、胶原纤维和嗜银细胞肿胀和崩解等血管内膜炎改变。继之,造成血管壁增厚、管腔狭窄或闭塞、血液循环障碍及血管壁周围的炎性浸润;久之,形成纤维化瘢痕,压迫血管,又加重血管损伤。随着微血管系统损害的逐渐加重,血管数目减少,组织内因微循环障碍而缺血、缺氧,进而使组织受到破坏,由此加重了组织细胞的变性坏死。

### (二)放射性皮肤损伤的影响因素

1. 射线相关因素

(1)放射的剂量:照射剂量大,损伤重;照射量小,损伤相对轻。

(2)射线的种类:不同种类的射线其能量不同,造成局部皮肤损伤的轻重程度也不尽相同,如 β 射线和浅层线的能量低、穿透力弱,大部分被皮肤浅层吸收,一般仅达表皮或真皮浅层;深层 X 射线、Y 射线和高能电子束的能量高、穿透力强,可以达到深层组织。研究表明,Y 射线的组织吸收剂量在距皮肤 4cm 处仍达 80%;最大剂量可深达到 5~7cm。

(3)间隔时间:照射间隔时间的长短也与反应的程度有关,一次照射或分次照射的间隔时间越短,局部皮肤组织对射线的效应也越大,组织反应越重,反之则较轻。同一种射线,照射的积累剂量相同,但一次照射或分次照射的反应就不同,前者反应重,后者反应轻。

2. 患者相关因素

(1)年龄:不同年龄的皮肤对射线的敏感性不同,老年人年龄增加会增加皮肤的脆弱性和敏感性,儿童皮肤对射线的敏感性比成年人高。

(2)治疗部位:身体屈侧皮肤较伸侧敏感,身体潮湿和受摩擦区皮肤(腋窝、会阴部等)对射线的敏感性较高。

(3)基础疾病:某些疾病,如肾炎、结核、心脏疾病、高血压、各种皮炎以及内分泌、代谢性疾病(糖尿病、甲状腺功能亢进症等)增加皮肤对射线的敏感性。

(4)营养:严重贫血和少血管区的皮肤由于缺血缺氧更容易受到射线的伤害。

(5)治疗因素:使用免疫抑制剂、类固醇药物等抑制了人体的免疫功能,增加了皮肤的脆性和易感性,对射线的反应重。

(6)吸烟:研究证实,吸烟患者发生放射性皮肤损伤的概率高。

3. 理化因素　物理因素和化学因素对放射性皮肤损伤都有一定的影响。例如,热、光、紫外线以及某些化学物质(酸、碱、碘酒等)均能提高皮肤对射线的敏感性,在放射治疗前曾经日晒的部位所发生的红斑比较明显。

### (三)临床表现

放射性皮肤损伤累及皮肤、黏膜,损害反应不仅出现在局部的皮肤,也会累及相应的器官,比如眼、耳、唾液腺、下咽/食管、喉等。放射性皮肤损伤分为急性和慢性表现,急性放射性皮肤损伤的特点为脱皮、结痂、出血、红肿、疼痛等,慢性放射性皮肤损伤的特点是组织纤维化、弹性纤维断裂、伤口难以愈合等。

1. 急性放射性皮肤损伤的分级及临床表现　急性放射性皮肤损伤指的是患者从放射治疗后的第一天开始到90天内出现的照射区域皮肤的损伤反应。目前根据北美放射肿瘤治疗协作组(radiation treatment oncology group, RTOG)的简要评价标准,急性放射性皮肤损伤分为0~4级。

(1)0级:照射区域皮肤或黏膜或暴露区域如眼睛、耳、唾液腺、下咽/食管、喉等基本无变化。

(2)1级:出现以下1项或以上表现的可判断为1级损伤:①照射区皮肤出现轻微的红斑,轻度皮肤干性反应;②出现黏膜红斑;③轻微的结膜炎或巩膜充血/流泪增加;④轻度外耳道炎,有红斑、瘙痒、但无听力改变;⑤轻度口干,唾液略微变黏稠,有味觉改变但进食基本无障碍;⑥轻度吞咽困难或吞咽痛;⑦轻度间歇的声嘶,咳嗽,咽喉部黏膜红斑。

(3)2级:出现以下1项或以上表现的可判断为2级损伤:①照射区皮肤散在的红斑,因皮肤皱褶而导致皮肤湿性反应或中等度水肿;②受累黏膜出现散在的假膜反应(直径≤1.5cm);③中度结膜炎(不管有无角膜炎):眼干,畏光,虹膜炎;④中度外耳道炎或严重的中耳炎,测试时听觉迟钝;⑤中度口干,唾液黏稠,味觉明显改变;⑥中度吞咽困难或吞咽痛;⑦持续声嘶但能说话,反射性耳痛、咽喉痛、散在的纤维蛋白分泌物、杓状骨轻度水肿。

(4)3级:出现以下1项或以上表现的可判断为3级损伤:①照射皮肤出现融合的、湿性皮肤反应,直径≥1.5cm;②受累黏膜出现融合的假膜反应(直径>1.5cm);③严重的角膜炎:有角膜溃疡/视觉力或视野减小,或急性青光眼;④重度外耳道炎:有溢液或湿性反应,出现听觉迟钝症状,与药物无关的耳鸣;⑤严重吞咽困难或吞咽痛,伴随脱水或体重降低

（相对于治疗前体重 >15%）；⑥失声、咽喉痛、放射性耳痛，大量的纤维蛋白分泌液，杓状骨明显水肿。

（5）4 级：出现以下 1 项或以上表现的可判断为 4 级损伤：①照射区皮肤溃疡、坏死或出血；②受累黏膜坏死或深度溃疡，包括出血；③视觉丧失（单侧的或双侧的）；④听力丧失；⑤急性唾液腺坏死；⑥食管完全梗阻、溃疡、穿孔、瘘道形成。

2. 慢性放射性损伤分级及临床表现　慢性放射性皮肤损伤指的是患者从放射治疗后的第 90 天后出现的损伤反应。根据 RTOG 的简要评价标准，慢性放射反应程度也同样分为 0~4 级。

（1）0 级：照射区域皮肤或黏膜或暴露区域如眼睛、耳、唾液腺、下咽 / 食管、喉等基本无变化。

（2）1 级：出现以下 1 项或以上表现的可判断为 1 级损伤：①照射区皮肤出现轻度萎缩，色素沉着，毛发少量脱落；②受累黏膜出现轻度的红色萎缩斑痕；③皮下组织出现轻度纤维化，皮下脂肪丧失；④轻度口干，对刺激有反应；轻度外耳道炎，有红斑、瘙痒，但无听力改变；⑤脊髓出现轻度 Lhermitte 综合征；⑥轻度头痛，中度嗜睡；⑦无症状的白内障，较小的角膜溃疡或角膜炎；⑧声嘶，喉部杓状骨轻度水肿；⑨食管轻度纤维化，吞咽固体食物有轻度吞咽困难。

（3）2 级：出现以下 1 项或以上表现的可判断为 2 级损伤：①出现皮肤花斑，中度毛细血管扩张，头发完全脱落；②受累黏膜中度萎缩或毛细管扩张，黏液分泌减少；③皮下组织中度纤维化，轻度挛缩；④中度口干，刺激反应减弱；⑤脊髓出现严重的 Lhermitte 综合征；⑥中度头痛，重度嗜睡；⑦有症状的白内障，中度角膜溃疡，继发性的视网膜病或青光眼；⑧喉部杓状骨中度水肿，软骨炎；⑨不能正常进食固体食物，可吞咽半流食物，需行食管扩张。

（4）3 级：出现以下 1 项或以上表现的可判断为 3 级损伤：①皮肤显著萎缩，重度毛细血管扩张；②受累黏膜显著萎缩，伴随完全的黏膜干燥，严重的毛细管扩张；③皮下组织严重纤维化，重度皮下脂肪丧失；④重度口干，对刺激没有应答反应；⑤在治疗区内或以下脊髓节段在影像学上发现有改变；⑥严重的头痛：严重中枢神经系统功能障碍（丧失部分运动功能）；⑦严重的角膜炎，严重的视网膜病或脱离，严重的青光眼；⑧喉部杓状骨严重水肿，严重软骨炎；⑨食管严重纤维化，仅能吞咽流食，吞咽痛苦，需要做扩张术。

（5）4 级：出现以下 1 项或以上表现的可判断为 4 级损伤：①皮肤出现经久不愈的溃疡；②受累黏膜出现溃疡不愈；③皮下组织坏死；④唾液腺出现纤维化；⑤单 / 对 / 四肢麻痹；⑥癫痫发作或瘫痪或昏迷；⑦失明；⑧喉坏死；⑨食管坏死，穿孔或瘘管形成。

### （四）治疗

1. 一般治疗　应注意加强营养，给予高蛋白饮食，补充多种维生素。根据病情发展的不同阶段采取相应的治疗措施，纠正低蛋白血症，提高机体抵抗力。

2. 局部处理　对于放射性皮肤损伤的局部处理主要根据急性和慢性放射性皮肤分级和各个发展阶段采取相应的处理措施，避免皮肤损伤进一步加重。有坏死组织的伤口，可采用自溶性清创和保守性锐器清创相结合，预防感染，促进愈合。

（1）应用湿性愈合敷料：利用密闭和保湿的原理，使用湿性愈合敷料给局部营造一个微酸与潮湿环境，从而刺激成纤维细胞和毛细血管的生长，促进损伤修复和愈合。

（2）采用各种生长因子：生长因子能激活巨噬细胞、缩短细胞增殖的 G0 期和加快 S 期进程,从而促进损伤的修复。如表皮生长因子、碱性成纤维细胞生长因子和血小板衍生生长因子等已在烧伤、烫伤和创伤中得到应用,也可应用于急性放射性皮肤损伤的修复和愈合。对慢性放射性损伤的应用结果尚无定论。

(3)手术治疗:对于局部严重放射性皮肤损伤,近年来多主张采用修复与重建外科的原则进行治疗。采用局部扩大切除,以组织移植修复的方法是治疗局部严重放射性皮肤损伤的重要手段之一。对于慢性放射性溃疡,只要全身情况允许,应尽快手术切除,及时修复;否则,溃疡长期不愈,容易激发细菌感染,产生严重并发症。

**(五)护理**

1. 急性放射性皮肤损伤的分级护理 根据急性放射性皮肤损伤的不同分级,其护理重点与措施也不同。

(1)0级及1级放射性皮肤损伤的护理:积极预防皮肤损伤,着重做好患者的健康教育。包括:①皮肤清洗:每日用温热水清洗放射区皮肤,切忌使用肥皂等刺激物清洗放射区;②保护皮肤:温水清洗后使用皮肤保护粉结合无痛保护膜或使用水性乳膏,如三乙醇胺乳膏涂抹局部皮肤,保护皮肤,预防放射性损伤;③避免刺激:局部皮肤避免遭受摩擦、搔抓等机械性刺激,禁止使用对皮肤刺激性较强的药物;④避免胶带撕揭伤:需要固定时避免黏性较大的胶带,可选择绷带固定,防止脆弱皮肤发生黏性胶带撕脱伤。

(2)2级放射性皮肤损伤的护理:护理原则除了加强患者教育外,局部可使用新型敷料,促进组织修复和控制疼痛。包括:①瘙痒处理:如果发生瘙痒,可以短期使用1%类固醇乳膏涂抹,一般连续使用7天;②水疱处理:对损伤面积小、完整及散在的小水疱,可以保留疱皮,让其自行吸收。对于较大的水疱或张力大的水疱,应在无菌操作下行低位穿刺排液,或者用无菌剪刀剪开一小口排液,然后使用泡沫敷料加压包扎。如果疱液浑浊,其周围有明显炎症反应,或水疱已破溃时,应使用具有消炎抗感染作用的敷料或药膏涂抹或覆盖包扎,以防加重感染。

(3)3级放射性皮肤损伤的护理:通常会停止放射治疗,局部使用湿润伤口愈合原则,防止放射性皮肤损伤进一步发展,同时控制感染。包括:①渗液量大的伤口:采用藻酸盐、亲水性纤维、硅酮泡沫等新型敷料吸收渗液,保持伤口湿润环境,减轻局部疼痛和不适感,促进伤口愈合,并对患者进行相应的健康教育,提高依从性;②坏死组织伤口:使用水凝胶或水胶体敷料保湿包扎进行自溶性清创,并结合保守性锐器清创,清创时注意动作轻柔,避免损伤组织;③感染伤口:治疗区域外红肿或大范围蜂窝织炎可能提示感染,使用抗菌敷料,如含银或医用蜂蜜或复合溶葡球菌酶敷料。如果出现发热,应多学科合作会诊,取伤口分泌物进行细菌培养和药敏试验,遵医嘱全身使用抗生素治疗。

(4)4级放射性皮肤损伤的护理:主要处理原则为控制疼痛、预防感染和应用新型敷料促进伤口愈合。做好伤口评估,明确伤口有无感染,对未发生感染的伤口,运用保湿敷料促进愈合。对感染伤口,进行多学科合作会诊,局部运用抗感染敷料,必要时全身抗感染治疗。

2. 慢性放射性皮肤损伤 进展缓慢,且持续时间较长,常常数月或数年,临床上常以局部皮肤出现色素沉着、脱发、花斑、毛细血管扩张、经久不愈的溃疡等为主要表现。应针对不同程度的损伤采取相应措施,注意避免各种物理和化学因素等刺激,局部可使用止痒和滋润皮肤的水性乳膏和新型敷料。对于慢性放射性溃疡,应评估其严重程度和累及组织的面积、深度,并取溃疡渗出物进行细菌培养和药物敏感试验,根据评估和检查结果选用含银敷料或有效的抗生素治疗。对于严重的放射性皮肤损伤,应适时请专科医生会诊处理,与医生分工合作、共同处理。

3. 营养支持  放射治疗在杀伤肿瘤细胞的同时,对正常组织也有不同程度的损伤,加强营养对促进组织的修复,减轻毒副反应有重要作用。因此在饮食的调配上,应注意色、香、味,少量多餐,避免刺激性食物,饭前适当控制疼痛,不吸烟、不饮酒,并注意口腔卫生,为患者创造清洁舒适的进餐环境。对放射治疗不能经口进食的患者,及时转诊给医生进行胃造瘘手术。

**(六)健康教育**

放射性损伤主要在皮肤和口腔、食管、直肠、阴道等黏膜部位,对疼痛非常敏感,同时放射治疗周期长、持续时间久,严重时会影响患者进食和大小便排泄及生活质量,应做好以下健康教育。

1. 保持皮肤清洁  指导患者每日用温水和无芳香味清洗液清洁放射区皮肤,保持局部皮肤清洁干燥;每次大小便后用柔软毛巾轻轻沾洗,避免用纸反复擦拭,预防损伤和感染。

2. 避免刺激  指导患者选用全棉柔软内衣,避免化纤、高领或硬领衣服。洗浴时勿用肥皂擦洗或热水浸泡,避免在含氯游泳池游泳,避免涂抹刺激性或含重金属药物。避免阳光直晒,使用 SPF15 级以上防晒剂涂抹照射区皮肤至少一年。

3. 预防损伤  治疗区域避免使用弹性绷带或胶布,如果治疗区域位于腋窝,避免刮腋毛。乳房切除术后,如果需要,宜选择柔软无刺激性的全棉胸罩。

4. 口腔卫生指导  头颈放射治疗时,由于腮腺、唾液腺均在照射区域内,放疗后腮腺及唾液腺功能受抑制,口腔内的腺体分泌减少,口腔的自洁作用降低,常会伴有口干、咽部干痛、口腔溃疡等症状。应指导患者做好以下日常清洁:每日用淡盐水或漱口液多次含漱,进餐后及时清洁口腔;早晚选用含氟牙膏及软毛牙刷刷牙,禁止剔牙。

5. 咽喉的保护  因放射线照射会使咽喉局部黏膜充血、水肿而引起气管内分泌物增多,出现咽喉部不适感或疼痛,可能会出现声音嘶哑加重、咽喉疼痛、恶心、味觉改变或消失、黏膜炎,因此要指导患者做好咽喉保护措施,包括:①放射治疗前减少讲话,戒烟酒以减少对咽喉的刺激;②放射治疗后要注意口腔卫生,饭前、饭后、晨起、睡前用生理盐水或朵贝液漱口,预防口腔感染;③进食时咽喉部疼痛较重时,遵医嘱使用消炎、止痛药物。

6. 鼻部出血的自救自护  鼻咽部的血管丰富,有些鼻咽部肿瘤生长到一定的程度会引起溃疡出血,放射治疗时局部组织损伤也易引起黏膜出血。应指导患者:①不要捏鼻、挖鼻和用力擤鼻,少量出血时,可在鼻上部放置冰袋或用麻黄素滴鼻;②出血较多时,立即平卧头偏向一侧,保持呼吸道通畅,用手指压住颈外动脉止血,并迅速通知医护人员,居家时迅速就近医疗;③特别注意的是,经前鼻腔填塞后,如果发觉口腔内仍有出血,应将血液吐出,不能吞下,以免窒息和观察出血量,并立即报告医务人员。

7. 功能锻炼  指导患者做相应部位功能锻炼,预防放射性损伤引起的功能障碍,如低头仰伸运动、头部钟摆上仰运动、转颈运动、张口运动、叩齿运动、耸肩运动、肩部旋转运动、肩部内收、外展运动等。注意在做功能锻炼时动作轻柔、速度宜慢,以能感受肌肉的伸展和放松为宜,每日 3~5 次。如有部分肌肉因放射治疗后纤维化受限,则要视情况增加锻炼次数。

8. 饮食指导  保持良好的情绪进食,创造清洁舒适的进食环境,具体做到:①放射治疗期间保证充足的营养:应进食热量充足、蛋白质和维生素丰富的饮食,如蛋类、乳类、鱼类、肉类等;多吃新鲜蔬菜和水果,品种多样化,粗细粮搭配,不偏食;多使用煮、炖、蒸等方式烹制食物；②饮食注意事项：少量多餐，避免暴饮暴食及辛辣、粗糙、油腻的食物；避免饮用浓茶、咖啡，多饮水，加快毒素排出体外，减轻全身放射治疗反应。

9. 心理指导　鼓励患者建立积极生活的方式，调节良好情绪。指导患者通过听音乐、阅读等方式转移对放射治疗和放射性皮肤损伤的注意力，向亲朋好友倾诉自己的问题和想法，释放自己的压抑情绪，用成功的病例帮助患者树立信心。

### （七）临床案例

1. 典型病例一

（1）病情简介：患者，女性，75岁，因鼻咽癌接受放射治疗20天时双颈部出现放射性皮肤损伤，自行使用利福平无效于2014年9月21日就诊于造口伤口护理门诊。初诊局部评估：双侧颈部残留利福平红色干痂，用生理盐水清洁后，左侧颈部伤口大小6.0cm×6.0cm，基底50%黑色，50%红色，右侧颈部伤口大小为7.5cm×7.5cm，基底50%黑色，50%红色，疼痛评分为8分，渗液少，干燥，诊断为放射性皮肤损伤4级（彩图4-3-17A）。全身评估：血常规提示患者有贫血（血红蛋白98g/L），其余正常。

（2）局部处理：初诊时给予清洁伤口，使用清创胶涂抹自溶性清创结合保守性锐器清创清除部分黑色坏死组织，清创后2天再次评估双侧颈部伤口，左侧伤口大小5.0cm×4.0cm，右侧伤口大小为5cm×4cm，基底均为75%红色，25%黄色，疼痛评分为3分，中量渗液，给予覆盖超薄泡沫敷料，以吸收渗液和营造有利于愈合的湿润环境，促进表皮生长，外用自粘性绷带固定，松紧合适，每日更换一次。渗液量减少后调整为隔日一次。

（3）效果评价：本例患者经上述处理14天双侧颈部急性放射性损伤完全愈合（彩图4-3-17B），随访1个月未见复发。

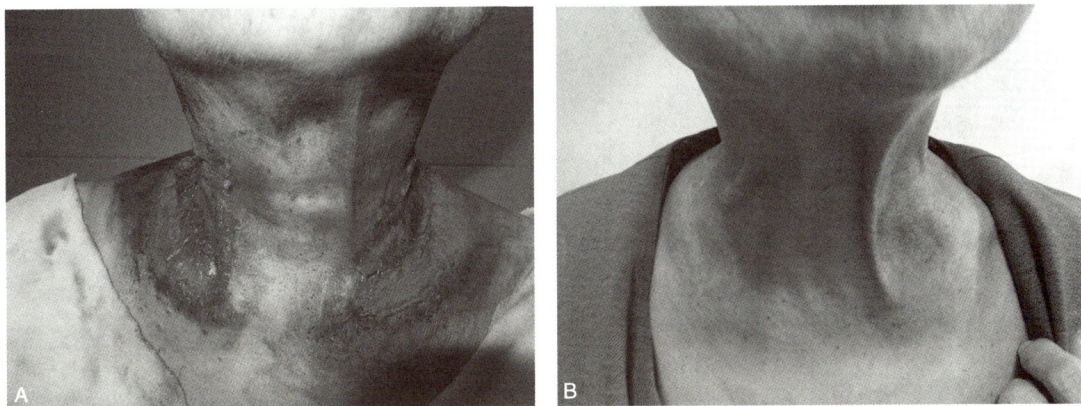

**彩图4-3-17　双侧颈部急性放射性皮肤损伤的处理**
A. 放射性皮炎；B. 放射性皮炎已痊愈

2. 典型病例二

（1）病情简介：患者，男性，59岁，因食管癌晚期行放射性治疗照射28次后，右颈部出现急性放射性损伤，经其他方法处理一周后未愈，于2004年10月13日到伤口护理中心就诊。按国际抗癌联盟急性放射反应评估标准初诊评估损伤为4级即坏死、溃疡，摄取照片，测量范围4cm×4cm，75%黑痂，25%红色，伤口污秽（彩图4-3-18A）。数字化疼痛自评表计分8分，为重度疼痛。患者主诉因疼痛和颈部活动受限影响睡眠和食欲，每日睡眠时间

4 小时左右,每日进食少量稀饭、面条,蛋白质摄入不足 20g。焦虑量表测定得分判断为严重焦虑。测量身高 1.75m,体重 62kg,计算 BMI 为 20.26kg/m²,血清白蛋白值 3.5mmol/L,血红蛋白 11.8g/L,白细胞总数 $3 \times 10^9$/L。

（2）局部处理:采用 3% 双氧水和生理盐水冲洗局部先行机械性清创,清除坏死腐皮和焦痂,彻底清除周围皮肤污垢。经处理后伤口为红色,有少量新鲜出血,局部喷洒牛血清碱性成纤维生长因子 36U,加盖相当于伤口大小的无菌小纱布一块,用生理盐水 2~3ml 喷湿,外用自粘性半透膜封闭保湿实施湿性治疗。根据渗液量,初始为隔日更换一次敷料,后延长为 3~4 日更换一次。

（3）全身调理:每次伤口处理前后给予作心理调适和营养活动指导。根据患者的营养状况和创面渗液制订营养处方,蛋白质摄入按 1.5g/（kg·d）,碳水化合物 300g/d,脂肪 100g/d,每日分 6~7 次少量多餐。活动处方:开始每日步行 1 小时,分次完成,逐渐增加至 2 小时,以活动后不疲劳为宜。睡眠指导:音乐疗法配合心理调适和应激技巧指导。

（4）效果评价:经整体干预处理后 2 次疼痛计分降至 1~3 分,睡眠增加至每日 6~8 小时,进食量能按营养处方量摄取。伤口湿性治疗 2 天后局部红肿减轻,面积缩小 50%,湿性治疗 7 天完全愈合（彩图 4-3-18B）。

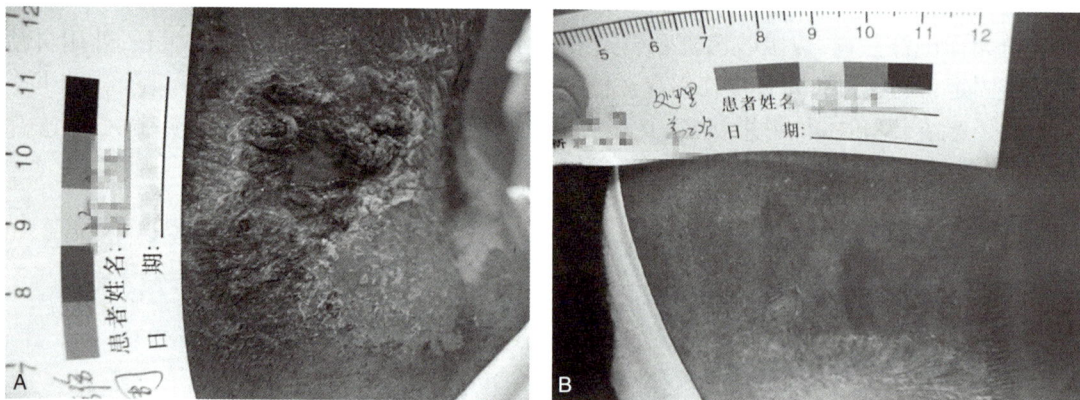

彩图 4-3-18　右颈部放射性损伤的处理
A. 右颈部放射性损伤;B. 放射性损伤已愈合

（陈玉盘）

## 十二、恶性肿瘤伤口护理

恶性肿瘤伤口（malignant fungating wounds,MFW）是指原发性或转移性的浸润皮肤穿透上皮形成突出皮肤表面的结节状损害,或浸润皮肤形成凹陷和腔隙的溃疡性损害。英国哥伦比亚肿瘤机构认定的恶性肿瘤伤口定义为:原发癌或局部或远处肿瘤转移到皮肤并浸润皮肤形成开放性或有渗出的恶性伤口,表现为腔洞、皮肤表面开放性伤口、皮肤结节或从皮肤表面生长扩散出的结节。目前对恶性肿瘤伤口尚未形成一致性的定义,共识性认识为恶性肿瘤伤口是一种无法愈合、有可能进展加重的伤口。所有类型肿瘤中发生恶性肿瘤伤口的现患率 10%~14.5%,有肿瘤转移患者的恶性肿瘤伤口发生率为 5%~10%,常发生于其生命的最后 6~12 个月内。恶性肿瘤伤口伴随其出现的一系列生理、心理和社会方面的问题对患者、家属以及护理人员都是一个挑战。

### （一）病因学

1. 源于皮肤局部的恶性肿瘤　此类伤口是因恶性肿瘤细胞随着淋巴、血液浸润皮肤所造成,如皮肤局部原发恶性黑色素瘤(彩图 4-3-19)、原发皮肤鳞状细胞癌(彩图 4-3-20)、慢性伤口长期感染恶变成为鳞状细胞癌(彩图 4-3-21)或恶变为基底细胞癌(彩图 4-3-22),据国内研究报告,385 例持续 6 个月以上持续感染、久治不愈的慢性伤口恶变检出率高达 6.7%,主要为鳞状细胞癌。国外报告,2% 的慢性伤口会发生恶变,最常见的也是鳞状上皮癌。

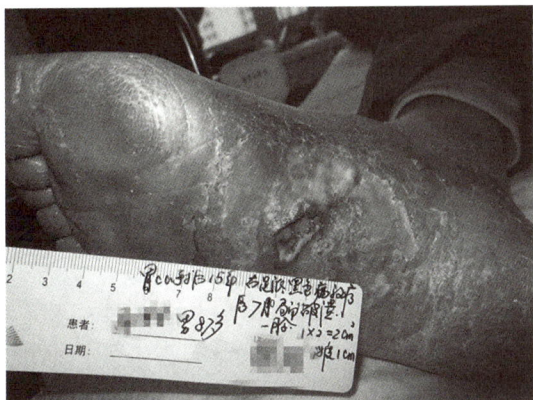

彩图 4-3-19　原发恶性黑色素瘤
伤口放射治疗后 7 个月

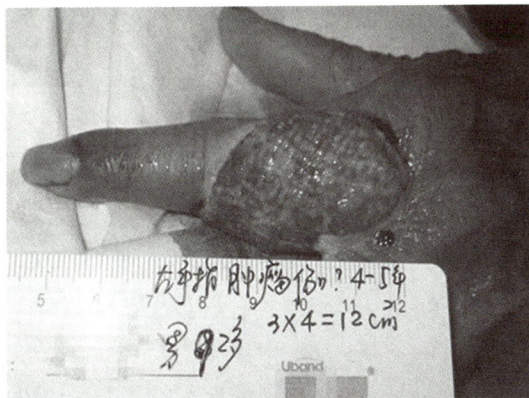

彩图 4-3-20　手指原发鳞状
细胞癌伤口

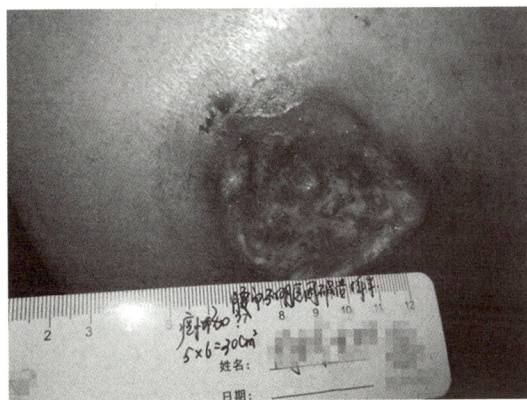

彩图 4-3-21　慢性伤口 18 个月
继发鳞状上皮癌

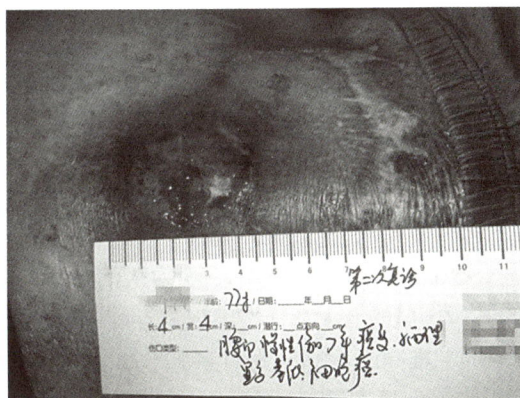

彩图 4-3-22　慢性伤口 7 年
继发基底细胞癌

2. 源于乳腺癌浸润性生长　部分乳腺癌浸润生长迅速,突出皮肤表面,形成较大肿块,局部皮肤张力过大、破溃形成肿瘤性伤口(彩图 4-3-23)。

3. 源于远处肿瘤转移　远处肿瘤细胞(如淋巴瘤和肉瘤)可通过淋巴、血液转移至皮肤,浸润皮肤形成肿瘤性伤口(彩图 4-3-24),肿瘤性伤口的组织病理通常与原发肿瘤相同(彩图 4-3-25)。

4. 原发肿瘤手术后原位复发　肿瘤手术后残留肿瘤细胞通过种植或切口原位浸润生长导致组织异常增生、破溃、感染和进展性扩大(彩图 4-3-26)。

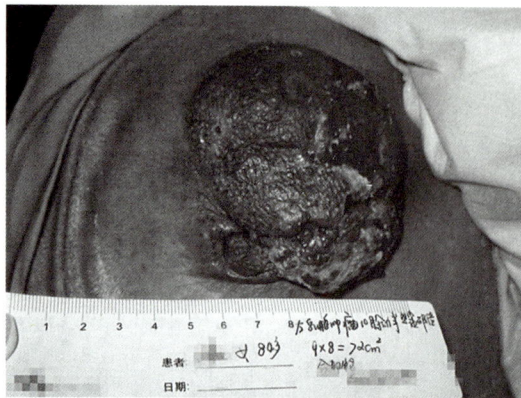
彩图 4-3-23 乳腺癌浸润
生长形成肿瘤伤口

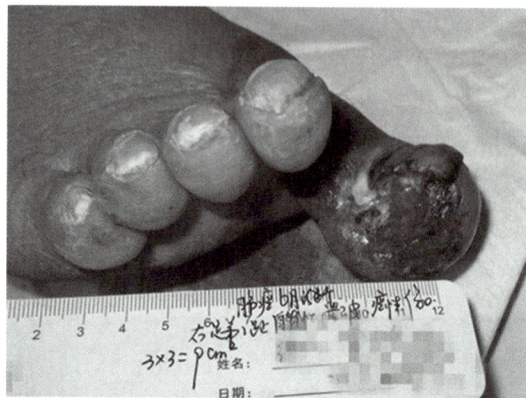
彩图 4-3-24 肺癌 6 个月转移至
足趾形成肿瘤伤口

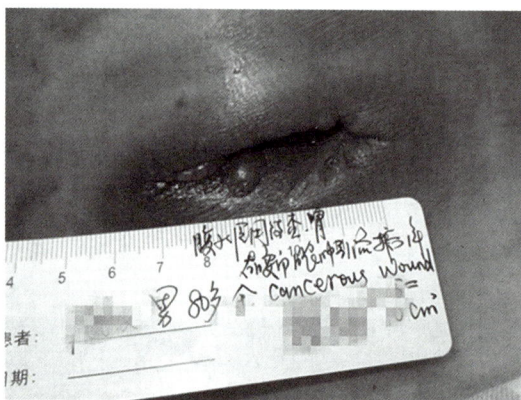
彩图 4-3-25 肠癌转移至腰部
形成肿瘤伤口

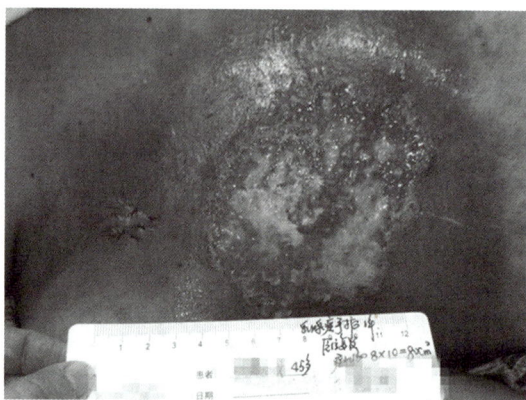
彩图 4-3-26 乳腺癌手术后
1 年切口原位复发

### （二）恶性肿瘤伤口表现

恶性肿瘤伤口的临床表现为久治难愈的皮肤溃疡或突出皮肤表面的蕈状伤口。目前公认的肿瘤伤口的五大特征性表现为难闻的气味、疼痛、大量渗液、容易出血和难以控制的感染。

1. 难闻的气味 恶性肿瘤伤口由于坏死组织易受各种微生物感染，并繁殖分解坏死组织，产生大量腐败或难闻的气味，又称恶臭，若伤口有瘘管形成，又会加重恶臭的产生。恶性肿瘤伤口继发感染产生恶臭的细菌常有奇异变形杆菌、大肠埃希菌、粪肠球菌、金黄色葡萄球菌、铜绿假单胞菌等。五大特征性表现中，恶臭对患者和照顾者影响最大，研究表明，恶臭与患者生活质量呈明显负相关，使患者生活质量的影响因素，大量的恶臭会刺激嗅觉导致食欲减退、恶心，患者及周围人也难以接受，患者自觉尴尬和自我厌恶，出现社交孤立感。

2. 疼痛 疼痛是一种令人不愉快的感觉和心理体验，伴有现存的或潜在的组织损伤。恶性肿瘤伤口患者常常会出现疼痛不适，主要表现为肿瘤压迫或侵犯神经血管产生神经痛，又称"癌性疼痛"；若真皮层组织破坏，神经末梢暴露则可能表现为针刺痛；继发感染时可出现跳痛；按照世界伤口愈合协会关于伤口相关性疼痛（wound related pain，WRP）的定义（与开放性皮肤损伤直接相关的一种不良症状和不愉快的经历），上述疼痛也属于伤口相关性疼痛。研究已经明确,疼痛带来的危害是由神经－内分泌系统参与的身心影响:首先疼痛会使自主神经系统兴奋,下丘脑－垂体－肾上腺轴受到刺激,引起体内类固醇激素的释放,伤口局部组织会发生缺氧等,从而影响伤口愈合的整个过程,同时也严重影响患者的生活质量。临床观察发现,长时间承受 WRP 的患者容易出现情绪激惹、失控,表现为焦躁、易怒、多疑等,甚至出现焦虑和抑郁等心理问题。

3. 大量渗液　恶性肿瘤伤口产生大量渗液(24 小时 >10ml 或 24 小时外层纱布被渗液浸透 >2/3)主要与下列因素有关:

(1)恶性肿瘤伤口内微血管与淋巴管受侵犯,血管通透性增加。

(2)恶性肿瘤细胞分泌血管通透性因子,使血管内血浆胶质通过血管渗入组织间隙。

(3)恶性肿瘤伤口的坏死组织和大量渗液是细菌的培养基,容易导致伤口感染,组织胺分泌增加导致血管扩张,血管通透性增加。

(4)细菌蛋白酵素分解坏死组织,产生渗液。

大量渗液的主要危害是浸渍周围皮肤,引起局部刺激不适,甚至溃破、感染,伤口扩大,容易继发感染或使原有的感染加重,还会加重恶臭。

4. 出血　恶性肿瘤伤口容易出血的原因有:

(1)恶性肿瘤细胞侵蚀毛细血管或小动脉,或肿瘤压迫或牵拉血管而引起出血,出血量依据受累动脉的压力而异,如颈部动脉受侵蚀而引起的出血呈喷射状,很快可引起血压下降、心率增快、意识淡漠或昏迷等休克表现,严重者可导致死亡。如为肿瘤区小血管破裂出血,常呈流线状出血,可通过压迫止血和输注止血药物处理。

(2)患者骨髓功能抑制或异常导致血小板数量和功能下降,增加出血的危险,通常表现为皮下瘀斑、出血点、伤口渗血等。

(3)伤口感染增加组织脆性,容易出血,可表现为移除敷料或清洗伤口时出现渗血,通常不会引起生命体征改变,可通过局部抗感染和使用不黏性敷料等措施控制此类渗血。

### (三)治疗原则

不同来源的恶性肿瘤伤口治疗原则也不同,主要有手术治疗和非手术治疗及姑息治疗。

1. 手术治疗　对于原发于皮肤局部的鳞状细胞癌、恶性黑色素瘤伤口和慢性伤口恶变,一经确诊,尽快请相关外科医生会诊,实施手术扩大切除病灶和皮瓣移植手术,以避免肿瘤细胞扩散和转移。

2. 非手术治疗　包括放射性治疗和抗肿瘤药物介入治疗及静脉输注治疗,按医嘱和相关要求执行,不属于本节重点,不做详细介绍。

3. 姑息治疗　恶性肿瘤伤口如来源于远处转移或已经浸润生长侵犯近处淋巴结,只能采用姑息治疗,以减轻痛苦、增加患者的舒适度为主要目标,包括营养支持治疗、止痛治疗等。

### (四)护理

恶性肿瘤伤口的护理重点在于症状管理和流程管理,症状管理包括减轻疼痛、预防出血、有效管理气味和渗液。流程管理主要包括恶性肿瘤伤口的评估流程和局部处理流程。

1. 流程管理　做好恶性肿瘤伤口的评估流程和局部处理流程,目的是明确问题,做好沟通和预见性护理,培训护士,规范护理操作,预防不良事件。

(1)评估流程:按照一问二闻三查四摄五录的"五步骤"对恶性肿瘤伤口进行初诊评估和定期复评,一问主要是询问患者的既往健康史、过敏史、基础病治疗史,伤口持续时间、疼痛以及对生活的影响、饮食结构和饮食量、活动、睡眠和排泄状态等。二闻主要是闻伤口的气味,判断气味的来源。三查包括检查测量伤口范围、深度、渗液量、组织类型,必要时取组织做病理学检测和细菌培养。四摄为摄取伤口照片:主要是使用相同相机、在同一方向和角度拍摄伤口照片,留下影像资料。五录为记录:将伤口评估的结果记录于专用的伤口护理记录单。

（2）局部处理流程:按照一洗二敷三选四包五录的"五步骤"处理流程处理恶性肿瘤伤口。具体为:①一洗为清洗伤口:选用无菌生理盐水清洗伤口,同时清洗伤口周围 10cm 内的皮肤,关注周围皮肤的问题;②二敷为敷用止痛凝胶:采用利多卡因凝胶湿敷于伤口,减轻患者处理伤口时的疼痛,对于恶臭明显的伤口选择碘附溶液湿敷 3~5 分钟,再用生理盐水二次清洗后,湿敷利多卡因凝胶;③三选为选用合适的敷料:根据恶性肿瘤伤口的特征选择具有大量吸收渗液能力并有抗菌作用和防止粘着伤口基底的敷料,以管理渗液和气味,必要时选择造口袋收集渗液;④四包为包扎固定:根据伤口的部位选择适合的外层敷料和包扎固定方法,如腹部及臀部伤口选择低敏宽胶带粘贴,头颈部及四肢选择顺应性好的低弹性网眼绷带包扎;⑤五为记录:将伤口处理方法、所用敷料和患者反应等及时记录于专用的伤口护理记录单。

2. 症状管理

（1）气味评估与管理:气味对患者及其家人的影响最大,全面、准确评估气味有助于制订个体化护理计划,提高患者的舒适度和生活质量。

1）Huaghton 等把恶性肿瘤伤口气味分为 4 个等级:包括强烈恶臭、中度恶臭、轻微恶臭、无恶臭。强烈恶臭指未更换敷料、距离患者 2~3m 可闻到的气味。中度恶臭是指移除敷料、距离患者 2~3m 可闻到的气味。轻微恶臭是指移除敷料,接近患者闻到的气味。无恶臭是指移除敷料,在患者床边未闻到气味。

2）气味管理:①清洗伤口能清除伤口床中的渗液、腐败分解的坏死组织和部分细菌,这是减轻臭味的首要步骤,一般使用生理盐水冲洗伤口,避免用力擦拭伤口,以免引起组织损伤和出血、疼痛;②局部的抗感染治疗可以抑制细菌生长及减低厌氧菌感染的恶臭味,首选甲硝唑溶液进行局部湿敷,甲硝唑可杀死厌氧菌,因而阻断挥发性脂肪酸(恶臭的来源)的形成;③含碳敷料通过活性炭吸收臭味;④含银敷料能破坏细菌的细胞壁与 DNA 而抑制细菌之复制,对革兰阴性厌氧菌如铜绿假单胞菌特别有效;⑤造口袋可有效隔绝臭味并收集渗液。临床常用的干预措施为 0.75% 甲硝唑凝胶涂抹,每日涂抹 1~2 次,连续 2 周。或者使用 1% 甲硝唑溶液冲洗伤口,再使用造口袋收集渗液。

（2）渗液评估和管理

1）渗液评估:恶性肿瘤伤口通常容易继发感染而产生大量渗液,渗液量的评估为 24 小时 <5ml 渗液为少量,5~10ml 为中量,>10ml 为大量。渗液性质评估包括浆液性、血性、脓性等,恶性肿瘤伤口大多数为脓性渗液,伴有出血时有脓血性渗液。

2）渗液管理:根据评估结果结合患者病情和主观愿望、经济承受能力选择适合的敷料,选择敷料考虑舒适性、粘贴性、美观和保持患者自尊的需求。颜面部伤口唾液分泌量多时候,可以使用造口袋收集;痛觉敏感,可让患者自己选择揭除敷料方式,频繁更换敷料的,伤口周围贴水胶体,敷料贴在上面,保护周边皮肤,减少揭除敷料疼痛。大量脓血性渗液的恶性肿瘤伤口选择藻酸盐银敷料为宜,发挥抗感染、吸收渗液和止血的作用;大量脓性渗液可选择亲水纤维银敷料、藻酸盐银敷料等,在抗感染同时吸收大量渗液;大量渗液时,可选用伤口引流袋或造口袋来收集渗液;中量以下渗液可选择凡士林油纱载体的纳米银敷料或脂质水胶体银敷料,抗感染同时预防黏附伤口引起的二次损伤、出血。

（3）疼痛评估与管理

1）疼痛评估:选择合适的评估工具评估伤口疼痛,为及时有效干预疼痛提供依据。临床常用的疼痛评估工具有:数字评分法(NRS)、视觉模拟评分法(VAS)、面部表情分级评估表(FRS)、简明疼痛评估量表(BPI)等。临床最常用的数字评分法(NRS)评估结果:0为无痛,1~3分为轻度疼痛,4~6分为中度疼痛,7~10分重度疼痛。4分及以上需要报告医生采用药物和非药物方法干预。同时注意评估疼痛出现的时间:移除敷料时、移除敷料后,清洗伤口时、清洗伤口后,覆盖敷料时、覆盖敷料后,与伤口处理无关,持续疼痛。

2）疼痛管理:根据评估结果分析疼痛产生的原因,对症处理。如果与操作有关,改进操作方法,特别注意恶性肿瘤伤口禁忌清创处理,以免引起难以控制的出血。如与敷料有关,调整所用敷料。如与肿瘤有关,报告医生采用WHO的三阶梯止痛原则,使用药物止痛。注意事项:医护人员要减少或避免因操作而产生的创伤相关疼痛。如伤口处理时动作要轻柔,把敷料充分润湿后再取出,不要用力撕揭敷料,以免造成二次损伤;尽量选用不粘连伤口基底的敷料;帮助或者变换体位时避免压迫伤口。

（4）出血评估与处理

1）出血评估:主要评估伤口出血的原因、出血量,以及在伤口处理过程中所选择的清洗方式、敷料等对伤口出血的影响。了解患者的血红蛋白值及凝血功能情况(凝血酶原、血小板等)。

2）出血处理:与感染有关的组织脆性增大容易出血,表现为组织水肿,触之容易渗血,经过使用抗感染敷料控制感染后渗血通常有所改善。①流线状出血:与肿瘤侵蚀伤口毛细血管、引起破裂有关,处理方法可在局部覆盖藻酸盐敷料或止血海绵,外加干纱布轻轻压迫止血,必要时使用弹力绷带加压包扎伤口;注意肿瘤伤口组织很脆弱,切忌压力过大造成新的损伤,引起新的出血;②喷射状出血:与肿瘤侵蚀伤口小动脉、引起破裂有关,处理方法即刻通知医生或紧急送就近医疗机构,同时在局部覆盖止血海绵,外加干纱布轻轻压迫止血,必要时使用弹力绷带加压包扎伤口,安慰患者,保持镇静。全身遵医嘱使用止血药物,监测生命体征直至出血停止、病情稳定。

**（五）健康教育**

1. 保护伤口　指导患者保护伤口,穿宽松全棉内衣,污染内衣时及时更换,保持清洁。日常活动时避开人流高峰,避免大幅度活动牵拉局部,注意避免摩擦碰撞;睡眠时注意避免压迫伤口。渗液量大、异味重时及时到医院更换敷料。

2. 伤口出血的医疗求助　少量渗血无需紧张,按时到医院就诊处理即可。中量以上出血与家属沟通,告知危险性,选择就近医疗机构紧急求助医疗。

3. 伤口异味的家庭处理　指导患者和家属在伤口外用敷料上放干茶叶包或活性炭吸附恶臭气味,根据局部伤口的范围而摆放茶叶包的量一般3~4包。房间开窗通风每日半小时以上,再使用空气清洁机或空气清新剂帮助减轻臭味,也可以在室内放置煮咖啡后残留的咖啡渣作为除臭剂,勤更换患者的衣裤、被褥等。

4. 指导心理放松　在护理过程中,向患者说明治疗过程中可能出现的不适和应对方法,尽量减少患者的不确定感,减少患者对病情的猜疑和恐惧感;指导患者简单易行的放松方法,如深呼吸、冥想等,指导患者建立积极的应对方式,积极配合伤口护理。

**（六）病例分享**

1. 病情简介　患者,女性,因右侧乳腺癌根治手术后 1 年局部原位复发,形成伤口、大量渗液并有恶臭,细菌培养为铜绿假单胞菌,静脉输注抗生素治疗 14 天无效,伤口进行性扩大,于 2014 年 10 月 31 日到门诊伤口护理中心寻求进一步治疗。初诊局部评估:右胸壁伤口大小 9cm×12cm,伤口表面覆盖有脓性分泌物,组织脆性大,伤口中央见自发性渗血,大量渗液(外敷料 100% 渗透),周边皮肤明显浸渍发白,打开敷料能闻及明显臭味(2 级)。全身评估:患者主诉局部持续疼痛 8~9 分,呈跳痛,影响睡眠和食欲。复发后按医嘱住院再次输注抗肿瘤药物治疗 4 天,有恶心、呕吐、脱发等毒性反应,进食量少。抽血检查结果显示贫血(血红蛋白 90g/L)、低蛋白血症(血清白蛋白 30g/L)。

2. 局部处理恶性肿瘤　伤口是维持性伤口,护理目标是减轻症状和痛苦、增加患者舒适度,根据初诊评估结果制订姑息护理方案,重点内容是对症处理,局部使用抗感染敷料控制感染和渗液,保护皮肤,增加患者的舒适度。与患者及家属沟通姑息护理方案内容和护理目标,获得理解和配合。伤口由造口治疗师按照恶性肿瘤伤口处理流程使用生理盐水清洗,去除脓性分泌物后使用活性炭银敷料覆盖,隔日更换一次,目的是吸收渗液和吸附臭味,控制感染,保护皮肤免受浸渍。按照评估流程至少 7 天评价一次效果,根据评价结果调整敷料和更换间隔时间。

3. 全身干预　制订营养计划和食谱,提供新鲜有营养、易消化吸收的食谱,指导家属根据患者口味烹调,每日分 5~6 餐,少食多餐,加强口入营养和胃肠道保护。根据患者的病情和体力制订个体化活动计划,指导患者每日按照慢走–休息–再走的间歇活动方案进行适当活动,以不加重疲劳为宜。

4. 效果评价　感染控制前每周评价一次面积缩小率、疼痛计分、周围皮肤并发症,感染控制后 1~2 周评价一次。门诊复诊随访每 3 个月 1 次。使用活性炭银敷料覆盖伤口每日更换一次,处理后 7 天,伤口缩小为 9cm×10cm,缩小率 16.67%,周围皮肤未见,但伤口中央可见 2 处被铜绿假单胞菌染绿的坏死组织,渗液量转为中量,气味减轻为 3 级,即接近患者手臂的距离闻到气味。因不能做锐器清创清除染绿的坏死组织,故调整使用泡沫银敷料覆盖更日更换一次,旨在抗感染同时营造湿度湿润环境,达到自溶清创目的。使用 17 天后大小为 7cm×9cm,缩小率 41.67%,伤口中央 2 处被铜绿假单胞菌染绿的坏死组织通过自溶清创被去除,渗液量中量,气味消除(5 级),周围皮肤无浸渍,出现粉色上皮化。给予调整使用纳米银敷料覆盖,隔日更换一次,处理 10 天后伤口大小为 6cm×7cm,缩小率 61.11%,渗液量为少量,气味消除(5 级),周围皮肤无浸渍,出现更多粉色上皮化,患者要求回外地老家调养治疗。电话随访 3 个月时伤口愈合,8 个月时(愈合后 5 个月)再次破溃复发,到门诊伤口护理中心复查伤口发现,伤口面积为 10cm×10cm,组织充血水肿,伤口床和周围皮肤有多发硬结,肿瘤科医生会诊为肿瘤细胞在局部播散,全身检查发现多处淋巴结转移,建议再次使用抗肿瘤药物治疗,患者在治疗期间继发多器官功能衰竭死亡。家属对伤口处理结果十分理解并表示满意,达到了预期的姑息治疗目标。

（蒋琪霞　朱桂玲）

## 十三、骨髓炎伤口护理

骨髓炎是一个由微生物感染引起的伴有骨组织破坏的炎症反应过程,它可以局限发病于单一类型骨组织或可同时波及骨髓、骨质、骨膜及周围软组织。骨髓炎常导致伤口不能及时愈合,伤口可残留潜行、窦道、难愈久治。骨髓炎伤口的愈合是以骨髓炎得到控制为前提,而骨髓炎的治疗是一个多学科协作的过程,不同类型的骨髓炎导致的伤口常需不同的手段进行处理。

### (一)病因学

骨髓炎为一种骨的感染和破坏,可由需氧或厌氧菌,分枝杆菌及真菌引起。骨髓炎好发于椎骨、儿童多见于长骨、糖尿病患者的足部或由于外伤或手术引起的穿透性骨损伤部位。

1. 骨髓炎的病因复杂　包括:①由血源性感染引起(血源性骨髓炎);②从感染的软组织扩散而来,包括置换关节的感染、污染性骨折及骨手术后伤口感染;③最常见的病原体是革兰阳性菌。革兰阴性菌引起的骨髓炎可见于吸毒者、镰状细胞血症患者和严重的糖尿病或外伤患者。真菌和分枝杆菌感染者病变往往局限于骨,并引起无痛性的慢性感染。

2. 骨髓炎高危人群及危险因素　包括消耗性疾病、放射治疗、恶性肿瘤、糖尿病、血液透析及静脉用药。对于儿童,任何引起菌血症的过程都可能诱发骨髓炎。

3. 骨髓炎诱发因素　免疫力低下、营养供给不足等都是骨髓炎发生的诱发因素。

### (二)临床表现

骨髓炎伤口常迁延不愈,非急性期伤口局部常无典型的感染症状和临床表现,患者也无全身临床表现。当患者出现抵抗力低下或其他诱因时,可出现全身表现明显的典型感染反应。

骨髓炎临床常根据病程分为急性骨髓炎和慢性骨髓炎,慢性骨髓炎是导致各种类型伤口不愈合的主要病因。急性骨髓炎起病时高热、局部红肿热痛,治疗无效可转变为慢性骨髓炎,通常表现为间歇性(数月至数年)骨痛、压痛、伴有软组织溃破、流脓、有死骨无效腔、窦道的形成。根据发病机制骨髓炎常分为创伤性骨髓炎、血源性骨髓炎和蔓延性骨髓炎。

1. 创伤性骨髓炎　是致病菌通过体表的伤口或切口进入骨损伤部位引起的骨组织的感染。常因开放骨损伤未彻底清创,或虽经彻底清创但创伤污染严重,或进行闭合性损伤手术时无菌技术操作不严格引起,常发生于骨折部位。

2. 血源性骨髓炎　细菌从体内其他感染病灶通过血液循环到达某一骨组织引起骨组织感染。感染病灶常为扁桃体炎、中耳炎、疖肿及脓肿等。外伤常为一局部诱因。好发于抵抗力低下、身体状况较差的婴幼儿。

3. 蔓延性骨髓炎　从邻近组织感染蔓延到骨组织而引起的骨髓炎,如指端软组织感染引起的指骨骨髓炎、糖尿病足引起的骨髓炎等。常见的致病菌多见于铜绿假单胞菌、链球菌等。

### (三)骨髓炎相关检查

1. 血液检查　血白细胞计数并非骨髓炎的可靠指标,在有感染存在时患者白细胞计数仍可能在正常范围以内。但血沉在大多数病例中是升高的,其和骨髓炎的严重程度并不一致。而C-反应蛋白作为一种炎性反应物质,相对来讲是一种可靠的指标,在感染出现数小时后开始升高并在病情得到良好控制一周内恢复至正常。

2. X线检查　X线可提供有价值的诊断信息,但X线变化在感染后10~21天才有较典型的表现。常表现为骨质减少、虫蚀样改变及周围软组织肿胀。

3. CT 检查　若 X 线表现不明确,可行 CT 检查。骨髓炎的 CT 表现包括骨组织及相邻的肌肉、肌间隙或皮下组织肿胀,还可形成囊肿样囊腔及骨膜下血肿并在软组织中出现气体、脓脂平面及窦道。

4. 微生物检查　对于急性血源性骨髓炎,常采用血培养的方法以明确致病菌。慢性骨髓炎最有效的方法是在坏死骨组织处取标进行需氧菌和厌氧菌培养,如常规未培养出致病菌、病情复杂和感染严重者,应同时加做分枝杆菌和真菌检测。

5. 碘油造影　对于存在窦道或瘘管的患者,为了明确死骨或骨腔与窦道的关系,可用碘油或 12.5% 碘化钠溶液作窦道造影。

### （四）骨髓炎治疗原则

骨髓炎伤口的愈合必须以骨髓炎有效控制为前提。急性骨髓炎有时可通过早期敏感抗生素治疗治愈;慢性骨髓炎伴有无血运的坏死组织及对抗生素渗透有阻碍作用的细菌生物膜时,一般单独采用抗生素治疗很难起效,手术治疗是骨髓炎伤口愈合的必要手段,联合全身或局部使用抗生素大大提升了骨髓炎伤口的愈合率。骨髓炎治疗的基本原则包括彻底消除病灶、消灭残存细菌、充分引流、重建修复骨缺损、软组织缺损修复、局部及全身应用抗生素等。高压氧治疗也是有益的辅助治疗。

1. 手术治疗　手术治疗是消除病灶、促进骨髓炎伤口愈合的有效方法。对于血源性骨髓炎急性感染阶段,如果早期合理使用抗生素治疗,感染灶一般会在 2~4 周治疗后得以清除。传统意义上的急性骨髓炎病灶清除需待死骨形成、与活骨分界清楚后,且在周围充分形成包裹时进行。手术要求彻底切除瘘管,在病灶处开凿骨窗,将髓腔内脓液、异物、瘢痕纤维组织及坏死组织彻底切除,彻底摘除死骨,消除无效腔,修整骨窗成为便于引流和易于组织长入的口阔、腔浅、底小的蝶形骨缺损。对于创伤及蔓延性骨髓炎常常伴随有坏死缺血的骨及周围软组织、阻碍抗生素渗透的细菌生物膜所形成的局部微环境,使得抗生素很难到达病变骨组织。坏死部位必须得到早期彻底的清创,将髓腔内脓液、异物、瘢痕纤维组织及坏死组织彻底刮除。

2. 合理应用抗生素　早期应用大剂量的敏感抗生素是一切治疗的基础。治疗骨髓炎的抗生素应具有可靠的骨组织浓度,对致病菌应有高度敏感性。抗生素的应用有全身应用及局部应用两种方法。长期全身应用大剂量的抗生素费用高、全身毒副作用大而备受争议,而慢性骨髓炎患者局部骨及软组织血供差致病变骨质缺血硬化,全身应用抗生素很难达到局部有效杀菌浓度,因此不推荐使用。外科清创联合局部抗生素应用能弥补以上的各种不足。研究表明,骨髓炎在彻底清创后,局部采用抗生素滴入或灌洗,使骨髓炎的治愈率有了很大的提高。但一般局部用药常易被身体中的血液冲走并很快吸收,不能长期维持有效血药浓度,从而削弱了抗感染的能力。故临床用羟基磷灰石、磷酸钙骨水泥和聚甲基丙烯酸甲酯等材料作为抗生素的载体,用于骨髓炎伤口以提升骨髓炎治疗效果,促进伤口愈合。

### （五）护理

1. 持续冲洗　是控制骨髓炎感染的有效治疗手段,是促进患者伤口愈合的重要基础。冲洗能使骨髓腔内坏死组织、积血、脓液得到充分引流,改善局部血液循环,使感染得到控制,减少中毒症状。应做好以下护理:

（1）保持冲洗管与引流管通畅:妥善固定引流装置,保持各接头的紧密连接。防止管道的弯曲、打折、受压和脱出,保持有效负压引流。

（2）严密观察记录引流的出入量:每日保持冲洗液和引流液平衡,注意观察引流液的颜色和性状,发现异常及时报告。更换引流袋时严格无菌操作,防止逆行感染。

2. 营养支持　患者处于高代谢状态,充足的营养供应是促进机体康复的必要条件。应给予患者低脂、高维生素、高蛋白、高钙、易消化的食物,保障能量供给,处于正氮平衡状态,利于组织修复。必要时输注新鲜的全血、白蛋白,增加机体抵抗力。

3. 伤口护理　骨髓炎伤口的处理应遵循感染伤口管理基本原则进行。

(1)充分引流:对于骨髓炎伤口必须充分引流出分泌物和脓液,禁忌使用任何密闭性敷料,包括有边泡沫、水胶体敷料等。在感染充分控制以前,不推荐使用吸附能力强的功能性敷料管理窦道或腔洞分泌物,包括藻酸盐、亲水纤维等。

(2)伤口床准备:骨髓炎伤口常合并骨骼、肌腱等组织外露,对于有活力的骨骼、肌腱等组织,应合理保湿以保持活力;对于已坏死的骨组织,应及时通过医护合作制订科学的治疗方案,包括手术扩创或咬骨钳摘除等方法;对于已溶解或脱水坏死的肌腱等组织,应医护合作确定是否及时去除。

(3)周围皮肤清洁及保护:骨髓炎伤口患者的周围皮肤清洁及保护是促进骨髓炎感染控制和伤口愈合的重要环节。伤口每次清洁应包括手术切口周围4cm范围的皮肤清洁,对于有皮疹或浸渍风险的周围皮肤,应及时采取皮肤保护措施,如使用皮肤保护膜或复合氧化锌软膏(皮肤舒缓软膏)喷或涂抹,降低周围皮肤感染和感染扩散的风险。

### (六)健康教育

1. 预防疖、疮、痈及上呼吸道感染　疖、疮、痈及上呼吸道感染是最常见的感染性疾病,且最易继发感染而致血源性骨髓炎的发生。因此预防疖、疮、痈及上呼吸道感染的发生,对预防骨髓炎的发生十分重要,包括保持皮肤清洁、清洗皮肤或沐浴时避免使用刺激性洗剂或皂液,使用适宜的润肤乳预防皮肤干裂,房间开窗通风。

2. 预防外伤和外伤感染　外伤感染包括组织损伤后感染和骨骼损伤后感染,也是引起骨髓炎的常见原因,因此应教育患者在日常生活中应积极预防外伤,一旦发生外伤后一定去医院准确处理,预防继发感染。

3. 及时就医　对于感染性疾病,应及早发现、及时就医治疗。

4. 皮肤清洁　开放性骨折外固定后感染常沿髓内针向两端扩散,在髓内针穿入或穿出部位的皮下也可能形成感染,因此皮肤清洁很重要,指导患者每日用温水清洗骨折部位周围皮肤,特别注意清洗去除血痂,再用0.5%碘附消毒髓内针穿入皮肤处。

5. 功能锻炼　骨髓炎伤口患者愈合后必须坚持循序渐进的功能锻炼,以促进功能恢复。专科护士应制订功能锻炼计划,指导和鼓励患者定时、规范患肢的旋转、下垂、上抬等动作,预防肌肉失用性萎缩、关节挛缩甚至关节畸形。指导患者手术后每日进行肌肉等长舒缩锻炼和关节屈伸训练,以主动训练为主、被动训练为辅,循序渐进,促进肌肉与骨组织的恢复,防止关节僵直和足下垂。

### (七)临床案例

1. 病情简介　患者,男性,39岁,于2016年10月19日因车祸致左下肢胫腓骨闭合性骨折,急诊入当地医院治疗,后行左下肢胫腓骨骨折内固定手术。手术后3天切口处皮肤发红,张力较高,主治医师给予碘附湿敷处理伤口,未见明显好转。手术后3周左右出现切口周围皮肤坏死,伴有大量分泌物。当地医院给予红外线照射,尽量保持伤口干燥。治疗2个月后,局部伤口无明显好转,患者于2016年12月17日转诊至其他医院。入院局部评估,患肢肿胀明显,能触及足背动脉搏动,患者自诉患肢足趾端感觉运动存在。左小腿后侧伤口有大量皮肤软组织坏死,有大量渗液,周围皮肤红肿明显(彩图4-3-27A),疼痛评分5分。全身评估:血红蛋白136g/L,白蛋白48g/L,总蛋白72g/L,白细胞计数为15.19×10⁹/L,随机血糖为5.72mmol/L。

2. 伤口处理 以管理渗液、预防恶化为目标。伤口靠近足端基底黑色坏死部分给予清创,清创后伤口周围皮肤红肿较上次减轻。经医护患讨论,由主治医师到手术室行"伤口扩创+负压封闭引流术"。手术后7天为患者更换负压引流装置一次。伤口管理措施为纳米银敷料覆盖,外层棉垫包扎。

经两次14天负压封闭治疗后,可见伤口基底约50%面积为红色肉芽组织覆盖,但是肉芽组织活力欠佳,50%面积为肌腱、钢板覆盖,钢板侧有少许腐肉存在。外露肌腱可见有明显脱水现象,存在肌腱脱水坏死的风险;并且外露钢板部位如管理不当有发生严重骨骼感染的风险。为促进患者功能康复,保护肌腱活力,预防严重骨骼感染,经医生、护士、康复治疗师共同商议,决定从当日由专科护士全面接管伤口处理,医师负责全身支持治疗,康复治疗师负责功能锻炼。经生理盐水彻底冲洗、清洗伤口,肌腱和钢板外露部位抹以薄层的水凝胶敷料,再在伤口全覆盖脂质水胶体油纱敷料,防止肌腱脱水加重,并防止外层敷料对肉芽组织的继发性损伤;外层以渗液吸收垫覆盖。综合评估外层敷料渗液吸收状态、患者自觉症状和周围皮肤状态决定更换频率。

专科护士湿性治疗处理伤口4天后再评估伤口面积无明显变化,肉芽组织呈鲜红色,有弹性,稍水肿;钢板周围腐肉组织已全部自溶,后侧肉芽床肌腱边缘可见少许点状肉芽组织出现,其余靠近头端外露肌腱周围未见明显肉芽生长;钢板螺钉孔部分也可见肉芽组织生长。伤口有较多渗液,周围皮肤无发红、发热、肿胀等现象。继续以生理盐水冲洗、清洁伤口,伤口全覆盖脂质水胶体油纱敷料,外层以渗液吸收垫覆盖。综合评估外层敷料渗液吸收状态、患者自觉症状和周围皮肤状态决定更换频率。当日检查血常规和生化,各项指标正常。

湿性治疗处理伤口7天后伤口面积无明显变化,肉芽鲜红色,富有弹性,水肿消退;靠近后侧肉芽床部分肌腱可见更多点状肉芽组织生长,靠近头端外露肌腱周围皮缘部分可见有肉芽生长和上皮爬行趋势;钢板螺钉孔部分肉芽组织增多。伤口渗液中等,周围皮肤无发红、发热、肿胀等现象。继续以生理盐水冲洗、清洁伤口,伤口全覆盖脂质水胶体油纱敷料,外层以普通无边泡沫敷料覆盖。综合评估外层敷料渗液吸收状态、患者自觉症状和周围皮肤状态后每周更换敷料2次。

湿性治疗处理伤口14天后,伤口面积无明显变化,外露肌腱、外露钢板螺钉部分均可见明显肉芽生长,渗液中等,周围皮肤无并发症出现。继续以0.9%氯化钠冲洗、清洁伤口,伤口全覆盖脂质水胶体油纱敷料,外层以普通无边泡沫敷料覆盖。综合评估外层敷料渗液吸收状态、患者自觉症状和周围皮肤状态后每周更换敷料1次。

湿性治疗处理伤口28天后,伤口面积无明显变化,肉芽组织保持红润,富有弹性;外露钢板已完全被肉芽覆盖,外露肌腱已全面有散在分布肉芽组织生长;伤口渗液中等,周围皮肤健康(彩图4-3-27B)。继续以生理盐水冲洗、清洁伤口,伤口全覆盖脂质水胶体油纱敷料,外层以普通无边泡沫敷料覆盖。每周更换敷料1次。为保障患者治疗方案的有效性,抽血检查血常规和生化指标,均无明显异常。经医、护、康复团队共同商定治疗方案,建议患者转往当地医院继续按照原方案行伤口治疗,并协助联系当地医院伤口专科护士。

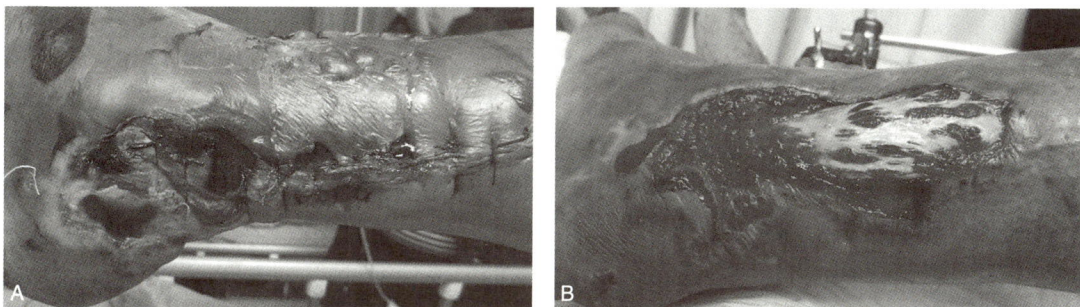

彩图 4-3-27　骨髓炎伤口的处理

A. 外伤引发骨髓炎伤口；B. 骨髓炎治疗后

3. 效果评价　在当地医院治疗 84 天后再次来伤口护理门诊复诊，伤口已愈合，总计湿性治疗 114 天，负压封闭治疗 14 天，愈合时间 128 天。复查 X 线，骨折部分骨痂生长良好，未出现骨折愈合不良的现象。

（廖灯彬）

## 十四、皮肤撕裂伤护理

皮肤撕裂伤（skin tears，ST）是老年人群常见的一种急性创伤伤口，也是危重症和儿童最常见的伤口类型，国际皮肤撕裂伤专家咨询组（international skin tear advisory panel，ISTAP）2011 年将 ST 定义为由于剪切力、摩擦力或钝力引起皮肤层分离，可以表现为部分皮层缺损（表皮与真皮分离）或全层组织缺损（表皮和真皮均与深部组织分离）。随着老年人口的快速增加、肿瘤及慢性病高发，ST 发生率也随之攀升，美国大约每年有 150 万成年人发生 ST，到 2030 年估计有 810 万人有发生 ST 的高度危险。美国宾夕法尼亚安全报告系统（Pennsylvania safety reporting system，PSRS）报告半数以上 ST 为医院内获得，直接影响是延长住院时间和增加医疗费用，成为患者住院期间继压力性损伤之后的另一个安全问题，是临床护理面临的又一大挑战。

### （一）病因学

皮肤撕裂伤是创伤性的伤口，会发生在各年龄段。目前其危险因素尚未完全阐明，年龄、感觉、听觉、视觉的改变、认知功能降低、营养不良、多药共用、多病共存、日常活动能力下降、曾经发生过跌倒或者皮肤撕裂、医用胶带或敷料不正确的去除、不安全的环境、皮肤本身的问题等都被认为是皮肤撕裂发生的危险因素，需要临床工作人员进行系统、全面的评估。

1. 年龄因素　婴幼儿和老年人为高发人群。

（1）新生儿和幼儿：新生儿和幼儿皮肤只有成人皮肤厚度的 60%，且其皮肤缺乏角质层，免疫系统发育不成熟，防止有害物入侵的能力弱，表皮与真皮之间基底膜的结缔组织和弹力纤维发育不全，黏附性也较低，皮肤纤维少，皮肤活动度大，在摩擦或牵拉作用下，容易发生皮肤撕裂，特别是 3 个月年龄组的儿童最易发生 ST。

（2）老年人：有研究报道，年龄大于 65 岁患者中，皮肤撕裂伤发生率为 15.5%。随着年龄的增加，表皮变薄、扁平化，细胞更新速度减慢，真皮逐渐萎缩，结缔组织中的胶原蛋白与弹性蛋白不断流失，出现皱纹和褶皱；血管壁变薄，肢端血运减少；皮肤代谢减慢，汗腺、皮脂腺功能减退,保湿能力减低,皮肤变得干燥、脆弱,皮肤屏障功能损害,更容易受到撕裂损伤。此外,随着年龄增加,老年人容易出现营养不良、认知障碍、活动受限以及感知力下降等增加了 ST 风险。

2. 外在因素 临床工作中,选择的胶布黏性太强,不正确的粘贴或揭除手法是导致皮肤撕裂伤的主要外因之一,如粘贴胶布时牵拉过紧,先粘贴一端后再粘贴另一端;揭除时未用手轻按皮肤;逆着毛发生长方向撕除或暴力撕除胶布。一旦粘胶和皮肤之间的黏性强于皮肤细胞和细胞之间的连接时,就容易导致表皮部分或全部分离,胶布揭除时,即便有时并无肉眼可见的损伤,但表皮细胞层之间常常已经发生脱离。另外,对于日常活动能力下降,需要他人协助移动、洗漱、多药共用、多病共存、曾经发生过跌倒或者皮肤撕裂等患者来说,出现皮肤撕裂伤的风险更大。

3. 相关因素 国际皮肤撕裂伤专家咨询组一致认为 ST 的相关因素有慢性疾病,使用多种药物、意识和感觉受损(如糖尿病神经病变、痴呆)、视力受损、听力和营养受损,移动能力受损,需要依赖别人帮助才能完成洗浴或移动身体等自理活动、营养和水分补充不足、使用了能够使皮肤变薄的药物(如糖皮质激素)、皮肤脱水、高龄和皮肤脆弱,既往有 ST 史或机械性创伤史。

### (二)临床表现

1. 皮肤撕裂伤的常见部位 皮肤撕裂伤可以发生在身体的任何部位,最常见于四肢,如大腿、小腿和手背,特别是老年患者。而新生儿的损伤更多与治疗所用的器械和黏合产品有关,常出现在头面部和四肢。

2. 皮肤撕裂伤的严重度分级 目前国际上有 2 种严重度分级标准在各国使用,分别介绍如下:

(1)Payne-MartinST 分级标准:由 Payne 和 Martin 于 1993 年提出,根据皮肤损伤的程度将其分为:①Ⅰa 级:线型皮肤撕裂伤,表皮与真皮分离,没有组织缺失;②Ⅰb 级:在伤口边缘 1mm 内表皮皮瓣完全覆盖真皮;③Ⅱa 级:表皮皮瓣缺失 <25%;④Ⅱb 级:表皮皮瓣缺失 >25%;⑤Ⅲ级:表皮皮瓣完全缺失。

(2)STAR 分类标准:由 Carville 等依据表皮损伤的形态学表现于 2007 年提出,2011 年国际皮肤撕裂专家咨询组进行了修正,形成了当前使用的将 STAR 分类标准:①1a 级:伤口边缘可以复位到正常解剖位置,皮肤或皮瓣颜色不苍白、暗淡或发黑(彩图 4-3-28);②1b 级:伤口边缘可以复位到正常解剖位置,皮肤或皮瓣颜色苍白、暗淡或发黑(彩图 4-3-29);③2a 级:伤口边缘不能复位到正常解剖位置,皮肤或皮瓣颜色不苍白、暗淡或发黑(彩图 4-3-30);④2b 级:伤口边缘不能复位到正常解剖位置,皮肤或皮瓣颜色苍白、暗淡或发黑(彩图 4-3-31);⑤3 级:皮瓣完全缺失(彩图 4-3-32)。

### (三)皮肤撕裂伤的评估

当患者发生皮肤撕裂伤时,最重要的检查和评估应包括完整全面的全身评估和局部评估。

1. 全身评估 通过全身评估发现皮肤撕裂伤的原因及相关因素,如慢性病、视力、听力或感觉受损等,以制订全身干预措施。英国 Wales 组织活性论坛提出要考虑那些引发 ST 的潜在因素,如糖尿病、贫血、体位性低血压,具体应包括 9 个方面的内容:①潜在的疾病(例如糖尿病、外周血管疾病);②ST 损伤的原因;③ST 损伤的时间;④既往皮肤损伤史;⑤周围皮肤状态;⑥营养状态;⑦使用的药物种类及时间;⑧损伤的部位;⑨伤口面积及其严重度分级。

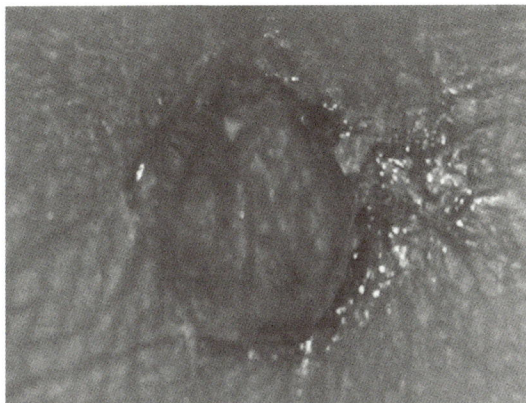

彩图 4-3-28　1a 级皮肤撕裂伤表现

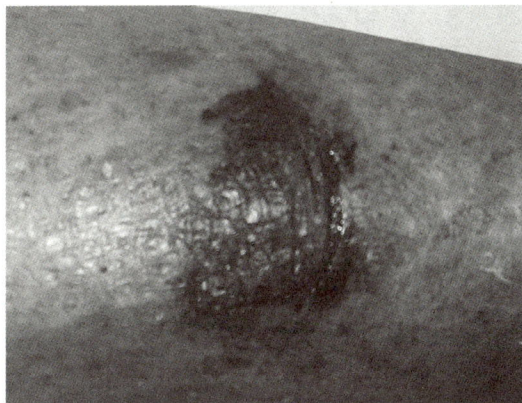

彩图 4-3-29　1b 级皮肤撕裂伤表现

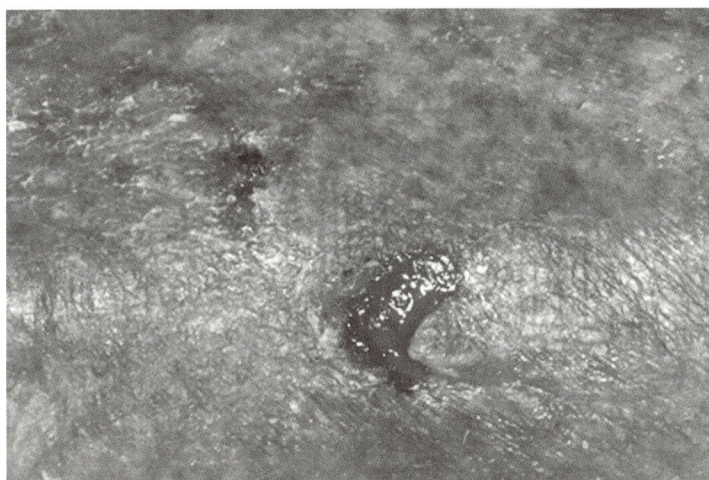

彩图 4-3-30　2a 级皮肤撕裂伤表现

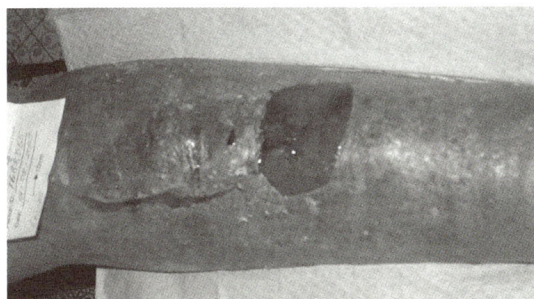

彩图 4-3-31　2b 级皮肤撕裂伤表现

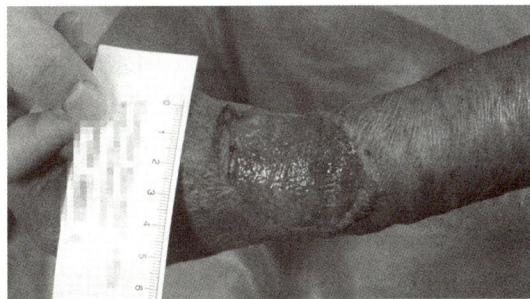

彩图 4-3-32　3 级皮肤撕裂伤表现

2. 局部评估

（1）首先需要评估皮肤撕裂的解剖部位、伤口大小、有无出血或血肿、渗液量及性质、周围皮肤的损伤程度，并确定其严重度分级。

（2）评估受伤持续时间和伤后所采取的措施及其效果。

（3）疼痛程度。

（4）评估有无继发感染的症状和体征。

### （四）治疗原则和局部护理

皮肤撕裂伤的治疗原则是正确动态评估撕裂皮瓣,选择合适方法和敷料,尽量保留皮瓣与维护周围组织,在不拉伸周围皮肤的前提下重新估计伤口边缘,并降低感染和损伤的风险。具体步骤如下:

1. 1a 级 ST　生理盐水清洗伤口,对伤后 2 小时内的 ST,戴手套对合撕裂皮肤按压伤口止血,必要时使用藻酸盐类敷料覆盖,外加棉垫加压包扎,48~72 小时更换一次。每次处理时评估对合皮肤的颜色、温度和愈合情况。文献报道,1a 级 ST 经过妥善处理后 7~10 天能愈合。

2. 1b 级 ST　评估撕裂皮肤缺血程度,生理盐水清洗伤口,可使用免缝胶带尽量对合皮肤,有出血时覆盖藻酸盐敷料,外加泡沫敷料,网眼绷带适当加压包扎,24~48 小时更换一次。每次处理时评估对合皮肤的颜色、温度和愈合情况,对于明确坏死的皮肤,使用保守性锐器清除。文献报道,1b 级 ST 经过妥善处理后 14~21 天能愈合。

3. 2a 级 ST　生理盐水清洗伤口,有出血时覆盖藻酸盐敷料,无出血可使用医用蜂蜜敷料涂抹或复合溶葡球菌酶溶液湿敷消炎抗菌,凡士林油纱保湿,干纱布覆盖,妥善固定,隔日更换一次。

4. 2b 级 ST　评估游离皮肤的缺血情况,清除失活组织,生理盐水清洗伤口,使用医用蜂蜜敷料涂抹或复合溶葡球菌酶溶液湿敷消炎抗菌,凡士林油纱保湿,干纱布覆盖,妥善固定,隔日更换一次。

5. 3 级 ST　生理盐水清洗伤口,根据渗液量选择适宜敷料,如大量渗液选择亲水纤维或藻酸盐敷料,中量渗液使用泡沫敷料,少量渗液使用超薄型泡沫敷料覆盖,隔日或隔两日更换一次。

6. 合理选用敷料　理想的敷料应能优化愈合环境,维持伤口湿润、微酸和低氧,以促进伤口更快愈合;也要便于粘贴,有保护作用,并形成屏障防止剪切力;更要能够使用较长时间,在去除时亦不造成二次皮肤损伤。许多证据推荐选择无创的伤口接触层或无创伤敷料,根据伤口处理原则可以选择含硅类敷料、泡沫敷料、藻酸类敷料、亲水性纤维敷料等,而水胶体和透明薄膜敷料不推荐使用于皮肤撕裂的伤口。目前有新的研究报道指出,具有半透性的可吸收丙烯酸透明敷料也可用于低到中等渗液的伤口。需要时,可用非黏性敷料垫置于无创的伤口接触面上,以吸收渗出物,并用管状绷带、有黏性的绷带或弹力织物轻轻加压固定,从而阻止出血,消除皮瓣下的渗液和限制水肿的形成,但一定注意有动脉供血不足的患者,不能让绷带施加太大的压力。敷料应尽量使用较长的时间,以维持它们在同一位置,减少游离皮肤或对合皮肤移位,促进愈合,一般不超过 7 天更换 1 次。但若敷料过于潮湿或有感染指征,则要更加频繁地更换敷料。也有研究显示间隔 21 天更换 1 次也并未发生伤口感染,伤口愈合良好。

7. 动态观察与调整　鉴于皮肤撕裂伤皮肤的血运进展和改变,需要加强观察皮肤颜色有无发白、发灰甚至发黑,弹性下降等,伤口有无感染迹象及周围皮肤有无改变。如果皮肤或皮瓣出现缺血改变,应在 24~48 小时内重新评估,必要时给予清创或改用其他敷料。如四次评估后仍无明显进展,甚至有恶化趋势,如出现不断扩大的红斑或出现全身感染征象,应考虑全身使用抗生素时,必须转至外科医生就诊。若无感染或恶化指征,应尽量维持敷料在原位。一旦发现局部感染,如伤口红肿发热、疼痛加重、渗液增多等,应考虑伤口局部使用无创抗菌剂或抗菌敷料,如含银敷料、医用蜂蜜敷料等。

### （五）预防护理

1. 危险评估　从一般健康状况(基础疾病及病情严重度、使用药物情况、意识和感知受损、视力、听力和营养状态)、移动能力(跌倒史、移动能力受损、自理能力和机械性创伤史)和皮肤状况(高龄、脆弱皮肤、既往有 ST 史)三方面进行。当患者存在≥1 项上述因素时判断为处于 ST 发生危险状态,当存在视力受损、移动能力受损、自理能力缺乏、高龄和既往有 ST 史时判断为有 ST 发生高度危险。

2. 预防　①告知患者个人要积极参与预防和护理,改造环境,使用 pH 中性的洗剂,穿长衣长裤和过膝的袜子及肘部保护垫;②加强营养和皮肤湿润,促进和监测营养状况,保持与年龄和生理状况相当的水分摄入;③体重管理对预防 ST 的重要性,特别是肥胖和消瘦、皮肤菲薄者;④教育患者和照顾者自我护理皮肤和保护皮肤的方法,局部使用保护性敷料,如透明薄膜、泡沫敷料、藻酸盐、亲水纤维敷料降低 ST 危险,保护个人免受伤害;⑤医疗机构要建立伤口治疗师、饮食治疗师、康复治疗师和药师组成的多学科会诊小组,要定期进行 ST 现患率和发生率调研,将 ST 现患率和发生率监控加入现有的伤口审查项目中,监控和分析原因,采取综合性预防措施。

### （六）健康教育

1. 恰当清洁皮肤和保护　告知患者及照顾者避免频繁洗澡和皮肤干燥对预防皮肤撕裂很重要。频繁洗澡会去除皮肤表面天然油脂,碱性皂液使皮肤 pH 升高,皮肤酸性保护膜减少,这些因素会导致皮肤干燥,干燥的皮肤更容易受到摩擦力和剪切力作用,增加皮肤撕裂发生的危险。指导患者及家属避免使用碱性洗护用品,使用一些保湿剂或润肤剂保护皮肤。润肤剂有霜剂、药膏和洗剂、沐浴油、凝胶和肥皂替代品。不同类型的润肤剂作用如下:

（1）简单的润肤剂可通过"捕获"水分进入皮肤,并减少蒸发所致的皮肤水分流失,有乳膏或药膏或含有油脂的润肤剂(如凡士林或矿物油)。

（2）含有额外成分的润肤剂为保湿剂(如尿素),它通过其他不同的方式起作用,即将水从真皮层引至表皮层,以补充皮肤天然保湿因子的流失。

（3）润肤剂的使用技巧:应该有个性化的润肤剂使用方案,包括需洗型和免洗型霜/膏。推荐在洗涤和洗澡时使用润肤产品替代肥皂。在选择润肤产品时考虑使用的方便性。先清洁皮肤,再顺应毛发生长的方向涂抹润肤剂,避免引起毛囊炎。如有必要,使用含有抗菌药物的润肤产品(如皮肤感染或防止反复感染,建议短期使用),或有皮肤瘙痒时使用抗瘙痒的润肤剂。建议频繁、充分地使用润肤剂,每日 2 次为宜。每天简单涂抹一到两次润肤剂,就能减少 50% 皮肤撕裂伤的发生。

2. 合理使用医用粘胶产品　指导患者尽量避免使用传统粘胶产品,选用透明、低敏、透气佳、能完好地粘贴于局部皮肤、易于观察的医用胶布,或新型的如有机硅泡沫敷料、有机硅胶带等,粘贴和去除医用粘胶时采用正确的方法。粘贴时将胶布平放于粘贴处,使之与皮肤贴妥,用手指抹压胶布,保证胶布与皮肤粘贴处无张力,避免压力粘贴,如粘贴一侧,再加拉力粘贴另一侧,很容易引起皮肤张力或牵拉力,导致皮肤损害,避免使用其他物质增加黏性,尽量避免粘贴胶布于肿胀部位,如局部出现肿胀应更换部位重新粘贴。

揭除黏性敷料时避免快速去除或角度过大,应使用"零度移除法"或者"同侧轻拉法",即一手轻按皮肤,另一手缓慢以 180° 水平方向向伤口撕除。当胶布粘有毛发时,顺毛发生长方向撕除;先撕开敷料两侧的胶布,再整个移除,避免由一侧用力移走胶布造成物理性的皮肤伤害;难以撕除者用生理盐水或清水先浸湿粘胶再移除;或用专用溶解粘胶(剥离剂)的液体擦拭粘胶,再移除。

### (七)临床案例

1. 病情简介　患者,男性,67 岁,上公交车时不慎撞伤右小腿胫前部位,当时出血较多,简单加压止血后来伤口门诊就诊。初诊局部评估:右腿胫前急性撕裂伤 3 级,大小 14cm×3.5cm×2.5cm,边缘不能对合,组织缺损较多,为全层撕裂伤,伤口 100% 红色,渗液量中等,边缘轻微内卷,周围组织正常,无感染迹象(彩图 4-3-33A),主诉疼痛剧烈,自评 10 分。全身评估:患者平时身体状况良好,但活动不便,无其他患病治疗史。右下肢动静脉功能正常,随机血糖 8.3mmol/L,高于正常值。

2. 局部处理　用生理盐水清洗伤口后,轻轻去除皮瓣下方血肿,无菌纱布拭干后,用泡沫敷料覆盖伤口,注意粘边不可贴在受损的皮肤上。泡沫敷料外层使用网眼绷带轻轻加压包扎固定。每周更换 2 次,每周评价记录一次伤口面积、渗液量和周围皮肤状况。

3. 效果评价　处理 6 天后伤口面积 11cm×5.5cm,渗液量中等,边缘整齐,周围组织正常,无感染迹象,伤口床颜色新鲜红润,深度变浅。继续按照原方法处理 13 天后,伤口面积缩小至 4.2cm×2.5cm,周围皮肤正常并有明显上皮化,渗液量少。处理 20 天后伤口大小 2cm×1cm、0.5cm×0.5cm,基底 100% 红色,接近愈合(彩图 4-3-33B)。处理 30 天后电话回访时,患者告知伤口已经愈合。

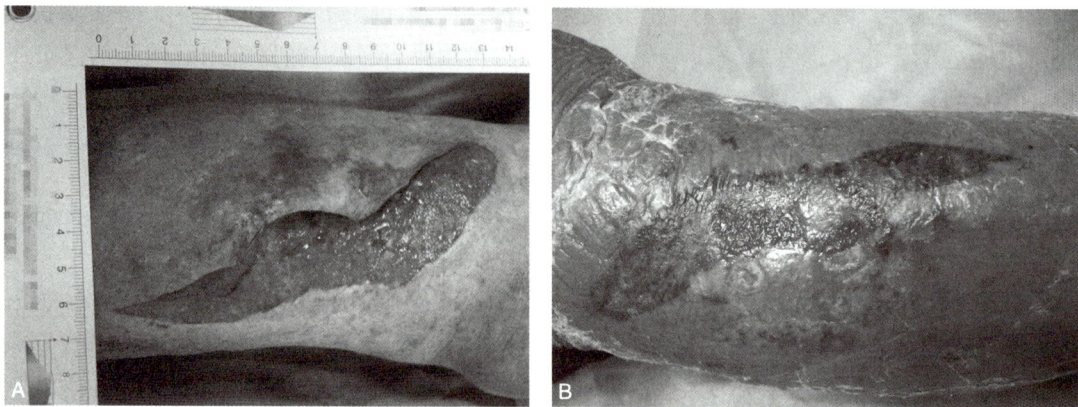

**彩图 4-3-33　皮肤撕裂伤的处理**
A. 胫前皮肤撕裂伤;B. 皮肤撕裂伤愈合

(蒋琪霞　翁亚娟)

## 十五、不典型伤口的护理

由不常见的病因所致的伤口称为不典型伤口,此类伤口少见,发病机制不明。据估计,美国 50 多万例腿部溃疡中至少有 10% 为罕见原因所致。我国自 2009 年开始陆续有坏疽性脓皮病、非结核分枝杆菌(又称不典型分枝杆菌)感染伤口处理的病例报告。

### （一）病因学

多种病因可引起不典型伤口,如感染、创伤、代谢紊乱、遗传、肿瘤或炎性过程等。由于不典型伤口是所有罕见原因所致伤口的总称,各种不同原因所致的伤口名称、临床表现、检查和治疗也各不相同。

1. 炎性病因　不典型伤口最为常见的原因为炎性溃疡,其中血管炎和坏疽性脓皮病是两种相对常见的炎性溃疡原因。

（1）血管炎:血管炎是指血管的炎症和坏死,最终可导致目标器官损伤。血管炎通常为特发性,可能为某些反应因素所激发的反应形式,包括潜在的感染、恶性肿瘤、药物和结缔组织疾病。沉积在血管壁上的循环性免疫复合物(抗体-抗原)为多种血管炎的原因。

（2）坏疽性脓皮病（pyoderma gangrenosum, PG）:坏疽性脓皮病被认为可能是免疫介导的溃疡性皮肤病,其溃疡伤口治疗困难、易复发,其病因、发病机制和治疗方法尚在研讨中。由于50%以上坏疽性脓皮病与其他状况相关,因此在提出该诊断时重点是检查发现患者潜在的疾病,其中包括炎症性肠病、关节炎和其他血液学疾病、免疫异常和恶性肿瘤。在炎症性肠病的患者中,坏疽性脓皮病的病变可发生于口腔。

2. 感染性原因　不典型伤口的感染源可能是多种不同的微生物,常见的有不典型分枝杆菌感染(麻风病与结核除外)、溃疡分枝杆菌、真菌感染(如深部真菌感染、孢子丝菌病、着色芽生菌病、副球孢子菌病、足菌肿、创伤弧菌感染等,但皮肤癣菌与假丝酵母除外)和坏死性筋膜炎。

3. 血管病变　血管病变的特征为血栓或栓子所致的皮肤内小血管闭塞,可导致组织缺氧以及紫癜、网状青斑和疼痛性溃疡。冷纤维蛋白原血症、单克隆冷球蛋白血症和抗磷脂抗体综合征为血管病变的原因,常表现为下肢不典型皮肤溃疡形成。

4. 钙化防御　是一种罕见但通常具有致死性的疾病,常见于终末期肾病患者,通常发生于开始透析之后。继发性甲状旁腺功能亢进引起钙-磷酸盐产物升高以及出现血管、皮肤和皮下钙化,继而导致组织死亡。钙化防御有多种名称,包括尿毒症坏疽综合征、转移性钙沉着、氮质血症钙化性动脉病变和钙性尿毒症性小动脉病变,该过程联合感染的皮肤伤口所致的脓毒血症为发生该状况的患者中患病和死亡的主要原因。

5. 癌性病变　慢性伤口持续时间长久有可能发生癌变,国内报道385例持续时间半年以上者癌变的阳性检出率为6.7%,以鳞状细胞癌最为常见。Marjolin首次描述了2%的慢性伤口边缘发生恶性变化-鳞状细胞癌,该病变被命名为Marjolin溃疡。类似的病变也可发生于瘢痕、烧伤、窦道、慢性骨髓炎,甚至还可发生于疫苗接种部位。

慢性伤口中发生恶变的确切机制尚未明确,除了鳞状细胞癌之外,慢性伤口中还可见基底细胞癌和其他肿瘤,如卡波西肉瘤和淋巴瘤,特别是近年发现了以痛性慢性伤口为特征、被误诊为慢性感染伤口的皮下脂膜炎样T细胞淋巴瘤。

6. 化学物理性损伤　不典型伤口的化学物理性损伤也称外部原因,包括蜘蛛咬伤、化学伤、慢性辐射暴露、创伤和自伤性溃疡。在外部因素引起的溃疡中,详尽询问患者病史是确定致伤原因最有价值的工具。

7. 药物介导性原因

（1）香豆素坏死:香豆素(华法林)所致的皮肤坏死为抗凝剂治疗中罕见的并发症,发生率为0.1‰~1‰。香豆素皮肤坏死几乎全部出现在抗凝治疗开始之后第3~10天,与药物的初始剂量较大具有相关性。

（2）药物外渗：各种刺激性药物如果在输注过程中出现外渗可引起外渗性损伤，如钙、钾、碳酸氢钠、铁剂、激素、高渗葡萄糖、血管活性药物、抗肿瘤药物、细胞毒性药物和抗生素溶液等，损伤的程度依据渗出液的酸碱度、浓度、细胞毒性、持续时间和有无早期正确干预而定。

### （二）临床表现

1. 炎性不典型伤口

（1）血管炎：血管炎因所累及血管的大小不同而表现各异，例如，病变可表现为皮肤表浅损伤所致的网状红斑，或者可表现为较大、较深血管病变所致的广泛紫癜、坏死和溃疡形成（彩图4-3-34），也可能累及不同的目标器官，如肾脏、肺、中枢神经系统和胃肠道。

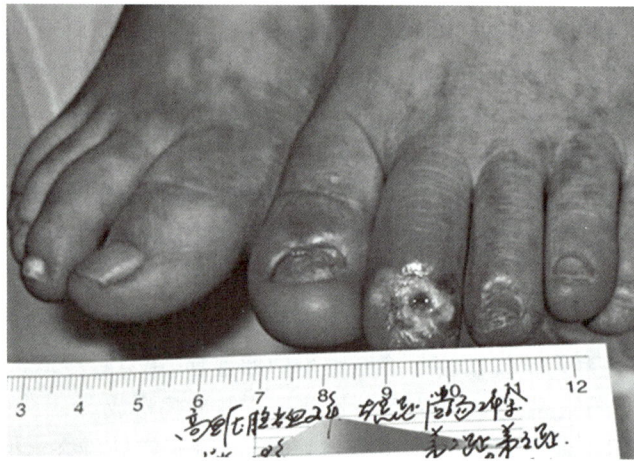

彩图 4-3-34　双足血管炎

（2）坏疽性脓皮病：坏疽性脓皮病的临床表现和实验室检查缺乏特征性，确诊困难、病程长、易复发是处理难点。变形、扩展、疼痛、感染、持续时间长及难以愈合是脓皮病溃疡伤口的临床特征，具体为：①单发或多发性皮肤溃疡，形状不规则：典型坏疽性脓皮病以多发性破坏性皮肤溃疡为特征，非典型坏疽性脓皮病以单发蓝灰色大疱伴深度皮损为特征；在双下肢、双上肢、躯干部位可出现多个溃疡，形状不规则，也可为小腿中段单发溃疡伤口，形状不规则，边缘不整齐，中央为暗紫色肉芽组织，边缘为黄色和黑色坏死组织，炎症反应明显（渗液量大、红肿、剧痛）（彩图4-3-35A）；②具有变形和扩展的特性：在局部使用抗感染敷料后，伤口疼痛有所下降，但伤口向上下扩展、变形（彩图4-3-35B）；③剧烈疼痛：每次处理伤口时患者有呻吟、出汗、全身肌肉痉挛等表现，使用抗感染敷料后疼痛计分明显下降，说明疼痛可能与伤口感染坏死有关；④局部继发感染且难控制。

在易感人群中，即使轻微的皮肤损伤也可导致坏疽性脓皮病病变，如脓疱或溃疡。坏疽性脓皮病的特征性表现为形成一个或多个伴有紫红色逐渐坏死边缘的溃疡。该病主要见于成年人，其常见病程为反复出现破坏性溃疡，初始可见脓疱，愈合后形成筛状瘢痕。目前已描述了数种坏疽性脓皮病的临床类型，包括溃疡型、脓疱型、大疱型、生长型和围口型。

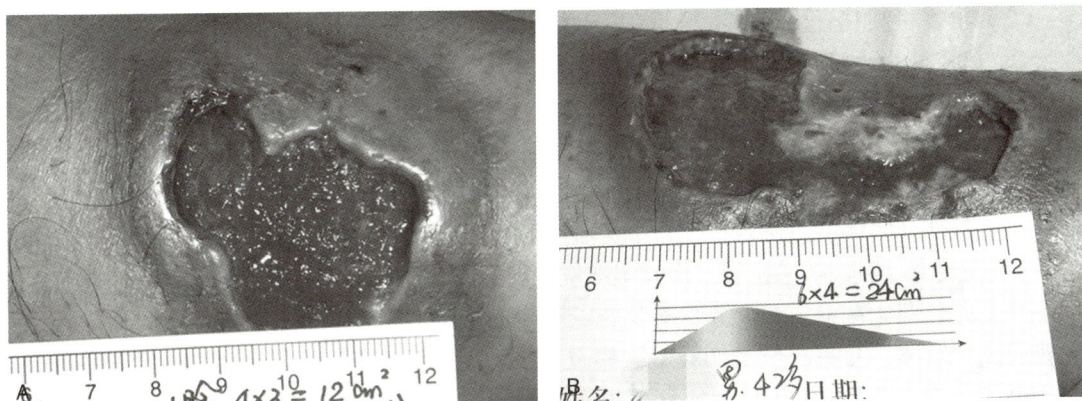

彩图 4-3-35 坏疽性脓皮病伤口

A. 坏疽性脓皮病初诊时;B. 坏疽性脓皮病治疗 1 个月时扩展变形

2. 感染性不典型伤口

(1)不典型分枝杆菌感染:不典型分枝杆菌感染可表现为暴露区域的肉芽肿、表浅小溃疡、窦道或大的溃疡病变等(彩图 4-3-36)。不同种属的分枝杆菌引起的皮肤溃疡临床表现各异(表 4-3-9)。

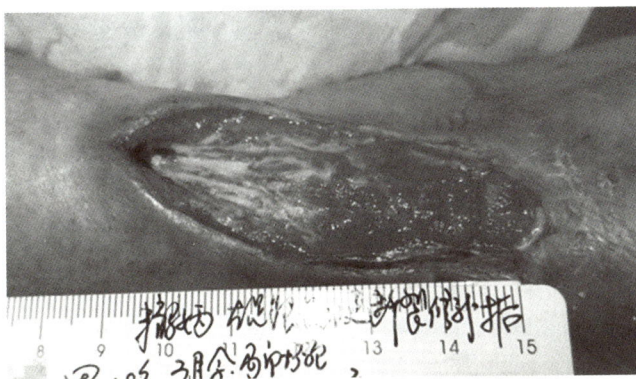

彩图 4-3-36 跟腱断裂感染不典型分枝杆菌伤口

表 4-3-9 不同分枝杆菌所致皮肤溃疡的临床表现

| 分枝杆菌种属 | 临床表现 |
| --- | --- |
| 海洋分枝杆菌 | 游泳池肉芽肿 |
| 溃疡分枝杆菌 | 皮下结节、深部溃疡 |
| 瘰疬分枝杆菌 | 颈部淋巴结炎、瘘管 |
| 鸟型细胞内分枝杆菌 | 伴红斑边界的小溃疡 |
| 堪萨斯分枝杆菌 | 硬皮性溃疡形成 |
| 海龟分枝杆菌 | 疼痛性结节和脓肿、切口感染 |
| 偶发分枝杆菌 | 疼痛性结节和脓肿、切口感染 |

（2）布鲁里溃疡：世界卫生组织（WHO）已将布鲁里溃疡确定为皮肤与皮下组织感染性疾病，其特征为无痛结节、丘疹、斑块或水肿伴有边缘有潜行和水肿的无痛性溃疡。该病早期为结节型，较易治疗，随病情加重则成为溃疡型，形成广泛的皮肤溃疡，造成皮肤和软组织缺损。病情加重与广泛的蜕皮和巨大溃疡形成相关，尤其是在关节部位，可导致关节挛缩。也可累及躯干的重要区域、面部或整个肢体。当肢体受累时通常需要截肢。

（3）深部真菌感染：皮肤深部真菌感染可分为皮下真菌感染和全身性真菌病。皮下真菌感染多见于足部、腹股沟、腋窝等多汗潮湿部位，也可见于鼻部溃疡，久治难愈（彩图4-3-37）。

（4）着色芽生菌病：该病主要累及30~50岁的男性，主要病变为缓慢生长的丘疹，最终发展成疣状结节。暴露部位及四肢常被累及，95%的病例可见于下肢，病变表面可被瘢痕覆盖或形成伴有血清性渗液的溃烂，常可见富含真菌的黑点。该病易发展为慢性，难以治愈，可引起淋巴水肿和象皮肿，已有报道称溃烂和瘢痕性病变可发展成鳞状上皮癌。

（5）副球孢子菌病：副球孢子菌病（南美洲芽生菌病）患者表现为口腔疼痛性溃疡性病变，较少发生在四肢，其特征为累及局部淋巴管。

（6）足菌肿：足菌肿是一种皮肤和皮下组织的慢性感染，以局部水肿、窦道形成和颗粒状表现为特征，20~40岁的男性农民工最常受累。发生创伤之后，可出现生长缓慢的无痛结节，可溢出脓性分泌物和颗粒（彩图4-3-38）。相邻病变可相互贯通并形成窦道为该病的特征。

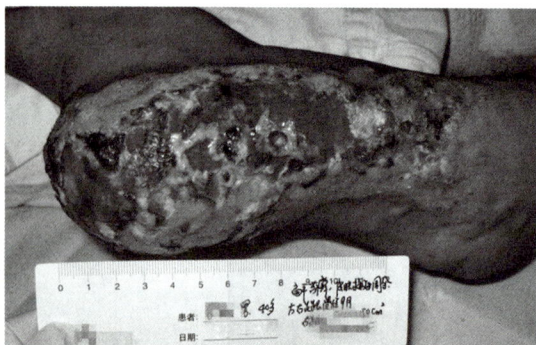

彩图4-3-37　足部真菌感染数月

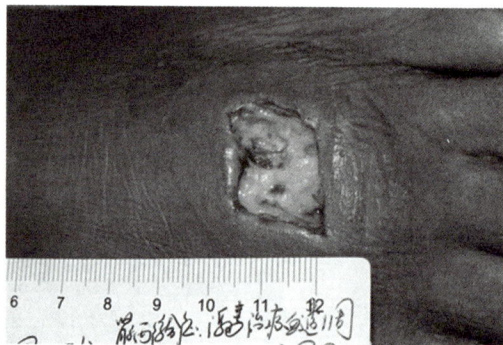

彩图4-3-38　足背足菌肿

（7）创伤弧菌感染：创伤弧菌感染临床上可见发热和低血压，同时伴有蜂窝织炎和脓疱性病变、淋巴管炎、淋巴结炎和蜂窝织炎；在一些病例中，可快速进展而出现肌炎和皮肤坏死，形成坏死性皮肤溃疡。

（8）坏死性筋膜炎：坏死性筋膜炎（necrotizing fasciitis，NF）是一种罕见但危及生命的软组织感染，以皮肤、皮下脂肪和筋膜快速扩散的炎症和坏死为特征，可累及机体的任何部位，但是最常见于四肢。累及生殖器时则称为福尼耳坏疽（彩图4-3-39），通常为多重感染所致。患者早期的一般表现与蜂窝织炎相似，在病灶处可见发红和水肿，逐渐扩展，弥散性炎症反应逐渐发展至周围的组织。病灶上方的皮肤发亮且紧绷，无明确界限，严重疼痛。随着时间延长，症状明显的皮肤坏疽可延伸至皮肤之外并进入皮下脂肪和下方的筋膜层。筋膜层化脓之后可导致坏死组织分离，深层肌肉可出现坏死（彩图4-3-40）。除了坏死性筋膜炎的皮肤表现之外，还可见全身性表现以及同病情进展相关的表现。患者通常出现中毒性症状如高热、寒战和全身症状。在暴发性病例中可发生多器官系统衰竭。

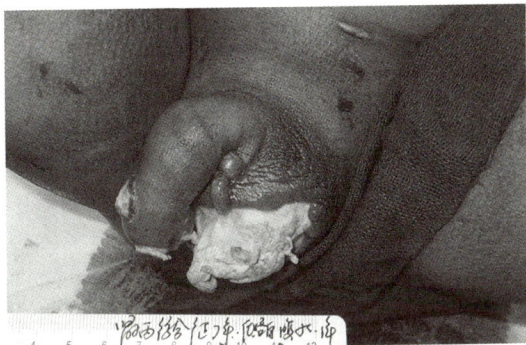

彩图 4-3-39 阴囊福尼耳坏疽

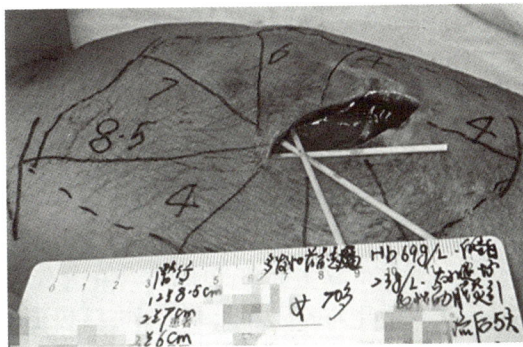

彩图 4-3-40 小腿坏死性筋膜炎

3. 血管病变性不典型伤口

（1）冷纤维蛋白原血症：临床表现为位于腿部或足部的疼痛性皮肤溃疡、网状青斑（网状红斑）、紫癜、瘀斑和坏疽，常规治疗无效。

（2）冷球蛋白血症（冷沉淀球蛋白血症）：该病通常可引起血栓形成的现象，但是临床上可与静脉炎相似。其他皮肤表现包括肢端发绀、雷诺现象、网状青斑、受累皮肤色素沉着改变和紫癜，后者可进展为水疱和症状明显的溃疡。一些患者可能伴有全身性表现，如关节炎、周围性神经病变和肾小球肾炎。

（3）抗磷脂抗体综合征：该病的临床特征为可见网状青斑。动脉和静脉血栓可引起多种皮肤病变，包括溃疡形成（最常见）、表浅血栓性静脉炎和皮肤炭疽。可累及任何器官系统。胎盘血管血栓和缺血可导致胎盘功能不全而引起流产。

4. 钙化防御 其临床特征为进行性皮肤坏死，皮肤最初表现为红斑或网状青斑样的紫红色斑块，该现象提示了一种血管类型和这些早期缺血性病变通常会进展为边界不清的坏疽性黑色斑块（彩图 4-3-41）。随着时间延长，斑块形成溃疡、变软；硬化的溃疡可引起自身离断。防御钙化的溃疡通常为双侧对称性，可向深部延伸至肌肉，溃疡周围常可见小水疱。

5. 癌性变化伤口 癌性变化伤口的临床特征是久治难愈、进行性扩大，容易继发感染，常有异味、进展性疼痛，触之容易出血，有时有自发性出血，组织病理检测发现为鳞状细胞癌（彩图 4-3-42）。

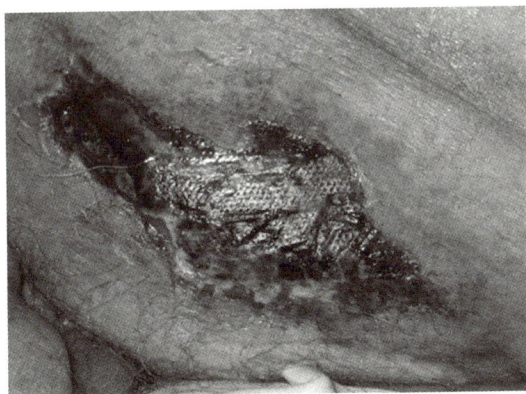

彩图 4-3-41 钙化防御

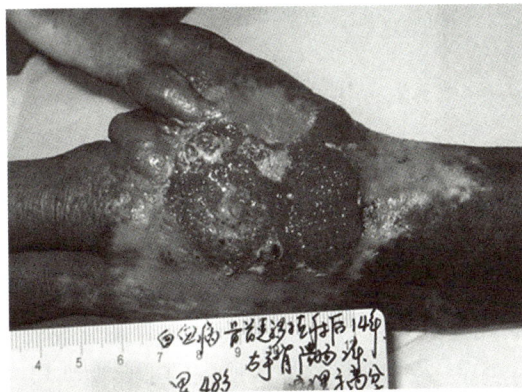

彩图 4-3-42 左手背溃疡 2 年转变为鳞状细胞癌

6. 外部原因所致的不典型伤口

（1）蜘蛛咬伤

1）棕花蛛咬中毒：咬伤部位在 2~6 小时内出现肿胀，并伴有疼痛和全身症状，如发热、不适、头痛和关节痛。随着病情加重，咬伤部位形成脓疱、水疱或大斑块。此类伤口可出现由清晰的晕环（血管收缩）包绕的深紫色斑块和周围水肿——即所谓的红白蓝征。咬伤位于脂肪含量较高的部位如腹部、臀部和大腿时，更常发生坏死。焦痂脱落后则可能形成溃疡，溃疡愈合一般非常慢，可能需要 6 个月的时间。

2）毒蛛中毒：黑寡妇蜘蛛或称红斑寇蛛咬伤部位可出现剧痛、肿胀和压痛。之后可出现全身性症状，包括头痛和腹痛，但是可在 1~3 天内缓解。黑寡妇咬伤几乎无致死性，在儿童、患伴发疾病或老年人中可见死亡。

（2）弥漫性血管内凝血：是很多严重疾病的并发症，在皮肤下形成大片出血斑块，特别是关节部位，早期为皮下淤血斑，因出血多无法吸收消退而形成多发的全层伤口，逐渐发展为 100% 坏死组织（彩图 4-3-43、彩图 4-3-44），严重者因继发伤口感染而发热，危及生命。

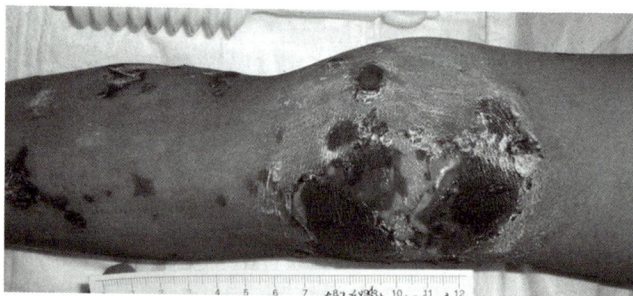

彩图 4-3-43　弥漫性血管内凝血致膝关节多发组织坏死

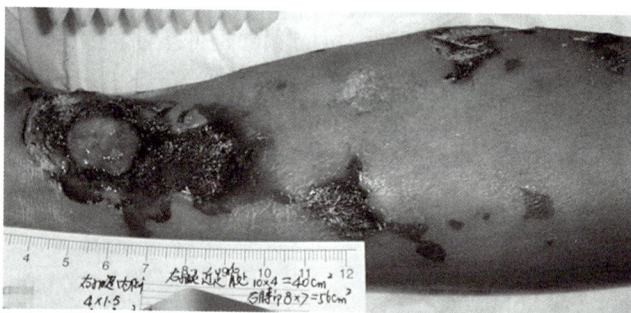

彩图 4-3-44　弥漫性血管内凝血致踝关节多发组织坏死

（3）放射性皮炎：急性放射性皮炎通常始于暴露之后 2~7 天，2 周内达到高峰，之后逐渐缓解。早期会出现以轻度红斑、水肿和瘙痒为特征的局部皮肤反应，随后会出现伴有水疱形成的严重红斑、糜烂和表浅溃疡形成。慢性放射性皮炎常有色素异常、失去弹性、皮肤血管闭塞和毛细管扩张，甚至累及骨和骨坏死，形成久治难愈的慢性伤口。

7. 药物介导性原因所致的不典型伤口

（1）香豆素坏死：主要为瘀斑和紫癜至出血性坏死、斑丘疹、水疱性荨麻疹以及脚趾发紫。伤口疼痛，且通常在数天内进展为全层皮肤坏死。香豆素所致的皮肤坏死和坏死性筋膜炎、坏疽和其他原因所致的皮肤坏死之间较难鉴别。

（2）药物外渗：外渗的药物不同、表现各异。通常可见局部肿胀、剧烈疼痛、发红或发白、发热和发冷，血管闭塞者可见进行性缺血坏死（彩图4-3-45、彩图4-3-46）。

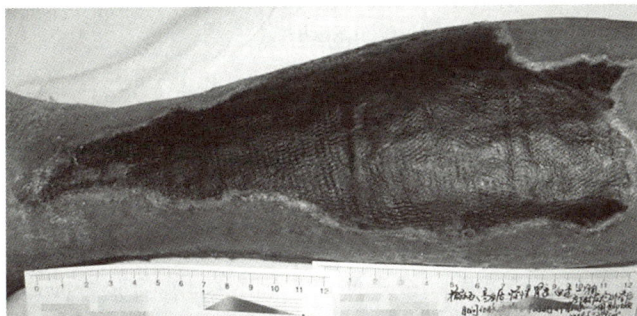

彩图 4-3-45 去甲肾上腺素外渗致下肢血管闭塞、缺血坏死

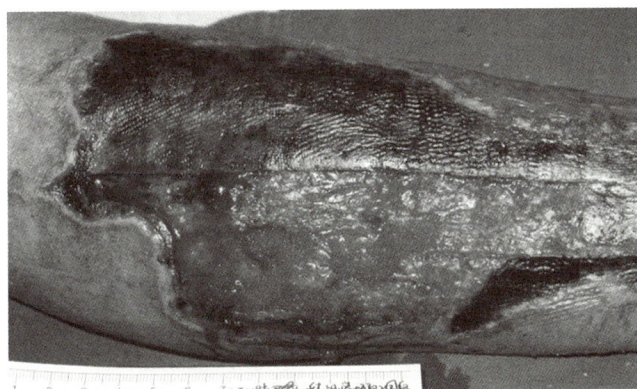

彩图 4-3-46 去除焦痂见闭塞的树枝状血管

### （三）临床评估与诊断

1. 炎性原因不典型伤口

（1）血管炎的诊断性测试：可通过下列检查确定血管炎的病因：抗中性粒细胞胞浆抗体、类风湿因子、抗核抗体、链球菌溶血素 O 抗体滴度、全血计数、冷球蛋白水平、组织病理等。

（2）坏疽性脓皮病：目前尚无确诊坏疽性脓皮病的诊断性测试，主要基于组织病理结合临床表现和相关疾病综合分析判断。

2. 感染性原因不典型伤口　通过分泌物或组织培养发现病原菌。

3. 血管病变

（1）冷纤维蛋白原血症：抽血检查纤维蛋白、纤维蛋白原和纤维连接蛋白与白蛋白、冷球蛋白和Ⅷ因子相结合构成的循环复合物。

（2）冷球蛋白血症（冷沉淀球蛋白血症）：该病的诊断基于皮肤活检，可见血管病变或血管炎，同时还基于后续检出冷沉淀和通过免疫电泳法进行的冷球蛋白分析。

4. 钙化防御　通常可根据临床表现作出诊断。针对是否存在钙、磷酸盐升高或钙与磷酸盐产物的实验室评估可对钙化防御进行确诊。全段甲状旁腺激素的水平升高结合放射影像学证据以及一致的组织学结果也有助于确诊。组织病理学结果显示真皮和皮下组织中小型和中型血管管壁的内膜和中层钙化为钙化防御的特征。此类患者的放射影像学结果包括血管周围管壁钙沉积所致的管周钙化。

5. 癌性变化伤口　对疑有癌变的伤口连同边缘切除（通常至少 2cm）组织进行组织病理检测和免疫组织化学检测，可以获得确切的结果。

### （四）治疗原则与护理措施

1. 治疗策略

（1）炎性原因所致不典型伤口的治疗策略

1）血管炎的治疗策略：根据病情轻重程度，选择不同的治疗方案。对轻度血管炎可遵医嘱给予抗组胺类药物、非甾体类抗炎药、抗生素、局部皮肤涂抹类固醇药物等，以控制原发病。对广泛性或全身性血管炎遵医嘱全身使用类固醇药物、血浆置换、免疫抑制剂和抗炎药物等。伤口局部可使用银敷料、蜂蜜敷料等抑菌消炎敷料，根据渗液量，每日或隔日更换一次。抬高患肢，加压包扎或护腿长袜。注意避免清创。

2）坏疽性脓皮病的治疗策略：目前尚无根治疗法，坏疽性脓皮病病程反复，皮质类固醇类药物通常可使其缓解。对于局限性或轻度疾病，可局部或病灶内给予类固醇药物。对于较为严重的或广泛性疾病，可采用全身性类固醇药物，此外，免疫抑制剂或抗炎药物也具有一定作用，例如，环孢素在治疗该病方面也非常有效。英夫利昔单抗（类克）为肿瘤坏死因子 α 的单克隆抗体，报道称该制剂对坏疽性脓皮病有效。伤口局部使用 TIME 原则处理。避免清创，减痛处理，使用抗炎敷料，如溶葡球菌酶敷料、蜂蜜敷料、银敷料等。根据渗液量，每日或隔日更换一次。抬高患肢，加压包扎或护腿长袜。脓皮病溃疡伤口是一类复杂多变的慢性伤口，需要医护密切配合，及早诊断，局部和全身整体干预，还需取得患者及其家属的理解和合作，才能取得满意的效果。伤口仅是脓皮病病情的一个窗口，如果伤口处理无效，需要指导患者去皮肤科治疗原发病。

（2）感染性原因所致不典型伤口的治疗策略

1）不典型分枝杆菌感染的治疗策略：不同致病原对抗生素的敏感性不同，适当的治疗取决于相应的致病原。海洋分枝杆菌感染需要使用抗结核药物治疗。溃疡分枝杆菌和瘰疬分枝杆菌感染通常采用手术切除皮肤病变。鸟型细胞内分枝杆菌感染采用手术切除与抗结核药物治疗相结合。堪萨斯分枝杆菌感染采用抗结核药物和米诺环素治疗。海龟分枝杆菌感染采用红霉素、妥布霉素、阿米卡星、多西环素治疗。偶发分枝杆菌感染采用阿米卡星、多西环素、环丙沙星、磺胺甲噁唑治疗。

2）布鲁里溃疡的治疗策略：布鲁里溃疡已被确定为免疫缺陷性疾病，逆转 γ 干扰素的缺陷和 / 或降低白介素 10 的水平已被确定为干预病情进展的新型治疗靶点。通常推荐广泛切除和植皮，局限性切除联合小皮岛植皮也可能获得成功。氨基苷类抗生素也有助于预防广泛性溃疡、挛缩、水肿和该破坏性疾病的其他后遗症。

3）深部真菌感染：局部使用抗真菌药物和银敷料治疗，结合物理干预治疗，如红外线、红光照射治疗。

4）孢子丝菌病：可通过全身给药进行治疗，包括饱和碘化钾溶液、伊曲康唑、氟康唑、特比萘芬和两性霉素 B。由于该真菌在较低温度下生长，所以也可给予局部热疗，如红外线、超短波治疗。

5）着色芽生菌病：该病易发展为慢性、难以治愈，可引起淋巴水肿和象皮肿，已有报道称溃烂和瘢痕性病变可发展成癌症，可通过手术切除治愈小病变，但是，慢性病变通常难以治愈。全身性抗真菌药物如酮康唑、伊曲康唑、特比萘芬和两性霉素 B 已被采用，包括单独给药和联合用药。目前推荐采用伊曲康唑或特比萘芬与伊曲康唑联合给药的冲击疗法。冷冻手术已被单独应用或与抗真菌化学治疗联合应用。此外，42~45℃的局部热疗也是一种有效的治疗方法。

6）副球孢子菌病：治疗包括甲氧苄氨嘧啶–磺胺甲噁唑、吡咯衍生物如伊曲康唑和酮康唑，严重的病例可给予两性霉素 B。

7）足菌肿：该病治疗比较困难，通常采用手术切除与抗生素治疗相结合。可根据致病原的敏感性选用磺胺类药物、四环素、氨基苷类抗生素、利福平、环丙沙星、阿莫西林–克拉维酸和口服氮杂茂类（含唑类）药物。

8）创伤弧菌感染：创伤弧菌伤口感染的治疗在伤口护理基础上需采用抗生素治疗，如多西环素和头孢他啶联合给药。

（3）血管病变所致不典型伤口的治疗策略：冷纤维蛋白原血症可给予对症治疗，可使用抗血栓药物如链激酶和链球菌去氧核糖核酸酶。冷球蛋白血症患者中，需要单独使用类固醇类药物或与免疫抑制剂联合给药以缓解病情。重症病例可使用血浆置换。抗磷脂抗体综合征治疗包括给予阿司匹林、华法林和泼尼松，但是效果不确切。

（4）钙化防御的治疗策略：棉塞管取伤口分泌物做细菌培养和药物敏感试验可指导抗生使用。同时使用硫代硫酸钠，低钙低磷饮食、高压氧治疗。伤口局部采用清创、自体或组织工程皮肤进行植皮。

（5）恶性肿瘤伤口的治疗策略：对确诊的癌变伤口应尽快联系外科医生或肿瘤科医生会诊治疗。

（6）外部原因所致不典型伤口的治疗策略：①对棕花蛛咬中毒的治疗包括咬伤部位冷敷、抬高患处，遵医嘱使用止痛药和全身使用类固醇类药物，以预防坏死区域扩大；②毒蛛中毒的治疗包括局部冰敷、给予葡萄糖酸钙和特异性抗毒素；③对弥漫性血管内凝血导致的多发全层伤口，首先评估患者有无出血风险和清创风险，再选择合适的清创方法实施分次逐步清创，直至清创完成，采用湿性愈合理念调整敷料使用，直至愈合；④急性放射性皮炎采用生理盐水湿敷后，局部涂抹三乙醇胺乳膏，有助于减痛促愈。

（7）药物介导性原因所致不典型伤口的治疗策略：香豆素（华法林）所致的皮肤坏死可采取保守性局部伤口护理，也可根据伤口的广泛性选择清创术和植皮。对于药物外渗引起的广泛皮肤和组织缺损，通常需要局部伤口护理联合清创手术和后期的皮肤移植手术。

2. 护理措施

（1）伤口护理：根据不同致伤原因所致的伤口类型，选择不同的护理措施，包括无痛或减痛处理伤口、使用抑菌敷料局部消炎、抗菌等，增殖期使用增殖性敷料，上皮化期使用泡沫或水胶体敷料。

（2）病因护理：因为不典型伤口的原因常常需要医疗处理，因此需要及时与相关科室医生联系，治疗病因并做好病因护理。

（3）健康教育：引导患者详细描述有可能引起不典型伤口的原因，如有慢性肾衰的病史且（或）接受血液透析的患者容易发生防御钙化，需要检查血磷、血钙、肾功能等；指导患者采用低磷低钙饮食等。有炎症性肠病或系统性红斑狼疮患者容易发生坏疽性脓皮病，指导患者看专科医生门诊监控和药物调整免疫功能。告知患者不典型伤口是一类原因罕见所致的伤口，治疗需要较长时间，请患者要有耐心配合治疗。痛性溃疡患者指导其按医嘱正确用药并观察药物作用与副作用。

### （五）临床病例

1. 病情简介　患者，女性，47岁，因肩背部疼痛接受中医针灸和埋线治疗数月后出现局部红肿破溃，形成感染性伤口在当地医院治疗2月余无效，于2015年11月27日到伤口护理中心就诊，初诊评估：右肩胛部有2处伤口，大小均为0.5cm×0.5cm，2处伤口上下相通，四周潜行2~4cm，红肿范围4~5cm，疼痛计分8~10分。主诉因疼痛和久治难愈、担心预后而影响睡眠和日常生活。既往治疗史：伤口感染后先后切开引流2次，全身使用抗生素1周和局部使用进口藻酸盐银敷料抗感染2个月余效果均不理想，为明确病原菌，曾取伤口脓液进行细菌培养，结果为阴性，同时检测抗酸分枝杆菌结果为阳性，进一步采用基因芯片探针检测分枝杆菌菌种报告为"鸟型细胞内分枝杆菌"，接受专家意见口服抗结核药物治疗，1个月后出现食欲不振、腹胀，抽血检查肝功能结果显示丙氨酸氨基转移酶（ALT）升高184U/L（正常5~50U/L），门冬氨酸氨基转移酶（AST）升高57U/L（正常5~50U/L），谷氨酰胺基转移酶（GGT）167U/L（正常0~50U/L），碱性磷酸酶（ALP）126U/L（正常34~114U/L），诊断为药物性肝损害，停用抗结核药物。

2. 制订个体化整体干预方案　包括每次就诊给予心理调适、指导每日慢走2小时和保证6~8小时良好睡眠，制订保肝口入营养食谱（如清淡饮食、蛋白质以牛奶和鸡蛋、鱼虾为主，摄取富含维生素C和维生素B族的4~5种蔬菜、水果、饮水1500ml、保持排泄通畅等），以减轻药物性肝损害。干预4周后抽血复查肝功能指标。

3. 个体化局部处理方法　告知患者同意后给予反复多次保守性锐器清创，清除坏死组织及腐肉，伤口暂时性扩大。清创后伤口填充国产纳米银抗感染，结合红外线及红光照射辅助治疗每次10分钟，隔日处理一次，每周采用红外线测温仪五点法测量伤口局部温度，同时采用汉化的压疮愈合计分量表（pressure ulcer scale for healing, PUSH）从伤口面积、渗液量和组织类型三方面评价伤口治疗效果，最高17分，表明伤情严重，最低0分为愈合。

4. 效果评价　干预前伤口温度32℃，PUSH计分14分，干预14天伤口温度34℃，局部红肿消退，疼痛计分下降为5~6分（中度疼痛），PUSH计分下降为11分，21天肉芽生长100%覆盖伤口床，28天时复查肝功能正常，伤口疼痛减轻为2~3分（轻度疼痛），PUSH计分8分，42天伤口面积1cm$^2$，PUSH计分5分，48天愈合。

（蒋琪霞）

# 第五章　失禁护理

## 第一节　排尿生理与控尿机制

**学习目标**

完成本节内容学习后,学生将能:
1. 复述男性及女性下尿路解剖重要脏器及功能。
2. 列出男性与女性下尿路解剖的相同点及不同点。
3. 描述男性与女性的排尿生理机制。
4. 应用解剖、生理机制,理解相关控尿机制。

### 一、尿失禁相关解剖特点

泌尿系统包括上尿路和下尿路,其中,下尿路的解剖功能与尿失禁密切相关。下尿路包括膀胱和尿道,其主要功能是储尿和排尿。膀胱和尿道特有的结构和功能是支撑人体储尿和排尿机制的基础。在男性,膀胱周围毗邻以及尿道部分和女性有所不同,在男性尿控中前列腺部尿道和膜部尿道起着至关重要的作用。此外,下尿路的正常解剖位置离不开盆底肌的支撑,盆底肌的功能受损与压力性尿失禁的发生密切相关。

#### (一)女性下尿路解剖

1. 膀胱　膀胱为中空的肌性器官,具有很大的弹性,能储存尿液并保持储尿期膀胱内的低压状态。它由膀胱腔和膀胱壁构成,膀胱壁又分为以下3层:膀胱黏膜上皮、膀胱肌层和膀胱外膜。女性膀胱前方有耻骨联合;后方有子宫和阴道;下方、邻接尿-生殖隔。

(1)膀胱黏膜上皮:膀胱黏膜丰富,排空时呈皱襞状,充盈后黏膜展平,皱襞消失,三角区黏膜为光滑黏膜。膀胱黏膜上皮的功能不仅是尿液和血液之间的屏障,实验研究发现膀胱黏膜上皮细胞还能主动输送钠离子,从而维持组织渗透压的作用,防止尿液中代谢的毒性物质和高渗性尿液渗入组织间隙。膀胱顶层伞状细胞是有着特殊的不对称单元膜的多核细胞,表面覆盖着一层葡萄糖胺聚糖,起着上皮抗小分子细胞屏障作用,同时细胞之间的紧密连接是尿液和血液自检物质转运的物理屏障。

(2)膀胱肌层:膀胱肌根据其功能、结构及胚胎发育的不同,分为逼尿肌和三角区肌两部分。

膀胱逼尿肌通常被描述由3层肌肉构成,但实际上逼尿肌肌束似乎富含胶原纤维的网状结构,只是在膀胱出口处才不太规则的分为3层,其他部位并没有明显肌肉层次。膀胱三角区位于膀胱后壁的基底部,其上界为两侧输尿管开口,下界为膀胱出口。通过膀胱颈口进入尿道。膀胱三角区肌通常分为深浅两层,浅层又称为 Bell 肌,由输尿管内纵行肌向膀胱延续下来,在输尿管口处分出并不间断向膀胱扇形展开,延续到膀胱基底,行程浅层三角。浅层肌之下是三角区深层肌,起源于输尿管的 Waldeyer 鞘的肌纤维,肌肉在此处变平,肌纤维更加紧密地绞合在一起,呈扇形不间断的连续下行至膀胱底部形成深层三角。

2. 尿道 女性尿道为一肌纤维管道,长 3~4cm,起自膀胱颈,止于阴道前庭中位于阴蒂和阴道口之间的尿道外口。在尿－生殖隔以上的部分,尿道的前方与耻骨联合之间有阴部静脉丛;尿道后方借着疏松结缔组织与阴道前壁紧密接触。尿－生殖隔以下部分的前方与两侧阴蒂脚的汇合处相邻。女性尿道由黏膜、黏膜下层和尿道括约肌组成。

(1)黏膜及黏膜下层:女性尿道黏膜丰富,常形成尿道黏膜皱襞。其固有膜由疏松结缔组织组成,深部可见黏膜下层,含有丰富的弹性纤维和静脉丛,并与尿道黏膜皱襞一起在尿道控尿中起着重要作用。

(2)尿道括约肌:在女性控尿机制中起主要作用的两大尿道括约肌分别为平滑肌括约肌和横纹肌括约肌。

1)平滑肌括约肌:女性尿道平滑肌可分为两层,内层是尿道内层纵行肌,外层为环形肌。尿道内纵行肌是由膀胱内纵行肌向尿道延续而成,当膀胱内纵行肌走行至尿道内口时,形成一个平滑肌管,再纵行向下,止于尿－生殖隔。尿道外环形肌是由膀胱外纵行肌向尿道延续而成。平滑肌是生理学而非解剖学上的括约肌,其受自主神经支配,属于非意识控制,在储尿期保持膀胱颈和近端尿道的关闭。

2)横纹肌括约肌:其肌纤维起于尿道生殖隔上、下筋膜之间的会阴深横肌,在膜部尿道呈环状,形成尿道外括约肌。部分肌纤维折向近端尿道,在尿道内纵行肌的外面向上,止于近端尿道的中段,与尿道外层环形肌相连。

### (二)男性下尿路解剖

1. 膀胱 男性与女性膀胱的解剖与功能一致,二者的主要区别在于毗邻脏器不同。男性膀胱底部紧邻精囊、输精管壶腹部和直肠。腹膜在直肠、膀胱底部之间反折形成直肠膀胱陷凹。膀胱前方与耻骨联合及闭孔内肌之间为膀胱前间隙,该间隙下为耻骨前列腺韧带。膀胱的两侧有输精管通过,与肛提肌、闭孔内肌相邻。有前列腺静脉丛包裹的前列腺位于膀胱颈下方。膀胱前上方有腹膜覆盖,与回肠祥和乙状结肠毗邻。

2. 尿道 男性尿道一般长 18cm,自然状态呈 S 形弯曲,通常分为尿道前列腺部、尿道膜部和尿道海绵体部。临床上将尿道前列腺部和尿道膜部称为后尿道,将尿道海绵体部称为前尿道。男性尿道有 3 个膨大、3 个狭窄以及 2 个弯曲。3 个膨大是指舟状窝、球部和前列腺部。3 个狭窄是指尿道外口、膜部和尿道内口。2 个弯曲即耻骨前弯和耻骨下弯。

3. 前列腺 前列腺位于膀胱下方,包绕前列腺尿道部,成年人一般重约 18g。前列腺两侧固定于肛提肌的耻骨尾骨部并覆盖着盆底筋膜。前列腺尖部与尿道外括约肌相延续。通常,将前列腺分为中央带、移行带、外周带和前纤维基质;临床上,将前列腺描述为两侧叶及中叶。

4. 膜部尿道 膜部尿道是从前列腺尖部到阴部筋膜之间的尿道,穿过尿－生殖隔,长约 2cm。膜部尿道在会阴深隙中为尿道外括约肌所包绕,是尿道的固定部。外括约肌呈戒指状,基底部较宽,上部变窄并通过肛提肌的泌尿生殖裂孔和前列腺尖部汇合。

### (三)盆底解剖

在解剖学上,盆底即指盆膈,盆膈是由盆底肌肉及其筋膜构成的漏斗形肌板;在临床观点上,盆底包括盆腔腹膜以下至会阴皮肤的全部肌肉筋膜层,由上而下依次为:腹膜、盆内筋膜、盆膈、尿-生殖隔、肛门外括约肌和尿生殖肌群浅层。

1. 盆底肌肉 盆腔肌肉由附着于小骨盆内表面的肛提肌和尾骨肌组成。尾骨肌为一三角形肌肉,其起于坐骨棘,并呈扇形纤维肌肉垫止于尾骨和S5的侧面。肛提肌起于肛提肌腱弓,止于尾骨,从内向外由两大肌肉即耻尾肌和髂尾肌组成。

2. 盆腔筋膜 盆腔筋膜由胶原组织、弹性组织和平滑肌组织构成。盆腔筋膜由3个重要部分组成。在前方,为耻骨尿道韧带,伸入尿道近端的1/3处。在侧方,盆腔筋膜的腱弓从耻骨尿道韧带延伸到坐骨棘,它由盆内筋膜与脏层筋膜相汇合而形成的一个增厚的白色带。在坐骨棘后方,盆腔筋膜散开至直肠的两侧,附着于盆腔侧壁,形成膀胱侧韧带和膀胱后韧带。在女性,盆腔筋膜还形成主韧带和子宫骶骨韧带,维持子宫正常位置。

3. 尿-生殖隔 尿-生殖隔是位于盆腔前方出口处的一个肌肉筋膜结构,其由会阴深横肌及3个邻近的横纹肌(尿道括约肌、尿道膜部括约肌、尿道阴道括约肌)相连续的上下筋膜组成。尿-生殖隔的顶部位于耻骨尿道韧带起始部,并成弓状向上止于耻骨的下方,其后缘止于耻骨结节连线上。

## 二、排尿生理和控尿机制

### (一)女性排尿生理和控尿机制

女性排尿生理功能涉及膀胱储尿和定时经过尿道排尿。在正常储尿过程中,肾脏连续不断生成尿液,膀胱的排尿则为间歇性进行。只有当尿液在膀胱内储存并达到一定量时,才能引起反射性的排尿动作,使尿液经尿道排出体外。当尿量达到400~500ml时,膀胱内压超过0.98kPa,个体会出现尿意;当尿量约为700ml,此时膀胱内压约为3.43kPa,膀胱可出现节律性收缩,个体可控制排尿;而当膀胱内压超过6.86kPa时,个体会出现相关疼痛。

1. 膀胱顺应性 是膀胱容积变化与逼尿肌压力变化比值,单位为 ml/cmH$_2$O。因膀胱壁由大量的平滑肌细胞组成,中间以胶原纤维相隔,使其具有良好的顺应性。膀胱顺应性反映了膀胱的低压储尿能力,正常情况下随着尿液容量的增加,而膀胱腔内的压力无显著增加。正常充盈过程中,膀胱保持低压状态,确保尿液能从输尿管顺利进入膀胱,并存储于膀胱中。如果膀胱顺应性下降,膀胱充盈时表现为明显的逼尿肌压力急骤升高,当膀胱压力高于尿道压力时,尿液将不自主地流出。研究发现,膀胱的顺应性并不受急性神经损伤或胆碱能神经激动药或拮抗药的影响。

2. 尿道黏膜闭合作用 尿道黏膜保持良好的封闭对合,起到胶塞防漏作用,主要受以下几个因素影响:尿道壁的张力或外在压迫;尿道壁的柔软性;尿道黏膜下的填充组织,帮助黏膜褶皱对合。

3. 尿道周围盆底结构的支撑 20世纪50年代以来人们普遍认为在腹压增加时,女性尿道的支撑对尿控至关重要,尿道支撑结构的丧失导致膀胱颈和尿道不同程度的下移,尿道处于较低的游离位置,增加的腹压不能同等地传递到膀胱和后尿道,当膀胱压超过尿道压时,就会发生压力性尿失禁。但是这一尿道过度移动理论无法解释尿道下移情况下部分人群仍然可以保持尿道关闭的现象。故现在普遍认可的有关压力性尿失禁的观点是基于Delancey的尿道支持理论,即所谓的吊床理论,尿道周围盆底结构的稳定性而不是尿道的位置决定了控尿能力。"吊床"的结缔组织和肌肉组织可以对抗腹压增加时产生的向下压力,从而使尿道支持作用得到加强。尿道和阴道前壁紧密相连,其与肛提肌复合体及盆筋膜腱弓的连接决定了尿道的稳定性。阴道前壁通过侧向附着在肛提肌的骨盆内筋膜上为尿道提供支撑。

### (二)男性排尿生理和控尿机制

在男性尿控中前列腺部尿道和膜部尿道起着至关重要的作用。

1. 前列腺部尿道 正常的男性尿道括约肌分为两个功能单位,即尿道近端括约肌和远端括约肌,近端括约肌包括膀胱颈和前列腺到精阜水平的前列腺部尿道,近端括约肌受来自盆丛的自主副交感神经纤维支配。在前列腺切除术后,这部分控尿机制被去除,仅保留尿道远端括约肌来维持控尿。尿道远端括约肌从精阜到尿道球部近端,包括很多的结构来帮助控尿。

2. 前列腺膜部尿道 男性远端尿道括约肌复合体包括前列腺膜部尿道和内层的尿道旁肌性结构与盆腔的结缔组织结构一起维持控尿。横纹肌括约肌是一个环形的肌肉结构,包括纵行的平滑肌结构和慢反应骨骼肌纤维,这种纤维可以保持静息张力和保持控尿。一般认为,横纹肌括约肌腹侧增厚,背侧相对薄弱,横纹肌纤维和近端尿道的平滑肌纤维融合,具有一个动力学上的协调作用。横纹肌括约肌包被于盆腔筋膜中,包被浅层横纹肌括约肌的筋膜和耻骨前列腺韧带融合,从背侧和腹侧支持括约肌。另一方面,尿道旁固有的横纹肌纤维(肛提肌复合体)是快反应纤维,在腹部压力突然增加的情况下,这些纤维可以快速强有力的收缩来维持控尿。但横纹肌括约肌麻痹后仍然可以获得尿控,表明该结构不是唯一参与控尿的结构。在女性,尿道的支持结构可以因生育和衰老等因素变得薄弱,但在男性经常是由于损伤或手术引起。横纹肌括约肌的横纹肌纤维和近端尿道的平滑肌纤维互相融合。这些尿道的平滑肌纤维和膀胱平滑肌纤维相延续,前列腺癌根治术时被分离,肌性的膀胱前列腺尿道连续性被打断,此时,控尿主要由横纹肌括约肌来维持。

(李 欣)

# 第二节 尿失禁的治疗与护理

> ### 学习目标
>
> 完成本节内容学习后,学生将能:
> 1. 复述尿失禁的类型及定义。
> 2. 列出各类型尿失禁的治疗方法。
> 3. 描述尿失禁围术期护理要点。
> 4. 应用尿失禁护理中所学内容,指导患者进行盆底肌及膀胱功能训练,选择适合的尿失禁管理方法,独立完成间歇导尿,预防及处理失禁相关性皮炎。

## 一、尿失禁概述

尿失禁是影响患者生活质量,尤其是女性生活质量的常见疾病,全球女性尿失禁患病率近50%,在一些社会经济不发达或教育程度低下的区域尤为如此。加之受传统观念影响,大多数患者对尿失禁症状羞于启齿,导致了该疾病就诊率低、长期不受社会及医务人员关注的现状。但随着经济水平和生活水平提高,人们对尿失禁所带来的社会问题和健康问题越来越重视,因此,尿失禁的治疗和护理成为了泌尿外科医疗及护理工作中重要的一部分。

国际尿控协会(International Continence Society, ICS)将尿失禁定义为"尿液不自主的流出",同时应在描述时明确其相关因素,比如尿失禁的类型、进展过程、严重程度、加重及缓解因素、对个人生活质量及精神方面的影响、患者自身的耐受程度以及治疗意愿等。

尿失禁涵盖了任何可观察到的尿液不自主流出的漏尿症状,而通过尿失禁的体征和尿动力学表现,可以将尿失禁进一步分类。尿失禁的体征主要通过患者或医生的检查或记录来进行评估,如医生查体(腹压增加时尿液的漏出)、排尿日记、尿垫实验、症状评分和生活质量评估等。通过尿动力学相关检查可明确尿失禁发生的机制和原因,如是由于逼尿肌的过度活动还是尿道括约肌乏力造成的,或两者兼有。

通过对临床症状和尿失禁发生机制的研究,国际尿控协会将尿失禁分为以下几类:

### (一)压力性尿失禁(stress urinary incontinence, SUI)

指患者在用力、打喷嚏、咳嗽等腹压增加的情况下出现的不自主漏尿。体征是在腹压增加时,可观察到尿液不自主地从尿道漏出。其尿动力学表现为充盈性膀胱测压时,腹压增加而逼尿肌稳定性良好的情况下出现的不随意漏尿。

根据流行病学调查,女性人群中23%~45%有不同程度的尿失禁,其中50%左右为压力性尿失禁,而男性由于其生理结构特征,压力性尿失禁比例较小(<10%)。女性比较明确的相关危险因素包括年龄、生育、盆腔脏器脱垂及肥胖等,可能相关的危险因素包括雌激素水平的降低,吸烟以及体力活动等。男性压力性尿失禁往往与手术或外伤有关,如前列腺癌根治术后出现的漏尿情况。

### (二)急迫性尿失禁(urge incontinence, UI)

指与尿急相伴、或尿急之后立即出现的尿失禁现象。尿急(urgency)是指一种突发、强烈,且难被延迟的排尿欲望。体征是在尿急出现时或之后出现的不自主的漏尿。尿动力学表现为逼尿肌过度活动,在检查过程中出现与逼尿肌不自主收缩有关的漏尿。急迫性尿失禁往往是膀胱过度活动症(overactive bladder, OAB)的一种症状表现。

女性急迫性尿失禁的比例相对较低,大约占所有女性尿失禁人群的20%,而男性中急迫性尿失禁是尿失禁的主要原因,占所有男性尿失禁患者的40%~80%,多由膀胱出口梗阻而导致的膀胱过度活动引起。陈晔等在研究中发现,在北京大学门诊因非泌尿系统疾病就诊的1050例女性中伴急迫性尿失禁的OAB发生率为11.8%,对生命质量总体影响率为54.9%。研究者认为急迫性尿失禁在女性人群中发生率较高,并明显影响患者生命质量。

急迫性尿失禁的病因尚不明确,可能的机制有:①神经源性,由中枢、外周神经(尤其是膀胱传入神经)的异常导致的逼尿肌过度活动;②肌源性,由逼尿肌平滑肌细胞自发性的收缩和肌细胞间冲动传递增强而导致的逼尿肌不自主收缩;③其他一些因素,如炎症、膀胱出口梗阻、高龄、精神疾病等也可以影响到急迫性尿失禁的发生。

### (三)混合型尿失禁(mixed urinary incontinence, MUI)

指患者的漏尿症状既与尿急有关,又与打喷嚏、咳嗽或运动等腹压增加的行为有关。体征上往往表现为患者具有压力性尿失禁的典型症状,且伴有尿急。混合性尿失禁可分为两种主要类型,一种为同时伴有压力性尿失禁和由于逼尿肌过度活动引起的尿失禁(OAB wet），一种为压力性尿失禁合并单纯的逼尿肌过度活动（OAB dry）。

其发生机制较复杂,存在多种理论,尚不完全明确,有人认为患者同时具有导致压力性尿失禁和急迫性尿失禁的病因,也有人认为混合性尿失禁中,尿急症状是由严重的压力性尿失禁症状引起的。

混合性尿失禁在男女性尿失禁患者中比例大致都相当,分别占两种性别尿失禁患者的30%,且不同国家之间混合性尿失禁发病率差异较大（29%~61%）。亚洲国家混合性尿失禁发病率明显低于西方国家,且随着年龄增加,发病率呈上升趋势,而教育程度越高的地区,发病率越低。由于调查常用方法为问卷,且所采用诊断标准及目标人群选择均有差异性,所以各地区及各研究间所得到的结果差异较大。

在健康相关生活质量（Health-related quality of life, HRQOL）评分中,混合性尿失禁和急迫性尿失禁的评分比压力性尿失禁更差,说明在混合性尿失禁中,尿急症状比压力性尿失禁对患者的生活质量影响更大。

### （四）其他类型

部分尿失禁分类无法涵盖于以上三种类别,包括:

1. 充盈性尿失禁（overflow incontinence）　是指由于尿道梗阻（尿道狭窄、前列腺增生）和膀胱收缩无力等原因所导致的慢性尿潴留后,膀胱在极度充盈的情况下,膀胱内压力超过正常尿道括约肌的阻力,尿液从尿道溢出。当尿液增加使膀胱内压超过最大尿道压时,即使有少量尿液也不自主地溢出。长期升高的膀胱内压可造成上尿路梗阻而损害肾功能。

临床以男性患者多见,往往伴有长期慢性尿潴留病史,常见病因有前列腺增生症和神经源性膀胱等疾病。

2. 尿道外尿失禁（extraurethral incontinence）　指漏尿是由于尿液从尿道以外的通道漏出而导致的,如尿瘘或异位输尿管。以先天性原因多见,如脐尿管未闭、尿道上裂、膀胱阴道瘘等。

3. 神经源性尿失禁（neurogenic urinary incontinence）　神经源性尿失禁是指神经系统疾病所致的膀胱尿道功能障碍,临床上常表现尿失禁,其往往也是一系列神经系统疾病的主要临床表现,而所有可能影响到储尿和/或排尿神经调控的疾病都有可能造成神经源性尿失禁,其临床表现与神经损伤的位置和程度存在一定相关性,但无明显的规律性,目前尚缺乏大样本的流行病学研究。

（李　欣）

## 二、尿失禁的评估与诊断

### （一）压力性尿失禁的诊断

压力性尿失禁诊断主要依据主观症状和客观检查,并需除外其他疾病。本病的诊断步骤应包括确定诊断、程度诊断、分型诊断。

1. 确定诊断

（1）病史

1）一般情况:认知能力,生活习惯、活动能力等。

2）与腹压增加有关的尿失禁症状:大笑、咳嗽、喷嚏、跳跃或行走等各种腹压增加状态下,尿液是否漏出;停止腹部加压动作后漏尿是否随即终止。

3)泌尿系其他症状:血尿、排尿困难、尿路刺激征及夜尿等症状,或下腹或腰部不适等。

4)其他病史:既往病史(盆腔手术史、长期便秘或难产导致盆底松弛)、月经生育史、伴发疾病和药物服用史等。

（2）体格检查

1)一般状态:生命体征、身体活动能力及协调能力等。

2)全身体检:神经系统检查包括下肢肌力、会阴部感觉、肛门括约肌张力及病理征等;腹部检查注意有无尿潴留体征。

3)专科检查:有无盆腔脏器膨出及程度;外阴部有无长期感染所引起的异味、皮疹;棉签试验了解尿道活动度,双合诊了解子宫水平、大小和盆底肌收缩力等;直肠指诊检查括约肌肌力,并观察有无直肠膨出。必要时可行尿失禁压力诱发实验(压力诱发实验是一项用于检查排尿是否正常的辅助检查方法。正常排尿时腹压增高,膀胱逼尿肌收缩,尿道括约肌松弛,三者协调同步进行,完成排尿动作,将尿液排出体外。排尿反射的初级中枢位于骶髓,但受大脑皮层与脑干的控制,中枢传入传出神经受损或功能障碍时,排尿功能发生异常,则导致尿失禁或尿潴留。通过此项检查可以判断相应的病征。压力诱发实验:患者仰卧,双腿屈曲外展,观察尿道口,咳嗽或用力增加腹压同时尿液漏出。腹压消失后,漏尿也同时消失则为阳性。阴性者站立位再行检查。检查时应同时询问漏尿时或之前是否有尿急和排尿感。若有则可能为急迫性尿失禁或合并有急迫性尿失禁)。

4)推荐检查:①排尿日记:连续记录 72 小时排尿情况,包括每次饮水时间、饮水量,排尿时间、尿量,尿失禁时间和伴随症状等。②国际尿失禁咨询委员会尿失禁问卷表简表（ICI-Q-SF）。③其他检查:实验室检查 / 尿流率 / 残余尿。

5)可选检查:侵入性尿动力学检查适用于:①非单纯性压力性尿失禁;②压力性尿失禁的程度诊断。

2. 程度诊断

（1）依据临床症状进行程度诊断

1)轻度:一般活动及夜间无尿失禁,腹压增加时偶发尿失禁,不需佩戴尿垫。

2)中度:腹压增加及起立活动时,有频繁的尿失禁,需要佩戴尿垫生活。

3)重度:起立活动或卧位体位变化时即有尿失禁,严重地影响患者的生活及社交活动。

（2）国际尿失禁咨询委员会尿失禁问卷表简表（ICI-Q-SF）

1)轻度:≤7 分。

2)中度:7~14 分。

3)重度:≥14 分。

（3）尿垫试验:1 小时尿垫试验

1)轻度:1 小时漏尿≤1g。

2)中度:1g<1 小时漏尿 <10g。

3)重度:10g≤1 小时漏尿 <50g。

4)极重度:1 小时漏尿≥50g。

3. 分型诊断 常用压力性尿失禁的分型包括以下六型:

（1）0 型（type 0）压力性尿失禁:典型压力性尿失禁病史,但临床和尿动力学检查未能显示压力性尿失禁,影像尿动力学示膀胱颈近端尿道位于耻骨联合下缘上方,应力状态下膀胱颈近端尿道开放并有所下降。

（2）Ⅰ型:在应力状态下出现漏尿,膀胱底部下移 <2cm。

（3）Ⅱ型:在应力状态下出现漏尿,膀胱底部下移 >2cm。

（4）ⅡA 型:膀胱底部下移在应力状态下出现者。

（5）ⅡB 型:膀胱底部下移在静息状态下就出现者。

（6）Ⅲ型:在静息期膀胱充满时,膀胱颈和近段尿道就已经处于开放状态,可伴有或不伴有下移。

Ⅱ型与尿道过度移动有明显关系,Ⅰ型、Ⅲ型意味着不同程度的尿道固有括约肌缺陷。

### （二）急迫性尿失禁的诊断

急迫性尿失禁是指伴有尿急症或紧随尿急症后出现的非随意尿液漏出。正常膀胱在储尿期处于一种"安静"的状态,并且由于良好的顺应性,在一定容量范围内膀胱内压都保持在较低的水平,是下尿路器官在一系列复杂的神经、体液、心理意识以及自身等因素的调控下完成的协调过程。一旦由于某种原因,此种和谐遭到破坏,膀胱出现了不受意识控制的自发或诱发性收缩,可以引起尿急或同时伴有急迫性尿失禁,并经常伴有尿频和夜尿增多等临床表现,这些综合征被统称为膀胱过度活动症( overactive bladder syndrom, OAB)。

1. 泌尿系其他症状　血尿、排尿困难、尿路刺激征及夜尿等症状,或下腹或腰部不适等。

2. 推荐检查

（1）排尿日记:连续记录 72 小时排尿情况,包括每次饮水时间、饮水量,排尿时间、尿量,尿失禁时间和伴随症状等。

（2）膀胱过度活动症症状评分( OABSS )。

（3）其他检查:①实验室检查:血、尿常规,尿培养和肝、肾功能等实验室检查;②自由尿流率、尿动力;③残余尿。

### （三）混合性尿失禁的诊断

混合性尿失禁指患者同时存在两种或两种以上的尿失禁类型,以急迫性尿失禁合并有压力性尿失禁最为常见,其诊断与评估请参考各个独立类型的尿失禁。

### （四）尿失禁常见合并盆底疾病的诊断

在诊断尿失禁的同时,必须高度重视可以影响尿失禁治疗效果的常见合并盆底疾病,主要包括盆腔脏器脱垂、逼尿肌收缩力减弱及膀胱出口梗阻。

1. 盆腔脏器脱垂( pelvic organ prolapse, POP )　由于盆底筋膜、韧带的松弛是压力性尿失禁与盆腔脏器脱垂的共同发病原因,所以两种疾病常合并发生。应行截石位下会阴检查,明确盆腔脏器脱垂及程度。

2. 逼尿肌收缩力减弱　逼尿肌收缩力减弱常见于老年妇女,如 SUI 患者主诉排尿困难,首先行 B 超检查残余尿量,如其有异常,推荐行尿动力学检查予以确认。常规尿动力学检查存在生理性波动,因此尿流率波动的曲线形态及腹压辅助排尿状态更具判断价值。

3. 膀胱出口梗阻　除外 POP 所致膀胱出口梗阻外,女性膀胱出口梗阻多数属于功能性,女性尿道狭窄少见。当 SUI 患者主诉排尿困难,在排除逼尿肌收缩无力和 POP 所致因素后,应行影像尿动力学检查进一步确诊。

# 神经源性尿失禁

临床上常见一种特殊类型的尿失禁,称为神经源性尿失禁(neurogenic urinary incontinence),是由于神经控制机制紊乱而导致的不自主的尿液自尿道外口漏出,通常情况下均有明确的神经病变存在。

目前尚缺乏大样本的神经源性尿失禁的流行病学调查数据。CUA2014年版的"神经源性膀胱诊断治疗指南"将造成神经源性膀胱(neurogenic bladder, NB)的病因归纳为中枢神经系统因素、外周神经系统因素、感染性疾病、医源性因素和其他原因5大类。各种导致神经源性膀胱的因素均可造成神经源性尿失禁。

【资料来源】

1. 颜永太. 神经源性膀胱综述. 世界最新医学信息文摘, 2016,(11):38-39.

2. 杨伟东,双卫兵. 神经源性膀胱的病因学研究进展. 中西医结合心脑血管病杂志, 2013,(12):1507-1510.

3. 孟青,李春红,唐金草,等. 神经源性尿失禁的综合护理干预. 中国实用神经疾病杂志, 2017, 20(5):123-125.

4. Yuan Gao, Bo Qu, Yan Shen, et al. Bibliometric profile of neurogenic bladder in the literature: a 20-year bibliometric analysis. Neural Regeneration Research, 2015, (05): 797-803.

5. Shaocheng Zhang. Nerve Transfer Strategies for Neurogenic Urinary Incontinence and Fecal Incontinence. 国际神经修复学会(International Association of Neurorestoratology). Abstract book of the 8th International Association of Neurorestoratology and 12th GCNN Congress. 国际神经修复学会(International Association of Neurorestoratology), 2015: 2.

(田 丽)

## 三、尿失禁的治疗

### (一)压力性尿失禁

压力性尿失禁的治疗包括非手术治疗和手术治疗。非手术治疗包括保守治疗和药物治疗。对中重度的压力性尿失禁患者手术治疗是其主要的治疗。另外当保守治疗或药物治疗不满意的压力性尿失禁患者,也应考虑手术治疗。随着尿道中段吊床理论假设的提出,尿道中段悬吊术为压力性尿失禁的治疗带来全新的革命。

1. 保守治疗

(1)控制体重:肥胖是女性压力性尿失禁的明确危险因素,减低体重有助于改善尿失禁症状。

(2)盆底肌训练:详见尿失禁护理。

(3)生物反馈:生物反馈借助置于阴道或直肠内的电子生物反馈治疗仪,监视盆底肌肉的肌电活动,指导患者进行正确的,自助的盆底肌肉训练,并形成条件反射。

2. 药物治疗　主要针对轻、中度女性压力性尿失禁患者,其主要作用原理在于增加尿道闭合压,提高尿道关闭功能,目前常有的药物包括以下几种:

(1)度洛西汀:是 5- 羟色胺及去甲肾上腺素的再摄取抑制剂,可兴奋骶髓 Onuf 核团进而兴奋生殖神经元,提高尿道括约肌的收缩力,增加尿道关闭压,减少漏尿。一般在 4 周内起效,结合盆底肌训练可获得更好的疗效。常见副作用主要是恶心,呕吐。

(2)雌激素:雌激素治疗的原理为刺激尿道上皮生长,增加尿道黏膜静脉丛血供;影响膀胱尿道旁结缔组织的功能,增加支持盆底结构肌肉的张力;增加 α 肾上腺素受体数据和敏感性,提高 α 肾上腺受体的激动剂的治疗效果。阴道局部使用雌激素可改善压力性尿失禁症状,配合盆底肌训练,选择性 $α_1$- 肾上腺受体激动剂(如哈乐)可提高疗效。

(3)选择性 α 受体激动剂和 β 受体拮抗剂:选择性激动膀胱颈和后尿道的 $α_1$- 受体,使平滑肌收缩,尿道阻力增加。可改善压力性尿失禁症状,结合使用雌激素或盆底肌训练可获得更好的疗效。副作用包括血压升高、恶心、口干、便秘、心悸、头痛、肢端发冷,严重者可发作脑卒中。β 受体拮抗剂可以阻断尿道 β 受体,增强去甲肾上腺素对 α 受体的作用。

3. 手术治疗　女性压力性尿失禁手术治疗的主要适应证包括:非手术治疗效果不佳或不能坚持,不能耐受,预期效果不佳的患者;中重度压力性尿失禁,严重影响生活质量的患者;生活质量要求较高的患者;伴有盆底脏器脱垂等盆底功能病变需盆底重建者,同时存在压力性尿失禁时。

常见的手术治疗包括无张力尿道中段悬吊术、单切口尿道中段吊带术、传统吊带术和尿道旁注射术。目前最主要的手术方式为尿道中段无张力吊带悬吊术,在尿道支撑的薄弱之处放置吊带,在咳嗽、打喷嚏或运动时作为支撑来关闭尿道而不发生漏尿。现在最常用的是尿道中段下放置永久不可吸收的聚丙烯材料的吊带。无张力尿道中段悬吊术短期有效率在90% 以上,并发症相对较少,高度推荐初次尿失禁和再次手术选择。其中 TVT-O 或 TOT 手术治疗的并发症包括膀胱穿孔,出血,排尿困难以及异物反应或切口延迟愈合,侵蚀尿道和肠穿孔和感染等,最严重的并发症是髂血管损伤。

男性压力性尿失禁发生于前列腺癌根治性切除和良性前列腺增生手术后出现尿道括约肌的功能障碍。多数患者前列腺术后尿失禁是暂时的,在数月之内能自行缓解。男性永久性压力性尿失禁优选治疗方式是人工尿道括约肌(AUS)。AUS 是中重度男性 SUI 的最有效治疗方法。对于轻中度 SUI,男性吊带和 AUS 有类似的治疗效果,而尿道填充剂治疗效果最差。

### (二)急迫性尿失禁

急迫性尿失禁的治疗主要针对病因进行治疗及对症治疗,原发病治愈后急迫性尿失禁的症状自会消失。解除病因后,急迫性尿失禁症状仍未缓解者,治疗可按膀胱过度活动综合征(OAB)处理,此外,必要时可应用镇静剂、抗焦虑药物及心理治疗等。

1. 生活方式指导　指导患者改变生活方式,可以改善患者症状。膀胱训练,如养成延迟排尿及定时排尿的习惯。另外还有盆底肌肉训练,生物反馈治疗及改善睡眠等。

2. 药物治疗　目前常用的药物有 M 受体阻滞剂。M 受体阻滞剂通过拮抗 M 受体抑制储尿期逼尿肌收缩,对膀胱具有高选择性作用,其在保证疗效的基础上,最大限度地减少了副作用。主要的副作用是口干、便秘、眼干、视力模糊、尿潴留等。

3. 手术治疗　对于药物治疗不佳或不耐受的患者可以使用 A 型肉毒毒素逼尿肌注射

治疗;骶神经调节器可对部分顽固的 OAB 患者有效;严重低顺应性膀胱、膀胱安全容量过小,且危害上尿路功能或生活质量严重影响,经治疗无效者,可采用膀胱扩大术或尿流改道术。

### （三）混合性尿失禁

混合性尿失禁主要是急迫性尿失禁合并有压力性尿失禁,以急迫性尿失禁为主诉时,高度推荐膀胱训练,盆底肌肉训练和抗胆碱药物治疗,治疗 30 天后,根据排尿日记情况决定下一步治疗方案。如果以压力性尿失禁为主时,推荐尿道中段悬吊术,术后 50%~70% 患者的 OAB 症状可能得到一定程度的缓解。

### （四）其他类型尿失禁的治疗

1. 充盈性尿失禁　充盈性尿失禁通常继发于各种原因引起的排尿障碍。充盈性尿失禁的治疗应首先治疗原发病。良性前列腺增生症患者应行经尿道前列腺切除术。膀胱颈部梗阻者应行经尿道膀胱颈部电切术。尿道狭窄者,可行尿道扩张术或尿道镜下冷刀内切开术。对神经源性膀胱和膀胱逼尿肌收缩无力可先用药物治疗,如无效需行膀胱穿刺造瘘术。

2. 尿道外尿失禁　尿液从尿道以外的通道流出,误认为压力性或急迫性尿失禁,通常有确切病因,如异位输尿管或膀胱阴道瘘等,需针对病因进行治疗。

3. 神经源性尿失禁　神经源性膀胱可导致不同临床表现类型的尿失禁,如急迫性尿失禁,充盈性尿失禁和完全性尿失禁。神经源性膀胱需结合患者的病情采取个体化治疗方案。保护上尿路功能是神经源性膀胱治疗的重点。其他治疗原则包括:积极治疗原发病,定期随访,根据尿动力学检查的结果作为治疗方案选择的依据,预防和治疗并发症。保护逼尿肌功能,积极预防和治疗尿路感染、肾积水、膀胱输尿管反流和泌尿系结石等并发症,采用合理的排尿或集尿装置,减轻痛苦,提高患者的生活质量。

（李 欣）

## 四、尿失禁的护理

### （一）心理护理

尿失禁患者多因尿失禁而自感自理能力下降,并产生烦躁和自卑的负面心理。护理人员应结合各个患者的自身情况,对患者进行个性化的心理疏导,主动关心患者的日常生活,帮助其树立对待疾病的正确态度和信心。鼓励患者多参加一些力所能及的社交活动,通过活动转移法、自我教育法、沟通调节法和适当发泄法等情绪法调节其心理状态,以适应出院后的日常生活。正确的健康指导也十分重要。应对患者详细讲解该病的发病原因、发病机制、预后及心理与疾病康复的关系等,提高患者对疾病的认知水平,提高患者对治疗的依从性,增强自我效能感。

### （二）围术期护理

1. 术前护理

（1）完善术前检查:对专科状况和伴随疾病进行充分评估,完成必要的心、肺、肝、肾功能检查;尿培养、残余尿测定、尿动力学检查,了解尿道膀胱逼尿肌与尿道括约肌的协调性,明确患者的尿流率、膀胱容量等结果;抽取血标本,常规检查肝肾功能及凝血功能等;检查女性患者阴道壁情况及有无合并盆腔脏器脱垂。

（2）控制感染与疾病:如存在尿路感染,控制感染后行手术治疗;如有咳嗽,指导有效咳嗽及控制咳嗽,防止腹压增加;应用抗凝药物的患者,术前一周停止应用抗凝剂。

（3）皮肤及阴道准备:根据手术要求进行术区皮肤准备,术前可应用0.1%安尔碘阴道擦洗,甲硝唑0.2g阴道塞药,2次/天,连续3天。

（4）肠道准备:术前日晚12点后禁食水,术前晚应用甘油灌肠剂110ml灌肠一次。

2. 术后护理

（1）病情观察:术后去枕平卧6小时,密切观察患者意识、生命体征并做好记录;观察伤口有无出血、渗血、红、肿、热、痛发生;阴道填塞纱条保留12小时,注意观察阴道有无出血。

（2）尿管护理:妥善固定尿管并保持尿管通畅,观察尿液颜色、性质、量;每日消毒尿道口2次,并随时保持清洁;留置尿管期间鼓励患者多饮水,预防尿路感染;拔除尿管后观察患者排尿情况,如有异常及时通知医生予以处理。

（3）活动:术后6小时指导患者床上翻身,下肢知觉恢复后尽早进行踝泵运动,预防下肢静脉血栓的发生。

（4）饮食指导:肠蠕动恢复后指导患者进食清淡、易消化饮食,禁食辛辣、刺激食物;指导患者多饮水,进食粗纤维食物,保持大便通畅,避免用力排便造成腹压增加,必要时应用缓泻剂。

（5）并发症护理

1）盆腔血肿:如出现下腹部或腹股沟胀痛不适,行走疼痛,可行盆腔B超或盆腔CT明确诊断,确诊后,及时切开引流。

2）伤口感染:如体温升高、伤口红肿、渗出,应及时行血、尿常规检查,遵医嘱应用抗生素治疗;保持伤口清洁干燥,每日予以伤口换药,观察伤口愈合情况。

3）排尿困难:如拔除尿管后排尿困难,可给予继续留置尿管,两周后拔除尿管观察排尿情况。

4）膀胱穿孔:如发生血尿,盆腔内积液,应给予留置尿管,观察尿液颜色、性质变化。

（6）健康教育:定时排空膀胱,避免憋尿造成膀胱内储存尿液过多;术后3个月内避免性生活、大笑、咳嗽、便秘、重体力劳动;出现排尿困难、排尿不尽时及早就诊;控制体重、禁食辛辣刺激食物及含咖啡因的饮品。

### （三）康复训练

1. 膀胱训练 膀胱训练一般结合排尿时间表提醒患者不要过早的对尿急做出反应,有意识的延长排尿间隔,最后达到2.5~3小时排尿一次,逐渐使每次排尿量>300ml。常用的方法有:

（1）消除外界刺激,如关掉水龙头。

（2）更换体位,屈腿站立并交叉双腿。

（3）压迫会阴,如坐在一些坚硬的物体如椅子扶手或毛巾卷上。

（4）收缩盆底肌,努力保持20秒。

（5）思考一些复杂问题来分散注意力,直到排尿感消退。

（6）垫脚站立可对部分患者有帮助。

膀胱训练一般训练患者每小时排尿1次,在2次排尿间歇期患者必须控制和忍耐尿急感。指导患者学会排尿日记（彩图5-2-1）的应用方法,准确记录每次饮水的时间及种类,每次排尿的时间及尿量。通过准确的记录排尿日记,可以客观反应排尿状况。对于排尿日记提示平均排尿间隔少于1小时的女性,训练最初的排尿间隔可以更短一些（如30分钟或更短）。当2次排尿间隔达到1小时后,每周逐渐增加排尿时间间隔2~3小时排尿一次。

日记填写注意事项：

1、排尿一次记录一行，注明排尿时间（24小时制），如：13:00。

2、尿量：以计量尿杯为准。

3、尿急：一种急于上厕所的感觉。程度分为5级，请打分衡量。

(0分代表不急，5分代表很急，1~5分尿急程度逐渐增加，请您选择对应的数字)

| 0 | 1 | 2 | 3 | 4 | 5 |
|---|---|---|---|---|---|
| 不急 | | | | | 很急 |

4、尿失禁：尿急无法忍受，在赶到厕所前尿液就已经解出。

5、备注填写的内容：影响排尿的情况，如导尿等。

6、饮水类型：水，茶，咖啡，汤等

**《24小时排尿日记》填写范例**

姓名：张三　日期：2016.1.5　入睡时间：8:00　起床时间：22:00

| 排尿 | | 尿急（0-5分） | 漏尿（是/否） | 备注 | 饮水类型和数量（估计） |
|---|---|---|---|---|---|
| 时间 | 尿量（毫升） | | | | |
| 早上6:00 | | | | | |
| 7:15 | 93 | 3 | | | 饮水90ML |
| 9:20 | 100 | 3 | 是 | | |
| 10:00 | 80 | 4 | | | |
| 11:13 | 54 | 2 | | | |
| 11:40 | 60 | 4 | | 导尿一次 | |
| 中午12:00 | | | | | |
| 12:30 | 35 | 3 | | | |
| 13:12 | 102 | 3 | | | 喝茶150ML |
| 14:00 | 80 | 2 | | | |
| 15:40 | 75 | 4 | | | |
| 16:20 | 40 | 3 | | | |
| 17:30 | 76 | 2 | | 导尿一次 | |
| 下午18:00 | | | | | |
| 18:50 | 40 | 3 | | | 晚饭喝汤100ML |
| 19:41 | 65 | 3 | | | 咖啡100ML |
| 21:45 | 85 | 2 | | | |
| 22:30 | 98 | 2 | | | |
| 午夜24:00 | | | | | |
| 01:50 | 113 | 3 | | | |
| 03:20 | 40 | 3 | | | |
| 04:15 | 55 | 2 | 是 | | |
| 05:05 | 88 | 4 | | | |
| 05:40 | 90 | 2 | | | |

彩图 5-2-1　排尿日记

2. 盆底肌训练　在开始训练前，应教育患者如何才能正确地进行主动盆底肌收缩，需要反复进行训练；专业医务人员应每月进行1次随访（持续数月），这对于质量控制和疗效观察很重要。常用的训练方法有两种：①快速、有力的收缩盆底肌2秒并快速放松；②收缩盆底肌并维持5~10秒，然后彻底放松同样的时间。患者每日在三种不同体位最少锻炼2次，每次15~30分钟，循序渐进地增加盆底肌锻炼的次数，最好能采用仰卧位、坐位、双膝并拢体位。

**（四）尿失禁辅助器具应用的护理指导**

在应用尿失禁辅助器具前，需要评估患者的失禁程度（包含失禁的种类、失禁量、失禁发生的时间），患者的活动情况（长期坐轮椅、卧床、需要人协助、自理），智力情况（正常、混乱），肢体灵活程度，个人喜好及经济情况等。全面评估患者，选择一种适合的尿失禁辅助器具。

1. 留置尿管　保持尿管引流通畅，避免扭曲打折，尿袋低于膀胱水平，预防尿液反流。每日两次尿道口护理，每周更换两次尿袋；长期留置尿管者，每月更换尿管一次。床上翻身改变体位时，注意尿袋悬挂位置，预防过度牵拉导致尿管脱出。定时夹闭尿管，每两小时放尿一次，锻炼膀胱容量。指导患者及照护人员观察引流尿液的颜色、性质、量，如有异常，及时门诊随诊治疗。

2. 耻骨上膀胱造瘘　保持引流管路通畅，经常挤压引流管，避免管路扭曲打折，尿袋低于膀胱水平，预防尿液反流。保持造瘘口皮肤清洁干燥，如发生造瘘口渗出较多，考虑管路堵塞，可给予生理盐水冲洗造瘘管。长期造瘘患者需更换造瘘管，最早为术后4周左右，此时腹壁瘘道基本形成，换管较安全。以后每月换管1次。妥善固定引流管，如果不慎滑出，应立即更换尿管，消毒后再插入造瘘口内。鼓励患者多饮水，保证饮水量每天2000~2500ml，以增加尿量，达到冲洗尿路，预防感染的目的。

3. 间歇导尿法　间歇导尿法是由患者或其照护人员间歇地将导尿管经尿道插入膀胱，将尿排出体外。可减少因长期保留导尿引起的尿路感染概率。患者无需长期使用尿袋，可有正常的性生活。一般每 4 小时导尿一次,导尿前鼓励患者先自行小便,若每次导出尿液多于 400ml,则需将时间缩短少许,相反,若少于 300ml,则可延长导尿时间。导尿时间亦需视饮水多少而做出适当调整。如出现尿路感染情况,应及时找医生复诊。详见第五章第六节中失禁护理辅助用品。

### (五)失禁相关性皮炎(IAD)的护理

详见第五章第六节中失禁相关性皮炎的预防、失禁相关性皮炎的治疗。

皮肤长期或反复暴露于尿液和粪便中,会造成皮肤炎症,主要表现为受刺激部位的皮肤出现片状与受压无关的红斑、水肿、浸渍、湿疹、剥脱、破损、丘疹、水疱、糜烂,严重者出现皮肤表层的缺失、渗液,伴或不伴有感染等。局部皮肤伤口的边界通常不清晰,呈弥散状,伴有瘙痒或疼痛以及继发性的真菌感染。

对于皮肤问题,预防永远胜于治疗,因此在皮肤尚未出现严重问题时,采取必要的预防措施维护皮肤的完整性,是护理工作的重要任务之一。

1. 对失禁患者皮肤进行风险评估 早期发现患者发生 IAD 的风险,严格执行交接班制度,重视患者皮肤的完整性,提高各级护理人员、患者及患者家属对 IAD 的认知,并给以相应的健康教育。

2. 加强观察巡视,及时清洗皮肤 患者皮肤长期暴露在大小便等刺激物中,皮肤的天然保护作用将会大大减弱。使用中性或弱酸性清洗液尽可能早地清洗皮肤,可以减少尿液和粪便对皮肤的刺激,有助于保持皮肤的屏障功能。

3. 滋润皮肤 皮肤的屏障功能取决于其完整的角化细胞和细胞间的脂质。所谓润肤就是修复或增大皮肤的保湿屏障,保持和增加其含水量减少经表皮水分丧失。大小便失禁的患者皮肤清洗后涂以强生婴儿润肤露、鞣酸软膏或尿素霜膏能使皮肤保持长时间的滋润,增加皮肤屏障保护作用。避免使用爽身粉,以防止被尿液或粪便浸湿后增加对皮肤的刺激。

4. 使用皮肤保护剂 皮肤保护剂的主要作用是在皮肤表面形成一层密闭或半透明的保护层,以减少尿液或粪便对于皮肤的刺激。

(陈玉果)

# 第三节 神经源性膀胱的评估与管理

**学习目标**

完成本内容学习后,学生将能:
1. 复述神经源性膀胱的定义与原因。
2. 列出国际尿控协会排尿功能障碍分类。
3. 描述神经源性膀胱的治疗方法。
4. 应用神经源性膀胱的评估方法对神经源性膀胱患者进行评估。

神经源性膀胱是由于神经控制机制出现紊乱而导致的下尿路功能障碍,通常需在明确的神经系统病史的前提下才能诊断,可表现为排尿困难或尿失禁。其涉及多种神经系统疾病,包括中枢性疾病、周围性神经病变、手术或外伤等造成的神经系统损伤,以及一些累及神经系统的感染性疾病等。如脑卒中、脑肿瘤、脑外伤、帕金森病、多发性硬化、脊髓损伤、椎盘疾病、横向脊髓炎、脊髓灰质炎、吉兰巴雷综合征、椎管狭窄、脊柱裂、糖尿病、带状疱疹等。

本节着重从神经源性膀胱的分类、病因与病理、评估以及管理四个方面进行介绍。

> **知识拓展**
>
> ## 神经源性膀胱管理进展
>
> 现代对神经源性膀胱管理的重要进展,主要为间歇性导尿技术的发明与抗生素的发展,降低了神经源性膀胱患者的死亡率。早在 16 世纪,Vicary 提出膀胱的储尿与排尿功能受神经调节,开启了对膀胱的神经功能以及神经源性膀胱功能障碍相关的研究工作,但是对神经源性膀胱患者的照护仍停留在基础阶段。一战时期,对外伤性脊髓损伤所致神经源性膀胱功能障碍患者的管理,仅限于留置尿管或尿失禁的尿液收集方面。
>
> 【资料来源】
>
> Silver JR.Management of the bladder in traumatic injuries of the spinal cord during the First World War and its implications for the current practice of urology. BJU Int, 2011, 108 (4): 493–500.

## 一、神经源性膀胱的分类

针对神经源性膀胱复杂的临床挑战问题,提出了多种分类系统。所有的分类系统均从临床视角出发,提出了相应见解。然而目前有关排尿功能障碍的分类描述继发于神经系统疾病或损伤的排尿功能障碍,往往忽略了与其他系统损伤有关的病因,均未能完全概括所有影响因素,从而限制了分类系统的广泛应用。目前尚无理想统一的神经源性膀胱分类方法。以下将简要介绍有关排尿功能障碍最常用的几种分类系统。

> **知识拓展**
>
> ## Bors-Comarr 分类的应用
>
> 由于该分类系统是基于脊髓损伤患者的临床表现提出的,因此仅适用于脊髓损伤所致的神经源性排尿功能障碍,很难适用于多发神经系统病灶所致的神经源性排尿功能障碍和其他非神经源性排尿功能障碍,不能准确预测下尿路功能的变化。尽管泌尿科医生不倾向使用该分类,但是神经外科或康复临床医生应用该分类对神经源性膀胱功能障碍进行诊断和管理。
>
> 【资料来源】
>
> 1. 陈忠,崔喆,双卫兵. 神经源性膀胱. 北京:人民卫生出版社,2009:127.
> 2. Doughty DB, Moore KN. Continence Management. China: Wolters Kluwer, 2016: 94.

1. Bors-Comarr 分类　1971 年,Bors 和 Comarr 基于脊髓损伤患者的临床表现(表 5-3-1),提出了上/下运动神经元损伤的概念。该分类系统包括了三个要素:①神经损伤病灶的解剖部位;②神经损伤病灶损伤的严重程度(如完全性或不完全性);③下尿路功能是平衡还是非平衡。上运动神经元性膀胱是指骶上脊髓损伤所致的膀胱过度活跃,而下运动神经元性膀胱是指骶髓或骶髓神经根损伤所致的膀胱收缩无力。脊髓损伤的严重程度需根据详细的神经系统检查结果进行判断。平衡膀胱是指能够完全排空且不会出现反复泌尿道感染或上尿路问题,否则即为非平衡膀胱。非平衡膀胱往往不能完全排空,上运动神经元患者残余尿量大于膀胱容量的 20% 或下运动神经元患者残余尿量大于其膀胱容量的 10%。

表 5-3-1　Bors-Comarr 分类

| | |
|---|---|
| 感觉神经元病变 | 不完全性,不平衡 |
| 　不完全性,平衡 | 下运动神经元病变 |
| 　完全性,不平衡 | 　完全性,平衡 |
| 运动神经元病变 | 　完全性,不平衡 |
| 　平衡 | 　不完全性,平衡 |
| 　不平衡 | 　不完全性,不平衡 |
| 感觉-运动神经元病变 | 混合性病变 |
| 　上运动神经元病变 | 　上运动神经元,下内脏运动神经元 |
| 　完全性,平衡 | 　下体神经运动神经元,上内脏运动神经元 |
| 　完全性,不平衡 | 　正常体神经运动神经元,下内脏运动神经元 |

2. Lapides 分类　1970 年,Lapides 描述了表现为逼尿肌过度活跃或逼尿肌与括约肌协同失调的反射性神经源性膀胱功能障碍,提出了该分类,对神经源性膀胱排尿功能的分类及处理作出了极大贡献,被称为 Lapides 分类(表 5-3-2)。由于该系统简洁明了,方便使用,并且描述了很多神经源性排尿功能障碍的临床与尿动力学表现,是目前较为人们所熟悉且较常用的分类系统。但是该分类系统缺乏疾病针对性,在脊髓损伤患者的膀胱分类中较少使用。

表 5-3-2　Lapides 分类

| | |
|---|---|
| 感觉性神经源性膀胱 | 反射性神经源性膀胱 |
| 运动麻痹性膀胱 | 自主神经性神经源性膀胱 |
| 无抑制神经源性膀胱 | |

感觉性神经源性膀胱指膀胱至脊髓的感觉神经纤维或至大脑的穿入脊束被切断所致的排尿功能障碍,即由选择性阻断膀胱到脊髓或大脑的感觉神经的疾病引起。最常见的原因有糖尿病、脊髓痨、恶性贫血等。

运动麻痹性膀胱是由支配膀胱的副交感运动神经分布遭到破坏所引起。常见的原因有盆底根治性手术和严重的盆底外伤。

无抑制神经源性膀胱是由于皮质调节束受损所致的神经源性膀胱,皮质调节束的损伤将使骶髓排尿中枢处于去抑制化状态,引起排尿反射的过度增加。常见的疾病有脑血管意外、帕金森病、脑部或脊髓肿瘤和脱髓鞘疾病。

反射性神经源性膀胱是指脑干和骶髓间的感觉运动神经元完全被阻断的脊髓休克期结束后的膀胱尿道功能状态。常见于创伤性脊髓损伤和横断性脊髓炎患者,也可发生于造成该段脊髓损伤的任何疾病。

自主神经性神经源性膀胱是指来自于骶髓并分布于膀胱的运动神经和感觉神经完全分离现象。导致骶髓或骶神经根和盆腔神经的任何疾病均可造成此类膀胱尿道功能障碍。

3. 国际尿控协会分类 国际尿控协会将下尿路功能与功能障碍分为储尿期和排尿期两个部分,并基于所获得的尿动力学资料对患者两个不同期的功能进行描述,提出了一个分类系统(表 5-3-3)。该系统不仅涵盖尿动力学结果情况,且更详细地描述了患者膀胱尿道功能的病理生理特征,较好反映了下尿路的功能及临床症状,但其没有反映上尿路状态。

表 5-3-3　　ICS 排尿功能障碍分类

| 储尿期 | 排尿期 |
|---|---|
| 膀胱功能 | 膀胱功能 |
| 逼尿肌活动性 | 逼尿肌收缩性 |
| 正常或稳定 | 正常(Normal) |
| 过度活动 | 低下(Underactive) |
| 不稳定 | 无收缩(Acontractile) |
| 反射亢进 | 尿道功能 |
| 膀胱感觉 | 正常 |
| 正常 | 梗阻 |
| 增强或过敏 | 过度活动 |
| 减弱或感觉低下 | 机械梗阻 |
| 缺失 | |
| 膀胱容量 | |
| 正常 | |
| 高 | |
| 低 | |
| 顺应性 | |
| 正常 | |
| 高 | |
| 低 | |
| 尿道功能 | |
| 正常 | |
| 不完全 | |

储尿期逼尿肌功能正常或稳定,是指储尿期逼尿肌未出现非随意收缩,否则称之为逼尿肌过度活动。评估逼尿肌过度活动的原因是否与神经系统疾病有关,将其分为逼尿肌反射亢进(有关)和逼尿肌不稳定(无关)。膀胱感觉增强是指膀胱充盈测压过程中,在膀胱容量很小的情况下就提前出现的首次排尿感和/或提前出现的强烈排尿感,且持续存在。膀胱感觉减退或感觉缺失是指膀胱充盈测压过程中延迟出现的首次排尿感或无排尿感觉出现。膀胱容量和顺应性为储尿期参数,由于病因不同,膀胱容量可有较大差异。膀胱顺应性反映了膀胱容量变化与逼尿肌压力变化之间的关系。

## 二、神经源性膀胱的病因与病理生理

神经源性膀胱并非一种单一的疾病,其涉及多种不同类型及不同程度的神经病变,因而发病原因与发病机制各有所不同。凡是影响大脑、脊髓或周围神经功能的创伤或疾病,均有可能影响膀胱和/或尿道功能。由于导致神经源性膀胱的创伤或疾病种类很多,本书中对神经源性膀胱的病因及病理总结如下:

### (一)病因

所有可能影响有关储尿和/或排尿神经调节过程的神经系统病变(包括中枢性、外周性),均可能影响下尿路功能。对于病因隐匿者,应尽力寻找神经病变的原因。

1. 脊髓损害 如脊膜膨出、脊髓损伤、脊髓灰质炎、腰椎间盘突出等脊髓和腰椎病变等。

2. 脊髓以上的损害 如颅脑损伤、脑血管疾病等。

3. 外周神经损害 如糖尿病、盆腔广泛手术、神经系统的感染性疾病如带状疱疹等。

4. 药物作用 对交感、副交感神经功能有影响的药物,如溴丙胺太林、阿托品以及用于降血压、脱敏、抗组胺等药物,均可影响排尿中枢神经。

5. 医源性因素 脊柱外科手术、根治性盆腔手术等,若操作过程损伤了与膀胱尿道功能相关的神经,也会产生相应的排尿障碍。

6. 其他 Hinman 综合征、重症肌无力、系统性红斑狼疮、家族性淀粉样变性多发性神经病变(familial amyloidotic polyneuropathy, FAP)等。

### (二)病理生理

膀胱和尿道有两个主要的功能,即进行储尿和排尿。这两种生理过程受到复杂的神经系统控制,需在中枢神经和周围神经(交感、副交感和躯体神经)的控制下协调完成。一旦脊髓-脑干-脊髓排尿发射通路的任何部位受损,均可导致储尿和排尿功能障碍。神经系统病变的不同部位、水平与程度,均表现出不同的下尿路病理生理变化。神经源性下尿路功能通常可由脑桥上、骶上脊髓、骶髓、骶髓以下及外周神经病变引起。

1. 脑桥上病变 人的高级排尿中枢位于大脑皮质,丘脑、基底节边缘系统、下丘脑和脑干网状结构参与调节排尿调控过程,而协调排尿反射的中枢位于脑桥。脑桥上病变由于损伤了大脑的抑制中枢,大脑皮质无法感知膀胱充盈,不能随意控制储尿和排尿,往往会出现逼尿肌过度活动(DO)、临床上常表现为尿失禁。由于脑桥排尿中枢是完整的,逼尿肌-括约肌协同性通常表现为正常,很少发生逼尿肌-括约肌协同失调(DSD),因此对上尿路损害较小。常见的脑桥上病变的原因有脑卒中、帕金森病和痴呆。

2. 骶髓以上的脊髓损伤 骶上脊髓损伤患者,中枢调节排尿的下行通路被阻断,导致调节膀胱、肠道及括约肌的反射通路被打乱。对于完全性脊髓损伤(spinal cord injury, SCI)

后膀胱尿道感觉的上传通路被中断,括约肌的保护性反射以及中枢对逼尿肌自主反射的抑制作用丧失。导致下尿路功能障碍的典型模式是 DO 及 DSD,产生逼尿肌高压、残余尿增加、尿失禁及泌尿系感染等表现。

3. 骶髓损伤　骶髓损伤患者根据逼尿肌神经核和阴部神经核损伤情况不同,其临床表现也不同(表 5-3-4)。常见的骶髓病变多为骶髓发育异常,如骶裂、骶脊膜膨出等。

表 5-3-4　骶髓损伤临床表现

| 逼尿肌神经核 | 阴部神经核 | 临床表现 |
| --- | --- | --- |
| 损伤 | 完整 | 逼尿肌松弛或无反射、膀胱容量增大且压力低。由于外括约肌痉挛,导致尿潴留。出现上尿路损害相对较小,较少出现尿失禁情况 |
| 完整 | 损伤 | 括约肌松弛、DO 或者逼尿肌痉挛、膀胱容量降低;由于膀胱出口阻力较低,很少引起上尿路损害,但尿失禁症状较严重 |
| 损伤 | 损伤 | 混合型改变 |

4. 骶髓以下及周围神经病变　排尿骶反射中枢受损、或者相关外周神经受损,均可累及支配膀胱的交感和副交感神经,或同时累及支配尿道括约肌的神经,导致逼尿肌收缩力减弱和/或尿道内、外括约肌控尿能力减低,出现排尿困难或尿失禁。不同水平的神经病变导致的神经源性膀胱具有一定的规律性,但并非完全与病变水平相对应。同一水平的病变、不同病因、不同的患者或同一患者在不同的病程,其临床表现和尿动力学结果都可能有一定差异。

## 三、神经源性膀胱的评估与诊断

神经源性膀胱可导致不同情况的下尿路功能障碍,其中最严重的并发症是上尿路损伤甚至肾衰竭。因此,早期诊断和客观评估非常重要,做到早诊断、早治疗,从而防止并发症的发生与进展,提高患者的生存质量。对怀疑神经源性膀胱的患者而言,需进行详尽的病史采集、全面的体格检查、相应的实验室检查、影像学检查及尿动力学检查等的评估。

### (一)病史

病史采集是神经源性膀胱评估与诊断的首要步骤,占有重要地位。除了解患者病史、疾病状况外,还应询问患者的生活方式与生活质量的内容。

1. 一般情况　包括患者姓名、性别、年龄、婚姻状况、职业、发病季节等。

2. 全面采集现病史　根据患者的主诉情况,了解并记录患者本次疾病的发生、发展与诊疗情况。

3. 详细了解既往史　由于许多全身性疾病常能引起神经功能障碍,应详细了解患者既往病史情况。有无遗传性及先天性病史:如脊柱裂、脊髓脊膜膨出等发育异常疾病;有无代谢性病史:如糖尿病,注意询问血糖治疗及控制情况,是否合并有糖尿病周围神经病变、糖尿病视网膜病变等的并发症;有无神经系统疾病史:如带状疱疹、多发性硬化症、帕金森病等病史;有无外伤史:详细询问自出生起,至就诊时受伤(尤其是脊髓损伤)时间、部位、方式,伤后排尿情况以及处理情况等;有无尿路感染史:应询问感染发生的频率、治疗方法及疗效。以及既往治疗史:特别是用药史、相关手术史,如神经系统手术史、泌尿系统手术史、盆腔及盆底手术史、抗尿失禁手术史等。

4. 生活方式及生活质量的调查　了解吸烟、饮酒、药物成瘾等情况,评估下尿路功能障碍对生活质量的干扰程度。

5. 女性还应询问月经及婚育史　初潮年龄可能提示代谢相关疾病。

### （二）症状

1. 泌尿生殖系统症状

（1）下尿路症状:包括储尿期症状(尿急、尿频、夜尿、尿失禁、遗尿等)、排尿期症状(排尿困难、膀胱排空不全、尿潴留、尿痛等)和排尿后症状(尿后滴沥等)。对于上述症状,建议以排尿日记的形式进行记录。

（2）膀胱感觉异常:如有无异常的膀胱充盈感及尿意等。

（3）泌尿系管理方式的调查:如腹压排尿、叩击排尿、间歇导尿等。

（4）性功能障碍症状:生殖器有无缺损;生殖器区域敏感性;男性注意是否存在勃起功能障碍、性高潮异常、射精异常等,女性注意是否存在性欲减退、性交困难等。

（5）其他:如腰痛、盆底疼痛、血尿、脓尿等。

2. 肠道症状　肛门直肠症状如直肠感觉异常、里急后重感等;排便症状如便秘、大便失禁等。

3. 神经系统症状　包括神经系统原发病起始期、进展期及治疗后的症状,注意肢体感觉运动障碍、肢体痉挛、自主神经反射亢进、精神症状及理解力等症状。

4. 其他症状　如发热,以及血压增高等自主神经功能障碍症状。

### （三）体格检查

1. 一般体格检查　注意患者精神状态、意识、认知、步态、生命体征等。

2. 泌尿及生殖系统检查　应进行标准、完整的泌尿系统体格检查,包括肾脏、输尿管、膀胱、尿道、外生殖器等的常规体检,还应注意腰腹部情况。应常规进行肛门直肠指检,女性要注意是否合并盆腔器官脱垂等,男性还应检查前列腺。

3. 神经系统检查

（1）感觉和运动功能检查:脊髓损伤患者应检查躯体感觉平面、运动平面、脊髓损伤平面,以及上下肢体感觉运动功能和上下肢关键肌的肌力、肌张力。感觉平面是指身体两侧具有正常感觉功能的最低脊髓节段,感觉检查的必查部分是检查身体两侧各自的 28 个皮节的关键点。运动平面的概念与此相似,指身体两侧具有正常运动功能的最低脊髓节段。

（2）神经反射检查:包括膝腱反射、跟腱反射、提睾肌反射、肛门反射、球海绵体肌反射、各种病例反射等。

（3）会阴部/鞍区及肛诊检查:目的为明确双侧 S2-S5 节段神经支配的完整性。会阴部/鞍区感觉检查范围从肛门皮肤黏膜交界处至两侧坐骨结节之间、包括肛门黏膜皮肤交界处的感觉,通过肛门指诊检查直肠深感觉。运动功能检查是通过肛门指诊发现肛门括约肌张力、有无自主收缩,也可进行球海绵体反射检查。

### （四）实验室检查

1. 尿常规　了解尿比重、尿中红细胞、白细胞、蛋白水平,是否存在泌尿系感染等,并间接反映肾功能状况。

2. 肾功能检查　通过血肌酐、尿素氮水平反映总肾功能状况。

3. 尿细菌学检查　通过明确病原菌种类,并根据药物敏感试验结果选择敏感药物。

### （五）影像学检查

1. 泌尿系超声　重点了解肾、输尿管、膀胱形态及残余尿量。

2. 泌尿系平片　可了解有无隐性脊柱裂等腰骶骨发育异常、是否合并泌尿系结石等。

3. 膀胱尿道造影　可了解膀胱尿道形态，是否存在膀胱输尿管反流、逼尿肌 – 括约肌协同失调等情况；尿动力学检查时可同期进行该项检查。即为影像动力学检查。

### （六）尿动力学检查

1. 排尿日记　是一项半客观的检查项目，建议至少记录 2~3 天，以便得到可靠的结果，此项检查具有无创性和可重复性。

2. 自由尿流率　可客观反映下尿路的排尿状态，对排尿功能进行初步评估，但不能反映出病因和病变部位。

3. 残余尿测定　建议排尿后即刻通过超声、膀胱容量测定仪或导尿法进行残余尿测量。

4. 充盈期膀胱压力容积测定　可以评估充盈期膀胱感觉、膀胱压力 – 容积关系、逼尿肌稳定性、膀胱顺应性、最大膀胱测压容积等指标。

5. 肌电图（EMG）检查　用以记录尿道外括约肌、尿道旁横纹肌、肛门括约肌或盆底横纹肌的肌电活动，间接评估上述肌肉的功能状态。

6. 影像动力学检查　此项检查将充盈期膀胱测压、压力 – 流率测定等尿动力学检查与 X 线或 B 型超声等影像学检查相结合。可显示膀胱尿道形态以及膀胱 – 输尿管是否存在反流，是目前尿动力学检查中评估神经源性膀胱最为准确的方法。

### （七）神经电生理检查

1. 球海绵体反射（bulbocavernous reflex，BCR）　主要用于评估下运动神经元损伤患者 $S_2$-$S_4$ 阴部神经反射弧完整性。

2. 阴部神经体感诱发电位（pudendal somatosensory evoked potential，PSEP）　反映的是神经冲动沿阴部神经穿入纤维到达骶髓后，沿脊髓上行传导到大脑皮层通路的完整性。

3. 阴部神经运动诱发电位（motor evoked potential，MEP）　测定的是从大脑皮层沿着脊髓下传到盆底部的运动传导通路的完整性。

4. 阴部神经传导测定（nerve conduction studies）　包括运动传导和感觉传导的测定。

5. 自主神经反应测定　包括副交感反应和交感反应的测定。

（邓小红　胡爱玲）

## 四、神经源性膀胱的管理

神经源性膀胱的管理目标是保护上尿路功能，恢复（或部分恢复）下尿路功能，改善尿失禁、提高患者生活质量。其中，首要目标是保护肾脏功能、使患者能够长期生存；次要目标是提高患者生活质量。

### （一）保守治疗方法

1. 手法辅助排尿

（1）扳机点排尿：通过叩击耻骨上膀胱区、挤压阴茎、刺激肛门等诱发逼尿肌收缩和尿道括约肌松弛排尿。

（2）Crede 手法排尿：先触摸胀大的膀胱，将双手置于耻骨联合上方，缓慢由轻到重向膀胱体部挤压,将尿液挤出。

（3）Valsalva 排尿:指排尿时通过 Valsalva 动作（屏气、收紧腹肌等）增加腹压将尿液挤出。应严格指征慎重选择;同样要在尿动力学检查允许的前提下才能施行,并严密观察上尿路安全状态。

2. 康复训练

（1）膀胱行为训练:膀胱行为训练主要包括定时排尿和提示性排尿。推荐将其作为其他治疗方法的辅助。

（2）盆底肌肉锻炼:盆底肌肉锻炼主要包括 Kegels 训练和阴道重力锥训练等。

（3）盆底生物反馈:通过装置建立外部的反馈通路,部分代偿或训练已经受损的内部反馈通路,采用模拟的声音或视觉信号来反馈提示盆底肌肉活动状态,经过训练提高盆底肌肉/肛提肌强度、体积及功能的治疗,达到盆底康复治疗的目的。

3. 导尿治疗

（1）间歇导尿（intermittent catheterization, IC）:是膀胱训练的一种重要方式,膀胱间歇性充盈与排空,有助于膀胱反射的恢复,是膀胱排空的金标准。长期的间歇导尿包括无菌间歇导尿（sterile intermittent catheterization, SIC）和清洁间歇导尿（clean intermittent catheterization, CIC）。间歇导尿适应证是逼尿肌活动性低下或收缩力减弱的患者或逼尿肌过度活动被控制后存在排空障碍的患者。

间歇导尿的注意要点:①选择适宜粗细的导尿管。②尽可能无菌操作。③充分润滑尿道。④轻柔操作。⑤完全引流尿液后,轻微按压耻骨上区。导尿频率平均每天 4~6 次,导尿时膀胱容量小于 400ml,可根据尿动力学检查确定安全膀胱容量以及导尿量。推荐采用超声膀胱容量测定仪测定膀胱容量,依据容量决定是否导尿。⑥适当控制饮水。⑦加强患者及陪护对于 IC 的教育与训练。⑧每年至少应随访一次。

（2）留置导尿和膀胱造瘘:留置导尿和膀胱造瘘对于神经源性膀胱患者而言,在原发神经系统疾病的急性期,短期留置导尿是安全的;但长期留置导尿或膀胱造瘘均可有较多并发症,不推荐使用。对长期留置导尿或膀胱造瘘的患者每年至少随访一次,随访内容包括尿动力检查、肾功能检测、全尿路影像学检查,防止由于膀胱挛缩而导致的上尿路积水扩张。不推荐将膀胱灌洗和预防性使用抗生素作为常规控制泌尿系感染的方法。推荐对留置导尿或膀胱造瘘超过 10 年的患者进行膀胱癌的筛查。

4. 外部集尿器　男性尿失禁患者可选择使用阴茎套和外部集尿器。

5. 电刺激　利用神经细胞对电刺激的应答来传递外加的人工电信号,通过外电流的作用,在神经源性膀胱患者产生局部的肌肉收缩或松弛。

6. 针灸　目前最常用的穴位是八髎、三阴交和中极。

### （二）口服药物治疗

1. 治疗 DO 的药物

（1）M 受体阻断剂:M 受体阻断剂是治疗神经源性逼尿肌过度活动的一线药物。M 受体阻断剂可以稳定逼尿肌、抑制逼尿肌过度活动、增加膀胱顺应性,达到保护肾脏和膀胱的目的。目前在国内临床上托特罗定与索利那新最为常用。

（2）磷酸二酯酶抑制剂（PDE5I）:包括西地那非、伐他那非等。已经证实此类药物治疗逼尿肌过度活动有显著疗效,是治疗神经源性膀胱可能的替代药物或辅助用药。

2. 治疗逼尿肌收缩无力的药物 M 受体激动剂药物(氯贝胆碱)及胆碱酯酶抑制剂药物(溴吡斯的明)虽然可以改善逼尿肌收缩力、增强膀胱排空,但因其频发、严重的副反应,因此不能常规用于临床。

3. 降低膀胱出口阻力的药物 α 受体阻滞剂可以降低膀胱出口阻力,改善排尿困难等排尿期症状,也可部分改善尿频、尿急、夜尿等储尿期症状。临床常用的 α 受体阻滞剂有坦索罗辛、阿夫唑嗪等。此类药物的副作用主要为血压降低,体位性低血压导致跌倒等意外发生。

4. 减少尿液产生的药物 去氨加压素为一种合成抗利尿剂,多个临床试验证实了去氨加压素在神经源性膀胱过度活动治疗中的有效性,尤其是尿频、夜尿明显的患者。

5. 其他药物 已经证实 $\beta_3$ 受体激动剂治疗非神经源性膀胱过度活动综合征的有效性和安全性,可以缓解尿频、尿失禁的症状,稳定逼尿肌,但其在神经源性逼尿肌过度活动中的应用值得进一步研究。

### (三)手术治疗方法

1. 重建储尿功能的术式

(1)扩大膀胱容量的术式

1)A 型肉毒毒素膀胱壁注射术:A 型肉毒毒素是肉毒杆菌在繁殖中分泌的神经毒素。其注射于靶器官后作用在神经肌肉接头部位,通过抑制周围运动神经末梢突触前膜的乙酰胆碱释放,引起肌肉的松弛性麻痹,治疗效果逐渐减弱直至消失。

2)自体膀胱扩大术(逼尿肌切除术):是通过剥除膀胱壁肥厚增生的逼尿肌组织,同时保留膀胱黏膜的完整性,形成一"人工憩室",从而改善膀胱顺应性、降低储尿期膀胱内压力,达到保护上尿路的目的。

3)肠道膀胱扩大术:适应证为严重逼尿肌过度活动、逼尿肌严重纤维化或膀胱挛缩、膀胱顺应性极差、合并膀胱输尿管反流或壁段输尿管狭窄的患者。肠道膀胱扩大术长期疗效确切,目前仍然为膀胱扩大的"金标准",高度推荐应用本术式治疗严重的神经源性膀胱,尤其是严重逼尿肌过度活动、逼尿肌纤维化或膀胱挛缩所致严重低顺应性膀胱、合并上尿路损毁的患者。

(2)增加尿道控尿能力的术式

1)填充剂注射:适应证为尿道固有括约肌功能缺陷,但逼尿肌功能正常的患者,通过注射增加尿道封闭作用提高控尿能力。

2)尿道吊带术:适应证为在神经源性膀胱中应用的指征为尿道闭合功能不全的患者。术前膀胱的容量、稳定性、顺应性良好或可以控制,术后排尿问题可以通过间歇导尿解决。

3)人工尿道括约肌(AUS)植入术:因神经源性尿道括约肌功能不全而接受 AUS 植入术的患者,术后总体控尿率为 70%~95%,AUS 装置翻修率为 16%~60%,装置取出率为 19%~41%。AUS 植入术在神经源性尿失禁患者中的总体疗效不如非神经源性尿失禁患者,主要远期并发症包括感染、尿道侵蚀、尿道萎缩、机械故障等。

2. 重建排尿功能的术式

(1)增加膀胱收缩力的术式

1)骶神经前根刺激术:骶神经前根刺激术通常使用 Brindley 刺激器,电极安放于 S2~S4 骶神经前根(硬膜外),皮下部分接收器置于侧腹部易于患者掌控处,通过导线与电极相连。植入电极刺激骶神经前根诱发膀胱收缩。

2）逼尿肌成形术：该类术式主要包括腹直肌转位膀胱重建术、背阔肌逼尿肌成形术、腹内斜肌瓣逼尿肌成形术等，其主要机制为腹直肌或背阔肌转位后，进行显微外科术行神经血管的吻合，利用腹直肌或背阔肌收缩及腹压增高的力量排尿。逼尿肌成形术的适应证是逼尿肌无反射、且膀胱出口阻力较低的神经源性膀胱患者。

（2）降低尿道阻力的术式

1）A 型肉毒毒素尿道括约肌注射术：适应证为保守治疗无效的尿道外括约肌协同失调患者。

2）尿道外括约肌切断术：尿道外括约肌切断术为不可逆的破坏性手术，该手术主要目的在于降低尿道外括约肌协同失调导致的病理性膀胱内高压状态。

3）膀胱颈切开术：神经源性膀胱患者实施经尿道外括约肌切断术时，如果合并逼尿肌膀胱颈协同失调、膀胱颈纤维化或狭窄，可同期行膀胱颈切开术。

3. 同时重建储尿和排尿功能障碍的术式

（1）骶神经后根切断 + 骶神经前根刺激术：其适应证为尿道外括约肌协同失调合并反射性尿失禁、残余尿增多的骶髓以上完全性脊髓损伤患者。膀胱壁严重纤维化的患者和不完全脊髓损伤患者不适合此术式。

（2）骶神经调节术：是近年发展起来的一种治疗慢性排尿功能障碍的新方法，适应证为急迫性尿失禁、严重的尿急 – 尿频综合征和无膀胱出口梗阻的原发性尿潴留。

4. 尿流改道术其适应证　①神经源性膀胱合并膀胱肿瘤；②膀胱严重挛缩合并膀胱出口功能不全；③患者长期留置尿管产生尿道瘘、骶尾部压疮等严重并发症；④患者因肢体畸形、尿道狭窄、尿道瘘、过度肥胖等原因经尿道间歇导尿困难者。主要禁忌证有合并肠道炎症性疾病、严重腹腔粘连等。短期内可控尿流改道的控尿率超过 80%，常见的并发症有肠黏液分泌、感染、电解质紊乱、腹壁造口狭窄、输尿管与储尿囊的吻合口狭窄等。

（许克新）

# 第四节　排便生理与排便控制

### 学习目标

完成本内容学习后，学生将能：

1. 复述粪便反应。
2. 列出肠道动力形式、运动调节。
3. 描述排便生理。
4. 应用排便反射。

## 一、排便生理

排便生理与肠道的运动有关，大肠的运动较小肠少、弱而慢。对刺激的反应也较迟缓，其特点与大肠作为粪便的暂时贮存所相适应。

### （一）动力形式

结肠的运动功能表现为对肠内容物进行混合、搅拌，使其附着于黏膜表面；推送粪便使之充分吸收水分、电解质及降解产物；贮存粪便；激发排便反射。

1. 袋状往返运动　袋状往返运动是由环形肌无规律地收缩所引起的，也是空腹时最多见的运动形式。使结肠袋中的肠内容物向两个方向作短距离的位移，但并不向前推进。这种在结肠内的来回运动，有助于营养物质的充分吸收。

2. 分节或多袋推进运动　一个结肠袋或一段结肠收缩，将内容物推进到下一段的运动。进食后副交感神经兴奋时此运动加强。

3. 蠕动　大肠的蠕动运动是由一些稳定向前的收缩和舒张波所组成。收缩波前方的肌肉舒张，往往充有气体；收缩波的后面则保持收缩状态，使这段肠管闭合并排空。

4. 集团运动　大肠的平滑肌壁在一个大的范围内产生强有力的、蠕动性的快速收缩运动，这种强力的收缩波被称为集团运动。集团运动表现为巨大移行性收缩，能将粪便以较快的速度向乙状结肠推进，甚至到达直肠。这种收缩波发生频率比较低，起始于横结肠，大部分收缩活动是在清醒或进食后发生并且和排便活动有关。起立反射是当人们早晨起床产生的反射，可促进结肠集团蠕动，产生排便反射。胃结肠反射亦称胃大肠反射。进食后引起的胃充盈反射性地引起结肠的运动增加的现象称为胃结肠反射。

### （二）运动调节

1. 肌源性调节　在结肠中有一种电慢波是平滑肌膜电位节律变化的结果，当平滑肌收缩固定在一个特定时相和部位时慢波才能调节这种收缩活动。产生慢波的细胞被称为结肠起搏细胞，起源于结肠壁的环形肌层。慢波活动是间隙性，向着盲肠方向传递（远离起搏点），而移行性峰电位丛向直肠方向移行。大部分结肠的移行性收缩丛与集团运动有关。

2. 神经性调节　结肠平滑肌内存在4种类型的外源性神经：胆碱能和非胆碱能兴奋性神经，肾上腺素能和非肾上腺素能抑制性神经。

大肠的胆碱能神经支配来源于迷走神经和骶神经。主要的副交感神经支配源于第二和第三骶神经根，支配远端结肠和直肠。一般认为迷走神经（包含脑副交感神经）支配升结肠，其主要的神经元是来源于结肠的传入神经。

迷走神经支配肌间神经丛，内源性调节结肠动力，其包括两类神经元。除了节前胆碱能神经元外，还包括节前非胆碱能神经及非肾上腺素能神经元。这种类型神经元被认为是通过神经递质血管活性抑制肽与肌间神经丛抑制性神经元发生突触联系。

结肠的交感神经支配起源于腰脊索背角的细胞体。这些神经的轴突通过几种途径与腹腔和肠系膜上、下神经节的节后肾上腺素能神经发生突触联系。这些神经纤维的大多数最终到达并组成肠系膜下神经丛的神经节。大量起源于肠系膜下神经节的节后神经和腰结肠神经一样支配结肠。

3. 化学性调节　神经末梢内分泌和旁分泌细胞通过释放兴奋性或抑制性化学递质对结肠平滑肌的收缩活动进行调节。

另外，进食、睡眠、体育活动及手术等外界因素均可影响结肠的运动。

### （三）粪便反应

粪便形成后，由于结肠蠕动使各部结肠收缩，将粪便推向远端结肠，这种蠕动常由肝曲开始,每日 2~3 次,以每分钟 1~2cm 的速度向前推进到左半结肠,到乙状结肠储存。但在进食或早餐起床后由于胃结肠反射或体位反射而引起结肠总蠕动,以每小时 10cm 的速度推进,如乙状结肠内存有粪便可使粪便进入直肠内,蓄积足够数量时(约 300g)对肠壁产生一定压力时则引起排便反射。

### （四）排便反射

排便反射是一个复杂的综合动作,它包括不随意的低级反射和随意的高级反射活动。通常直肠是空虚的。当近段结肠的推进式收缩,结肠内容物向远端推进,引起直肠的不自主充盈,当粪便充满直肠刺激肠壁感受器,发出冲动传入腰骶部脊髓内的低级排便中枢,同时上传至大脑皮层而产生便意。如环境许可,大脑皮层即发出冲动使排便中枢兴奋增强,产生排便反射,使乙状结肠和直肠收缩,肛门括约肌舒张,同时还须有意识地先行深吸气,声门关闭,增加胸腔压力,膈肌下降、腹肌收缩,增加腹内压力,促进粪便排出体外。如环境不允许,则由腹下神经和阴部神经传出冲动,随意收缩肛管外括约肌,制止粪便排出。外括约肌的紧缩力比内括约肌大 30%~60%,因而能制止粪便由肛门排出,这可拮抗排便反射,经过一段时间,直肠内粪便又返回乙状结肠或降结肠,这种结肠逆蠕动是一种保护性抑制。

## 二、排便控制

排便控制是肛门括约肌系统的的抵抗力与远端结肠的推动力之间的对立平衡,这有赖于相关的运动元件和适宜的直肠容受能力。肛门括约肌和盆底肌共同构成复杂的感觉运动系统。

肛门括约肌系统包括肛门括约肌本身和肛提肌,肛提肌是盆底的组成部分,它由三部分组成,包括耻骨尾骨肌、坐骨尾骨肌以及耻骨直肠肌。前两者共同构成贯穿骨盆出口的肌束,附着于耻骨、闭孔和尾骨、尿道、直肠,女性还有阴道穿过其中。耻骨直肠肌起于耻骨后缘,绕过直肠后方形成一个套环,它在肛提肌肌梭的协调下处于持续的紧张状态。于是,耻骨直肠肌将直肠向前牵拉,使直肠与肛管之间成角。正常静息状态下,直肠与肛管长轴之间的交角,即肛管直肠角,为 90°~100°,耻骨直肠环为直肠肛管之间功能性交界的标志。

肛管是由肛门内外括约肌以及其上皮层构成,该上皮富含感觉神经。70% 的肛管静息张力是由内括约肌维持。它大部分时候处于收缩状态,在直肠膨胀时反射性松弛,这被称为直肠肛门抑制反射,是通过自主神经支配的,只有黏膜下神经丛完整时才能正常行使其功能。

由于人的排便反射受大脑皮层的控制,因此意识可控制排便。肛门部保持一定的紧张力,使肛门紧闭,阻止粪便、液体、气体漏出,这种作用叫排便节制作用。排便节制作用,由感觉、反射、肌肉活动共同完成,是一种比较复杂的反射活动。如果环境条件不许可,有排便感觉而不能排便时,排便的高级中枢下传冲动抑制低级排便中枢,使括约肌收缩增强,肛门像节制闸门一样紧闭,并反射性地引起乙状结肠舒张,直肠内的粪便即返回乙状结肠,使便意暂时消失。

当排便反射弧的某个环节被破坏,如切除齿线上 4~5cm 肠段,腰骶段脊髓段或阴部神经受损伤,肛管直肠环断裂等,就会导致排便反射障碍,产生大便失禁。

（徐洪莲）

## 第五节　大便失禁的治疗与护理

### 一、大便失禁的概述

大便失禁(fecal incontinence,FI)是指各种原因导致肛管括约肌失去对粪便及气体排出的控制能力,属于排便功能紊乱的一种。大便失禁十分常见,在正常人群中发病率为2%左右,在老年人、精神疾病患者中更多见。尽管大便失禁不会直接威胁生命,但会给患者的肉体上和精神上带来巨大痛苦,严重影响患者正常的生活和工作。

#### (一)病因

大便失禁可能的病因包括肠道的感染或神经功能丧失性疾病,这些会导致直肠刺激症状和排便紧迫感,还有肛门括约肌功能缺陷。两种情况还可以同时存在。

1. 肠道推动力增加　由直肠或近段肠道的炎症性或功能性肠病导致的粪便不可控制排出,包括溃疡性结肠炎、克罗恩病、感染性结直肠炎、痢疾等。近年来在医院内发生的接受抗生素治疗有关的难辨梭菌性结肠炎,可发生完全性失禁,来势凶猛,易发生并发症。

2. 括约肌功能不全　当各种外伤导致肛门括约肌损伤如产伤、肛门部手术等,或括约肌的神经支配受损,导致肛门括约肌失去了保存粪便和气体的能力,如多发性硬化、帕金森病、脊柱或马尾损伤、脊柱裂以及神经性疾病。

3. 特发性大便失禁　无明显原因的括约肌去神经损伤。包括习惯性排便紧张、神经卡压等。

4. 肛管直肠疾病　由于混合痔、环形内痔、直肠脱垂等,使肛门括约肌过度扩张松弛以至于括约肌功能障碍,产生大便失禁。

5. 先天性解剖异常　直肠、盆底肌其相关结构的胚胎发育异常,可导致肛管直肠不同程度的解剖性及功能性畸形。包括先天无肛、无肛门括约肌等。

#### (二)分类

1. 根据大便失禁不同程度分类
(1)完全失禁不能控制干便、稀便和气体。
(2)不完全性失禁能控制干便,不能控制稀便和气体。
2. 根据大便失禁性质分类
(1)运动性失禁指肛门括约肌和肛提肌的损伤。

（2）感觉性失禁肛门括约肌存在,由于肛管和直肠下段黏膜损伤造成感觉障碍失禁,如内痔环切术后。

3. 按临床表现分类

（1）被动性大便失禁患者无知觉时漏粪,通常与内括约肌功能障碍和最大肛管静息压降低有关。

（2）急迫性大便失禁患者表现为便急、不能延迟排便,通常反映外括约肌功能障碍或外括约肌压力不能对抗的、过分强烈的肠道收缩。

4. 儿童中分类

（1）真性大便失禁由于先天性生理缺陷及手术等因素,患儿出现部分或完全排便感觉缺失,基本不能自主控制排便,保守治疗不能改善排便状况。

（2）假性大便失禁也称非器质性大便失禁,属功能性大便失禁范畴。

1）功能性粪便潴留:有 2/3 以上的大便失禁患儿有便秘史。

2）非潴留性大便失禁:也称情绪性大便失禁,此类患儿无便秘现象,多数受心理行为因素影响,常发生于愤怒、抑郁时。由于此类大便失禁患儿未表现出生理功能异常,故常被家长忽视而延误最佳治疗时机。

### （三）临床表现

患者不能随意控制排便和排气,表现为气体、粪便不自主溢出污染内裤。由于会阴部和肛门周围皮肤经常受到粪水刺激,局部皮肤可发生瘙痒、糜烂、溃疡等表现。此外,由于大便失禁有不同病因和不同程度,因此临床表现也各有不同。有些病例的表现为主要病变所掩盖,如脑外伤和脑血管意外患者,神志不清,粪便溺床。肛管直肠手术后并发大便失禁的患者中,有些病例症状较轻,诉腹泻时稀便不能控制,有些患者主诉会阴部常有黏液和粪便沾染。低位直肠癌保肛术后患者也有主诉粪便不能随意控制,尤其夜间不能控制。

## 二、大便失禁的评估与诊断

### （一）评估

1. 体格检查　体格检查是大便失禁患者进行评估的首要项目。体检可见患者肛门张开呈圆洞状,肛周有粪便污染,并可见会阴部、肛周皮肤呈湿疹样改变,或合并溃疡、畸形等。严重产伤患者可见会阴体完全破坏,直肠指诊时括约肌松弛,无明显"握持"感而呈松弛状态。嘱患者收缩肛门时,肛管括约肌收缩不明显或完全无收缩力;如肛门有损伤史者,可扪及瘢痕,有的患者可触及肛管的一侧有收缩感,而另一侧则无收缩感。直肠指诊时还需注意肛管直肠内是否有肿块、压痛等,手指退出肛门后观察指套是否带黏液及血。

2. 辅助检查

（1）肛管直肠压力测定:大便失禁患者表现出肛管直肠内的压力降低,频率减慢或消失;肛管收缩压下降;直肠肛管抑制反射消失。

（2）排粪造影检查:通过对用力排粪、提肛、静息等动态观察,了解肛门括约肌的功能。如灌入直肠的钡剂通过提肛可以保留,说明肛门括约肌有一定功能;如灌入直肠的钡剂不由自主地流出,说明大便失禁。

（3）结肠镜检查:观察大肠有无畸形、瘢痕,黏膜有无糜烂、溃疡,有无大肠息肉、大肠癌等合并疾病。

（4）直肠感觉测定：将 4cm×6cm 大的带有导管的球囊置入直肠，然后向球囊内注入水或空气，正常直肠的感觉阈值是 45ml±5ml，如为神经性的大便失禁患者，其直肠感觉阈值消失。

（5）球囊逼出试验：用于了解耻骨肌和肛门外括约肌的功能状态。方法为把直径为 2cm 的塑料球送入直肠，球的下面连接一容器，逐渐向容器中增加重物，嘱受检者用力收缩肛门以阻止塑料球被拉出，直到该球被重物拉出为止。大便失禁时承受重力轻，反映其肌力减弱。肛门直肠角变钝（正常为锐角）。如直肠感觉迟钝，正常容量不能引起排便反射，不能将球囊排出。此检查既可用来判断直肠的感觉是否正常，又可判断肛门括约肌的功能。如肛门括约肌受损无括约功能，而球囊可自行滑出肛门，或轻微的增加腹压后即可将球囊排出。

（6）盆底肌电图检查：用直肠电和盆底肌电描记法，了解直肠平滑肌的电活动和盆底肌的电活动。大便失禁患者用力大便动作时活动减弱。

（7）肛管直肠内超声检查：通过肛管直肠内超声可以清楚地显示肛管直肠的各个层次，内括约肌及其周围的组织结构，可以协助大便失禁的诊断。如观察内括约肌是否完整，外括约肌是否有缺损，以及缺损的部位及范围。该检查不但可以协助诊断，而且为手术切口的选择提供一定的依据。

3. 大便的性质　最后，还应注意评估排出粪便的性质，因为水样或糊状粪便容易对肛门周围皮肤造成刺激，从而导致粪水性皮炎的发生，而成形粪便对肛门周围皮肤刺激较少。此外，对于不完全性肛门失禁患者可以在一定程度上控制干便，而缺乏对稀便的控制能力。此外要特别提出的是，大便失禁患者同样会合并其他肠道疾病，如结肠炎、结直肠肿瘤等，当患者粪便中含有黏液、脓血时，应注意进行肠镜检查排除其他合并肠道疾病。

### （二）诊断

1. 病史　询问有无先天性肛门畸形、手术、外伤史，女性患者有无产伤史，有无神经系统及泌尿系统的疾病，是否接受过放射治疗；目前失禁的严重程度，排便次数及粪便性质，有无便意感等。发作性严重腹泻，与大便失禁发作的一致性是病史的一个重要特征。

2. 体格检查和辅助检查　通过直肠指诊、内镜检查、排粪造影、肌电图测定等，达到 3 个目的。

（1）判断有无大便失禁：伴随的如肛门有缺损、肛门括约肌闭合不紧、肛周皮肤有湿疹等可提供大便失禁的依据。

（2）判断失禁程度：如完全性失禁可见肛门张开呈圆形，用手牵开臀部，可见直肠腔；直肠指诊，肛管括约肌及肛管直肠环收缩不明显特别严重呈完全消失。不完全性失禁则见肛门闭合不紧，直肠指诊扪及括约肌收缩减弱。

（3）判断失禁原因：如外伤性失禁，直肠指诊可扪及瘢痕组织；随意肌损伤，盆底肌电图异常等。

## 三、大便失禁的治疗

大便失禁的治疗应根据不同发病原因来治疗，如因脑或脊髓肿瘤引起的大便失禁，应治疗脑或脊髓肿瘤；如因马尾神经损伤引起的大便失禁，首先应恢复马尾神经的功能；如肛门括约肌的损伤引起的大便失禁，可经手术修复括约肌或重建括约肌方法来恢复肛门括约肌的功能。

### （一）非手术治疗

1. 饮食调节和排便　治疗肛管直肠的炎症,使大便成形,避免腹泻及便秘、消除肛管直肠炎症刺激的不适感。常用的方法是多吃含纤维素高的及富有营养的食物,避免刺激性食物。养成定时排便的习惯,定时定量进行自我排便控制训练。

2. 肛门括约肌功能训练　研究发现,参加括约肌功能训练的患者除了有脊髓损伤的患者外,成功率可达 70%,当然这种训练治疗比较麻烦,并要有恒心,需要取得患者的合作。这种训练技术可能通过多种作用改善人体对大便的控制能力:第一,训练可改善肌肉的活动性,从而加强肌肉作用;第二,增加敏感性,使之及早感知到直肠内大便的存在,感觉的改善使得在感觉大便之前肛门内括约肌不会松弛,这样控制大便的能力可望得到改善。

3. 药物改变结肠功能　可应用一些能改变结肠运动、吸收、结肠内液体含量和直肠敏感性的药物。用糖皮质激素灌肠或用 5-ASA 灌肠可减轻直肠炎症和直肠的敏感性,改善便急症状,并可减轻大便失禁。可待因、地芬诺酯、洛哌丁胺、十六角蒙脱石等药物对改善每天大便次数和大便失禁也有一定疗效。考来烯胺对许多大便失禁的患者有显著的作用,早晨服用考来烯胺 4g,1 次 / 日。

4. 刺激肛门括约肌收缩　对神经性大便失禁者,可采用电刺激疗法和针灸疗法。电刺激疗法是将刺激电极置于外括约肌内,用电刺激肛门括约肌及肛提肌使之产生有规律的收缩,部分大便失禁患者可以得到改善。针灸疗法是祖国传统医学的疗法,有的患者亦可取得很好的疗效,常用穴位是长强、百会、承山等。

### （二）手术治疗

大便失禁的手术治疗主要用于肛管括约肌的损伤及先天性高位肛门闭锁术后的大便失禁。

1. 肛管括约肌修补术　适用于外伤所致的肛管括约肌损伤的患者。一般在损伤后 3~12 个月内修补,如时间过长,括约肌可产生失用性萎缩。伤后伤口无感染者多在 3 个月至半年内修补,有感染者在 6~12 个月内修补。方法:沿瘢痕外侧 1.5~2.0cm 处作一 U 字形或半环形切口,切开皮肤、皮下组织,将括约肌断端从瘢痕组织中游离出 1~2cm,并保留括约肌断端的少量瘢痕,便于缝合,剪除多余的部分。沿内外括约肌间隙将内外括约肌分开,向上分至肛提肌,分离时应防止损伤直肠黏膜。用组织钳夹住内、外括约肌断端试拉括约肌的活动度,然后将直径 1.5~2.0cm 的软木塞塞入肛门,再试拉括约肌的紧张度。感觉有一定的张力后,用 4 号丝线进行对端间断缝合或重叠缝合内、外括约肌,缝好后取出软木塞,缝合皮下组织、皮肤。术后禁食 1~3 天,给予补液,适当应用抗生素,防止过早进食排便污染切口发生感染。术后应保持肛门清洁、换药。该手术后 90% 患者能达到大便基本自控。

2. 肛管前方括约肌折叠术　适用于括约肌松弛的患者。方法:在肛门前方 1~2cm 处沿肛缘作一半圆形切口,切开皮肤、皮下组织,在皮下组织下方与外括约肌之间游离少许显露外括约肌,然后将皮瓣向后翻转,覆盖肛门,牵开皮瓣,可见两条外括约肌由肛门两侧向前、向会阴体方向行走。在两侧外括约肌及内括约肌之间可见一三角间隙,用丝线缝合两侧外括约肌肌膜及少许肌纤维关闭间隙,使肛管紧缩。肌纤维不要缝得过多,以防坏死纤维化。缝合皮下组织及皮肤。

3. 经阴道括约肌折叠术　适用于括约肌松弛的患者。在阴道后壁的远端做一弧形切口,将阴道后壁向上分离,显露外括约肌的前部。将括约肌提起,用丝线折叠缝合 3~4 针,使括约肌缩紧。然后将示指伸入肛管,测试肛管的紧张度。再缝合切口近端的肛提肌,最后缝合阴道后壁。

4. Parks肛管后方盆底修补术　适用于严重的神经性大便失禁及直肠脱垂固定术后仍有较重的大便失禁者。方法：在肛缘后方做一弧形切口，游离皮下组织，显露外括约肌，然后在肛管后方内、外括约肌之间分离，将内括约肌和肛管直肠牵向前方，继续向上分离到耻骨直肠肌上方，显露两侧的髂骨尾骨肌及耻骨直肠肌。间断缝合两侧肌肉，尤其耻骨直肠肌要缝合牢固，以缩短耻骨直肠肌，使肛管直肠角前移，恢复正常角度。再缝合缩短外括约肌。在皮下组织内置一橡皮片引流从切口引出，缝合皮下组织及皮肤。该手术主要使肛管直肠角恢复到正常角度，并且使出口处变小，故排粪用力过猛有可能破坏此修补，如大便干结。可服用缓泻剂，以防患者过度用力排便。该手术后72%的患者大便能基本达到自控。

5. 皮片移植肛管成形术　适用于肛管皮肤缺损和黏膜外翻引起大便失禁者。将带蒂皮片移植于肛管内，例如S形皮片肛管成形术。手术方法：取膀胱截石位，沿外翻黏膜边缘作一环形切口，与周围组织分离，切除多余黏膜，以肛管为中心作S形切口，形成上下两处皮片，上方皮片移向肛管右侧，下方皮片移向肛管左侧，皮片内侧边缘与黏膜相缝合，黏膜缘与皮片可全部缝合。

6. 带蒂股薄肌移植括约肌成形术　适用于括约肌不能修补的大便失禁的患者。股薄肌是大腿内侧最表浅的肌肉，起于耻骨联合和耻骨弓，向下经过股骨内髁后下方止于胫骨内侧；该肌近端宽，远端扁平。手术方法步骤：先平卧位，供肌肉的下肢稍内收及稍弯曲膝关节，摸清股薄肌的位置。在膝内上方作3~4cm长的纵切口显露呈带状肌腱的股薄肌远端，分别游离该肌的近、远端。在胫骨结节处作4cm长的斜切口，找到股薄肌的止点，在止点处将该肌切断，并保持肌腱末端的完整，以备后用。在两切口之间用长弯血管钳做一隧道，将该肌的断端从大腿切口拉出，然后在大腿内上部做6cm长的纵切口，并游离股薄肌的近远端，向上游离至支配该肌的神经血管束时，注意勿损伤该神经血管束。在大腿两切口之间做一隧道，将整条股薄肌从大腿上端切口拉出，用盐水纱布包好待用。患者改截石位，距肛门2cm的前后正中处各作2~3cm的横切口，用长弯血管钳在肛门两侧潜行分离做两个隧道将股薄肌从大腿根部切口牵出，向上分离，再将股薄肌通过隧道拉至肛门前方切口，围绕肛门一侧到肛门后方，再绕过对侧隧道到肛门前方，在耻骨结节处切口牵出，股薄肌围绕肛门1周，拉紧肌腱、紧缩肛门，将肌腱固定于耻骨结节骨膜上最后缝合切口。

7. 臀大肌移植括约肌成形术　应用带蒂臀大肌束围绕肛管替代括约肌，如Chestwood（1903）手术，将两侧臀大肌各分离出一条宽3cm肌片，远端切断，近端仍和骶尾部相连，将肌片在肛管后方交叉，围绕肛管后，在肛管前方缝合。手术分两步进行：①持续硬膜外麻醉下，取左侧或右侧卧位，常规作同侧臀部及下肢消毒，铺巾，在同侧大腿及臀部外侧作L形切口，切开皮下及筋膜，暴露臀大肌肌腹，分离带蒂臀大肌肌束宽约4cm，连同股外侧肌肌束上半部，以便保持其肌束长度（在解剖过程须避免损伤坐骨神经及重要血管），并保留其带蒂肌束的神经支配及血供。通过同侧坐骨结节部皮肤隧道，将游离的臀大肌肌束拖到会阴部，缝合大腿及臀部皮肤；②取膀胱截石位，常规冲洗肠腔，消毒皮肤，在两侧坐骨结节内侧各作半月形切口暴露坐骨结节部滑膜，通过两个切口向前至会阴部，向后在尾骨坐骨尖水平作皮下潜行性隧道，在作皮下隧道时切忌戳破直肠肠壁及肛管。将游离的带蒂臀大肌通过皮下隧道围绕直肠下端肛管一周，并保持其一定的紧张度。将游离臀大肌肌束固定缝合于双侧坐骨结节滑膜上。缝合皮肤，必需置引流。

8. 可控式水囊人工肛门植入术　适用于完全性大便失禁。但严重直肠炎、严重肛管瘢痕、直肠阴道隔薄弱、会阴明显下降者禁用。可控式水囊人工肛门包括括约带、控制泵、调压囊和连接导管四个部分。手术方法：距肛缘 2~3cm 处在肛管两侧各做一个 3~5cm 的弧形切口，围绕肛管做皮下隧道，将括约带围绕肛管一圈并固定。在耻骨上缘做一个 3~5cm 的横切口，分开腹直肌，将调压囊置入膀胱前间隙，并将控制囊置入阴囊或大阴唇皮下，连接好各导管。使用时，通过控制泵对括约带装置进行注水，模拟肛门括约肌对肛管进行压迫来实现控制粪便的能力，因此，又被称为人工肛门括约肌。

但需要指出的是，治疗先天性或外伤等原因造成肛管不能控制大便的多种手术方法均得不到较为满意的效果，许多学者主张作腹壁结肠造口术。

（楼　征）

## 四、大便失禁的护理

大便失禁十分常见，尤其多见于老年人，并会引起一系列并发症且显著降低生活质量。虽然大便失禁并不会危及生命，但它却能引起严重的精神打击，导致生活能力逐渐丧失。许多患者会羞于将自己病情告诉医生，延误或放弃治疗。

### （一）心理护理

无论是完全失禁还是不完全失禁，会有不同程度的粪便流出，污染衣服、床单、被套及护理垫等，增加家属和护理人员更换污染的衣服、床单、被套及护理垫，不仅增加患者不舒适感，还增加家属和护理人员的工作量，同时也增加了患者的经济负担。大便失禁的处理不是一个简单的卫生方面的考虑，患者经常因难以启齿而表现为抑郁、焦虑、恐惧等负面情绪及尴尬，而且害怕被发现，极易出现消极心理。如不及时防治，则会使他们精神萎靡，社会适应能力进一步退化。心理干预对意识清醒的大便失禁患者非常重要。心理支持可增强患者及其家属的信心，引导他们正确面对疾病，缓解心灵上的痛苦。强调大便失禁的可治愈性，鼓励患者主动交流感受，回归社会。同时指导他们掌握合理膳食、正确治疗，主动、勤换污染的衣被。为失禁患者创造一个温馨、舒适的生活环境。

### （二）排便训练

1. 适应人群　存在粪便潴留的假性大便失禁者。

2. 时间　每天起床或早餐后排便，因为起立或早餐后容易引起排便反射，此时训练排便，易建立条件反射。

3. 如厕　强调及时如厕的重要性，提供便利的如厕条件。

4. 体位　尽可能让患者蹲位排便，因为蹲位排便时肛管直肠角增大，更利于粪便通过。

5. 排便日记　每日记录，包括自主排便的次数、排便形态、大便失禁的次数、干稀便能否自制、夜间有无失禁、能否排便排气、便前有无便意。

6. 注意事项　训练过程中要避免久蹲久坐；以每日去厕所蹲 20 分钟左右为宜；排便时尽量不要分散注意力，如看书、看报等均不利于排便反射的连续性，反而降低排便训练效果。

### （三）饮食护理

饮食会影响胃肠道功能，不同的食物可以对失禁患者的作用不同，选择合适的食物，可以减轻失禁的严重程度。

1. 建议的食物　苹果、稀饭、酸奶、面条、米汤、果汁、石榴、胡萝卜、藕粉、瘦肉、豆浆、豆腐、冬瓜、南瓜等。

2. 不建议的食物

（1）含纤维食物：菠萝、柚子、柠檬、广柑、菠菜、白菜、竹笋、茭白等，这些食物中都含有丰富的长纤维素，这些纤维可以促进肠道蠕动，从而使大便失禁情况更加的不受控制。

（2）胀气食物：牛奶、豆类等，这类食物会导致肠蠕动增强，一旦肠内胀气就会使大便失禁加剧。

（3）忌糖：含糖量较高的食物，比如像糖水、糖粥等，糖到肠内常会引起发酵而加重胀气。

（4）蛋白质食物：鸡蛋、鸭蛋、鹅蛋等食物，易导致大便失禁的加剧，同时会让排气时气味更加恶臭。

（5）脂类食物：肥肉、猪油、牛油、羊油、奶油等。在这些食物中都含有大量的脂肪，导致滑肠。

（6）不易消化物：蜜饯、松子、杏仁、葵花子、西瓜子等。

（7）碳酸饮料、咖啡、浓茶、生冷和辛辣刺激性食物。

### （四）药物治疗的指导

大便失禁患者根据不同原因，可采取非手术治疗和手术治疗，在非手术治疗中，对药物治疗者给予用药指导，更好发挥作用。

1. 止泻药　用于伴有腹泻的大便失禁患者。常用止泻药包括：

（1）阿片受体激动剂：可结合肠壁阿片受体，阻止乙酰胆碱和前列腺素的释放，延长肠内容物停留时间，缓解腹泻。最常用的洛哌丁胺、地芬诺酯。阿片类药物具有成瘾性，但通过口服给药的方式风险非常低。洛哌丁胺不能通过血脑屏障，可以作为首选药物。

（2）吸附剂：如蒙脱石散剂，可吸附肠内液体。

2. 增加肛管静息压的药物　可治疗被动型大便失禁。被动型大便失禁主要是由肛管静息压下降所致，脱氧肾上腺素凝胶（$\alpha_1$肾上腺素受体激动剂）可治疗被动型大便失禁。

3. 导泻药　用于治疗伴便秘或粪便嵌塞的大便失禁患者，主要包括容积性缓泻剂、粪便软化剂、渗透性缓泻剂、刺激性泻药。

（1）容积性缓泻剂：对于饮食中纤维素仍然摄入不足的患者可以通过含有纤维的容积性缓泻剂来增加粪便的含水量。欧车前果壳可以从各种车前草获得；麸糠是一种小麦碾磨后的产物；亚麻籽以及磨碎的亚麻籽都富含一种叫木素的纤维。上述物质搭配摄入适当的水则可以在粪便中形成黏液素从而增加粪便的容积和含水量。

（2）粪便软化剂：多库酯钠可以与钠、钙或钾盐结合后，抑制结肠对水的吸收，软化粪便。

（3）渗透性缓泻剂：硫酸镁是难被人体吸收的化学物质，可通过渗透作用增加粪便的水含量，促进排便。口服甘露醇也可导泻。

（4）刺激性泻药：是一类可以减少水和电解质吸收从而增加肠道蠕动的黏膜活性剂。常见药物包括酚酞、蒽醌类等。这些药物主要通过增加结肠周期性集团运动和降低分节运动来减弱肠道活动。

### （五）生物反馈训练

对于大部分通过单纯膳食调整和药物治疗未能改善大便失禁症状的患者，生物反馈可作为一线的治疗选择。生物反馈训练是指利用直肠肛管测压、肛门括约肌肌电及计算机声像等技术,以视、听觉的形式显示体内生理活动,通过指导和自我训练,有意识地对某些异常的生理活动进行矫正,达到治疗的目的。

生物反馈治疗可缓解大便失禁患者的临床症状、增强肛门括约肌收缩力、提高直肠感觉阈值,有效率为 50%~80%。生物反馈是在行为疗法基础上发展起来的一种新的心理治疗技术,属于行为医学的范畴,强调防病治病中的"主观"能动作用。生物反馈训练前应排空大便,在充分告知下,患者取左侧屈膝卧位,暴露肛门。在医师指导下,根据患者大便失禁程度,向直肠气囊内注入生理盐水,逐渐增加气囊内水的容积量,并要求患者做排便动作,患者观察自己的测压曲线,并改变排便动作,以使其压力曲线尽可能接近正常人的压力曲线。每次 30 分钟,每周 2 次,并回家自行练习,连续治疗 2 个月,2 个月后于第 3、6、9、12 个月再重复 2 次生物反馈治疗。治疗结束后复查直肠肛门测压。

### (六)盆底肌功能训练

有效的盆底肌功能训练能够使患者的排便自控能力得到不同程度的改善,提高了患者的生活质量。

对于无条件进行生物反馈训练的患者,可选择盆底肌功能训练。第 1 次的训练由医护人员戴上无菌手套,将适量的石蜡油涂在示范的手指上,然后轻轻地将手指插入患者的肛门,同时让患者收缩附近的盆底肌肌肉群,要感觉到肌肉的收缩比较有力量,让患者每次至少持续 10 秒。确保患者掌握正确方法之后,让其每天锻炼 4 次,依次是早上、中午、傍晚以及入睡之前各 1 次,每次进行 10 下。加强盆底肌肉力量的生物反馈训练,提升肛门收缩盆底肌群时加紧双臂,但不要影响呼吸,避免增加腹压。不管站立或卧位,每次有便意时立即反映为收缩肛门,并要求持续 10 秒,不要急于上卫生间。

### (七)顺行灌肠

顺行灌肠是 1990 年由 Malone 首先设计并施行的用于治疗大便失禁的手术,在腹壁行阑尾造口,由回盲部顺行灌肠冲洗结肠,从升结肠、横结肠、降结肠至直肠,定期清洗肠道内粪便,达到避免肛门污粪的目的。

1. 方法　用单腔硅胶尿管经阑尾造口插入灌肠,一般插入深度为 8~10cm。灌肠液使用加温至 38℃的生理盐水,学龄前患儿从 30ml 开始,学龄后患儿从 50ml 开始,每 3 天增加 50ml 直至满意效果。灌注时用 50ml 注射器缓慢注入,过快可能引起肠痉挛疼痛。到达 500ml 后再增加应慎重。灌肠完毕后拔出尿管,将灌肠用具清洗后保存备用。

2. 注意事项　灌肠训练应每天固定时间规律进行,最好和胃结肠反射或起立反射结合,如此易于培养出习惯反射、建立正常的生活习惯和方式。训练以无肛门污粪为目标,灌肠可依据个人情况每日 1 次、每日 2 次或隔日 1 次,逐渐找到适合自己的灌洗模式。灌肠地点应选择相对熟悉、固定、隐秘、舒适的地方,可坐于马桶或便盆上进行,边灌洗边排便。可控顺行灌肠对排便功能障碍患者的应用是对经常经肛灌肠的一种有效替代,可用于永久性、也可用于非永久性康复治疗的一部分。目前还有许多家长和患者对该手术方式及治疗方法缺乏足够的认识,因而不能完全接受,但此术式操作简单,且长期应用无严重并发症,对于儿童可保持肛门清洁、身体无异味,使其可以像正常人一样上学、工作和生活,明显提高生活质量。

### (八)硬便处理

对假性大便失禁的患者通过口服泻药、清洁灌肠、甚至用手抠出粪块或粪石,减轻宿便对直肠壁的刺激,减轻直肠的负荷,恢复括约肌的功能,保持肠道的通畅,控制失禁的发生。

### （九）社会支持对大便失禁患者的影响

有的家属因患者有失禁现象,衣被经常被污染,而会表现出嫌恶。社会支持对心理健康有积极的作用,所得到的社会支持越多,心理障碍的症状就越少。因此,对患者进行心理护理的同时,还应对其家属进行心理指导,使他们更能关爱、理解、支持患者,否则患者会感到无助。

### （十）预防感染

在女性患者中,大便失禁粪便污染内裤,粪便反复刺激、污染尿道口、阴道口,可引起逆行感染,加重了患者的痛苦。应告知患者勤换洗内裤;勤清洗尿道口、阴道口保持干净和干燥;多饮水。并告知患者尿路感染和阴道感染的临床表现,一旦出现及时就医。

### （十一）皮肤护理

详见第六节失禁相关性皮炎的预防与处理。

### （十二）失禁护理辅助用品

详见第六节失禁相关性皮炎的预防与处理。

（徐洪莲）

# 第六节　失禁相关性皮炎的预防与处理

**学习目标**

完成本节内容学习后,学生将能:
1. 复述失禁相关性皮炎的定义和主要发生部位。
2. 列出失禁相关性皮炎的预防和护理措施。
3. 描述失禁相关性皮炎与压疮的区别。
4. 熟悉失禁护理辅助用品的性能和临床应用。

## 一、失禁相关性皮炎的概述

失禁相关性皮炎（incontinence associated dermatitis,IAD）是潮湿相关性皮肤损伤（moisture-associated skin damage, MASD）的一种,是便失禁和/或尿失禁患者常见的皮肤问题。2007年,Gray 等将 IAD 定义为由于慢性或反复接触尿液或粪便,而导致皮肤出现以红斑,伴或不伴水疱、侵蚀或皮肤屏障作用缺失等为主要的表现的炎症反应。IAD 主要发生于会阴部、骶尾部、臀部、腹股沟、男性的阴囊、女性的阴唇、大腿内侧及后部。目前文献中与 IAD 相关的术语有18 个之多,其中最常用的包括尿布性皮炎、尿布疹、皮肤浸渍、会阴部皮炎及潮湿性皮炎等。

### （一）病因学

IAD 的发生主要是由于皮肤反复受到物理、化学因素刺激导致皮肤屏障功能受损,从而出现皮肤炎症甚至损伤。IAD 的发生是多种因素共同作用的结果,包括刺激物的类型、皮肤表面 pH 的改变、微生物的存在、反复不恰当地清洁皮肤等。IAD 发生的病理生理过程（图 5-6-1）。

```
                          ┌──────────┐
                          │   潮湿    │
                          └──────────┘
        ┌───────────┬──────────────┬──────────────┬──────────────┐
   ┌────────┐   ┌────────┐     ┌────────┐     ┌────────┐
   │  尿液   │   │  粪便   │     │  双失禁 │     │ 频繁清洗 │
   └────────┘   └────────┘     └────────┘     └────────┘
  ┌──────────┐ ┌──────────┐  ┌──────────┐   ┌──────────┐
  │↑尿素氨    │ │↑粪便酶活性 │  │↑尿素氨    │   │ 化学刺激  │
  │↑pH       │ │↑pH       │  │↑pH       │   └──────────┘
  │↑微生物    │ │↑微生物    │  │↑粪便酶活性 │       +
  └──────────┘ └──────────┘  │↑微生物    │   ┌──────────┐
                             └──────────┘   │ 物理刺激  │
                                            └──────────┘
  ┌──────────┐
  │↑皮肤渗透性 │◄──────────────────────────────────────
  │↓屏障功能   │
  └──────────┘
        │       ┌──────────┐      ┌──────────┐
        ├──────►│ 细菌过度生长 │─────►│  皮肤感染  │
        │       └──────────┘      └──────────┘
        │              ┌──────────┐
        └─────────────►│  脆弱皮肤  │◄─────────
                       └──────────┘
                            │       ┌─────────────────────────┐
                            │       │摩擦：在器械、衣服、床或轮椅  │
                            │       │表面揉搓会阴部皮肤。        │
                            ▼       └─────────────────────────┘
                       ┌──────────┐
                       │ 失禁性皮炎 │
                       └──────────┘
```

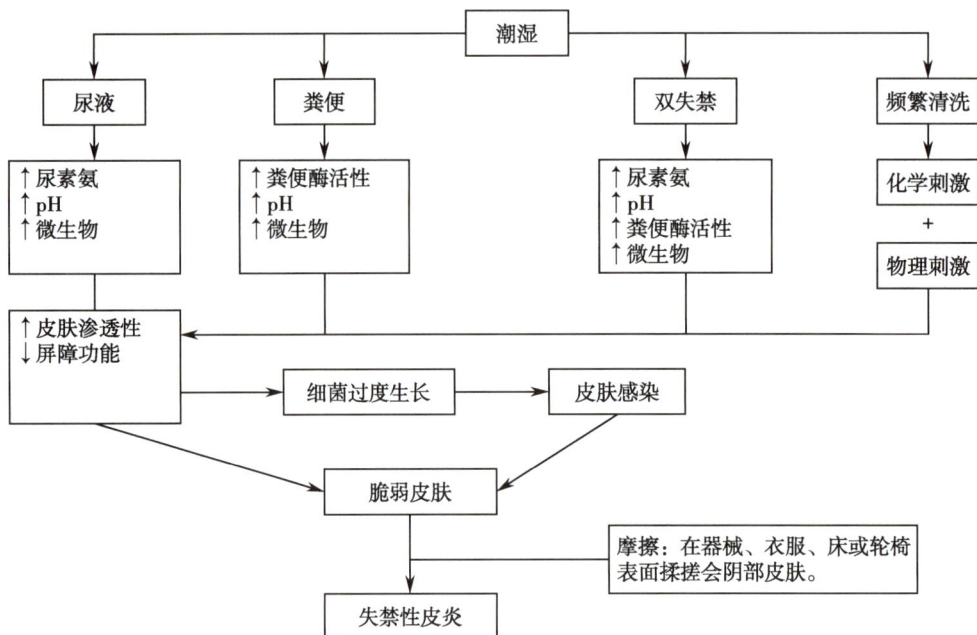

图 5-6-1　IAD 发生的病理生理过程

1. IAD 的病因

（1）角质层与皮肤屏障功能：正常皮肤的主要屏障位于表皮的最外层－角质层，由 15~20 层角质细胞组成。角质细胞嵌入脂质中构成类似砖墙的结构，角质细胞相当于砖块，细胞间脂质相当于砂浆。这一结构对于调节角质层水分的平衡起到重要作用，既保证角质层有足够的水分，同时避免过度水化。角质细胞中含有的各种蛋白、糖类及其他成分共同组成天然保湿因子（natural moisturising factor, NMF），后者有助于整个结构的水合从而使得屏障功能更加有效。

（2）pH 在皮肤的屏障功能、角质层聚合及皮肤常驻菌群的调节中均起到重要的作用。健康皮肤是弱酸性的，pH 通常在 4~6。皮肤 pH 的增加会引起角质层肿胀，增加皮肤的渗透性，增加细菌定值的风险，破坏脂质的硬度，从而降低皮肤的屏障功能。

（3）失禁对皮肤屏障功能的影响：当患者存在失禁时，来自尿液和 / 或粪便的水分进入并保存在角质细胞，这种过度水化会引起角质层肿胀，同时结构受损，最终导致肉眼可见的皮肤改变（如浸渍）。在过度水化的情况下，刺激物更容易穿透角质层，使得炎症反应加重。同时在过度水化的情况下，表皮更容易因摩擦力（如接触衣物、尿垫等）而受损。

当皮肤与尿液和 / 或粪便接触时，皮肤中含有的细菌会将尿素类物质（尿中蛋白质的代谢产物）转化为氨，从而使得皮肤变为偏碱性。皮肤 pH 的增加很可能会使微生物快速生长从而增加皮肤感染的风险。粪便中含有脂肪分解酶和蛋白水解酶，二者均能破坏角质层。由于液体粪便中含有更多的消化酶，因此比固体粪便破坏性更大。同时这些酶能作用于尿素并产生氨气，从而进一步增加尿失禁患者皮肤的 pH。而在 pH 较高的情况下，酶的活性更高，因此皮肤损伤的风险更高。这也可以解释为什么尿便双失禁患者的皮肤刺激症状比单纯尿失禁或便失禁更严重。

（4）外部因素对 IAD 形成的影响：失禁导致皮肤屏障功能受损，如果处理方式不当，则会进一步加快 IAD 的形成。这些不当的处理方式包括：失禁产品更换次数过少使得皮肤长期暴露于尿液和 / 或粪便；失禁收集装置将水分保持在皮肤表面从而加重水化，尤其是应用含有塑料底衬的装置时；用水和肥皂频繁清洁皮肤会损伤角质细胞，带走脂质，加剧干燥及增加摩擦，从而破坏皮肤的屏障功能；简单粗暴的清洗技术会增加摩擦力，损伤皮肤。

2. IAD 的高危人群及危险因素　IAD 发生的主要原因是大小便失禁，因此尿和 / 或便失禁的患者均为高危人群。IAD 的发生是多种因素共同作用的结果。只有有效识别 IAD 发生的风险因素，才能主动采取预防措施，从而降低 IAD 发生率。

（1）IAD 危险因素评估量表：为了全面评估 IAD 发生的风险因素，有学者设计了会阴部评估工具（Perineal Assessment Tool）用于评估 IAD 发生的风险。该工具包括刺激物的类型和强度（成形粪便、液体样粪便、尿液等）、接触时间、会阴部皮肤状况和其他相关因素（如抗生素的应用、低蛋白血症）等 4 个维度（表 5-6-1）。

表 5-6-1　会阴部评估工具

| 评估项目 | 1 分 | 2 分 | 3 分 |
| --- | --- | --- | --- |
| 刺激物类型 | 成形的粪便和 / 或尿液 | 软便混合或未混合尿液 | 水样便和 / 或尿液 |
| 刺激时间 | 床单 / 尿布至少每 8 小时更换 | 床单 / 尿布至少每 4 小时更换 | 床单 / 尿布至少每 2 小时更换 |
| 会阴皮肤状况 | 皮肤干净、完整 | 红斑、皮炎合并或不合并念珠菌感染 | 皮肤剥落、糜烂合并或不合并皮炎 |
| 影响因素：低白蛋白、感染、鼻饲营养或其他 | 0~1 个影响因素 | 2 个影响因素 | 3 个（含）以上影响因素 |

注：总分 4~12 分，分数越高表示发生失禁性皮炎的危险性越高。总分在 4~6 分属于低危险群；7~12 分属于高危险群

（2）IAD 危险因素：尽管存在 IAD 风险评估工具，但在临床中并不常用。2015 年 IAD 国际专家共识推荐对高危患者进行全面风险评估，并提出增加 IAD 发生风险的因素包括：①失禁类型：大便失禁（腹泻 / 成形粪便）、粪便失禁、尿失禁；②失禁频次（尤其是便失禁）；③应用封闭性收集产品；④皮肤状况差（由年龄 / 激素应用 / 糖尿病等导致）；⑤移动能力受限；⑥认知受限；⑦个人卫生状况执行能力差；⑧疼痛；⑨体温升高；⑩药物（抗生素、免疫抑制剂）；⑪营养状况差；⑫病情危重。

IAD 专家一致认为，即使没有其他危险因素，只要存在尿失禁和 / 或便失禁，都应该立即实施适宜的 IAD 预防措施，以避免皮肤暴露于尿液和粪便，从而预防 IAD 发生。

（二）IAD 流行病学

IAD 是大小便失禁患者的常见问题，研究报道中其发生率有很大差异。国外报道其患病率在 5.6%~50% 不等，发病率在 3.4%~25% 不等。目前尚缺乏国际间可比的数据。不同的照护机构及人群中，IAD 发生率亦存在较大差异。如有学者查阅了护理院 59 558 例患者记录，得出 IAD 发生率为 5.7%。有报道显示 ICU 失禁患者中 IAD 的发生率高达 50%~86.7%。目前我国对于 IAD 患病率研究较少。2016 年，朱文等对我国 6 省 10 所三级甲等医院共 12 434 例

成人患者进行的多中心研究发现,成人住院患者失禁患病率为 3.21%,其中尿失禁患病率为 1.21%,便失禁患病率为 0.38%,尿便双失禁患病率为 1.62%。IAD 患者 105 例,患病率为 0.84%,在失禁患者中的发生率为 26.32%。

一些研究给出了 IAD 出现的时间,然而不同患者群体 IAD 出现的时间不同。如一项基于护理院的研究发现 IAD 发生的平均时间为 13 天(6~42 天)。而另一项基于重症监护室患者的研究则发现 IAD 出现的平均时间为 4 天(1~6 天)。可见重症监护室患者更易快速发生 IAD。

### (三)IAD 的临床表现

全面询问病史和视诊是诊断 IAD 的主要手段,评估时应注意明确病因,尤其对于严重病例,这有助于区分 IAD 和 1、2 期压力性损伤。

1. IAD 评估 所有尿失禁伴或不伴便失禁的患者均应接受定期皮肤评估,评估频率每天最少 1 次或根据失禁频率而定。所有可能受损的区域都应该检查,包括会阴部,外生殖器周围区域,臀部,臀裂,大腿,下腰区,下腹部和皮肤皱褶(如腹股沟)。所有部位均应评估是否存在如下症状:浸渍,红斑,损伤(水疱、丘疹、脓疱等)侵蚀及皮肤真菌或细菌感染征象。

2. IAD 的临床表现 IAD 的临床表现可以从完整皮肤(不同程度的皮肤红斑),浸渍和水肿,皮肤结构的缺失和侵蚀,直至出现皮下伤口。2012 年,Nancy 将 IAD 临床表现分为轻、中、重三级,轻度表现为皮肤完整,有轻度红斑,患者有轻度不适;中度表现为皮肤轻度红斑,伴有小范围部分皮层受损,可能有小水疱,患者诉疼痛和不适;重度表现为皮肤严重红斑,伴有皮疹,更大范围皮肤受损,大水疱及渗出,同时患者疼痛明显。

3. IAD 严重程度评估量表 为了评估 IAD 的严重程度,有学者设计了 IAD 严重程度量表(Incontinence-associated dermatitis and its severity,IADS),从 4 个方面评估 IAD 的严重程度,包括易发生 IAD 的 13 个部位;各部位的皮肤红斑现象;皮肤是否缺失及是否有皮疹,并为不同情况分别附加图片,并赋以相应的分值,根据总分可以判断 IAD 的严重程度。其他的 IAD 严重程度评估工具还包括会阴部皮炎等级量表(Perineal Dermatitis Grading Scale)、IAD 皮肤状况评估量表(IAD Condition Assessment Tool)、IAD 评估和干预量表(IAD Assessment and Intervention Tool,IADIT)等。

2015 年,考虑到现有 IAD 评估工具太耗时和复杂,不适用于医疗机构常规应用,同时考虑到增加皮肤照片资料会提高观察效果,Clarke-O'Neill 提出了一种更加简便的分级系统,IAD Categorization tool(表 5-6-2),共包含 3 个等级。IAD Categorization tool 可能更便于临床决策、记录及科研,但该工具本身的信效度还需要进一步验证。

表 5-6-2 IAD Categorization tool

| 等　级 | 描　述 |
| --- | --- |
| 0 级—没有红斑,皮肤完整(有 IAD 风险) | 和身体其他部位比较,皮肤正常(没有 IAD 的征象) |
| 1 级—有皮肤红斑,但皮肤完整(轻度) | 伴或不伴有水肿 |
| 2 级—有皮肤红斑,同时伴有皮肤破损(中-重度) | 在 1 级基础上,伴或不伴有囊泡/大疱/皮肤侵蚀/裸露皮肤/皮肤感染 |

### （四）失禁相关性皮炎和压力性损伤

1. **失禁相关性皮炎（IAD）和压力性损伤（pressure injury，PI）的关系**　IAD 与 PI 的发生原因不同，但二者经常同时存在，过去曾经有人将 IAD 归为 1 期或 2 期压力性损伤。2014 年，美国压疮顾问小组和欧洲压疮顾问小组（NPUAP/EPUAP）制定的压力性损伤指南及 2015 年国际失禁性皮炎小组制定的 IAD 指南中均明确提出需要正确鉴别失禁性皮炎和压力性损伤。

尽管部分皮层损伤期压力性损伤的临床表现和失禁性皮炎类似且二者可能同时存在，但它们的病因学存在很大的区别。IAD 是自上而下（top-down）的损伤，即损伤是从皮肤表面开始的，而压力性损伤被认为是自下而上（bottom-up）的，即损伤通常是从皮内或皮下软组织开始的。已有的研究证明 IAD 是 PI 发生的风险因素，但到目前为止，IAD 和 PI 之间的关系还不是很清楚。

2. **失禁相关性皮炎和压力性损伤的鉴别**　由于 IAD 与 PI 常发生于相同的部位（臀部），1 期、2 期 PI 与 IAD 外观相似，而且经常同时出现，许多护士难以鉴别。Beeckman 等调查了 1217 名不同国家护士对 IAD 与 PI 图片的鉴别能力，发现仅有 44.5% 的图片能被正确鉴别。IAD 和 PI 护理措施不同，如果鉴别有误，护士则会采取错误的护理方法，从而影响伤口愈合。因此正确鉴别 IAD 和 PI 则显得非常重要。二者主要区别集中在形成原因、部位和皮肤损伤的外在表现（表 5-6-3）。

表 5-6-3　表浅压力性损伤与失禁性皮炎的鉴别

| | IAD | PI |
|---|---|---|
| 病史 | 存在大便和 / 或小便失禁 | 存在压力和 / 或剪切力 |
| 症状 | 疼痛、发热、痒、刺痛 | 疼痛 |
| 部位 | 位于会阴区、臀部、臀裂、大腿内层和后侧、背部下侧、可能覆盖骨隆突处 | 通常位于骨隆突处，或与医疗器械相关 |
| 形状 / 边缘 | 受损区域是弥漫的边界不清，可能有污渍 | 边界清楚 |
| 临床表现 / 深度 | 皮肤完整伴有红斑（压之褪色或不褪色），伴或不伴表浅的，部分皮层缺失 | 临床表现从压之不褪色的完整皮肤到全层皮肤缺失<br>伤口基底可能有失活组织 |
| 其他 | 可能存在继发性浅层皮肤感染（如念珠菌感染） | 可能存在继发性软组织感染 |

（李会娟）

## 二、失禁相关性皮炎的预防

随着我国护理事业不断向专业化、精细化方向发展，对于失禁性皮炎的预防与治疗措施也正在向着标准化、流程化迈进。建立标准化的失禁性皮炎的预防流程是有效预防失禁性皮炎发生的重要前提。

为了更加有效地防止患者出现失禁相关性皮炎，护理人员应当筛查出临床易发生 IAD 的高危人群，通过评估与判断，了解其目前存在的 IAD 的风险因素，进而给予患者有针对性的预防措施。

### （一）发生失禁性相关性皮炎的高危人群

1. **大 / 小便失禁患者**　无论出现何种形式的失禁，均应引起护理人员重视。

2. 频繁腹泻患者　24 小时内出现 3 次以上无法控制的水样便患者,尽管患者可感知有排泄物排出,但无法控制。

3. 皮肤存在压疮或曾经出现压疮 / 失禁相关性皮炎但目前已经愈合的患者。

4. 留置尿管但尿管漏尿患者。

对于以上人群,护理人员均应提高警惕,给予充分评估,以掌握患者目前存在的导致失禁相关性皮炎的风险因素,降低排泄物对皮肤的刺激,以及通过与医生协作,改变患者失禁的状况,防止失禁性皮炎的发生。

### （二）引起失禁相关性皮炎的风险因素及评估

引起失禁相关性皮炎的首要因素是患者出现大 / 小便的失禁或存在排泄物频繁刺激皮肤的现象,此时如患者同时伴有活动功能障碍;认知障碍;清洁排泄物的自理能力下降;病情危重;营养状况差;发热;使用抗生素、免疫抑制剂等情况,患者发生失禁相关性皮炎的风险因素将升高。

针对患者存在的 IAD 风险因素评估,在 2002 年由 Nix 等制定了会阴部评估工具（perineal assessment tool, PAT）最早用于评估住院患者发生会阴部皮肤损伤的风险,其由 4 个测量条目组成:

（1）刺激物的类型和强度（成形粪便、液体样粪便、尿液等）。

（2）皮肤受刺激的持续时间。

（3）会阴部皮肤的情况。

（4）增加腹泻风险的相关因素（低蛋白血症、抗生素的使用、鼻饲）。每个条目计分为 1~3 分,总分 4~12 分,评分越高表示发生 IAD 风险越大。评分在 4~6 分被认为是低风险,7~12 分则是高风险。

尽管临床已开发出针对失禁相关性皮炎的风险评估工具,但这些工具并未广泛应用于临床。在失禁相关性皮炎最佳实践原则中也提出不建议再为 IAD 设计风险因素评估量表。而应当在患者出现失禁表现时,不管患者是否存在其他风险因素,均应采取预防措施。正因为如此,护理人员对发生 IAD 的高危患者进行评估的目的是通过评估筛选出目前患者存在的引起 IAD 的风险,并针对这些风险因素及时有效的与医生沟通,共同制订对策,从根本上降低患者发生 IAD 的风险。

1. 全面评估,减少刺激源　评估内容分为全身情况评估及局部情况评估。

（1）全身情况评估:评估内容包括患者自理能力、病情、排泄物性质等。

1）自理能力:患者能否感知排泄;能否自行如厕。

2）病情:了解患者的既往病史和现病史,以及其他导致失禁的病因,如使用肠内营养、使用的抗生素、是否使用导泻药物、白蛋白、血色素等化验室指标。

3）营养状况。

4）患者自身的皮肤状况。

5）有无体温升高。

（2）局部情况评估:包括排泄物性状、清洁用物的评估及局部皮肤的评估。

1）排泄物的性质:包括患者失禁的类型、排泄的频次等。

2）清洁用品的评估:包括目前患者使用的清洁局部皮肤产品的目的、材质、使用方法。

3）局部皮肤的评估:包括患者局部皮肤颜色、皮温,、患者是否感到疼痛。

评估的部位包括会阴、生殖器周围、臀部、大腿、下腹和腹股沟等被排泄物浸渍的所有部位。在给予患者进行局部皮肤评估时,应考虑到患者易发生失禁相关性皮炎部位的特殊性,被排泄物浸渍的皮肤皱褶处或可能藏污纳垢之处也应进行评估。

经过对患者全身及局部情况的评估,其影响因素越多说明发生失禁相关性皮炎的危险性越大。

2. 评估时机　高危患者入院后应在 24 小时内进行评估,且每天至少进行一次评估,但应根据患者失禁的频率进行调整。

3. 正确区分失禁相关性皮炎与其他皮肤疾病　从临床表现中看,失禁相关性皮炎极易与压力性损伤的 1、2 期、接触性皮炎、单纯疱疹或皮肤皱褶处皮炎相混淆。能够正确识别出失禁相关性皮炎决定了是否能够给予患者适当的处理。对于失禁相关性皮炎与压力性损伤的对比详见相关章节介绍。

### （三）失禁性皮炎的预防

对发生 IAD 的高危患者进行充分评估后,应及时采取相应措施以预防失禁性皮炎的发生。

1. 治疗原发疾病　通过评估,与主管医生共同查明患者失禁原因,协助医生治疗可逆的病因,如对患者进行如厕技巧培训或进行液体摄入管理。尽量缩短患者失禁的时间。

2. 有效收集排泄物,减少皮肤浸渍于排泄物中　根据排泄物的不同性质,应使用不同类型工具有效收集排泄物。如尿失禁患者留置导尿管、指导患者使用尿套;便失禁患者使用肛管、一件式造口袋、粪便收集装置等。具体失禁辅助用品另有章节将进行详细介绍。

3. 对皮肤进行结构化护理方案　对皮肤进行的结构化护理方案包括清洗、保护和修复。

（1）清洗:及时清洗被排泄物浸渍的皮肤,缩短排泄物对皮肤造成刺激的时间。清洗时动作应轻柔,避免用力擦洗;临床护理工作中传统使用 2% 肥皂水对会阴处皮肤进行清洁。但由于皮肤表面 pH 均值为 5.5,而碱性的肥皂水会改变皮肤表面的弱酸性环境,从而影响角质层的生理功能,因此应选用靠近皮肤 pH 的清洗液。患者使用的毛巾、水盆等私人物品应定期更换,避免毛巾表面过于粗糙,对患者的皮肤带来的二次损伤。

（2）保护:选用带有滋润功能的皮肤保护用品,使角质层与潮湿环境或刺激物之间形成保护层。临床常用皮肤保护剂详见表 5-6-4。

表 5-6-4　常用皮肤保护剂特点

| 种类 | 特性描述 | 优点 | 缺点 |
|---|---|---|---|
| 二甲硅油（油膏） | 以硅为基底材质的合成油 | 皮肤滋润水合功效明显 | 对刺激物的防护效果一般,特别是低浓度时 |
| 凡士林（油膏） | 石油加工而得 | 对刺激物有很好的防护作用,防止皮肤浸渍 | 对皮肤滋润水合效果一般 |
| 氧化锌（油膏） | 白色粉末与乳霜呈油膏混合 | 对刺激物有很好的防护作用 | 不能防治皮肤浸渍,比较弱的皮肤滋润水合,很难从皮肤上移除 |
| 丙烯酸酯三聚物 | 保护性的皮肤屏障 | 无酒精配方可减少疼痛,抗水洗,减少使用频率 | 价格相对较高 |

在为患者选用皮肤保护剂时应考虑到所选产品应与患者目前使用的皮肤护理产品无配伍禁忌、患者经济情况等个体化因素。使用保护剂范围应用在排泄物浸渍的所有皮肤部位上。

（3）修复：在给予患者选择润肤剂时应注意不是所有的润肤剂都有修复皮肤保护层的作用，保湿剂不可用于已经浸渍的皮肤上。在清洗和保护阶段，如清洗剂或保护剂已有修复作用，则不必再单独选择修复产品。当失禁患者合并真菌感染时，应请皮肤科会诊，遵医嘱使用抗真菌药物。但应注意使用抗真菌药物时，务必使真菌药物直接接触患者皮肤。

4. 患者家属的健康教育　失禁相关性皮炎为患者、患者家庭、护理单元均带来了不良影响。发生失禁性皮炎患者往往缺乏自我照护能力，因此对于家庭照护者的健康教育尤为重要。应指导照顾者正确预防失禁性皮炎的预防方法，减少由此给患者带来的痛苦。

（马 蕊）

## 三、失禁相关性皮炎的治疗和护理

失禁相关性皮炎（IAD）是失禁患者常见的皮肤并发症，一部分失禁患者可以通过及时合理的护理干预措施有效预防 IAD 的发生。另一部分患者则需要解决和改善失禁、治疗 IAD 等，如遵医嘱予以药物干预及理疗、电刺激甚至等待手术。

当出现 IAD 后，医护人员应对患者进行全面评估和相关检查，鉴别判断 IAD 的种类和严重程度。对重度 IAD 患者应及时申请相关专科医生进行会诊，并根据患者情况制订个性化治疗护理计划；对患者和陪护人员进行 IAD 的预防、相关的日常护理方法等健康教育，促进 IAD 的尽早愈合。

### （一）护理诊断
1. 湿性环境相关性皮炎
2. 皮肤完整性受损
3. 皮肤感染
4. 组织完整性受损
5. 不舒适

### （二）治疗原则
重视并积极消除病因，明确与其他皮肤炎的鉴别诊断。保持局部清洁干燥，治疗皮肤炎症及侵蚀面，祛除感染，皮肤有感染和继发感染的局部应用抗生素。

1. 明确病因　积极寻找病因，皮肤科医生协助会诊、鉴别诊断。必要时做皮肤微生物培养。女性患者会阴部皮炎严重、有异味等需请妇科会诊，必要时行阴道分泌物涂片，排除特异性外阴炎、前庭大腺炎、滴虫阴道炎等。应用尿布或尿不湿的患者，还应鉴别接触性皮炎、湿疹特应性皮炎等。

2. 药物治疗　①聚维酮碘液或高锰酸钾液，冲洗会阴部。②会阴部红肿明显可外用炉甘石洗剂。③皮炎患处渗出多时，可用3%的硼酸溶液湿敷。有少量渗出时可用糖皮质激素糊剂或氧化锌膏涂擦。④有感染时涂抗生素软膏：如莫匹罗星、硫酸庆大霉素等，真菌感染后应用抗真菌制剂，如氟康唑或布替萘芬，可治疗皮肤念珠菌感染。复方克霉唑乳膏、克霉唑为广谱抗真菌药物，能够破坏真菌细胞膜，杀灭真菌，用以预防及治疗伴随皮肤炎症的真菌感染。⑤中医药疗法:可用中草药水煎敷洗。紫草油、皮炎汤湿敷(以黄柏、地榆、马齿苋、地肤子入药)龙血竭粉末、皮肤康洗液(皮肤康洗液为一种中药外用治疗多种皮肤疾病的药品,其主要成分为金银花、蒲公英、马齿苋、土茯苓、大黄、赤芍、地榆、蛇床子、白鲜皮、甘草)均具有清热解毒、凉血除湿、杀虫止痒等功能。

3. 物理治疗　申请康复理疗科会诊,选用微波或红外线局部物理治疗达到局部消炎收敛抗感染,促进皮肤愈合的功效。

4. 局部氧疗　失禁性皮炎局部氧疗,可应用在每次局部清洗之后,氧流量调节 4~6L/min,给氧时间 5~10min/ 次或待局部干燥即可。局部氧疗对无完整血供的浅表伤口起到纠正伤口中心细胞的低氧压($PO_2$)并改善其原型烟酰胺腺嘌呤二核苷酸磷酸(NADPH)氧化酶功能的作用。

5. 失禁护理辅助用品见本章第六节失禁护理辅助用品。

**(三)护理**

1. 评估患者 IAD 分期及严重程度。

2. 根据 IAD 分期给予相应皮肤护理

(1)皮肤的清洗、保护、修复详见本章第六节中失禁相关性皮炎的预防。

(2)遵医嘱局部治疗用药,使用要合理规范。皮肤用药方法:①患者大小便后先用软湿巾纸初步清洁会阴部及肛周,然后用生理盐水冲洗,用无菌纱布轻蘸干或氧疗。②用皮肤康洗液清洗局部皮肤,等待皮肤干燥。③用棉签蘸取备用的复方克霉唑乳膏,涂抹皮炎患处,超过皮炎范围 2cm,厚度以乳膏刚盖过肤色为宜,避开尿道、会阴、阴道、肛门。

3. 护理记录及时,描述规范,可拍照片图像记录。

4. 失禁用品选择合理适宜,必要时请专科护士会诊指导。

5. 其他

(1)饮食护理:避免刺激性食物以减少腹泻。

(2)清洁产品选择。

(3)皮肤清洁频率。

(4)局部干燥方式的选择。

(5)辅助器具的观察及正确使用:容器、造口袋、内置的卫生棉条、尿管或大便引流装置的管理及并发症的预防。

(6)皮肤保护剂的合理选择和应用:油剂、粉剂、膏剂、透明膜、超薄敷料类、无痛皮肤保护膜类等。

6. 失禁性皮炎创面再发压疮的预防　受压部位的评估与体位垫的选择,定时给予患者进行体位变换及减压,保证接触患者皮肤的护垫材质的吸收性和透气性,同时注意选择清洁、平整、防摩擦的床单面料。

**(四)健康教育**

1. 加强陪护人员对 IAD 的认识、评估及治疗护理知识的培训。

2. 根据失禁患者皮炎情况告知实施个体化护理的目的和方法;针对患者的失禁对患者和家属进行健康宣教,正确指导其如何做好 IAD 的预防和护理等。

3. 正确指导陪护人员对 IAD 患者局部的日常护理,避免物理机械性刺激加重患者的皮肤受损。指导选择局部皮肤清洗的方法和擦拭手法,动作力度轻柔。床单位清洁平整干燥。

更换体位、搬动患者时,避免拖拉拽。

4. 协助陪护人员选择擦拭失禁物的纸巾湿巾等用品,告知患者家属看护垫巾及纸尿裤的选择要点。必要时教会陪护人员失禁用品的注意事项。

（田　丽）

## 四、失禁护理辅助用品

尿失禁患者在积极诊断失禁程度后,遵医嘱予以药物干预及理疗电刺激甚至等待手术,往往在治疗期间仍然需要进行尿液的收集,可以根据患者的自理情况及经济能力考虑下述的护理用品。在应用尿失禁辅助器具前,需要评估患者的失禁程度（包含失禁的种类、失禁量、失禁发生的时间）,患者的活动情况（长期坐轮椅、卧床、需要人协助、自理）,智力情况（正常、混乱）,肢体灵活程度,个人喜好及经济情况等。全面评估患者,选择一种适合的尿失禁辅助器具。

1. 成人尿片、纸尿裤、护理垫　注意选择合适的尺码,关注舒适感,评估吸水能力、隔水能力、能否保持皮肤干爽,粘贴设计、防漏隔边的设计。定时检查纸尿裤的饱和程度及皮肤情况,每次更换纸尿裤时,用温水清洗会阴,用柔软的棉布拭干,发现皮肤异常及时予以干预,预防失禁相关性皮炎及压疮的发生。

2. 尿套　只适合男性患者,皮肤敏感患者禁用。多以橡胶制造,套于阴茎上,再接尿袋。使用时注意选择合适的尺码,尿套必须每日更换,更换时用温水清洗会阴,注意皮肤情况,观察有无伤损发生。连接尿袋后,尿袋要放于低于尿套的位置,注意尿套和尿袋的管路切勿打折。

3. 保鲜袋收集尿液法　适用于男性脑卒中后卧床患者,优点是经济、方便取用、便于家属与照护人员掌握,相较于侵入性操作,可降低感染概率。对于非持续性尿失禁的患者可根据小便规律选择套袋时间,一般可间隔 30~60 分钟,每日温水清洁会阴部皮肤,阴茎、龟头、包皮 2~4 次,即可保持患者局部皮肤清洁干燥。保鲜袋系结时注意松紧适宜,留一指空间为宜,避免过紧影响阴茎血液循环。对于长期套袋的患者,应每两小时观察一次,及时更换倾倒尿液。

4. 留置尿管　保持尿管引流通畅,避免扭曲打折,尿袋低于膀胱水平,预防尿液反流。每日两次尿道口护理,每周至少更换两次尿袋;长期留置尿管者,每月更换尿管一次。床上翻身改变体位时,注意尿袋悬挂位置,预防过度牵拉导致尿管脱出。如需锻炼膀胱容量,定时夹闭尿管,每两小时放尿一次。指导患者及照护人员观察引流出的尿液颜色、性质、量,如有异常,及时通知医生,居家患者需门诊随诊治疗。

（陈玉果　赵利红）

# 第三篇

# 专科技能与操作

# 第六章 造口护理相关操作

## 第一节 造口定位

造口定位是指根据患者的病情、手术方式及腹部皮肤情况,在手术前与患者共同选择一个合适的造口位置,为手术医师术中选择造口位置提供依据。

### 一、使用范围

#### (一)适应证

1. 低位直肠癌、肠梗阻、直肠吻合口瘘等拟行肠造口手术者。
2. 结肠癌根治拟行预防性回肠造口手术者。
3. 婴幼儿先天性肠疾患拟行肠造口手术者。
4. 直肠癌侵及前列腺、膀胱需行全盆腔清除术或膀胱癌等拟行泌尿造口手术者。

#### (二)禁忌证

危急重症等需急诊手术者。

### 二、操作流程与步骤

#### (一)用物准备

量尺、不同规格的造口底盘或模型、手术记号笔。

#### (二)患者及环境准备

1. 患者了解定位的目的、过程和配合方法。
2. 室内温度和光线适宜,注意保护患者隐私。
3. 患者按需排尿排便。

#### (三)操作流程

1. 评估患者

(1)拟手术方式及手术切口位置。

(2)病情、意识、合作程度、家庭支持程度、视力、手的灵活度、工作特点、衣着习惯(腰带位置)、假肢位置、特殊动作等。

(3)腹部外形及皮肤情况,有无皱褶、陈旧的手术瘢痕或疝等。

2. 预选造口位置

(1)确定腹直肌外缘:协助患者平躺,双手置于枕后,抬头看足尖,将双手五指并拢,左右手小鱼际分别触及两侧腹壁垂直下压探找腹直肌外缘。

(2)找菱形区:①上腹部造口:剑突、肚脐、左右第十肋缘连线构成的菱形区;②下腹部造口:肚脐、耻骨上缘、左右髂嵴(髂前上棘)连线构成的菱形区。

（3）宜在菱形区内腹直肌上选出符合定位原则的预造口位置。

1）患者自己能看见。

2）足以贴袋子的平坦腹壁,避开陈旧的瘢痕、皮肤皱褶、肚脐、腰围和骨突部位。

3）特殊患者需考虑其个性化因素:①身体肥胖腹部隆突明显者:造口位置需上移抬高;②坐轮椅者:坐轮椅上进行定位;③穿戴义肢、上肢功能不全者:穿戴好辅助器材进行定位;④婴幼儿:综合考虑生长发育对造口位置的影响,新生儿需避免脐带污染,位置勿过低;⑤有腹部皮肤疾病者:综合考虑皮肤科医师的建议;⑥腹部开放性损伤者:手术医师酌情选定;⑦同时需做两个造口者:间距尽量大,泌尿造口位置尽量高于结肠造口位置。

3. 确定造口位置

（1）选择好预造口位置后,协助患者侧卧、蜷曲、坐位、站立、前弯腰、后伸展等动作,以便于粘贴造口袋和护理为原则,适当调整造口位置。

（2）选择适合患者的造口底盘,调整并确定造口位置（尽量避开骨隆突、脐部、手术切口等）。

4. 标识造口位置　用手术记号笔在确定的造口位置处进行标识,直径 1~2cm。

5. 协助患者取舒适体位,整理床单位。

6. 整理用物,洗手。

### 三、观察要点

1. 造口定位前,仔细观察患者腹部的外形、皮肤情况、视力及手的灵活度等。

2. 做好心理护理,定位前后,患者都可能存在不同的心理变化,及时关注、发现并及时解决。

3. 最好于手臂前掌侧面贴敷小块拟应用的造口底盘黏胶材质试敏。

（田　丽）

# 第二节　造口袋的排空及清洁

将造口袋内容物排空并清洁造口袋,以免造口袋内容物过多引起脱落,减少异味,提高造口者的舒适度。

### 一、使用范围

适用于使用造口袋的造口者。

### 二、操作流程与步骤

#### （一）用物准备

治疗车上层:检查手套、造口护理用品（按需）、卫生纸、垫巾。

治疗车下层:垃圾袋、量杯。

### （二）患者及环境准备

1. 尊重患者意愿,可在病房内或卫生间内完成。

2. 温度和光线适宜,注意保护患者隐私。

### （三）操作方法

1. 评估患者的病情、合作程度、心理状况、造口类型、位置、大小、使用造口袋的类型、造口袋内容物的颜色、性状、气味。

2. 协助患者取舒适体位,暴露造口部位,造口袋下铺垫巾。

3. 戴手套,将造口袋下端置于量杯内（若收集粪便,可在量杯内套垃圾袋）。

4. 将造口袋下端开放使其内容物引流至量杯,必要时双手在造口袋外自上向下方开口处轻轻挤压,以利于造口袋内容物的排出。

5. 排放完成后,观察引流出的排泄物的颜色、性状、气味及量,尽快封闭垃圾袋。

6. 清洁造口袋

（1）若为一件式造口袋,可用清水或无刺激的清洁剂冲洗造口袋内壁（避免液体浸渍造口底盘）,控干水分,用卫生纸擦干。

（2）若为两件式造口袋,可将造口袋取下后用清水或无刺激的清洁剂清洗,控干水分,放在阴凉处晾干,避免日光暴晒。

7. 夹闭造口袋下方开口。

8. 整理用物,脱手套,洗手。

## 三、观察要点

1. 造口患者在术后或康复初期,造口排泄物较稀薄且不易控制,需要选用可排放式造口袋,方便及时排空和清洁。

2. 造口袋内容量 1/3 满时,及时排空,以免造口袋内容物过多引起脱落。

3. 在一些特定时间段特别需要观察造口袋充盈的情况,如睡前、饭前、外出前、运动前、淋浴前、乘车或乘飞机登机前等时间段排空造口袋内容物是必要的,避免意外情况发生。

4. 根据排泄物黏稠度选择清洁造口袋的频率,如排泄物堆积在造口黏膜上或紧密粘贴在造口袋内壁,应选择每日进行造口袋清洗一次；如排泄物可顺利排空,造口袋较清洁干净无气味,可选择 2~3 天清洗造口袋一次。

（成　颖）

# 第三节　更换造口袋

更换造口袋是指将患者旧的造口袋连同底盘从造口处揭除,评估造口及其周围皮肤情况,再剪裁新的造口底盘并粘贴的过程,提高造口者的舒适度。

## 一、使用范围

适用于使用造口袋的造口者。

## 二、操作流程与步骤

### （一）用物准备

治疗车上层：检查手套、造口袋、造口量度卡尺 / 透明膜、造口护理用品（按需）、医用纱布 / 柔软的卫生纸、盛有温水的小碗、剪刀、垫巾。

治疗车下层：垃圾桶。

### （二）患者及环境准备

1. 患者了解更换造口袋的目的及过程。

2. 尊重患者意愿，可在病房内或卫生间内完成。

3. 温度和光线适宜，注意保护患者隐私。

### （三）操作方法

1. 评估患者

（1）患者的病情、合作程度、心理状况、经济状况。

（2）造口类型、位置、大小、使用造口袋的类型、造口周围皮肤状况、造口袋内容物的颜色、性状、气味。

2. 协助患者取舒适体位，充分暴露造口部位，在患者造口侧身下铺垫巾。

3. 戴手套，一手轻压皮肤，另一手由上至下慢慢揭除造口底盘，观察造口底盘浸渍变白的情况，同时询问患者有无不适。

1）若为一件式造口袋，将揭除的造口袋底盘对折弃入垃圾桶内。

2）若为两件式造口袋，先将造口袋与造口底盘分离，造口底盘弃于垃圾桶内，造口袋清洗后可重复使用。

4. 用纱布 / 柔软的卫生纸蘸温水，清洁造口及周围皮肤，遵循由外到内、环状清洁的原则，再用干纱布 / 柔软的卫生纸蘸干；清洁造口黏膜时动作轻缓，以防黏膜出血。

5. 观察造口及周围皮肤

（1）造口部位、类型、颜色、形状等。

（2）造口周围皮肤是否正常，有无发红、破溃等。

（3）有无并发症（常见为造口狭窄、脱垂、回缩、坏死、水肿、造口旁疝、皮肤黏膜分离等），若出现异常情况，报告医师，遵医嘱给予处理。

6. 测量造口大小

（1）若为圆形、椭圆形造口，用量尺沿身体长轴测量为造口根部长度，沿与长轴垂直的方向测量为造口宽度。

（2）不规则形造口用透明膜：将透明膜轻轻置于造口上描画出造口大小。

7. 在造口底盘上根据测量结果画线，用剪刀沿画线剪裁（一件式造口袋在剪裁时应撑开造口袋，防止戳破），裁剪的造口底盘孔径要比造口大 2mm，剪裁后用手指将底盘孔边缘捋平。

8. 保持造口周围皮肤的清洁干燥

（1）用干纱布 / 柔软的卫生纸蘸干造口周围皮肤。

（2）泌尿造口可用棉球 / 柔软卫生纸卷成烟卷状置于造口上。

9. 脱手套，揭开造口底盘保护纸下端，手勿触及底盘粘胶，将造口底盘由下而上粘贴，逐步揭除造口底盘剩余保护纸,将造口底盘全部粘贴于造口周围皮肤上。轻压造口底盘内侧周围,再由内向外侧加压,以保证粘贴效果。

10. 夹闭造口袋下方开口。

11. 协助患者取舒适体位,整理床单位。

12. 整理用物,洗手,记录患者/家属更换造口袋的参与情况、造口大小、形状、是否存在并发症及处理方法等。

### 三、观察要点

1. 观察造口及周围皮肤情况,若出现并发症,报告医师,遵医嘱给予处理。

2. 每次更换造口袋时均需测量造口大小,裁剪造口底盘的直径要比造口直径大 2mm,以防太大会造成皮炎发生,太小会摩擦刺激造口黏膜引起出血及肉芽肿等的发生。

3. 粘贴造口底盘后,轻压造口底盘内侧约 30 秒,以确保造口底盘与皮肤完全粘贴。

4. 为尿路造口患者粘贴造口袋时动作要迅速,换袋过程如有尿液排出,应及时擦除;也可将干棉球轻轻按压在造口上,吸收渗出的尿液。

5. 开口袋的尾端摆向,应根据患者的体位情况而定:平卧位选择横向、半卧位选择斜向、自由活动选择垂直摆向;儿童佩戴造口袋时,新生儿一般选择斜向、能自由走动的患儿一般选择垂直摆向。

6. 小儿学习转身、爬行、坐立、行走时,造口袋渗漏的机会增加,要注意观察。

（张玉姬）

# 第四节　结肠造口灌洗

结肠造口灌洗是指通过结肠造口注入一定量的温水,结肠扩张后反射性收缩,肠腔内的粪便和液体经造口排出体外的过程。定时进行结肠灌洗可训练患者规律排便,提高生活质量。

### 一、使用范围

#### （一）适应证

1. 大便排空没有规律、造口用品过敏、造口位置不当不能使用造口袋的降结肠或乙状结肠永久性单腔造口者。

2. 为造口者进行肠道准备。

#### （二）禁忌证

1. 结肠残留肿瘤者或肠道炎性疾病者（如肠道激惹综合征、克隆恩病、憩室病、放射性肠炎等）。

2. 小肠或横结肠、升结肠造口者。

3. 伴有造口旁疝、狭窄、回缩、脱垂等并发症者。

4. 有精神疾患和不能配合灌洗者。

5. 进行结肠灌洗后有高血容量的危险,因而心脏病和肾病是相对禁忌证。

## 二、操作流程与步骤

### （一）用物准备

治疗车上层:灌洗系统(集水袋、带流量控制开关的引流管、圆锥体灌洗头、袖式引流袋、腰带、固定环、夹子)、热开水、凉开水、温度计、量杯、润滑剂、手套、造口护理用品(按需)。

治疗车下层:垃圾袋、便盆。

### （二）患者和环境准备

1. 尊重患者意愿,可在病房内或卫生间内完成。

2. 将输液架安置在床旁或卫生间马桶旁。

3. 温度和光线适宜,保护患者隐私。

### （三）操作方法

1. 评估患者

（1）患者的病情、自理能力及合作程度。

（2）造口的类型、位置、大小及造口袋内容物的颜色、性状、气味。

2. 先将热开水倒入量杯,再加凉开水,用水温计测量水温 38~40℃（灌洗时 36~38℃）。

3. 关闭流量控制开关,将 38~40℃温水 1000ml 倒入集水袋中。

4. 协助患者取半卧位或坐在马桶上。

5. 将集水袋挂于输液架上,液面位于患者造口部位上 40~60cm,松开流量控制开关,排气至圆锥体灌洗头,关闭流量控制开关。

6. 戴手套,暴露患者造口部位,揭除造口袋,观察造口及周围皮肤情况,若有造口脱垂、造口旁疝等并发症,立即停止灌洗并报告医师予以处理。

7. 用涂有润滑剂的手指插入造口,以扩张造口和确定灌洗头插入的方向。

8. 将袖式引流袋底盘置于造口处,系腰带,将袖式引流袋与底盘连接,用固定环固定,袖式引流袋末端置于便盆内或马桶内。

9. 松开流量控制开关至少量液体流出润滑灌洗头,关闭流量控制开关,将灌洗头缓慢插入患者结肠造口内,轻轻施压使灌洗头紧贴结肠造口,防止水从灌洗头与肠黏膜的间隙中漏出。

10. 松开流量控制开关,使温水缓慢注入结肠造口内,控制水流速度为 60~100ml/min,先慢后快,时间控制在 10~15 分钟。观察温水流入速度和患者耐受情况,发现异常,及时处理。

（1）若流入受阻时查找原因,是否集水袋挂得太低、灌洗头压在肠壁上或方向不正确、灌洗头被粪便堵塞等,可调整集水袋位置、稍旋转灌洗头或除去干燥粪便。

（2）若患者出现腹痛、心慌、面色苍白、气短、出冷汗等不适,立即停止灌洗,报告医师,予以处理。

11. 注入温水后,关闭流量控制开关,将灌洗头保持在原位 5~10 分钟。

12. 缓慢移除灌洗头,温水会连同粪便沿袖式引流袋流入便盆内或马桶内。

13. 流出量减少后,将袖式引流袋下端夹闭,嘱患者在室内走动或喝少许温开水刺激肠蠕动,随后的 10~15 分钟会有较多温水连同粪便再次排出,至有气体排出后将袖式引流袋上端反折。

14. 待液体流净,松开固定环、腰带,移除底盘,连同袖式引流袋置于治疗车下层,尊重患者意愿佩戴造口袋。

15. 告知患者若出现恶心、呕吐、腹胀、腹痛等不适,及时通知护士。

16. 将灌洗装置用流动水洗净,晾干备用,脱手套。

17. 整理用物,洗手。

### 三、观察要点

1. 灌洗在每天同一时间点 ±2~3 小时进行;灌洗效果不满意的情况下,24 小时内不要重复进行。

2. 第一周每天进行灌洗;有便秘习惯者,可每两天灌洗一次。排便形成规律前继续使用造口袋。

3. 灌洗前观察造口及周围皮肤情况,若有造口脱垂、造口旁疝等并发症,立即停止灌洗,报告医师,予以处理。

4. 灌洗过程中观察灌洗液流入速度和患者耐受情况,发现患者腹痛、心慌、面色苍白、气短、出冷汗等不适,立即停止灌洗,报告医师,予以处理。

5. 造口患者开始结肠造口灌洗时机宜从术后 1~3 个月后开始,因为此时患者生理上已经恢复,而且从精神上也开始接受了结肠造口的现实,并开始寻求重塑自我形象,改善生活质量的需求。需要放化疗患者,放化疗结束后开展结肠造口灌洗。

（徐洪莲）

# 第五节　造口栓的使用

造口栓是指放入造口内可阻止粪便排出并过滤气体异味的装置。造口栓包括两个部分:①一是黏附于造口周围皮肤上的底板,用以保护皮肤,提供栓子的附着处;②另一部分是栓子,由聚亚胺酯泡沫制成,压缩在一个溶水性薄膜内。栓子插入造口内 30 秒薄膜溶解,泡沫膨胀,封闭肠腔,发挥造口的节制功能;栓子上有一碳过滤器,肠腔内气体经由过滤器排出体外而无任何气味。

### 一、使用范围

#### （一）适应证

1. 造口直径≤45mm、高度≤25mm 的降结肠或乙状结肠单腔造口。

2. 造口术后 6 周以上;无经常性腹泻。

3. 结肠造口灌洗后。

4. 造口周围皮肤无严重凹陷或皮炎等并发症。

#### （二）禁忌证

1. 造口狭窄或机械性梗阻。

2. 造口旁疝。

## 二、操作流程与步骤

### （一）用物准备

造口栓、手套、润滑剂。

### （二）患者和环境准备

1. 尊重患者意愿,可在病房内或卫生间内完成。

2. 温度和光线适宜,保护患者隐私。

### （三）操作流程

1. 评估患者

（1）患者的病情、自理能力及合作程度。

（2）造口的类型、位置、大小及造口袋内容物的颜色、性状、气味。

2. 协助患者取半卧位或坐在马桶上。

3. 暴露患者造口部位,观察有无造口及周围皮肤并发症。

4. 戴手套,用涂有润滑剂的手指插入造口,以扩张造口和确定灌洗头插入的方向。

5. 脱手套,拆除造口栓外包装,撕除底板保护纸。

6. 用一手撑平并固定皮肤;另一手大拇指在造口栓内侧面无黏性处,示指和中指在外侧面碳片处,栓子对准造口,移除大拇指,使用示指和中指的力量垂直、均匀地将栓子全部插入造口内。

7. 将底板平整地粘贴在皮肤上。

8. 告知患者若出现恶心、呕吐、腹胀、腹痛等不适或栓子脱落、粪便渗漏、皮疹、造口水肿等情况,及时通知护士。

9. 整理用物,洗手。

## 三、观察要点

1. 使用前观察有无造口及周围皮肤并发症。

2. 使用过程中,观察患者有无恶心、呕吐、腹胀、腹痛等不适或栓子脱落、粪便渗漏、皮疹、造口水肿等情况,一旦发生,及时处理。

（徐洪莲）

# 第六节　泌尿造口尿培养标本的采集

泌尿造口尿培养标本的采集是指通过造口或造瘘管无菌留取尿液,排除外界细菌干扰,以准确地检测尿液是否存在细菌的过程。

## 一、使用范围

适用于回肠代膀胱造口者、输尿管皮肤造口者、耻骨上膀胱造瘘术后者、肾盂造瘘术后者。

## 二、操作流程与步骤

### （一）回肠代膀胱造口、输尿管皮肤造口尿培养标本的采集

1. 用物准备　清洗溶液（碘附、蒸馏水或生理盐水）、无菌换药包、尿培养标本采集容器、无菌手套、清洁手套、注射器、垫巾、造口护理用品（按需）、卫生纸。

2. 患者及环境准备

（1）患者了解采集尿培养的目的及过程。

（2）尊重患者意愿，可在病房内或卫生间内完成。

（3）温度和光线适宜，注意保护患者隐私。

3. 操作方法

（1）评估患者

1）患者的病情、合作程度。

2）造口类型、位置、大小。

（2）协助患者取舒适体位，充分暴露造口部位，在患者造口侧身下铺垫巾。

（3）打开换药包，将清洗溶液倒在无菌棉球上，去除尿管/注射器包装置于弯盘内，将弯盘置于垫巾上。

（4）戴手套，揭下造口袋，用卫生纸清理造口及周围污物，同时询问患者有无不适。

（5）脱手套，卫生手消毒。

（6）戴无菌手套，用镊子夹取浸有清洗溶液的棉球清洗造口（以造口为中心环形向外擦拭）。

（7）用注射器在尿液出口的位置抽吸，收集 5~10ml 尿液。

（8）清洁并保持造口及造口周围皮肤干燥，按需佩戴造口袋。

（9）协助患者取舒适体位，整理床单位。

（10）整理用物，洗手。

### （二）耻骨上膀胱造瘘术后、肾盂造瘘术后尿标本采集

1. 物品准备　安尔碘、无菌纱布、换药包、尿培养标本采集容器、无菌手套、垫巾、造口护理用品（按需）。

2. 患者及环境准备

（1）患者了解采集尿培养的目的及过程，操作前 15~20 分钟夹闭造瘘管。

（2）尊重患者意愿，可在病房内或卫生间内完成。

（3）温度和光线适宜，注意保护患者隐私。

3. 操作方法

（1）评估患者

1）患者的病情、合作程度。

2）造瘘管类型、位置。

（2）协助患者取舒适体位，充分暴露造瘘管连接处，在其下铺垫巾。

（3）打开换药包，将安尔碘倒在棉球上，将弯盘置于垫巾上。

（4）戴无菌手套，分离造瘘管与引流管，将引流管接口置于无菌弯盘内。

（5）用安尔碘棉球消毒造瘘管口及其上 5cm 至少 2 次。

（6）打开造瘘管,流出 3~5ml 尿液后再将管口置于无菌标本容器开口上方,收集 5~10ml 尿液。

（7）按需更换引流袋及造瘘口处敷料。

（8）协助患者取舒适体位,整理床单位。

（9）整理用物,洗手。

## 三、观察要点

1. 留取尿标本前观察造口类型、位置、大小或造瘘管类型、位置。

2. 留取尿标本过程中注意无菌原则。

**（孟晓红）**

# 第七章 伤口护理相关操作

## 第一节 伤口换药

伤口换药又称更换敷料,包括检查伤口、除去脓液和分泌物、清洁伤口及覆盖敷料。其目的是保持伤口清洁、预防和控制伤口感染、促进伤口愈合。

### 一、使用范围

#### (一)适应证

1. 急性伤口 一般指在2周内愈合的伤口,如择期的手术切口、浅层皮外伤、浅2度烧烫伤、供皮区创面等。

2. 慢性伤口 指愈合时间超过2周的伤口,如压力性损伤、糖尿病足溃疡、下肢血管性(动脉性/静脉性)溃疡、其他难愈性伤口。

#### (二)禁忌证

1. 病情危重需随时抢救、生命体征不平稳的患者,如休克,防止因换药影响患者的抢救或因换药疼痛加重病情。

2. 皮肤过敏、发疱性疾病慎用。

### 二、操作流程与步骤

#### (一)用物准备

治疗车上层:治疗盘、无菌换药包、生理盐水、消毒剂、无菌敷料、医用手套、垫巾、注射器和软针头(按需)。

治疗车下层:垃圾桶。

#### (二)患者及环境准备

1. 患者了解换药的目的、过程和配合方法。

2. 患者按需排尿排便;勿空腹,以防止换药时发生低血糖。

3. 室内温度和光线适宜,注意保护患者隐私。

#### (三)操作方法

1. 评估患者的伤口敷料、有无引流及有无影响伤口愈合的因素。

2. 协助患者取舒适体位,暴露伤口位置,铺垫巾。

3. 卫生手消毒,戴手套,打开换药包,将生理盐水和消毒剂分别倒于两个弯盘内浸湿棉球。

4. 揭除伤口敷料

(1)新型敷料:沿与伤口长轴平行方向揭除敷料,弃于医疗垃圾桶内。若敷料与伤口粘连,先用盐水棉球浸湿敷料,待敷料与伤口分离后再轻轻地顺伤口长轴揭去。

（2）传统敷料:先取下外层敷料,再用镊子沿伤口长轴平行方向取下内层敷料。若内层敷料与伤口粘连,先用盐水棉球浸湿敷料,待敷料与伤口分离后再轻轻地顺伤口长轴揭去。

5. 观察伤口及周围皮肤:伤口的位置、大小、气味、渗液,有无潜行、窦道或瘘管,周围皮肤情况有无浸渍、颜色异常等。

6. 清洁伤口及周围皮肤

（1）清洁伤口:用浸有生理盐水的棉球从伤口中间向外擦拭,擦拭范围包括伤口及周围5cm 的皮肤。

（2）感染伤口:用浸有消毒剂的棉球从伤口外向中间环形擦拭伤口周围皮肤,勿使消毒剂流入伤口内,避免用擦拭伤口周围皮肤的棉球再擦拭伤口;再用生理盐水棉球清洁。

（3）有坏死组织的伤口:先清除坏死组织,然后由外向内清洁伤口。

（4）腔隙性伤口或窦道:用生理盐水以每秒 1ml 的流速冲洗伤口,可反复 3~4 次。

7. 用干纱布蘸干伤口（方向同清洁伤口）。

8. 根据伤口的位置、大小、渗液量等选择合适的无菌敷料覆盖伤口。

9. 撤垫巾,脱手套,告知患者自觉不适、渗血渗液至敷料边缘时,及时通知护士。

10. 整理用物,洗手。

### 三、观察要点

1. 观察伤口及周围皮肤　伤口的位置、大小、气味、渗液,有无潜行、窦道或瘘管,周围皮肤情况有无浸渍、颜色异常等。

2. 评估有无影响伤口愈合的全身因素　如:年龄老化、营养不良、血液循环障碍、免疫力系统功能低下、神经系统障碍、凝血功能障碍、服用药物、吸烟饮酒、心理状况不良等。

3. 评估有无影响伤口愈合的局部因素　如:伤口的位置、大小、深度、渗液、伤口感染及异物、结痂和坏死组织、肿胀、疼痛等。

（柏素萍）

# 第二节　伤口的微生物培养

怀疑伤口有感染或被感染的征象时,可以进行伤口的微生物培养。培养应在使用抗生素之前。

### 一、使用范围

1. 伤口外观有红、肿、热、痛、脓性分泌物伴有臭味。

2. 伤口愈合延迟、久治不愈。

3. 伤口内有异物或坏死组织较多或有残留。

## 二、操作流程与步骤

### （一）用物准备

治疗车上层：治疗盘、无菌棉棒、无菌培养瓶或无菌试管、无菌换药包、生理盐水、消毒剂、无菌敷料、无菌手套、垫巾。

治疗车下层：垃圾桶。

### （二）患者及环境准备

1. 患者了解进行伤口的微生物培养的目的、过程和配合方法。

2. 患者按需排尿排便；勿空腹，以防止换药时发生低血糖。

3. 室内温度和光线适宜，注意保护患者隐私。

### （三）操作方法

1. 评估患者的伤口类型、大小、深度、颜色、气味、有无异物等。

2. 协助患者取舒适体位，暴露伤口位置，铺垫巾。

3. 伤口清洁方法同伤口换药。

4. 戴无菌手套，用无菌棉棒以顺时针或反时针方式旋转棉棒，由伤口的一边到另一边，采用"十点法"以"之"字形由上到下涂抹取样，部位不重复，用力使深部的渗液沾到棉棒内。棉棒不可沾到伤口周围的皮肤。

5. 将棉棒放入无菌试管内，不可触及试管外，尽快送细菌室进行培养。厌氧菌需使用特殊的培养试管，取样后的棉棒要与底部的二氧化碳包或氮气包接触。

6. 根据伤口情况选择合适的无菌敷料覆盖伤口。

7. 撤垫巾，脱手套，整理用物，洗手。

## 三、观察要点

棉棒取样处无脓性液体或黑痂。

（柏素萍）

# 第八章　失禁护理相关操作

## 第一节　清洁间歇性导尿

清洁间歇性导尿是指定时将导尿管插入膀胱,排出储存的尿液,排空后即拔除的过程。

### 一、使用范围

#### （一）适应证

1. 神经系统功能障碍者　如脊髓损伤、多发性硬化、脊柱肿瘤等引发或者并发的排尿功能障碍。

2. 非神经源性膀胱功能障碍者　如前列腺增生、产后尿潴留等引发或者并发的排尿功能障碍。

3. 膀胱内梗阻致排尿不完全者。

4. 原因不明的排尿障碍者。

5. 常用于下列诊断性检查　获取尿液检测的样本,精确测量尿量,用于经阴道或腹部的盆腔超声检查前充盈膀胱,用于尿流动力学检测。

#### （二）禁忌证

1. 不能自行导尿且照顾者不能协助导尿者。

2. 缺乏认知导致不能配合或不能按照计划导尿者。

3. 尿道解剖异常者,如尿道狭窄、尿路梗阻和膀胱颈梗阻。

4. 完全或部分尿道损伤、尿道肿瘤者。

5. 膀胱容量小于 200ml 者。

6. 尿路感染者。

7. 严重的尿失禁者。

8. 每天摄入大量液体无法控制者。

9. 经过治疗,仍有膀胱自主神经异常反射者。

10. 下列情况需慎用间歇导尿术:前列腺、膀胱颈、尿道手术后,装有尿道支架或人工假体等。

### 二、操作流程与步骤

#### （一）用物准备

治疗车、治疗盘、导尿管、润滑剂(按需)、清洗液或湿巾、镜子(女性)、一次性手套、垫巾、引流袋或量杯、垃圾袋。

### （二）患者及环境准备

1. 患者了解清洁间歇性导尿的目的、过程和配合方法。

2. 室内温度和光线适宜,注意保护患者隐私。

3. 患者的病情稳定、神志清楚、能够自理。

### （三）操作方法

1. 洗手。

2. 准备导尿管

（1）采用需水合的亲水性导尿管时,打开包装,注满无菌水（按厂商的说明书）,将包装悬挂在患者身旁或推车旁。

（2）当用亲水性预润滑型或即用型导尿管时,打开包装,将包装悬挂在患者身旁或推车旁。

（3）当用无涂层的导尿管时,打开导管包装和润滑凝胶,将润滑凝胶涂抹于导尿管上（导尿管尖端 3~4cm）。

3. 取保持放松的 30° 仰卧位或者坐位,暴露会阴部,臀下铺垫巾。

4. 卫生手消毒,戴一次性手套。

5. 清洁会阴

（1）女性:一手分开阴唇,另一手持清洗液棉球或湿巾进行清洁,顺序为大阴唇→小阴唇→尿道口,自上而下。

（2）男性:一手推下包皮,另一手持清洗液棉球或湿巾进行清洁,顺序为包皮→龟头→尿道口。

6. 插入导尿管

（1）女性:看着前方的镜子,保持一手分开阴唇,另一手将导尿管插入尿道口,轻轻推送 3~4cm,直至尿液开始流出。如无尿流,则向（耻骨联合区）轻轻施压直至尿液流出为止。

（2）男性:一手向上握住阴茎,使其与腹部呈 60°,另一手将导尿管慢慢地插入尿道 18~20cm,直至尿液开始流出,放低阴茎再插入 1~2cm。

7. 将导尿管流出的尿液引流至引流袋或量杯内,确保引流袋或量杯的位置低于膀胱水平面。

8. 当尿液停止流出时,缓缓向外拔出导尿管。拔管过程中如见尿液再次流出,暂停拔管直至尿液流尽。

9. 再次清洗尿道口,男性将包皮复位。

10. 整理用物,洗手。

## 三、观察要点

1. 膀胱容量足够、膀胱内低压力（<40cmH_2O）及尿道有足够的阻力是间歇导尿的前提。切忌待患者尿急时才进行导尿。

2. 如在导尿过程中遇到阻碍,先暂停 5~10 秒,并把导尿管拔出 3cm 后再缓慢插入。

3. 在拔出导尿管时,若遇到阻力,可能是尿道痉挛所致,应等待 5~10 分钟再拔管。

4. 阴道填塞会影响导尿管的插入,女性在导尿前应将阴道填塞物除去。

5. 插尿管时宜动作轻柔,特别是男性患者,注意当导尿管通过尿道外口的狭窄部、耻骨联合前下方、下方的弯曲部和尿道内口时,嘱患者缓慢深呼吸,慢慢插入尿管,切忌用力过快、过猛致尿道黏膜损伤。

6. 如遇下列情况应及时报告处理:出现血尿、导尿管插入或拔出失败、插入导尿管时出现痛苦加重并难以忍受、泌尿道感染、尿痛、尿液混浊、有沉淀物、有异味、下腹或背部疼痛、有烧灼感等。

（贾 静）

# 第二节 留置大便收集器

大便收集器是一种供大便失禁且活动不便的患者使用的粪便收集装置,将软硅胶导管插入直肠,将排泄物引流至收集袋中,亦可提供给药途径。

## 一、使用范围

### （一）适应证
排出物为液体或半液体的大便失禁者。

### （二）禁忌证
1. 疑似或证实有直肠黏膜损伤者,如严重直肠炎、缺血性直肠炎、黏膜溃疡。
2. 一年内曾经接受直肠手术者。
3. 有疑似或证实的直肠 / 肛门肿瘤者。
4. 对大便套装中有过敏反应的。

## 二、操作流程与步骤

### （一）物品准备
治疗车、治疗盘、大便收集器(包括带有留置球囊的硅胶导管、粪便收集袋、注射器)、生理盐水、润滑剂、一次性手套、垫巾、垃圾袋。

### （二）患者及环境准备
1. 患者了解留置大便收集器的目的、过程和配合方法。
2. 室内温度和光线适宜,注意保护患者隐私。

### （三）操作方法
1. 评估患者
（1）患者的病情、意识、过敏史、合作程度、家庭支持程度等。
（2）患者有无直肠 / 肛门疾病或一年内接受过手术。
2. 协助患者将裤子脱至膝部,取左侧卧位,臀部靠近床沿,屈膝,臀下铺垫巾;不能翻身的患者采用平卧位并将双腿分开。为患者盖被,暴露臀部。
3. 戴手套,将示指和导管的气球端涂抹润滑剂,示指插入球囊上的蓝色手指保护套囊,并将球囊和示指插入肛门,通过肛门括约肌,使球囊留在直肠穹隆里。在气球膨胀期间,手指退出肛门。

4. 用注射器通过球囊端口向球囊注入≤45ml 生理盐水,指示囊泡指示球囊已注满为止(注满水的球囊形成良好的封堵)。

5. 充盈完成后移除注射器,轻拉软硅胶导管,检查球囊是否在直肠内。

6. 协助患者取舒适体位,固定好管道,整理床单位。

7. 如管腔有粪便堵塞或需要肠道给予药物时,通过灌注端口进行冲洗或给药。给药后立即使用至少 50ml 的生理盐水冲洗灌注管路,并夹紧导管保留药物至医嘱规定的时间。

8. 整理用物,洗手。

### 三、观察要点

1. 任何情况下都不可向球囊注入超过 45ml 的生理盐水,也不能充注气体。如果注入 45ml 生理盐水后指示囊泡仍未鼓起,需要用注射器回抽后,再次注入。

2. 指示囊泡显示太过充盈则球囊压力偏大,容易引起肛门括约肌不适;而充盈不足会导致球囊封堵能力下降,肛门周围会有排泄物漏出。

3. 如患者出现直肠疼痛、出血、腹胀等情况,立即通知医生进行处理。

4. 使用大便收集器需要每 12 小时评估一次,最长留置时间遵循产品说明书。

5. 导管周围有可能会有少量的渗出和湿气,为了避免刺激皮肤,可用皮肤保护剂进行保护。

6. 如果患者肠道控制、粪便硬度、频率恢复正常,遵医嘱停用此装置。

（贾　静）

# 第三节　留置尿套

尿套是由乳胶、塑胶或硅胶材料制成排尿装置,留置于男性阴茎部位,通过排液口排放尿液。

## 一、使用范围

### （一）适应证

1. 截瘫患者。

2. 前列腺疾病患者。

3. 脑卒中后偏瘫患者。

4. 夜间遗尿的老人。

5. 其他各种原因引起的无意识排尿及小便不能自理等男性尿失禁人群。

### （二）禁忌证

1. 严重的阴茎萎缩。

2. 对尿套或粘贴材料皮肤过敏。

3. 尿潴留或尿道功能异常。

## 二、操作流程与步骤

### （一）用物准备

治疗车、治疗盘、尿套、尿袋、圆头剪刀、固定带、尿垫。

### （二）患者及环境准备

1. 患者了解留置尿套的目的、过程和配合方法。

2. 室内温度和光线适宜,注意保护患者隐私。

### （三）操作方法

1. 评估患者的病情、意识、过敏史、合作程度、家庭支持程度等。

2. 协助患者取平卧位或半卧位,暴露会阴部,臀下垫尿垫,清洁阴茎的表面皮肤,使用圆头剪刀修剪体毛。

3. 测量阴茎大小,阴茎应处于自然未勃起状态且确保包皮没有被拉回,选用合适的尿套。

（1）一件式尿套

1）握住尿套托壳的尾端,将尿套放置在阴茎头上,使阴茎头与排液管保持 1~2cm 的距离。另一只手慢慢朝身体方向拉动推展带,将尿套平稳均匀的展开。

2）摘掉尿套的托壳。

3）轻轻按压尿套使其与阴茎完全接触,以确保尿套紧贴阴茎。一件式自粘型尿套自带粘胶,无需使用其他黏合剂。

（2）二件式尿套

1）除去粘条两面的保护纸,将粘条以螺旋形卷在阴茎上 1/3 或 1/2 处,保持一定的张力。

2）将尿套放置在阴茎头上,使阴茎头与排液管保持 1~2cm 的距离。

3）将尿套小心地卷开并卷过粘条。

4）用手轻轻挤压尿套以保证紧密粘贴。应避免将尿套卷到阴茎的底部,避免不适。

4. 将尿套和尿袋牢固连接,使用固定带将尿袋固定于腿部。

5. 取下尿套时,应首先将尿套与尿袋分离,然后将尿套从阴茎根部慢慢收卷,粘条也会随着一起卷下并丢弃。

6. 分类处理好用物,洗手并在相关文件中记录。

## 三、观察要点

1. 使用乳胶尿套前应先进行过敏测试。

2. 初次使用 30 分钟内,应密切观察患者阴茎部血液循环情况,如出现肿胀等循环障碍,需立即更换。

3. 留置期间,确保尿套与粘贴条粘贴牢固,无漏尿。翻身或活动时勿用力牵拉,防止尿套松脱,渗漏及尿液反流。

4. 尿袋约 2/3 满时便要排放,以免尿袋过重而致阴茎不适。

5. 尿套 24 小时更换,更换时温水清洗阴茎及会阴周围皮肤,保持局部清洁干燥,注意局部皮肤的评估。

6. 如出现尿液有恶臭味、血尿、长时间无尿液排出,腹部胀痛、发热、皮肤有严重损伤、过敏或感染等情况,立即通知医生进行处理。

（贾　静）

# 第四篇

## 专 科 管 理

# 第九章　专科门诊及人员管理

## 第一节　造口伤口失禁护理门诊

### 一、开设造口伤口失禁护理门诊的背景

随着我国专科护士培训的起步和不断发展,出现了一批富有造口伤口失禁护理经验的专科护士,这些专科护士经过系统的专科学习和临床实践,具有深广的专科知识,能够参与复杂专科患者病情的病因判断和决策,具有更大的自主性和独立判断能力。在临床中发挥着多种角色功能,包括会诊咨询、教学、随访、科研循证等功能,而最为核心的功能体现是其临床护理实践。造口伤口失禁专科护士能够处理各种类型的复杂伤口、瘘管并完成肠造口的全程管理和各种并发症的处理、评估失禁患者及指导患者功能康复训练,为造口伤口专科护理门诊的成立奠定了人力基础。同时,患者居家康复期间碰到造口伤口失禁问题可直接到专科护理门诊寻求专业的帮助。基于这种需求和造口伤口失禁护理的发展,在广州、上海、北京等率先成立了造口伤口失禁专科护理门诊,目前,全国各地的医院也相继开设了相关护理门诊。

### 二、造口伤口失禁护理门诊的工作范围和开设条件

1. 工作范围

（1）造口护理:肠和泌尿造口及其周围并发症的预防和处理;食管造口、胃造口及气管造口等并发症的处理。患者及家属心理支持,出院后患者的康复指导,配置合适的造口用品。

（2）慢性伤口的处理:如较常见的糖尿病足部溃疡、感染伤口、静脉性溃疡及各种原因引致的复杂性伤口等。

（3）失禁护理:大小便失禁包括失禁相关的皮肤管理、控便功能锻炼指导。

2. 开设条件

（1）基础设施:配备诊室,包括洗手设备、空气消毒设备、储物柜、治疗床,分清洁区和污

染区,避免交叉感染。

（2）人员配备:配备具有执业资格和一定临床经验的造口伤口失禁专科护士,其能处理该专科相关的各种问题并具备一定的沟通协调组织能力。

（3）物资保障:准备各种耗材物品,如各种类型的造口袋及附件产品,各种类型的伤口新型敷料及相关产品;处理伤口的超声清创机、光电子治疗仪、伤口负压吸引等仪器;办公设备:电脑、打印机、电话等。

（4）规章制度:按照各家医院的流程申请开展造口伤口失禁专科护理门诊,得到医院的批复后方可运作;对于院内的会诊,严格遵照医院的会诊制度执行。

## 三、造口伤口失禁护理门诊运作模式

每家医院根据自身的实际情况,将造口伤口失禁护理门诊嵌入在不同框架体系中进行管理,目前主要分为以下三种:

1. 病房门诊一体化　坐诊人员和造口伤口失禁护理门诊的成本核算(含其他科室的会诊)归属造口伤口失禁专科护士所属病房一起管理,造口伤口失禁专科护士以服务全院病房的工作为主线,每周固定时间出门诊,住院患者出院后将后续治疗转向门诊,造口和伤口的患者一并能处理,保证了一定数额的门诊量,方便了患者的术后康复。此种模式的造口伤口专科护士分两种性质:全职和兼职。对于全职的专科护士,很多医院设置了专科岗位给予相应的薪酬待遇,使其安心致力于专科的护教研及质控工作;对于兼职的专科护士,有些还兼任病区护士长或护理组长岗位,需要分担很大部分的病房工作,薪酬方面也按照病房职位来设置。作为一种全职或兼职专科护理服务工作模式,此种模式运行较为简单,以点带面,容易推行,在人员薪酬方面由科室一体化解决。目前国内的造口伤口失禁护理门诊大多数采用这种模式。

2. 门诊和人员归属不同部门管理　部分医院设置了专科护士岗位,人员管理由护理部直接领导或指定科室管理,作为全职专科护士,服务于全院病房和门诊,部分医院专科护士承担压疮质量管理工作。专科护士在门诊部开设造口伤口失禁门诊,产生的护理费归属造口门诊。全院会诊时,耗材的用品由各发出会诊的科室申请并支出,护理费归属门诊。专科护士的薪酬(特别是绩效奖金)按照护理部的行政人员支付。此种模式下需要专科护士提供直接和间接护理服务,其工作的薪酬定位非常重要。部分地区将其绩效奖金定位于护士长或高级临床专科护士级别,使其不必拘泥于临床工作量的攀升,同时将护士整体护理水平的提升作为工作目标,开展护士的教育与培训、从事循证及科研,参与临床质量管理。也有部分地区只以临床工作量来衡量专科护士角色价值,其间接护理服务功能没有得到认可,久而久之,会消磨造口伤口失禁专科护士的工作激情,亟需做好专科护士角色功能定位,优化其绩效考核内容,才不会成为专科发展的障碍。

3. 多学科合作的造口伤口失禁护理中心　部分医院设立多学科合作的造口伤口失禁护理中心,作为一个收支独立核算的护理单元,跟医疗团队及其他专科合作(如肛肠外科、烧伤科、慢性创伤科、营养科、高压氧科、病理科等相关科室),形成颇具规模的造口伤口失禁治疗中心。人员配备方面除了具备资历的造口伤口专科护士外,邀请相关医疗科室的医生作为技术指导及顾问。除传统的处理方式外,对有些复杂的病例能施以外科手术修复,对疑难病例能及时提供多学科治疗方案。多学科合作是专科护理向更高层次发展的必然趋势,能更好地为患者提供专业的服务,在学科发展方面能更快速地带动护教研水平。此种模式的推行需要调动很多的资源和部门的配合,不容易推广。目前国内有少部分医院已经开展了造口伤口失禁多学科护理中心,甚至有医院将该护理单元作为日间病房来管理,由专科护士担任科主任,与其他临床科室并肩,共同争取更大的发展空间。也有一些医院将传统的换药室加以开拓为伤口多学科护理中心,配备了先进专科设备和上述专科人员,专注服务于各种慢性复杂伤口。

在专科护理门诊的发展史上,多学科护理中心又是一个高度上的飞跃,很好地诠释了护理学作为一级学科的地位。

（王玲燕）

# 第二节　造口伤口失禁专科护士的工作职责

## 一、概述

早在 20 世纪 70 年代,美国护理协会就把临床专科护士（clinical nurse specialist,CNS）定义为具有硕士或博士学位且在某专科领域有较高护理水平的注册护士,其角色包括:临床、教育、咨询及研究四方面。

造口伤口失禁专科护士的主要工作职责是利用专业护理知识和技能为造口伤口及失禁的患者提供适当的辅导、教育及护理,促进健康和回归社会,并通过专科知识的传播和教育,促进本专科知识的普及、临床问题处理的规范化和科学研究的发展。

## 二、工作职责

为造口、慢性伤口、失禁患者进行健康评估,做出护理诊断,参与患者的治疗护理并对护理后的效果负责。利用自己丰富的造口伤口和失禁护理的专业知识和技能,通过与患者的直接接触,能够发现患者存在或潜在的问题,预测护理效果,从而决定最有效的护理措施。

### （一）临床工作职责

1. 造口范畴　主要为肠造口患者提供全程规范化护理;同时预防和处理气管造口、胃造瘘、食管造口等并发症。

（1）术前患者及家属的心理辅导:对即将施行肠造口手术的患者和家属进行评估。提供有关生理解剖的知识,讲解手术的必要性、肠造口的类型、手术后的生理改变等问题,促使患者认识自身病情并对手术有一定的认识。了解手术对患者产生的心理影响程度,针对性给予心理辅导,组织肠造口探访者到医院探访,协助患者和家属克服心理障碍接受肠造口手术。

（2）手术前肠造口位置定位:手术前造口伤口专科护士或造口治疗师根据患者的病情,造口类型、腹部形状等为患者选择一个最合适、最易于贴袋的造口位置,避免因造口位置不良导致术后造口袋粘贴不稳,粪便或尿液渗漏等问题。研究证实,手术前肠造口定位可提高造口术后患者生活质量,降低肠造口护理难度,减少肠造口并发症的发生。

（3）肠造口评估、预防和处理造口及其周围并发症:通过密切观察和评估造口的颜色、性质、大小、形状、位置、功能恢复状况、造口周围情况,及时预测和发现造口及其周围并发症,做好针对性预防和处理。

（4）指导患者及其家属掌握肠造口护理的方法:评估患者及其家属学习造口护理的能力,为患者及其家属制订造口护理指导计划。循序渐进地教会患者或家属造口护理的方法、居家护理注意事项,最终实现造口的自我护理。

2. 伤口范畴　独立或医护合作处理各类慢性、难愈性伤口、瘘管并发症等伤口问题。

（1）伤口评估及处理:准确评估压力性损伤、药物外渗、血管性溃疡、癌性伤口等各类慢性伤口发生的原因、类型,影响伤口愈合的因素,通过使用伤口敷料、产品或借助一定的仪器或设备,为伤口患者提供适宜的愈合性或舒缓性等护理方案。

（2）医护一体化处理疑难复杂瘘管、感染性伤口的处理:术后腹盆腔感染、肠瘘保守治疗、喉癌术后咽瘘和口底瘘、食管癌术后食管瘘案例,与医生一起共同制订处理方案。利用造口、伤口护理的技能为患者提供负压治疗、现代敷料等方法,促进愈合或减少并发症的发生。

3. 失禁范畴　根据患者失禁类型、原因和程度,协助医生提供针对性的处理和康复方案。做好失禁患者的皮肤护理及排泄物的管理。指导患者进行控便功能的锻炼。

4. 临床专科质控职责　参与院内专科护理质量管理,定期对全院各病区压力性损伤、失禁性皮炎或其他皮肤损伤问题的预防和处理进行巡查及临床指导,对存在问题进行分析和提出整改措施。定期对上报的不良事件进行汇总、分析、跟踪,并及时反馈。

### （二）教育职责

利用自身掌握的知识和技能,对患者和家属进行健康教育,覆盖的领域很广,包括一般健康保健,造口伤口失禁专科的知识、出院指导、康复锻炼、随诊等。此外,定期对不同的护理专业人员例如临床护理人员、护士学生、社区护理人员等提供造口伤口失禁专科的教育,促进专科知识的普及。

### （三）咨询职责

通过开展造口伤口专科门诊,由获得专业资质的造口伤口专科护士或造口治疗师坐诊,为出院后的患者答疑,处理和预防伤口问题、肠造口及其周围并发症;通过电话随访,了解患者居家护理问题,及时给予专业指导。定期开展伤口、肠造口康复知识讲座,提高患者慢性伤口预防和肠造口护理技能,减少再发和并发症的发生。

### （四）研究职责

造口伤口专科护士或造口治疗师工作的最终目的是提高护理质量,推动慢性伤口造口失禁护理学科的发展。因此,发现临床护理研究问题,提出解决办法,改变理论与实际脱节现象应该是其的另一项重要职责。通过在临床工作中发现问题,研究解决这些问题并将研究成果应用到他们的专业领域,并通过专业文章撰写、专科论著的编写促进专科知识的传播。

（郑美春）

# 第三节　肠造口志愿者

肠造口志愿者,又称肠造口探访者,是指已经接受肠造口手术,具有较好的肠造口自我护理能力,同时乐于帮助其他肠造口患者的肠造口者。由肠造口志愿者组成的小组称为肠造口志愿小组,又称肠造口支持小组。肠造口志愿者对即将或已经行肠造口手术的患者进行术前、术后、康复期的院内外访视,以增强患者的信心。在国外这已经有50余年的发展历史。

## 一、概述

1. 目的　对于即将行肠造口手术或肠造口术后初期的患者来说,医生、临床护士及家属的帮助和支持远不如让他们看到与自己经历相似的患者术后恢复的效果,这能够让他们更快地从悲伤情绪中走出来并勇敢接受现实。在发达国家和地区,肠造口志愿者的医院探访工作已经开展了50余年。肠造口志愿者们以他们的亲身经历,帮助即将行肠造口术的患者及其家属更好地渡过心理危机。同时,肠造口志愿者的健康形象对即将手术的患者来说是一种鼓励,看到病友健康的出现在他们面前,能令他们减轻对于手术的恐惧。手术后初期的肠造口者与做过相同手术的人交流往往会有一种归属感并被志愿者积极健康的生活态度所影响,他们还能在交流中学习适应肠造口生活的方法。

2. 方法　将肠造口志愿者按新老搭配、男女搭配、肠造口类型相似者搭配(如结肠、回肠造口、泌尿造口)的原则进行安排。每次探访至少安排2名志愿者到访。探访的频率一般每周或隔周一次,探访的形式包括床边交流和小组讨论,探访对象为正在住院准备接受或已经接受肠造口术的患者及家属,探访时交流的内容主要包括:自身接受肠造口手术的经历,肠造口术后在生活及心理上的适应及康复过程。志愿者们在探访过程中除了分享自身肠造口经历外,还需认真倾听患者的顾虑,为患者解惑,以自身的健康形象增强患者积极治疗的信心与勇气。

3. 成员的遴选　在医生、造口治疗师或临床护士所熟悉的肠造口人群中遴选出符合条件的肠造口者。选择具备较高文化素质和积极乐观的人生态度、有较强的沟通和组织能力、有爱心、乐于助人、有充裕的业余时间并且能遵循探访制度的造口者。与遴选出的造口者进行会谈,告之探访的目的和意义后,愿意成为访问者,且能积极主动接受培训课程的造口者才能成为造口志愿小组的成员。

## 二、肠造口志愿者医院探访的实施

1. 征得医院的同意与支持　由行肠造口手术较多的科室如普外科或腹部外科,或由造口治疗师向医院提出申请,经过医院领导批准同意后,方可安排造口志愿者到医院病房进行探访。为志愿者发放正式的医院探访证件,证件的发放不仅消除了被探访者的顾虑,同时也方便志愿者出入医院,增加志愿者责任感。

2. 制订肠造口志愿者医院探访制度

(1)志愿者必须是肠造口者,且已经在生理和心理上接受肠造口。

（2）征得医院同意后,参加肠造口志愿者培训课程学习,通过造口治疗师等专业人员的考核,由有经验的肠造口志愿者带教 2 次以上。

（3）遵守医院的规章制度,明确探访目的和要求。

（4）探访过程中,多倾听肠造口患者的诉说,不得主动与患者讨论诊断结果或提供医疗建议。若患者询问医疗建议,志愿者应指导其向医生或造口治疗师咨询。

（5）坚持为患者保守秘密,尊重患者的合法权益,尊重患者的信仰。

（6）志愿者不得推荐任何厂家的造口用品或其他产品。

（7）探访结束后,如有特殊情况,需要向造口治疗师或管床护士汇报,并共同探讨在探访中遇到的问题。

（郑美春）

# 第十章 指南推荐

**学习目标**

完成本内容学习后,学生将能:
1. 了解临床指南的意义及应用指南的注意事项。
2. 了解国内外常用的造口伤口失禁护理指南。

## 第一节 概　　述

### 一、临床指南

临床指南是指用系统的方法制定出指导意见,以辅助临床实践者和患者做出最适宜的卫生保健决策。临床指南的意义在于提高卫生保健质量,提供最佳治疗;改变医疗行为,减少不同区域之间的水平差异;通过成本 - 效果分析,减少医疗费用;为政府对医疗机构进行质量检查提供依据;作为医疗保险机构掌握医疗政策的凭据。一个好的指南科学有效,可以促进患者预后。

### 二、指南应用的注意事项

指南属于技术规范性质的指引性文件,只是参考性文件,不是法规,不能强制、盲目、教条地使用。在临床指南应用中应该关注到以下几个方面:

1. 研读指南制定过程　指南在制定过程中需要遵循严格的程序和一定的规则,这种规则是被大家所公认和认可的。通过了解指南的制定方法,看指南是否真实有效,是否进行全面的文献综述,并在此基础上进行证据评价和分级。看推荐意见的证据级别和文献出处。一般来说循证指南参考性大于非循证指南。

2. 判断指南是否能够应用于自己的临床实践　医学上很多东西是不确定的,很多情况下现有的证据不能告诉我们哪一个治疗手段或措施是绝对正确的。因此,我们在应用指南时要遵循以下原则:

(1)要根据患者的具体情况,结合实践者本身的经验进行综合选择,判断推荐意见是否适用于所面对的患者,执行指南意见带来的益处是否大于害处。

(2)要判断有没有一些不能克服的障碍,比如法律、地域、患者或社区利益与指南推荐冲突,以及资源获取问题等。

(3)在应用时阅读证据水平与推荐意见强度对照表的解释,判断推荐意见的可靠程度。

根据推荐意见强度确定临床应用：①A 级推荐，基本上没有禁忌证就可以使用；②B 级推荐，可以使用但应注意其证据并不充分，在理由充分时可用或不用，应随时注意新证据的发表；③C 或 D 级推荐，提示证据更加缺乏，具有更大的不确定性，临床可以使用，但应更加灵活，只要理由充分可选择用或不用。如果没有充分理由，应参考指南的意见，因为即使是 C 级乃至 D 级推荐，也是大量复习文献和多人多次讨论结果，比起个人经验，其参考价值更大。

## 第二节 造口伤口失禁护理指南推荐

在临床工作中，结合患者情况合理应用临床研究成果是非常重要的，特选取来自国内外关于造口伤口失禁领域的常用护理指南介绍如下。

### 一、造口护理指南

1. 国际造口指南（international ostomy guideline） 由世界造口治疗师协会颁布，由来自全球各地的专家参与和建立此指南，为更好地理解造口的复杂性提供最好的基于循证的实践。可用于结肠、回肠及泌尿成人造口患者，适用于为世界各地提供造口护理的学生、护士和其他卫生保健提供者。

2. 肠造口管理最佳临床实践指南（management of the patient with a fecal ostomy best practice guideline for clinicians） 美国伤口造口失禁护士协会采用科学方法制定的循证指南，针对造口用具选择、造口管理及相关并发症等提供建议。2010 年 6 月在亚利桑那州凤凰城由国际肠造口治疗师协会与美国伤口造口失禁护士协会联合会议上颁布。值得关注的是美国造口伤口失禁护士协会与美国结直肠医生协会和美国泌尿医师学会对于造口定位、造口护理临床路径、多学科合作等方面达成的一致性意见。关注造口人士生活质量，认可专科护士提供造口手术前后教育、给予患者心理支持、统一了术前造口定位的方法、同时给出了适当的造口用具选择判断方法、治疗造口及造口周围皮肤并发症防治护理指导。

3. 中国肠造口护理指导意见 由中华护理学会造口、伤口、失禁专业委员会组织全国资深造口治疗师共同编写，于 2013 年发布，作为指导意见为中国从事造口护理的医护人员提供临床指导。

### 二、伤口护理指南

1. 压疮预防与治疗 临床实践指南（prevention and treatment of pressure ulcers：clinical practice guideline）2014 年由美国压疮咨询委员会（NPUAP）、欧洲压疮咨询委员会（EPUAP）和泛太平洋压力性损伤联盟（PPPIA）共同制定和颁布，是对压疮的评估，诊断，预防和治疗的综合性回顾及当前最佳证据的荟萃，提供可供全球医疗从业者使用的、有关压疮预防与治疗的循证建议。适用于所有的临床机构，包括医院，康复机构，长期医护机构以及家庭支持护理及其患者。

2. 糖尿病足预防及管理（diabetic foot problems：prevention and management）

本指南由英国国家卫生与保健优化研究所（national institute for health and care excellence，NICE）发布。涉及预防和管理儿童、青少年及成年人与糖尿病相关的足部问题，旨在减少临床实践中的差异性。2016 年 1 月进行更新，以澄清风险因素和明确糖尿病足风险等级。本指南适用于护理糖尿病患者的医护人员、提供糖尿病足部护理服务的专员和照顾者、糖尿病患者及其家属。

3. 下肢动脉疾病患者伤口管理指南（guideline for management of wounds in patients with lower-extremity arterial disease）　由美国伤口造口失禁护士协会发布，应用于下肢动脉疾病伴下肢溃疡患者。本册适用人群：高级临床专科护士、健康照顾人员、营养师、医疗保健提供者、护士、物理治疗师、医师和足病治疗师。

4. 中国压疮护理指导意见　由中华护理学会造口、伤口、失禁专业委员会组织全国造口治疗师、医疗护理专家、营养师组建多学科团队完成，于 2014 年发布，作为指导意见，为中国临床与社区护理人员在压疮预防和治疗过程提供指导。

## 三、失禁护理指南

1. 女性尿失禁　临床管理指南（urinary incontinence in women：management clinical guideline）由英国国家健康与照顾研究所于 2013 年 9 月更新，并取代以前的 NICE 关于女性尿失禁指导 NICE 指南 CG40（2006 年 10 月出版）。

2. 神经系统疾病尿失禁　评估和管理（urinary incontinence in neurological disease：assessment and management）　由英国国家健康与照顾研究所于 2012 年 8 月发布，涉及儿童、年轻人和成人的神经系统疾病尿失禁的评估和管理。本指南可为医疗保健专业人士，健康照顾提供者，患有尿失禁和神经系统疾病的人及其家属和照顾者。在 2014 年 2 月经重新审议无修改，下一次修订时间是 2019 年。下载网址：nice.org.uk/guidance/cg148。

3. 神经源性膀胱护理指南　由中国康复医学会组织康复护理和医学专家为了科学引导临床及社区护士规范地进行神经源性膀胱的护理实践，经 20 多名护理专家讨论研究，并由中国康复医学会时任常务副会长励建安主任医师、中国康复医学会时任秘书长王跃进到会指导形成，于 2011 年发布。

（胡宏鸯）

# 参考文献

1. 陈江华, 王子明. 泌尿系统疾病. 北京: 人民卫生出版社, 2015.

2. 陈孝平, 汪建平. 外科学. 8 版. 北京: 人民卫生出版社, 2013.

3. 付小兵. 中华战创伤学. 第 3 卷. 口腔颌面部战创伤. 郑州: 郑州大学出版社, 2016.

4. 付小兵. 慢性难愈合创面防治理论与实践. 北京: 人民卫生出版社, 2011.

5. 付小兵, 王正国, 吴祖泽. 再生医学基础与临床. 北京: 人民卫生出版社, 2013.

6. 胡爱玲, 郑美春, 李伟娟. 现代伤口与肠造口临床护理实践. 北京: 中国协和医科大学出版社, 2010.

7. 胡大海. 现代伤口临床护理理论和实践. 西安: 第四军医大学出版社, 2015.

8. 胡秀英. 老年护理手册. 2 版. 北京: 科学出版社, 2015.

9. 黄金, 李乐之. 常用临床护理技术操作并发症的预防及处理. 北京: 人民卫生出版社, 2013.

10. 蒋琪霞. 压疮护理学. 北京: 人民卫生出版社, 2015.

11. 李乐之. 外科护理学. 北京: 人民卫生出版社, 2012.

12. 廖利民. 尿失禁诊断治疗学. 北京: 人民军医出版社, 2012.

13. 那彦群. 中国泌尿外科疾病诊断治疗指南手册. 2014 版. 北京: 人民卫生出版社, 2014.

14. 卫莉, 赵玉洲. 造口并发症的防治. 郑州: 河南科学技术出版社, 2015.

15. 吴阶平, 裘法祖. 黄家驷外科学. 中册. 北京: 人民卫生出版社, 2002.

16. 吴孟超, 吴在德. 黄家驷外科学. 7 版. 北京: 人民卫生出版社, 2008.

17. 喻德洪. 肠造口治疗. 北京: 人民卫生出版社, 2004.

18. 郑珊. 实用新生儿外科学. 北京: 人民卫生出版社, 2013.

19. 中华医学会. 慢性伤口诊疗指导意见. 北京: 人民卫生出版社, 2011.

20. 卞龙艳, 陈晓玲, 朱亚琴, 等. 两种尿路造口袋使用法在引流管渗液收集中的应用. 护理研究, 2015, ( 09 ): 1095-1096.

21. 郭春兰, 邓红艳, 屈红玲. 不同银敷料在慢性伤口治疗中应用效果的对比研究. 护理研究: 上旬版, 2015, 29 ( 4 ): 1170-1175.

22. 郭春兰, 席祖洋, 邓红艳. 银离子藻酸盐抗菌敷料对腿部静脉溃疡的减痛促愈效果. 中国医药导报, 2015, ( 03 ): 68-72.

23. 郭艳侠, 蒋琪霞, 马茜, 等. 肠内营养预防和治疗压疮效果的 Meta 分析. 护理管理杂志, 2015, ( 04 ): 253-256.

24. 贾悦, 仇晓溪, 魏萍. 团体认知行为疗法对直肠癌永久性结肠造口病人心理及自我管理效能感的影响. 护理研究, 2015, ( 33 ): 4214-4216.

25. 瞿小龙,蒋琪霞. 恶性肿瘤伤口气味评估与管理的研究进展. 中国护理管理,2014,（04）:435-437.

26. 孔祥兴,丁克峰. 结直肠癌快速康复外科的发展与问题. 中国癌症杂志,2015,（11）:895-899.

27. 李伟,季艳艳,刘志梅. 永久性肠造口病人院外延续护理的研究进展. 临床普外科电子杂志,2013,（03）:49-51.

28. 李晓琴,龚蕴珍,戈蕾. 直肠癌结肠造口患者院外延续护理的研究现状. 当代护士（下旬刊）,2016,（10）:27-29.

29. 廖寒. 肠造口延续性护理的应用及研究进展. 全科护理,2015,（36）:3656-3659.

30. 廖利民,吴娟,鞠彦合,等. 脊髓损伤患者泌尿系管理与临床康复指南. 中国康复理论与实践,2013,（04）:301-317.

31. 楼征,何建,朱晓明,等. 经肛门拖出式适形切除术治疗极低位直肠癌的临床研究. 中华胃肠外科杂志,2015,18（1）:69-71.

32. 邵世蓉,秦红. 密闭式负压护理在心胸外科伤口渗液管理中的应用体会. 中外女性健康研究,2016,（05）:17-30.

33. 邵燕. 负压闭合技术对延期愈合手术切口患者愈合效果的影响. 护理实践与研究,2015,（02）:142-143.

34. 沈振. 糖尿病并发阑尾炎患者手术切口感染的防治. 当代医学,2015,（06）:68-69.

35. 谭书韬,肖云翔. 回肠膀胱造口静脉曲张出血的诊治特点分析. 中华泌尿外科杂志,2013,34（6）:459-461.

36. 万淑琴,魏清风,曹春凤. 造口专科护士干预对永久性肠造口病人早期自我护理能力的影响. 护理研究,2014,（32）:4040-4042.

37. 汪晖,张晴,方汉萍,等. 慢性疼痛患者疼痛程度及应对策略的调查. 护理学杂志,2013,（12）:9-11.

38. 王泠,马蕊,郑小伟,等. 我国造口治疗师培养与使用的思考. 护理管理杂志,2013,（11）:770-772.

39. 徐洪莲,郝建玲,邱群,等. 伴有多个并发症的肠造口患者在门诊的护理. 解放军护理杂志,2013,（10）:37-38.

40. 徐娜,芦桂芝,张颜. 肠造口患者延续护理的研究进展. 护理学杂志,2014,（02）:94-96.

41. 徐元玲,蒋琪霞,王建东. 慢性伤口细菌生物膜处理方法的研究进展. 中华护理杂志,2014,（11）:1382-1386.

42. 徐元玲,王建东,蒋琪霞. 慢性伤口细菌生物膜形成机制及其影响的研究进展. 中华护理杂志,2014,（04）:463-466.

43. 徐元玲,王建东,蒋琪霞. 慢性伤口细菌生物膜的临床识别和影响因素的研究进展. 医学研究生学报,2014,27（12）:1337-1339.

44. 袁宝芳,帅敏. 以信息化手段为基础的肠造口患者延续护理实践. 中国护理管理,2015,（08）:938-940.

45. 袁晓红,赵静燕,曾燕,等. 造口联谊会对回肠膀胱造口患者社会心理适应的影响.

护理与康复, 2014,（12）: 1172–1173.

46. 曾艳妮, 黄金, 仇铁英. 细菌生物膜对慢性伤口的影响及防治策略. 中国组织工程研究, 2014,（24）: 3925–3930.

47. 张俊娥, 郑美春, 黄金月. 结肠造口患者出院早期电话干预延续护理模式之构建. 中国护理管理, 2011,（08）: 31–35.

48. 张蕊, 余梦清. 银屑病患者生活质量护理干预的研究进展. 中华现代护理杂志, 2013, 19（16）: 1971–1973.

49. 张艳, 何雪梅, 谢绮雯, 等. 直肠癌结肠造口患者自护能力现状的研究及分析. 齐齐哈尔医学院学报, 2016,（18）: 2349–2350.

50. 赵延慧, 王翠雪, 周艳. 肠造口术后病人心理干预的研究现状. 护理研究, 2014,（08）: 907–908.

51. 周春兰, 刘颖, 甄莉, 等. 慢性伤口患者基础疼痛及换药相关疼痛的调查分析. 护理学杂志, 2016,（18）: 25–29.

52. 周凌芸, 鲁凤娟, 李海. 心理评量技术在 68 例直肠癌造口病人护理中的应用. 护理研究, 2016,（24）: 3025–3027.

53. 周兆坤, 周广明. 银屑病的治疗进展. 医学综述, 2014,（02）: 291–294.

54. 朱文, 蒋琪霞, 郭艳侠, 等. 失禁相关性皮炎患病现况及预防现状的多中心研究. 医学研究生学报, 2016,（06）: 633–638.

55. Hamm R, Brindle T, Carey J, et al. Text and Atlas of Wound Diagnosis and Treatment. New York: McGraw Hill, 2015.

56. Mcinnes E, Dumville JC, Jammali–Blasi A, et al. Support surfaces for treating pressure ulcers. New Jersey: John Wiley & Sons, Ltd, 2011.

57. NPUAP, EPUAP, PPPIA. Prevention and Treatment of Pressure Ulcers: Clinical Practice Guideline. Emily Haesler. Cambridge Media: Perth, Australia, 2014.

58. Wolcott R, Costerton J W, Raoult D, et al. The polymicrobial nature of biofilm infection, 2013, 19 (2): 107–112.

59. Allen B. Effects of a comprehensive nutritional program on pressure ulcer healing, length of hospital stay, and charges to patients. Clin Nurs Res, 2013, 22 (2): 186–205.

60. Ammons MC, Copié V. Mini–review: Lactoferrin: a bioinspired, anti–biofilm therapeutic. Biofouling, 2013, 29 (4): 443–455.

61. Assistant HKKM, Professor LDPR. Effects of planned group interactions on the social adaptation of individuals with an intestinal stoma: a quantitative study. Journal of Clinical Nursing, 2014, 23 (19–20): 2800–2813.

62. Beeckman D. A decade of research on Incontinence–Associated Dermatitis (IAD): Evidence, knowledge gaps and next steps. Journal of Tissue Viability, 2016, 26 (1): 47–56.

63. Beeckman D, Van LA, Van HA, et al. A systematic review and meta–analysis of incontinence–associated dermatitis, incontinence, and moisture as risk factors for pressure ulcer development. Research in Nursing & Health, 2014, 37 (3): 204.

64. Black JT, Romano PS, Sadeghi B, et al. A remote monitoring and telephone nurse coaching

intervention to reduce readmissions among patients with heart failure: study protocol for the Better Effectiveness After Transition–Heart Failure (BEAT–HF) randomized controlled trial. Trials, 2014, 15 (1): 124.

65. Boulanger J, Ducharme A, Dufour A, et al. Management of the extravasation of anti–neoplastic agents. Supportive Care in Cancer, 2015, 23 (5): 1459–1471.

66. Bradley BH, Cunningham M. Biofilms in chronic wounds and the potential role of negative pressure wound therapy: an integrative review. J Wound Ostomy Continence Nurs, 2013, 40 (2): 143–149.

67. Broadbent E, Koschwanez HE. The psychology of wound healing. Current Opinion in Psychiatry, 2012, 25 (2): 135.

68. Caldamone AA. Operative Pediatric Surgery 7th ed. Journal of Pediatric Urology, 2014, 10 (1): 204.

69. Ceccaroni M, Roviglione G, Spagnolo E, et al. Pelvic dysfunctions and quality of life after nerve–sparing radical hysterectomy: a multicenter comparative study. Anticancer Res, 2012, 32 (2): 581–588.

70. Chen W, Zheng R, Zeng H, et al. Annual report on status of cancer in China, 2011. Chinese Journal of Cancer Research, 2015, 27 (1): 2.

71. Cheng F, Xu Q, Dai XD, et al. Evaluation of the expert patient program in a Chinese population with permanent colostomy. Cancer Nursing, 2012, 35 (1): E27.

72. Clarke–Neill S, Farbrot A, Lagerstedt Eidrup ML, et al. Is it Feasible to Use Incontinence–Associated Dermatitis Assessment Tools in Routine Clinical Practice in the Long–term Care Setting? Journal of Wound Ostomy & Continence Nursing Official Publication of the Wound Ostomy & Continence Nurses Society, 2015, 42 (4): 379.

73. Danforth TL, Ginsberg DA. Neurogenic lower urinary tract dysfunction: how, when, and with which patients do we use urodynamics? Urologic Clinics of North America, 2014, 41 (3): 445–452.

74. Dorsher PT, McIntosh PM. Neurogenic bladder. Adv Urol, 2012, 2012: 816274.

75. Dykes TM, Bhargavanchatfield M, Dyer RB. Intravenous Contrast Extravasation During CT: A National Data Registry and Practice Quality Improvement Initiative. Journal of the American College of Radiology Jacr, 2015, 12 (2): 183–191.

76. Eming SA, Martin P, Tomic–Canic M. Wound repair and regeneration: mechanisms, signaling, and translation. Sci Transl Med, 2014, 6 (265): 265s–266s.

77. Faber AW, Patterson DR, Bremer M. Repeated use of immersive virtual reality therapy to control pain during wound dressing changes in pediatric and adult burn patients. J Burn Care Res, 2013, 34 (5): 563–568.

78. Ferraro F, Gravina AG, D'Elia A, et al. Percutaneous endoscopic gastrostomy for critically ill patients in a general intensive care unit. Acta Gastroenterol Belg, 2013, 76 (3): 306–310.

79. Flanagan M. Wound Healing and Skin Integrity: Principles and Practice. New Jersey: John Wiley & Sons, Ltd, 2013.

80. Gallagher R. The management of wound–related procedural pain (volitional incident pain)

in advanced illness. Curr Opin Support Palliat Care, 2013, 7 (1): 80–85.

81. Garcíacontreras R, Pérezeretza B, Lirasilva E, et al. Gallium induces the production of virulence factors in Pseudomonas aeruginosa. Pathog Dis, 2014, 70 (1): 95–98.

82. Gause WC, Wynn TA, Allen J E. Type 2 immunity and wound healing: evolutionary refinement of adaptive immunity by helminths. Nature Reviews Immunology, 2013, 13 (8): 607.

83. Gorski LA. The 2016 Infusion Therapy Standards of Practice. Home Healthcare Now, 2017, 35 (1): 10.

84. Gray M, Mcnichol L, Nix D. Incontinence–Associated Dermatitis: Progress, Promises, and Ongoing Challenges. Journal of Wound Ostomy & Continence Nursing Official Publication of the Wound Ostomy & Continence Nurses Society, 2016, 43 (2): 188.

85. Greatrex–White S, Moxey H. Wound assessment tools and nurses' needs: an evaluation study. Int Wound J, 2015, 12 (3): 293–301.

86. Hobson R. Vitamin E and wound healing: an evidence–based review. International Wound Journal, 2016, 13 (3): 331.

87. Holmes RF, Davidson MW, Thompson BJ, et al. Skin tears: care and management of the older adult at home. Home Healthc Nurse, 2013, 31 (2): 90–101.

88. Holroyd S. Incontinence–associated dermatitis: identification, prevention and care. British Journal of Nursing, 2015, 24 (9): S37.

89. Iwanowicz–Palus GJ, Stadnicka G, Wloszczak–Szubzda A. Medical and psychosocial factors conditioning development of stress urinary incontinence (SUI). Ann Agric Environ Med, 2013, 20 (1): 135–139.

90. Jiang Q, Xu Y, Li X, et al. Progressive and painful wound as a feature of subcutaneous panniculitis–like T–cell lymphoma (SPTCL): report of a case and review of literature. International Journal of Clinical & Experimental Pathology, 2015, 8 (1): 735.

91. Jokiniemi K, Haatainen K, Meretoja R, et al. The Future of the Clinical Nurse Specialist Role in Finland. Journal of Nursing Scholarship, 2015, 47 (1): 78–86.

92. Jr OT, Passman MA, Marston WA, et al. Management of venous leg ulcers: clinical practice guidelines of the Society for Vascular Surgery ® and the American Venous Forum. Journal of Vascular Surgery, 2014, 60 (2 Suppl): 3S.

93. Kessides MC, Khachemoune A. A Review of Epidermal Maturation Arrest: A Unique Entity or Another Description of Persistent Granulation Tissue? J Clin Aesthet Dermatol, 2014, 7 (12): 46–50.

94. Kim JH. Textbook of the Neurogenic Bladder. 3rd ed. International Neurourology Journal, 2015, 19 (4): 295.

95. Kodiyan J, Amber KT. Topical antioxidants in radiodermatitis: a clinical review. International Journal of Palliative Nursing, 2015, 21 (9): 446–452.

96. Leblanc K, Baranoski S. Skin tears: best practices for care and prevention. Nursing, 2014, 44 (5): 36.

97. Leblanc K, Christensen D, Cook J, et al. Prevalence of skin tears in a long–term care

facility. J Wound Ostomy Continence Nurs, 2013, 40 (6): 580–584.

98. Lee CG, Kang HW, Lim YJ, et al. Comparison of complications between endoscopic and percutaneous replacement of percutaneous endoscopic gastrostomy tubes. Journal of Korean Medical Science, 2013, 28 (12): 1781–1787.

99. Leite B, Gomes F, Teixeira P, et al. Combined effect of linezolid and N–acetylcysteine against Staphylococcus epidermidis biofilms. Enferm Infecc Microbiol Clin, 2013, 31 (10): 655–659.

100. Li YX, Han WJ, Tang HT, et al. Nitrous oxide–oxygen mixture during burn wound dressing: a double–blind randomized controlled study. CNS Neurosci Ther, 2013, 19 (4): 278–279.

101. Lou Z, Meng RG, Zhang W, et al. Preoperative carcinoembryonic antibody is predictive of distant metastasis in pathologically T1 colorectal cancer after radical surgery. World J Gastroenterol, 2013, 19 (3): 389–393.

102. Lou Z, Yan FH, Hu SJ, et al. Predictive Factors for Surgical Intervention in Patients over the Age of 80 with Adhensive Small–Bowel Obstruction. Indian J Surg, 2015, 77 (Suppl 3): 1280–1284.

103. Margaret L, Geraldine MC, Vicki L, et al. Patients’ bowel symptom experiences and self–care strategies following sphincter–saving surgery for rectal cancer. Journal of Clinical Nursing, 2014, 23 (15–16): 2343–2354.

104. Maydick D. A Descriptive Study Assessing Quality of Life for Adults With a Permanent Ostomy and the Influence of Preoperative Stoma Site Marking. Ostomy Wound Manage, 2016, 62 (5): 14–24.

105. Michailidis L, Williams CM, Bergin SM, et al. Comparison of healing rate in diabetes–related foot ulcers with low frequency ultrasonic debridement versus non–surgical sharps debridement: a randomised trial protocol. J Foot Ankle Res, 2014, 7 (1): 1.

106. Moio M, Mataro I, Accardo G, et al. Treatment of hypergranulation tissue with intralesional injection of corticosteroids: preliminary results. Journal of Plastic Reconstructive & Aesthetic Surgery Jpras, 2014, 67 (6): 167–168.

107. Molnar JA, Vlad LG, Gumus T. Nutrition and Chronic Wounds: Improving Clinical Outcomes. Plastic & Reconstructive Surgery, 2016, 138: 71S–81S.

108. Nasvall P, Dahlstrand U, Lowenmark T, et al. Quality of life in patients with a permanent stoma after rectal cancer surgery. Qual Life Res, 2017, 26 (1): 55–64.

109. Nielsen R, Harris. Conservative sharp wound debridement: an overview of Canadian education, practice, risk, and policy. J Wound Ostomy Continence Nurs, 2013, 40 (6): 594–601.

110. Onur OE, Onur E, Guneysel O, et al. Endoscopic gastrostomy, nasojejunal and oral feeding comparison in aspiration pneumonia patients. Journal of Research in Medical Sciences the Official Journal of Isfahan University of Medical Sciences, 2013, 18 (12): 1097–1102.

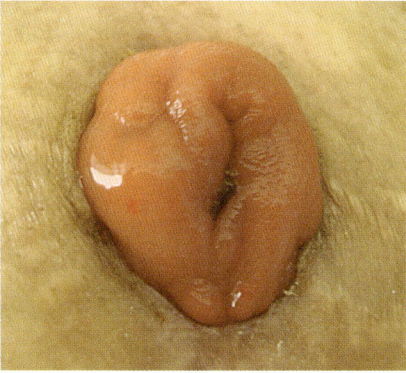

彩图 3-2-2　单腔造口

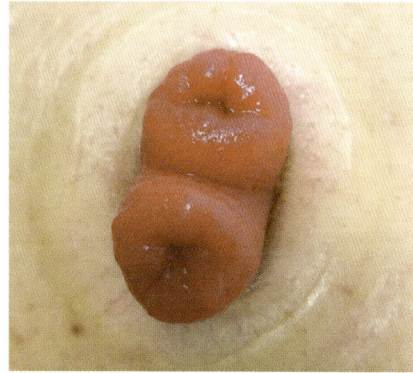

彩图 3-2-5　袢式造口

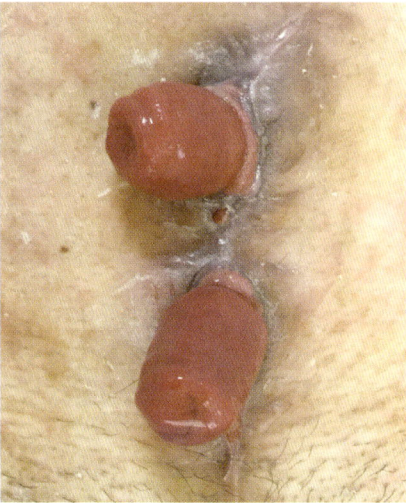

彩图 3-4-1　分离造口

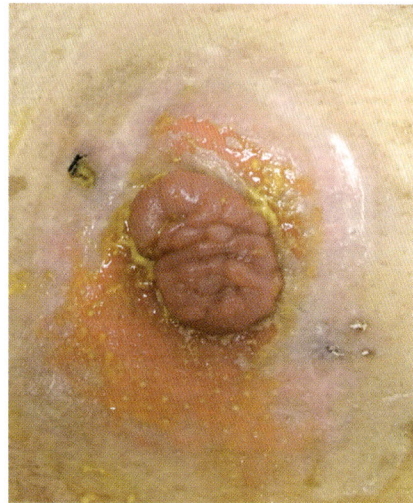

彩图 3-5-1　刺激性皮炎

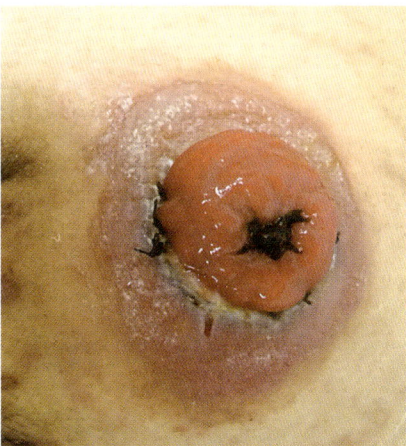

彩图 3-5-2　过敏性皮炎

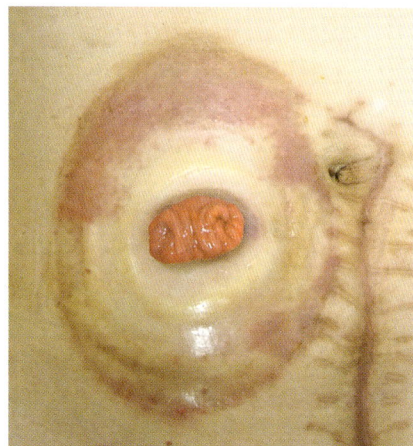

彩图 3-5-4　真菌感染

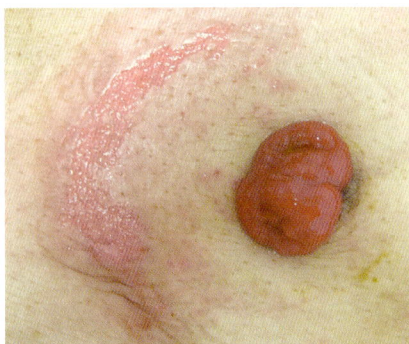

彩图 3-5-6 机械性损伤

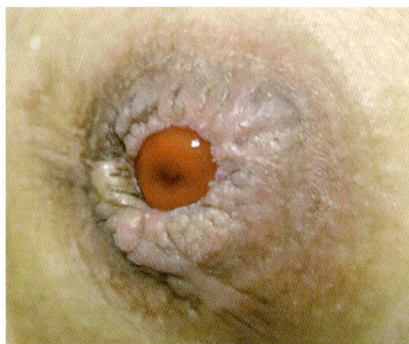

彩图 3-5-7 假疣性表皮增生

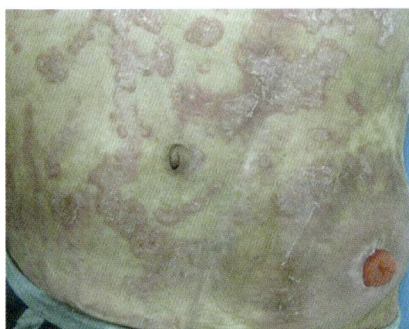

彩图 3-5-8 银屑病

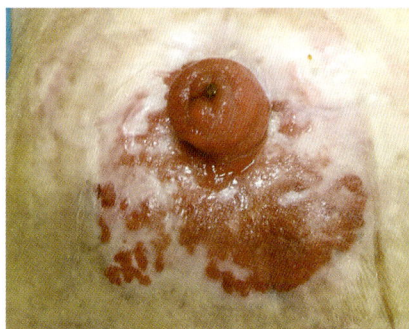

彩图 3-5-10 黏膜移植

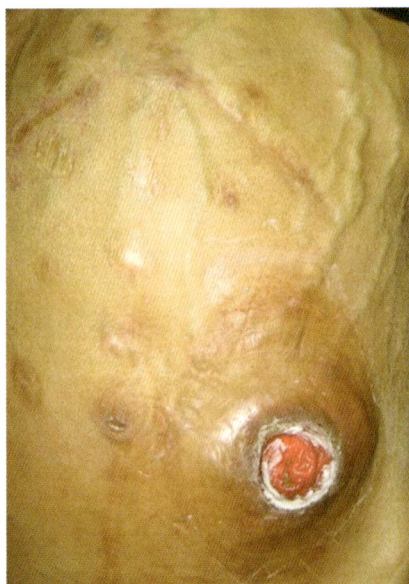

彩图 3-5-11 腹壁静脉曲张

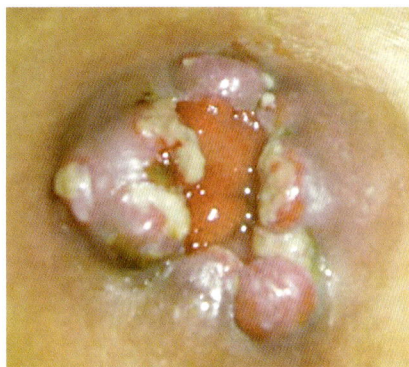

彩图 3-5-12 造口肿瘤

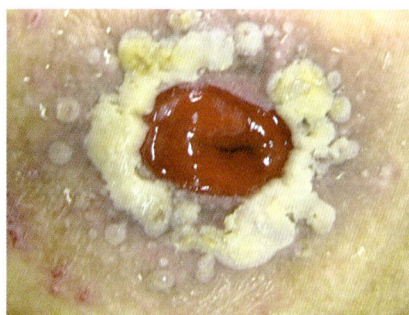

彩图 3-5-13 尿结晶

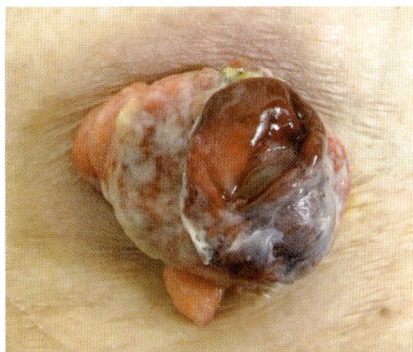

彩图 3-6-1　轻度造口缺血坏死

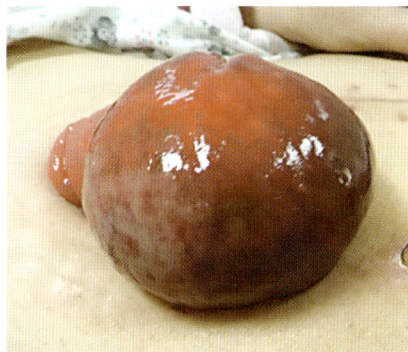

彩图 3-6-2　中度造口缺血坏死

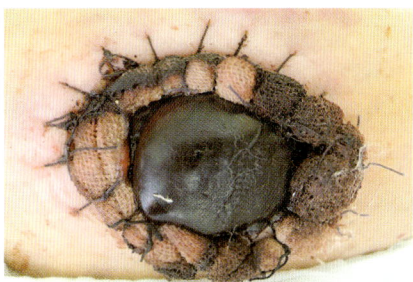

彩图 3-6-3　重度造口缺血坏死

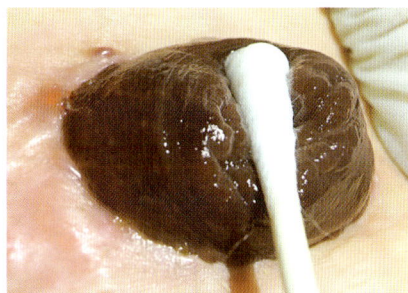

彩图 3-6-4　肠管黑变病

彩图 3-6-5　用手电筒斜侧照肠造口
黏膜观察透光性

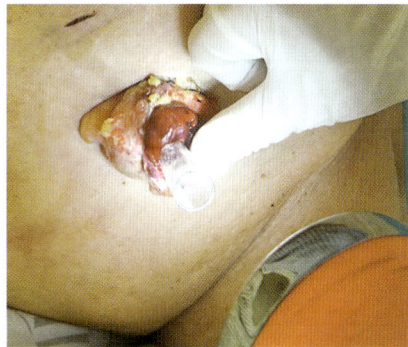

彩图 3-6-6　试管插入肠管内用
手电筒照射观察肠腔内血运

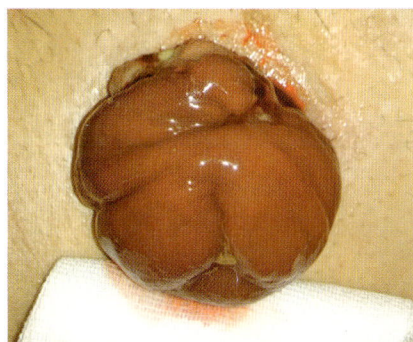

彩图 3-6-7　造口黏膜出血

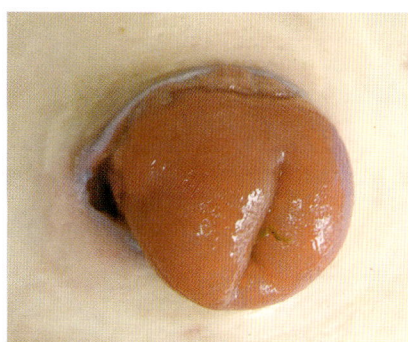

彩图 3-6-9　造口皮肤黏膜分离

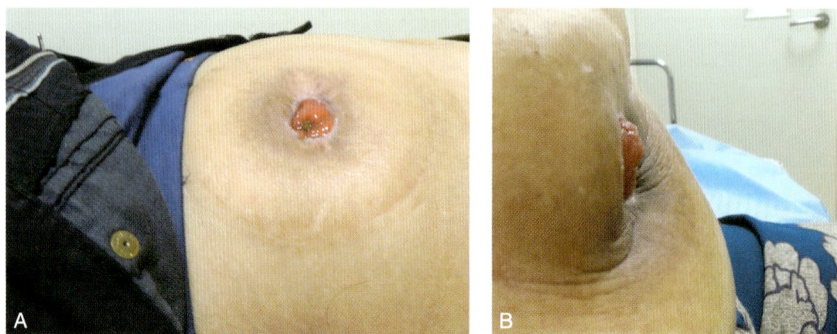

彩图 3-6-11　造口回缩
A. 平卧时造口回缩；B. 坐位时造口回缩

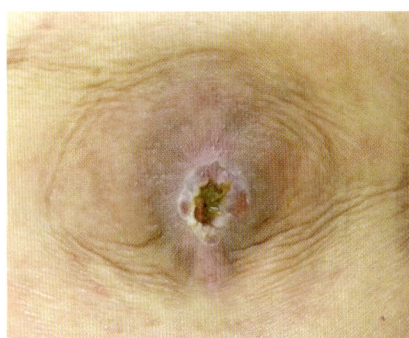

彩图 3-6-13　重度造口狭窄

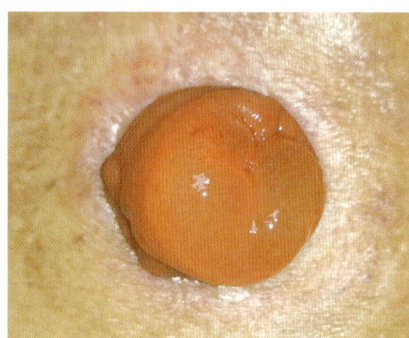

彩图 3-6-15　造口水肿

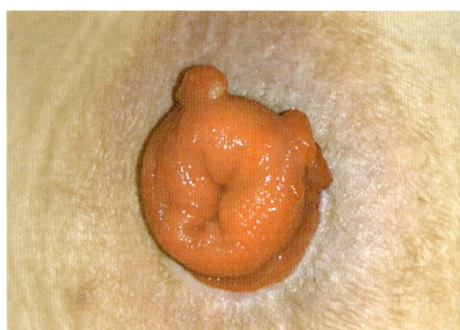

彩图 3-6-17　造口黏膜肉芽肿

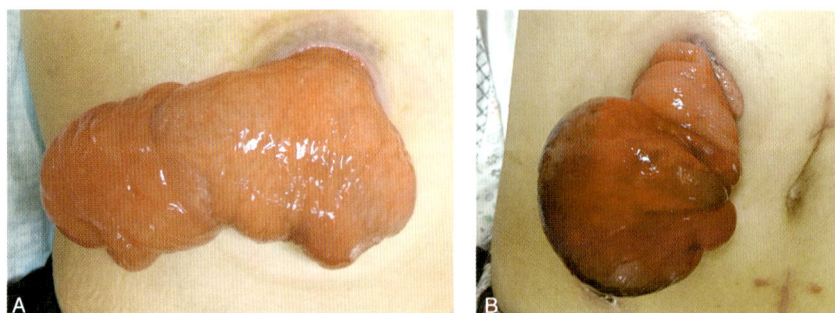

彩图 3-6-19　造口脱垂
A. 单腔造口脱垂；B. 双腔造口远端脱垂

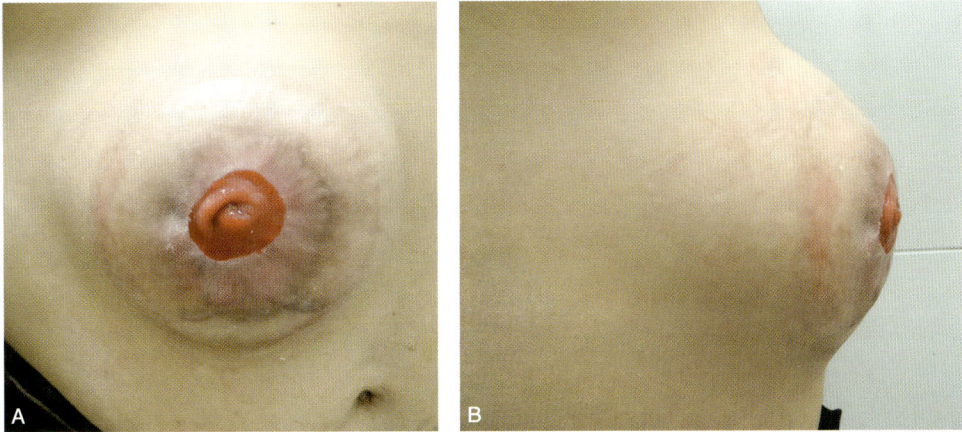

彩图 3-6-22　造口旁疝
A. 造口旁疝(正面观);B. 造口旁疝(侧面观)

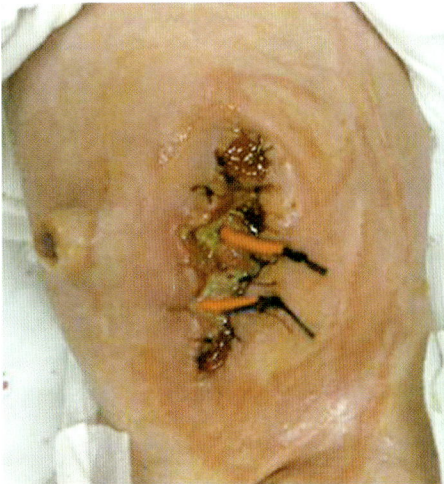

彩图 3-7-1　结肠造口旁伤口裂开

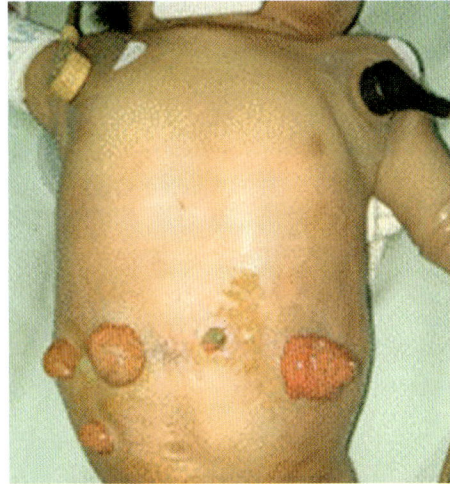

彩图 3-7-2　多个造口

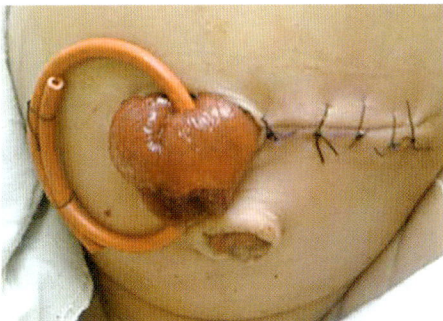

彩图 3-7-3　造口与手术切口相邻

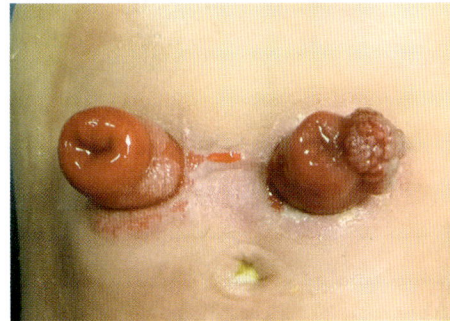

彩图 3-7-4　造口撕裂伤

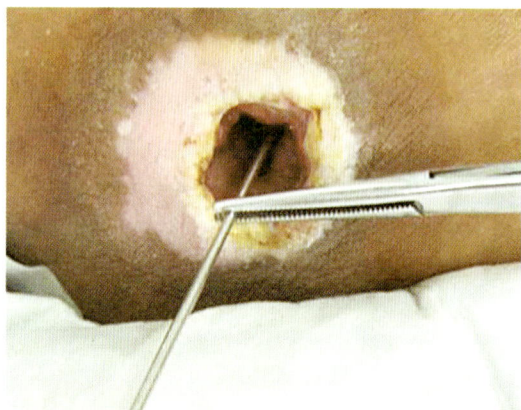

彩图 4-2-1　伤口深度的测量

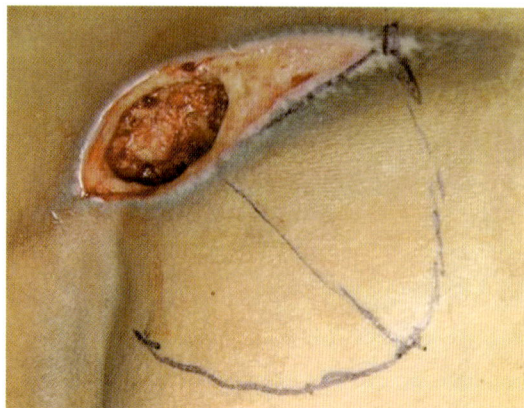

彩图 4-2-2　伤口潜行的测量

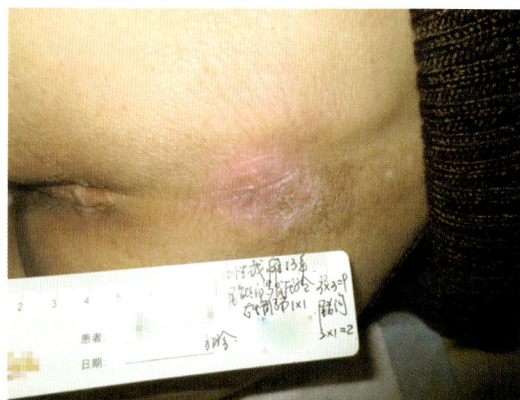

彩图 4-3-1　骶尾部 1 期压力性损伤

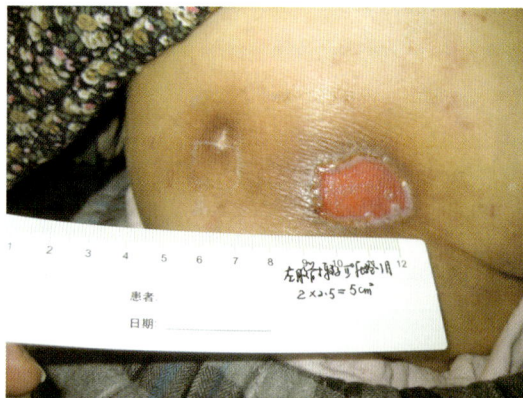

彩图 4-3-2　骶尾部 2 期压力性损伤

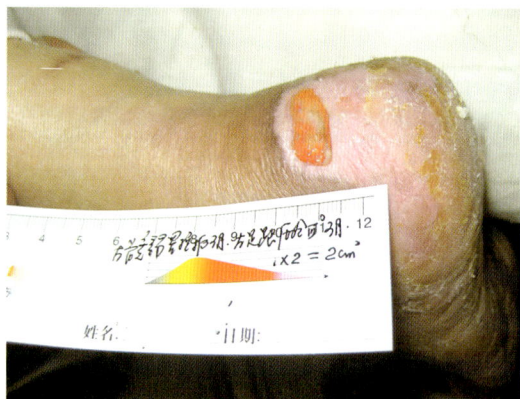

彩图 4-3-3　足跟部 3 期压力性损伤

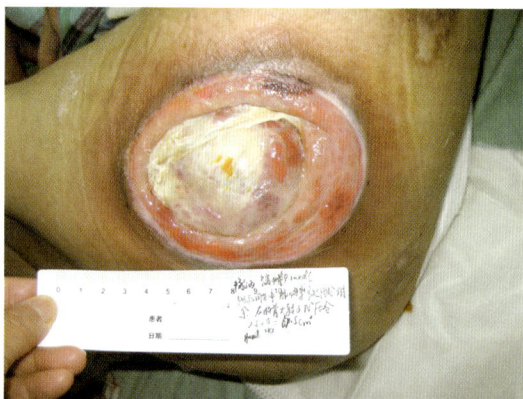

彩图 4-3-4　股骨大转子 4 期压力性损伤

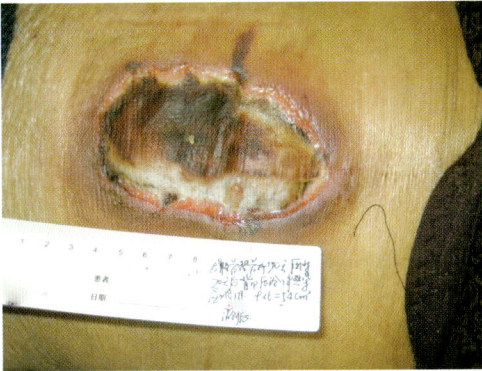

彩图 4-3-5　背部不可分期压力性损伤

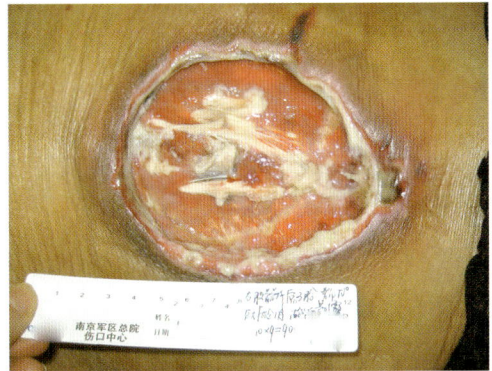

彩图 4-3-6　背部不可分期压力性损伤
清创后为 4 期压力性损伤

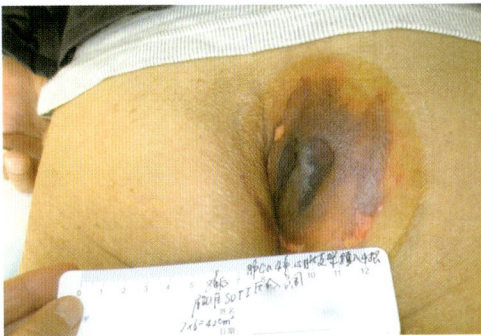

彩图 4-3-7　骶尾部深部组织损伤

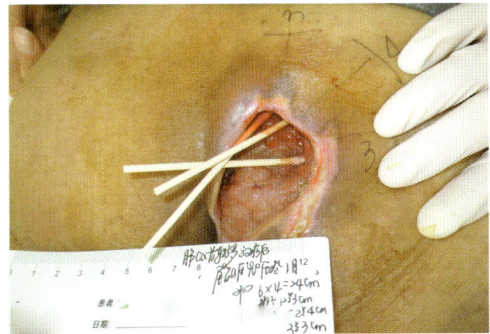

彩图 4-3-8　骶尾部深部组织损伤
清创后为 4 期压力性损伤

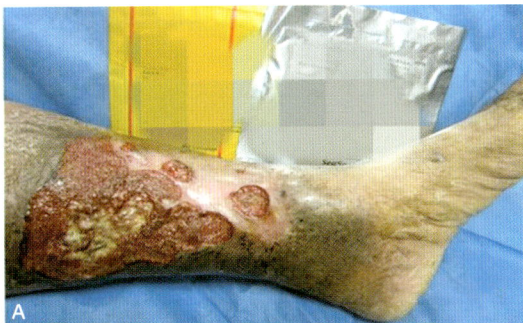

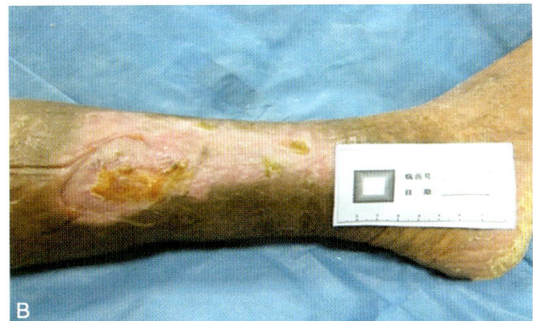

彩图 4-3-10　下肢静脉溃疡
A. 下肢静脉溃疡；B. 下肢静脉溃疡愈合

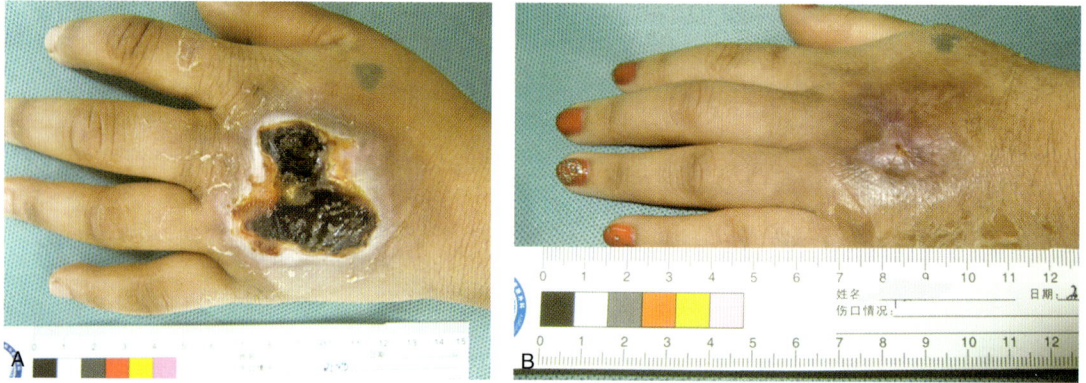

彩图 4-3-11　创伤伤口
A. 创伤伤口；B. 创伤伤口愈合

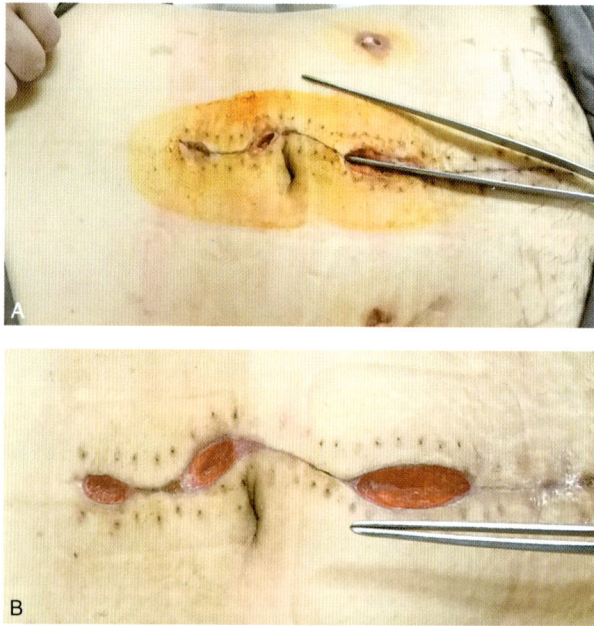

彩图 4-3-12　窦道的处理
A. 术后切口窦道初诊图；B. 处理 7 天后肉芽增殖良好

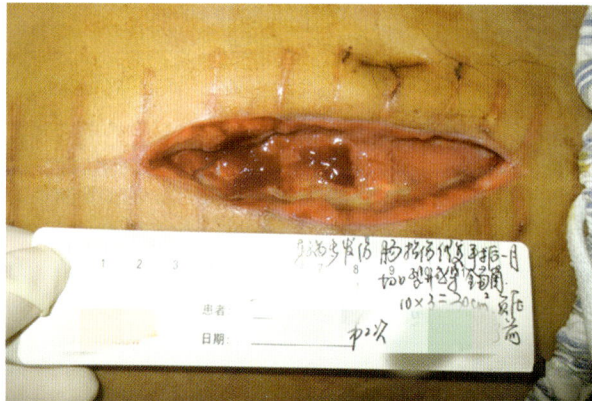

彩图 4-3-13　腹部手术切口感染

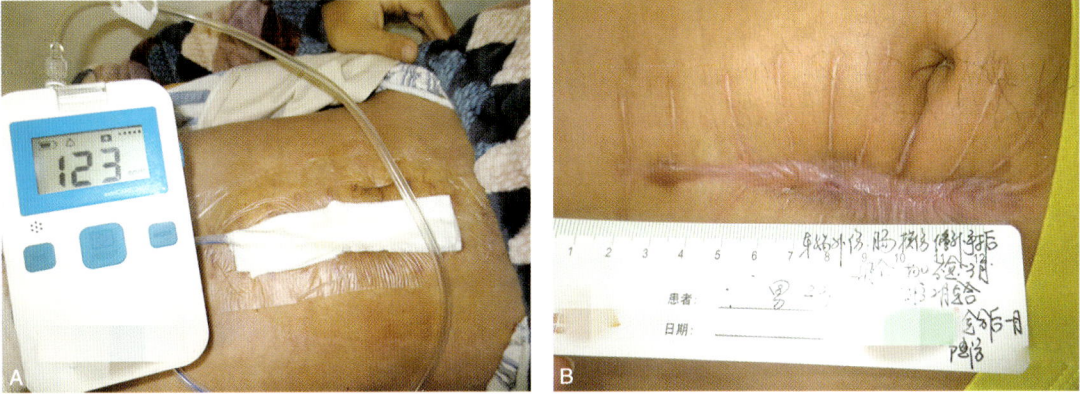

**彩图 4-3-14 肠破裂手术后切口感染的处理**
A. 设定负压值和间歇治疗模式；B. 感染切口愈合后 1 个月随访

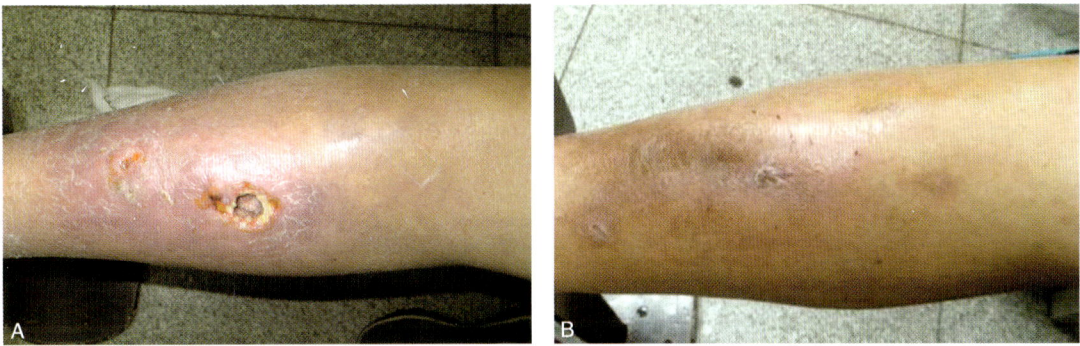

**彩图 4-3-15 小腿外伤感染伤口**
A. 小腿外伤感染伤口；B. 小腿外伤伤口愈合

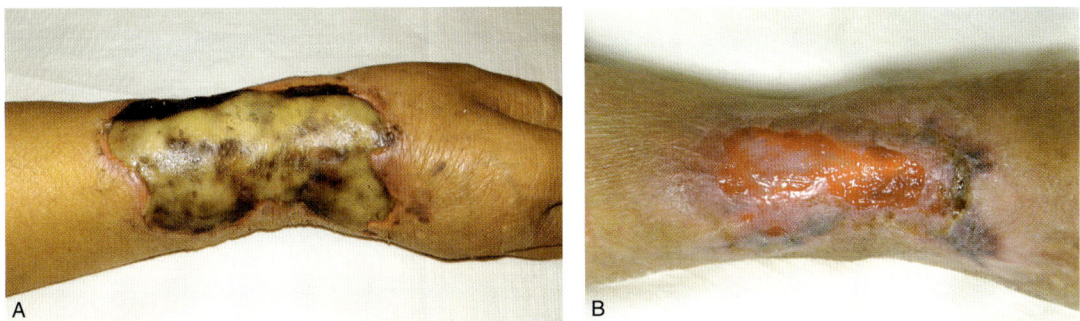

**彩图 4-3-16 药物外渗伤口的处理**
A. 药物外渗导致的伤口；B. 药物外渗导致的伤口呈愈合趋势

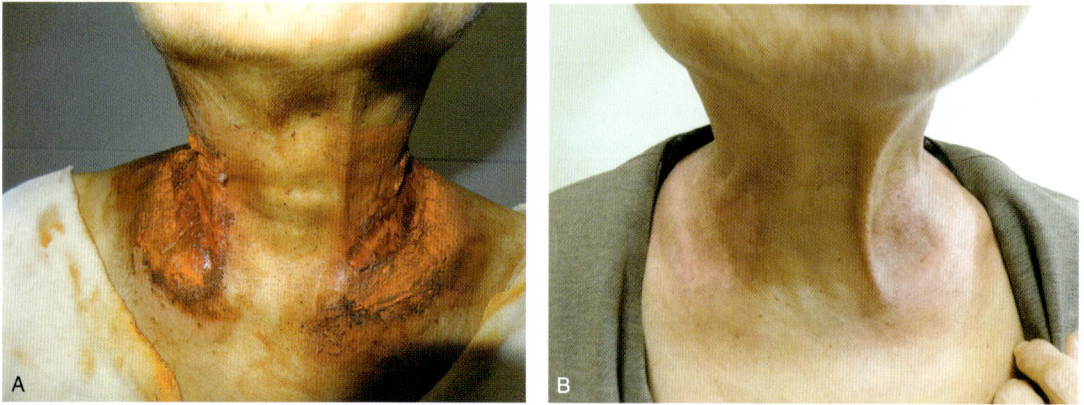

彩图 4-3-17 双侧颈部急性放射性皮肤损伤的处理
A. 放射性皮炎；B. 放射性皮炎已痊愈

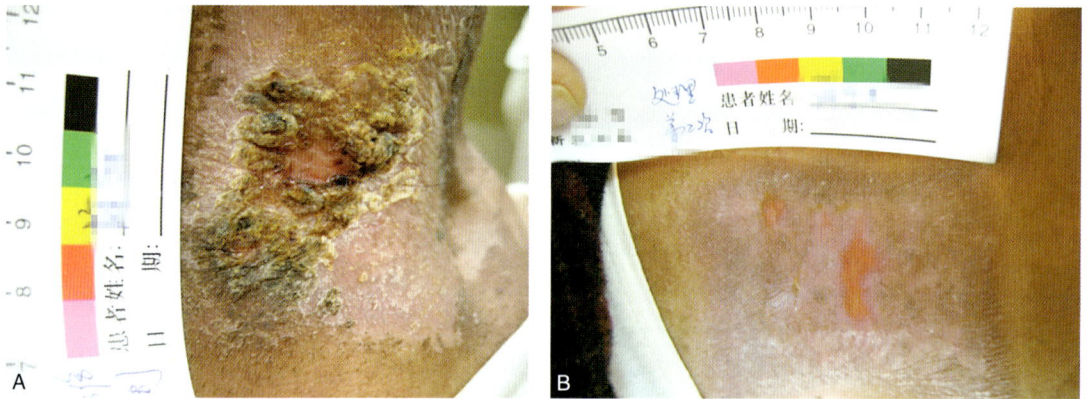

彩图 4-3-18 右颈部放射性损伤的处理
A. 右颈部放射性损伤；B. 放射性损伤已愈合

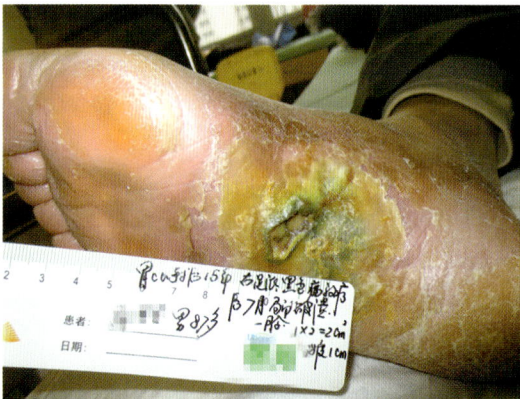

彩图 4-3-19 原发恶性黑色素瘤
伤口放射治疗后 7 个月

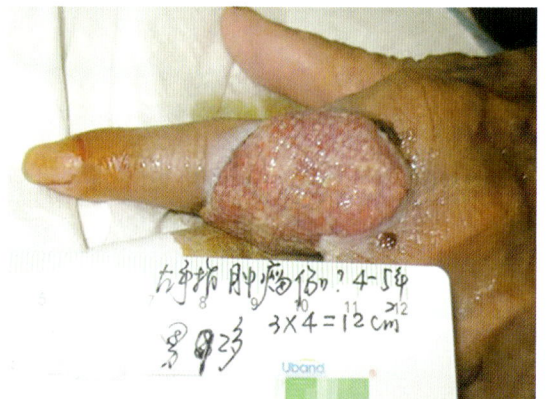

彩图 4-3-20 手指原发鳞状
细胞癌伤口

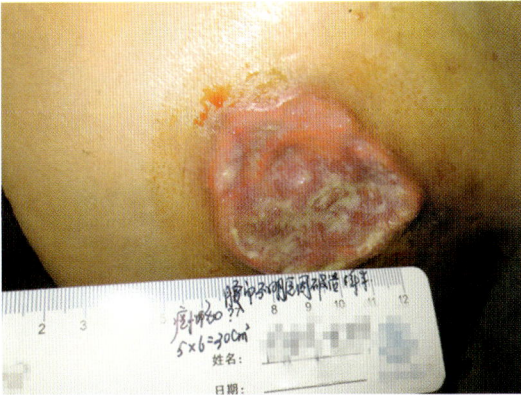

彩图 4-3-21　慢性伤口 18 个月
继发鳞状上皮癌

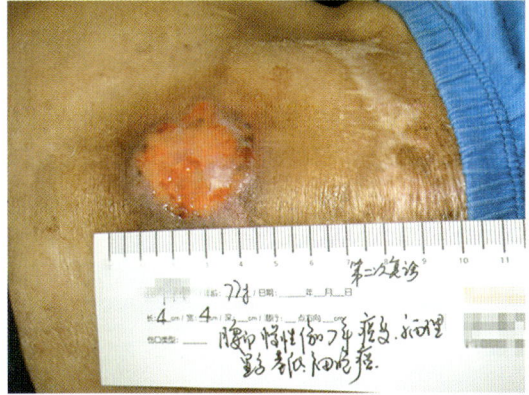

彩图 4-3-22　慢性伤口 7 年
继发基底细胞癌

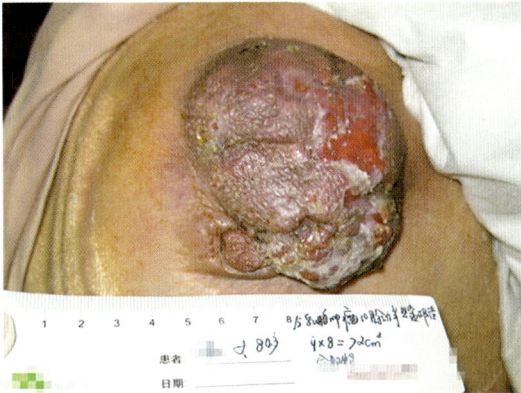

彩图 4-3-23　乳腺癌浸润
生长形成肿瘤伤口

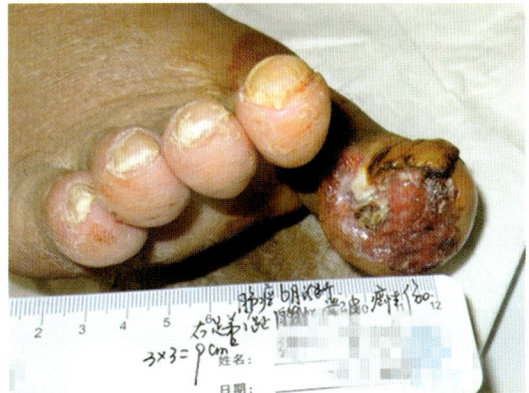

彩图 4-3-24　肺癌 6 个月转移至
足趾形成肿瘤伤口

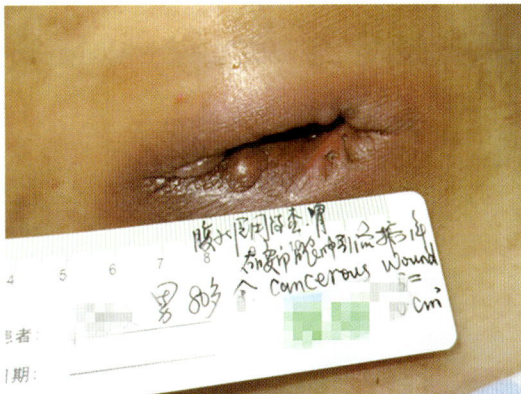

彩图 4-3-25　肠癌转移至腰部
形成肿瘤伤口

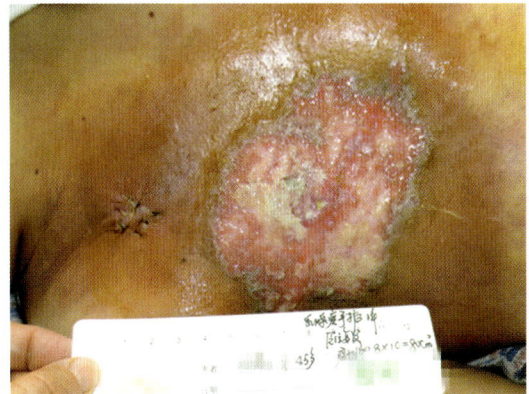

彩图 4-3-26　乳腺癌手术后
1 年切口原位复发

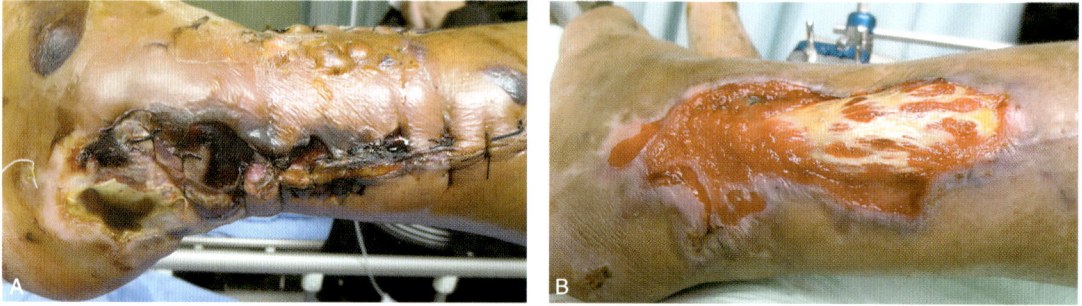

彩图 4-3-27　骨髓炎伤口的处理
A. 外伤引发骨髓炎伤口；B. 骨髓炎治疗后

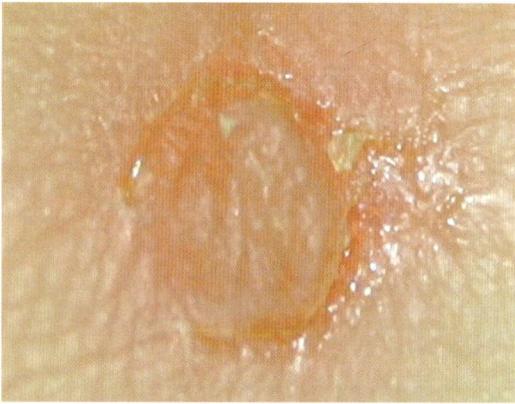

彩图 4-3-28　1a 级皮肤撕裂伤表现

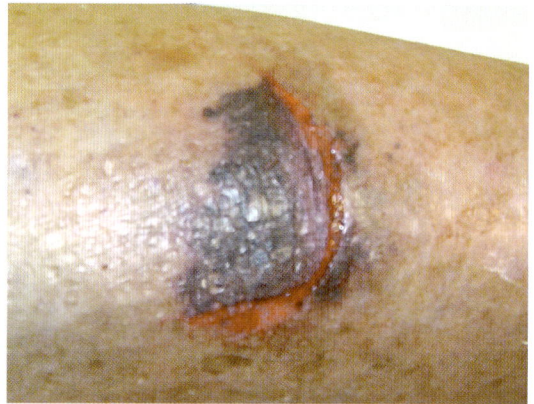

彩图 4-3-29　1b 级皮肤撕裂伤表现

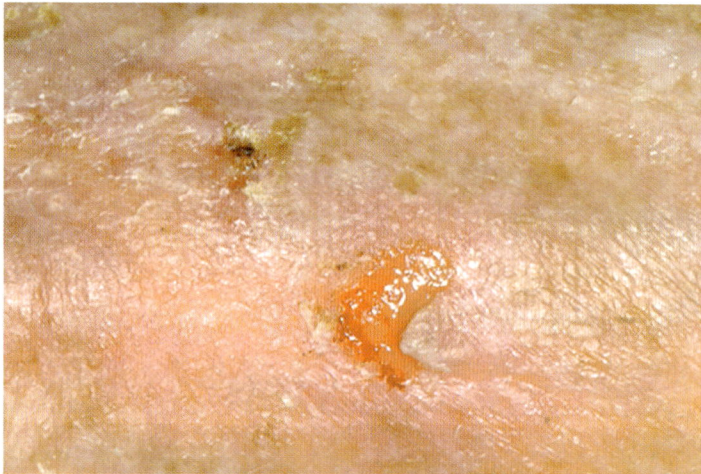

彩图 4-3-30　2a 级皮肤撕裂伤表现

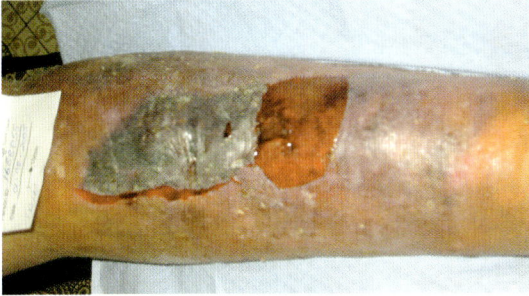

彩图 4-3-31 2b 级皮肤撕裂伤表现

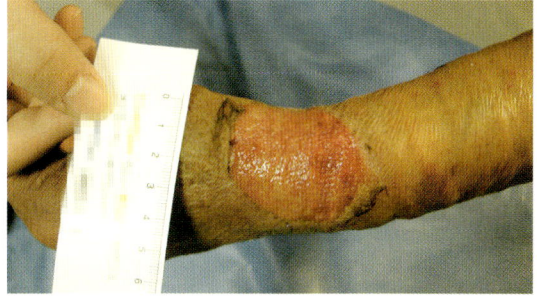

彩图 4-3-32 3 级皮肤撕裂伤表现

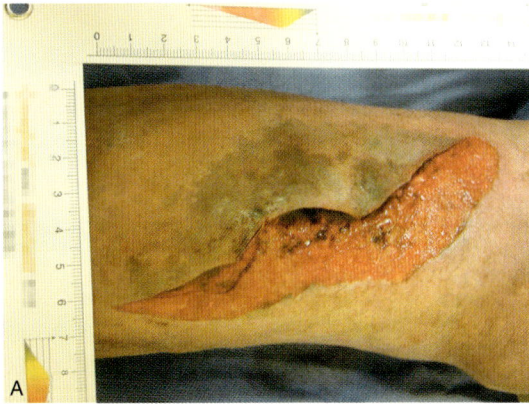

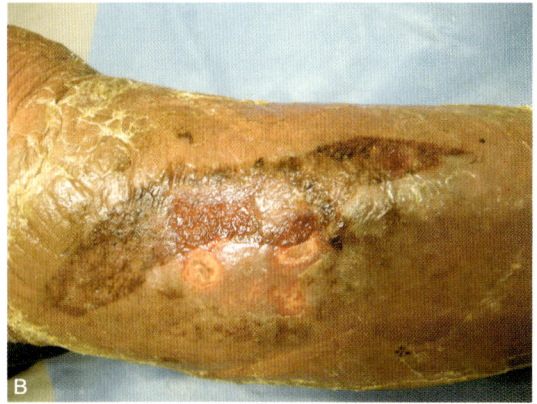

彩图 4-3-33 皮肤撕裂伤的处理

A. 胫前皮肤撕裂伤；B. 皮肤撕裂伤愈合

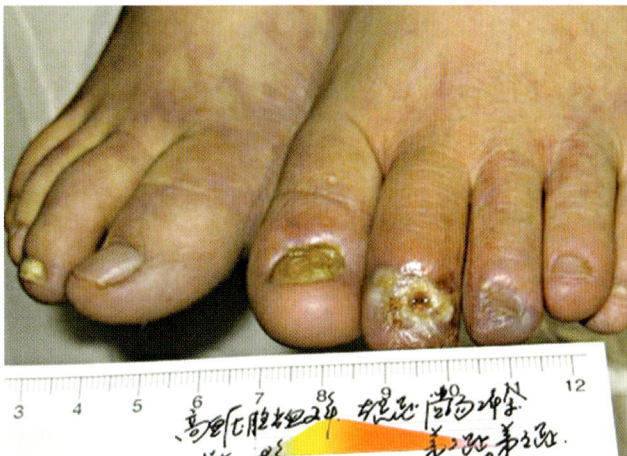

彩图 4-3-34 双足血管炎

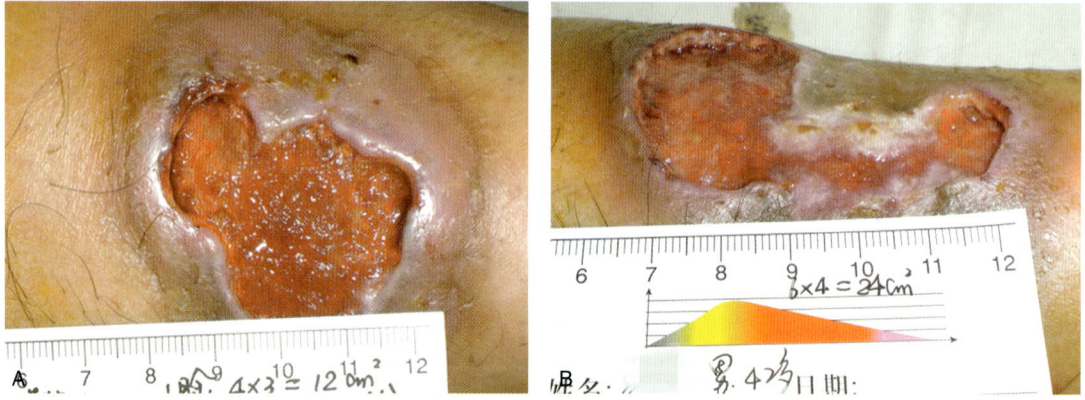

彩图 4-3-35　坏疽性脓皮病伤口

A. 坏疽性脓皮病初诊时；B. 坏疽性脓皮病治疗 1 个月时扩展变形

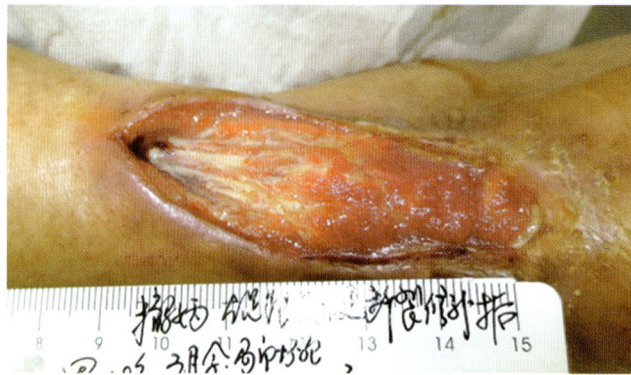

彩图 4-3-36　跟腱断裂感染不典型分枝杆菌伤口

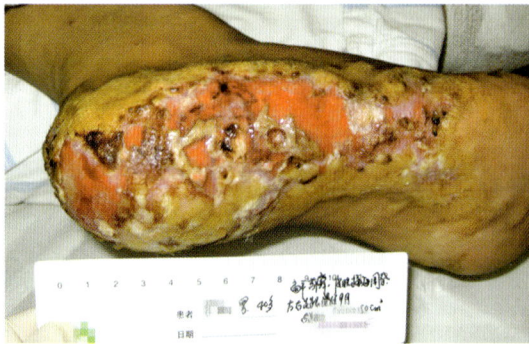

彩图 4-3-37　足部真菌感染数月

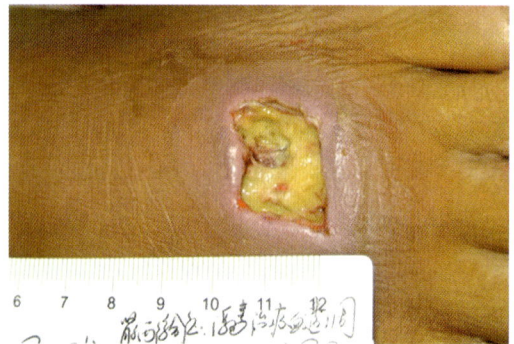

彩图 4-3-38　足背足菌肿

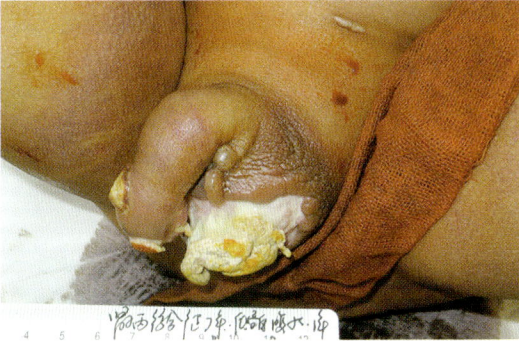

彩图 4-3-39　阴囊福尼耳坏疽

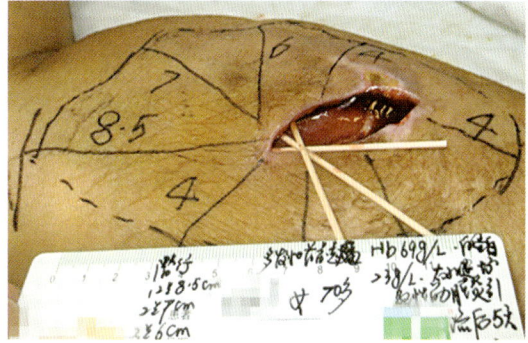

彩图 4-3-40　小腿坏死性筋膜炎

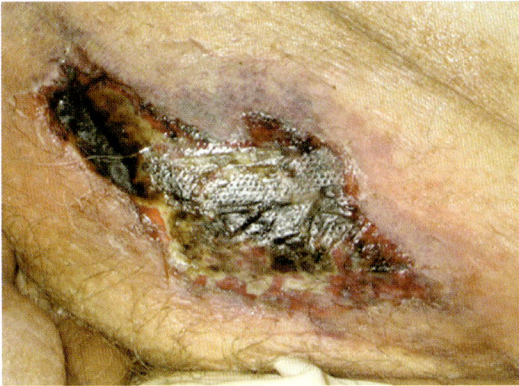

彩图 4-3-41　钙化防御

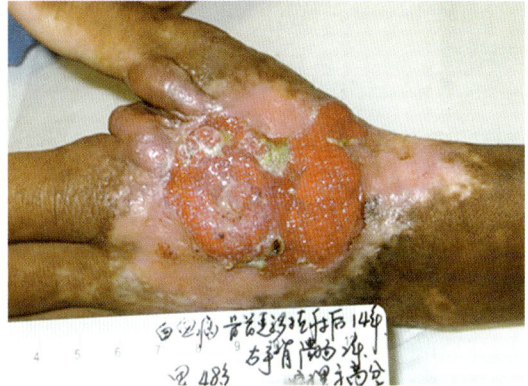

彩图 4-3-42　左手背溃疡 2 年转变为鳞状细胞癌

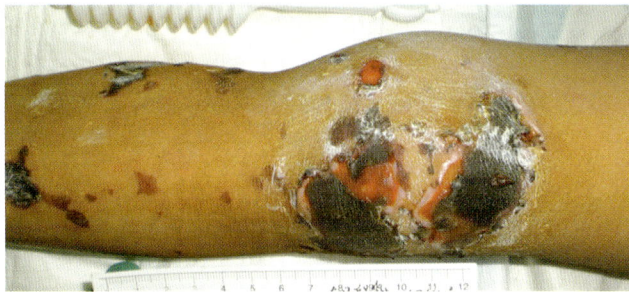

彩图 4-3-43　弥漫性血管内凝血致膝关节多发组织坏死

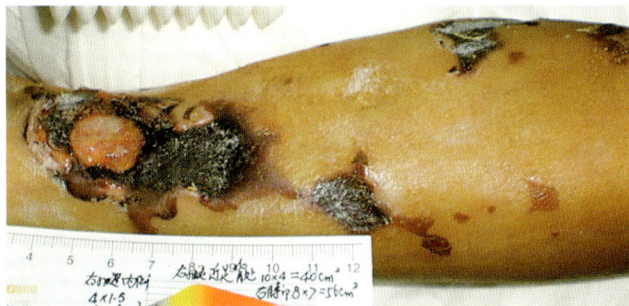

彩图 4-3-44　弥漫性血管内凝血致踝关节多发组织坏死

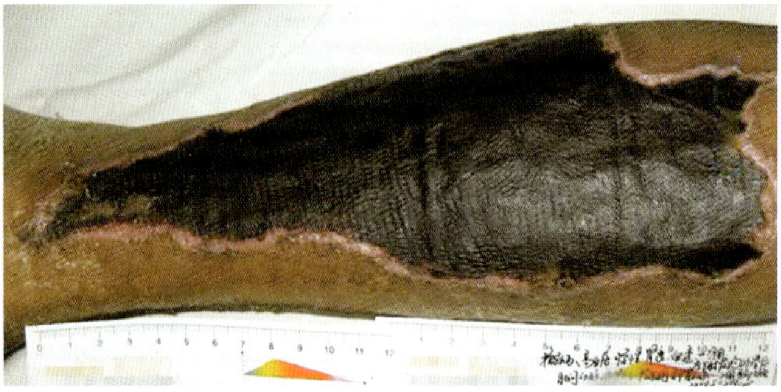

彩图 4-3-45　去甲肾上腺素外渗致下肢血管闭塞、缺血坏死

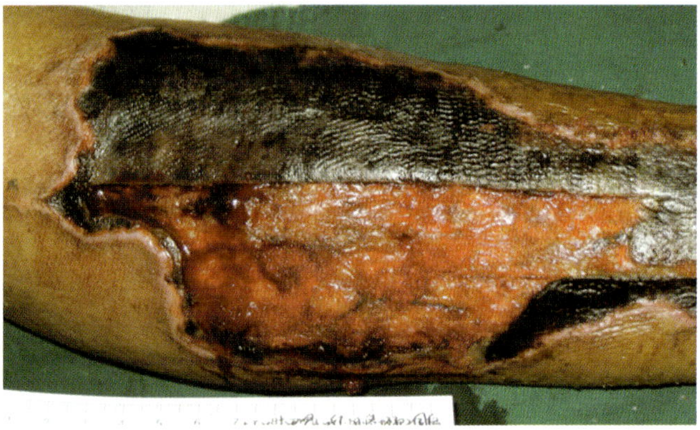

彩图 4-3-46　去除焦痂见闭塞的树枝状血管

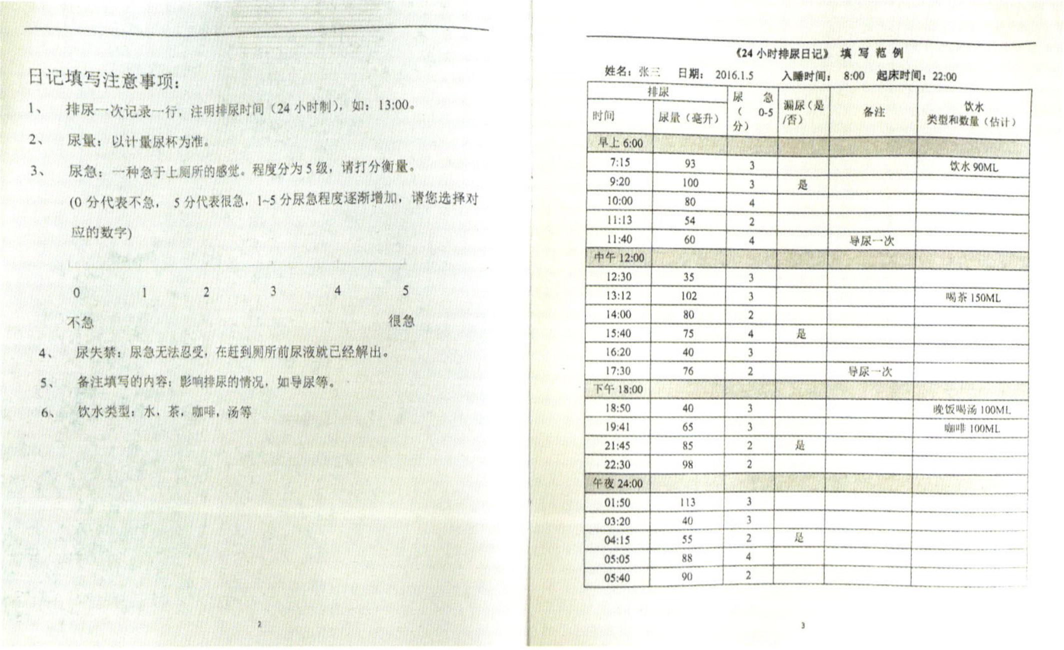

日记填写注意事项：

1、　排尿一次记录一行，注明排尿时间（24 小时制），如：13:00。

2、　尿量：以计量尿杯为准。

3、　尿急：一种急于上厕所的感觉。程度分为 5 级，请打分衡量。

(0 分代表不急， 5 分代表很急，1~5 分尿急程度逐渐增加，请您选择对应的数字)

0　1　2　3　4　5

不急　　　　　　　　很急

4、　尿失禁：尿急无法忍受，在赶到厕所前尿液就已经解出。

5、　备注填写的内容：影响排尿的情况，如导尿等。

6、　饮水类型：水，茶，咖啡，汤等

2

《24 小时排尿日记》 填 写 范 例

姓名：张三　日期： 2016.1.5　入睡时间： 8:00　起床时间：22:00

| 排尿 | | 尿急（0-5分） | 漏尿（是/否） | 备注 | 饮水 类型和数量（估计） |
|---|---|---|---|---|---|
| 时间 | 尿量（毫升） | | | | |
| 早上 6:00 | | | | | |
| 7:15 | 93 | 3 | | | 饮水 90ML |
| 9:20 | 100 | 3 | 是 | | |
| 10:00 | 80 | 4 | | | |
| 11:13 | 54 | 2 | | | |
| 11:40 | 60 | 4 | | 导尿一次 | |
| 中午 12:00 | | | | | |
| 12:30 | 35 | 3 | | | |
| 13:12 | 102 | 3 | | | 喝茶 150ML |
| 14:00 | 80 | 2 | | | |
| 15:40 | 75 | 4 | 是 | | |
| 16:20 | 40 | 3 | | | |
| 17:30 | 76 | 2 | | 导尿一次 | |
| 下午 18:00 | | | | | |
| 18:50 | 40 | 3 | | | 晚饭喝汤 100ML |
| 19:41 | 65 | 3 | | | 咖啡 100ML |
| 21:45 | 85 | 2 | 是 | | |
| 22:30 | 98 | 2 | | | |
| 午夜 24:00 | | | | | |
| 01:50 | 113 | 3 | | | |
| 03:20 | 40 | 3 | | | |
| 04:15 | 55 | 2 | 是 | | |
| 05:05 | 88 | 4 | | | |
| 05:40 | 90 | 2 | | | |

3

彩图 5-2-1　排尿日记